T5-ACX-652

Las antiguas civilizaciones

HARCOURT BRACE ESTUDIOS SOCIALES

Autores de la serie

Dr. Richard G. Boehm

Claudia Hoone

Dr. Thomas M. McGowan

Dra. Mabel C. McKinney-Browning

Dra. Ofelia B. Miramontes

Dra. Priscilla H. Porter

Consultores de la serie

Dra. Alma Flor Ada

Dr. Phillip Bacon

Dr. W. Dorsey Hammond

Dr. Asa Grant Hilliard, III

Dr. Juan Solís

HARCOURT BRACE & COMPANY

Orlando Atlanta Austin Boston San Francisco Chicago Dallas
New York Toronto London

Visita *The Learning Site* en http://www.hbschool.com

Autores de la serie

Dr. Richard G. Boehm
Profesor y Jesse H. Jones
Catedrático Distinguido de
Estudios de Geografía
Departamento de Geografía y
Planificación
Universidad del Suroeste del
Estado de Texas
San Marcos, Texas

Claudia Hoone
Maestra
Escuela #58 Ralph Waldo Emerson
Indianapolis, Indiana

Dr. Thomas M. McGowan
Profesor Asociado
División de Currículo y Enseñanza
Universidad del Estado de Arizona
Tempe, Arizona

Dra. Mabel C. McKinney-Browning
Directora
División para la Educación Pública
Barra Americana de Abogados
Chicago, Illinois

Dra. Ofelia B. Miramontes
Profesora Asociada de Educación y
Vicerrectora Adjunta Encargada
de Diversidad Curricular
Escuela de Educación
Universidad de Colorado
Boulder, Colorado

Dra. Priscilla H. Porter
Co-Directora
Centro de Estudios de Historia y
Ciencias Sociales
Escuela de Educación
Universidad del Estado de
California, Dominguez Hills
Carson, California

Consultores de la serie

Dra. Alma Flor Ada
Profesora
Escuela de Educación
Universidad de San Francisco
San Francisco, California

Dr. Phillip Bacon
Profesor Emérito de Geografía y
Antropología
Universidad de Houston
Houston, Texas

Dr. W. Dorsey Hammond
Profesor de Educación
Universidad de Oakland
Rochester, Michigan

Dr. Asa Grant Hilliard, III
Profesor Fuller E. Callaway de
Educación Urbana
Universidad Estatal de Georgia
Atlanta, Georgia

Dr. Juan Solís
Profesor Asociado de Lectura y
Lenguaje
Universidad de Texas-Pan American
Edinburg, Texas

Especialistas en comunicación, literatura e idiomas

Dr. Joseph A. Braun, Jr.
Profesor de Estudios Sociales de
Escuela Primaria
Departamento de Currículo y
Enseñanza
Universidad Estatal de Illinois
Normal, Illinois

Meredith McGowan
Bibliotecaria de Jóvenes
Biblioteca Pública de Tempe
Tempe, Arizona

Rebecca Valbuena
Especialista en Desarrollo del
Lenguaje
Escuela Primaria Stanton
Glendora, California

Consultores y revisores de nivel de grado

Dra. Sandra Alfonsi
Profesora Auxiliar
Universidad Fordham
Bronx, New York
Miembro, Junta Académica Asesora
Hadassah Curriculum Watch
(Especialista en Historia)

Penny S. Arnold, Ph.D., NBCT
Profesora Auxiliar
Universidad de Ashland
Ashland, Ohio

Dr. Philip P. Arnold
Profesor
Departamento de Religión
Universidad de Syracuse
Syracuse, New York

Gloriela Chiappelli
Directora del Programa de
Educación Bilingüe
Distrito Escolar Unificado de
Compton
Compton, California

Dra. Adelaida Del Castillo
Profesora Asociada
Departamento de Estudios
Chicanos
Universidad Estatal de San Diego
San Diego, California

Dr. Brian Fagan
Departamento de Antropología
Universidad de California
Santa Barbara, California

David Grant
Maestro
Escuela Secundaria DeAnza
Ontario, California

Dr. Charles Hamilton
Departamento de Historia
Universidad Estatal de San Diego
San Diego, California

Joyce Haynes
Consultora
Departamento de Arte Egipcio,
Nubiense y del Cercano
Oriente antiguo
Museo de Bellas Artes
Boston, Massachusetts

Nilda L. Hernández-Scheir
Maestra Bilingüe
Escuela Primaria Highland
Oakland, California

Peter Lew
Maestro
Escuela Primaria David Reese
Sacramento, California

Dr. Randolph H. Lytton
Profesor Asociado
Departamento de Historia y de
Historia del Arte
Universidad George Mason
Fairfax, Virginia

Lawrence W. McBride
Profesor
Departamento de Historia
Universidad Estatal de Illinois
Normal, Illinois

Edward A. McCord
Profesor Asociado de Historia y
Asuntos Internacionales
Universidad George Washington
Washington, D.C.

Federico Moncloa
Maestro
Escuela Primaria Freedom
Freedom, California

Dr. Alden Mosshammer
Profesor
Departamento de Historia
Universidad de California, San
Diego
La Jolla, California

Dra. Mary Pickering
Profesora Asociada
Departamento de Historia
Universidad Estatal de San Jose
San Jose, California

Ann B. Powell
Maestra
Escuela Primaria Baker
Mobile, Alabama

Susan Rempfer
Maestra
Escuela Primaria Lakewood
Lodi, California

Dr. Jeffrey Riegel
Profesor
Departamento de Lenguas de Asia
Oriental
Universidad de California, Berkeley
Berkeley, California

Dr. David R. Smith
Profesor
Departamento de Historia
Universidad Politécnica del Estado
de California
Los Angeles, California

Debra Sparks
Maestra
Escuela Primaria Walker
Northport, Alabama

Rev. Dwayne J. Thoman
Pastor
Parroquias St. John y Holy Rosary
LaMotte, Iowa

Ernestine Guillen Torres
Maestra Bilingüe
Escuela Secundaria Tioga
Fresno, California

Kim Uebelhardt
Maestra
Escuela Primaria de Westlake Hills
Westlake Village, California

Glenn Walker
Coordinador de Estudios Sociales
Consejo de Educación del
Condado Fayette
Fayetteville, Georgia

Dr. Gordon D. Young
Profesor Asociado
Departamento de Historia
Universidad Purdue
West Lafayette, Indiana

Spanish translation copyright © by Harcourt Brace & Company
Copyright © 2000 by Harcourt Brace & Company

All rights reserved. No part of this publication may be reproduced or transmitted in any form or by any means, electronic or mechanical, including photocopy, recording, or any information storage and retrieval system, without permission in writing from the publisher.

Requests for permission to make copies of any part of the work should be mailed to the following address: School Permissions, Harcourt Brace & Company, 6277 Sea Harbor Drive, Orlando, Florida 32887-6777.

HARCOURT BRACE and Quill Design is a registered trademark of Harcourt Brace & Company.

Acknowledgments and other credits appear in the back of this book.

Printed in the United States of America

ISBN 0-15-310490-2

2 3 4 5 6 7 8 9 10   048   2000

Contenido

ATLAS **A1**

TÉRMINOS GEOGRÁFICOS **A20**

| Introducción | ¿Por qué estudiar estudios sociales? | 22 |

LOS TEMAS DE ESTUDIOS SOCIALES **23**
    DESTREZA • LECTURA E INVESTIGACIÓN
    Lee estudios sociales **26**

HISTORIA **30**
    DESTREZA • PARTICIPACIÓN
    Trabaja en grupo **34**

GEOGRAFÍA **35**
    DESTREZA • MAPAS Y GLOBOS TERRÁQUEOS
    Interpreta un mapa **38**

EDUCACIÓN CÍVICA Y GOBIERNO, ECONOMÍA, CULTURA **41**

iii

Unidad 1

Los orígenes de la humanidad ... 42

PRESENTACIÓN DE LA UNIDAD 1 ... 44
ESTABLECE EL ESCENARIO CON LA LITERATURA
El muchacho de la cueva pintada
Justin Denzel ... 46

CAPÍTULO 1

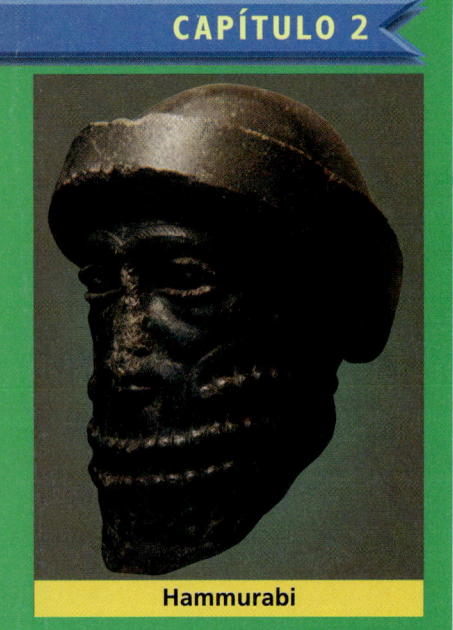

LOS PUEBLOS DE LA EDAD DE PIEDRA ... 50
LECCIÓN 1 • Primeros pasos ... 51
LECCIÓN 2 • Cazadores y recolectores ... 55
DESTREZA • MAPAS Y GLOBOS TERRÁQUEOS
  Usa latitud y longitud ... 62
LECCIÓN 3 • Los primeros agricultores ... 64
DESTREZA • TABLAS Y GRÁFICAS
  Usa una línea cronológica paralela ... 70
LECCIÓN 4 • APRENDE CULTURA CON LA LITERATURA
  Skara Brae: La historia de una aldea prehistórica
  texto e ilustraciones de Olivier Dunrea ... 72
DESTREZA • RAZONAMIENTO CRÍTICO
  Haz generalizaciones ... 80
REPASO DEL CAPÍTULO ... 82

Escultura hecha hace 25,000 años

CAPÍTULO 2

EL SUROESTE DE ASIA ... 84
LECCIÓN 1 • La geografía de Mesopotamia ... 85
LECCIÓN 2 • La civilización de Mesopotamia ... 89
LECCIÓN 3 • Imperios y conquistas ... 96
DESTREZA • MAPAS Y GLOBOS TERRÁQUEOS
  Compara mapas de distintas proyecciones ... 102
LECCIÓN 4 • Los antiguos israelitas ... 105
LECCIÓN 5 • Los fenicios y los lidios ... 110
DESTREZA • TABLAS Y GRÁFICAS
  Compara datos usando gráficas ... 114
REPASO DEL CAPÍTULO ... 116

Hammurabi

LOS ESTUDIOS SOCIALES Y TÚ
  ¿Habrá suficiente alimento? ... 118
RESUMEN VISUAL ... 120
REPASO DE LA UNIDAD ... 122

Unidad 2

Las antiguas civilizaciones de África — 124

PRESENTACIÓN DE LA UNIDAD 2 126

ESTABLECE EL ESCENARIO CON LA LITERATURA
Relatos de Egipto
versión de Robert Hull 128

CAPÍTULO 3

EL ANTIGUO EGIPTO 130

LECCIÓN 1 • **La geografía del norte de África** 131
LECCIÓN 2 • **La importancia del Nilo** 135
LECCIÓN 3 • **Los primeros reinos egipcios** 141

DESTREZA • PENSAMIENTO CRÍTICO
Resuelve un problema 148

LECCIÓN 4 • **Los últimos reinos egipcios** 150
LECCIÓN 5 • APRENDE HISTORIA CON LA LITERATURA
Su majestad, la reina Hatsepsut
Dorothy Sharp Carter 156

DESTREZA • MAPAS Y GLOBOS TERRÁQUEOS
Sigue las rutas de un mapa 162

REPASO DEL CAPÍTULO 164

Tutankamón

CAPÍTULO 4

LA ANTIGUA NUBIA 166

LECCIÓN 1 • **Nubia, la rival de Egipto** 167

PUNTOS DE CONTRASTE
¿Qué civilización apareció antes, la nubia o la egipcia? 174

LECCIÓN 2 • **Kush y el mundo** 176

DESTREZA • MAPAS Y GLOBOS TERRÁQUEOS
Usa un mapa histórico 180

REPASO DEL CAPÍTULO 182

LOS ESTUDIOS SOCIALES Y TÚ
¿Por qué es importante preservar el pasado? ... 184

RESUMEN VISUAL 186
REPASO DE LA UNIDAD 188

Reina Malaqaye

v

Unidad 3

Las antiguas civilizaciones de Asia 190

PRESENTACIÓN DE LA UNIDAD 3 192

ESTABLECE EL ESCENARIO CON LA LITERATURA
"*Amigos y vecinos*" tomado de *Los relatos de Jataka*
versión de Nancy DeRoin
ilustraciones de Navin Patel 194

CAPÍTULO 5

INDIA Y PERSIA 198
LECCIÓN 1 • La geografía de India 199
LECCIÓN 2 • La civilización del valle del indo 204
LECCIÓN 3 • Los arios transforman India 210
DESTREZA • MAPAS Y GLOBOS TERRÁQUEOS
Usa un mapa cultural 216
LECCIÓN 4 • La unificación de India 218
LECCIÓN 5 • El Imperio Persa 224
REPASO DEL CAPÍTULO 228

Joven india

CAPÍTULO 6

CHINA 230
LECCIÓN 1 • La geografía de China 231
LECCIÓN 2 • La primera civilización china 235
DESTREZA • MAPAS Y GLOBOS TERRÁQUEOS
Usa mapas de altitud 242
LECCIÓN 3 • La dinastía Zhou 244
DESTREZA • RAZONAMIENTO CRÍTICO
Identifica las causas y sus efectos 250
LECCIÓN 4 • La dinastía Qin 252
LECCIÓN 5 • APRENDE LA HISTORIA CON LA LITERATURA
El descubrimiento y la excavación de la tumba de Shi Huangdi tomado de la revista *Calliope*
texto de Helen Wieman Bledsoe
ilustraciones de Higgins Bond 258
LECCIÓN 6 • La dinastía Han 262
DESTREZA • TABLAS Y GRÁFICAS
Usa una tabla para clasificar datos 268
REPASO DEL CAPÍTULO 270

LOS ESTUDIOS SOCIALES Y TÚ
La religión en el mundo de hoy 272
RESUMEN VISUAL 274
REPASO DE LA UNIDAD 276

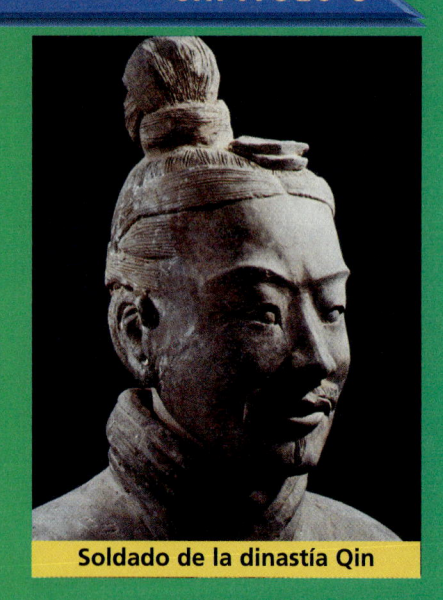

Soldado de la dinastía Qin

vi

Unidad 4

Las antiguas civilizaciones de Europa 278

PRESENTACIÓN DE LA UNIDAD 4 280

ESTABLECE EL ESCENARIO CON LA LITERATURA
El vengador
Margaret Hodges 282

CAPÍTULO 7

LA ANTIGUA GRECIA 286
LECCIÓN 1 • La geografía de Grecia 287
LECCIÓN 2 • Los primeros habitantes de Grecia 291
DESTREZA • MAPAS Y GLOBOS TERRÁQUEOS
Compara diferentes clases de mapas 298
LECCIÓN 3 • Ciudades-estado griegas 300
LECCIÓN 4 • La edad de oro de Atenas 307
PUNTOS DE CONTRASTE
¿Participaban en la vida política las mujeres griegas? ... 314
DESTREZA • RAZONAMIENTO CRÍTICO
Predice el resultado 316
LECCIÓN 5 • El imperio de Alejandro Magno 317
REPASO DEL CAPÍTULO 324

Auriga griego

CAPÍTULO 8

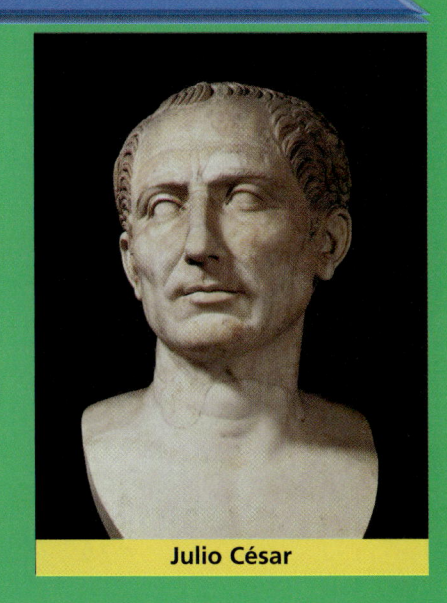

LA ANTIGUA ROMA 326
LECCIÓN 1 • La geografía de Roma 327
LECCIÓN 2 • La República Romana 331
DESTREZA • RAZONAMIENTO CRÍTICO
Toma una decisión bien pensada 338
LECCIÓN 3 • El Imperio Romano 340
DESTREZA • MAPAS Y GLOBOS TERRÁQUEOS
Compara mapas históricos 348
LECCIÓN 4 • APRENDE LA HISTORIA CON LA LITERATURA
El legionario
texto de Martin Windrow y Richard Hook 350
LECCIÓN 5 • Comienzos del cristianismo 354
DESTREZA • TABLAS Y GRÁFICAS
Interpreta una línea cronológica telescópica 361
LECCIÓN 6 • La decadencia de Roma en occidente ... 362
REPASO DEL CAPÍTULO 366

Julio César

CNN Turner Le@rning
LOS ESTUDIOS SOCIALES Y TÚ
Los aportes de las civilizaciones del pasado 368
RESUMEN VISUAL 370
REPASO DE LA UNIDAD 372

vii

Unidad 5

Las antiguas civilizaciones de las Américas ... 374

PRESENTACIÓN DE LA UNIDAD 5 376

ESTABLECE EL ESCENARIO CON LA LITERATURA
El espíritu de los mayas: Un niño indaga en el misterioso pasado de su pueblo
texto de Guy García
ilustraciones de Manuel García 378

CAPÍTULO 9

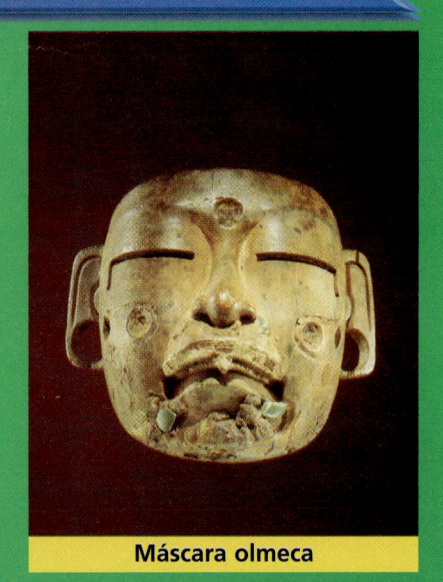

LOS OLMECAS Y LOS MAYAS 382

LECCIÓN 1 • La geografía de las Américas 383
LECCIÓN 2 • Los olmecas 388

DESTREZA • LECTURA E INVESTIGACIÓN
Aprende de los artefactos 394

LECCIÓN 3 • Los mayas 396

DESTREZA • TABLAS Y GRÁFICAS
Usa una gráfica de barras dobles 402

REPASO DEL CAPÍTULO 404

Máscara olmeca

CAPÍTULO 10

LOS AZTECAS Y LOS INCAS 406

LECCIÓN 1 • Los aztecas 407

DESTREZA • MAPAS Y GLOBOS TERRÁQUEOS
Compara mapas con escalas diferentes 412

LECCIÓN 2 • APRENDE CULTURA CON LA LITERATURA
Los aztecas
texto de Tim Wood
ilustraciones de Philip Hood 414

LECCIÓN 3 • Los incas 418

DESTREZA • LECTURA E INVESTIGACIÓN
Evalúa los datos y sus fuentes 424

REPASO DEL CAPÍTULO 426

Mujer peruana

CNN LOS ESTUDIOS SOCIALES Y TÚ
Los alimentos que las Américas dieron al mundo 428

RESUMEN VISUAL 430
REPASO DE LA UNIDAD 432

Unidad 6 — El mundo de hoy ... 434

Presentación de la unidad 6 ... 436

Establece el escenario con la literatura
Las paredes hablan: Cuentan más historias
texto de Margy Burns Knight
ilustraciones de Anne Sibley O'Brien ... 438

CAPÍTULO 11

Pueblos y entornos ... 444

Lección 1 • Los países del mundo de hoy ... 445

Destreza • Mapas y globos terráqueos
Compara mapas de población ... 452

Lección 2 • Los pueblos del mundo de hoy ... 454

Destreza • Mapas y globos terráqueos
Interpreta un mapa de husos horarios ... 462

Lección 3 • Los seres humanos y el medio ambiente 464

Destreza • Tablas y gráficas
Lee y compara una climografía ... 472

Puntos de contraste
¿Cómo deben aprovecharse los recursos naturales? ... 474

Repaso del capítulo ... 476

Niña senegalesa

CAPÍTULO 12

Historia, gobierno y economía ... 478

Lección 1 • Sucesos que influyeron en el desarrollo del mundo ... 479

Destreza • Mapas y globos terráqueos
Interpreta un cartograma ... 488

Lección 2 • Acontecimientos mundiales recientes ... 490

Destreza • Participación
Resuelve un conflicto ... 498

Lección 3 • Los gobiernos en la actualidad ... 500

Destreza • Razonamiento crítico
Formula una conclusión lógica ... 507

Lección 4 • La cooperación a nivel mundial ... 508

Repaso del capítulo ... 514

Niño bosnio

CNN Turner Le@rning
Los estudios sociales y tú
El mercado internacional ... 516

Resumen visual ... 518

Repaso de la unidad ... 520

ix

Para tu referencia — R1

REÚNE Y PRESENTA INFORMACIÓN R2

ALMANAQUE
  DATOS DEL MUNDO R10

DICCIONARIO BIOGRÁFICO R30

DICCIONARIO GEOGRÁFICO R36

GLOSARIO R51

ÍNDICE R61

Biblioteca del Congreso, Washington, D.C.

Para tu información

Literatura, fuentes primarias y documentos

El muchacho de la cueva pintada
Justin Denzel..............................46

Skara brae: La historia de una aldea prehistórica
texto e ilustraciones
de Olivier Dunrea.....................72

Código de Hammurabi 99

Los diez mandamientos 107

Relatos de Egipto
versión de Robert Hull 128

El Libro de los Muertos: La confesión negativa............139

Su majestad, la reina Hatsepsut
Dorothy Sharp Carter 156

Piye ataca Egipto 172

"Amigos y vecinos" tomado de *Los relatos de Jataka*
versión de Nancy DeRoin
ilustraciones de Navin Patel....194

Fragmento del Bhagavad Gita..................212

Proverbios de Confucio
tomados de las Analectas............................249

El descubrimiento y la excavación de la tumba de Shi Huangdi
tomado de la revista *Calliope*
texto de Helen Wieman Bledsoe
ilustraciones de
Higgins Bond............................258

El vengador
Margaret Hodges.....................282

La Odisea...............................296

El legionario
texto de Martin Windrow
y Richard Hook
ilustraciones de
Angus McBride........................350

Las Bienaventuranzas 356

El espíritu de los mayas: Un niño indaga en el misterioso pasado de su pueblo
texto de Guy García
ilustraciones de
Manuel García.........................378

Los aztecas
texto de Tim Wood
ilustraciones de Philip Hood ...414

Las paredes hablan: Cuentan más historias
texto de Margy Burns Knight
ilustraciones de
Anne Sibley O'Brien................438

Desarrollo de destrezas de estudio básicas

MAPAS Y GLOBOS TERRÁQUEOS

Interpreta un mapa.....................38
Usa latitud y longitud................62
Compara mapas de distintas proyecciones.........................102
Sigue las rutas de un mapa......162
Usa un mapa histórico 180
Usa un mapa cultural................216
Usa mapas de altitud 242
Compara diferentes clases de mapas................................298
Compara mapas históricos 348
Compara mapas con escalas diferentes................................412
Compara mapas de población..............................452
Interpreta un mapa de husos horarios..................................462
Interpreta un cartograma........488

TABLAS Y GRÁFICAS

Usa una línea cronológica paralela 70
Compara datos usando gráficas 114

Usa una tabla para clasificar datos.......................................268
Interpreta una línea cronológica telescópica..............................361
Usa una gráfica de barras dobles......................................402
Lee y compara una climografía..............................472

LECTURA E INVESTIGACIÓN

Lee estudios sociales 26
Aprende de los artefactos 394
Evalúa los datos y sus fuentes 424
Reúne y presenta información...........................R2

El buen ciudadano

RAZONAMIENTO CRÍTICO

Haz generalizaciones.................80
Resuelve un problema..............148
Identifica las causas y sus efectos 250
Predice el resultado.................316
Toma una decisión bien pensada..................................338
Formula una conclusión lógica 507

PARTICIPACIÓN

Trabaja en grupo 34
Resuelve un conflicto 498

PUNTOS DE CONTRASTE

¿Qué civilización apareció antes, la nubia o la egipcia? 174
¿Participaban en la vida política las mujeres griegas?..............314
¿Cómo deben aprovecharse los recursos naturales? 474

xi

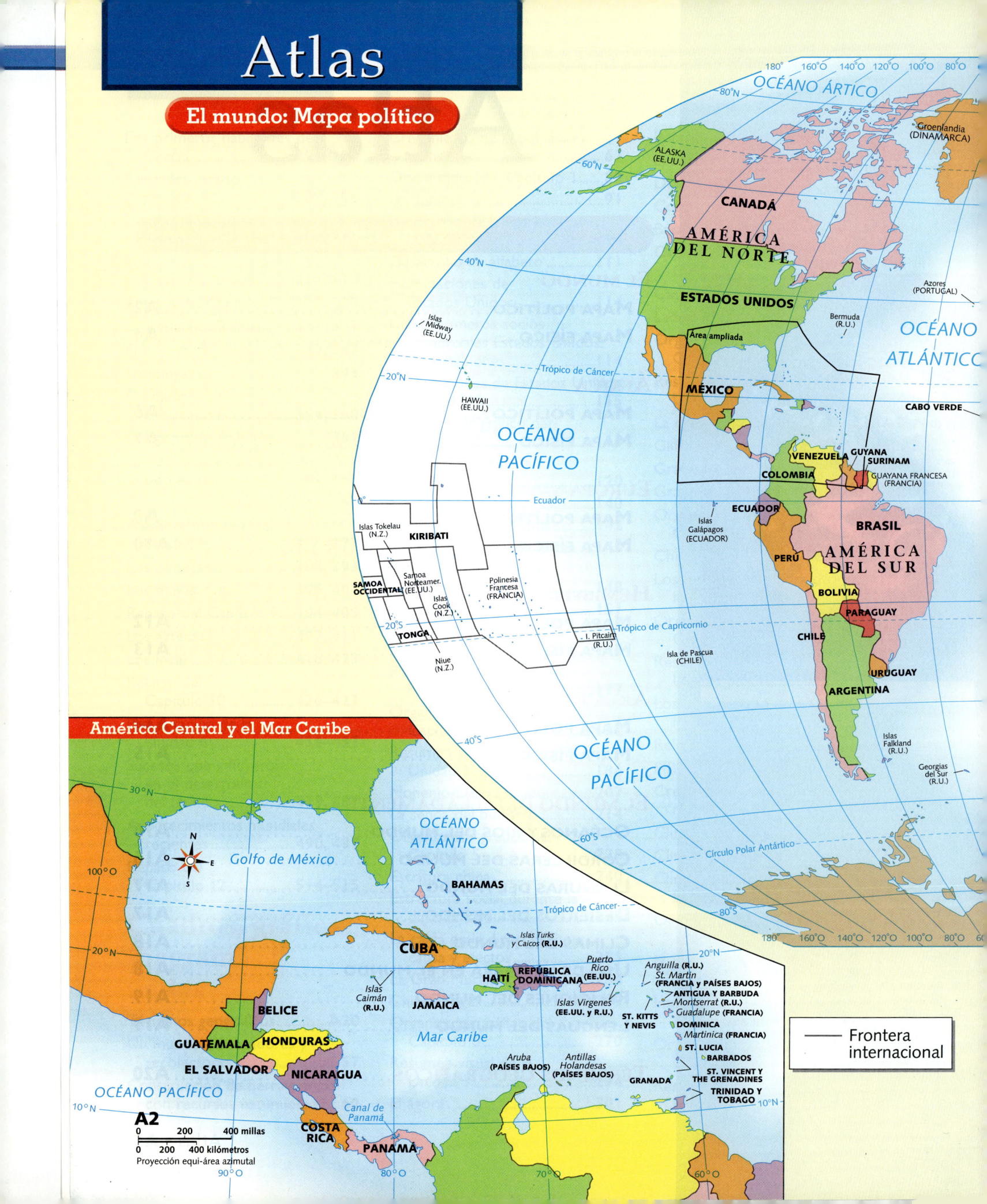

Atlas

El mundo: Mapa político

América Central y el Mar Caribe

A2

Abreviaturas

E.A.U.	EMIRATOS ÁRABES UNIDOS
EE.UU.	ESTADOS UNIDOS
GUINEA ECU.	GUINEA ECUATORIAL
N.Z.	NUEVA ZELANDA
REP. CONGO	REPÚBLICA DEL CONGO
REP. DEM. CONGO	REPÚBLICA DEMOCRÁTICA DEL CONGO
R.U.	REINO UNIDO

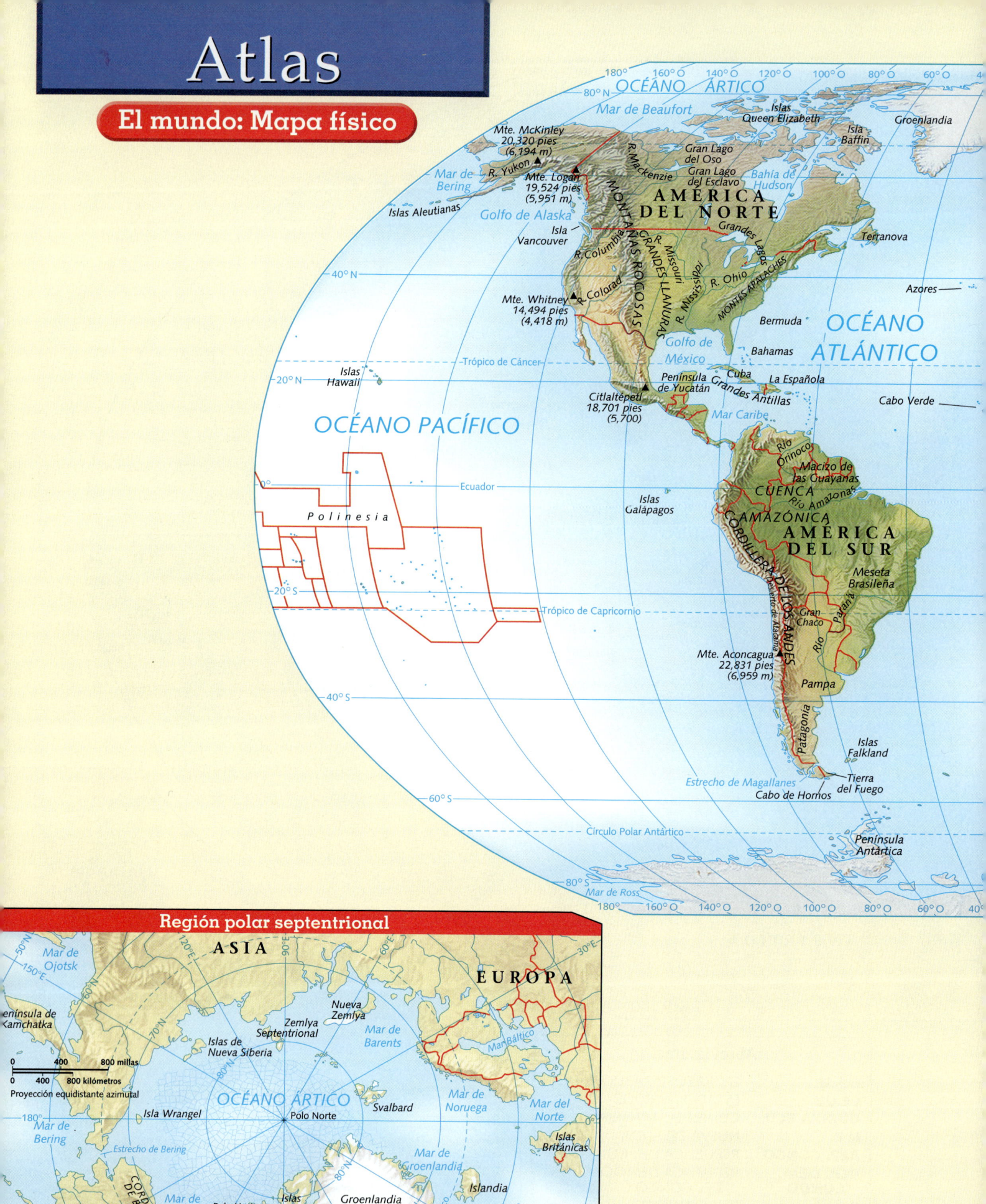

Atlas

El mundo: Mapa físico

OCÉANO ÁRTICO
Mar de Beaufort
Islas Queen Elizabeth
Groenlandia
Isla Baffin
Mte. McKinley 20,320 pies (6,194 m)
R. Yukon
Mte. Logan 19,524 pies (5,951 m)
R. Mackenzie
Gran Lago del Oso
Gran Lago del Esclavo
Bahía de Hudson
AMÉRICA DEL NORTE
Mar de Bering
Islas Aleutianas
Golfo de Alaska
Isla Vancouver
MONTAÑAS ROCOSAS
R. Columbia
R. Missouri
GRANDES LLANURAS
Grandes Lagos
R. Mississippi
R. Ohio
MONTES APALACHES
Terranova
Azores
Mte. Whitney 14,494 pies (4,418 m)
R. Colorado
Trópico de Cáncer
Islas Hawaii
Golfo de México
Bermuda
Bahamas
OCÉANO ATLÁNTICO
Citlaltépetl 18,701 pies (5,700)
Península de Yucatán
Cuba
La Española
Grandes Antillas
Cabo Verde
Mar Caribe
OCÉANO PACÍFICO
Ecuador
Islas Galápagos
Río Orinoco
Macizo de las Guayanas
CUENCA AMAZÓNICA
Río Amazonas
Polinesia
AMÉRICA DEL SUR
Meseta Brasileña
CORDILLERA DE LOS ANDES
Gran Chaco
Río Paraná
Trópico de Capricornio
Desierto de Atacama
Mte. Aconcagua 22,831 pies (6,959 m)
Pampa
Patagonia
Islas Falkland
Estrecho de Magallanes
Tierra del Fuego
Cabo de Hornos
Círculo Polar Antártico
Península Antártica
Mar de Ross

Región polar septentrional

ASIA
Mar de Ojotsk
Península de Kamchatka
Nueva Zemlya
Zemlya Septentrional
EUROPA
Mar de Barents
Islas de Nueva Siberia
Mar Báltico
0 400 800 millas
0 400 800 kilómetros
Proyección equidistante azimutal
OCÉANO ÁRTICO
Isla Wrangel
Polo Norte
Svalbard
Mar de Noruega
Mar del Norte
Islas Británicas
Mar de Bering
Estrecho de Bering
Mar de Groenlandia
Islandia
CORDILLERA DE BROOKS
Mar de Beaufort
Polo Norte Magnético
Islas Queen Elizabeth
Groenlandia
Bahía de Baffin
OCÉANO ATLÁNTICO
Círculo Polar Ártico
A4
OCÉANO PACÍFICO
AMÉRICA DEL NORTE

▲ Pico de montaña

Frontera internacional

Región polar meridional

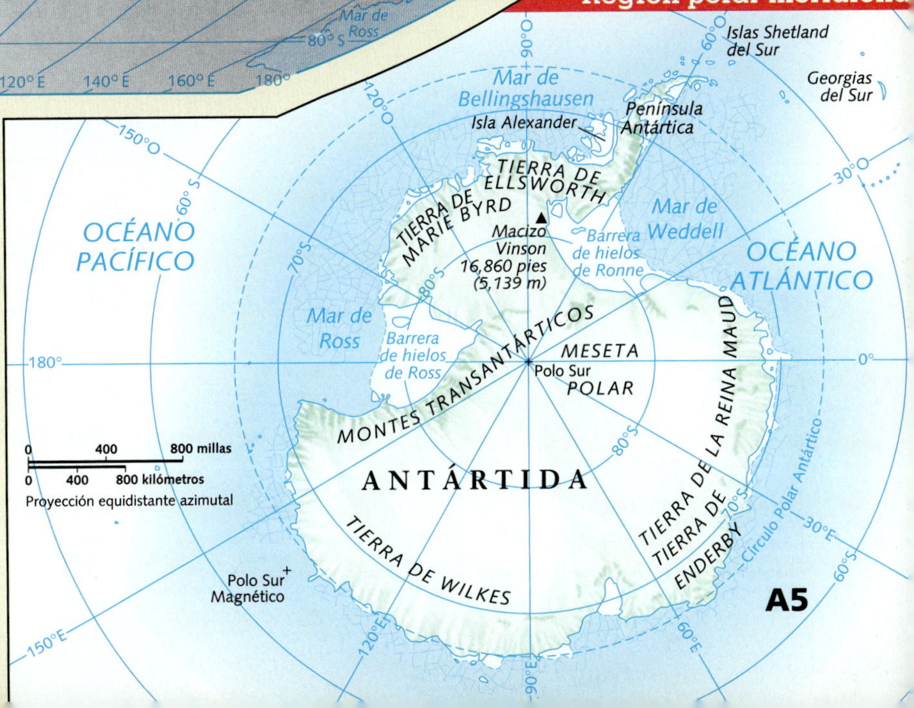

A5

Atlas

África: Mapa político

A6

Atlas

África: Mapa físico

Atlas

Europa y Asia: Mapa político

Abreviaturas

AUST.	AUSTRIA
BELG.	BÉLGICA
BOS. & HERZ.	BOSNIA Y HERZEGOVINA
CRO.	CROACIA
EE.UU.	ESTADOS UNIDOS
ESLOV.	ESLOVENIA
LIECHT.	LIECHTENSTEIN
LUX.	LUXEMBURGO
MAC.	MACEDONIA
PORT.	PORTUGAL
R.U.	REINO UNIDO
YUGO.	YUGOSLAVIA

Leyenda:
— Frontera internacional
--- Frontera en litigio
✹ Capital nacional
• Ciudad principal

Proyección de Robinson

A8

OCÉANO ÁRTICO
Severnaya Zemlya
Mar de Laptev
Islas de Nueva Siberia
Mar de Siberia Oriental
Isla de Wrangel
ALASKA (EE.UU.)
Círculo Polar Ártico
Estrecho de Bering
75° N
60° N
45° N
30° N
15° N
0° Ecuador
15° S
90° E
105° E
120° E
135° E
150° E
165° E
180°
165° O
RUSIA
Río Yenisey
Río Angara
Río Lena
Novosibirsk
Krasnoyarsk
Lago Baikal
Irkutsk
Magadan
Mar de Bering
Mar de Ojotsk
Petropavlovsk-Kamchatskiy
Sajalin
Khabarovsk
Islas Kuriles
MONGOLIA
Ulan Bator
Ürümqi
Harbin
Changchun
Shenyang
Vladivostok
Sapporo
Mar de Japón
COREA DEL NORTE
P'yongyang
Seúl
COREA DEL SUR
Pusan
JAPÓN
Tokio
Yokohama
Nagoya
Osaka
Beijing
Tianjin
Taiyuan
Mar Amarillo
Huang He
Xian
CHINA
Chengdu
Nanjing
Wuhan
Shanghai
Lhasa
Chang Jiang
Chongqing
Mar de China Oriental
Islas Ryu-kyu
Okinawa
OCÉANO PACÍFICO
Kathmandu
Thimphu
NEPAL
BHUTAN
Ganges
BANGLADESH
Dhaka
Kunming
R. Mekong
Taipei
TAIWAN
Trópico de Cáncer
Chittagong
Calcuta
BIRMANIA (MYANMAR)
Guangzhou
Macao (PORT.)
Hong Kong
Hanoi
LAOS
Vientiane
Hainan
Golfo de Bengala
Chiang Mai
Río Mekong
Hue
Mar de China Meridional
Mar de Filipinas
Rangún (Yangon)
TAILANDIA
Bangkok
VIETNAM
Quezón City
Manila
Islas Andamán (INDIA)
CAMBOYA
Phnom Penh
Ciudad Ho Chi Minh
FILIPINAS
Islas Nicobar (INDIA)
Mar de Sulu
Davao
Bandar Seri Begawan
BRUNEI
Kuala Lumpur
Medan
MALAYSIA
SINGAPUR
Singapur
Mar de Célebes
Halmahera
Sumatra
Borneo
Célebes
Mar de Java
INDONESIA
Mar de Banda
Nueva Guinea
Yakarta
Bandung
Java
Surabaya
Timor
Mar de Arafura
Mar de Timor
AUSTRALIA

Atlas
Europa y Asia: Mapa físico

Map of Asia and Pacific

Geographic Features

OCÉANO ÁRTICO

- Península de Taimir
- Mar de Laptev
- Islas de Nueva Siberia
- Mar de Siberia Oriental
- Isla de Wrangel
- Mar de Chukotka
- Llanura de Siberia Septentrional
- Llanura de Kolima
- Estrecho de Bering
- Península de Chukotka
- Círculo Polar Ártico
- Meseta Central de Siberia

SIBERIA

- Río Yenisey
- Río Ob
- Montes Koriacos
- Mar de Bering
- Montes Sayan
- Lago Baikal
- Montes Yablonovi
- Montes Dzhugdzhur
- Península de Kamchatka
- Mar de Ojotsk
- R. Yenisey
- Montes Altai
- Cuenca de Junggar
- Meseta de Mongolia
- Llanura de Manchuria
- Montes Sijote-Alín
- Sajalín
- Islas Kuriles
- Depresión de Turfán −505 pies (−154 m)
- Desierto de Gobi
- Cuenca de Tarim
- Qilian Shan
- Huang He
- Llanura de China Septentrional
- Península de Corea
- Mar de Japón
- Hokkaido
- Meseta de Tibet
- Mte. Everest 29,028 pies (8,848 m)
- Kanchenjunga 28,208 pies (8,598 m)
- Cuenca de Sichuan
- Chang Jiang
- Mar Amarillo
- Honshu
- Mte. Fuji 12,388 pies (3,776 m)
- Kyushu
- Shikoku
- Mar de China Oriental
- R. Ganges
- Río Irrawaddy
- Islas Ryu-Kyu

OCÉANO PACÍFICO

- Taiwan
- Trópico de Cáncer
- Golfo de Bengala
- Meseta de Khorat
- Península de Indochina
- Golfo de Tonkin
- Hainan
- Mar de Filipinas
- Islas Andamán
- Mar de Andamán
- Golfo de Tailandia
- Mar de China Meridional
- Luzon
- Islas Filipinas
- Islas Nicobar
- Península de Malaca
- Estrecho de Malaca
- Palawan
- Mar de Sulu
- Mindanao
- Sumatra
- Borneo
- Mar de Célebes
- Halmahera
- Célebes
- Molucas
- Rantekombola 11,335 pies (3,455 m)
- Ceram
- Nueva Guinea
- Islas Mayores
- Mar de Java de la Sonda
- Java
- Bali
- Sumbawa
- Islas Menores de la Sonda
- Flores
- Timor
- Lombok
- Sumba
- Mar de Banda
- Mar de Timor
- Mar de Arafura

AUSTRALIA

A11

Atlas

Hemisferio occidental: Mapa político

A12

Atlas

Hemisferio occidental: Mapa físico

Atlas

Área del Pacífico: Mapa político

OCÉANO ÁRTICO

Círculo Polar Ártico
60°N

RUSIA
Mar de Okhotsk
Estrecho de Bering
Mar de Bering
Alaska (EE.UU.)
Golfo de Alaska
Islas Aleutianas
CANADÁ
Bahía de Hudson
Edmonton
Vancouver
Seattle
Portland
Ottawa
Islas Kuriles
Sapporo
OCÉANO PACÍFICO
ESTADOS UNIDOS
Washington D.C.
MONGOLIA
Beijing
COREA DEL NORTE
Mar de Japón
P'yongyang
Seúl
JAPÓN
Tokyo
San Francisco
Los Angeles
CHINA
COREA DEL SUR
30°N
Shanghai
Mar de China Oriental
MÉXICO
Golfo de México
Hanoi
Taipei
Trópico de Cáncer
Honolulu
Hawaii (EE.UU.)
Ciudad de México
TAIWAN
Hong Kong
Mar de Filipinas
Marianas del Norte (EE.UU.)
BELICE
GUATEMALA
HONDURAS
EL SALVADOR
NICARAGUA
TAILANDIA
VIETNAM
Bangkok
Mar de China Meridional
Manila
FILIPINAS
ISLAS MARSHALL
COSTA RICA
CAMBOYA
Koror
Palikir
Majuro
PANAMÁ
COLOMBIA
Phnom Penh
PALAU
ESTADOS FEDERADOS DE MICRONESIA
Tarawa
Bogotá
Kuala Lumpur
BRUNEI
Quito
MALASIA
Singapur
Yaren
Ecuador
Islas Galápagos (ECUADOR)
ECUADOR
INDONESIA
PAPÚA NUEVA GUINEA
NAURU
TUVALU
KIRIBATI
Jakarta
ISLAS SALOMÓN
Funafuti
Port Moresby
Honiara
SAMOA
Samoa Norteamer. (EE.UU.)
Lima
PERÚ
VANUATU
FIJI
Apia
Islas Cook (N.Z.)
Polinesia Francesa (FRANCIA)
Mar de Coral
Nueva Caledonia (FRANCIA)
Portvila
Suva
TONGA
Nuku'alofa
Papeete
Tahiti
Trópico de Capricornio
Isla Pitcairn (R.U.)
Isla de Pascua (CHILE)
AUSTRALIA
Brisbane
30°S
Santiago
Sydney
CHILE
Melbourne
Canberra
Auckland
Tasmania
Mar de Tasmania
NUEVA ZELANDA
Wellington
OCÉANO PACÍFICO
OCÉANO ÍNDICO

60°S

Círculo Polar Antártico

ANTÁRTIDA

120°E · 150°E · 180° · 150°O · 120°O · 90°O

— Frontera internacional
✪ Capital nacional
• Ciudad principal

ABREVIATURAS
EE.UU. ESTADOS UNIDOS
N.Z. NUEVA ZELANDA
R.U. REINO UNIDO

0 — 1,000 — 2,000 millas
0 — 1,000 — 2,000 kilómetros
Proyección cilíndrica de Miller

A14

Atlas

Área del Pacífico: Mapa físico

A15

Atlas

Océanos y ríos del mundo

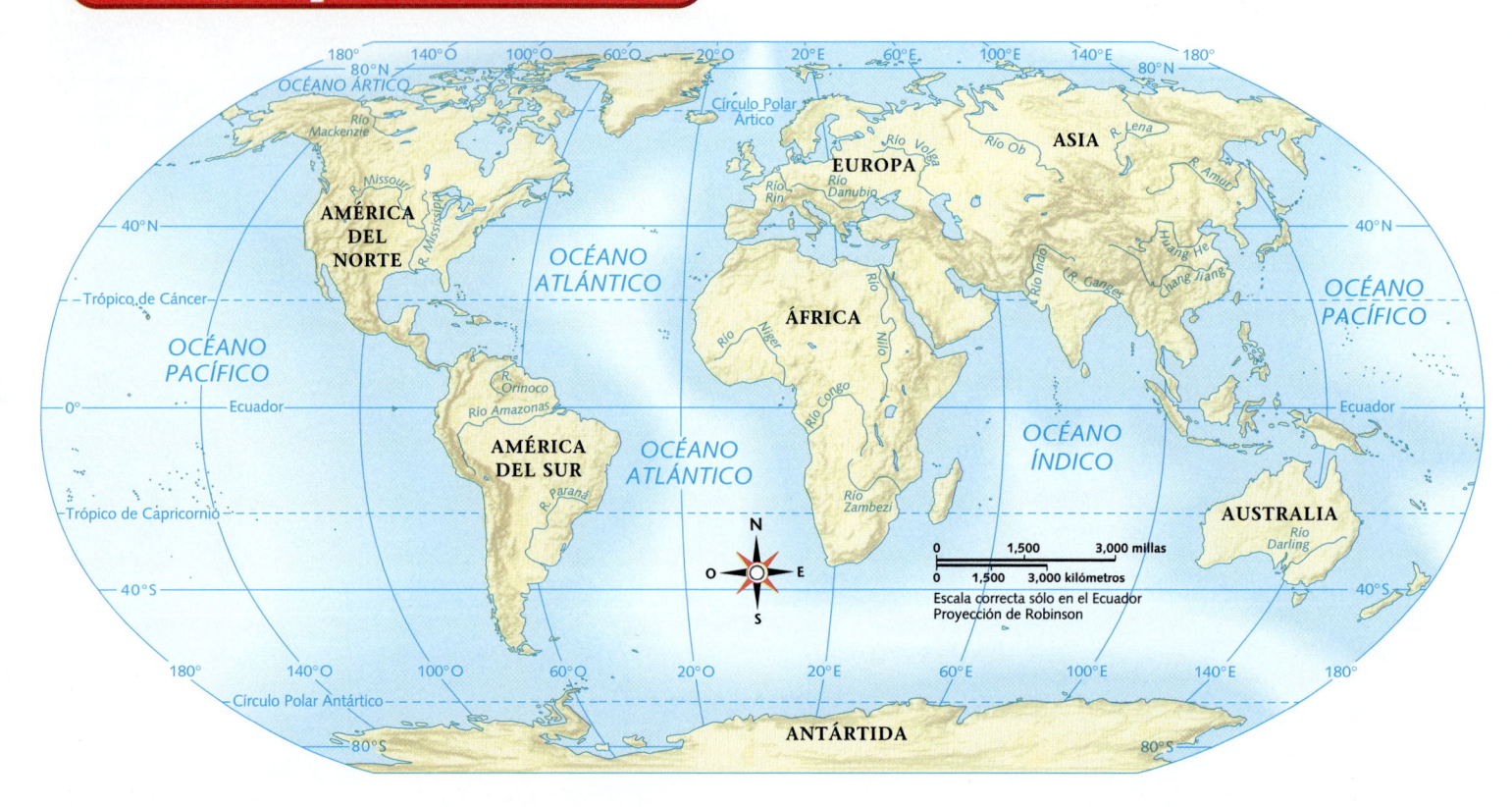

Cordilleras del mundo

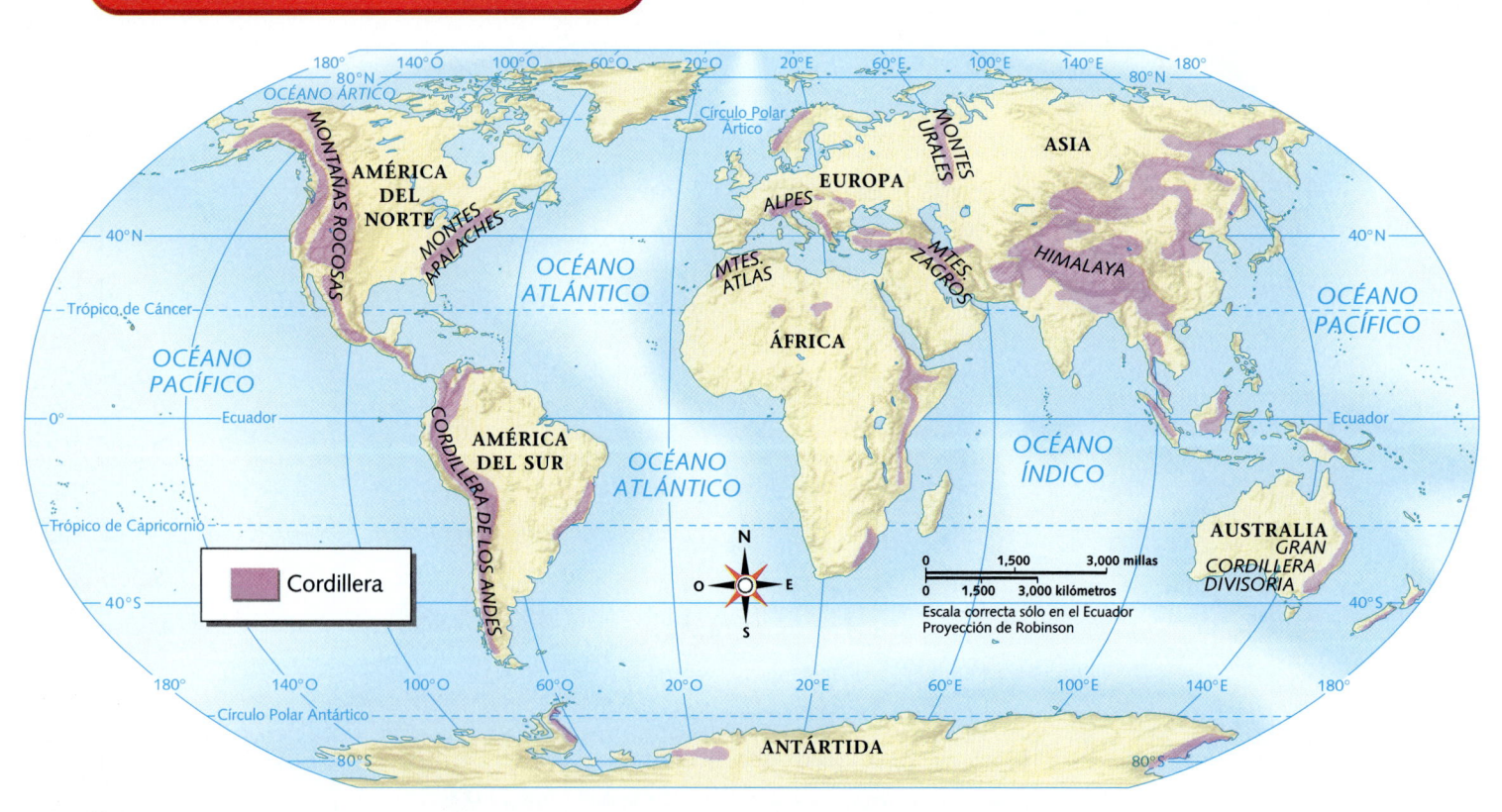

A16

Atlas

Llanuras del mundo

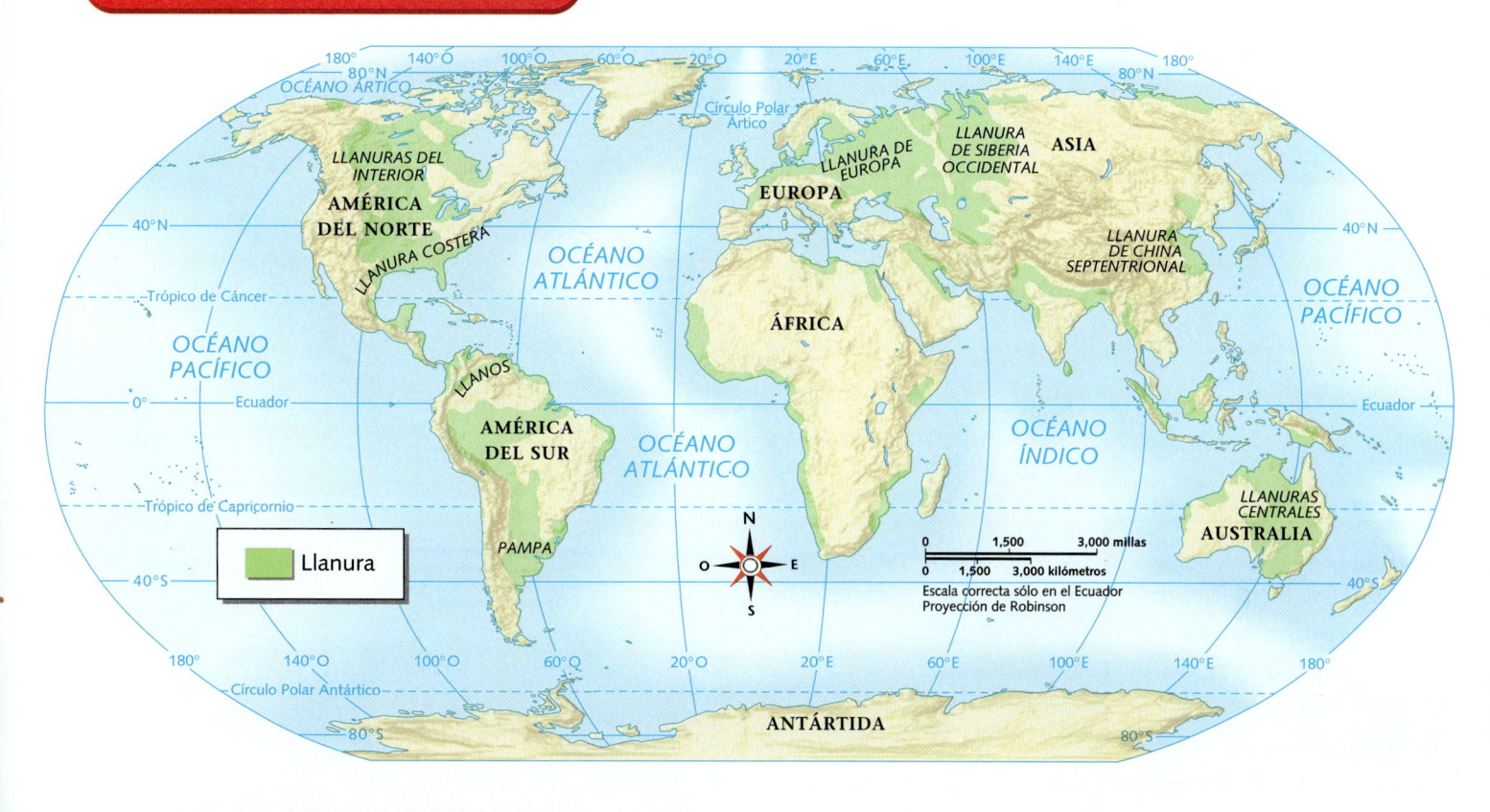

Desiertos del mundo

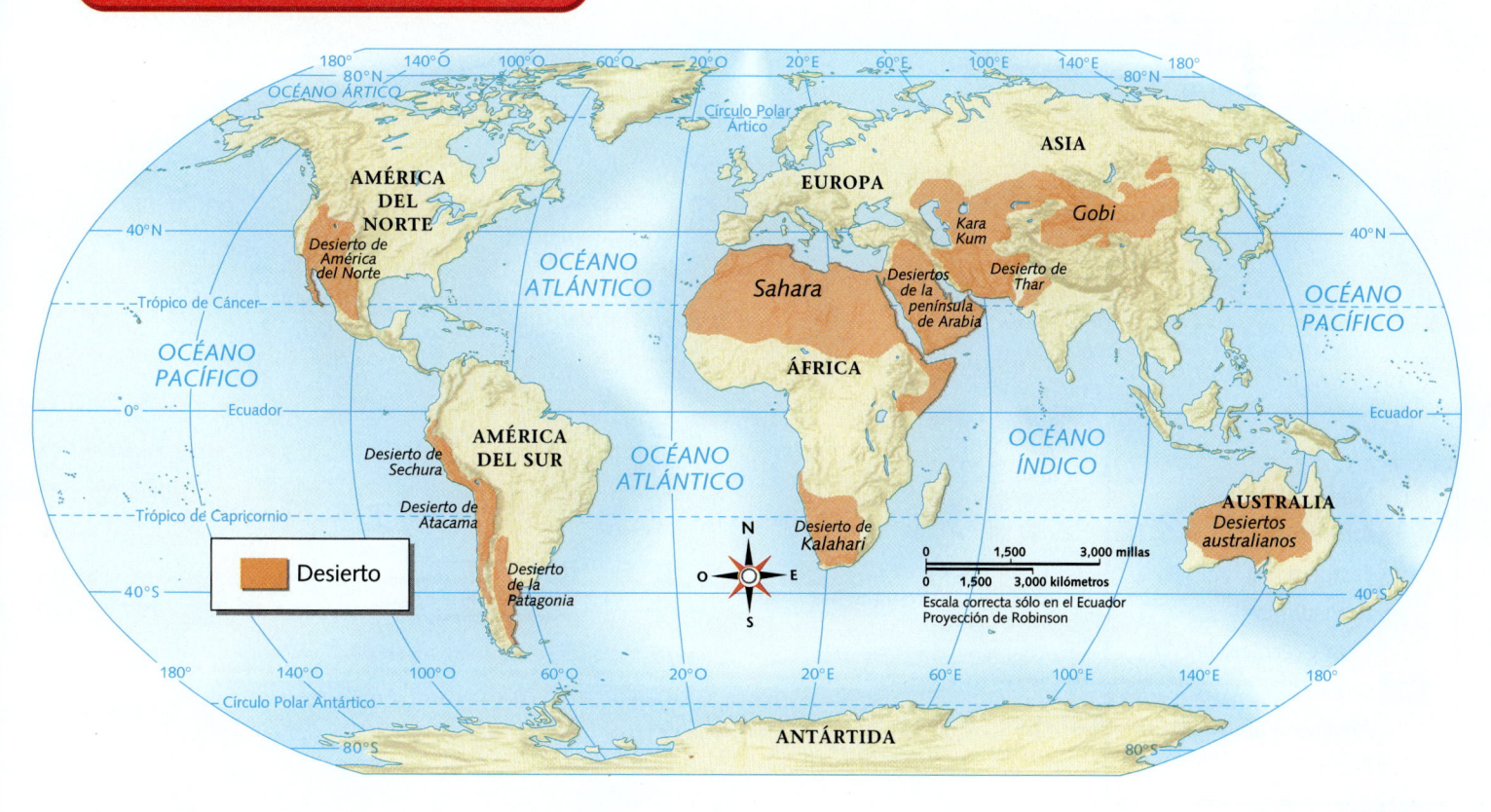

A17

Atlas

Climas del mundo

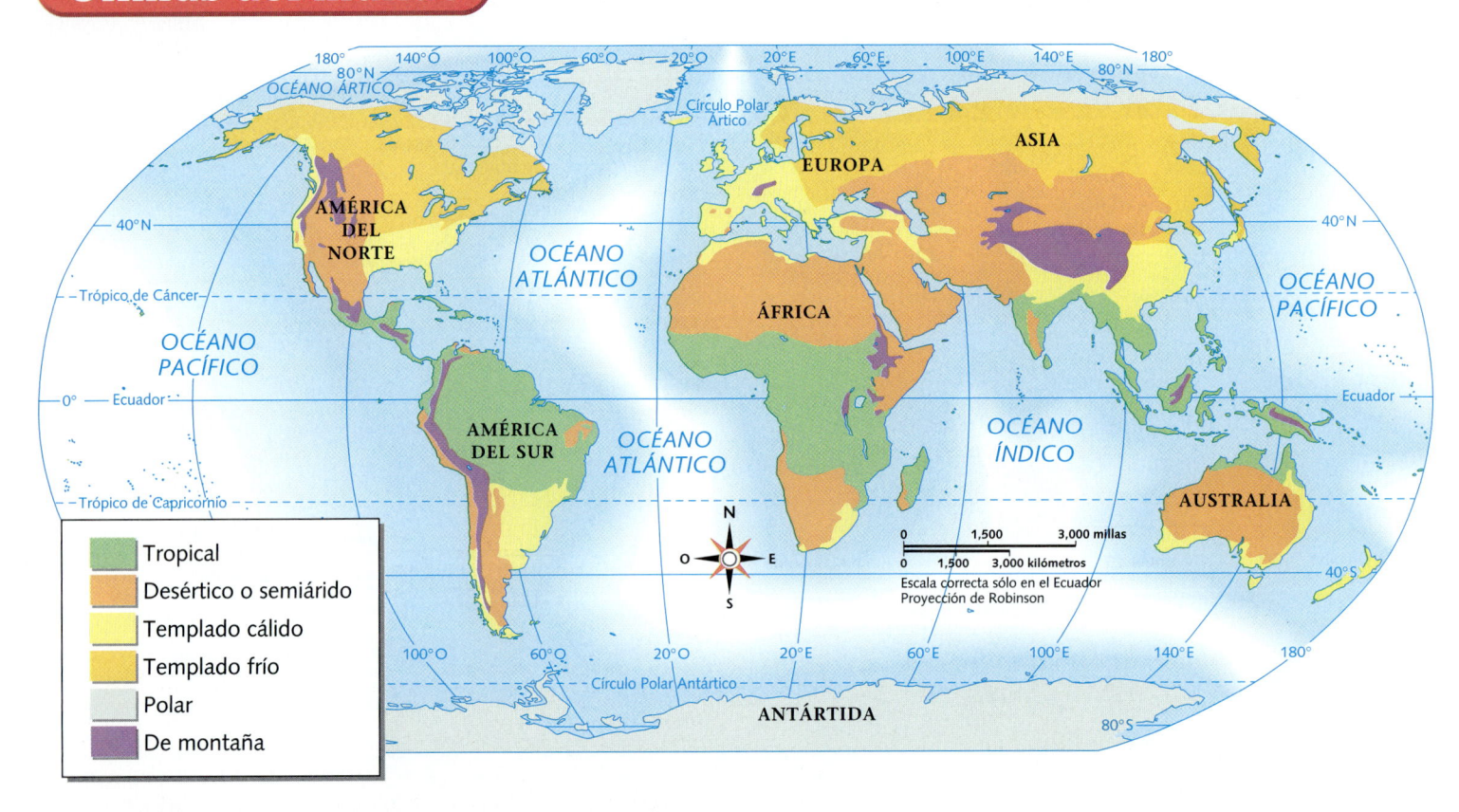

- Tropical
- Desértico o semiárido
- Templado cálido
- Templado frío
- Polar
- De montaña

Uso de la tierra en el mundo

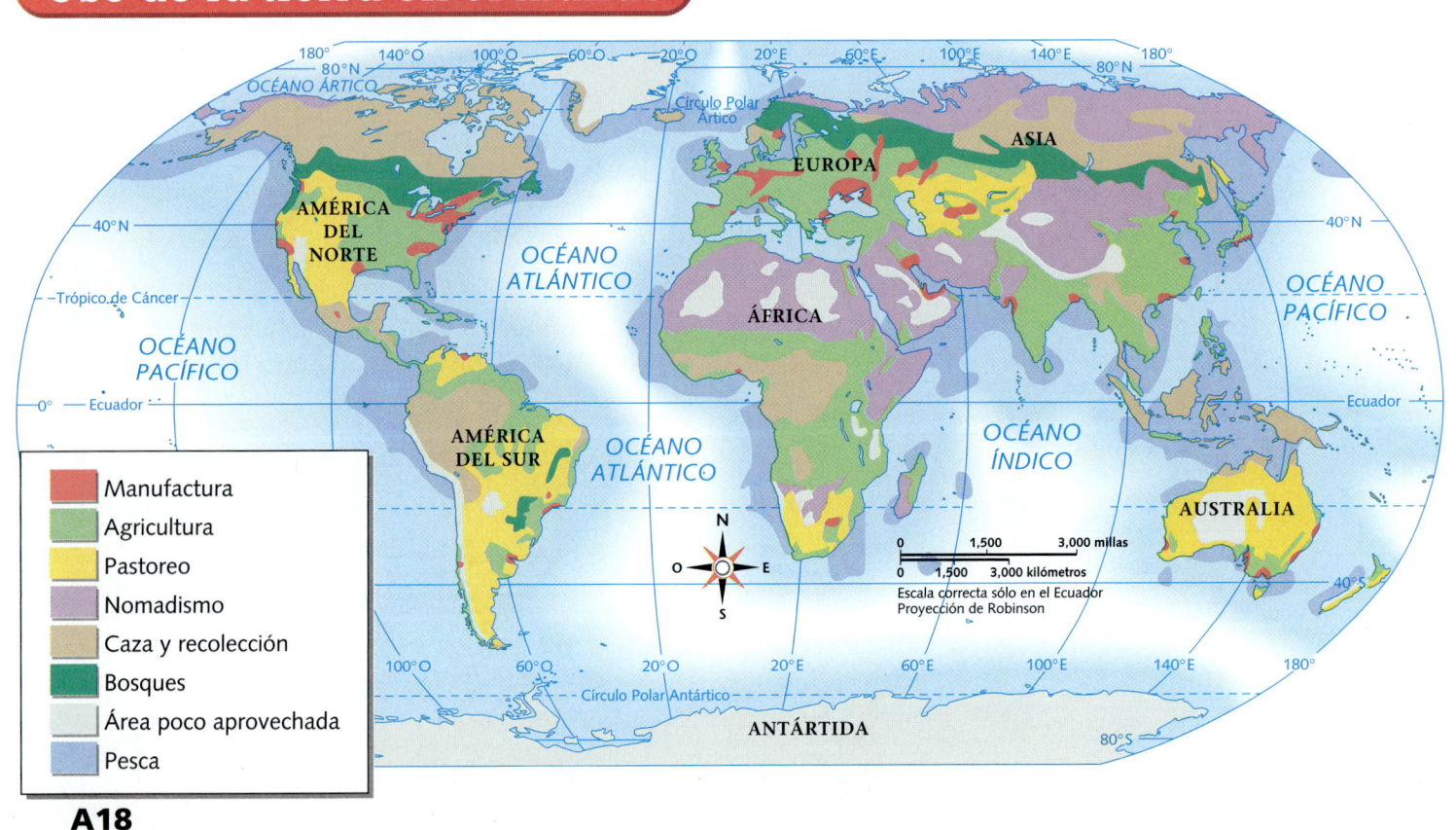

- Manufactura
- Agricultura
- Pastoreo
- Nomadismo
- Caza y recolección
- Bosques
- Área poco aprovechada
- Pesca

Atlas

Religiones del mundo

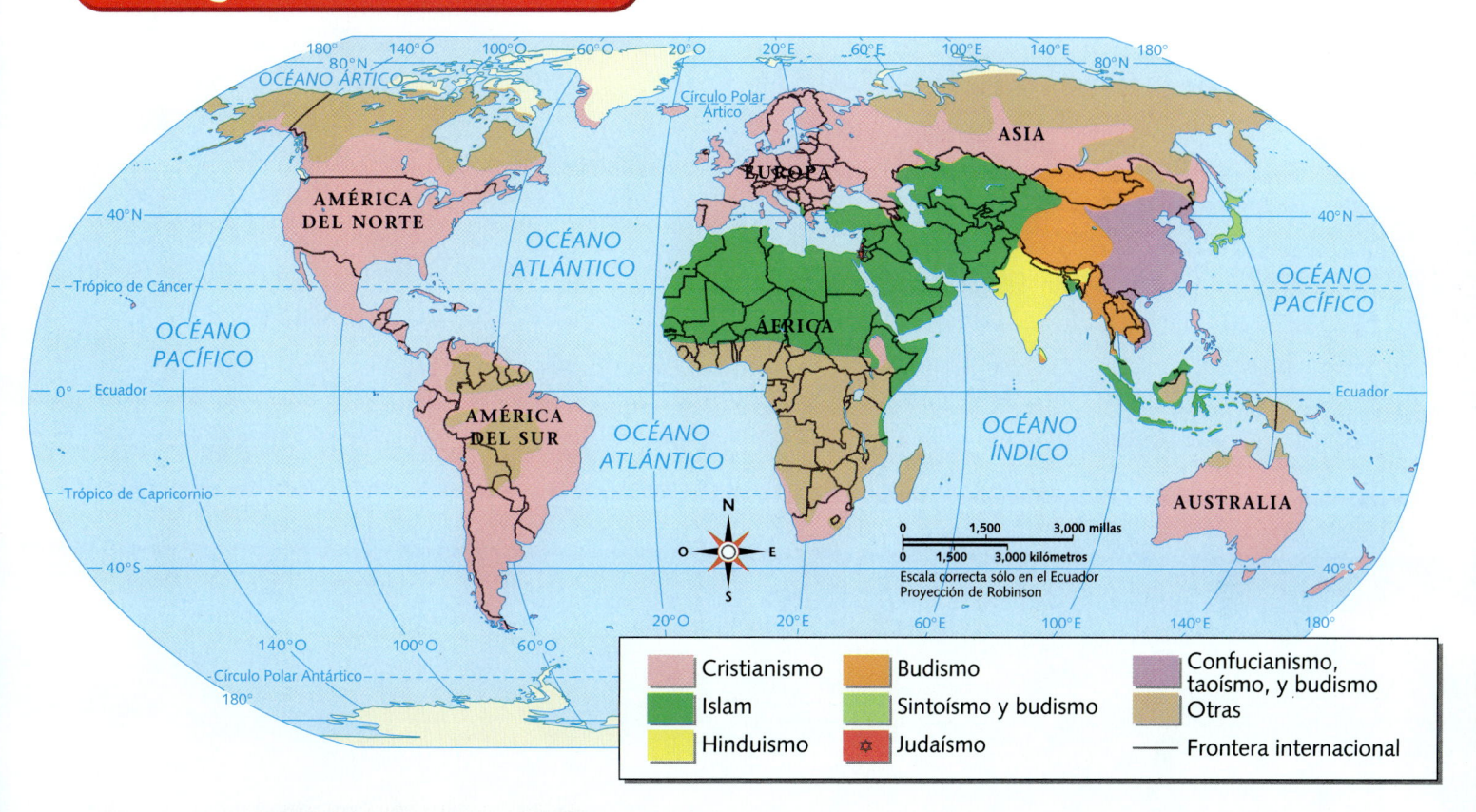

- Cristianismo
- Islam
- Hinduismo
- Budismo
- Sintoísmo y budismo
- Judaísmo
- Confucianismo, taoísmo, y budismo
- Otras
- Frontera internacional

Lenguas del mundo

- **Amerindias** (inuit, iroqués, quechua, etc.)
- **Indoeuropeas** (inglés, español, hindi, etc.)
- **Afroasiáticas** (hebreo, árabe, etc.)
- **Africanas** (yoruba, swahili, etc.)
- **Uraloaltaicas** (finlandés, húngaro, turco, etc.)
- **Dravídicas**
- **Sino-tibetanas** (chino, birmano, etc.)
- **Malayo-polinésicas** (hawaiano, filipino, etc.)
- **Japonés y coreano**
- **Otras**
- **Deshabitado**
- Frontera internacional

Atlas
Términos geográficos

arrecife banco de arena, roca o coral cerca de la superficie del mar

bahía entrada amplia de una masa de agua en el continente

cabo punta de tierra que penetra en el mar

canal parte más profunda de una masa o corriente de agua

cañón valle angosto y profundo bordeado por paredes abruptas

cascada caída de las aguas de un río producida por un desnivel del terreno

catarata caída importante de agua

colina elevación del terreno, menor que una montaña

cordillera cadena de montañas

costa franja de tierra al borde de una extensión de agua

cuenca gran depresión en el terreno en forma de tazón

delta área triangular rodeada por los brazos de un río en su desembocadura

desembocadura de río parte final de un río, donde éste vierte su caudal en otra masa de agua

desierto región muy seca con escasa o ninguna vegetación

duna colina de arena acumulada por el viento

estrecho canal relativamente angosto que comunica dos grandes masas de agua

estribaciones terreno con colinas al pie de una montaña

fiordo entrada profunda y angosta del mar en la costa, entre paredes altas y escarpadas

fuente de río lugar donde se origina un río o curso de agua

glaciar gran masa de hielo que se desplaza lentamente

golfo gran porción de mar que se interna en el continente, de mayores dimensiones que una bahía

isla tierra totalmente rodeada por agua

istmo franja muy angosta de tierra que une dos grandes masas de tierra

ladera lado o pendiente de una colina o montaña

lago masa de agua totalmente rodeada por tierra

laguna masa de agua poco profunda

límite forestal altitud por encima de la cual no crecen árboles debido al frío

línea de declive línea donde los ríos forman cascadas o rápidos al caer de tierras elevadas a otras más bajas

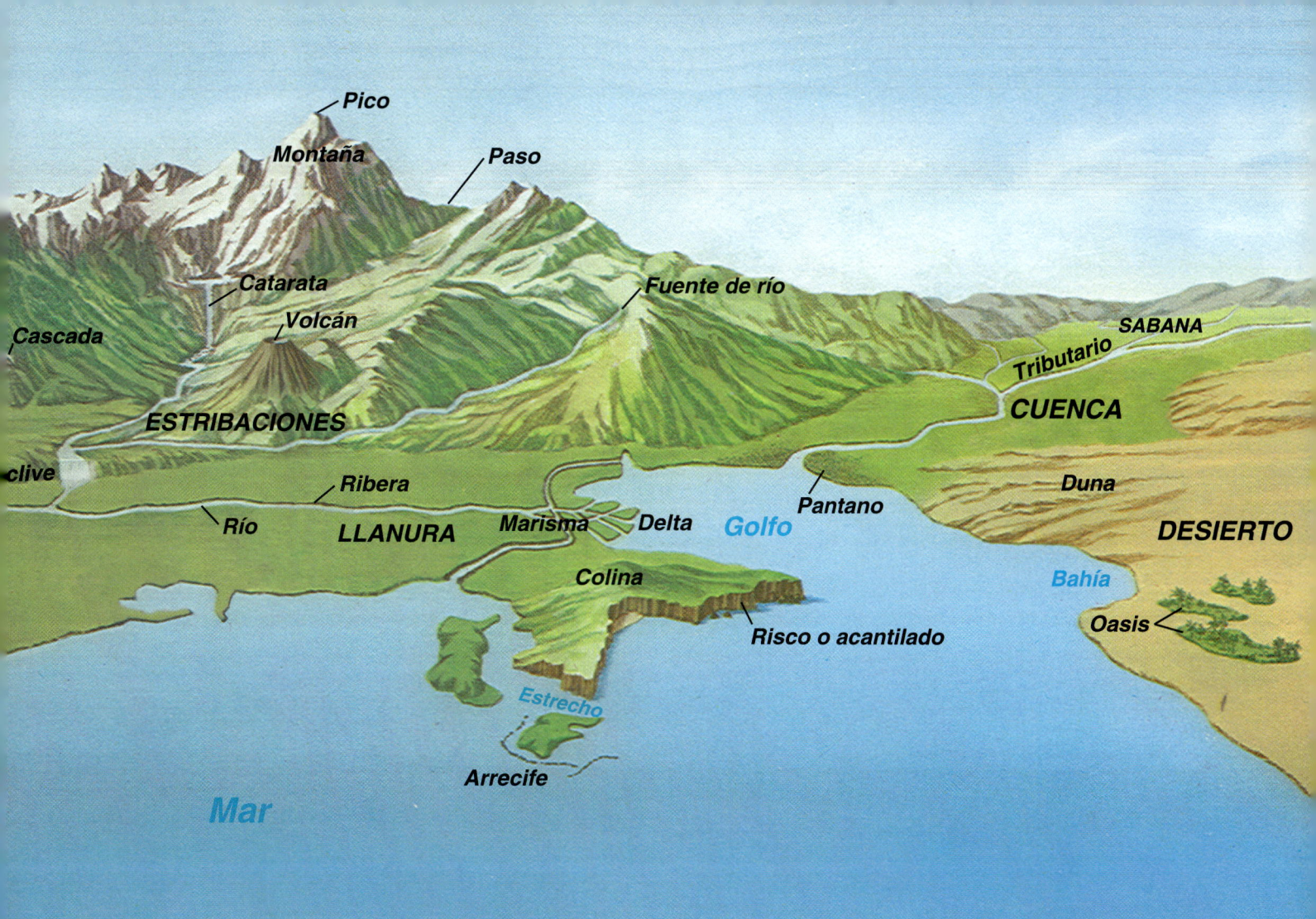

llanura planicie que está aproximadamente al nivel del mar

llanura aluvial llanura a orillas de un río cuyo terreno está formado por los sedimentos que el río deposita al inundarla

llanura costera región de tierra plana cerca del mar

mar masa de agua salada menor que un océano o que es parte de él

marisma terreno bajo y húmedo, a veces inundado, donde crecen pastos y juncos

mesa terreno plano muy elevado, con laderas escarpadas

meseta terreno llano que se encuentra a mayor altura que el nivel del mar

montaña gran elevación del terreno, que termina en picos

nivel del mar altitud a la que se encuentra la superficie del océano, equivalente a cero

oasis dentro de un desierto, zona con agua, vegetación y tierra fértil

océano cada una de las grandes extensiones de agua salada que cubren tres cuartas partes del planeta

pantano tierras bajas con árboles, generalmente cubiertas por agua

paso parte por la que se puede transitar entre dos montañas

península lengua de tierra unida a la costa y que está casi completamente rodeada por agua

pico cima de una montaña

ribera terreno a orillas de un río

río importante curso de agua

risco o acantilado pared alta y escarpada de roca o tierra

sabana llanura cubierta de pastos y matorrales

tributario corriente de agua que desemboca en otra de mayor caudal o en un lago o mar

valle terreno de forma alargada rodeado por colinas o montañas, generalmente recorrido por un curso de agua

volcán apertura de la corteza terrestre, frecuentemente elevada, a través de la cual salen durante una erupción roca, lava, cenizas y gases

INTRODUCCIÓN

¿POR QUÉ ESTUDIAR ESTUDIOS SOCIALES?

"Cada uno de ustedes ya ocupa el importante cargo de ciudadano. Con el tiempo, participarán cada vez más en los asuntos de su comunidad y necesitarán saber mejor qué significa ser un ciudadano. Los estudios sociales los ayudarán en esa tarea. Por esta razón, los estudios sociales es una materia importante en sus vidas."

Los autores de
Harcourt Brace Estudios sociales

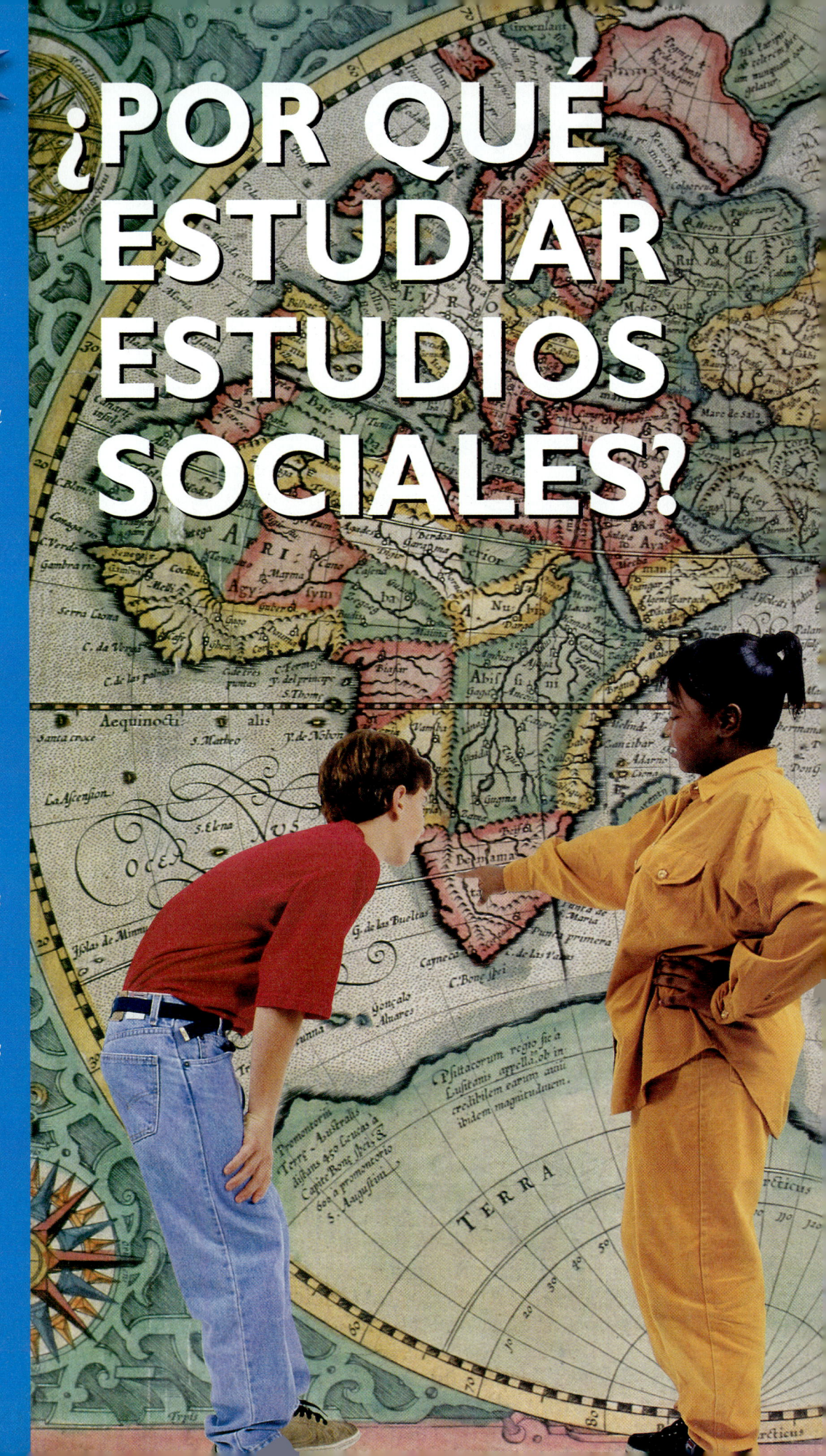

22

Los temas de estudios sociales

Piensa en los muchos grupos a los que perteneces. Tu familia, tu clase y tu comunidad constituyen grupos distintos, y tú formas parte de cada uno de ellos. También eres parte, o **ciudadano**, de tu ciudad, estado y país. Los ciudadanos luchan por mejorar los grupos a los que pertenecen y el mundo en que vivimos.

Al principio de cada lección de *Harcourt Brace Estudios sociales*, hay una pregunta que te ayudará a pensar, sentir y actuar como un ciudadano. Esta pregunta une cada lección con por lo menos uno de los cinco temas de estudios sociales; todo ciudadano necesita comprender esos temas antes de tomar decisiones. Con esa pregunta también podrás relacionar la lección con algún aspecto de tu vida. La lección te servirá para que comprendas en qué consiste ser un ciudadano, ya que muestra cómo era que pensaban, qué sentían y cómo actuaban las personas de otros lugares y épocas. Cada lección te permitirá organizar tus ideas en relación a por lo menos uno de los cinco temas de estudios sociales.

En esta pintura, el orador romano Cicerón da un discurso ante el senado romano. Al formar parte del gobierno, Cicerón y los senadores romanos desempeñaban su papel como ciudadanos.

Semejanza y diversidad

De cierta manera todos tenemos algo en común. Todos tenemos las mismas necesidades básicas: necesitamos alimento, ropa y vivienda. Todos nos reímos, nos enojamos y nos resentimos. Estos son ejemplos de nuestra semejanza, o lo que tenemos en común. Al mismo tiempo, necesitamos comprender que cada persona es diferente de las demás. Cada uno de nosotros tiene su propia manera de pensar, sentir y actuar. Ésa es nuestra diversidad. Saber que existen semejanzas y diversidad te servirá a reconocer que toda persona merece comprensión y respeto.

Conflicto y cooperación

Puesto que no todas las personas son iguales, es posible que surjan conflictos, o desacuerdos. Podemos superar los conflictos por medio de la cooperación, es decir, mediante la colaboración. En los estudios sociales aprenderás sobre algunos de los desacuerdos que han surgido a través de la historia; también aprenderás sobre las muchas maneras en que se han resuelto los desacuerdos. Asimismo aprenderás maneras de cooperar y solucionar los conflictos que encuentres a través de tu vida.

Aunque todos tenemos algo en común, cada uno de nosotros tiene su propia manera de pensar, sentir y actuar.

Continuidad y cambio

Mientras ciertas cosas cambian con el paso del tiempo, otras permanecen iguales. Muchas cosas han permanecido sin cambiar durante años y probablemente se mantengan así en el futuro. Esto significa que poseen continuidad. Comprender la continuidad y el cambio puede ayudarte a entender cómo es que las cosas han llegado a ser lo que son. Aprenderás que los acontecimientos del pasado han moldeado tu vida y que los acontecimientos actuales te pueden ayudar a tomar decisiones acerca del futuro.

Individualismo e interdependencia

Los ciudadanos pueden actuar por sí mismos para aportar algo a la humanidad. Sus acciones pueden ser útiles o perjudiciales. Sin embargo, generalmente no actuamos solos, sino que dependemos de la ayuda de otras personas, quienes, a su vez, necesitan de nosotros. Dependemos de nuestras familias, escuelas, grupos religiosos, gobiernos y otros grupos u organizaciones. Tal interdependencia nos une a todos los ciudadanos.

Interacción con ambientes diferentes

Nuestro comportamiento tiene un efecto en los demás y en el ambiente, o entorno, en que vivimos. Estas acciones influyen tanto en la geografía del lugar donde vivimos como en el hogar, la escuela o cualquier otro lugar al que pertenecemos. A la vez, esos ambientes nos afectan.

Comprender esas interacciones es importante si queremos saber por qué ocurrieron ciertas cosas en el pasado y por qué algunas cosas ocurren en la actualidad.

Comprender la interacción con el ambiente es fundamental para entender los estudios sociales. Todas las materias que conforman los estudios sociales están relacionadas. Aprenderás, por ejemplo, que la historia, o el estudio del pasado, está relacionada con la geografía, o el estudio de la superficie de la Tierra y sus habitantes. La educación cívica y gobierno, que es el estudio de cómo convivimos en nuestra comunidad, están relacionados con la economía, que es el estudio de cómo usamos los recursos. Y todas estas materias están relacionadas con el estudio de la cultura. La cultura es el modo de vida de un grupo de personas e incluye las costumbres, las ideas y las prácticas. Juntas, todas estas materias tratan cómo hemos vivido a través del tiempo y qué contribuciones hemos hecho. La comprensión de todo esto te permitirá aprender a desempeñarte como ciudadano.

REPASO *¿Cuáles son los cinco temas de los estudios sociales?*

Cuando asistes a una reunión del gobierno estudiantil (arriba), votas en las elecciones de tu escuela (arriba, abajo), o participas en una campaña electoral en tu escuela (arriba), te estás desempeñando como un ciudadano. La comprensión de cada uno de los cinco temas de estudios sociales te ayudará a tomar decisiones como ciudadano.

Introducción • 25

Lectura e investigación

Lee estudios sociales

1. ¿Por qué aprender esta destreza?

Los estudios sociales están compuestos por numerosos relatos acerca de personajes históricos, lugares y acontecimientos. A veces lees esos relatos en libros de la biblioteca. Otra veces los lees en libros de texto como éste. Saber leer los libros de estudios sociales puede ayudarte a estudiar y a hacer la tarea. También te ayudará a identificar las ideas principales y a aprender los personajes históricos, lugares y acontecimientos.

▲ En la Presentación de la unidad aparece un mapa que muestra dónde tuvieron lugar los importantes acontecimientos sobre los que vas a leer. Ahí también aparece una línea cronológica que muestra el orden en que ocurrieron los acontecimientos. En algunos casos puede haber otra línea cronológica con personajes históricos, lugares o acontecimientos.

2. Anticipación de la unidad

El libro de texto está dividido en seis unidades. En las primeras páginas de cada unidad aparece una presentación. Esas páginas te permitirán predecir el contenido de la unidad.

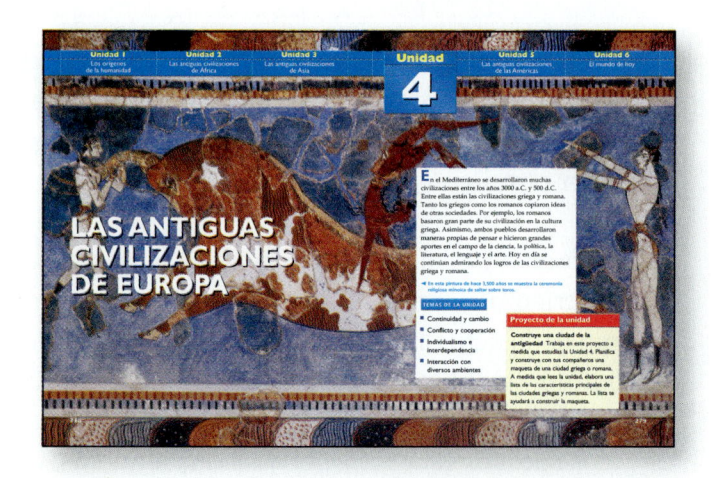

▲ Al principio de cada unidad hay un resumen corto y una lista de los temas de estudios sociales pertinentes. Ahí también leerás sobre el proyecto que debes realizar a medida que lees la unidad.

▲ En cada unidad aparece por lo menos una selección literaria que te ayudará a comprender la época y el lugar que estudias.

26 • Introducción

3. Las partes de la lección

En cada unidad hay dos capítulos y en cada capítulo hay varias lecciones. A continuación aparecen las primeras dos páginas y las últimas dos páginas de cada una lección.

La línea cronológica muestra el período en que ocurrieron los acontecimientos presentados en la lección.

Esta pregunta sirve para establecer una conexión con la vida actual.

Esta declaración es la idea principal de la lección. Indica qué vas a aprender a medida que lees.

Estos son los términos nuevos que aprenderás en la lección.

Los términos del vocabulario que aparecen por primera vez, vienen resaltados en amarillo.

Tanto las unidades como los capítulos y las lecciones terminan en un repaso. En el repaso puede haber una línea cronológica que muestra el orden en que ocurrieron los acontecimientos de la lección. Las respuestas y actividades del repaso sirven para que compruebes tu comprensión y para que demuestres lo que has aprendido.

Introducción • 27

Lectura e investigación continúa

4. Comprende el proceso

Puedes seguir los siguientes pasos al leer cualquier lección de este libro:

1 Anticipa el contenido de la lección.
- Lee el título y los encabezados para determinar de qué trata la lección.
- Observa las ilustraciones, los pies de foto y las preguntas para determinar el contenido de la lección.
- Responde la pregunta del Enfoque, que aparece al comienzo de la lección, para determinar qué relación hay con el presente.
- Lee la declaración de la Idea principal para conocer el concepto más importante que se desarrolla en la lección.
- Observa la lista del Vocabulario para que veas qué términos nuevos se introducen.

2 Lee la lección para obtener información sobre la idea principal. A medida que leas encontrarás varias preguntas identificadas con el encabezado **REPASO**. Procura responder estas preguntas antes de seguir leyendo la lección.

3 Cuando termines de leer la lección, di en tus propias palabras lo que has aprendido.

4 Repasa la lección. Luego responde las preguntas del Repaso de la lección sin consultar el libro. Estas preguntas te ayudarán a comprobar lo que has aprendido. Con la actividad del final del Repaso puedes demostrar lo que sabes.

28 • Introducción

5. Otras secciones del libro

En tu libro aparecen otras secciones que te ayudarán a aprender. En esta página aparecen algunas.

▲ Las lecciones de Destrezas sirven para que desarrolles habilidades básicas para el estudio. También sirven para que desarrolles la destreza de ser un buen ciudadano en tus relaciones con los demás.

▲ Las páginas de Puntos de contraste sirven para que comprendas los puntos de vista que las personas pueden tener sobre un mismo asunto.

▲ La sección llamada Los estudios sociales y tú sirve para que aprendas sobre la relación que existe entre los estudios sociales y tu vida y la vida de otros.

Al final del libro hay una sección llamada Para tu referencia. En ella aparecen las siguientes fuentes:
- Cómo reunir y presentar información
- Almanaque
- Diccionario biográfico
- Diccionario geográfico
- Glosario
- Índice

6. Piensa y aplica

Usa los cuatro pasos de Comprende el proceso cada vez que leas una lección en *Harcourt Brace Estudios sociales*.

Introducción • 29

Historia

La historia te permite ver los vínculos entre el pasado y el presente. También te permite comprender mejor cómo lo que sucede hoy puede influir en el futuro. La historia estudia tanto lo que sucedió el mes pasado y el año pasado como lo que ocurrió en la antigüedad.

A medida que leas acerca de personajes históricos, lugares y acontecimientos del pasado, hazte las cuatro preguntas que vienen a continuación. Ellas te ayudarán a pensar como un historiador, es decir, una persona que estudia el pasado.

- ¿Qué ocurrió?
- ¿Quién participó?
- ¿Cuándo ocurrió?
- ¿Cómo y por qué ocurrió?

¿Qué ocurrió?

Para saber lo que realmente ocurrió en el pasado, necesitas evidencias. Puedes hallar las evidencias estudiando dos tipos de fuentes: primarias y secundarias. Los historiadores usan ambos tipos de fuentes cuando escriben acerca de la historia.

Las **fuentes primarias** son los registros hechos por las personas que presenciaron o participaron en un acontecimiento. Estas personas pueden haber escrito sus ideas en un diario, contado los hechos en una carta o un poema, tomado una fotografía, hecho una película o pintado un cuadro. Cada uno de estos registros es una fuente primaria que nos conecta directamente con el pasado.

Reloj de arena (arriba), escritura antigua del suroeste de Asia (centro), mural egipcio (abajo)

Una **fuente secundaria** es un vínculo indirecto con un acontecimiento. Es un registro escrito por alguien que no estuvo presente cuando ocurrieron los hechos. Ejemplos de fuentes secundarias son un artículo de una revista, una nota periodística o un libro escrito posteriormente por alguien que sólo oyó o leyó sobre el acontecimiento. Una nota periodística puede ser una fuente primaria y secundaria simultáneamente.

Cuando no existen registros de un acontecimiento, los historiadores reúnen pruebas con la ayuda de los arqueólogos. Los arqueólogos estudian los edificios, las herramientas y otros objetos que la gente hace y usa. Basándose en el estudio de estos objetos, los arqueólogos forman opiniones acerca de las personas y lugares del pasado.

En este libro estudiarás muchos tipos de fuentes primarias y secundarias. Cada lección contiene fuentes primarias, como las palabras e imágenes creadas por personas del pasado. También contiene fuentes secundarias, como las descripciones hechas por historiadores. Los mapas, gráficas, selecciones de literatura, dibujos y diagramas también contribuyen a narrar la historia.

Los arqueólogos estudian los objetos hechos o usados por las personas del pasado. Este arqueólogo está inspeccionando una antigua tumba maya en lo que hoy es México.

Las personas del pasado a menudo se valían de la palabra hablada, en vez de la palabra escrita, para narrar el pasado. A la izquierda aparece una pintura del siglo XIX que muestra a un narrador indígena. A la derecha aparece un narrador actual que mantiene atentos a un grupo de estudiantes con un relato acerca del pasado.

Introducción • 31

¿Quién participó?

Para comprender los acontecimientos del pasado, necesitas saber sobre las personas que participaron en ellos y sobre la época y el lugar en que vivieron. Esto te permitirá entender sus acciones y creencias. La comprensión de cómo actuaba y qué creía la gente en el pasado se llama **empatía histórica**. A través de la empatía histórica podemos hacer que el pasado cobre vida.

A medida que lees las palabras de una persona del pasado puedes entender su **perspectiva**, o punto de vista. La perspectiva de una persona depende de si la persona es joven o vieja, hombre o mujer, rica o pobre. La perspectiva de una persona también depende de la cultura y la raza. Tu conocimiento de la historia aumentará cuando estudies las perspectivas de las personas que vivieron los acontecimientos. Esto también te ayudará a entender que tú y las personas de otros lugares y épocas tienen mucho en común.

La historia pone a tu alcance escenas del pasado.

¿Cuándo ocurrió?

Una forma de reconstruir el pasado es la organización de acontecimientos en el orden en que ocurrieron. Esta organización de acontecimientos es una **cronología**. A medida que leas este libro notarás que está organizado en orden cronológico. Los acontecimientos que se describen al comienzo del libro sucedieron antes que los que se describen al final.

En este libro aparecen muchas líneas cronológicas que te ayudarán a entender la cronología de los acontecimientos. Una línea cronológica es un diagrama que muestra los acontecimientos que sucedieron durante un período determinado, en el orden en que sucedieron. Algunas líneas cronológicas cubren un período de un mes o un año. Otras abarcan 10 años, 100 años o 1,000 años. Las líneas cronológicas te pueden ayudar a entender cómo un acontecimiento puede haber llevado a otro.

¿Cómo ocurrió y por qué?

Muchos acontecimientos de la historia están relacionados a otros acontecimientos. Para encontrar las conexiones que hay entre los acontecimientos deberás identificar las causas y sus efectos. Una **causa** es cualquier acción que hace que algo suceda. Lo que sucede a causa de esa acción es un **efecto**. Los historiadores han descubierto que algunos acontecimientos tienen muchas causas y muchos efectos.

Para comprender un acontecimiento debes **analizar** sus causas y efectos. El análisis es una manera de razonar: consiste en dividir algo en partes y examinar con atención la manera en que esas partes están relacionadas. Una vez analizado un acontecimiento, se puede resumir o sacar una conclusión de cómo ocurrió y por qué.

REPASO ¿Qué preguntas puedes hacer cuando lees sobre el pasado?

Hace trescientos años

Hace doscientos años

Hace cien años

Presente

Las líneas cronológicas sirven para comprender *cuándo* ocurrió algo.

Destrezas

Participación

Trabaja en grupo

1. ¿Por qué aprender esta destreza?

Te será más fácil realizar ciertos proyectos de estudios sociales con un compañero o en grupo. Así, cada uno puede hacer una parte del proyecto. Para que un proyecto en grupo se pueda llevar a cabo debidamente, es necesario que cada integrante coopere con los demás. Es importante que los estudiantes y los ciudadanos desarrollen la destreza de saber cómo cooperar.

2. Comprende el proceso

Imagínate que estás trabajando con otros estudiantes en un proyecto de grupo, por ejemplo, una obra de teatro sobre la vida cotidiana en la antigüedad. Los siguientes pasos les pueden ser útiles:

1 Organicen y planifiquen el proyecto juntos.
- Establezcan un objetivo.
- Expresen sus ideas.
- Cooperen en la planificación del proyecto.
- Asegúrense de que todos tengan una tarea que desempeñar.

2 Ejecuten el plan juntos.
- Responsabilícense de la tarea que les corresponde.
- Ayúdense entre sí.
- Si surgen conflictos, dediquen tiempo para hablar sobre ellos y solucionarlos.
- Una vez que terminen el proyecto, muéstrenlo al resto de la clase.

3 Conversen acerca del proyecto que hicieron.
- Conversen acerca de lo que aprendieron trabajando en grupo.
- Conversen acerca de lo que pudieron haber hecho de otra manera para que el grupo funcionara mejor.

3. Piensa y aplica

Sigue estos pasos cuando realices las actividades de grupo en *Harcourt Brace Estudios Sociales*.

Estos estudiantes están ensayando una obra de teatro sobre la vida cotidiana en Egipto.

34 • Introducción

Geografía

Todos los acontecimientos acerca de los que leerás en este libro suceden en un ambiente determinado. El ambiente incluye el lugar donde ocurrió el acontecimiento. El conocimiento de los lugares es una parte importante de la **geografía**, o el estudio de la superficie de la tierra y la manera en que los seres humanos la usan. Los **geógrafos**, o las personas que estudian geografía, usan los siguientes temas y preguntas cuando estudian un lugar:

- **Ubicación**
  ¿Dónde está?
- **Lugar**
  ¿Cómo es?
- **Relaciones entre el ser humano y el ambiente**
  ¿Qué efecto tiene el lugar en las personas que lo habitan?
  ¿Qué efecto tienen las personas en el lugar que habitan?
- **Movimiento**
  ¿Cómo y por qué las personas, ideas y bienes entran o salen del lugar?
- **Regiones**
  ¿En qué se parece este lugar a otros lugares? ¿En qué se diferencia?

Las respuestas a estos temas y preguntas te ayudarán a entender el ambiente donde ocurre un acontecimiento. Estos cinco temas son tan importantes que se les suele llamar los cinco temas de la geografía.

Ubicación

Todas las cosas que existen en la Tierra tienen una ubicación. Al conocer tu ubicación puedes informar a otras personas dónde te encuentras. También puedes tomar conciencia del mundo que te rodea.

Para saber el lugar exacto donde vives, ya sea un pueblo o una ciudad, puedes usar los números y nombres de tu dirección. Para saber la **ubicación absoluta**, o lugar exacto, en la Tierra, puedes usar los números de tu "dirección en el globo terrestre". Esos números corresponden al conjunto de líneas imaginarias que se trazan sobre los globos terráqueos y mapas.

La ubicación de un lugar también puede describirse en relación a la ubicación de otros lugares. Cuando dices que un lugar está cerca de algo, o rodeado por algo, estás describiendo su **ubicación relativa**. Por ejemplo, puedes decir que Roma está al sur de Amsterdam.

Lugar

Todos los lugares de la Tierra tienen características especiales que los diferencian de otros lugares. A un lugar se le puede describir por sus **características físicas**: los accidentes del terreno, las masas de agua, el clima, el suelo, la vida animal y vegetal, y otros recursos naturales. Muchos lugares también tienen **características humanas**: los edificios, los puentes, las granjas, las carreteras y los habitantes. La cultura, o modo de vida de los habitantes, también diferencia a los lugares.

En esta fotografía de Copenhagen, Dinamarca, se puede apreciar las características físicas y humanas de un lugar.

Interacción entre los seres humanos y el ambiente

Los seres humanos y el ambiente interaccionamos, o influimos unos en los otros. Las personas nos relacionamos con el ambiente en formas distintas. Algunas veces lo modificamos: cortamos árboles para cultivar, construimos ciudades y pueblos, o lo contaminamos. El ambiente a su vez puede modificar el comportamiento de las personas. Por ejemplo, las personas que viven en lugares fríos usan ropas abrigadas. Ciertos fenómenos naturales, como los huracanes, los tornados y los terremotos, pueden alterar profundamente nuestras vidas.

Los seres humanos y el ambiente se influyen mutuamente de diversas maneras. Esta fotografía muestra la manera en que los habitantes reaccionan cuando el río Rojo, Vietnam, se desborda.

Movimiento

A diario los habitantes de distintas partes del país y del mundo establecemos relaciones. Estas formas de interacción implican movimiento. Las personas, los productos y las ideas se desplazan por medio del transporte y las comunicaciones. La geografía te ayuda a comprender las causas y los efectos de este movimiento. También te ayuda a entender por qué es que vivimos donde lo hacemos.

Emigrantes de otros países, estas personas celebran el haberse convertido en ciudadanos de Estados Unidos.

36 • Introducción

Las regiones

Las **regiones** son áreas de la Tierra cuyas características las diferencian de otras áreas. Una región puede describirse por las características físicas que predominan en ella, como las montañas o un clima seco. Una región también puede describirse por sus características humanas, como la lengua que habla la mayoría de la población o la forma de gobierno. A veces las regiones se describen en términos de las características políticas, culturales o económicas del lugar.

Se suele dividir las regiones grandes en regiones más pequeñas, que son fáciles de comparar. Algunos geógrafos que estudian la superficie de la Tierra y sus habitantes, dividen las grandes extensiones de territorio en regiones cuyos nombres reflejan sus ubicaciones relativas. El enorme territorio de Asia se suele dividir en las siguientes regiones: el norte de Asia, Asia central, el sur de Asia, el suroeste de Asia, el sureste de Asia y Asia oriental. Los países que quedan en estas regiones tienen características similares. Ya que están en la misma región de Asia, tienen el mismo tipo de accidentes geográficos, clima y recursos naturales.

REPASO *¿Cuáles son los cinco temas de la geografía?*

APRENDER CON DIAGRAMAS
Solemos agrupar a los 50 estados en cinco regiones. Los estados de cada región están en la misma parte del país.
■ *¿En qué región de Estados Unidos se encuentra el estado donde vives?*

Regiones de Asia

Introducción • 37

Mapas y globos terráqueos

Interpreta un mapa

1. ¿Por qué aprender esta destreza?

Para responder preguntas sobre el mundo que te rodea, necesitas información. Puedes obtener información estudiando mapas. Los mapas ofrecen información acerca del mundo ya que expresan por lo menos uno de los cinco temas de la geografía. Es importante desarrollar la destreza de saber interpretar mapas tanto para aprender estudios sociales como para actuar como un ciudadano.

2. Las partes de un mapa

Los mapas son dibujos que muestran la Tierra o parte de la Tierra en una superficie plana. Los cartógrafos incluyen en la mayoría de los mapas ciertos elementos que nos ayudan a interpretarlos. Estos elementos son el título, la clave, la rosa de los vientos, el ubicador, la escala y un mapa de recuadro. A veces los cartógrafos colocan una cuadrícula de líneas numeradas en los mapas para que los lugares sean más fáciles de ubicar.

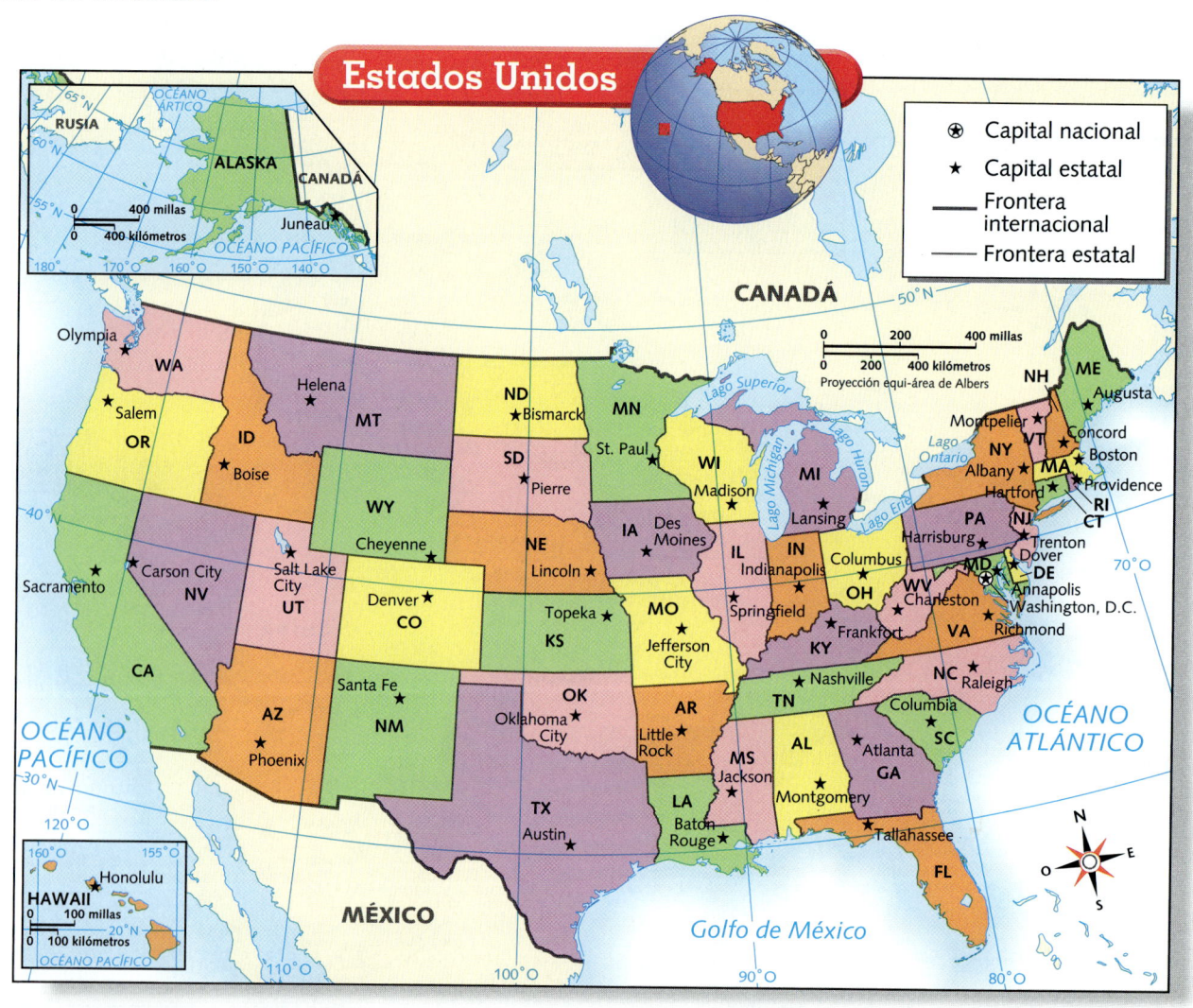

38 • Introducción

El **título del mapa** indica el tema. ¿Qué es el título del mapa de la página 38? El título también sirve para saber qué tipo de mapa es. Los mapas físicos muestran accidentes del terreno y masas de agua. En este tipo de mapa, el sombreado indica dónde están las colinas y las montañas. Los mapas políticos muestran ciudades y fronteras nacionales, o límites. Muchos de los mapas que aparecen en este libro son mapas históricos y muestran regiones del mundo tal como lo fueron en el pasado. Cuando observes un mapa, lee el título para saber de qué trata.

La **clave del mapa**, que también se llama leyenda, explica el significado de los símbolos que aparecen en el mapa. Los símbolos pueden ser colores, diseños, líneas u otras marcas especiales, como círculos, triángulos o cuadrados. La clave del mapa de la página 38 nos dice que las estrellas representan capitales estatales. ¿Qué símbolo se usa para representar las capitales nacionales?

La **rosa de los vientos** indica los **puntos cardinales**: norte, sur, este y oeste. La rosa de los vientos también sirve para determinar los **puntos intermedios**, que están situados entre los puntos cardinales. Los puntos intermedios son: noreste, noroeste, sureste y suroeste.

El **ubicador** es un mapa pequeño o un globo terráqueo que muestra dónde está el área que aparece en el mapa en relación a un estado, país, continente o el mundo. El ubicador del mapa de Estados Unidos de la página 38 es un globo terráqueo que muestra a América del Norte; ahí Estados Unidos aparece pintado de rojo.

La **escala del mapa** nos permite comparar las distancias que aparecen en un mapa con las distancias reales. Con la escala del mapa se puede determinar la distancia real que existe entre los lugares. Todos los mapas de este libro tienen una escala tanto en millas como en kilómetros.

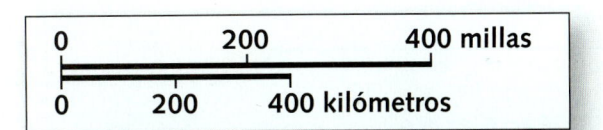

Las escalas varían de acuerdo a la cantidad de superficie que se muestre. El mapa de Estados Unidos que aparece en la página 28 incluye dos mapas más pequeños, uno de Alaska y otro de Hawaii. Un mapa pequeño que aparece incluido en un mapa más grande se llama **mapa de recuadro**. Alaska y Hawaii aparecen dentro de una casilla para indicar que son mapas de recuadro. Los mapas de recuadro tienen sus propias escalas. Este tipo de mapa permite mostrar los lugares con más detalle o mostrar los lugares que no están en el área que se muestra en el mapa principal.

Introducción • 39

Destrezas

Mapas y globos terráqueos continúa

En un mapa, las líneas norte-sur y este-oeste se entrecruzan y forman una estructura de cuadrados llamada **cuadrícula**. Las líneas este-oeste son **líneas de latitud**. Las líneas norte-sur son **líneas de longitud**. Con la cuadrícula se puede encontrar la ubicación absoluta, o dirección, de un lugar.

3. Comprende el proceso

Usa el mapa de Venezuela que aparece en esta página para responder a las siguientes preguntas:

1. ¿Qué es el título del mapa?
2. ¿Con que tres países limita Venezuela?
3. ¿En qué dirección viajarías si fueras de Valencia a Canaima?
4. Observa la clave del mapa. ¿Con qué símbolo se representa la capital nacional?
5. ¿Cuál es la línea de longitud más cercana a Barcelona?
6. Observa el ubicador. ¿Cómo se expresa la ubicación de Venezuela?
7. Observa la escala del mapa. ¿Cuánto mide la línea que representa 200 millas?
8. Observa el mapa de recuadro. ¿Qué región aparece en el mapa de recuadro?

4. Piensa y aplica

Observa el mapa de Venezuela. Identifica las partes del mapa. Conversa con un compañero sobre los datos de Venezuela que aparecen en el mapa.

40 • Introducción

Educación cívica y gobierno

La educación cívica y gobierno es el estudio de la ciudadanía y la forma en que los ciudadanos se gobiernan. Un gobierno es el conjunto de gobernantes y leyes que nos permiten convivir en una comunidad, estado o nación.

En *Las antiguas civilizaciones* aprenderás cómo funcionaban los gobiernos en el pasado. También aprenderás sobre las distintas formas de gobierno que existen en el mundo actual.

Economía

La **economía** de un país es la forma en que los habitantes usan los recursos para satisfacer sus necesidades. El estudio de cómo satisfacemos las necesidades básicas también se llama economía. En este libro leerás sobre la manera en que las personas del pasado fabricaron, compraron, vendieron e intercambiaron bienes para obtener lo que necesitaban o deseaban. Estudiarás distintos sistemas económicos, desde los más simples, en la antigüedad, hasta los más complejos, en el presente, y cómo se desarrollaron.

Cultura

En este libro aprenderás acerca de personas del pasado que influyeron en el presente. Aprenderás quiénes fueron esas personas, qué aspecto tenían, cómo hablaban y actuaban. Examinarás sus costumbres y creencias, y su manera de pensar y expresar ideas. También estudiarás sus familias y comunidades. Todos estos aspectos forman parte de la cultura. Cada grupo humano, o **sociedad**, tiene una cultura. En este libro descubrirás muchas culturas, pasadas y actuales, de la historia de nuestro mundo.

REPASO *¿Qué aprendes cuando estudias educación cívica y gobierno, economía y cultura?*

Introducción • 41

Unidad 1

Unidad 2
Las antiguas civilizaciones de África

Unidad 3
Las antiguas civilizaciones de Asia

LOS ORÍGENES DE LA HUMANIDAD

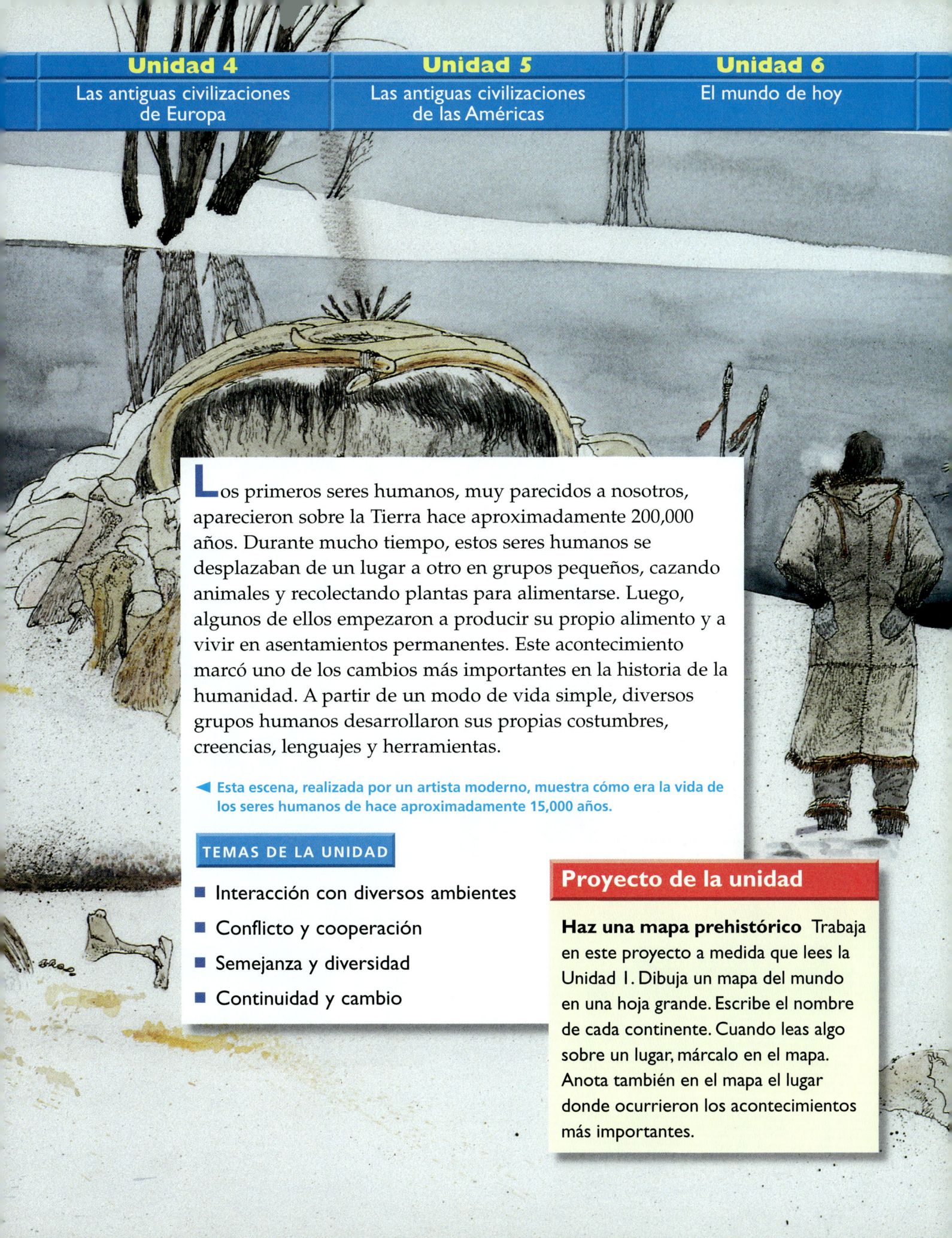

Unidad 4	Unidad 5	Unidad 6
Las antiguas civilizaciones de Europa	Las antiguas civilizaciones de las Américas	El mundo de hoy

Los primeros seres humanos, muy parecidos a nosotros, aparecieron sobre la Tierra hace aproximadamente 200,000 años. Durante mucho tiempo, estos seres humanos se desplazaban de un lugar a otro en grupos pequeños, cazando animales y recolectando plantas para alimentarse. Luego, algunos de ellos empezaron a producir su propio alimento y a vivir en asentamientos permanentes. Este acontecimiento marcó uno de los cambios más importantes en la historia de la humanidad. A partir de un modo de vida simple, diversos grupos humanos desarrollaron sus propias costumbres, creencias, lenguajes y herramientas.

◀ Esta escena, realizada por un artista moderno, muestra cómo era la vida de los seres humanos de hace aproximadamente 15,000 años.

TEMAS DE LA UNIDAD

- Interacción con diversos ambientes
- Conflicto y cooperación
- Semejanza y diversidad
- Continuidad y cambio

Proyecto de la unidad

Haz una mapa prehistórico Trabaja en este proyecto a medida que lees la Unidad 1. Dibuja un mapa del mundo en una hoja grande. Escribe el nombre de cada continente. Cuando leas algo sobre un lugar, márcalo en el mapa. Anota también en el mapa el lugar donde ocurrieron los acontecimientos más importantes.

UNIDAD 1
PRESENTACIÓN

OCÉANO ATLÁNTICO

EUROPA

Valle del Neander ALEMANIA

Cro-Magnon FRANCIA

Río Rin · Alpes · Pirineos · Río Danubio · Mar Negro · Cáucaso · Mar Caspio · Río Volga · Río Kama · Río Tigris · Río Éufrates · Montes Atlas · Mar Mediterráneo · Mar Rojo

ÁFRICA

Río Nilo · Río Congo · Lago Victoria · Lago Turkana

Hadar ETIOPÍA
Bodo ETIOPÍA
Nariokotome KENIA
Olduvai TANZANIA
Laetoli TANZANIA

Leyenda
- ● Hallazgos de fósiles humanos
- ▓ Antiguos asentamientos de Asia y África

Productos agrícolas
- Cebada
- Algodón
- Lino
- Mijo
- Arroz
- Ajonjolí
- Trigo

Hace 25,000 años | Hace 20,000 años | Hace 15,000 años

Hace 25,000 años
Todos los seres humanos son cazadores y recolectores
PÁGINA 55

Hace 10,000 años
Los seres humanos comienzan a cultivar sus alimentos
PÁGINA 64

44

África, Europa y Asia

Mapa

- **Zhoukoudian**, CHINA
- **Trinil**, INDONESIA (Java)

Etiquetas geográficas: ASIA, HIMALAYA, Río Ob, Río Irtysh, Río Amur, Huang He, Chang Jiang, Río Mekong, Río Ganges, Río Indo, Río Sutlej, Mar de Ojotsk, Mar de Japón, Mar de China Oriental, Mar de China Meridional, Golfo de Bengala, OCÉANO PACÍFICO, OCÉANO ÍNDICO

Escala: 0 – 800 – 1,600 millas / 0 – 800 – 1,600 kilómetros
Proyección cilíndrica de Miller

Rosa de los vientos: N, S, E, O

Línea de tiempo

Hace 10,000 años — Hace 5,000 años — Presente

Hace 5,500 años
Se establecen las primeras ciudades
PÁGINA 85

Hace 4,000 años
Se inventa la rueda en Mesopotamia
PÁGINA 89

Hace 2,600 años
Aparecen las primeras monedas
PÁGINA 112

ESTABLECE EL ESCENARIO con la literatura

El muchacho de la cueva pintada

Justin Denzel

Los artistas primitivos usaron las huellas de sus manos para crear esta pintura rupestre que se encontró en Argentina, América del Sur.

En rocosos acantilados de África y en cuevas de Europa y América, los seres humanos primitivos dejaron imágenes de cómo era la vida hace miles de años. Los artistas primitivos cubrieron las paredes y las rocas de las cuevas con bellas pinturas. Algunas de ellas son diseños realizados con huellas de manos; otras muestran en escenas magníficas los animales que ellos cazaban para alimentarse.

Nadie sabe con seguridad por qué los seres humanos primitivos comenzaron a pintar. Quizás lo hacían como parte de sus rituales religiosos; o quizás deseaban dejar una muestra del momento en que vivieron.

Tao y Barba Gris son los protagonistas de esta historia que tiene lugar en la Edad de Piedra, hace más de 30,000 años, una época en que la gente usaba piedras para fabricar herramientas y armas. Tao es un muchacho que está fascinado por los animales salvajes de los que su pueblo depende para satisfacer sus necesidades. Él sueña con convertirse en un pintor de cuevas como Barba Gris. Al leer este relato vas a conocer a seres humanos de la Edad de Piedra, que dependían para su supervivencia de los recursos naturales del medio ambiente.

Tao hizo una mueca al ver el rostro de agotamiento, los pómulos hundidos. Si bien estaba preocupado no quería demostrarlo, pues sabía que eso no le gustaría al anciano.

—La cueva está lista —dijo Tao—. Pero antes debes descansar y alimentarte.

Sacó algo de carne y pescado secos de su bolsa de cuero, y ambos se sentaron a comer apoyados en un viejo roble. Tao se preguntaba si el anciano recordaba su promesa.

Cuando terminaron, se pusieron en camino atravesando el valle. Barba Gris se detenía con frecuencia y hurgaba con su lanza en los lechos de los arroyos y en las orillas pedregosas, buscando algo. Cuando lo encontró, escarbó con un palito y sacó un puñado de tierra roja brillante.

—Toma —dijo mientras la echaba en una bolsa de piel vacía—. Esto nos servirá para hacer pintura roja. Ahora debemos buscar amarillos y blancos.

Los artistas primitivos usaban útiles similares a éstos. Sobre esta piedra de afilar descansan dos piedras utilizadas para esculpir, algunos pedazos de manganeso y ocre para pintar, y un raspador de pintura.

—Yo tengo arcilla amarilla —dijo Tao. El anciano sí se acordaba.

—Bien. Podemos sacar polvo de cal al pie de los acantilados para mezclarlo y aclarar los colores.

Después de conseguir toda la tierra roja, blanca y amarilla que necesitaban, subieron a los acantilados por el camino fácil que Barba Gris había encontrado. Cuando llegaron a la Cueva Escondida, quitaron las ramas que cubrían la entrada para dejar que penetrara la luz del sol.

Dentro de la cueva, Barba Gris se sentó en el suelo y Tao se acuclilló junto a él. El anciano virtió un poco de tierra roja en una de las rocas con forma de plato que Tao había recogido; luego, usando una piedra lisa y redonda, comenzó a molerla. Cuando le pareció que el polvo era lo bastante fino, añadió algo del aceite de pescado de Tao, lo mezcló hasta formar una pintura de color rojo oscuro y echó una pequeña cantidad en otras tres piedras en forma de plato poco profundo. En la primera añadió un pedazo de arcilla amarilla, en la segunda echó polvo de cal y en la tercera, polvo de carbón. Con un palito limpio diferente para cada una, removió bien las mezclas hasta conseguir tres colores diferentes: anaranjado brillante, rosa salmón y café oscuro.

Tao estaba maravillado. Observaba sentado en silencio y pensaba que esto también era magia.

Barba Gris desplegó más platillos y comenzó a combinar tonos de amarillo, café, gris y negro. Mezclaba algunos con miel, y otros con grasa cocida y sangre coagulada de jabalí.

—Ahora tenemos que hacer los pinceles —dijo Barba Gris, y luego de tomar un puñado de ramitas de su

Unidad 1 •

bolsa comenzó a machacar las puntas con una piedra hasta que estuvieron suaves y sin filo. Sosteniendo una a la luz del sol que penetraba por la entrada de la cueva, se volvió para que Tao la observara.

—Éstos son pequeños —dijo—. Servirán para pintar ojos y líneas finas de pelo.

Para hacer pinceles más grandes, Barba Gris ató con cuerdas de fibra vegetal plumas y cerdas de jabalí alrededor de las puntas de largos palos.

Cuando las pinturas y los pinceles estuvieron preparados, el anciano se puso de pie.

—Ahora estamos listos para pintar.

Pintura rupestre de América del Sur, cerca de Perito Moreno, Argentina.

Tao sostuvo el omóplato de caballo, mientras el anciano vertía colores sobre la amplia superficie blanca. Luego, Barba Gris entregó al muchacho uno de los pinceles grandes y señaló los dibujos de rinocerontes, bisontes y mamuts que Tao había hecho.

El muchacho aguantó la respiración. Nunca antes había tenido un pincel en las manos.

—¿Cuál pintaré?

En esta antigua pintura rupestre de Lascaux, Francia, los caballos parecen cobrar vida.

48 • Unidad 1

Barba Gris sonrió.

—Tú eres el creador de las imágenes. Pinta la que más te guste.

—La montaña que camina —dijo Tao.

Barba Gris asintió.

—Entonces, comienza.

Con vacilación, Tao lanzó una mirada indecisa a los colores del omóplato.

—Ya viste a los mamuts —le recordó Barba Gris—. ¿De qué color eran?

—Pardo rojizos.

—Muy bien —dijo el anciano—. Entonces mezcla un poco de negro con el rojo hasta que obtengas el color que deseas.

Tao metió el pincel en la pintura negra, y luego en la roja. Alzó la mano y dio un ligero toque en el dibujo. El color era demasiado claro, así que puso un poco más de negro en el pincel. Volvió a dar un toque con el pincel. Sonrió. Era un pardo rojizo oscuro, el color que quería. Y así siguió, sumergiendo el pincel y dando ligeras pinceladas.

Barba Gris observaba mientras Tao repetía el mismo movimiento una y otra vez. Se acercó al muchacho y tomándole la mano, le dijo:

—No estás pintando en un cuerno o en una concha marina, sino en una pared. Así, mueve el pincel con todo el brazo.

Barba Gris tomó el pincel y lo pasó sobre el dibujo, siguiendo las líneas del cuerpo del mamut.

Tao vio cómo el rostro del anciano se iluminaba mientras trabajaba aplicando grandes capas de color, y sintió la emoción de ver cómo la pintura cobraba vida.

—No tengas miedo —le dijo Barba Gris. Los ojos le brillaban—. Siempre puedes retocar lo que no te guste.

El anciano le devolvió el pincel a Tao, y el muchacho volvió a intentarlo. Esta vez permitió que su brazo se moviera con libertad arrastrando el pincel sobre la pared. Mezcló gris con amarillo para rellenar las zonas claras alrededor del pecho y el estómago, y pintó zonas oscuras sobre el lomo para sombrearlas. Vio cómo el mamut comenzaba a respirar a medida que completaba el ojo y la oscilante trompa.

Cuando la pintura estuvo acabada, Barba Gris rompió los huevos de pato; separó las yemas, puso las claras en una concha de berberecho, las removió con un palito y se las entregó a Tao.

El muchacho se sintió confundido.

—¿Para qué es esto?

—Échalo sobre tu pintura y verás.

Con un pincel de pluma, Tao extendió la clara sobre el dibujo. Esta vez, el mamut cobró vida con nuevos y brillantes colores. Tao lo observó sorprendido. Su propia mano lo había hecho. Sonrió. Nunca se había sentido tan feliz.

A medida que estudies los seres humanos primitivos, descubrirás cómo éstos, en continentes diferentes, lograron satisfacer sus necesidades básicas y desarrollaron nuevas formas de expresar sus vidas.

Piedra tallada en Monument Valley, Utah.

CAPÍTULO

1

LOS PUEBLOS DE LA EDAD DE PIEDRA

"La repentina explosión de creatividad que ocurrió durante este período entre los pueblos cazadores más avanzados... es sin duda uno de los capítulos más fascinantes de toda nuestra historia."

Jacquetta Hawkes, *El atlas del hombre primitivo*

Esta escultura de una mujer, hallada en Francia, fue hecha hace unos 25,000 años. Es una de las imágenes más antiguas de un rostro humano.

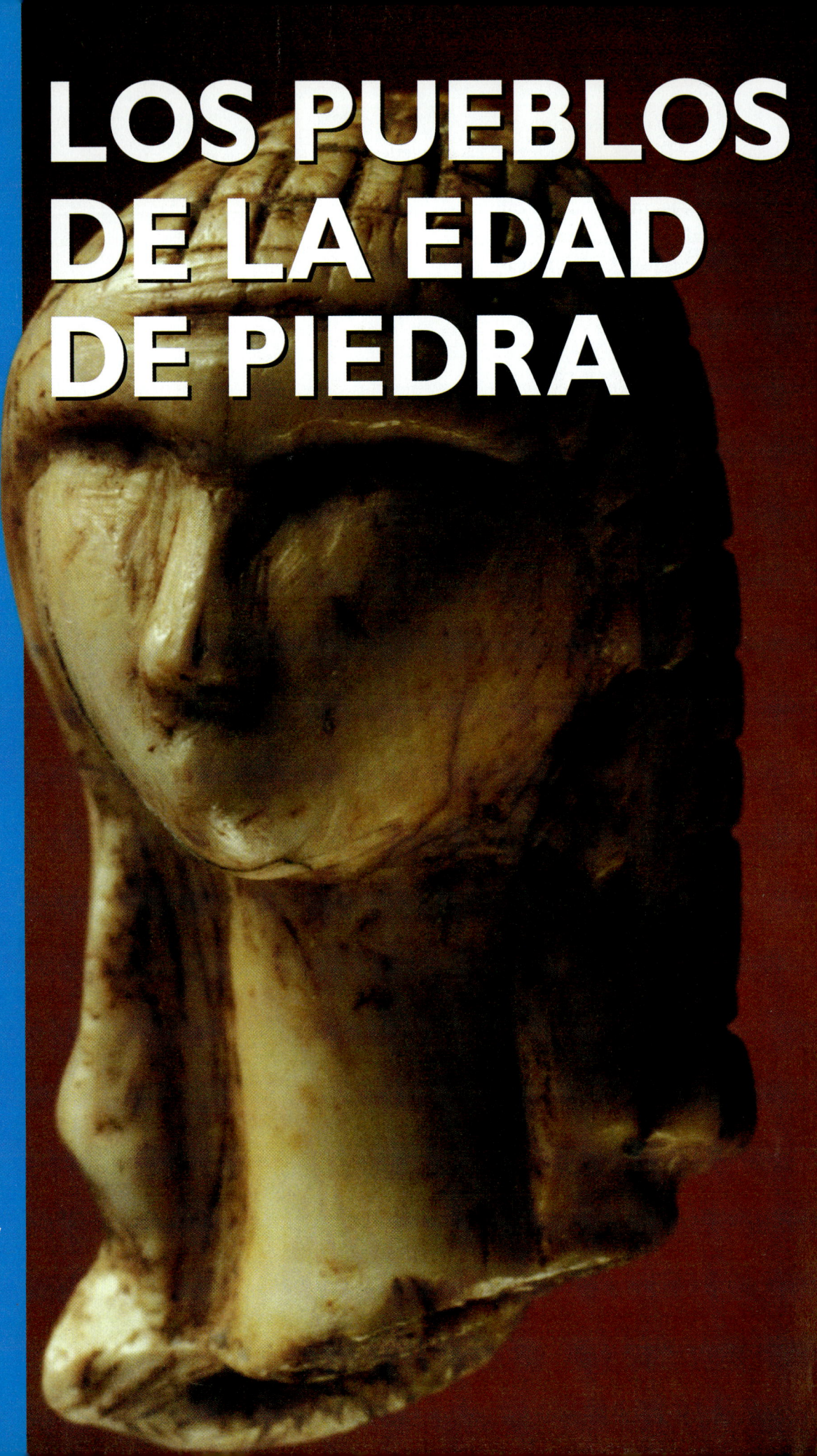

Primeros pasos

Imagina que estás cavando a través de capas de roca y arena para obtener información sobre los pueblos y lugares del pasado. Eso es lo que los científicos hacen para ayudarnos a saber más sobre la prehistoria. La <mark>prehistoria</mark> es todo lo que ocurrió antes de la invención de la escritura. Para averiguar qué ocurrió en la prehistoria, los expertos deben buscar <mark>pruebas</mark> físicas, en vez de palabras escritas. Deben buscar pistas para armar el gran rompecabezas que es la prehistoria.

Hallazgos de fósiles

Muchas clases de científicos colaboran para descubrir los hechos del pasado. Entre todos averiguan dónde, cuándo y cómo vivieron los primeros seres humanos. Dos de estos detectives del pasado son los arqueólogos y los paleoantropólogos. Los <mark>arqueólogos</mark> encuentran y estudian las cosas que pertenecieron a los humanos de la prehistoria. Los <mark>paleoantropólogos</mark> estudian a nuestros antepasados. Además, los dos examinan cuidadosamente los <mark>fósiles</mark>, o restos, de los organismos que vivieron en el pasado.

Durante más de 100 años, los científicos han estado estudiando los fósiles de nuestros primeros antepasados, también llamados homínidos. En 1896, Dubois, un cirujano holandés, excavó el lecho de un río en Indonesia, en el sureste de Asia. Dubois descubrió lo que creyó eran los restos de uno de nuestros antepasados. Llamó a estos restos *Homo erectus*, que significa "humano que camina erguido". Otros científicos se burlaron del hallazgo de Dubois. Sin embargo, en 1927 se encontraron los restos de otro homínido cerca de Beijing, China.

Aproximadamente al mismo tiempo, un científico sudafricano, Raymond Dart, encontró en su país los restos de otro de nuestros antepasados que eran más antiguos todavía. Dart había descubierto un australopitecino. Más tarde se encontraron más fósiles de australopitecinos en el sur de África.

LECCIÓN 1

ENFOQUE
¿Por qué queremos saber más sobre el pasado?

Idea principal
Mientras lees piensa en qué hicieron los expertos para aprender sobre nuestros antepasados.

Vocabulario
prehistoria
prueba
arqueólogo
paleoantropólogo
fósil
excavar
banda

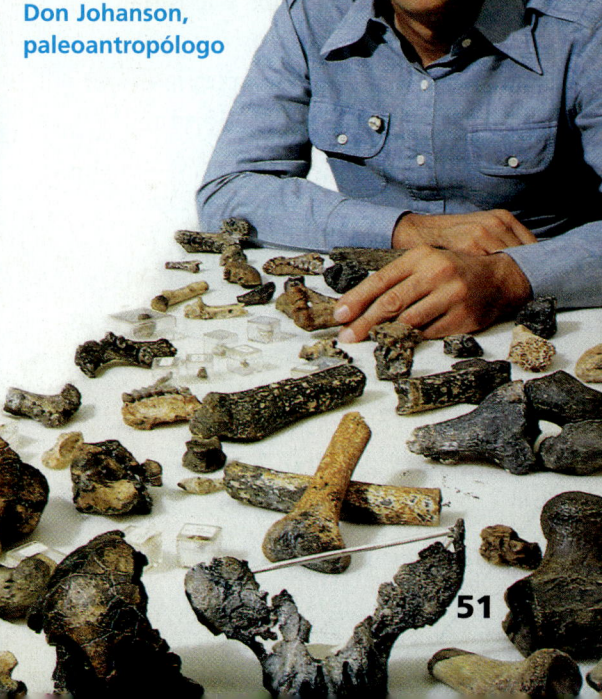

Don Johanson, paleoantropólogo

Antepasados humanos

Mapa:
- EUROPA: Valle del Neander (ALEMANIA), Steinheim (ALEMANIA), Cro-Magnon (FRANCIA)
- ASIA: Zhoukoudian (CHINA), Shanidar (IRAK), Narmada (INDIA), Trinil (INDONESIA, Java)
- ÁFRICA: Hadar (ETIOPÍA), Nariokotome (KENIA), Olduvai Gorge (TANZANIA), Laetoli (TANZANIA), Swartkrans (SUDÁFRICA), Taung (SUDÁFRICA), Florisbad (SUDÁFRICA)

Leyenda:
- ● Australopitecino
- ● *Homo erectus*
- **Antiguos *Homo sapiens***
- ● Neanderthal
- ● Otros *Homo sapiens*

OCÉANO PACÍFICO, OCÉANO ATLÁNTICO, OCÉANO ÍNDICO

0   1,000   2,000 millas
0   1,000   2,000 kilómetros
Proyección cilíndrica de Miller

Ubicación En muchas partes del mundo se han hallado fósiles.
■ ¿En qué continente se han hallado más fósiles?

Luego, en 1959, Louis y Mary Leakey encontraron más de estos fósiles en Olduvai Gorge, en Tanzania, en el este de África.

Poco tiempo después de estos descubrimientos, los Leakeys encontraron otros fósiles de homínidos. Uno de estos fósiles parece haber tenido la cabeza redonda y los huesos pequeños. Louis Leakey creyó que este homínido era un antepasado directo de los hombres modernos y le dio el nombre de *Homo habilis*, que en latín signifca "hábil con las manos". Le dio este nombre porque también encontró herramientas de piedra cerca de los restos.

Richard, hijo de Louis y Mary Leakey, continuó el trabajo de sus padres y descubrió docenas de fósiles de homínidos en sus investigaciones del lago Turkana, en el norte de Kenya. Entre estos fósiles se encuentran los restos de un *Homo habilis*, de hace aproximadamente 2.5 millones de años, época en que se comenzaron a utilizar herramientas.

Otros científicos también hicieron descubrimientos asombrosos. Cerca del río Awash, en Etiopía, el paleoantropólogo Don Johanson desenterró los restos de un australopitecino de 3 millones de años de antigüedad. Johanson y su equipo dieron a su hallazgo el nombre de "Lucy".

—¡No lo puedo creer!— dijo Johanson al descubrir a Lucy en 1974. Lo sorprendió encontrar casi la mitad de un antiguo esqueleto. Generalmente, los paleoantropólogos no tienen tanta suerte y en sus excavaciones sólo encuentran una pequeña parte del

En esta foto, Mary Leakey examina antiguas pisadas.

52 • Unidad 1

cuerpo, por ejemplo la mandíbula o parte del hueso de un brazo. **Excavar** es hacer hoyos o zanjas en la tierra para descubrir algo.

En 1994, Tim White, un científico de la Universidad de California, reveló que, mientras estaba excavando en Etiopía, había descubierto un australopitecino aún más antiguo que el de Johanson. Este homínido africano vivió hace unos 4.5 millones de años.

REPASO *¿Cómo contribuyeron Don Johanson y los Leakey al estudio de los primeros homínidos?*

Primeros antepasados

A partir de los descubrimientos de arqueólogos, paleoantropólogos y otros científicos, podemos empezar a conocer cómo fue la prehistoria. Muchos expertos están de acuerdo en que los primeros homínidos aparecieron al sur del Sahara, en África, hace más de 3 millones de años.

Durante la época de Lucy también vivían en el este de África otras clases de australopitecinos. Todos eran principalmente vegetarianos, pero también comían la carne de los animales que los leones mataban.

Hace 2.5 millones de años, en el este de África vivía al menos un grupo de homínidos con una gran capacidad craneana. Estos homínidos eran los *Homo habilis*. Al cabo de 500,000 años se habían distribuido a través del este y hacia el sur de África, cruzando las planicies africanas en busca de alimento. A medida que viajaban, reunían y comían muchas clases de plantas. Además, buscaban los restos de animales muertos por los leones y leopardos.

El campamento de Don Johanson en Hadar, Etiopía, donde los paleoantropólogos descubrieron a Lucy.

BIOGRAFÍA

"Lucy"

Lucy puede parecer un nombre poco usual para un antiguo homínido. Don Johanson nos cuenta cómo Lucy recibió ese nombre. El día del descubrimiento, habían estado escuchando en el campamento la canción de los Beatles *Lucy in the Sky with Diamonds*.

—En algún momento de ese día inolvidable . . . comenzamos a llamar Lucy al nuevo fósil y así se la ha conocido desde entonces.

De regreso en Estados Unidos, Don Johanson y Tim White reconstruyeron el esqueleto de Lucy a partir de pequeñísimos fragmentos de huesos. Lucy medía unos 4 pies. Al morir, tenía entre 19 y 24 años. Había caminado erguida y probablemente había pasado gran parte de su vida en llanuras abiertas.

Lucy (arriba) es el esqueleto australopitecino más completo hallado hasta el momento.

Capítulo 1 • 53

Parte del trabajo de un arqueólogo consiste en sacar cuidadosamente los artefactos de la excavación y tomar nota de su exacta ubicación. Esta excavación está en Israel.

Para cortar la carne, usaban objetos afilados y cuchillos de piedra, que fabricaban golpeando una piedra con otra.

Hace aproximadamente 1.9 millones de años también había *Homo erectus* en África. *Homo erectus* tenía mayor capacidad craneana que *Homo habilis*. A pesar de esto, *Homo erectus*, probablemente no podía emitir más que unos pocos sonidos.

Estos antiguos africanos fueron los primeros en controlar el fuego. Esto les permitió protegerse mejor de los leones y otros animales. También les permitió vivir en climas más fríos, porque podían encender fuegos para calentarse.

Homo erectus vivía de la caza y la recolección de plantas comestibles al igual que los homínidos que lo precedieron. La caza y la recolección de plantas llevó a algunas **bandas**, o pequeños grupos de homínidos, a cruzar el Sahara y llegar hasta Asia. Con el tiempo, comenzaron a aparecer bandas de homínidos también en Europa y casi toda Asia.

Durante más de 1.5 millones de años, *Homo erectus* prosperó en África, Asia y Europa, con muy pocos cambios en su forma de vida, excepto en África. Fue en este continente donde aparecieron los primeros humanos modernos, hace unos 200,000 años. Estos humanos, los *Homo sapiens*, afectaron enormemente la forma en que vivían los *Homo erectus* en África.

REPASO *¿Qué beneficio tenía para los* **Homo erectus** *poder controlar el fuego?*

LECCIÓN 1 • REPASO

Comprueba lo que aprendiste

1. **Recuerda los datos** De acuerdo con los expertos, ¿quién apareció primero: *Homo sapiens*, *Homo habilis* u *Homo erectus*?

2. **Recuerda la idea principal** ¿Qué hicieron los expertos para aprender sobre nuestros antepasados?

Piensa críticamente

3. **Piensa más sobre el tema** Muchos debaten acerca de cómo vivían los primeros seres humanos. ¿Por qué crees que lo hacen?

4. **Ayer y hoy** El fuego fue importante defensa y fuente de calor para los primeros humanos. ¿Por qué es importante en la actualidad?

Muestra lo que sabes

Actividad: Diario
Imagina que estabas presente cuando Don Johanson descubrió a Lucy. Describe ese día en tu diario. Asegúrate de explicar por qué todos estaban tan entusiasmados con el descubrimiento. Intercambia tu diario con un compañero y comparen lo que han escrito.

54 • Unidad 1

Cazadores y recolectores

| Hace 40,000 años | Hace 25,000 años | Hace 10,000 años |

LECCIÓN 2

ENFOQUE
¿Por qué en la actualidad la gente vive en grupos?

Idea principal
Mientras lees piensa en las razones por las que la gente siempre vivió y trabajó en grupos.

Vocabulario
artefacto
datación con carbono radioactivo
consecuencia
extinguirse
migración
período glacial
glaciar
tundra
cultura
sociedad

La mayoría de los expertos cree que África no sólo fue la cuna de nuestros antepasados, sino que también fue la cuna de los primeros seres humanos modernos. De acuerdo con estos expertos, los primeros *Homo sapiens* vivieron en el África tropical hace 200,000 años, y empezaron a trasladarse hacia las regiones del este y sur de África hace unos 150,000 años.

Homo erectus y *Homo sapiens* probablemente convivieron por algún tiempo. Luego, *Homo erectus* se extinguió, mientras que *Homo sapiens* logró sobrevivir. En la actualidad, todos los habitantes de la Tierra son *Homo sapiens.* El nombre *Homo sapiens* significa "ser humano inteligente", y este nombre explica por qué los *Homo sapiens* no se extinguieron. Los primeros *Homo sapiens* tenían cerebros más grandes que los primeros homínidos. Además, lograron fabricar mejores herramientas y comunicarse entre ellos por medio del lenguaje.

Habilidades para la supervivencia

Gran parte de lo que sabemos en la actualidad sobre los primeros *Homo sapiens* proviene del trabajo de arqueólogos y de otros científicos. Para hacer su trabajo, los arqueólogos eligen un lugar donde pudieron haber vivido nuestros antepasados. Este lugar se llama yacimiento. Una vez que se ha comenzado a excavar, los arqueólogos forman una cuadrícula sobre el terreno utilizando hilos. A media que la excavación continúa, avanzando capa por capa, los arqueólogos tamizan cuidadosamente la tierra en busca de ==artefactos==, u objetos hechos por seres humanos.

Los arqueólogos anotan el cuadrado y la capa de tierra en que fue encontrado cada artefacto o fósil. Esta importante información los ayudará a examinar sus hallazgos más tarde. Un cuidadoso examen puede revelar información, como la edad de un fósil o el posible uso de una pieza de alfarería u otro artefacto.

Estos cuchillos del sureste de Asia (abajo) y esta piedra tallada del norte de África (arriba) son ejemplos de las primeras herramientas de caza.

Capítulo 1 • 55

Una manera en que los expertos determinan la edad de los fósiles es por medio de la **datación con carbono radioactivo**. Este método nos dice cuánto carbono queda en el fósil de un ser vivo, humano animal o vegetal. El cuerpo de todos los seres vivientes contiene carbono radioactivo. Sin embargo, después de la muerte el carbono radioactivo comienza a descomponerse. Al medir la cantidad de carbono radioactivo que queda, los expertos pueden establecer la edad del fósil. Este método sólo se puede usar en fósiles que no tengan más de 50,000 años.

Los arqueólogos y otros científicos han descubierto muchos datos importantes sobre *Homo sapiens*. Al igual que los homínidos que lo precedieron, los primeros *Homo sapiens* vivían en grupos, o bandas. Generalmente, estas bandas estaban formados por familias relacionadas entre sí. En cada banda había unas 20 personas. Todos compartían el trabajo para satisfacer las necesidades básicas de alimentos, vestimenta y refugio. Sin esta cooperación, no podrían haber sobrevivido individualmente.

Estas bandas pasaban muchas horas al día buscando el alimento que necesitaban para sobrevivir. Gran parte de su dieta consistía en frutas, bellotas, raíces y semillas. También cazaban y pescaban. Por experiencia, sabían qué plantas y animales podían comer sin malas **consecuencias**, o efectos perjudiciales, por ejemplo enfermedades.

Estos primeros seres humanos también cazaban animales grandes, como el buey gigante, el rinoceronte lanudo o el mamut. Todos estos animales se han **extinguido** en la actualidad, es decir, ya no existen. Los primeros seres humanos también cazaban otros animales, como el reno y el bisonte, que todavía existen en la actualidad. Todos estos animales les proporcionaban carne para comer, huesos para hacer herramientas, y pieles para abrigarse y construir refugios.

Para matar animales de gran tamaño los primeros cazadores necesitaban herramientas especiales. A diferencia de los *Homo erectus*, los *Homo sapiens* hicieron varios tipos de herramientas para sus necesidades. Con piedras, huesos, astas o colmillos de animales afilados hacían lanzas y cuchillos para cazar. También hacían agujas para coser pieles y anzuelos para pescar.

Como las primeras bandas estaban en constante movimiento, no tenían

HISTORIA

Neanderthal

En 1856, en una cueva del valle Neander, en Alemania, unos trabajadores descubrieron un cráneo extraño, junto con huesos de brazos y piernas. Más tarde, el biólogo inglés Thomas identificó estos fósiles como los de unos de los primeros *Homo sapiens*. Este fósil recibió el nombre de *Neanderthal*, por el valle donde se lo había encontrado. Hoy en día, los científicos saben que si bien los *Neanderthal* son *Homo sapiens*, no son nuestros antepasados directos.

APRENDER CON DIAGRAMAS
Los cazadores y recolectores de diferentes regiones usaban los recursos naturales de su medio ambiente para hacer ropas, herramientas, armas y refugios. Cazaban animales de gran tamaño, como mamuts y ciervos, y recolectaban frutas, bellotas y raíces.
- Observa estas tres escenas. ¿Qué recursos naturales hay en cada una?

ÁFRICA

asentamientos permanentes. Ellos establecían campamentos de acuerdo con las estaciones, en cuevas o refugios de piedra, en lugares donde había abundantes animales y plantas. Cuando la comida comenzaba a escasear, las bandas se trasladaban a otro lugar. Generalmente recorrerían una región determinada en busca de comida. Como seguían un patrón estacional de **migración**, o movimiento de un lugar a otro, estas bandas de cazadores y recolectores siempre tenían suficiente alimento.

REPASO ¿Por qué era importante la cooperación para los primeros cazadores y recolectores?

Propagación por el mundo

A medida que algunas bandas aumentaban en número, tenían que desplazarse cada vez más lejos de su territorio original para encontrar comida. Con cada nueva generación, el territorio que recorrerían se iba haciendo más grande. Algunos expertos creen que cada banda agregaba dos o tres millas (entre 3.2 y 4.8 kilómetros) cada 20 años: el promedio de vida de los primeros humanos. Mediante este lento proceso, los seres humanos comenzaron a

Un mundo de cazadores y recolectores

EUROPA

ASIA

Capítulo 1 • 57

Construcción de herramientas
con recursos naturales

① Para hacer agujas, los primeros humanos usaban una herramienta de pedernal para cortar un triángulo de un asta de ciervo.

② Luego, hacían el agujero de la aguja con un pedernal afilado.

③ Después, afilaban la punta de la aguja raspándola contra un bloque de arenisca.

Hueso tallado usado en África para contar (atrás); escultura de colmillo de mamut (adelante). ¿Por qué crees que los primeros seres humanos hicieron estos objetos?

congelación. Las chozas que construyeron estaban hechas con bloques de tierra y pasto y huesos de mamut.

Los mamuts eran enormes elefantes lanudos, con colmillos muy largos. Los primeros humanos usaron los huesos de mamut no sólo para construir viviendas sino también como combustible y para hacer herramientas. Los primeros siberianos también comían la carne del mamut y usaban sus pieles para hacer ropas.

La migración de los primeros humanos no se detuvo en Siberia. Algunas bandas continuaron desplazándose hacia el este desde Siberia y cruzaron el puente terrestre que atravesaba el estrecho de Bering, un mar poco profundo ubicado entre Asia y América del Norte. Al cabo de 12,000 años, algunas bandas de cazadores y recolectores ya estaban en América del Norte y, con el tiempo también llegaron a América del Sur.

REPASO ¿Qué efecto tuvo la migración de los primeros humanos en el mundo?

Las primeras culturas y sociedades

Los primeros seres humanos eran cazadores y recolectores. Sin embargo, cada grupo tenía su propia cultura. La **cultura** es una manera de vivir y está formada por las creencias, costumbres, idioma y arte de un grupo.

APRENDER CON DIAGRAMAS Los primeros humanos hacían agujas siguiendo los tres pasos de la izquierda.
■ ¿Por qué crees que decidieron hacer agujas?

60 • Unidad 1

Entre las primeras culturas existían variaciones debido en parte al lugar donde vivía cada grupo y a los recursos disponibles. Estas variaciones dieron lugar a que cada grupo usara diferentes tipos de ropa, viviera en refugios diferentes y fabricara otros tipos de artefactos y herramientas. En el norte de Europa, por ejemplo, se aprovechaban las astas de reno para hacer herramientas. En cambio en las Américas se usaban astas y huesos de caribú y alce.

Las culturas primitivas también se diferenciaban por los individuos que formaban el grupo; cada individuo tenía sus propias ideas. Por lo tanto, las diferentes culturas solucionaban sus problemas y satisfacían sus necesidades de diferentes maneras.

Con el tiempo, todas las culturas cambian. Algunos de estos cambios ocurren debido a nuevas ideas y maneras de hacer las cosas. Cambios en el clima o cambios en el terreno también pueden afectar a una cultura. Además, el contacto con otras culturas también puede hacer que la gente cambie su forma de vida.

Los primeros seres humanos lograron desarrollar todavía más sus culturas debido al uso del lenguaje. Los viejos transmitían sus costumbres a los jóvenes. El lenguaje también ayudaba a la gente a expresar ideas, trabajar en equipo y avisar a sus compañeros en caso de peligro. El lenguaje hizo que los primeros grupos humanos formaran una sociedad. Una **sociedad** es un grupo organizado de personas que viven y trabajan de acuerdo con un conjunto de reglas y tradiciones.

En la actualidad, los seres humanos son muy diferentes de los primeros humanos. Sin embargo continuamos siendo iguales en muchas maneras. El aspecto físico de la gente hoy en día es muy similar al de los primeros *Homo sapiens*. La gran diferencia está en el tipo de sociedad y cultura que tenían nuestros antepasados.

REPASO *¿En qué se diferencia una cultura de una sociedad?*

LECCIÓN 2 • REPASO

Hace 40,000 años — **Hace 25,000 años** — **Hace 10,000 años**

Hace 35,000 años
- Algunas bandas migran a Europa y Asia desde África

Hace 12,000 años
- Algunas bandas llegan a las Américas

Comprueba lo que aprendiste

1. **Recuerda los datos** ¿Cómo obtenían sus alimentos los primeros seres humanos?

2. **Recuerda la idea principal** ¿Por qué los primeros seres humanos trabajaban en grupos?

Piensa críticamente

3. **Piensa más sobre el tema** ¿Por qué crees que los primeros seres humanos formaron grupos pequeños en vez de grupos grandes?

4. **Ayer y hoy** ¿De qué manera coopera la gente en la actualidad?

Muestra lo que sabes

Actividad: Relato Imagina que eres un cazador y recolector en una banda del suroeste de Asia. Escribe sobre un día de tu vida. Describe qué hiciste, qué comiste y qué viste ese día. Cuando hayas terminado tu relato, muéstraselo a un compañero.

Mapas y globos terráqueos

Usa latitud y

1. ¿Por qué aprender esta destreza?

Cuando estudias historia universal es importante saber exactamente dónde están los lugares sobre los que lees. Para mostrar una ubicación, los cartógrafos usan líneas imaginarias llamadas líneas de latitud y líneas de longitud. Estas líneas están dibujadas como una cuadrícula sobre los mapas y globos terráqueos. La cuadrícula es muy parecida a la que usan los arqueólogos en sus excavaciones. Las cuadrículas de los arqueólogos los ayudan a saber dónde se encontraron los diversos artefactos en la excavación. De igual manera, las líneas de latitud y de longitud nos ayudan a ubicar lugares en la Tierra.

2. Líneas de latitud

Las líneas que van de este a oeste sobre un mapa o globo son las **líneas de latitud**. Estas líneas también se llaman **paralelos**, porque son paralelas entre sí; es decir, siempre están separadas por la misma distancia. Las líneas paralelas nunca se cruzan.

Las líneas de latitud se miden en grados a partir del ecuador, hacia el norte y hacia el sur. Los paralelos al norte del ecuador se marcan con una N, para indicar *latitud norte*. Esto significa que están en el hemisferio norte. Los paralelos al sur del ecuador se marcan con una S, para indicar *latitud sur*. Esto significa que están en el hemisferio sur. Cuanto mayor sea el número de grados de un paralelo, a mayor distancia hacia el norte o hacia el sur se encuentra del ecuador.

3. Líneas de longitud

Las líneas que van de norte a sur sobre un mapa son las **líneas de longitud**. Estas líneas también se llaman **meridianos**. Cada meridiano va del Polo Norte al Polo Sur. A diferencia de los paralelos, que nunca se cruzan, los meridianos se tocan en los polos. La mayor distancia entre los meridianos está cerca del ecuador.

Los meridianos se numeran de manera muy parecida a los paralelos. El meridiano marcado 0° se llama **primer meridiano**. Este meridiano va de norte a sur y pasa por la ciudad de Greenwich, en Inglaterra. Las líneas de longitud al oeste del primer meridiano están marcadas con una O, para indicar *longitud oeste*, y se encuentran en el hemisferio occidental. Los meridianos al este del primer meridiano están marcados con una E, para indicar *longitud oeste*, y se encuentran en el hemisferio oriental. Los hemisferios oriental y occidental se tocan también en el meridiano de 180°. El meridiano de 180° está exactamente opuesto al primer meridiano.

4. Comprende el proceso

El mapa de la página 63 muestra algunos sitios a través del mundo donde se hallaron

62 • Unidad 1

longitud

muestras de arte prehistórico. Observa que el mapa tiene una cuadrícula de latitud y longitud. Esta cuadrícula permite determinar la ubicación absoluta de los lugares de la Tierra.

El mapa de abajo muestra las líneas de latitud y de longitud cada 20 grados. Halla la línea de latitud marcada 40°S en cada extremo del mapa. En la parte de arriba o en la de abajo, halla la línea de longitud marcada 60°O. Sigue estas líneas con el dedo hasta llegar al punto en donde se cruzan. Cerca de este punto se encuentra Perito Moreno; está entre 20°S y 40°S y justo al este de 60°O. Entonces, se puede decir que la ubicación de Perito Moreno es 30°S, 58°O.

5. Piensa y aplica

Usa el mapa y lo que ya sabes acerca de latitud y longitud para responder a estas preguntas.

A. ¿Qué descubrimientos se hicieron entre 0° y 20°E?
B. ¿Qué línea de latitud está más cerca de Monument Valley?
C. ¿Qué descubrimientos se hicieron entre 40°N y 60°N?
D. ¿Qué línea de latitud está más cerca del lago Mungo?
E. ¿Qué descubrimiento está más cerca del primer meridiano? ¿Qué descubrimiento está más cerca del ecuador?

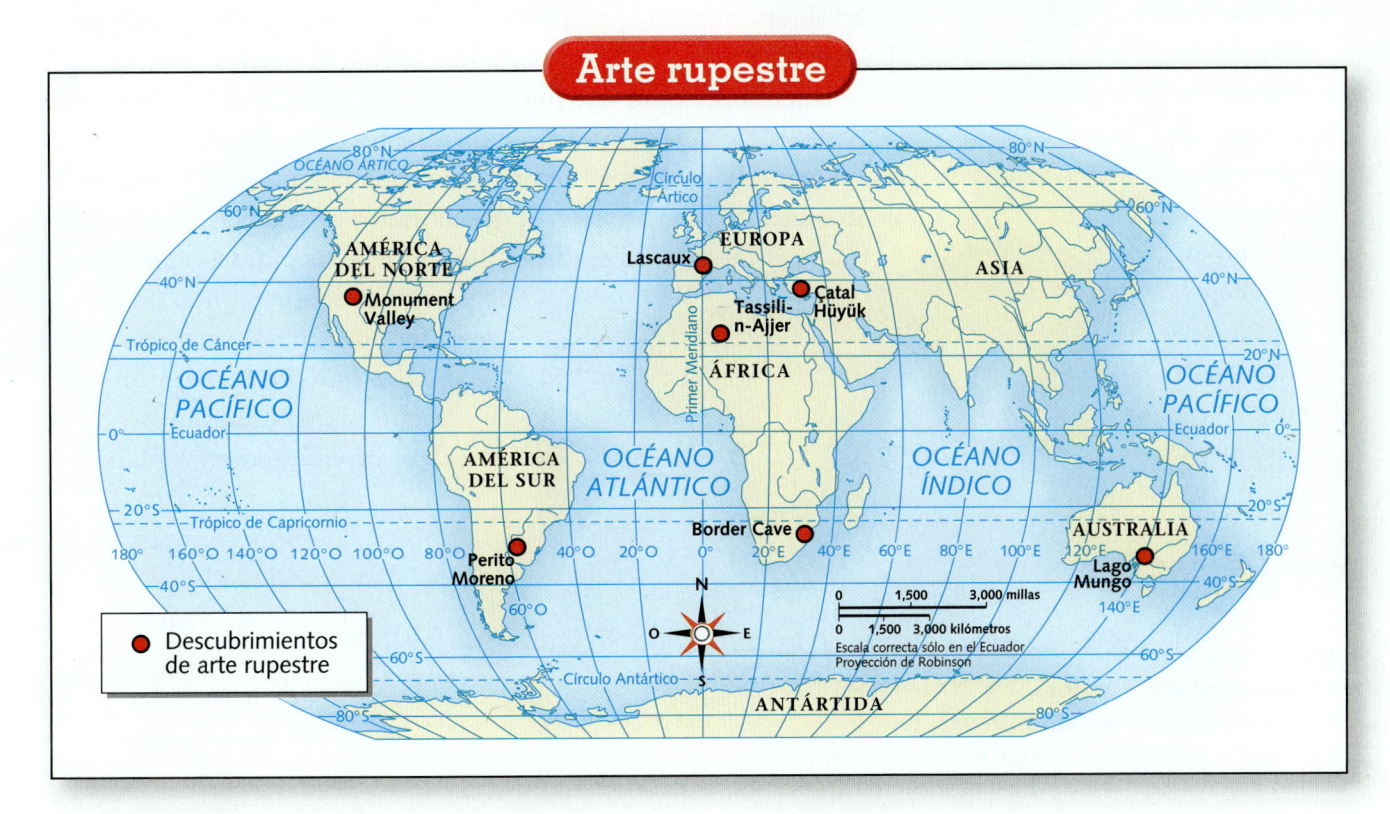

Arte rupestre

Capítulo 1 • 63

LECCIÓN 3

Los primeros agricultores

Hace 10,000 años   Hace 8,000 años   Hace 6,000 años

ENFOQUE
¿Qué efecto tienen los cambios en tu vida?

Idea principal
Mientras lees piensa en el efecto que tuvo en los primeros seres humanos dejar de ser recolectores para convertirse en productores de alimentos.

Vocabulario
domesticar
economía
ganado
nómada
agricultura
división de trabajo
medio ambiente
maíz
subsistir

A medida que las primeras sociedades crecían, muchas bandas descubrieron que no podían depender únicamente de la caza y de la recolección para satisfacer sus necesidades básicas. Este método no siempre proporcionaba suficiente comida. Para contar con un suministro más continuo de alimentos, algunas bandas dejaron de ser recolectores y comenzaron a producir alimentos mediante el cultivo de plantas y la cría de ganado.

Producción de alimentos

Hace unos 100,000 años, algunas sociedades de cazadores y recolectores comenzaron a producir parte de sus alimentos. Este cambio trajo como consecuencia que la gente ya no estuviera limitada a comer lo que obtenían cazando o recolectando. Las antiguas sociedades aprendieron a domesticar animales y plantas. **Domesticar** una planta o un animal salvaje es transformar su comportamiento para que puedan ser usados en beneficio humano.

En las sociedades primitivas, las mujeres se encargaban de la recolección de plantas y fueron ellas probablemente las primeras en domesticar plantas. Tal vez descubrieron que de las semillas de las plantas maduras crecían nuevas plantas. A medida que pasaba el tiempo, aprendieron a sembrar las semillas escogidas de plantas que producían frutos en abundancia, crecían rápidamente y tenían buen sabor. Con el tiempo, algunas sociedades comenzaron a depender menos de las plantas silvestres y más de las plantas que cultivaban. El trigo y la

A medida que la gente comenzó a cultivar su propio alimento, necesitaron nuevos tipos de herramientas. Los primeros agricultores usaron esta herramienta, llamada molinillo, para moler granos. ¿Cómo crees que fabricaron esta herramienta?

Antiguas áreas agrícolas

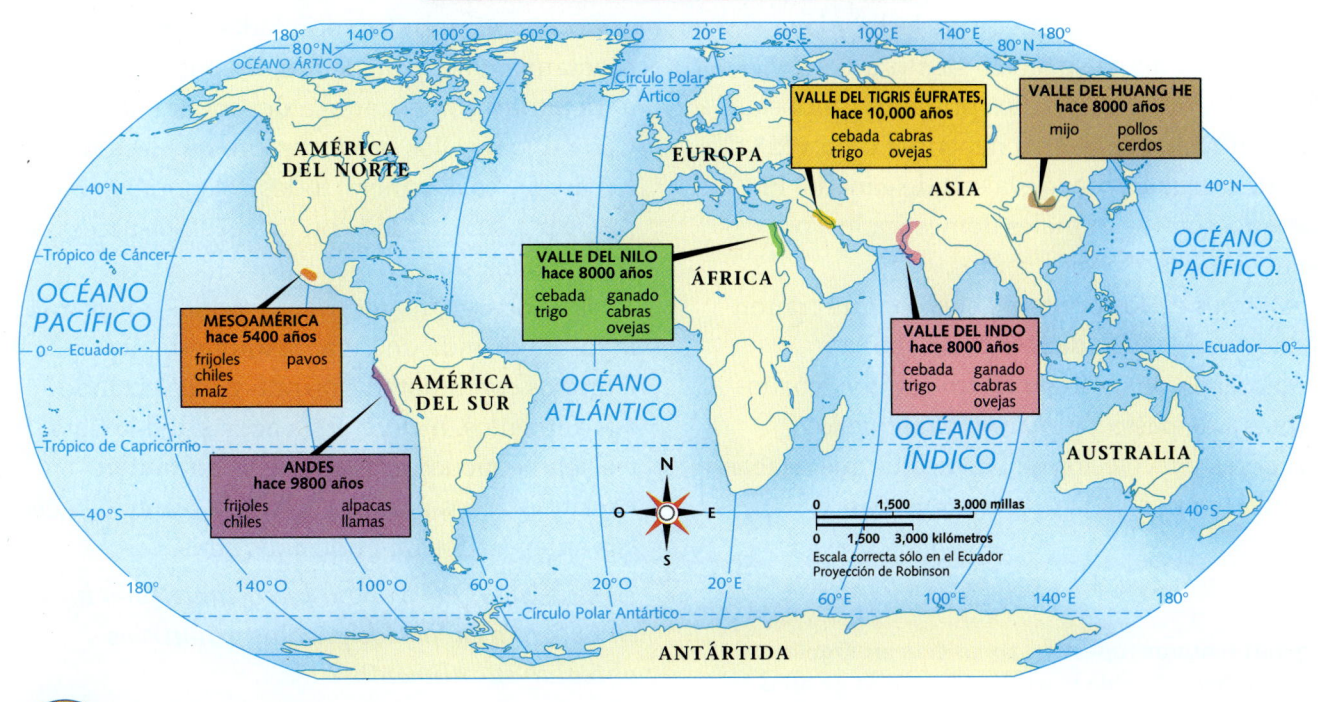

VALLE DEL TIGRIS ÉUFRATES, hace 10,000 años
cebada, cabras, trigo, ovejas

VALLE DEL HUANG HE, hace 8000 años
mijo, pollos, cerdos

VALLE DEL NILO, hace 8000 años
cebada, ganado, trigo, cabras, ovejas

MESOAMÉRICA, hace 5400 años
frijoles, pavos, chiles, maíz

VALLE DEL INDO, hace 8000 años
cebada, ganado, trigo, cabras, ovejas

ANDES, hace 9800 años
frijoles, alpacas, chiles, llamas

Regiones La agricultura se desarrolló por primera vez en varias regiones del mundo. El mapa muestra las más importantes.
■ *Luego de observar este mapa, ¿qué conclusión puedes sacar sobre las primeras regiones donde se desarrolló la agricultura?*

---

cebada fueron unas de las primeras plantas domesticadas.

Sin embargo, cultivar la tierra trajo como consecuencia permanecer en el mismo lugar. Sembrar las semillas, cuidar las plantas y obtener una cosecha es un proceso que lleva varios meses. Además, una vez terminada la cosecha, los granos tenían que ser almacenados. Las primeras sociedades agrícolas construyeron refugios permanentes y cultivaron la tierra que rodeaba sus pequeños asentamientos. La **economía**, es decir la manera en que la gente usaba sus recursos para satisfacer sus necesidades, estaba basada principalmente en estas cosechas.

No hay una región específica que se pueda considerar la cuna de la agricultura. Esta actividad comenzó en diferentes épocas y en distintos lugares del mundo. Los primeros habitantes del suroeste y sureste de Asia, del norte de África y de América del Sur se convirtieron en agricultores en forma independiente. En cada región del mundo, la agricultura fue una práctica que se transmitió de generación en generación.

La transformación de una sociedad de cazadores y recolectores en una de agricultores tomó mucho tiempo; no fue un cambio súbito.

Algunas sociedades de agricultores también cazaban, por lo tanto los animales continuaron siendo un importante recurso. Al mismo tiempo, estas sociedades comenzaron a domesticar animales. Los perros, por ejemplo, ya habían sido domesticados para cazar.

El trigo fue uno de los principales cultivos de los primeros seres humanos.

Capítulo 1 • **65**

Pero también se comenzó a domesticar otros animales, entre ellos ovejas y cabras. Estos animales proporcionaban carne, leche y lana, recursos que ahora se tenían siempre a disposición. Algunos de los primeros grupos de seres humanos llegaron a depender cada vez más de sus cultivos y de la cría de ganado. El **ganado** son los animales domesticados, por ejemplo vacas, ovejas y cerdos.

Algunos de los primeros pueblos que criaron ganado eran **nómadas**, es decir que se desplazaban de un lugar a otro con sus rebaños en busca de pasto y agua. Al igual que los cazadores y recolectores, los pueblos que criaban ganado tampoco tenían asentamientos permanentes. Vivían en refugios temporarios y viajaban en grupos.

Poco a poco, en las sociedades con asentamientos permanentes, los pastores y agricultores comenzaron a depender entre sí. Cada uno de ellos producía algo que los otros no tenían. De esta manera, todos colaboraban para proveer a su sociedad con los recursos necesarios para la subsistencia.

Sin embargo, no todos los pueblos adoptaron la forma de vida de los agricultores y pastores. Algunos continuaron cazando y recolectando sus alimentos. Incluso en la actualidad, todavía existen pequeños grupos que lo continúan haciendo. Estos grupos viven casi como lo hacían sus antepasados miles de años atrás.

REPASO *¿Qué cambio importante tuvo lugar en la forma en que los pueblos primitivos obtenían sus alimentos?*

Algunas pinturas rupestres, como ésta en Argelia, África, reflejan la vida diaria de hace miles de años. En esta pintura, hombres, mujeres y niños trabajan junto a sus vacas.

Efectos del cambio

La **agricultura**, es decir la cría de animales y el cultivo de plantas, cambió para siempre las sociedades humanas. La agricultura proporcionó una fuente de alimentos predecible. En realidad, la agricultura permitió producir más alimentos que los necesarios para subsistir. Esta cantidad adicional podía ser intercambiada por otros recursos que los agricultores necesitaban o querían.

Alguna gente todavía vive como nómadas, viajando de un sitio a otro con sus rebaños. Esta escena ocurre en Sudán, África.

Crecimiento de la población mundial

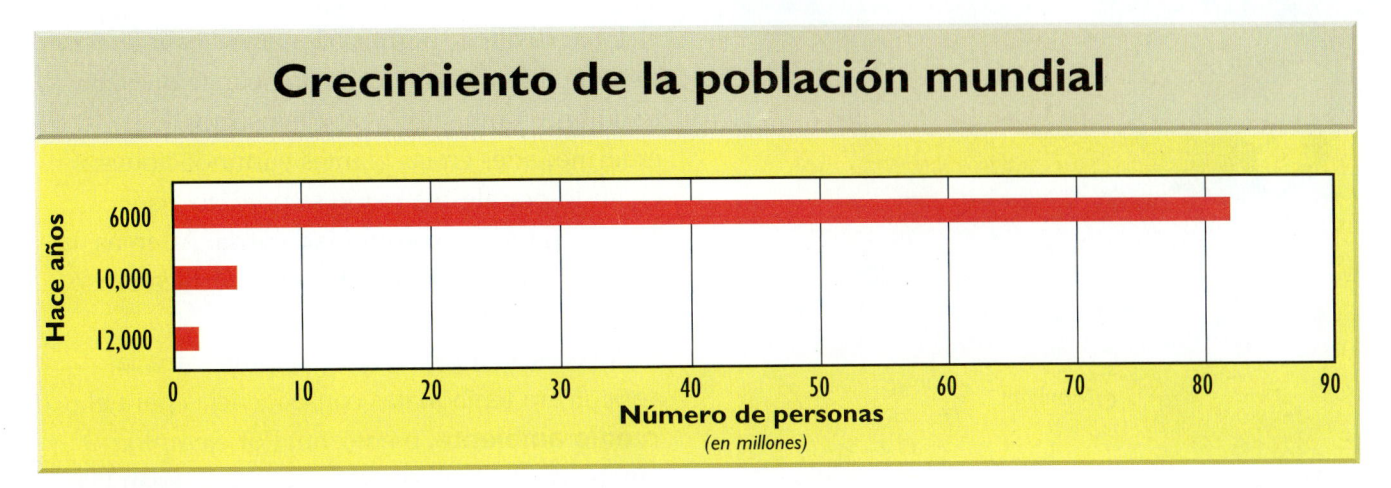

Hace años	Número de personas (en millones)
6000	~82
10,000	~5
12,000	~2

APRENDER CON GRÁFICAS La población mundial creció drásticamente como resultado de la agricultura.

- ¿Cuál era la población mundial hace 12,000 años? ¿Cuánta más gente había hace 6000 años?

Tan pronto como la gente comenzó a producir sus alimentos, sus comunidades comenzaron a crecer. Con más alimentos disponibles, más gente podía vivir en un lugar.

A medida que aumentaba el tamaño de las sociedades, no todas las personas necesitaban pasar el día cultivando la tierra. Debido a esto, comenzó la **división de trabajo**. Ahora, los miembros de una sociedad podían dedicarse a otras tareas de acuerdo a sus habilidades y a las necesidades del grupo. Algunos todavía se ocupaban de la agricultura, pero otros fabricaban herramientas, cosían vestimentas o construían viviendas. Otros eran gobernantes.

Los gobernantes de las sociedades agrícolas tomaban importantes decisiones para toda la comunidad. Probablemente ellos decidían qué plantar, dónde plantar y quién se encargaría de cuidar los cultivos. También decidían cómo proteger a su comunidad de los peligros naturales o de otros pueblos.

Una forma común de protección era la construcción de muros. Algunas sociedades construyeron muros alrededor de sus asentamientos para protegerse de los ataques de otros pueblos. Otras sociedades construyeron muros para evitar que las inundaciones llegaran a sus casas. Uno de los asentamientos amurallados más antiguos del mundo fue construido en Jericó, en el suroeste de Asia. En Jericó, el muro rodeaba las chozas construidas con ladrillos de barro. Este muro medía 20 pies

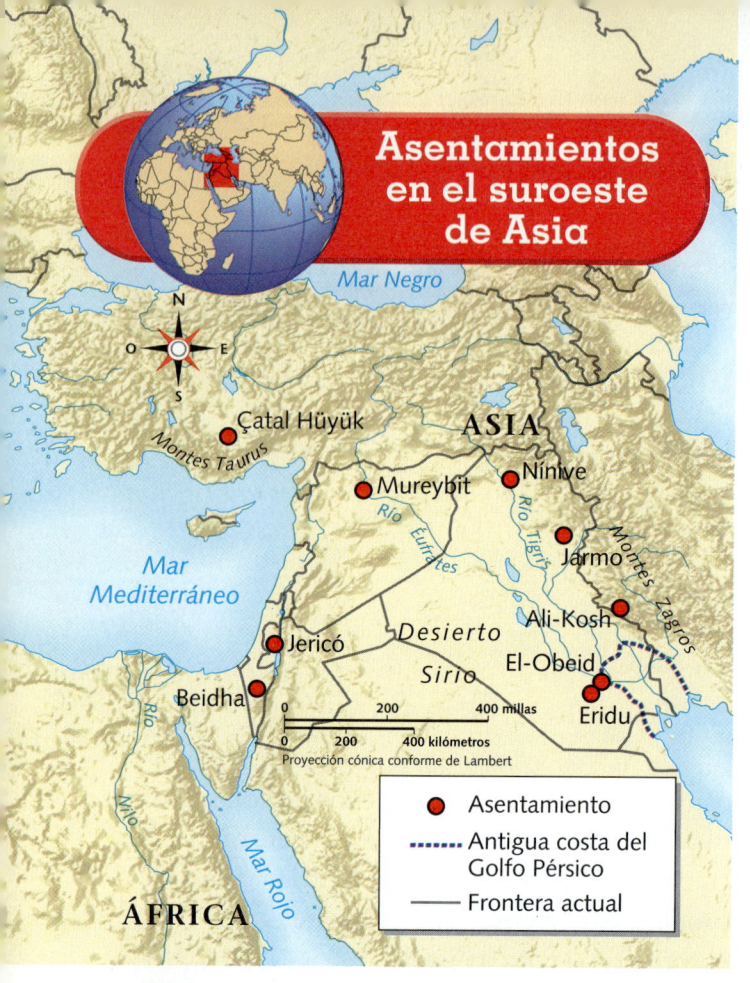

Asentamientos en el suroeste de Asia

Relaciones entre el ser humano y el ambiente
En el suroeste de Asia surgieron sociedades de agricultores.

■ ¿Cerca de qué accidente geográfico construyeron sus asentamientos los primeros agricultores?

---

de alto (6.1 m) y 6 pies de espesor (1.8 m).

En el actual territorio de Turquía están las ruinas de otra de las primeras comunidades agrícolas, Çatal Hüyük. Esta comunidad, en la que llegaron a vivir 6,000 personas, parecía más una serie de apartamentos que una aldea. Las casas estaban construidas una al lado de la otra, y sus habitantes entraban y salían de ellas a través de huecos en el techo. Para llegar a estos huecos se usaban escaleras. Fuera del asentamiento, estaban los campos de cultivo.

Esta torre (derecha) es parte de las ruinas de Jericó. La pequeña estatua (izquierda) fue encontrada en Çatal Hüyük y tiene más de 9,000 años.

La agricultura permitió tener más alimentos, pero también trajo nuevas preocupaciones. Se tenía que combatir plagas de insectos, enfermedades en las plantas e inundaciones. Cuando por alguna razón se perdían las cosechas, toda la comunidad sufría. Además, la necesidad de contar con terrenos fértiles causó conflictos con pueblos vecinos.

A veces, la forma en que se practicaba la agricultura tenía malas consecuencias para el **medio ambiente**, o entorno. Por ejemplo, muchos agricultores cortaban y quemaban las plantas silvestres para despejar el terreno y plantar sus cosechas. Si bien las nuevas cosechas crecían, las plantas silvestres que eran alimento de diversos animales se perdían para siempre. Además, luego de años de plantar siempre lo mismo, la tierra dejaba de ser fértil y no se podía plantar nada por mucho tiempo. Muchas de las primeras sociedades desconocían estas consecuencias y tardaron bastante en desarrollar mejores métodos de cultivar la tierra y criar ganado.

REPASO ¿Cuáles eran algunas de las ventajas y desventajas de la agricultura?

Diversidad en los comienzos de la agricultura

En todo el mundo los primeros seres humanos domesticaron una variedad amplia de plantas y animales. La agricultura en el suroeste de Asia se concentraba en el cultivo de trigo y cebada y en la cría de ovejas, cabras y vacas. En el valle del Nilo, en el norte de África los agricultores plantaban trigo y cebada y criaban ovejas, cabras, vacas y cerdos. Más al este, los primeros habitantes de lo que hoy es Paquistán y China cultivaban granos como arroz y mijo, y criaban cerdos, pollos y búfalos.

Los primeros agricultores de las Américas, en lo que hoy es México, cultivaban chiles, calabazas y otras plantas. En los altos valles de Perú, se cultivaban frijoles y chiles. Las papas eran una cosecha muy importante en lo que hoy es Bolivia. Con el tiempo se cultivaría **maíz**, planta que tuvo mucha importancia en toda la historia de las Américas.

En sus orígenes, la agricultura simplemente ofreció una mejor manera que la caza y la recolección de plantas para que la gente pudiera **subsistir**, es decir, sobrevivir. Una vez que la gente comenzó a depender más de la agricultura para su subsistencia, la probabilidad de que migraran de un lugar a otro se redujo. Ellos tenían que permanecer cerca de sus campos para cuidar las cosechas. Gradualmente la agricultura condujo a asentamientos estables y sociedades más complejas.

REPASO *¿Cuáles eran los cultivos principales en el norte de África? ¿En las Américas? ¿En el suroeste de Asia?*

LECCIÓN 3 • REPASO

Hace 10,000 años — **Hace 8,000 años** — **Hace 6,000 años**

- Hace unos 10,000 años
  • Se domestican por primera vez plantas y animales
- Hace unos 8,000 años
  • Se forman comunidades agrícolas en el suroeste de Asia

Comprueba lo que aprendiste

1. **Recuerda los datos** ¿Qué nueva manera de obtener alimentos cambió a las sociedades para siempre?
2. **Recuerda la idea principal** ¿Por qué se convirtieron en productores de alimentos los primeros pueblos? ¿Qué efecto tuvo este cambio?

Piensa críticamente

3. **Piensa más sobre el tema** ¿Por qué los agricultores tenían que controlar la tierra mientras que los cazadores y recolectores no?
4. **Ayer y hoy** ¿Cuáles crees que fueron los efectos de talar los bosques en el pasado? ¿Y en el presente?

Muestra lo que sabes

Actividad: Debate Forma un grupo con seis estudiantes. Piensen en cómo la domesticación de plantas y animales transformó las primeras sociedades. Luego, dividan el grupo en dos y debatan las consecuencias del cambio de la caza y recolección a la agricultura. Tres estudiantes deben tomar la posición de los agricultores y los otros, la posición de los cazadores y recolectores. Asegúrate de debatir un tema específico. Presenten su debate frente a un grupo. Luego, escuchen el debate de ellos.

Capítulo 1 • **69**

Tablas y gráficas

Usa una línea

1. ¿Por qué aprender esta destreza?

Así como lo mapas te ayudan a entender *dónde* sucedió un acontecimiento, las líneas cronológicas te ayudan a entender *cuándo* pasó y te permiten ordenar los acontecimientos en secuencia. Algunas líneas cronológicas, como la de abajo, son más complejas. Es importante que observes estás líneas cuidadosamente para que las entiendas.

2. Piensa en las líneas cronológicas

La línea cronológica que ves en esta página se llama **línea cronológica paralela** y consiste en varias líneas en una misma gráfica. Puedes usar este tipo de gráfica para mostrar acontecimientos relacionados entre sí. Cada sección de esta línea cronológica paralela está dividida en intervalos de 2,000 años, comenzando en el año 8000 a.C. y terminando en el año 2000 d.C.

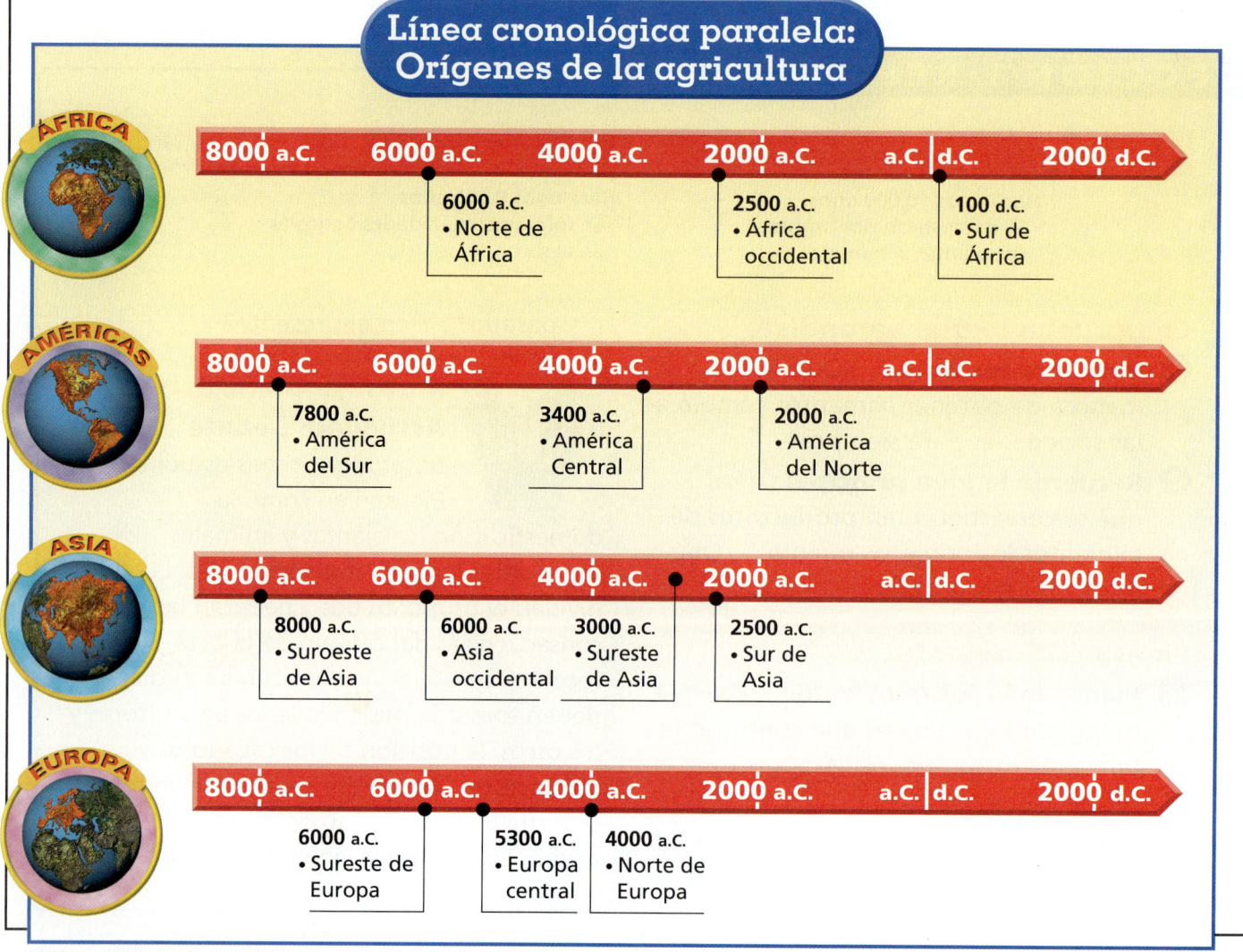

Línea cronológica paralela: Orígenes de la agricultura

ÁFRICA
8000 a.C. — 6000 a.C. — 4000 a.C. — 2000 a.C. — a.C. | d.C. — 2000 d.C.
- 6000 a.C. • Norte de África
- 2500 a.C. • África occidental
- 100 d.C. • Sur de África

AMÉRICAS
8000 a.C. — 6000 a.C. — 4000 a.C. — 2000 a.C. — a.C. | d.C. — 2000 d.C.
- 7800 a.C. • América del Sur
- 3400 a.C. • América Central
- 2000 a.C. • América del Norte

ASIA
8000 a.C. — 6000 a.C. — 4000 a.C. — 2000 a.C. — a.C. | d.C. — 2000 d.C.
- 8000 a.C. • Suroeste de Asia
- 6000 a.C. • Asia occidental
- 3000 a.C. • Sureste de Asia
- 2500 a.C. • Sur de Asia

EUROPA
8000 a.C. — 6000 a.C. — 4000 a.C. — 2000 a.C. — a.C. | d.C. — 2000 d.C.
- 6000 a.C. • Sureste de Europa
- 5300 a.C. • Europa central
- 4000 a.C. • Norte de Europa

cronológica paralela

La abreviatura **a.C.** significa "antes de Cristo" y **d.C.** significa "después de Cristo". La abreviatura d.C. indica cuántos años han pasado desde el nacimiento de Jesucristo. Algunas líneas cronológicas usan otras abreviaturas, por ejemplo **a.E.C.** y **E.C.** en vez de a.C. y d.C. La abreviatura a.E.C. significa "antes de la Era Común" y E. C. significa "Era Común". La abreviatura a.E.C. representa el mismo período que a.C., y E.C. representa el mismo período que d.C.

Nadie sabe exactamente cuándo ocurrieron algunos sucesos. A veces una fecha en una línea cronológica es aproximada, es decir que no es exacta. Esto generalmente quiere decir que la primera **evidencia** o prueba que se tiene del suceso data de esa fecha. Con frecuencia, estas fechas se indican con la palabra *circa* o la abreviatura *c*. En latín, circa significa "aproximadamente".

La línea cronológica de la página 70 muestra cuándo empezó la agricultura en la Edad de Piedra en diferentes partes del mundo. La Edad de Piedra, período durante el cual se formaron las primeras sociedades, se divide en dos partes. El período Paleolítico, o Edad de Piedra Antigua, comprende el período anterior al año 8000 a.C. El período Neolítico, o Nueva Edad de Piedra, se extiende desde el año 8000 a.C. hasta casi el presente. Durante el período paleolítico, todos los seres humanos eran cazadores y recolectores. Durante el período neolítico, la gente comenzó a domesticar plantas y animales.

3. Comprende el proceso

Observa el lado izquierdo de la línea cronológica. Halla la barra titulada *África*. ¿Cuál es la primera fecha destacada en la parte de arriba de la barra? Si dices 6000 a.C, has acertado. Debajo de esa fecha puedes ver las palabras norte de África. Eso significa que la agricultura comenzó en el norte de África aproximadamente en el 6000 a.C. Observa las otras líneas cronológicas. ¿En qué otras regiones se desarrolló la agricultura casi en la misma época?

4. Piensa y aplica

Haz una línea cronológica paralela para comparar acontecimientos importantes de tu vida con los de la vida de amigos o familiares. Asegúrate de que la línea cronológica tenga título y una barra para cada persona. Escribe tres preguntas para que un compañero de clase las conteste usando tu línea cronológica.

Los siguientes pasos te ayudarán a hacer tu línea cronológica:

- Identifica los acontecimientos que quieres mostrar.
- Determina cuándo ocurrieron.
- Traza la línea cronológica, divídela en períodos iguales y marca en ella los años.
- Añade los sucesos que quieres mostrar. Siempre es una buena idea confirmar las fechas en que ocurrieron los sucesos para asegurarte de que la información es correcta.
- Escribe el título de tu línea cronológica.

LECCIÓN 4
Aprende cultura *con la* literatura

Skara Brae
LA HISTORIA DE UNA ALDEA PREHISTÓRICA

texto e ilustraciones de Olivier Dunrea

Skara Brae fue una de las primeras aldeas agrícola en una isla frente a las costas del norte de Escocia. Poco antes del año 2500 a.C., un súbito e intenso temporal la cubrió de arena. El poblado permaneció así durante más de 4,200 años, hasta que en el año 1850 d.C., un poderoso vendaval se llevó la arena de las dunas y dejó al descubierto los muros de piedra de la aldea. Lo que los arqueólogos conocen de la vida en Skara Brae es producto del estudio de las viviendas de piedra y los objetos que sus pobladores dejaron. Mediante un análisis cuidadoso de estos restos, los arqueólogos fueron capaces de reconstruir la historia de este antiguo poblado.

Lee ahora el relato de cómo se piensa que era la vida en Skara Brae y en otras comunidades agrícolas de esa época. Compara la vida en esos primeros asentamientos con la de las sociedades de cazadores y recolectores, y con la nuestra.

72 • Unidad 1

El escritor e ilustrador Olivier Dunrea nos ofrece un retrato de cómo pudo haber sido la vida en Skara Brae.

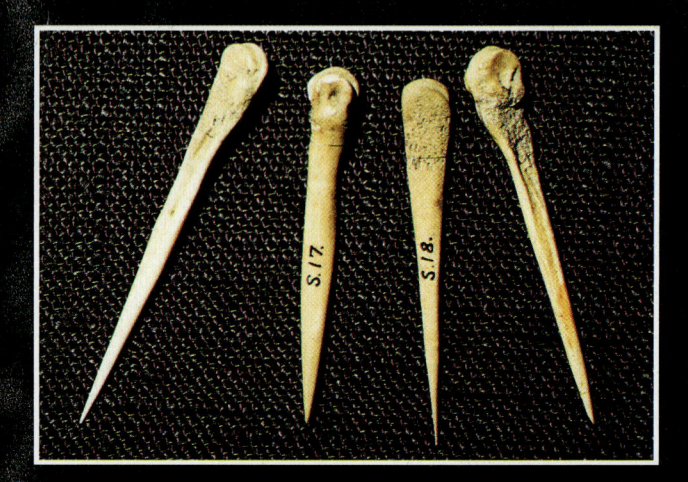

Alfileres de hueso hechos en Skara Brae aproximadamente en el 2500 a.C.

Islas Orcadas

Lugar Estudia el mapa.
■ ¿Cuáles eran algunas de las ventajas y desventajas de vivir en Skara Brae?

Hacia el año 3500 a.C., agricultores y pastores habían llegado a un grupo de islas al norte de Escocia: las Orcadas.

Con sus suaves colinas, amplias praderas para que pastaran ovejas y vacas, y bahías con grandes playas, las Orcadas eran un lugar ideal donde vivir. Las islas carecían de depredadores que pudieran atacar al ganado. Eran un buen lugar para asentarse.

Las Orcadas eran un lugar extraño para estos primeros pobladores, que estaban acostumbrados a árboles y bosques. En las Orcadas no había tantos árboles.

Sin embargo, aunque la madera era escasa había abundancia de combustible. Los musgos y otras plantas, al descomponerse en lugares pantanosos, se habían convertido en turba, que podía quemarse como carbón. Los habitantes de las Orcadas podían calentarse y cocinar la carne alrededor de fogatas de turba.

El terreno de las islas era sumamente rocoso. Era muy fácil encontrar piedras en las playas, en las praderas y en las colinas. Los pastores y los agricultores eligieron estas piedras para construir sus hogares permanentes y sus monumentos.

Con el tiempo, las Orcadas comenzaron a poblarse. Nuevas masas de emigrantes alcanzaron sus orillas. Varias generaciones de colonos llegaron y se marcharon, y algunas se aventuraron a explorar las islas menores y menos pobladas.

Un grupo de colonos penetró hacia el interior de la isla principal en busca de mejores pastos para sus animales. A medida que se dirigían hacia la costa oeste de la isla fueron buscando un lugar adecuado donde establecerse.

Durante su marcha hacia el norte, luego de pasar por acantilados escarpados y calas, llegaron a una amplia bahía de gran belleza, la bahía de Skaill. Allí encontraron dunas y praderas, y no había otros pobladores con los que competir por los recursos naturales. Los viajeros decidieron instalarse en ese lugar.

El grupo estaba formado por veinte personas: cuatro familias poco numerosas que compartían la propiedad de un rebaño de ovejas, algunas cabezas de ganado vacuno y unos pocos cerdos.

Después de explorar el terreno que rodeaba la bahía, decidieron levantar sus refugios provisionales en un área al suroeste. Las mujeres y los niños más grandes montaron las tiendas usando palos de madera que llevaban consigo. Estas tiendas, hechas de pieles, los protegerían de la lluvia y el viento.

Los niños mayores se encargaban de cuidar del ganado, aunque los animales por lo general no necesitaban muchas atenciones y hallaban comida donde podían.

Durante esta época, los colonos vivían de sus animales y complementaban[1] su dieta de carne y leche con alimentos que hallaban en la tierra y en el mar: aves y huevos, peces, lapas[2] y granos silvestres. Algunas veces, los hombres traían carne de ciervo o de otros animales.

Durante el verano, el otoño y el invierno, el grupo siguió viviendo en sus tiendas. En los meses invernales iniciaron la construcción de un nuevo poblado que contaría con casas para todas las familias.

Todos trabajaron en la construcción de las casas de piedra. Los hombres juntaron piedras más grandes para hacer los cimientos y las paredes. Las mujeres y los niños se encargaron de recolectar piedras más pequeñas.

Todos colaboraron en la construcción de las casas. Una de ellas, parcialmente terminada, era utilizada como refugio para las vacas, las ovejas y los cerdos. Los colonos

Ejemplo del método de construcción usado en una casa de Skara Brae

[1] **complementar:** añadir algo para completar
[2] **lapa:** molusco pequeño

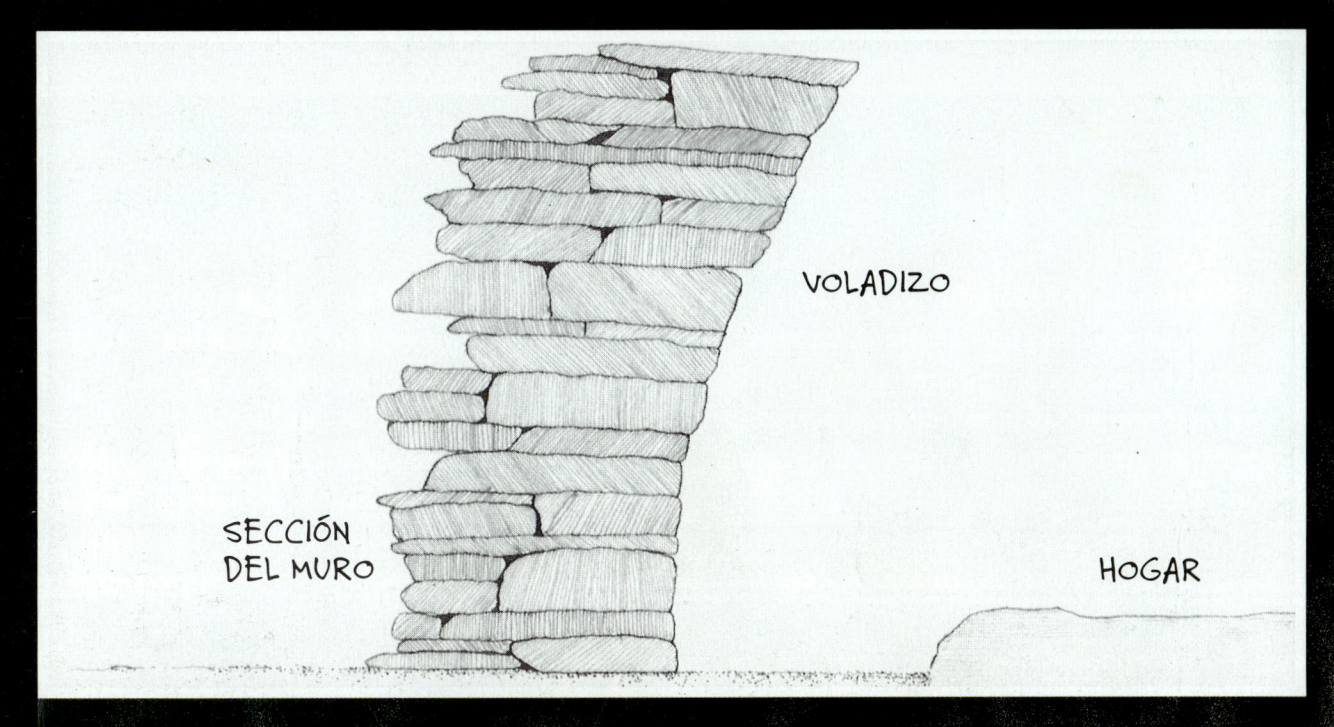

VOLADIZO

SECCIÓN DEL MURO

HOGAR

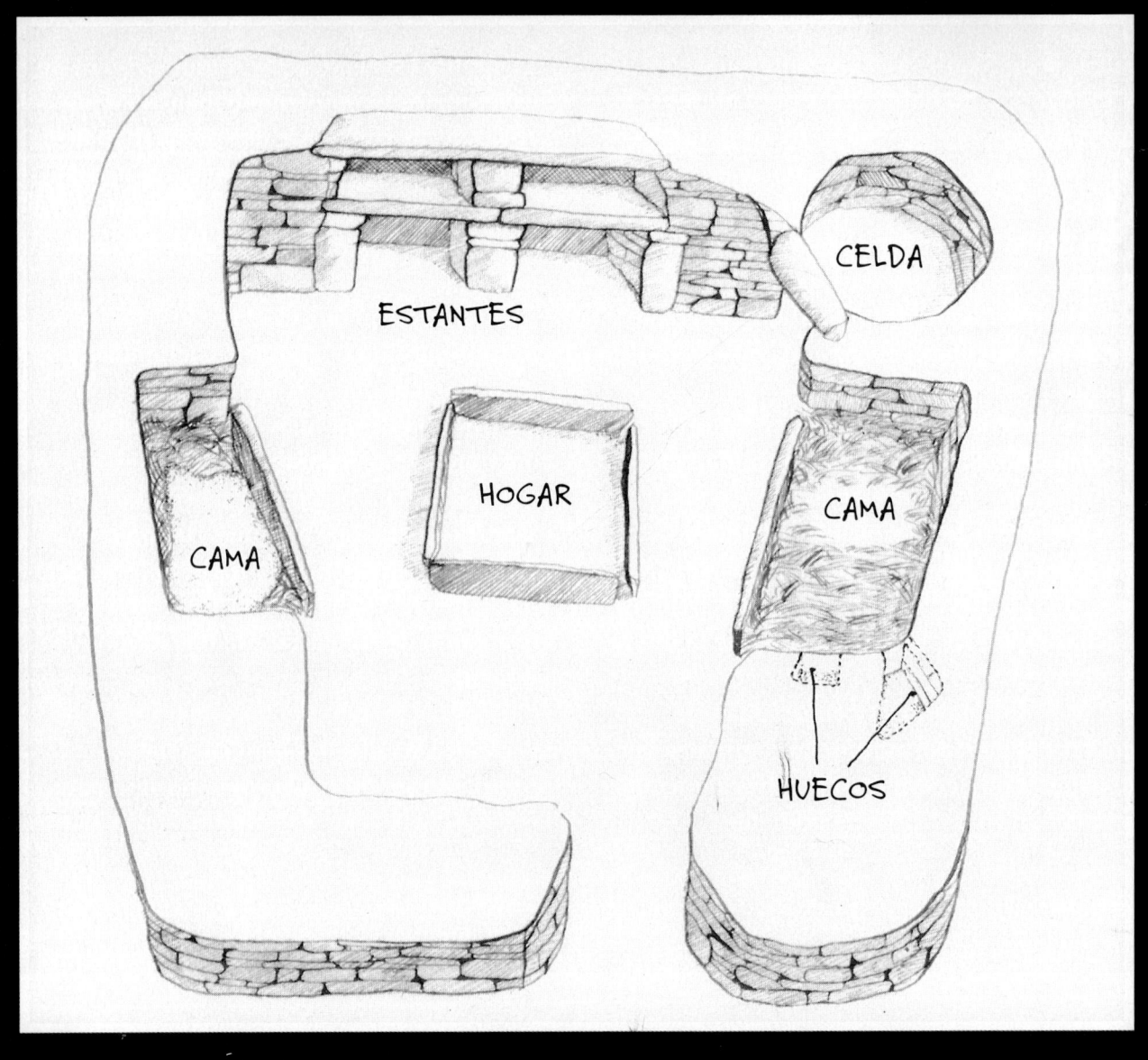

Plano de una casa típica de Skara Brae

siguieron viviendo de sus animales, además de lo que les ofrecían la tierra y el mar.

En la playa de la bahía abundaban las piedras, y recogerlas fue un trabajo rápido. Era fácil romperlas para que la superficie fuera lisa y uniforme, lo que ayudaba en la construcción.

Las piedras se depositaban unas encima de las otras, sin usar argamasa.[3] A este método de construcción lo llamamos ahora "en seco". Es posible que para apuntalar los techos los colonos utilizaran huesos curvos de ballena que encontraban en la playa.

Una vez terminadas, las casas eran pequeñas; el interior sólo medía doce pies de largo, y entre seis y nueve pies de ancho. La planta era básicamente rectangular, con las esquinas redondeadas. En una de las

---

[3] **argamasa:** mezcla de cal, arena y agua

esquinas había una celda pequeña con forma de colmena que se utilizaba para almacenar o como letrina.[4]

Las paredes se hacían apilando piedra sobre piedra. Cuando el muro alcanzaba unos pocos pies de altura, las piedras comenzaban a situarse sobresaliendo hacia el interior de la casa. Este tipo de construcción se llama "en voladizo".[5]

Cada cabaña era lo bastante amplia para contener un hogar[6] central, una cama de piedra empotrada en la pared a ambos lados del hogar, y unos estantes de piedra en la pared trasera. La madre y los hijos pequeños dormían en la cama a la izquierda del hogar, y el padre lo hacía en la cama de la derecha.

Para que fueran cómodas y abrigadas, las camas de piedra se cubrían con brezo[7] y pieles. En la pared, sobre cada cama, había uno o dos huecos pequeños que servían para poner objetos personales.

Las casas estuvieron terminadas en unas pocas semanas, y de esa manera comenzó la vida del poblado, aproximadamente en el año 3100 a.C.

A medida que seguían la rutina diaria, los pobladores acumulaban junto a los muros de sus cabañas pilas de conchas, huesos rotos, fragmentos de cerámica, arena y todo lo que ya no necesitaban. Estos desechos contribuían a aislar las cabañas, impidiendo que los vientos fríos penetraran por los agujeros entre las rocas. Con el paso de los años, estos desechos se mezclaban con la arena y se cubrían con una sustancia arcillosa en la que crecía la hierba.

De ese modo, las cabañas tomaron el aspecto de las dunas que las rodeaban en la bahía de Skaill. Y así nació el poblado que ahora recibe el nombre de Skara Brae, el pueblo de las dunas.

Con el paso de las generaciones, las viviendas fueron modificándose. A veces las más antiguas eran desmanteladas piedra por piedra para construir nuevas casas.

Las dunas de arena, barridas por el viento, cambiaban constantemente de posición alrededor de las viviendas de Skara Brae. A veces, una de las cabañas desaparecía bajo las olas de arena. Con frecuencia se construía otra cabaña sobre ella y la vida continuaba sin alteraciones.

La arena, siempre en movimiento y las cada vez más altas pilas de deshechos cambiaban continuamente el aspecto del poblado. También ocurrieron otros cambios.

Las nuevas casas que se construían eran más grandes y cómodas.

Las camas tenían columnas de piedra en las esquinas para sostener un dosel hecho de pieles. Los estantes de piedra ya no estaban empotrados en la

---

[4] **letrina:** cuarto de baño
[5] **en voladizo:** método de construir paredes para que se curven a una cierta altura
[6] **hogar:** hoguera
[7] **brezo:** arbusto bajo

Peine de hueso hallado en Skara Brae

Capítulo 1 • 77

pared sino apoyados en ella.

En el interior de la casa, el hogar seguía siendo el centro de la habitación. Sin embargo, las camas de piedra ya no se construían metidas en la pared, sino que se proyectaban hacia el interior. A veces se añadía una tercera cama para los niños.

La recolección de lapas, un tipo de molusco, era cada vez más importante para los aldeanos. Las conchas de lapa se amontonaban en grandes cantidades alrededor de las cabañas, junto con los demás desechos.

Collar de hueso y dientes hecho en Skara Brae hacia el 2500 a.C.

En el suelo de las cabañas, los habitantes del pueblo construyeron tanques de piedra, sellados con arcilla para que el agua no pudiera salir, en los que conservaban sus lapas para usarlas más tarde como cebo, o quizás como alimento. Siempre se construían varios tanques, para tener siempre una provisión de lapas. Es muy probable que en algún momento de su historia los habitantes de Skara Brae comenzaron a cultivar pequeños campos de grano. Seguían siendo una comunidad aislada que vivía tranquilamente de la tierra, del mar y de su ganado.

A medida que el pueblo aumentaba en extensión, también crecía su población. Los habitantes estaban unidos mutuamente por necesidades y actividades comunes, y por las creencias y ceremonias que caracterizaban a los pueblos de la Edad de Piedra.

Bajo una pared de una de las últimas cabañas construidas se encontraron indicios de una de estas creencias. Los cuerpos de dos ancianas que habían muerto fueron enterrados allí con la esperanza de que sus espíritus sostuvieran el muro y ayudaran a mantener la vida del pueblo. Ésta fue la única ocasión en que los habitantes realizaron este rito. De ahí en adelante los muertos fueron enterrados en montículos que servían de cementerio común.

Cuando los colonos estaban construyendo sus primeros hogares permanentes no tenían tiempo suficiente para nada más. Sin embargo, varias generaciones más tarde, el pueblo estaba bien establecido y su vida seguía una pauta ordenada. Ahora sus habitantes se ocupaban de otras cuestiones y eran capaces de centrarse en las actividades sociales y ceremoniales que mantienen unida a una comunidad.

Para los antiguos habitantes de Skara Brae, una de esas actividades puede haber consistido en la construcción de un montículo de sepultura común, o cairn.

La construcción del cairn llevó más tiempo que la de las cabañas, porque era mucho más grande. Una vez terminado, fue utilizado por una generación tras otra.

El exterior del cairn estaba recubierto de tierra, y con el tiempo la hierba lo cubrió,

78 • Unidad 1

dándole el aspecto de una de las colinas del paisaje.

Los aldeanos también tenían tiempo de producir artesanías. Las mujeres hacían cerámica, y a veces incluían en sus objetos dibujos grabados o en relieve. Sin embargo, a diferencia de otros pueblos del Neolítico, los habitantes de Skara Brae no eran muy hábiles en este tipo de oficio.

Los hombres pasaban el tiempo tallando extraños y complejos dibujos en bolas de piedra.

Los dientes y los huesos de ovejas, vacas y ballenas se utilizaban para hacer bellas cuentas y collares.

Durante mucho tiempo, la vida en Skara Brae siguió su curso. Hasta que, hacia el año 2400 a.C., cuando la existencia de sus habitantes transcurría sin alteraciones, se produjo una terrible catástrofe que hizo que el pueblo fuera abandonado para siempre.

Mientras los aldeanos se dedicaban a sus actividades diarias de reunir alimentos y cuidar del ganado o practicar alguna artesanía, se desató un súbito y violento temporal. La tormenta se produjo tan inesperadamente, y con tal fuerza, que los habitantes huyeron sin tener tiempo de recoger sus pertenencias.

En su prisa por escapar, una mujer rompió su collar de cuentas mientras trataba de salir por la estrecha puerta de su cabaña. El collar cayó al suelo, y allí quedó.

En otra cabaña, un anciano estaba mordisqueando un buen pedazo de cordero cuando lo sorprendió la tormenta. Al escapar, lleno de pánico, dejó caer el hueso junto a la cama.

La arena, arrastrada por el viento llenó todas las casas, cubriendo durante siglos el collar y el hueso medio roído.

El temporal se desencadenó con una furia que los aldeanos nunca antes habían presenciado. Los habitantes del pueblo lo abandonaron presos del terror.

En la bahía, el mar golpeaba la costa; a un pueblo prehistórico como el de Skara Brae debe haberle parecido que el fin del mundo había llegado.

Los aldeanos abandonaron su pueblo en las dunas. En varias ocasiones, algunos pobladores regresaron y acamparon entre los muros que aún quedaban a la vista. Y luego se marcharon para no volver. Durante los siglos siguientes, la arena siguió acumulándose, hasta que quedó todo cubierto.

Aunque el nombre de Skara Brae permaneció, el pueblo cayó en el olvido.

REPASO DE LA LITERATURA

1. Describe con tus propias palabras cómo era la vida en Skara Brae.
2. ¿En qué se diferenciaba la vida en ese pueblo de nuestro modo de vida y de la vida de las sociedades de cazadores y recolectores?
3. Haz un diagrama del aspecto que tenía Skara Brae. Explica e identifica cada una de las partes de tu dibujo.

Razonamiento crítico

Haz

1. ¿Por qué aprender esta destreza?

A veces, un mismo acontecimiento se repite una y otra vez. Cuando esto sucede, puedes hacer un enunciado general sobre la causa y el efecto del acontecimiento. Por ejemplo, imagina que generalmente comes un buen desayuno por las mañanas. Sin embargo, durante tres días no desayunas. En esos días no tienes suficiente energía. Tomando en cuenta esto podrías hacer la siguiente generalización. *Cada vez que no desayuno, me siento cansado todo el día.*

Este tipo de enunciado se llama **generalización**. Una generalización es un enunciado breve sobre un grupo de ideas relacionadas. Al hacer generalizaciones describimos qué tienen en común un grupo de cosas o ideas.

Las generalizaciones pueden ser ciertas, pero también pueden ser falsas. Una generalización verdadera tiene como base una lista de hechos. Las generalizaciones falsas tienen como base una lista incompleta de datos.

Las generalizaciones son útiles porque te permiten tratar varias ideas como una sola. También te permiten hallar semejanzas en ideas que al principio parecen diferentes. Imagina que te acostaste tarde y a la mañana siguiente estabas muy cansado para un examen de ciencias. A tu amigo, que también durmió mal por el ruido, también le fue mal en el examen de matemáticas.

Aparentemente estos problemas son diferentes porque cada amigo tiene un examen diferente. Pero, en realidad tienen algo en común: en los dos casos ninguno durmió lo suficiente y le fue mal en el examen a los dos. Podrías hacer una generalización y decir: *Cuando la gente está cansada no trabaja bien.*

2. Recuerda lo que has leído

Has leído *Skara Brae: La historia de una aldea prehistórica*. Lee las siguientes preguntas y piensa en una generalización que explique cómo los habitantes de Skara Brae satisfacían sus necesidades básicas.
- ¿Con qué materiales construían sus viviendas los habitantes de Skara Brae? ¿De dónde los sacaban?
- ¿Qué comían sus primeros pobladores? ¿De dónde obtenían su alimento?
- ¿Qué utilizaban como combustible? ¿De dónde lo obtenían?

3. Comprende el proceso

Para formular una generalización, usa los siguientes pasos:
1. Enumera los hechos o acontecimientos.
2. Piensa en qué se parecen.
3. Escribe una oración que relacione los hechos o acontecimientos.
4. Comprueba tu generalización. Asegúrate de que sea correcta para la mayoría de los casos.

generalizaciones

Ahora vuelve a leer tus respuestas y piensa de qué manera se relacionan entre sí. Luego, sigue los pasos de arriba. Piensa en una generalización que explique cómo la gente de Skara Brae satisfacía sus necesidades básicas. Tu generalización podría ser: *La gente en las primeras sociedades satisfacían sus necesidades básicas usando los recursos del medio ambiente.*

4. Piensa y aplica

¿Cómo hacen las personas en la actualidad para satisfacer sus necesidades? ¿Cómo obtienen alimento, ropa, combustible y materiales de construcción? Elabora una generalización basada en estas preguntas. Comprueba tu generalización para asegurarte de que es correcta. Compara tu generalización con las de otros estudiantes.

Los habitantes de Skara Brae recogen ramas secas.

Capítulo 1 • 81

CAPÍTULO 1
REPASO

40,000 a.C. — 30,000 a.C.

35,000 a.C. aproximadamente
• Los primeros grupos de seres humanos migran de África a Asia y Europa

CONECTA LAS IDEAS PRINCIPALES

Usa este organizador para describir la vida durante la Edad de Piedra. Escribe dos características en cada recuadro. En la página 9 del Cuaderno de actividades aparece una copia del organizador.

Los pueblos de la Edad de Piedra

Primeros pasos
Los expertos han hecho muchos descubrimientos sobre nuestros antepasados.
1. _____
2. _____

Cazadores y recolectores
Los pueblos primitivos vivían en grupos y colaboraban para obtener su alimento.
1. _____
2. _____

Los primeros agricultores
Muchos pueblos primitivos dejaron de ser recolectores y empezaron a producir alimento.
1. _____
2. _____

ESCRIBE MÁS SOBRE EL TEMA

Escribe en tu diario Imagina que eres un joven integrante de un clan que se alimenta recolectando y cazando. Describe en tu diario una cacería. Escribe sobre los animales que cazas y las herramientas y armas que usas. Menciona también el clima y la geografía del lugar.

Escribe un artículo para una revista Describe una vivienda de Skara Brae como si estuvieras escribiendo un artículo para una revista. Describe una visita guiada por la casa. Comenta cómo se relaciona la casa con el medio ambiente. Haz un borrador y revísalo.

20,000 a.C. — **10,000 a.C.** — **a.C. | d.C.**

10,000 a.C. aprox.
• Primeros habitantes en las Américas

8000 a.C. aprox.
• Comienza la domesticación de plantas y animales

USA EL VOCABULARIO

Completa cada una de las siguientes oraciones con uno de los términos de la lista.

agricultura   cultura   migración
artefacto   excavar

1. Los arqueólogos deben ____ para hallar fósiles.
2. El desplazamiento de un lugar a otro se llama ____.
3. Una ____ es un modo de vida que diferencia a un grupo humano de otros.
4. Un ____ es un objeto fabricado y utilizado por seres humanos.
5. La ____ es el cultivo de plantas y la cría de animales para el consumo humano.

COMPRUEBA LO QUE APRENDISTE

6. ¿Qué es la prehistoria?
7. ¿Qué plantas y animales domesticaron los primeros seres humanos?
8. ¿Qué es una sociedad?
9. ¿Qué método proporcionaba alimentos en forma más estable: la caza y la recolección o la agricultura?
10. ¿Por qué los habitantes de Skara Brae construían casas de piedra?

PIENSA CRÍTICAMENTE

11. **En mi opinión** ¿Cómo crees que sería tomar parte en una excavación arqueológica?
12. **Ayer y hoy** ¿Cuáles son algunos de los objetos, costumbres y ropa que identifican tu cultura?
13. **Piensa más sobre el tema** ¿Por qué crees que el control de la distribución de alimento pudo haberle permitido a un jefe prehistórico mantener el orden?

APLICA TUS DESTREZAS

Usa una línea cronológica paralela Luego del desarrollo de la agricultura, se formaron sociedades agrícolas con gobiernos y clases sociales. Mira la línea cronológica de la página 70. ¿Después de qué fecha crees que surgió una sociedad de este tipo en América del Sur? ¿Y en América del Norte? ¿Y en el sureste de Asia?

Haz generalizaciones Haz una generalización sobre el desarrollo de la agricultura y el trabajo diario de los primeros humanos.

LEE MÁS SOBRE EL TEMA

La Era Glaciar de Douglas Dixon. Editorial Timun Mas, S.A. 1985. Viaja por la máquina del tiempo a la era de los grandes glaciares y salta de un lugar a otro de la Tierra para enterarte de cómo vivían los primeros seres humanos y los animales de esa época.

Visita nuestra página en Internet en http://www.hbschool.com para recursos adicionales.

Capítulo 1 • 83

CAPÍTULO

2

EL SUROESTE DE ASIA

"Soy el rey Hammurabi. No he sido despreocupado ni negligente con los seres humanos... Les he proporcionado moradas pacíficas. Y he resuelto serias dificultades."

Hammurabi, rey de Babilonia hacia 1750 a.C.

Estatua de bronce de Hammurabi

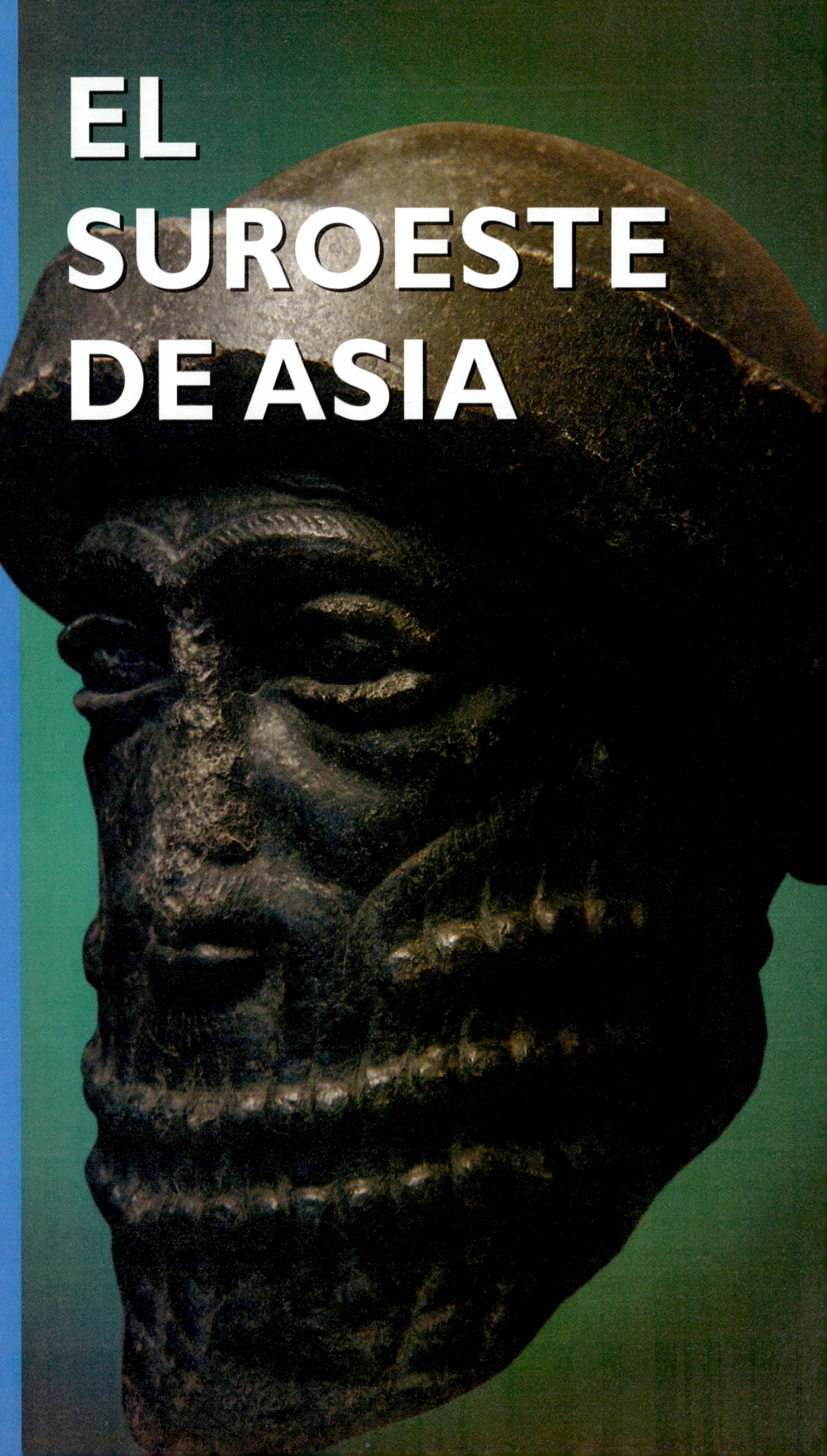

La geografía de Mesopotamia

No muy lejos de los primeros asentamientos agrícolas de Jericó y Çatal Hüyük surgió una de las primeras ciudades del mundo. La fertilidad del suelo junto con la existencia de dos corrientes gemelas de agua permitieron que en el suroeste de Asia se desarrollara un asentamiento ==urbano==, o semejante a una ciudad, primitivo. Durante siglos los historiadores se han referido a esa área de tempranas ciudades como la región del Creciente Fértil.

Un territorio entre dos ríos

El nombre Creciente Fértil proviene de la forma de la región, ya que en los mapas se asemeja a una luna creciente. La palabra *fértil* se refiere a la riqueza del suelo de algunas de sus zonas.

El Creciente Fértil en la antigüedad incluía partes de lo que ahora son varios países: Irak, Irán, Turquía, Siria, Líbano, Jordania e Israel. El mar Mediterráneo bordea la región por el oeste. En su extremo suroeste está el golfo Pérsico. Al noroeste se encuentran los montes Taurus. Y al este se alzan los montes Zagros.

La región está dividida por dos ríos: el Éufrates y el Tigris. Entre ambos se encuentra la tierra más rica de la zona. De ahí que por mucho tiempo se le haya denominado Mesopotamia, o "la tierra entre los ríos".

El norte de Mesopotamia es una ==meseta==, o zona de tierra alta y plana. El sur es una ==llanura aluvial==, o terreno plano y bajo formado por las finas capas de tierra que depositan los ríos.

Mesopotamia se caracterizaba por su tierra seca, un clima cálido y ríos inconstantes. La región también disponía de diversas clases de recursos naturales. La vida era un auténtico reto para los primeros pobladores de la zona. La práctica de la caza y la recolección suponía una lucha constante por la supervivencia.

LECCIÓN 1

ENFOQUE
¿Cómo afecta hoy en día la geografía de un lugar a las personas que viven en él?

Idea principal
Mientras lees piensa en cómo la geografía de Mesopotamia hizo posible que la gente se asentara y construyera ciudades en esa región.

Vocabulario
urbano
meseta
llanura aluvial
afluente
cieno
sequía
irrigación

Capítulo 2 • 85

El creciente fértil

Regiones El Creciente Fértil, en el suroeste de Asia, está compuesto mayormente de desierto árido y seco.

■ ¿Cuáles son las dos grandes masas de agua que bañan las costas del Creciente Fértil?

Tal vez estas dificultades llevaron a las primeras comunidades a dedicarse a la agricultura y a crear asentamientos. Estas comunidades se vieron obligadas a encontrar otros métodos para obtener alimentos en esa calurosa y seca región. Según parece, el cuidado de plantas silvestres y la siembra de plantas domesticadas fue su mejor manera de sobrevivir. Aunque difícil, la región poseía lo necesario para sus habitantes: agua y tierra cultivable.

REPASO *¿Qué hizo posible el establecimiento de asentamientos en Mesopotamia?*

El control del agua

En su recorrido por la región del Creciente Fértil, los ríos Tigris y Éufrates desempeñaron un importante papel en las vidas de quienes vivían en sus cercanías. El Éufrates es un río lento y serpenteante, de pocos **afluentes** o ramificaciones. Con sus numerosas curvas, se extiende unas 1,250 millas (2,012 km). A diferencia del Éufrates, el río Tigris recorre con rapidez sus 1,720 millas (2,768 km) de largo. Además, tiene muchos afluentes.

Ambos ríos nacen en los montes Taurus y descienden por la meseta de Mesopotamia hasta alcanzar las llanuras. Al final se unen y desembocan en el golfo Pérsico.

Los dos ríos contribuyeron a que los primeros pobladores pudieran vivir de los recursos locales. A menudo se desbordaban, inundando las tierras colindantes. Y cuando las aguas de la inundación regresaban a su cauce, dejaban una capa de **cieno**, una rica mezcla de partículas de piedra y tierra. Ese cieno hacía que las tierras fueran cultivables.

El Tigris y el Éufrates enriquecían la tierra, pero, desafortunadamente, no proveían agua a los agricultores con seguridad. Era rara la vez que se desbordaban cuando más se necesitaba: en la época de siembras. Además, casi nunca llovía en la zona situada entre los ríos, especialmente en el sur. Por ello abundaban las **sequías**, o largos períodos de escasez o ausencia de agua. Durante la sequía el sol calentaba y endurecía las arcillosas tierras.

Pero los agricultores necesitaban agua para sus tierras y el Tigris y el Éufrates podían proporcionarla.

Así que, a fin de que estos ríos regaran los campos en el momento adecuado, los agricultores aprendieron a controlarlos y desarrollaron un sistema de irrigación. La **irrigación** es el uso de acequias, canales y represas conectados para transportar agua a tierras secas. Ese sistema permitió almacenar y utilizar agua del Tigris y el Éufrates cuando era necesaria, de modo que los agricultores pudieron regar sus plantaciones durante los meses secos.

La irrigación también ayudó a los agricultores a prevenir y controlar las inundaciones. Era imposible determinar exactamente cuándo se iban a producir. A menudo las inundaciones tomaban por sorpresa a los agricultores.

Cuando se desbordaban, los ríos destruían no sólo los cultivos sino también las viviendas. Pueblos enteros podían ser arrasados y en ocasiones se perdían muchas vidas. La irrigación

En la actualidad las aguas de los ríos Tigris y Éufrates continúan siendo una fuente de vida para las zonas colindantes. Los agricultores de la región todavía emplean la irrigación para abastecer sus campos de agua.

Muestra de escritura en una tablilla de arcilla antigua con listas de cultivos sumerios.

proporcionaba protección gracias a los canales y acequias que trasladaban aguas desbordadas que, de otra forma, habrían causado destrozos.

REPASO *¿Qué es la irrigación y cómo afectaba a los habitantes de Mesopotamia?*

La agricultura en Mesopotamia

En las ruinas de la ciudad de Nippur, en Mesopotamia, los arqueólogos han hallado unas tablillas de arcilla antiguas que revelan cómo era la agricultura en aquellos tiempos. Las tablillas explican cómo los agricultores cultivaban cebada, trigo y *emmer*, un grano parecido al trigo. Cada primavera se realizaba la cosecha. Después se trillaba, es decir, se separaba el grano de la corteza externa de la planta. La trilla continuaba a lo largo del verano.

Además de los principales cultivos de los campos, los agricultores también tenían huertas con verduras, por ejemplo, cebollas y pepinos, y producían frutas, higos y manzanas, entre otras frutas.

Los campos que no eran propicios para la siembra se utilizaban para el pastoreo de los animales. Los pastores cuidaban cabras, ovejas y vacas. Estos animales domésticos les proporcionaban carne, productos lácteos y lana. Los primeros habitantes de Mesopotamia también llegaron a tener caballos, camellos, burros y otros animales que utilizaban en el campo.

REPASO *¿Cuáles eran los principales cultivos en Mesopotamia?*

LECCIÓN 1 • REPASO

Comprueba lo que aprendiste

1. **Recuerda los datos** ¿Cómo describirías las tierras de Mesopotamia? ¿Y la ubicación?
2. **Recuerda la idea principal** ¿Qué hizo que Mesopotamia fuera un lugar apropiado donde vivir?

Piensa críticamente

3. **Causa y efecto** ¿Cuál fue la causa por la que los primeros pobladores de Mesopotamia desarrollaron un sistema de irrigación?
4. **Ayer y hoy** ¿Crees que todavía es necesaria la irrigación en el suroeste de Asia? Explica tu respuesta.

Muestra lo que sabes

Actividad: Tablilla
Realiza un dibujo en una tablilla de arcilla como las de los antiguos habitantes de Mesopotamia. Añade palabras e ilustraciones para describir la tierra y el agua de la región. Muestra tu "tablilla de arcilla" al resto de la clase.

La civilización de Mesopotamia

| 4000 a.C. | 3000 a.C. | 2000 a.C. |

Las primeras ciudades del mundo se originaron en Mesopotamia. A medida que las personas comenzaron a vivir y trabajar juntas en estas poblaciones, se formó un grupo social complejo o civilización. Una **civilización** es una sociedad centralizada, con prácticas religiosas, sistemas de gobierno y conocimiento avanzados. Una civilización también depende de una provisión estable de alimentos y de la división del trabajo. Pero, a pesar de sus numerosos progresos, la vida en la ciudad presentaba nuevos problemas y fue necesario encontrar métodos creativos para resolverlos.

Invenciones

Los agricultores de la zona suroeste de Mesopotamia, llamada Sumeria, aprovecharon los ríos Tigris y Éufrates para regar sus cultivos. No obstante, cuando estos ríos se desbordaban inesperadamente, los resultados podían ser desastrosos. Para la gente que dependía del trabajo agrícola, la pérdida de cosechas significaba el hambre.

Haciendo uso de sus conocimientos de irrigación, los sumerios construyeron represas y canales. Las represas, que eran paredes hechas de tierra, mantenían los ríos crecidos dentro de su cauce. Los canales transportaban parte del agua de regreso a los ríos tras las inundaciones, y los embalses almacenaban el agua sobrante. Para la construcción de represas y canales se necesitaba un conocimiento avanzado de la fabricación y uso de herramientas. Al uso de herramientas y destrezas para crear un producto o lograr un objetivo se le llama **tecnología**. Hacia el año 3500 a.C. los primeros pobladores de Sumeria desarrollaron la tecnología necesaria para obtener una producción agrícola estable y construir ciudades.

Estas estatuas de yeso muestran cómo un escultor primitivo imaginaba a los sumerios.

LECCIÓN 2

ENFOQUE
¿Por qué buscamos hoy en día nuevas formas de hacer las cosas?

Idea principal
Mientras lees piensa en las contribuciones que hicieron las primeras sociedades de Mesopotamia.

Vocabulario
civilización
tecnología
zigurat
gobierno
ciudad-estado
monarquía
autoridad
excedente
mercader
clase social
escriba
innovación

89

La función del gobierno

La construcción de represas, canales, zigurats y otros edificios hacía necesario una gran cantidad de trabajadores. Siempre que muchas personas viven y trabajan juntas es preciso un sistema de leyes para mantener el orden. En sociedades de gran tamaño, como la sumeria, el mantenimiento de las leyes requería la existencia de un gobierno. Un **gobierno** es un sistema organizado por medio del cual los grupos establecen leyes y toman decisiones.

Sumeria estaba constituida por varias ciudades-estado independientes. Una **ciudad-estado** comprendía una ciudad y las tierras de cultivo cercanas a ella. Cada ciudad-estado disponía de sus propios gobernantes y un gobierno. Al principio los gobiernos estaban formados por un grupo de gobernantes que elegían a un jefe. Este grupo dictaba las leyes y decidía qué debía hacerse.

A menudo, las ciudades-estado sumerias emprendían guerras en contra de otros pueblos para apoderarse de nuevas tierras de cultivo o bien para proteger las suyas. También había disputas por el uso de las provisiones de agua.

En tiempos de crisis los gobernantes de una misma ciudad-estado no siempre se ponían de acuerdo. De manera que, para lograr un liderazgo más poderoso, cada ciudad-estado sumeria formó un nuevo tipo de gobierno. Este nuevo gobierno era la **monarquía**, en la cual una sola persona reunía toda la **autoridad**, es decir, el poder de gobernar en tiempos de paz y de comandar a los soldados en tiempos de guerra.

Los sumerios llamaban a los gobernantes de las ciudades-estado "grandes hombres", o reyes, dado que eran casi siempre hombres. Los reyes ejercían su poder sobre todos los aspectos de la vida cotidiana, incluyendo la religión, la agricultura y la arquitectura.

Los reyes disponían de una enorme fuerza y poder ya que los sumerios creían que los dioses elegían a los gobernantes. Existen muchos cuentos y leyendas acerca de los gobernantes sumerios.

Uno de los relatos más antiguos de la humanidad es un poema que narra las aventuras del rey Gilgamesh. En el poema se alaba a Gilgamesh como "quien todo lo sabe".

REPASO *¿Qué clase de gobierno crearon las ciudades-estado sumerias para lograr un liderazgo más poderoso?*

BIOGRAFÍA

Gilgamesh

Se cree que Gilgamesh fue el rey de la ciudad-estado sumeria de Uruk, entre 2700 a.C. y 2500 a.C. Con el paso del tiempo se convirtió en una figura legendaria. Se le consideraba como un tercio hombre y dos tercios dios. Los relatos sobre Gilgamesh y sus aventuras fueron transmitidos en forma oral durante muchos siglos, hasta que se escribieron cerca del año 2500 a.C. Todavía la gente se interesa por este héroe.

Estatua de Gilgamesh hecha de terracota

Cambios económicos

En torno al año 3000 a.C. la población de algunas ciudades-estado sumerias aumentó considerablemente. La ciudad-estado de Ur, por ejemplo, llegó a tener más de 60,000 habitantes. Tal aumento fue posible gracias al desarrollo de la agricultura. La producción agrícola llegó a tener un **excedente**, es decir, una cantidad sobrante. Este excedente permitía alimentar a la gente que llegaba para establecerse en Sumeria.

El excedente originó una nueva división de trabajo. Surgieron artesanos especializados en labores en piedra, arcilla, lana y cuero. Otros comenzaron a trabajar los metales, primero el cobre y el estaño, y después una combinación de ambos metales para formar bronce. Con la de nuevos productos, algunos sumerios se hicieron administradores que se encargaban de supervisar el trabajo de otros. Otros se hicieron **mercaderes**, personas que se ganaban la vida con la compra y venta de productos.

Los mercaderes sumerios comerciaban en todo el Creciente Fértil, incluyendo el mar Mediterráneo. Ofrecían sus excedentes de trigo y cebada, y herramientas de cobre, como cabezas de hacha y puntas de arado. A cambio recibían materias que necesitaban, como madera, sal, piedras preciosas, estaño y mineral de cobre.

REPASO *¿Qué efecto tuvo la producción de un excedente de alimentos en la vida de los sumerios?*

Jarra sumeria

Divisiones sociales

Con el paso del tiempo la primitiva sociedad sumeria se dividió en **clases sociales**, es decir, grupos con distinta importancia en la sociedad. La clase más alta incluía al rey, sacerdotes, funcionarios importantes y sus familias.

Había muy pocos nobles, funcionarios importantes o sacerdotes. La mayoría de los sumerios pertenecía a la clase media, donde se incluía a las personas según el tamaño de sus propiedades y la posición de su familia en la comunidad.

La división del trabajo proporcionó una mayor variedad de ocupaciones para los sumerios. Algunos eran mercaderes o administradores, otros trabajaban como carpinteros, alfareros, albañiles, médicos o escribas. Un **escriba** era una persona que sabía escribir. La escritura era una habilidad muy apreciada en Sumeria, pues la mayoría de las personas, incluso los nobles, no sabían ni leer ni escribir.

Los escribas llevaban los registros, escribían cartas para otras personas, y transcribían cuentos

Este modelo antiguo de una casa muestra cómo eran las viviendas sumerias.

Capítulo 2 • 93

Desarrollo de la escritura cuneiforme

SIGNIFICADO	PICTOGRAFÍA (3100 a.C. aprox.)	ESCRITURA CUNEIFORME TEMPRANA (1800 a.C. aprox.)	ESCRITURA CUNEIFORME TARDÍA (700 a.C. aprox.)
Sol	◇	◇	≼╵
Estrella	✳	✳	┿
Montaña	≶	≼	▲▲
Cabeza	👤	⊨	≣⫴
Pájaro	🕊	⊤⌄	⊤⎸
Cereales	🌾	✳	⋏⋏

APRENDER CON TABLAS Los escribas sumerios desarrollaron la escritura a partir de símbolos pictóricos.
■ ¿En qué columnas los símbolos se parecen más al objeto que representan?

y canciones. Los escribas, al igual que otros miembros de la clase media sumeria, intercambiaban los servicios y bienes que producían por los que necesitaban.

Los esclavos constituían la clase más baja de la sociedad sumeria. En su mayoría los esclavos eran prisioneros de guerra. Otros eran esclavos por haber cometido delitos o porque tenían deudas. Dado que la esclavitud no era de por vida, un esclavo podía recuperar su libertad una vez que pagara su deuda.

En todas las clases de la sociedad sumeria los hombres poseían una mayor autoridad y más derechos que las mujeres. Los hombres controlaban el hogar y podían divorciarse de sus esposas por cualquier razón. También ocupaban la mayoría de los cargos de responsabilidad.

Sin embargo, las mujeres tenían acceso a posiciones de importancia que muchas llegaron a ocupar. Con frecuencia eran sacerdotisas. De hecho, la primera sacerdotisa de la antigua ciudad-estado de Ur era quien ostentaba mayor poder después del rey. Algunas mujeres sumerias fueron entrenadas para ser escribas.

En general, las mujeres de la antigua Sumeria disfrutaban de más derechos y libertades que las del resto de las civilizaciones antiguas. A diferencia de otras civilizaciones, las mujeres de la antigua Sumeria podían poseer propiedades, podían divorciase de maridos crueles y administraban sus negocios.

REPASO *¿Qué puesto de responsabilidad solían ocupar las mujeres?*

Innovaciones

Las necesidades de una sociedad tan grande y compleja condujeron a más **innovaciones**, es decir, nuevas maneras de hacer las cosas. En Sumeria, la necesidad de delimitar las tierras cultivadas condujo a la invención de una unidad de superficie llamada *iqu*, equivalente a un acre.

La necesidad de transportar mercancías río arriba condujo a la invención de embarcaciones de vela. La necesidad de medir las cosechas de trigo y cebada propició la implantación del cuarto como unidad básica de medida. La necesidad de llevar un registro de las pertenencias y del comercio condujo a una de las más grandes innovaciones sumerias: la escritura.

Al principio los escribas hacían dibujos en tablillas de arcilla fresca que después ponían a secar. Estas tablillas servían como etiquetas en los canastos, identificando dueño y contenido. Hacia el año 2000 a.C. los símbolos sumerios se habían convertido en un sistema completo de escritura llamado *cuneiforme*. Cada símbolo representaba una sílaba y un sonido.

Para marcar los símbolos cuneiformes en la arcilla blanda, los escribas sumerios usaban un estilo, o instrumento puntiagudo hecho de caña. Luego cocían las tablillas de arcilla para endurecerlas. Las tablillas con escritura cuneiforme que se han encontrado cuentan la floreciente actividad económica de los sumerios y su modo de vida.

REPASO *¿Qué inventos desarrollaron los sumerios?*

LECCIÓN 2 • REPASO

4000 a.C. — 3000 a.C. — 2000 a.C.

- 3500 a.C. aprox.
  • Origen de las ciudades-estado sumerias
- 2000 a.C. aprox.
  • Desarrollo de la escritura cuneiforme

Comprueba lo que aprendiste

1. **Recuerda los datos** ¿Cuál fue la nueva clase de gobierno creada en Mesopotamia?
2. **Recuerda la idea principal** ¿De qué manera afectó la necesidad de organizarse el desarrollo de las ciudades-estado sumerias?

Piensa críticamente

3. **Causa y efecto** ¿Qué efecto tuvo la producción de excedentes en la civilización sumeria?
4. **Piensa más sobre el tema** ¿Cómo habría cambiado nuestro conocimiento de la cultura sumeria si no hubieran desarrollado la escritura?
5. **Ayer y hoy** ¿Qué problemas de los sumerios son similares a los de los habitantes de Estados Unidos en la actualidad?

Muestra lo que sabes

Actividad: Nota periodística Escribe un artículo sobre lo que ocurría en Sumeria cuando aparecía un nuevo invento. Por ejemplo, podrías hablar de la invención de la rueda. Redacta el artículo como si hubiera aparecido en un periódico conocido. Puedes incluir una ilustración. Muestra tu trabajo al resto de la clase.

Capítulo 2 • 95

LECCIÓN 3

ENFOQUE
¿Por qué son importantes las leyes hoy?

Idea principal
Mientras lees piensa en cómo las civilizaciones de la antigüedad se defendían de sus enemigos y mantenían el orden social.

Vocabulario
conquistar
imperio
emperador
recaudación de impuestos
Código de Hammurabi
justicia imparcial

Este casco sumerio fue labrado a partir de una sola lámina de oro. De unos 4,500 años de antigüedad, fue hallado en el cementerio real de la ciudad de Ur.

Imperios y conquistas

2500 a.C.　　　1500 a.C.　　　500 a.C.

A medida que las ciudades-estado de Mesopotamia crecían en extensión y población, aumentaban los conflictos entre ellas. Las ciudades-estado competían por el control de las tierras fértiles que poseían abundante agua. De modo que empezaron a emprender guerras para **conquistar**, o arrebatar, tierras ajenas.

Causas y efectos de un conflicto

La mayoría de las guerras entre las sociedades agrícolas, como las de Mesopotamia, eran emprendidas para defender tierras de cultivo y fuentes de agua. Un proverbio sumerio explica lo inestable que era la posesión de la tierra: "Puedes ir y tomar la tierra del enemigo; el enemigo vendrá y tomará la tuya".

La tierra que estaba entre el Tigris y el Éufrates era plana. Así que ningún accidente geográfico, por ejemplo montañas, servía de frontera natural entre las ciudades-estado. Al no tener límites naturales, las ciudades-estado usaban pilares para marcar la extensión de sus territorios. Cuando una ciudad-estado trasladaba o destruía los pilares de otra, "violaba tanto el decreto de los dioses como la palabra dada por un hombre a otro". Actos como éstos a menudo conducían a la guerra.

Al aumentar los desacuerdos sobre las tierras y el agua, surgieron más enfrentamientos. Y al haber más guerras, la necesidad de tener más armas trajo como consecuencia el desarrollo de nuevas tecnologías. Los artesanos crearon nuevos inventos como los carros de guerra. Un carro de guerra era una carreta liviana de dos ruedas, tirada por caballos. Con un carro de guerra, un soldado podía desplazarse

96 • Unidad 1

Esta escena del *Estándar de Ur* muestra los antiguos mesopotamios en batalla.

rápidamente mientras arrojaba lanzas o disparaba flechas al enemigo que marchaba a pie. Con las nuevas tecnologías de guerra morían más personas en batalla.

REPASO *¿Cuál era la principal causa de las guerras entre los pueblos de Mesopotamia?*

Sargón el Conquistador

El primer conquistador en la región de Mesopotamia del que se tienen datos fue un guerrero llamado Sargón. Nació de gente nómada que vivía en el noreste de Mesopotamia. En su juventud Sargón había servido como funcionario en la ciudad-estado de Sumeria en Kish. Más tarde mató al rey de Kish y tomó el poder de la ciudad-estado. Entonces reunió un ejército y marchó sobre Mesopotamia estableciendo un imperio. Un **imperio** es un conjunto de tierras y pueblos conquistados y

Rey mesopotamio, posiblemente Sargón

gobernados por un solo soberano. Sargón se convirtió en el primer **emperador** de Mesopotamia, es decir, en el soberano de un imperio.

En el centro de este imperio Sargón fundó la capital, Acadia. A su gente se la llamaba acadios

Capítulo 2 • 97

Acontecimientos en Mesopotamia

2500 a.C. — 2000 a.C. — 1500 a.C. — 1000 a.C. — 500 a.C.

- **2350 a.C. aprox.** • Sargón establece el Imperio Acadio
- **1790 a.C. aprox.** • Hammurabi es rey de Babilonia
- **1750 a.C.** • Hammurabi conquista y reunifica casi toda Mesopotamia
- **721 a.C.** • Asiria conquista el reino de Israel

APRENDER CON LÍNEAS CRONOLÓGICAS Muchos gobernantes lucharon por el control de Mesopotamia entre los años 2500 a.C. y 500 a.C.
■ *¿Cuál de ellos reinó primero?*

---

y, aunque no eran sumerios, se adaptaron a la cultura sumeria. Como símbolo de la grandeza de su conquista Sargón ordenó derrumbar todos los pilares fronterizos y los muros de las ciudades.

Sargón gobernó su imperio durante 55 años. Mantuvo el poder gracias a su fuerza y su buena organización. Probablemente fuera uno de los primeros gobernantes de Mesopotamia en mantener un ejército profesional durante un largo período. Hasta entonces sólo se reclutaban soldados en tiempos de guerra. Sargón también nombró a nobles que le fueran fieles para gobernar las ciudades-estado que conquistaba.

Sargón fue un rey eficaz y su imperio fue muy organizado. Hacia el año 2300 a.C. el Imperio Acadio se extendía desde lo que ahora es el oeste de Irán hasta el mar Mediterráneo. Cuando el imperio finalmente se debilitó, las ciudades-estado de Mesopotamia se encontraron entre dos centros de poder: Asiria y Babilonia.

REPASO *¿Por qué Sargón hizo derribar los pilares fronterizos y los muros de las ciudades?*

Hammurabi el Legislador

Entre los años 1792 y 1750 a.C., Hammurabi, rey de la ciudad-estado de Babilonia, conquistó y unificó casi toda Mesopotamia y la región superior del valle de los ríos Tigris y Éufrates. Así creó un gran imperio conocido como el Imperio de Babilonia.

Al igual que Sargón, Hammurabi fue más que un jefe militar. Todas las ciudades-estado prosperaron bajo su mandato gracias al comercio, la construcción y el mantenimiento de represas y canales. Babilonia se convirtió en el principal centro del comercio.

Uno de los logros de Hammurabi fue la reorganización del sistema de **recaudación de impuestos** de Mesopotamia. A través de un sistema de recaudación de impuestos los ciudadanos hacen pagos para sustentar el gobierno. Hammurabi cambió el sistema para asegurarse de que todos los ciudadanos de Mesopotamia pagaran sus impuestos. Los recaudadores de impuestos viajaban a través de todo el imperio cobrando el dinero, de manera que Hammurabi recolectaba lo suficiente para llevar a cabo sus reformas.

Quizás la mayor contribución de Hammurabi fue la elaboración de un compendio de leyes

98 • Unidad 1

comunes a todo el imperio. Hasta entonces cada ciudad-estado tenía sus propias leyes. Hammurabi reunió todas esas leyes y las ordenó en una lista. Esta lista de leyes se conoce como el ==Código de Hammurabi==, en honor al gobernante babilonio.

Este código estaba compuesto por 282 leyes que incluían casi todos los aspectos de la vida cotidiana, como el matrimonio, divorcio, adopción, esclavitud, asesinato, robo, servicio militar, tierras, comercio, préstamos, precios y salarios. Ningún área quedó sin abarcarse.

Las leyes anteriores eran complicadas y, en muchas ocasiones, injustas. En cambio el Código de Hammurabi explicaba con claridad cada ley y establecía penas para todos los casos.

Algunas leyes del Código de Hammurabi seguían la costumbre del "ojo por ojo y diente por diente". De modo que quien causara un daño debía ser castigado con el mismo daño. Esto significa que si alguien le rompía un brazo a otra persona en una pelea, se le castigaba rompiéndole un brazo.

No todas las leyes de Hammurabi seguían la costumbre del "ojo por ojo y diente por diente". Algunas imponían castigos específicos para distintos delitos. Otras establecían la pena de muerte.

Fragmento del Código de HAMMURABI

En este fragmento Hammurabi describe sus funciones como rey y da algunas razones por las cuales creó el código.

Yo soy Hammurabi, rey noble... Puse fin a las guerras, mejoré la calidad del imperio... Conduje con prudencia a las gentes de Sumeria y Acadia... Todos ellos prosperaron bajo mi espíritu protector. Mientras mantuve la paz, encontraron cobijo en mi sabiduría.

Para que el más poderoso no perjudique al débil... he inscrito mis mejores pronunciamientos [leyes] en esta estela y la he exhibido... en la ciudad de Babilonia... a fin de promulgar las leyes de esta tierra, y de proporcionar justicia a quien se le ha hecho daño.

En esta estela de piedra Hammurabi aparece de pie ante el dios del sol babilonio. Las leyes de Hammurabi están grabadas en la base de la estela.

Los imperios de Babilonia y Asiria

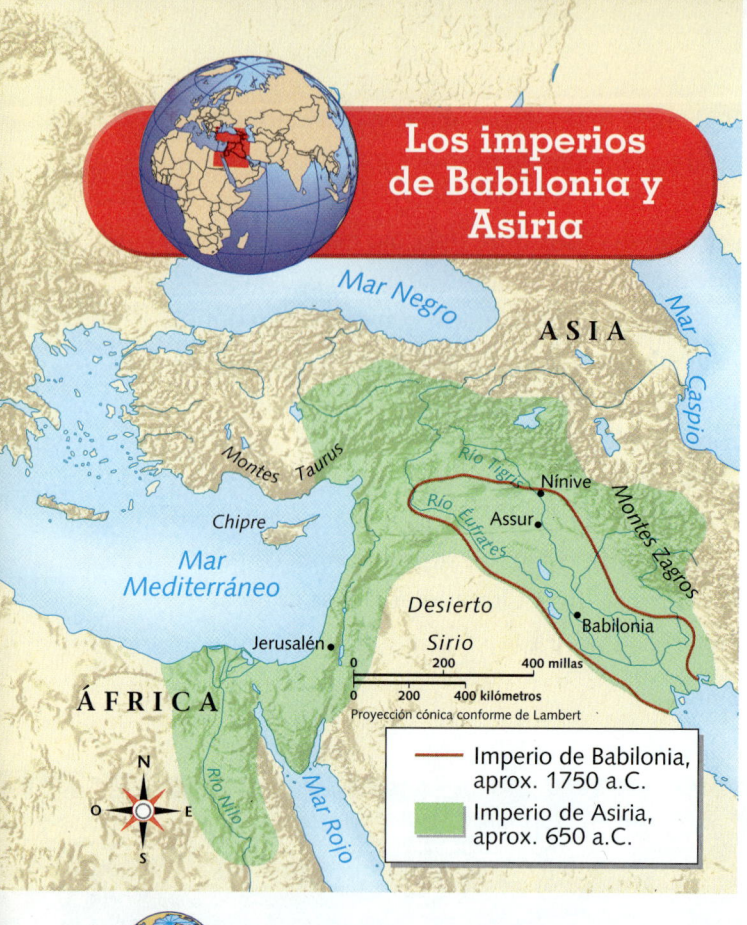

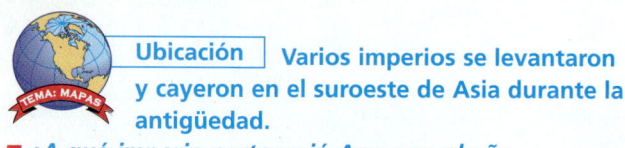

Mapa: Imperio de Babilonia, aprox. 1750 a.C. / Imperio de Asiria, aprox. 650 a.C.

Ubicación Varios imperios se levantaron y cayeron en el suroeste de Asia durante la antigüedad.

■ ¿A qué imperio perteneció Assur en el año 1750 a.C.? ¿Y en el año 650 a.C.?

Al hablar del propósito de su Código, Hammurabi explicó que lo había escrito.

> Para hacer que la justicia prevalezca...
> Para destruir la maldad...
> Para iluminar la tierra y para que haya más prosperidad.

Además de crear su código de leyes, Hammurabi introdujo el concepto de ==justicia imparcial== o tratamiento justo ante la ley. Pero esta justicia imparcial se aplicaba sólo dentro de los límites de una misma clase social. Bajo el Código de Hammurabi, los gobernantes, los sacerdotes y los ricos eran frecuentemente favorecidos sobre las otras clases sociales.

Aunque el Código de Hammurabi perduró por mucho tiempo, no ocurrió lo mismo con el imperio. Para el año 1600 a.C. Babilonia también había sido conquistada.

REPASO ¿Qué es la ley del "ojo por ojo y diente por diente"?

Los asirios en Mesopotamia

Después de la caída del imperio que Hammurabi había establecido, Mesopotamia fue conquistada por varios pueblos. Hacia el año 1600 a.C. los kassitas, procedentes de lo que ahora es Irán, reclamaron su poder en la región y gobernaron durante más de 400 años. Con el tiempo los asirios se apoderaron de la zona y establecieron un imperio que incluía territorios fuera de Mesopotamia, como partes de lo que hoy son Turquía, Egipto y el golfo Pérsico.

Asiria era una región de colinas, ubicada entre el río Tigris y los montes Zagros, al norte de Mesopotamia. Muchos asirios vivían en ciudades; las más importantes eran Assur, Kalhu y Nínive. Cada ciudad estaba rodeada por pequeñas aldeas agrícolas.

Los asirios deseaban controlar las rutas comerciales del suroeste de Asia e iniciaron la conquista de nuevos territorios. Con ayuda de sus carros de guerra fueron conquistando el territorio de sus vecinos hasta establecer un imperio que se extendía por casi todo el suroeste de Asia.

Al terminar sus conquistas, los asirios trataron de reunir los pueblos de sus numerosos territorios, y construyeron un sistema de caminos en todo el imperio.

Durante este tiempo los asirios realizaron numerosas mejoras en la ciudad de Nínive. En ella se construyeron muchos edificios, incluyendo un grandioso palacio decorado con grabados de piedra.

Con el tiempo el poderoso Imperio Asirio también fue conquistado. En el año 612 a.C. los medos atacaron Nínive y mataron al rey. Los medos procedían de Media, un territorio situado en lo que hoy es el noroeste de Irán. Un escritor que podría haber vivido cerca de Nínive describió la caída de la ciudad. Su testimonio muestra lo violenta que fue la era de la conquistas en Mesopotamia.

Esta estela muestra a guerreros asirios conduciendo un carro de guerra.

" ¡Miseria para la ciudad
  ensangrentada! ...
Restalla el látigo y
  rechinan las ruedas;
retumban los cascos de los caballos
  y avanzan los carros de guerra.
Los jinetes levantan las brillantes
  espadas y las lanzas
  resplandecientes,
y una multitud es asesinada... "

REPASO *¿Por qué lo asirios conquistaron nuevos territorios?*

LECCIÓN 3 • REPASO

2500 a.C. — **1500 a.C.** — **500 a.C.**

- **2350 a.C. aprox.** Sargón establece el Imperio Acadio
- **1750 a.C.** Hammurabi establece un imperio

Comprueba lo que aprendiste

1. **Recuerda los datos** ¿Qué compendio de leyes basado en el concepto "ojo por ojo y diente por diente" se creó en Babilonia?

2. **Recuerda la idea principal** ¿Qué hacía la gente del Creciente Fértil para mantener el orden social y defenderse de las invasiones?

Piensa críticamente

3. **Piensa más sobre el tema** Muchas personas hoy en día considerarían crueles los castigos de Hammurabi. ¿Por qué tuvo tanta aceptación el Código de Hammurabi en la antigüedad?

4. **Ayer y hoy** ¿Cuáles son las leyes más importantes de tu comunidad? ¿Por qué?

Muestra lo que sabes

Actividad: Código legal
Hammurabi estableció leyes justas de acuerdo con las costumbres de su época. Forma un grupo con tus compañeros y escribe un código de leyes para los estudiantes de tu escuela. Incluye castigos que parezcan justos de acuerdo con nuestra época. Conversen con otros grupos acerca del código.

Capítulo 2 • 101

Mapas y globos terráqueos

Compara mapas de

1. ¿Por qué aprender esta destreza?

En este libro encontrarás muchas clases de mapas. Algunos mapas muestran el tamaño y la forma de los países de forma distinta. Te preguntarás por qué.

A lo largo de los siglos, los cartógrafos árabes, chinos y europeos han desarrollado distintas maneras de representar la Tierra, que es redonda, en mapas, que son planos. A estas maneras de representar la Tierra se les llama **proyecciones**. Cada proyección tiene un nombre, por ejemplo, proyección de Robinson o proyección de Mollweide.

Todos los mapas tienen **distorsiones**, o dimensiones que no son exactas. Esto se debe a que la superficie curva de la Tierra debe ser dividida o estirada para convertirla en una superficie plana en el mapa. Conocer estas distorsiones ayuda a dar un mejor uso a las proyecciones de los mapas.

2. Usos de las proyecciones de los mapas

Cada proyección tiene sus propias distorsiones. Algunas proyecciones distorsionan la forma o el tamaño del territorio mostrado, mientras otras muestran distancias que parecen ser mayores o menores a las reales. Los cartógrafos clasifican las proyecciones en función de la dimensión que menos se distorsiona en el mapa.

El mapa A es una proyección equivalente, o equi-área. Observa cómo el primer meridiano y el ecuador dividen los hemisferios en áreas iguales. Una **proyección equivalente** muestra correctamente la relación entre los tamaños de las regiones, pero distorsiona las formas. Ya que las proyecciones equivalentes muestran las áreas

Mapa A: Proyección equi-área

distintas proyecciones

de manera correcta, sirven para comparar la relación entre el tamaño de distintas regiones del planeta. El Mapa A de la página 102 es una proyección equivalente.

El Mapa B es una **proyección conforme**. Una proyección conforme muestra las formas correctamente, pero distorsiona los tamaños de las regiones, especialmente aquéllas cercanas a los polos. En el Mapa B las coordenadas de longitud están a la misma distancia entre sí. En un globo terráqueo la distancia entre las coordenadas de longitud disminuye hacia los polos, donde se unen. Observa también que en el Mapa B, cerca de los polos, la distancia entre las coordenadas de latitud aumenta. En un globo terráqueo la distancia entre las coordenadas de latitud no varía. La proyección de Mercator, que aparece en el Mapa B, es un ejemplo de

Mapa B: Proyección conforme

Escala correcta sólo en el Ecuador
Proyección de Mercator

Capítulo 2 • **103**

Mapas y globos terráqueos continúa

proyección conforme. El Mapa C, abajo, muestra la proyección de Robinson, que es una combinación de la proyección equivalente y la proyección conforme.

El Mapa D, derecha, es una **proyección equidistante**. Expresa las distancias correctamente desde un punto central. Cualquier lugar de la Tierra podría servir como punto de referencia. Cuando uno de los polos es el punto central, el mapa es una **proyección polar**. El Polo Norte o el Polo Sur pueden servir como el centro de una proyección polar. Observa que en el Mapa D, el Polo Norte está en el centro. El Mapa D es a la vez una proyección polar y una proyección equidistante. Las coordenadas de latitud aparecen como círculos, más amplios cuanto mayor es la distancia con respecto al centro. Y las coordenadas de longitud son líneas rectas que se extienden en todas las direcciones, como los rayos de una rueda.

Mapa D: Proyección equidistante

3. Comprende el proceso

Compara y contrasta los mapas A, B, C y D, y responde a las siguientes preguntas. A medida que respondas, piensa en las ventajas y desventajas de cada proyección.

1. América del Sur es más grande que Groenlandia. ¿Qué proyección muestra el tamaño real de Groenlandia: el Mapa A o el Mapa B?
2. En África, la mayor distancia entre los extremos este y oeste es aproximadamente igual a la mayor distancia entre los extremos norte y sur. ¿Qué proyección muestra la forma real de África: el Mapa A o el Mapa B?
3. ¿En cuál de los mapas la distancia entre las coordenadas de longitud disminuye hacia los polos?

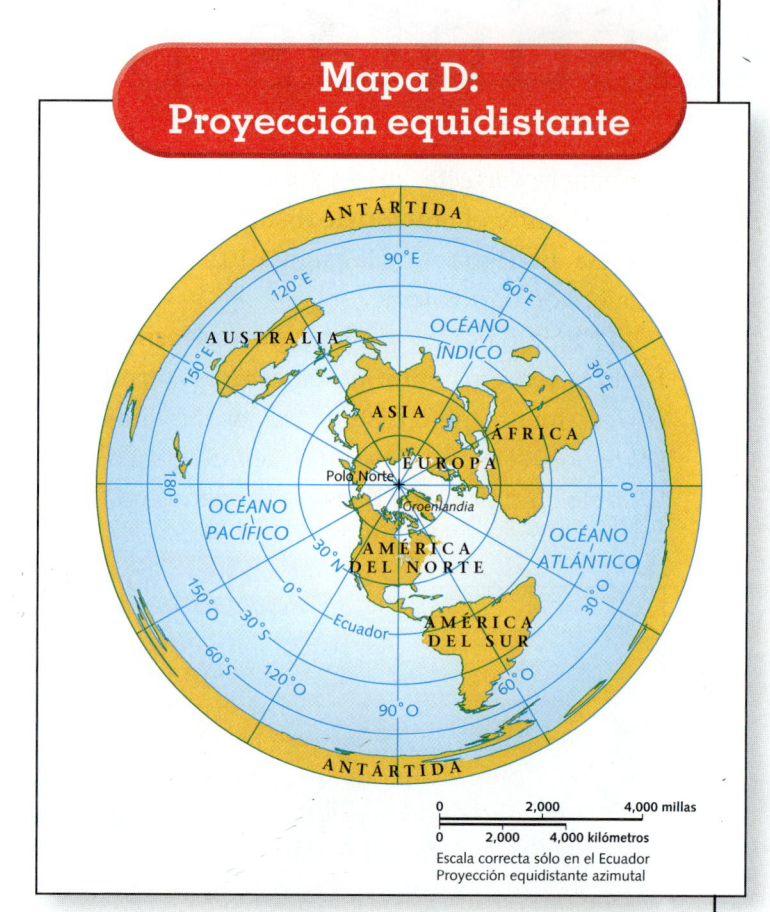

Mapa C: Proyección de Robinson

4. Piensa y aplica

Escribe un párrafo acerca de las ventajas y desventajas de emplear cada clase de mapa.

104 • Unidad 1

Los antiguos israelitas

| 2000 a.C. | 1500 a.C. | 1000 a.C. | 500 a.C. |

LECCIÓN 4

ENFOQUE
¿Qué contribuciones han hecho las personas o los grupos en tu comunidad?

Idea principal
Mientras lees piensa en las contribuciones que los israelitas hicieron a la humanidad.

Vocabulario
monoteísmo
alianza
éxodo
Diez Mandamientos
judaísmo
Torá
sábado
exilio
diáspora
sinagoga

Entre los años 2000 a.C. y 500 a.C. pequeños reinos surgieron en el suroeste de Asia. Entre ellos se encontraba el de los israelitas, antepasados del pueblo judío. Los israelitas realizaron importantes contribuciones a las ideas religiosas y culturales de las antiguas comunidades del Creciente Fértil. Muchas personas acuden a la Biblia hebrea o Antiguo Testamento como fuente de información sobre los israelitas. Los estudiosos modernos han ampliado nuestros conocimientos sobre estos pueblos a través de la Biblia, otros textos antiguos y descubrimientos arqueológicos.

Abraham

Muchas personas en todo el mundo se consideran descendientes de un hombre llamado Abram. Los expertos creen que Abram vivió en tiempos de Hammurabi. Según la Biblia, Abram nació en la ciudad sumeria de Ur.

Los habitantes de Mesopotamia, como tantos otros pueblos de la antigüedad, adoraban a muchos dioses. A un dios le pedían por el agua, a otro por las buenas cosechas y a otros por el amor y por la guerra. También concebían el sol, la luna y el viento como dioses.

A diferencia de otros, Abram y su familia sólo adoraban a un dios. El **monoteísmo** es la creencia en un solo ser supremo. Según la Biblia, Dios le dijo a Abram: "Deja tu tierra, tu pueblo y la casa de tu padre, y ve a la tierra que te voy a indicar".

Abram dejó el sur de Mesopotamia y se marchó con su familia hacia el norte. Después de pasar algún tiempo en Haran, continuó su viaje.

Él y su familia viajaron primero en dirección norte y luego hacia el sur, a través del territorio de Canaán. Llegaron a un lugar llamado Siquem. Fue allí donde,

Los judíos de la actualidad leen la Torá como lo hacían sus antepasados, los israelitas.

Capítulo 2 • 105

Rutas de Abraham y Moisés

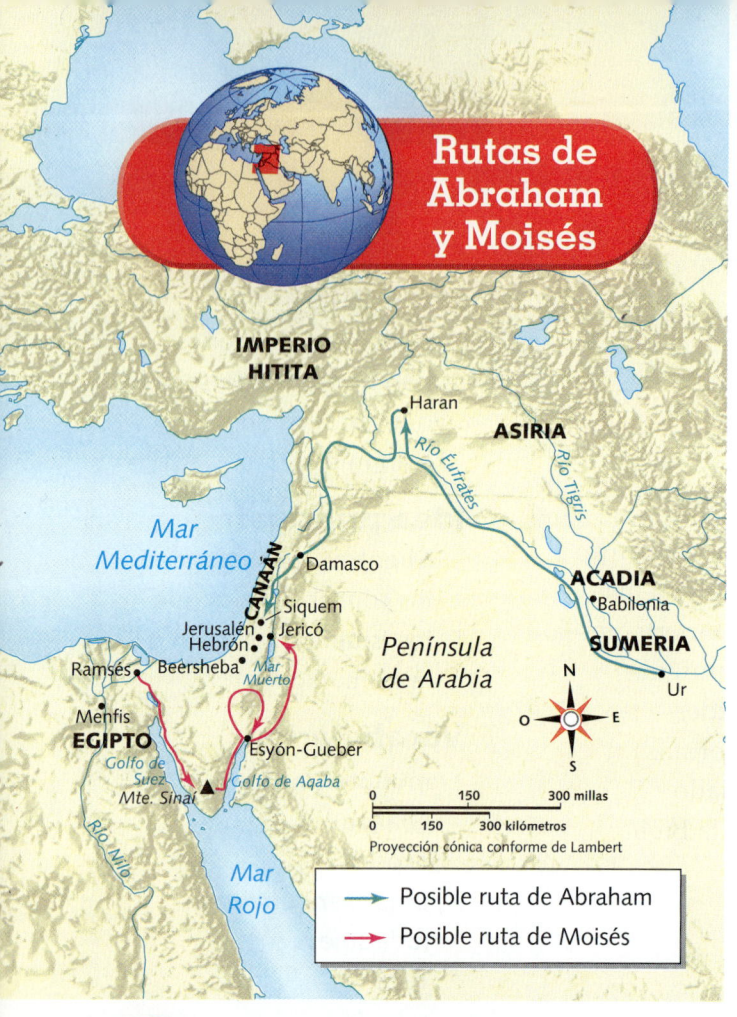

Movimiento Los historiadores creen que Abraham y Moisés siguieron las rutas que muestra el mapa.

■ ¿En qué región terminaron su viaje Abraham y Moisés?

---

de acuerdo con la Biblia, Abram oyó que Dios le dijo: "Te daré esta tierra para tus hijos". Abram hizo una **alianza** o acuerdo con Dios, según la cual, como recompensa por su fidelidad, Dios le daría a él y sus descendientes la tierra de Canaán. Como signo de la promesa, Abram cambió su nombre a Abraham, que significa "padre de muchas naciones". Abraham se transformó así en el padre de los judíos, por medio de su hijo Isaac, y en padre de los árabes por medio de su hijo Ismael.

REPASO ¿En qué se diferenciaban las creencias religiosas de Abraham de las de otros habitantes de Mesopotamia?

Moisés y los Diez Mandamientos

Isaac, hijo de Abraham, tuvo un hijo llamado Jacob, que con el tiempo llegó a ser conocido como Israel. Jacob tuvo 12 hijos, y con el tiempo tanto sus hijos como todos sus descendientes llegaron a ser conocidos como israelitas. Cada hijo de Jacob fundó su propia tribu.

Cuando el hambre asoló Canaán, muchos israelitas partieron para Egipto. La Biblia dice que encontraron comida y trabajo, pero que más adelante los israelitas fueron convertidos en esclavos.

Hacia el año 1225 a.C. Moisés condujo con éxito una rebelión contra los egipcios. Muchos israelitas lo siguieron desde Egipto, atravesando el desierto, de regreso a Canaán. Este viaje se conoce como el **Éxodo**. La palabra *éxodo* se emplea en la actualidad para describir cualquier movimiento migratorio masivo. Los judíos de todo el mundo cuentan el relato del Éxodo durante la celebración de la Pascua.

El Éxodo fue muy difícil y duró muchos años. Moisés y los israelitas tuvieron que afrontar la falta de agua y comida, y también las diferencias entre unos y otros.

La Biblia cuenta que durante el Éxodo, Dios ordenó a Moisés que subiera a una montaña del desierto de Sinaí, donde le entregó los **Diez Mandamientos**, una serie de normas de buena conducta.

LOS DIEZ MANDAMIENTOS

Según la Biblia, Dios le habló a Moisés, y éstas fueron sus palabras:

1. Yo soy el Señor tu Dios, el que te sacó de Egipto, de la tierra de la esclavitud. No tendrás otros dioses más que yo.
2. No crearás ídolos con la forma de algo que viva en el cielo, o en la tierra bajo éste, o en la profundidad de las aguas...
3. No usarás en vano el nombre del Señor, tu Dios, pues el Señor no perdonará a quien diga su nombre en vano.
4. Santificarás el Día del Señor. Dedicarás seis días al trabajo, pero el séptimo es un día consagrado al Señor tu Dios. En ese día no realizarás ningún trabajo...
5. Honrarás a tu padre y a tu madre...
6. No matarás.
7. No cometerás adulterio.
8. No robarás.
9. No levantarás falsos testimonios contra tu prójimo.
10. No desearás la casa de tu prójimo... Ni nada que le pertenezca.

Éxodo 20:2-17
(Fuente: La nueva versión internacional de la Biblia)

Los Diez Mandamientos se convirtieron en una importante parte del **judaísmo**, la religión de los judíos, y más tarde del cristianismo y del islám. El judaísmo enseña que Dios es justo y que los humanos deben imitar sus cualidades. También enseña que el servicio de una persona a Dios se mide en función de las buenas cosas que haga por otras personas.

Las historias de Abraham, Moisés, el Éxodo y el regreso a Canaán se encuentran en los primeros cinco libros de la Biblia hebrea. A éstos también se les llama los Cinco Libros de Moisés. Los judíos prefieren referirse a ellos como la **Torá**. El Génesis, primer libro de la Torá, contiene muchas de las principales ideas de los israelitas. Por ejemplo, el **sábado**, que es el día de descanso después de la semana de trabajo, aparece por primera vez en el relato de la creación al comienzo del libro de Génesis.

REPASO *¿Qué grupo de reglas se convirtió en una parte importante de tres grandes religiones?*

Israel y Judá

Al regresar a Canaán los israelitas formaron su propia nación, a la que llamaron Tierra de Israel. Saúl se convirtió en el primer rey de Israel cerca del año 1020 a.C. Fue sucedido por David, quien construyó la capital en Jerusalén. Tras su muerte, en el año 961 a.C., su hijo Salomón fue proclamado rey. Salomón era conocido por su sabiduría en tomar decisiones.

"La sabiduría de Salomón excedía la de todos los hijos de oriente", dice la Biblia. Bajo su reinado se construyó un gran templo en Jerusalén para adorar a Dios.

Los Diez Mandamientos forman parte de la Torá, las escrituras sagradas judías. Esta cubierta para la Torá (izquierda) fue hecha en el siglo XVIII d.C.

Capítulo 2 • 107

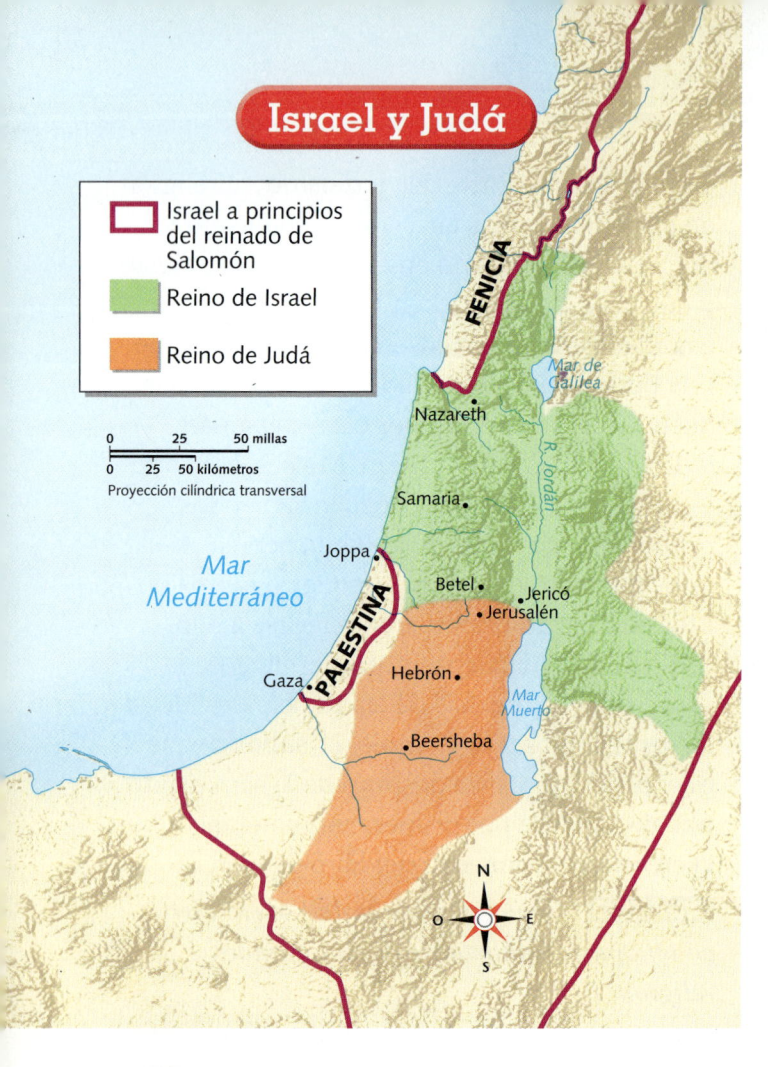

Israel y Judá

- ▭ Israel a principios del reinado de Salomón
- ▬ Reino de Israel
- ▬ Reino de Judá

Lugar El territorio de Israel se dividió en dos partes.
■ ¿Qué reino era más probable que transportara bienes por agua?

Después del mandato de Salomón, Israel fue dividido en dos regiones: norte y sur. El reino del norte, formado por diez de las doce tribus, mantuvo el nombre de Israel. El reino del sur, con algo más de dos tribus, se llamó Judá. El reino de Israel duró hasta el año 721 a.C., cuando fue conquistado por los asirios. El reino de Judá duró hasta el año 586 a.C., al caer en manos de los babilonios. Los babilonios destruyeron el templo de Jerusalén, esclavizaron a sus habitantes y los forzaron a marcharse a Babilonia y a vivir en el **exilio**. Una persona en el exilio no puede regresar a su país. En el año 539 a.C. Babilonia fue conquistada por Persia, que permitió al pueblo de Judá regresar a su tierra y construir un templo en Jerusalén.

Cuando el pueblo de Judá regresó, no encontraron a los israelitas. Las diez tribus habían desaparecido totalmente. Los estudiosos creen que los israelitas fueron vendidos como esclavos.

Más tarde, el pueblo de Judá fue conquistado por los romanos, y la región pasó a llamarse Judea. Los judíos construyeron un segundo templo, pero éste fue destruido por los romanos en el año 70 d.C. Más tarde, cerca del año 130 d.C., los romanos ordenaron a los judíos salir de Jerusalem. Judea y la tierra alrededor se

BIOGRAFÍA

David
1025 a.C. aprox. – 960 a.C. aprox.

El rey David es uno de los héroes más venerados del judaísmo. También es admirado por musulmanes y cristianos. David se ganó su fama como un guerrero que expandió su reino con victorias y tratados. Nació en Belén. Una famosa historia de la Biblia cuenta cómo el joven David mató a Goliat, un terrible enemigo, usando una honda. La Biblia lo llama David, "el dulce cantor de Israel", pues tocaba un instrumento de cuerda y cantaba canciones religiosas llamadas salmos.

Grabado antiguo sobre piedra de un hombre usando una honda.

convirtieron en la provincia romana de Palestina.

REPASO *¿En qué ciudad construyó la capital el rey David?*

Desplazamientos por el mundo

Desde el exilio de Babilonia, muchos judíos han vivido fuera de Israel. A lo largo de los siglos se han desplazado a casi todos los países del mundo. El asentamiento de judíos fuera de Israel se conoce como **diáspora**. Esta palabra proviene del griego y significa "esparcir", como cuando las semillas se esparcen por el campo durante la siembra.

Estrabón, un geógrafo griego que vivió al final del primer siglo antes de Cristo, escribió sobre los antiguos judíos:

" Están repartidos por todas las ciudades, y es difícil encontrar un lugar en el mundo habitado que no los haya recibido... "

Durante el exilio en Babilonia, los judíos se dieron cuenta de que podían rezar a Dios sin necesidad de estar cerca al templo en Jerusalén. Allí donde se establecía una comunidad judía, se construían casas de culto. Hoy en día las casas de culto de los judíos o **sinagogas** se pueden encontrar en muchas ciudades del mundo.

REPASO *¿A qué se refiere la diáspora?*

LECCIÓN 4 • REPASO

| 2000 a.C. | 1500 a.C. | 1000 a.C. | 500 a.C. |

1250 a.C. aprox.
• Moisés encabeza la rebelión contra los egipcios

586 a.C.
• Judá es conquistada por los babilonios

Comprueba lo que aprendiste

1. **Recuerda los datos** ¿Qué es el monoteísmo?
2. **Recuerda la idea principal** ¿Qué aportaciones hicieron los israelitas?

Piensa críticamente

3. **Ayer y hoy** ¿De qué forma nos afectan en la actualidad las aportaciones de los antiguos israelitas?
4. **Piensa más sobre el tema** ¿Cómo crees que el Éxodo cambió a los israelitas?

Muestra lo que sabes

Actividad: Lista Imagina que eres un especialista en la historia de los israelitas. Haz una lista de las fuentes que tendrías que consultar y los artefactos que tendrías que observar para aprender más acerca de ellos. Compara tu lista con la de otro compañero de clase. Conversen acerca de lo que tienen en común y en qué se diferencian. También conversen acerca de cómo ubicar las fuentes o artefactos necesarios para el estudio.

LECCIÓN 5

Los fenicios y los lidios

1500 a.C. — **1000 a.C.** — **500 a.C.**

ENFOQUE
¿Qué nuevas tecnologías o innovaciones que tú conoces han transformado las vidas de la gente?

Idea principal
Mientras lees piensa en las formas en que las innovaciones de los fenicios y los lidios cambiaron las vidas de los habitantes del suroeste de Asia.

Vocabulario
colonia
difusión cultural
trueque
economía monetaria

Estatua de oro y bronce del dios fenicio Baal. Aquí aparece como un joven guerrero alzando su brazo para arrojar una flecha relámpago.

Las antiguas culturas del suroeste de Asia desarrollaron numerosos sistemas para mejorar sus vidas. Entre el año 2000 a.C. y el 500 a.C. los fenicios y los lidios aportaron importantes innovaciones vinculadas al comercio. Aunque sus sociedades no se transformaron en grandes imperios, sus contribuciones a la humanidad aún siguen vivas.

El alfabeto

Fenicia estaba ubicada en el noreste del Creciente Fértil. Estaba compuesta por un conjunto de ciudades-estado, cada una gobernada por un rey. Disponía de una pequeña extensión de territorio y escasos recursos naturales. Debido a esta escasez los fenicios intercambiaban cedro de las cercanas montañas del Líbano para obtener los alimentos y los materiales que necesitaban. Para llegar a los puertos comerciales de la región, construyeron barcos con los cuales navegaron por el mar Mediterráneo. Expertos constructores y maestros de navegación, aprendieron a usar la Estrella del Norte para orientar sus barcos de noche.

Durante cientos de años los fenicios recorrieron las aguas del Mediterráneo. Viajaron a través del estrecho de Gibraltar hasta Marruecos y posiblemente, hacia el norte, hasta Gran Bretaña en busca de metales, marfil y otras materias que no había en su territorio.

110 • Unidad 1

Entre los años 1000 a.C. y 700 a.C. los fenicios establecieron colonias por toda la costa mediterránea. Una **colonia** es un asentamiento situado fuera del territorio de un pueblo, pero bajo su control. Las colonias fenicias del Mediterráneo servían como lugar de descanso para los navegantes y como eslabones comerciales con otras civilizaciones de África y Europa.

Una de sus colonias era Cartago, en el norte de África. Cartago fue fundada aproximadamente en el año 814 a.C. Pronto se convirtió en un importante puerto mercantil uniendo África con otras regiones del Mediterráneo. Con el tiempo Cartago llegó a crecer tanto que se separó de Fenicia, si bien la influencia fenicia continuó a través del comercio.

La ubicación de Fenicia, entre el Mediterráneo y el Creciente Fértil, le permitió el contacto con muchas culturas. De este modo los fenicios desarrollaron su cultura incorporando elementos de los pueblos con los que comerciaban. Por ejemplo, tomaron ideas prestadas de los egipcios y los babilonios.

Una de esas ideas que tomaron prestadas fue el alfabeto. Cambiaron los sistemas de escritura prestados, reduciéndolos a 22 letras. Cada letra correspondía a un sonido consonante. Al simplificar el alfabeto, los fenicios facilitaron el aprendizaje de la escritura. Más personas tuvieron acceso a ella y los escribas dejaron de ser los únicos que tenían un conocimiento exclusivo. Después el alfabeto fenicio fue adoptado por los griegos, quienes a su vez crearon el alfabeto que sirvió de base a idiomas como el inglés.

El desarrollo del alfabeto

EGIPCIO (3000 a.C. aprox.)	FENICIO (1000 a.C. aprox.)	GRIEGO (600 a.C. aprox.)	ACTUAL
		A	A
		B	B
		△	D
		l	I, J
		∧	L
		M	M
		Γ	P
		T	T
		Υ	Y
		Z	Z

APRENDER CON TABLAS El alfabeto fenicio fue un paso muy importante en el desarrollo de muchos alfabetos de la actualidad.
■ *¿Qué letras fenicias se parecen más a las de nuestro alfabeto?*

Los fenicios usaron el alfabeto en sus negocios para mantener el registro de los acuerdos comerciales y para las facturas. El conocimiento del alfabeto se extendió pronto entre las colonias fenicias y llegó a otras culturas del Mediterráneo. La expansión de nuevas ideas a otros lugares se llama **difusión cultural**.

REPASO *¿Cómo se extendió el uso del alfabeto?*

HISTORIA

El púrpura fenicio

A los fenicios no sólo se les recuerda por el alfabeto, sino también por el color púrpura. En las aguas costeras de Fenicia había un tipo de molusco marino con caparazón duro. Los fenicios de la ciudad-estado de Tiro lo usaban para hacer una tintura llamada púrpura de Tiro. Los reyes solían usar ropa de este precioso color y algunas personalidades llegaron a disponer que sólo ellos podían utilizarlo. Incluso el comercio marítimo fenicio aumentó a medida que los gobernantes solicitaban este color. Con el tiempo, pasó a estar más asociado a la tierra donde se producía. De hecho, la palabra "fenicio" proviene de una palabra griega que significa rojo púrpura.

El Mediterráneo oriental

Mar Negro
Mar Egeo
Sardes
Montes Taurus
Mar Mediterráneo
Chipre
Biblos
Sidón
Tiro
Damasco
Desierto Sirio
Jerusalén
Mar Muerto
Península del Sinaí

0   100   200 millas
0   100   200 kilómetros
Proyección cónica conforme de Lambert

- Fenicia, aprox. 1000 a.C.
- Lidia, aprox. 1200 a.C.
- Oro
- Moluscos

La moneda

Los lidios vivían al noroeste de Fenicia, en lo que hoy es Turquía. Al igual que los fenicios, los lidios hicieron una gran contribución a la cultura del Creciente Fértil en el campo del comercio. En el año 600 a.C. el gobierno lidio fue el primero en acuñar monedas.

Con el comercio entre los distintos pueblos del Mediterráneo surgió la necesidad de disponer de algún tipo de moneda. El valor de las monedas debía ser aceptado por todos, y su peso tenía que ser ligero para no hundir los barcos en los que se transportaban. Las primeras monedas lidias eran del tamaño de un frijol. Estaban acuñadas en una aleación de oro y plata llamada electro. Todas las monedas tenían el mismo peso y, por tanto, el mismo valor.

Mucho antes de que se inventaran las monedas, los comerciantes utilizaban el **trueque**, es decir, el intercambio de un bien o

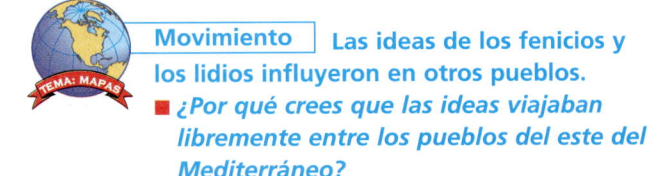

Movimiento Las ideas de los fenicios y los lidios influyeron en otros pueblos.
■ *¿Por qué crees que las ideas viajaban libremente entre los pueblos del este del Mediterráneo?*

servicio por otro. El problema del trueque era que sólo funcionaba cuando cada mercader tenía lo que el otro necesitaba. Con el tiempo se inventó un sistema de comercio basado en el peso de la plata, pero éste presentaba dificultades. Con las monedas, en cambio, la gente no tenía que pesar la plata cada vez que comerciaban. Además, no era necesario establecer la pureza del metal.

El uso de la moneda facilitó que se fijaran los precios de los bienes y servicios. Las sociedades desarrollaron así **economías monetarias**, o sea, un sistema económico basado en el uso del dinero.

REPASO ¿Qué efecto tuvo el invento de la moneda en el comercio?

ECONOMÍA

Dinero

Después de los lidios, otras culturas comenzaron a hacer monedas para comerciar. Pero, había personas que le cortaban trocitos de oro o plata a las monedas y las usaban como si tuvieran el valor original, aunque en realidad pesaran menos. Para solucionar este problema, los gobiernos determinaron que se marcaran los bordes de las monedas. Así la gente podría reconocer las monedas que tenían menos valor, ya que tendrían los bordes lisos. De esta manera, la gente podría confiar que las monedas tenían el valor justo.

Monedas lidias de hacia el año 600 a.C.

LECCIÓN 5 • REPASO

1500 a.C. — 1000 a.C. — 500 a.C.

- 1000 a.C. aprox.
  • Alfabeto fenicio
- 600 a.C. aprox.
  • El gobierno lidio acuña monedas

Comprueba lo que aprendiste

1. **Recuerda los datos** ¿Qué contribuciones realizaron los fenicios y los lidios a la civilización del suroeste de Asia?

2. **Recuerda la idea principal** ¿Cómo transformaron las innovaciones de los fenicios y los lidios la vida de los pueblos del suroeste de Asia?

Piensa críticamente

3. **Piensa más sobre el tema** ¿Qué ventajas tenían el alfabeto y las monedas?

4. **Ayer y hoy** ¿Cómo afectan las innovaciones de los fenicios y los lidios a nuestras vidas en la actualidad?

Muestra lo que sabes

Actividad: Discurso
Imagina que eres un comerciante del año 600 a.C. Elige el alfabeto fenicio o la moneda lidia. Con un compañero, prepara un discurso para convencer a la gente de que use tal invención. Ensayen el discurso en voz alta y, después, preséntenlo al resto de la clase.

Tablas y gráficas

Compara datos

1. ¿Por qué aprender esta destreza?

Los fenicios navegaban por las aguas del Mediterráneo para intercambiar cedro y tinte púrpura y obtener los bienes que no tenían. Se encontraban entre los comerciantes de mayor éxito de su tiempo. Imagina que tienes que preparar un informe sobre el comercio mundial de hoy en día. Tendrías que mostrar muchos datos de manera breve y clara. Una forma de hacerlo sería haciendo gráficas. Una **gráfica** es un diagrama que muestra relaciones entre cifras. Conocer cómo se leen y se hacen las gráficas ayuda a ver y contrastar grandes cantidades de datos.

2. Gráficas de barras, circulares y lineales

Cada clase de gráfica muestra los datos de una manera especial. Una **gráfica de barras**, hecha con barras de distintos tamaños, es especialmente útil para hacer comparaciones rápidas. Observa que las barras de la gráfica titulada "Exportaciones de Estados Unidos" son horizontales, o van de izquierda a derecha. Las barras de una gráfica también pueden ser verticales, o ir de abajo a arriba.

En una **gráfica circular**, los datos aparecen en un círculo dividido en partes. La gráfica circular de abajo muestra qué porcentaje del total exporta Estados Unidos a distintos países.

Exportaciones* de Estados Unidos

Bienes	Cantidades en dólares (en miles de millones)
Maquinaria	~150
Productos químicos	~40
Alimentos	~30
Vehículos	~15
Combustibles minerales	~5

Cinco primeros socios comerciales de Estados Unidos: Exportaciones

- 5% Alemania
- 5% Reino Unido
- 9% México
- 11% Japón
- 20% Canadá
- 50% otros 22 países

Exportaciones: bienes vendidos a otros lugares

usando gráficas

Las distintas partes de la gráfica representan las cantidades que Estados Unidos exportó a otros países. Al igual que otras gráficas, las gráficas circulares pueden ayudarte a hacer comparaciones. Puedes comparar las partes entre sí o con respecto al total.

Una **gráfica lineal** muestra cambios temporales. La gráfica lineal de abajo representa cómo la cantidad de bienes exportados por Estados Unidos ha cambiado entre 1970 y 1995. Cada punto marca el volumen comercial de un año y una línea conecta todos los puntos. Según los datos, la línea ascenderá, descenderá o se mantendrá al mismo nivel. Las gráficas lineales son muy útiles, en general, para señalar una **tendencia** o la forma en que algo evoluciona a través del tiempo.

3. Comprende el proceso

Compara los datos de las tres gráficas: de barras, circular y lineal. Responde las siguientes preguntas. A medida que las respondes, piensa acerca de las ventajas y desventajas de cada gráfica.

1. ¿Qué gráfica o gráficas usarías para hallar cuánta maquinaria exporta Estados Unidos? Explica tu respuesta.
2. ¿Qué gráfica o gráficas usarías para hallar el porcentaje de bienes que Estados Unidos exporta a Japón? Explica tu respuesta.
3. ¿Qué gráfica o gráficas usarías para hallar cuál fue la evolución de las exportaciones de Estados Unidos entre 1970 y 1980? Explica tu respuesta.
4. ¿Crees que los datos de la gráfica lineal pueden mostrarse en la gráfica circular? Explica tu respuesta.

4. Piensa y aplica

Usa los datos que aparecen en las gráficas de estas páginas para escribir un resumen corto acerca del comercio internacional de Estados Unidos en los últimos años. Intercambia tu resumen con un compañero y comparen sus conclusiones.

Exportaciones de Estados Unidos 1970–1995

(Gráfica lineal: Dólares en miles de millones vs. Año, 1970–1995)

Destrezas

Capítulo 2 • 115

CAPÍTULO 2 REPASO

3500 a.C. **3000 a.C.** **2500 a.C.**

3500 a.C. aprox.
• Origen de las ciudades-estado sumerias

CONECTA LAS IDEAS PRINCIPALES

Usa este organizador para mostrar los logros de los primeros pueblos del suroeste de Asia. En la página 22 del Cuaderno de actividades aparece una copia del organizador.

El suroeste de Asia

La geografía de Mesopotamia
La geografía del Creciente Fértil tuvo efectos positivos y negativos en los pueblos que lo habitaron.
1. _____
2. _____

La civilización de Mesopotamia
Los pueblos de Sumeria hicieron varios inventos.
1. _____
2. _____

Imperios y conquistas
Las primeras civilizaciones se protegían de los ataques de otras civilizaciones y mantenían el orden social interno.
1. _____
2. _____

Los antiguos israelitas
Los israelitas creían en un solo dios y seguían las enseñanzas de los Diez Mandamientos.
1. _____
2. _____

Los fenicios y los lidios
Los fenicios simplificaron el alfabeto y los lidios inventaron las monedas.
1. _____
2. _____

ESCRIBE MÁS SOBRE EL TEMA

Escribe un cuento Imagina que eres un escriba en Sumeria. Escribe un cuento acerca de cómo y porqué se creó la escritura.

Escribe un informe Explica la importancia de la agricultura y el efecto que la producción de un excedente tuvo en Sumeria.

Escribe tu opinión ¿Crees que los inventos siempre cambian la vida de las personas? Haz una lista con tus opiniones. Usa ejemplos de la antigüedad y del presente.

Escribe un anuncio comercial Haz el anuncio de un nuevo invento: la rueda.

116 • Capítulo 2

| 2000 a.C. | 1500 a.C. | 1000 a.C. | 500 a.C. |

- **2350 a.C. aprox.** • Sargón establece el Imperio Acadio
- **2000 a.C. aprox.** • Desarrollo de la escritura cuneiforme
- **1225 a.C. aprox.** • Moisés encabeza la rebelión contra los egipcios
- **586 a.C.** • Judá es conquistada por los babilonios

Usa el vocabulario

Usa cada término en una oración que sirva para explicar su significado.

1. ciudad-estado
2. imperio
3. justicia imparcial
4. innovación
5. escriba
6. tecnología

Comprueba lo que aprendiste

7. ¿Qué necesidades indujeron a los sumerios a innovar? ¿Qué clase de innovaciones hicieron?
8. ¿Cuáles fueron algunas de las causas de la guerra en Mesopotamia?
9. ¿Por qué fue tan importante el Código de Hammurabi?
10. ¿En qué se diferenciaba el culto de un solo dios de las otras creencias religiosas?
11. ¿Por qué fue importante el desarrollo del alfabeto escrito?

Piensa críticamente

12. **Piensa más sobre el tema** ¿Cuál fue el logro más importante de los sumerios?
13. **Causa y efecto** ¿Qué efecto tuvieron las guerras en la forma de gobierno de los sumerios?
14. **En mi opinión** ¿Crees que el ideal establecido por Hammurabi de impartir justicia de acuerdo a la clase social era justo en esa época? Explica tu respuesta.
15. **Ayer y hoy** ¿Cuántas cosas del mundo actual no funcionarían sin la existencia de la rueda? ¿Cómo serían nuestras vidas si no tuviéramos la rueda? ¿Se te ocurre alguna invención de nuestro tiempo tan importante como la rueda?

Aplica tus destrezas

Compara datos usando gráficas Usa las gráficas de las páginas 114 y 115 para responder estas preguntas.

16. ¿Qué gráfica usarías para hallar el año en que el total de las exportaciones de Estados Unidos fue de 394 mil millones de dólares?
17. ¿Qué gráfica usarías para hallar la posición que ocupa México como país que compra bienes a Estados Unidos?

Compara mapas de distintas proyecciones Busca en tu biblioteca algún atlas o libro que contenga mapas. Trata de identificar distintas proyecciones de mapas. Elabora una lista de las clases de proyecciones que encuentres. Junto al nombre de cada proyección describe sus rasgos característicos.

Lee más sobre el tema

En Babilonia con Hammurabi de Fiona MacDonald y Gerald Wood. Anaya. 1992. Este libro es un verdadero "túnel del tiempo" que te llevará a un pueblo que existió en las tierras que hoy conocemos como Siria e Irak.

Visita nuestra página en Internet en **http://www.hbschool.com** para recursos adicionales.

Capítulo 2 • 117

Los estudios sociales y tú

¿Habrá suficiente alimento?

A lo largo de la historia, la agricultura ha permitido que las sucesivas civilizaciones estén bien alimentadas. Sin embargo, hoy no es claro que la agricultura pueda producir todo el alimento necesario para una población mundial que crece a un ritmo de 90 millones de personas al año.

En la actualidad más de 700 millones de personas están en peligro de morir de hambre. En Estados Unidos 30 millones de personas no reciben la nutrición necesaria para mantener una buena salud; de ellas, 12 millones son niños.

Por otro lado, las nuevas tecnologías han permitido el aumento de la producción agrícola. En las grandes granjas comerciales se dispone de máquinas que plantan, mantienen y cosechan los cultivos con mayor rapidez y eficacia que las personas. Los nuevos métodos de reproducción permiten que tanto los cultivos como el ganado sean más grandes y saludables. Y los productos químicos modernos mejoran la tierra, combaten las enfermedades de las plantas y eliminan las pestes.

A pesar de estos adelantos, muchas personas se acuestan hambrientas cada noche. En algunos casos los problemas políticos y la falta de gobernantes eficaces impiden que las ayudas humanitarias lleguen a la gente que las necesita. La tecnología por sí sola no puede resolver el problema del hambre.

Granja hidropónica, donde se cultivan plantas sin tierra, en Japón

Cosecha de zanahorias en Estados Unidos

Piensa y aplica

EL BUEN CIUDADANO

Piensa de qué modo podrías ayudar a quienes no tienen suficiente comida cada día. Por ejemplo, podrías organizar en tu escuela un banco de alimento comunitario. Haz una lista de sugerencias y compártelas con el resto de la clase.

HARCOURT BRACE Visita nuestra página en Internet en http://www.hbschool.com para recursos adicionales.

CNN Turner Le@rning Busca en el centro de recursos de tu escuela el vídeo *Making Social Studies Relevant*.

Un niño de la India

Cosecha de soja en Zambia

Unidad 1 • 119

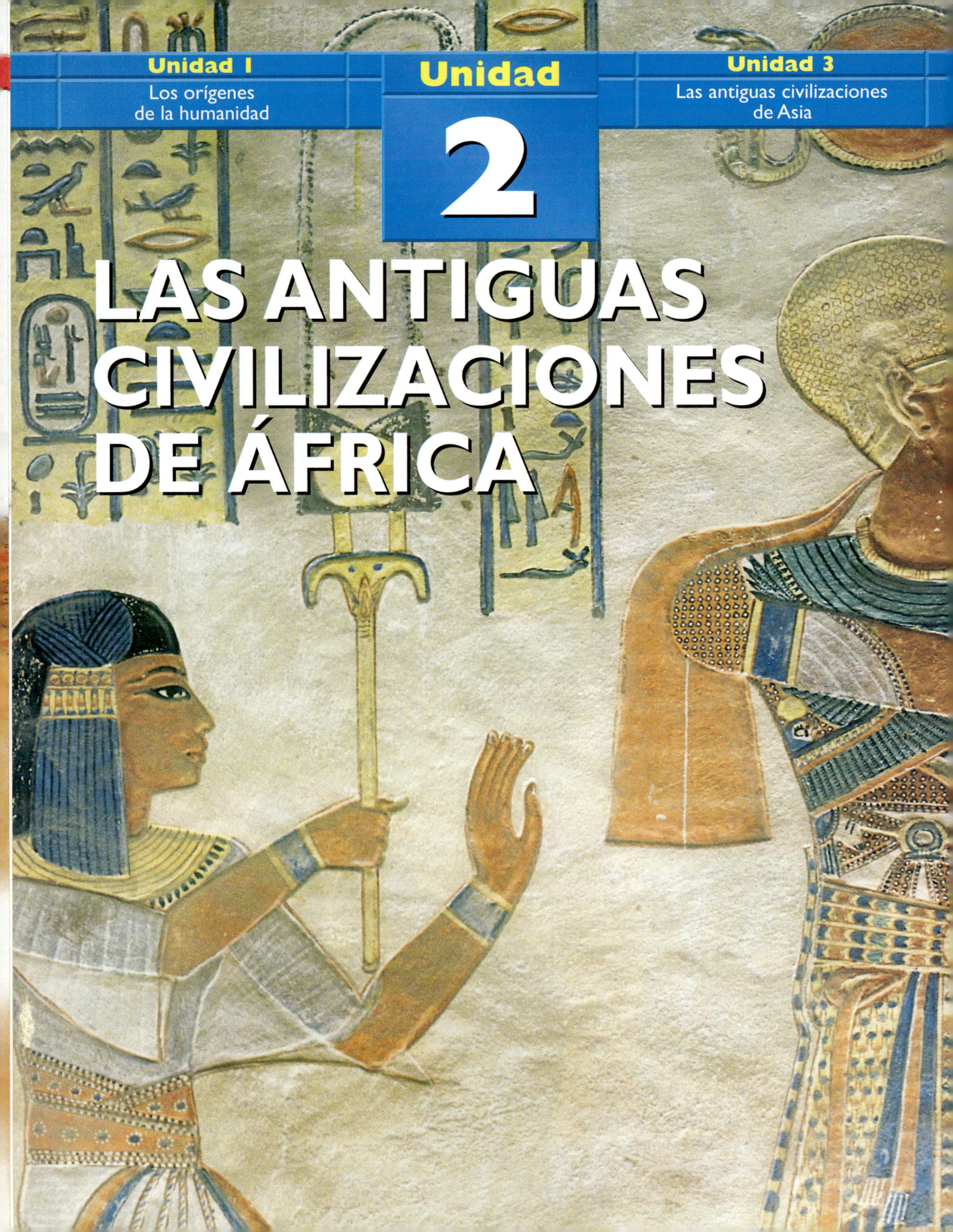

| Unidad 1 | **Unidad** | Unidad 3 |
| Los orígenes de la humanidad | **2** | Las antiguas civilizaciones de Asia |

LAS ANTIGUAS CIVILIZACIONES DE ÁFRICA

Unidad 4	Unidad 5	Unidad 6
Las antiguas civilizaciones de Europa	Las antiguas civilizaciones de las Américas	El mundo de hoy

Durante los mismos siglos en los que se desarrollaban civilizaciones en Asia, surgían otras civilizaciones en África. Las civilizaciones africanas se desarrollaban en zonas propicias para el cultivo y la cría de ganado. El norte de África fue la cuna de una de las civilizaciones más antiguas de ese continente.

◄ Mural de una tumba del Valle de las Reinas en Egipto

TEMAS DE LA UNIDAD

- Continuidad y cambio
- Interacción con diversos ambientes
- Conflicto y cooperación

Proyecto de la unidad

Haz un pergamino Trabaja en este proyecto a medida que estudias la Unidad 2. Haz un pergamino que describa la vida en el antiguo Egipto y en Nubia. Apunta datos importantes sobre los egipcios y los nubios mientras leas la unidad. Luego puedes usar esa información para ir creando tu pergamino.

UNIDAD 2
PRESENTACIÓN

Mar Mediterráneo

Mar Muerto

Alejandría • Rosetta
BAJO EGIPTO
Tanis
Gizeh
• Menfis

Desierto Sirio

ALTO EGIPTO
Hermópolis
Akhetatón
Hatnub

Desierto Occidental

Desierto Oriental

Abydos
Valle de los Reyes
Tebas — Karnak
Luxor

Río Nilo

Mar Rojo

ÁFRICA

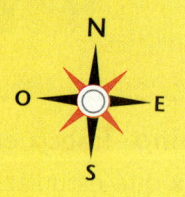

Asuán
Primera Catarata

Abu Simbel
Buhen
Segunda Catarata

SAHARA

Soleb
NUBIA
Desierto de Nubia

Tercera Catarata
Kerma

Cuarta Catarata
Gebel Barkal • Napata
KUSH
Quinta Catarata

Río Atbara

Meroe
Sexta Catarata
Naga

0 100 200 millas
0 100 200 kilómetros
Proyección cónica conforme de Lambert

126

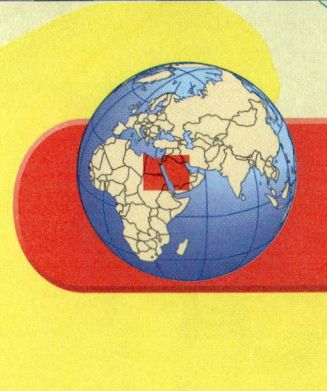

Antiguo Egipto y Nubia

- ● Ciudad o asentamiento
- 🔺 Pirámide, templo o monumento
- ▢ Desierto
- ▢ Área fértil
- 🌴 Oasis
- C Cobre
- O Oro
- Gr Granito
- H Hierro

ASIA

3000 a.C.

2625 a.C.
Comienzo del Imperio Antiguo en Egipto
PAGE 143

2500 a.C.

2000 a.C.

1539 a.C.
Comienzo del Imperio Nuevo
PAGE 152

1500 a.C.

1000 a.C.

730 a.C.
La dinastía nubia gobierna Egipto
PAGE 172

500 a.C.

270 a.C.
El período meroítico en Kush
PAGE 176

a.C.
d.C.

500 d.C.

127

Establece el escenario con la literatura

Relatos de E·G·I·P·T·O

versión de Robert Hull

Las primeras civilizaciones trataron de encontrar una manera de explicar el mundo y el lugar que ocupaban en él. En el antiguo Egipto, toda la vida giraba alrededor de la adoración a los dioses. Los egipcios creían que un dios, Osiris, había creado la vida en la Tierra. Antiguos relatos de ese país hablan de las aventuras de Osiris y de otros dioses. Esta versión de una antigua historia describe cómo Osiris ayudó a los primeros habitantes a sobrevivir en la Tierra.

Osiris le enseñó a la gente del mundo cuándo esperar la suave brisa del norte. Les mostró cómo construir edificios y levantarlos hacia las estrellas, cómo hacer espadas, cómo escribir sus recuerdos con marcas en la piedra, cómo hacer leyes. Osiris habló para darles una ley que les impidiera matarse y devorarse los unos a los otros.

Osiris se preguntaba qué más podía ofrecer a la gente. Un día, mientras caminaba junto al Nilo entre las altas hierbas de cebada, una brisa sopló sobre la pradera y Osiris observó cómo los granos maduros eran barridos por el aire y rodaban por el suelo. Luego, sus ojos penetrantes se percataron de que, aunque la mayoría de los granos volaban lejos llevados por el viento, algunos de los más pesados caían junto a la planta y permanecían allí, protegidos. "El año próximo," pensó, "esas semillas volverán a crecer aquí, en el mismo lugar. La mayoría de los granos se dispersará y se perderá, pero si unos pocos caen donde han crecido, los hombres podrán recogerlos y conservarlos. De ese modo, los hombres podrán hacer que la cebada crezca siempre en el mismo lugar".

La agricultura desempeñaba un papel importante en la vida de los antiguos egipcios. Esta pintura de aquella época muestra a unos agricultores sembrando semillas.

Osiris tomó los granos que el viento no se había llevado y los enterró en el suelo. El año siguiente, las plantas de cebada crecieron en el mismo lugar. Había descubierto la manera de hacer que la cebada permaneciera en el mismo sitio. Les dijo a los hombres que rasparan la tierra con palos y prepararan un lugar seguro donde poner los granos de cebada más grandes, los que caían donde habían crecido.

Osiris le había dado a la gente los sembrados. Luego Osiris observó algo más. Cuando el Nilo llegaba y el suave viento soplaba desde el norte, el agua brillaba y la cebada crecía en mayor abundancia. Les dijo a los hombres y a las mujeres que excavaran pequeños canales para llevar el agua hasta los campos. De ese modo, guiada por el gran dios rey Osiris, la gente aprendió a conducir el agua hasta la cebada y diseminarla en los campos.

Poco a poco, la gente había aprendido a arar y cultivar la tierra, a guiar el agua del Nilo hacia los cultivos y a recoger lo que en ella crecía. Osiris les había enseñado a ser agricultores; les había dado la cosecha.

A medida que estudias esta unidad aprenderás muchas cosas sobre los antiguos egipcios y su forma de vida. Asimismo, conocerás otras civilizaciones de todo el mundo.

Unidad 2 • 129

CAPÍTULO

3

EL ANTIGUO EGIPTO

"¡A ti te saludo, oh, Nilo, que surges de la Tierra y fluyes para dar vida a Egipto!"

del antiguo egipcio "Himno al Nilo"

Máscara de oro del faraón Tutankamón

La geografía del norte de África

LECCIÓN 1

ENFOQUE
¿Cómo dependemos hoy día del agua y de otros recursos naturales?

Idea principal
Mientras lees piensa en el efecto que el Nilo tuvo en las tierras de Egipto.

Vocabulario
sabana
delta
catarata

El río Nilo corre como una delgada cinta a través del Sahara, el vasto desierto del norte de África. A lo largo de su curso, el río va dando vida a una tierra seca. La creciente anual del río era una parte importante de la vida en Egipto. La crecida del río llevaba agua y suelo rico a sus riberas. Ese rasgo del Nilo permitió que se desarrollara la gran civilización egipcia.

El valle del Nilo

Durante el Paleolítico, o el primer período de la Edad de Piedra, el Sahara era una vasta **sabana**, o llanura cubierta de pastos. Allí abundaban plantas y animales. Los habitantes del lugar cazaban y cosechaban. Pero, hacia el año 5000 a.C., el clima comenzó a cambiar y el Sahara se fue secando. A medida que la tierra se secaba, las plantas morían y los animales dejaban su territorio en busca de agua. Con el tiempo la rica sabana se convirtió en un duro desierto.

Sin plantas ni animales, los habitantes del Sahara no podían sobrevivir. Comenzaron a desplazarse hacia el valle del Nilo, un territorio de tierra fértil a ambos lados del río. El serpenteante Nilo es el río más largo del mundo. Desde su fuente principal, el lago Victoria en África Central, recorre hacia el norte más de 4,000 millas (6,437 km) hasta el mar Mediterráneo. En su trayecto, recoge aguas de las montañas de África oriental.

Estas embarcaciones llamadas *falúas* se ven en el Río Nilo desde hace siglos.

Capítulo 3 • 131

Egipto y Nubia

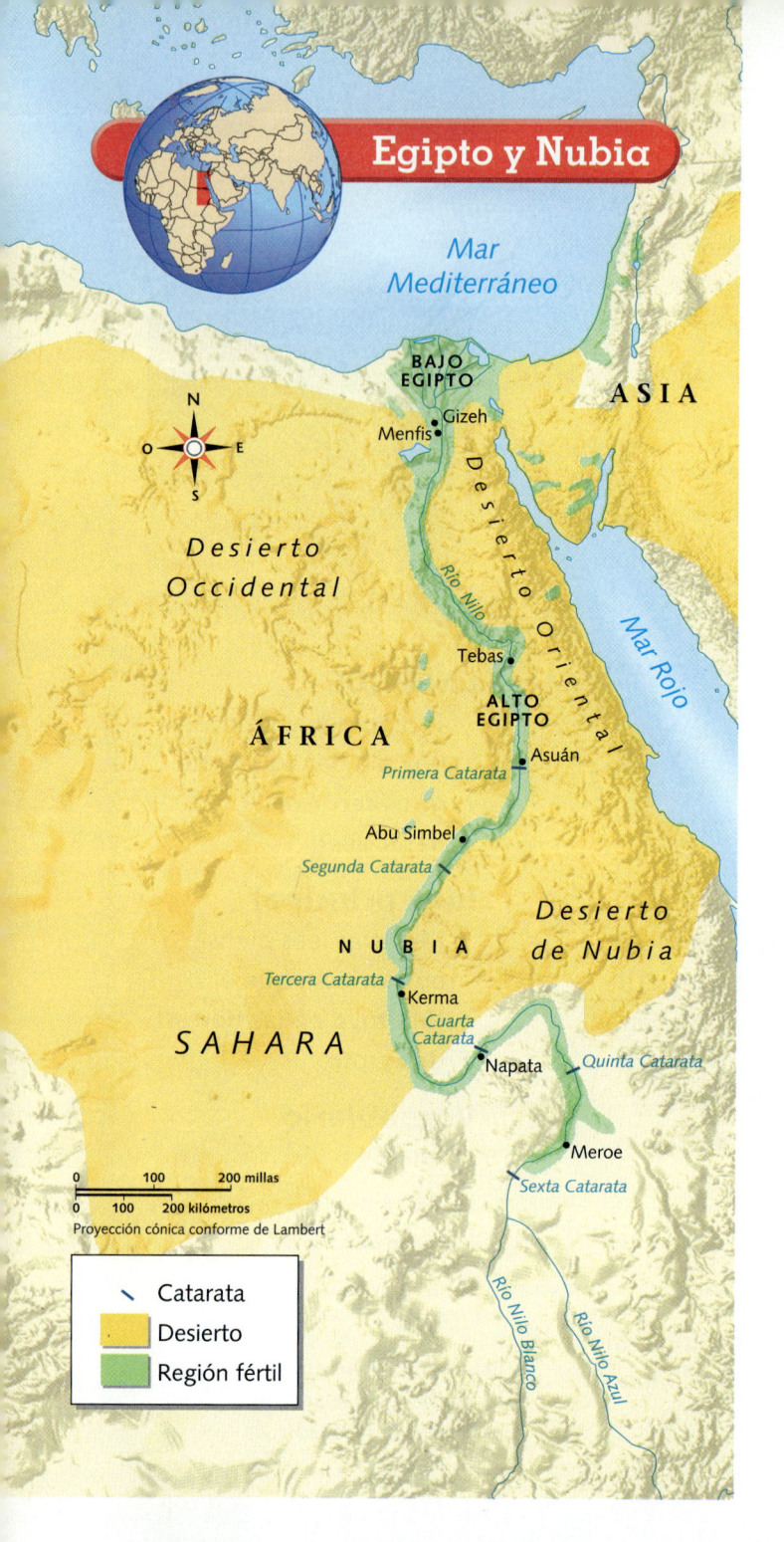

Mapa: Egipto y Nubia mostrando el Mar Mediterráneo, Bajo Egipto (Gizeh, Menfis), Desierto Occidental, Desierto Oriental, Mar Rojo, Tebas, Alto Egipto, Primera Catarata, Asuán, Abu Simbel, Segunda Catarata, Nubia, Desierto de Nubia, Tercera Catarata, Kerma, Cuarta Catarata, Napata, Quinta Catarata, Meroe, Sexta Catarata, Sahara, Río Nilo Blanco, Río Nilo Azul.

Leyenda:
- Catarata
- Desierto
- Región fértil

Como pasa con todos los ríos, la tierra es más alta al comienzo del Nilo y más baja cerca de su desembocadura. Por eso, los antiguos habitantes de la región llamaron Bajo Egipto a las tierras bajas del norte. A las tierras altas del Sur se les dio el nombre de Alto Egipto.

El Bajo Egipto esta constituido principalmente por el delta del Nilo. Un **delta** es el terreno formado por los sedimentos que ciertos ríos depositan en su desembocadura. El delta del Nilo se abre formando un gran triángulo cuando el río entra en el mar Mediterráneo. Hace mucho tiempo, el Nilo se dividía en varios brazos cuando pasaba por el delta. De esos brazos, hoy sólo quedan dos.

En el Alto Egipto el Nilo está rodeado de altos riscos. En algunos lugares hay estrechas franjas de tierra plana y fértil entre el río y los riscos. En otros, los riscos llegan hasta la ribera del río. Los riscos son en su mayoría de piedra caliza y arenisca. A lo largo de miles y miles de años, el Nilo fue excavando en esas piedras un profundo canal.

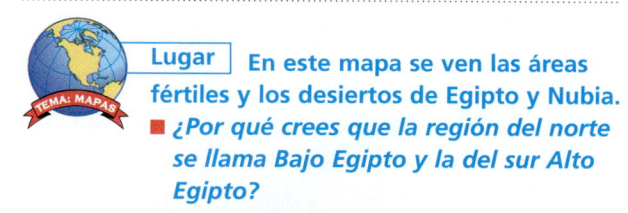

Lugar En este mapa se ven las áreas fértiles y los desiertos de Egipto y Nubia.
■ *¿Por qué crees que la región del norte se llama Bajo Egipto y la del sur Alto Egipto?*

132 • Unidad 2

Más al sur, en la región conocida como Nubia, los riscos contienen granito, una piedra muy dura. Como el río no puede abrirse camino a través de esos riscos, forma **cataratas**, o caídas de agua.

El Bajo Egipto y el Alto Egipto tienen en común algo muy importante: un rico suelo. Los primeros habitantes que se asentaron en el valle del Nilo encontraron allí excelente tierra para los cultivos. En vez de continuar con la caza y recolección de alimentos, se dedicaron a la agricultura en el delta del Nilo y en el estrecho valle del sur.

REPASO *¿Cómo describirías al río Nilo?*

Tierra Negra, Tierra Roja

Todos los años caen grandes lluvias sobre las fuentes del Nilo en África oriental. Durante muchos siglos esto provocó crecidas e inundaciones. Cuando las aguas se retiraban, los sedimentos que llevaba el río quedaban en la tierra. Esos ricos sedimentos actuaban como un fertilizante natural. Debido al color oscuro de su suelo, los antiguos egipcios llamaron a su tierra Kemet, que significa Tierra Negra.

Los antiguos egipcios creían que su dios Hapi era el que causaba todos los años esta importante crecida. A él le dedicaban esta plegaria:

> ¡Bienaventurado seas, Hapi!
> ¡Surge de la Tierra,
> Ven a alimentar a Egipto!

Durante miles de años los agricultores dependían de la crecida del Nilo para que las tierras de cultivo volvieran a fertilizarse. La construcción de la represa de Asuán en 1972 cambió definitivamente el modo de vida y la agricultura de Egipto. Esa represa puso fin a la crecida anual del río. Hoy los egipcios deben bombear agua y usar canales y fertilizantes químicos para mantener la tierra fértil.

En contraste con Tierra Negra, el árido territorio del Sahara se conocía como Deshuret, que significa Tierra Roja. El Nilo divide en dos la parte oriental del Sahara. Actualmente el árido territorio al este del río se llama Desierto Oriental, o Desierto de Arabia. La tierra del lado oeste se llama Desierto Occidental.

REPASO *¿Por qué era importante para los egipcios la crecida anual del río Nilo?*

Durante siglos ha habido asentamientos humanos en las fértiles tierras cercanas al Nilo. La actual capital egipcia, El Cairo (recuadro), está cerca de Menfis, la antigua capital.

Aún en la actualidad, muchos habitantes del delta y el valle del Nilo se dedican a la agricultura.

La agricultura en el valle del Nilo

Los hacendados ricos controlaban casi toda la tierra cultivable de Egipto. La mayoría de los agricultores alquilaban la tierra que pertenecía a esos propietarios. Como pago, les entregaban parte de sus cultivos. Durante la cosecha, los agricultores recogían principalmente trigo y cebada, y algunas verduras, como cebollas, lechuga y frijoles.

Los agricultores egipcios también criaban reses, cabras, ovejas y puercos. De ellos obtenían leche y productos lácteos, como el queso. La carne de res era principalmente para los ricos. La mayoría de los egipcios sólo la consumían para celebrar grandes ocasiones. Sus principales fuentes de proteínas eran las aves y el pescado. Desde sus botes los pescadores atrapaban enormes percas y bagres, con redes o mediante cañas y anzuelos. Los cazadores empleaban un palo que arrojaban al aire y grandes redes para atrapar a gansos y patos.

Algunas plantas y animales tenían importancia para los egipcios y se usaban para ciertas cosas además de como alimento. Ellos hilaban las fibras del lino y la lana de las ovejas. Con estos hilos hacían telas y ropa. Los artesanos egipcios también cosían cuero para hacer envases, bolsas y zapatos. Con plantas hacían sandalias, mesas y cajas.

REPASO *¿De qué cultivos dependían los antiguos egipcios?*

LECCIÓN 1 • REPASO

Comprueba lo que aprendiste

1. **Recuerda los datos** ¿Cuál es la diferencia entre Tierra Negra y Tierra Roja?

2. **Recuerda la idea principal** ¿Cómo afectaba el río Nilo las tierras de Egipto?

Piensa críticamente

3. **Ayer y hoy** La construcción de la represa de Asuán puso fin a la crecida anual del Nilo. ¿Cómo ha cambiado esto la vida en Egipto?

4. **Piensa más sobre el tema** ¿Cómo habría evolucionado Egipto si el Sahara no se hubiera secado?

Muestra lo que sabes

Actividad: Mapa Haz un mapa tridimensional que represente la geografía del antiguo Egipto. Usa diversos materiales, como tela azul y color café, arcilla y arena para indicar los rasgos físicos más importantes de la región. Cuando termines tu mapa exhíbelo en la clase.

La importancia del Nilo

LECCIÓN 2

| 5000 a.C. | 4000 a.C. | 3000 a.C. |

Así como la Mesopotamia se destaca por haber tenido las primeras ciudades, Egipto se destaca por haber sido el primer estado nacional unido. Un **estado nacional** es una región con un solo gobierno y un grupo de personas unido. Por el hecho de vivir en el mismo lugar, el valle del Nilo, y tener la misma religión, los egipcios formaron una sola sociedad.

El río que otorga y quita la vida

Los antiguos egipcios creían que el río Nilo "daba la vida". Esta creencia afectaba no sólo sus actividades, como la agricultura, sino también sus creencias religiosas y su forma de gobierno. El Nilo también era una importante vía de comunicación para quienes vivían en sus riberas. Para poder usarla mejor, los egipcios se convirtieron en expertos constructores de barcos. Las primeras embarcaciones estaban hechas de cañas. Cuando Egipto pasó a ser un solo estado ya se construían barcos de madera que alcanzaban a medir 60 pies (18m) de largo.

Antiguo reloj de agua (arriba); El Nilo cerca de la segunda catarata

ENFOQUE
¿De qué manera nos afecta el ambiente hoy en día?

Idea principal
Mientras lees piensa en cómo influyó el río Nilo en el desarrollo de la sociedad y la religión en Egipto.

Vocabulario
estado nacional
predecir
inundación
el más allá
nomo

Capítulo 3 • 135

El antiguo Nilo

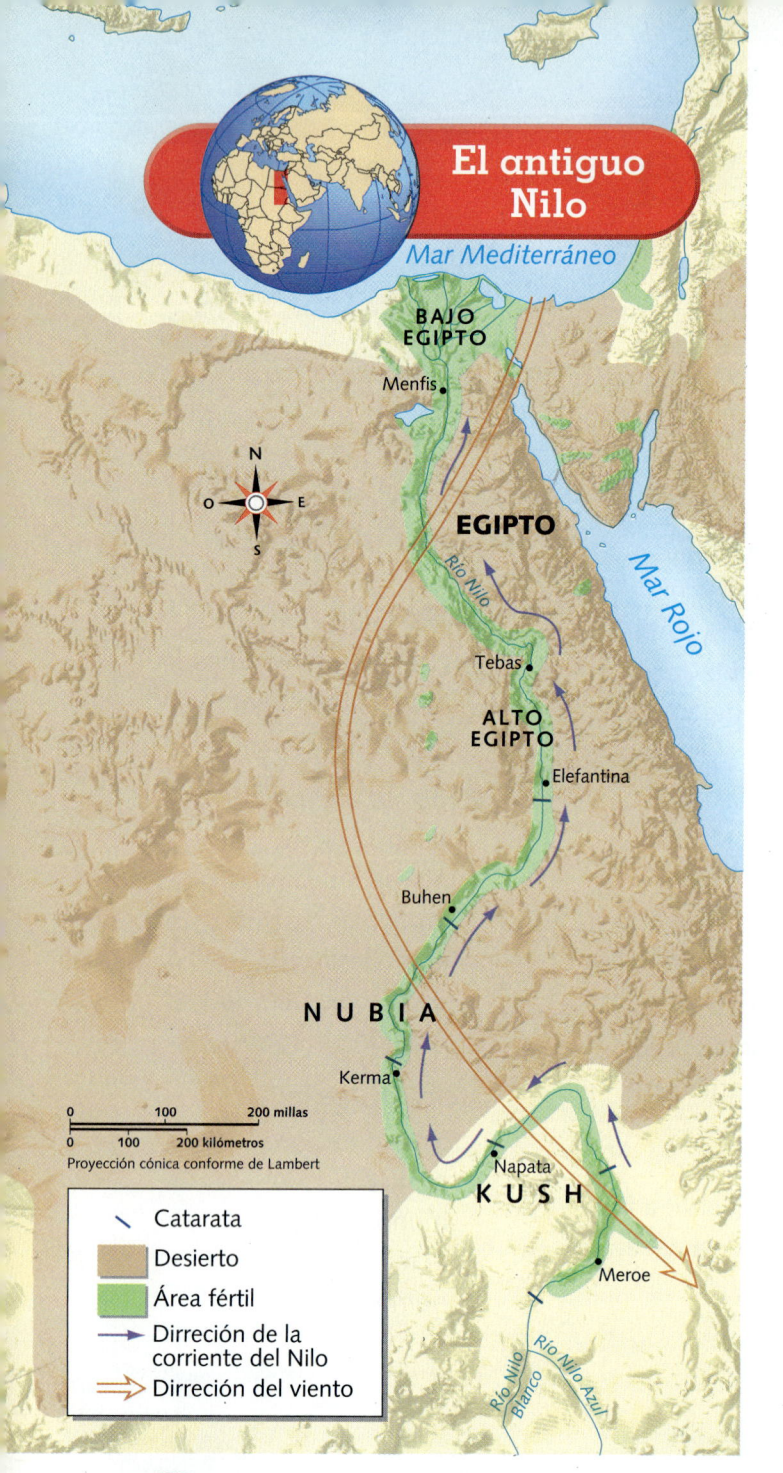

Durante todo el año estos barcos aprovechaban las rápidas corrientes para viajar río abajo hacia el norte. Para remontarse río arriba, el firme viento del norte los ayudaba a desplazarse en contra de la corriente. Este doble tráfico facilitaba los viajes y el comercio.

Aunque vivieran en diferentes partes de la costa del Nilo, muchas de las preocupaciones de los egipcios eran las mismas. Algunos años, el río que daba la vida también la quitaba. Si las lluvias eran escasas río arriba, el Nilo no se desbordaba. El sol endurecía la tierra, los cultivos se secaban y la gente se moría de hambre. Pero si las lluvias eran muy fuertes en las fuentes del Nilo, el río crecía sin control y arrasaba a su paso cosechas y animales. Como esto afectaba a todos los habitantes, los egipcios se unieron para tratar de conocer mejor su medio ambiente y hallar soluciones a sus problemas.

REPASO ¿Cómo sirvió el Nilo para unir a los egipcios?

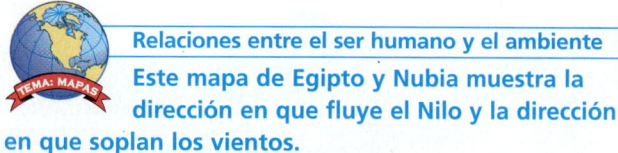

Relaciones entre el ser humano y el ambiente

Este mapa de Egipto y Nubia muestra la dirección en que fluye el Nilo y la dirección en que soplan los vientos.

■ ¿Por qué crees que eran tan importantes las embarcaciones de vela?

Los egipcios conocían la importancia que el Nilo tenía en sus vidas. Por eso desempeñaba un papel tan importante en su religión, su escritura y su arte. Esta pintura muestra a un soberano y su esposa en su viaje al más allá.

Fuente de inventos

Como los habitantes de la Mesopotamia, los egipcios dependían de las crecidas del río para sus cultivos. La diferencia era que los agricultores egipcios podían **predecir**, o saber con anterioridad, cuándo llegarían. La crecida anual, o **inundación**, siempre tenía lugar en la misma época del año. La necesidad de registrar este importante evento hizo que los egipcios desarrollaran un calendario. Éste es el calendario solar más antiguo que se conoce. Al igual que el nuestro, tenía 365 días. Los egipcios dividieron el año en tres estaciones: inundación, siembra y cosecha.

Como la época de la inundación era tan importante para los egipcios, la consideraban el comienzo del nuevo año. Durante la inundación la tierra se renovaba con el cieno de las aguas que cubrían las tierras de cultivo.

A la inundación le seguía la siembra, la época en que la tierra surgía una vez más a la superficie. Al comienzo de esta estación era cuando los agricultores plantaban sus cultivos. Hacían surcos en la tierra con arados o azadas, ponían las semillas y luego llevaban vacas u otros animales domésticos para que pisotearan y hundieran las semillas en la tierra.

Por la corta duración de la temporada de cultivo sólo podían cultivar una clase de granos, como el trigo. Pero el suelo fértil producía tres o cuatro clases de verduras.

La última estación era la cosecha, la época en la que se recolectaban los cultivos. La mayoría de los años los agricultores egipcios tenían buenas cosechas. "Éste será un año maravilloso; libre de necesidades y con abundantes cosechas", dijo un agricultor egipcio en un año favorable.

El Nilo "daba la vida", pero la vida no era fácil para los antiguos egipcios. El medio ambiente era duro para los agricultores. Por eso, los egipcios desarrollaron inventos tanto para llevar agua a los campos como para sacarla.

En Egipto caían pocas lluvias. Para mantener la tierra húmeda durante la temporada de cultivo, los egipcios inventaron varias formas de irrigación. Durante la siembra acumulaban agua en estanques para usarla en caso de sequía.

La época de siembra era de gran actividad para los agricultores egipcios. En esta escultura de madera del año 2000 a.C., se ve a un agricultor egipcio arando la tierra al final de las inundaciones.

Capítulo 3 • 137

Los egipcios pintaban escenas como ésta para mostrar las posiciones de las estrellas. También eran excelentes artesanos de metales, como se ve en la estatua de bronce de Ra, el dios egipcio del sol (derecha). Los egipcios creían que sus dioses eran parte animal y parte humanos.

Cuando la abundancia de lluvia provocaba inundaciones, los egipcios, como los habitantes de la Mesopotamia, construían embalses y diques para contener el río, y cavaban canales para que las aguas desbordadas volvieran al río.

Como los egipcios eran principalmente agricultores, muchas de sus invenciones estaban relacionadas con el trabajo de la tierra. Algunas, como el shaduf, se usan todavía en zonas rurales del país. El shaduf es un palo largo con un recipiente en un extremo y un contrapeso en el otro. Con el shaduf los agricultores sacan del Nilo agua para usar en sus campos.

REPASO *¿Qué hacían los egipcios para controlar el río Nilo?*

Fuente de religión

Los egipcios creían que su religión era importante para su supervivencia en el valle del Nilo. Explicaban los fenómenos de la naturaleza mediante relatos sobre sus dioses. Para los egipcios, el Sol era un dios que nacía todos los días y moría todas las noches. Así explicaban por qué el Sol desaparecía durante la noche y volvía cada mañana. El Sol era un símbolo del ciclo de la vida.

Los egipcios creían en muchos dioses, cada uno con características diferentes. Por ejemplo, Thoth era el dios de la sabiduría. Hator era la diosa del amor. Osiris regía a los muertos. Hapi era el dios del río Nilo.

Hapi se ve a menudo en el arte egipcio como un hombre con una planta de papiro brotándole de la cabeza. Los antiguos egipcios creían que las crecientes del Nilo eran controladas por los dioses. Muchas celebraciones en honor de Hapi tenían lugar durante la época de la inundación.

El dios del sol, Ra, era uno de los dioses más importantes. En los murales se suele ver como un falcón, alto en el cielo. A veces se representa como el sol, navegando en una embarcación especial, la barca solar. Los antiguos egipcios creían que Ra navegaba en el cielo de la misma forma que ellos lo hacían en el Nilo.

Ra es el centro de muchos relatos. Uno de ellos dice que, tiempo atrás, una pequeña isla había surgido de la nada. En esa isla creció un capullo de loto, y de ese capullo nació el dios del sol, Ra. Ra creó luego a los demás dioses y al mundo.

Más tarde, el culto a Ra se combinó con el de otro dios egipcio, Amón. Amón-Ra pasó a ser el dios más importante de los egipcios.

Los egipcios adoraban a sus dioses y creían en **el más allá**. Algunas de sus plegarias estaban contenidas en el *Libro de los muertos*. Los egipcios colocaban una copia de este libro en las tumbas, con la creencia que servía de guía en el viaje al más allá.

REPASO *¿Cómo explicaban los egipcios los fenómenos naturales?*

La unificación de Egipto

Hacia el 5000 a.C., se establecieron pequeñas aldeas agrícolas a lo largo del río Nilo, entre el delta y la primera catarata. Las aldeas no eran más que pequeños grupos de casas de barro. A medida que la población creció, las aldeas se volvieron pueblos con más edificios y más tierra.

Algunos de estos pueblos llegaron a ser la capital de ciudades-estado llamadas nomos. Los gobernantes de diferentes **nomos** competían por el control del poder y la riqueza.

Con el tiempo, los nomos se fueron uniendo hasta que, cerca del año 3500 a.C., formaron dos reinados: uno en el Alto Egipto y el otro en el Bajo Egipto. A estos reinos se los llamó los "dos países".

En esta pintura de una tumba se ve al faraón egipcio Seti I con la diosa Hator. Se creía que estas pinturas ayudaban a que las personas tuvieran una existencia feliz en el más allá.

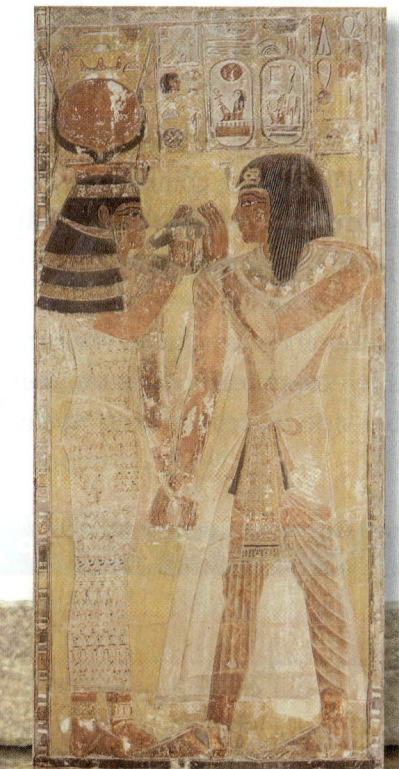

Tomado de *El libro de los muertos*
La confesión negativa

Salve, Usekh-nemmt, que surges de Anu, yo no he pecado.

Salve, Hept-khet, que surges de Kher-aha, yo no he asaltado a nadie con violencia.

Salve, Fenti, que surges de Khemenu, yo no he robado.

Capítulo 3 • **139**

el más allá. También se inscribían plegarias de *El libro de los muertos.* Los egipcios pensaban que eso ayudaría a los muertos en el más allá.

Creían que el alma de una persona muerta aparecía ante el dios Osiris y un grupo de jueces. Los jueces ponían el corazón del muerto en una balanza. Luego colocaban una pluma, el símbolo de la verdad, en el otro lado de la balanza. Si la balanza se equilibraba, el muerto había ganado la vida eterna. Los jueces decían:

> He juzgado el corazón del muerto, y su alma sirve de testigo. Sus acciones son justas de acuerdo a la gran balanza, y no se le ha hallado pecado alguno.

Si la balanza no se equilibraba, el alma estaba llena de pecados. Los egipcios creían que en ese caso un animal que era una mezcla de cocodrilo, león e hipopótamo la devoraría.

REPASO *¿Por qué hacían los egipcios momias para preservar el cuerpo de los muertos?*

La construcción de las pirámides

Cerca del año 2650 a.C., Imhotep, el arquitecto del rey Zoser, comenzó a emplear un nuevo estilo en la construcción de las tumbas reales. Decidió hacer con piedra la tumba de su rey, y no con ladrillos de barro. Mientras construía una mastaba de piedra, se le ocurrió otra idea. Puso una capa sobre la primera, otra capa más sobre la segunda, y así sucesivamente. Como cada una de las capas era más pequeña que la de abajo, formaban una pirámide con escalones. A este tipo de pirámide se le llama hoy pirámide escalonada.

Los antiguos egipcios creían que, después de morir, el faraón iba a vivir con Amón-Ra, el dios más poderoso. Una de las escrituras religiosas decía: "Se ha construido una escalera al cielo para que [el faraón] pueda subir." Imhotep probablemente construyó la pirámide escalonada para ayudar al faraón a llegar hasta donde se encontraba Amón-Ra.

Hacia el año 2600 a.C., los arquitectos de las pirámides pusieron en práctica otra idea. Comenzaron a construir pirámides con los lados

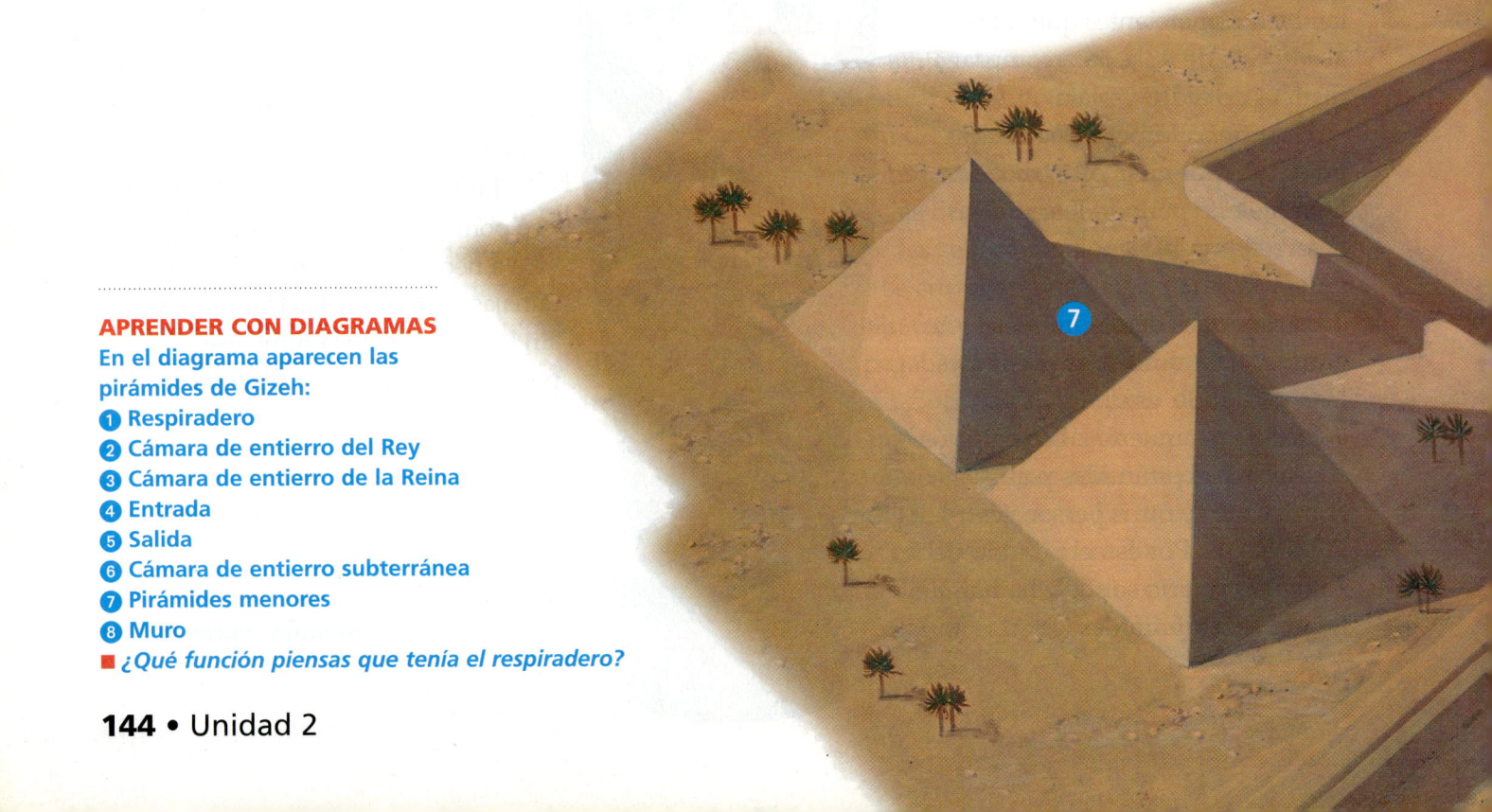

APRENDER CON DIAGRAMAS
En el diagrama aparecen las pirámides de Gizeh:
1. **Respiradero**
2. **Cámara de entierro del Rey**
3. **Cámara de entierro de la Reina**
4. **Entrada**
5. **Salida**
6. **Cámara de entierro subterránea**
7. **Pirámides menores**
8. **Muro**

■ *¿Qué función piensas que tenía el respiradero?*

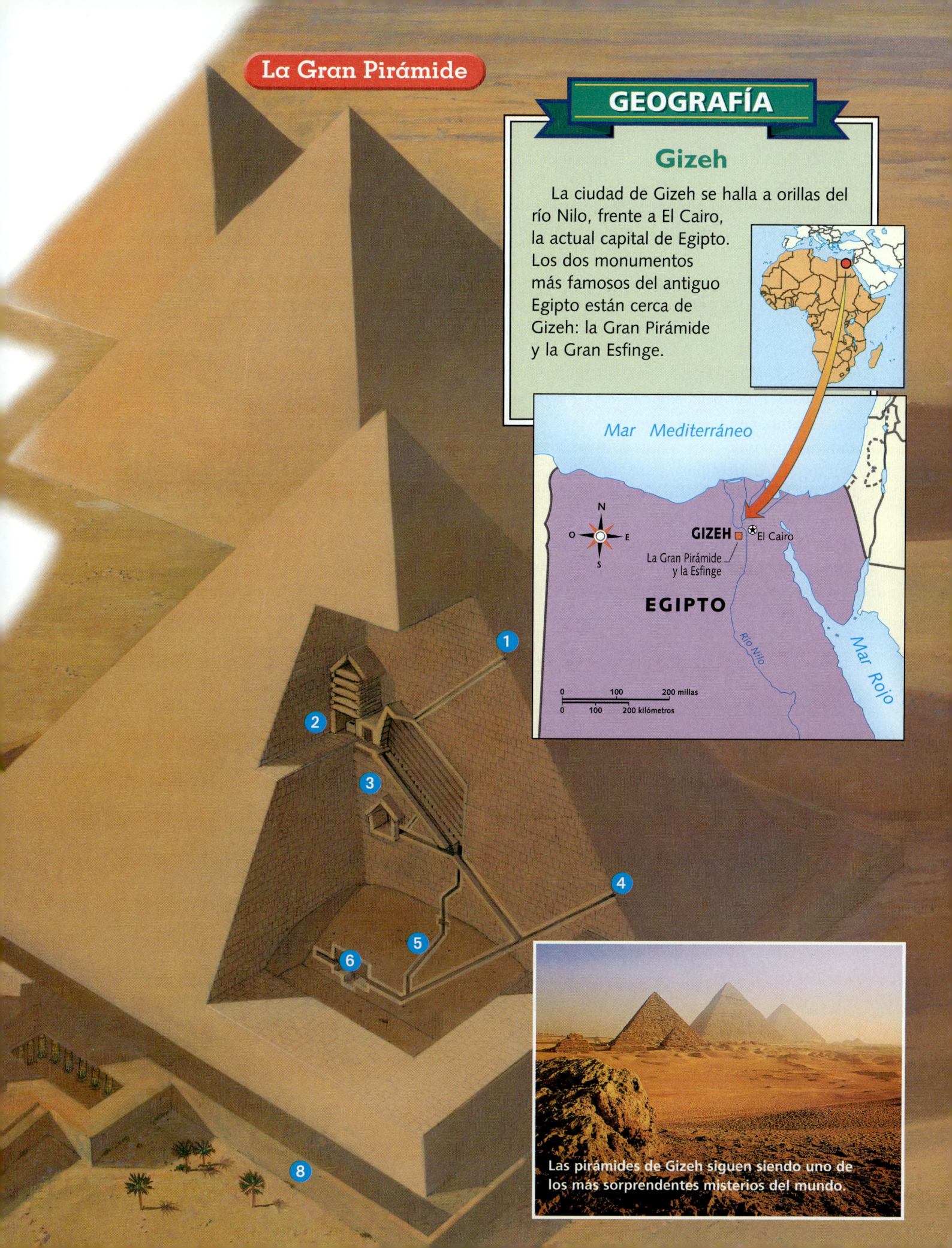

La Gran Pirámide

GEOGRAFÍA

Gizeh

La ciudad de Gizeh se halla a orillas del río Nilo, frente a El Cairo, la actual capital de Egipto. Los dos monumentos más famosos del antiguo Egipto están cerca de Gizeh: la Gran Pirámide y la Gran Esfinge.

Las pirámides de Gizeh siguen siendo uno de los más sorprendentes misterios del mundo.

inclinados y terminadas en una punta. Los lados inclinados pueden haber representado los rayos del sol.

La Gran Pirámide de Gizeh es la más famosa. Fue construida para el faraón Keops. Él quería que su tumba fuera la pirámide más grande que jamás se hubiera construido. Es probable que su edificación tomara 20 años; se terminó de construir cerca del año 2566 a.C.

Los impuestos de trabajo proporcionaron al gobierno egipcio los obreros necesarios para erigir la Gran Pirámide. Así como los impuestos de dinero exigen que se dé dinero al gobierno, los impuestos de trabajo exigían a los egipcios que trabajaran. Durante la estación de la inundación, cuando no se podía cultivar, los agricultores debían trabajar para el faraón. Llegaron a trabajar en la Gran Pirámide hasta 10,000 agricultores a la vez.

Se cortaron y transportaron más de 2 millones de bloques de piedra. Cada bloque pesaba unas 5,000 libras (casi 2,300 kilos). Se piensa que los bloques fueron transportados hasta la Gran Pirámide sobre macizos trineos. Probablemente los obreros usaron rampas temporales para subir los bloques.

Hoy día la Gran Pirámide de Keops sigue en pie en Gizeh. ¡Mide cerca de 480 pies (unos 146 m) de alto y cubre 13 acres!

REPASO *¿Cómo obtenía el gobierno egipcio gente que trabajara en las pirámides?*

Este pectoral o placa para cubrir el pecho de la XVIII dinastía, tiene la forma de un escarabajo.

El modo de vida egipcio

Los artesanos tenían una posición importante en la sociedad. Estos artistas, constructores, carpinteros y talladores de piedras, eran responsables de la construcción y la decoración de las tumbas, templos y pirámides. Solían vivir en aldeas levantadas en el lugar de la construcción, ya que muchos templos y pirámides estaban lejos de las ciudades o pueblos. El día de trabajo duraba del amanecer al anochecer; se trabajaba 10 días seguidos, al cabo de los cuales había uno de descanso. También había varios días festivos religiosos en los cuales no se trabajaba.

Los egipcios disfrutaban de su tiempo libre. La mayoría escuchaban música, y cantaban y bailaban en festivales religiosos y fiestas. Hay escenas pintadas en las paredes de las tumbas donde se ven personas con sus mejores ropas, preparadas para ir de fiesta. Durante el día, las mujeres usaban vestidos de lino, largos y sin mangas. Los hombres usaban faldas de lino largas hasta la rodilla, con camisas de manga corta o sin ellas. Los hombres y las mujeres de todas las edades y clases sociales usaban alhajas y maquillaje. Los ricos solían ponerse elegantes pelucas.

Las casas egipcias estaban hechas de ladrillos de barro. Cada casa tenía un altar pequeño donde se adoraba a los dioses domésticos. Baúles, bancos, sillas y camas formaban parte de los muebles.

Las mujeres egipcias estaban a cargo de la mayoría de las labores de la casa. Aunque generalmente no ocupaban posiciones en el gobierno, algunas eran sacerdotisas en los templos.

146 • Unidad 2

Otras mujeres eran artesanas. Los tejedores eran en su mayor parte mujeres. Como el lino que hilaban era muy codiciado, podían ganarse bien la vida. A diferencia de las mujeres de otras sociedades, las egipcias podían ser propietarias y tenían todos los derechos legales.

En Egipto se consideraba a los niños un regalo de los dioses. En el arte egipcio se los suele representar jugando o con sus padres. Algunos de esos juegos, como el salto de rana, la lucha libre y el de tirar y aflojar una cuerda, se siguen practicando en la actualidad.

La educación comenzaba a una edad temprana. La mayoría de los niños aprendía el oficio de su padre. A las niñas las madres les enseñaban a hilar y hacer las tareas de la casa.

Los niños de la clase alta solían ser los únicos que aprendían escritura, matemáticas y literatura.

REPASO *¿Qué hacían las mujeres en Egipto?*

Esta tableta de piedra caliza muestra a artesanos egipcios haciendo armas.

LECCIÓN 3 • REPASO

3000 a.C. — 2500 a.C. — 2000 a.C.

- **2625 a.C.** Comienza el Antiguo Imperio
- **2566 a.C. aprox.** Se termina de construir la Gran Pirámide
- **2130 a.C.** Fin del Antiguo Imperio

Comprueba lo que aprendiste

1. **Recuerda los datos** ¿Cuáles son los tres períodos principales en que se divide la historia de Egipto? ¿Cómo se llaman los intervalos que hubo entre esos períodos?

2. **Recuerda la idea principal** ¿Cómo usaron los faraones egipcios su autoridad política y religiosa para crear un gobierno poderoso?

Piensa críticamente

3. **Ayer y hoy** ¿En qué se parecen el gobierno y la sociedad egipcia a nuestro gobierno y sociedad? ¿En qué se diferencian?

4. **En mi opinión** En Egipto la mayoría de los faraones habían obtenido su cargo porque sus padres también habían sido faraones. En Estados Unidos el presidente obtiene su cargo porque el pueblo lo elige. ¿Cuál de las dos maneras piensas que es mejor? Explica tu respuesta.

Muestra lo que sabes
Actividad: Informe oral
Imagina que vives en Egipto durante el Antiguo Imperio. Prepara un informe oral acerca de cómo es tu vida. Luego presenta tu informe a un compañero de clase.

Razonamiento crítico

Resuelve un problema

1. ¿Por qué aprender esta destreza?

Casi todos los días tienes que resolver algún problema. Algunos problemas son más difíciles de resolver que otros, pero la mayoría se pueden solucionar si sigues una serie de pasos. Podrás resolver problemas en el futuro si sabes qué pasos seguir.

2. Recuerda lo que has leído

Los constructores de la Gran Pirámide de Gizeh tenían un gran problema. El faraón Keops había ordenado que se construyera la pirámide más grande que jamás se había construido. Debía cubrir 13 acres y tener la altura de un edificio moderno de 36 pisos. Como la resistencia de los ladrillos de barro no iba a ser suficiente, se debían usar bloques de piedra caliza. Los constructores de la Gran Pirámide tenían que transportar los enormes bloques sin tener a su disposición ni poleas ni ruedas. En ese entonces la rueda aún no se conocía en Egipto.

3. Comprende el proceso

Nadie sabe exactamente qué pasos siguieron los constructores egipcios para resolver el problema. Sin embargo, el hecho de que construyeron la Gran Pirámide, indica que encontraron una solución. A continuación aparecen algunos pasos que tú puedes seguir para resolver problemas grandes o pequeños. Debajo de cada paso se describe su relación con el problema de los constructores egipcios.

1. **Identifica el problema.** Los constructores tenían que levantar enormes bloques de piedra hasta la cima de la pirámide. La rueda y la polea eran desconocidas para los egipcios de la época.

2. **Piensa en las soluciones posibles.**
   a. Los obreros podían levantar los bloques de piedra subiéndolos escalón por escalón.
   b. Los obreros podían emplear rodillos para deslizar los bloques por rampas levantadas junto a la pirámide.

3 **Compara las soluciones y decide cuál es la mejor.**

   a. Se necesitarían muchos obreros para levantar cada bloque escalón por escalón. No sólo sería un trabajo muy arduo, sino que tomaría mucho tiempo.

   b. Se necesitarían menos obreros para subir los bloques por una rampa. Si se colocaran los bloques sobre rodillos, el trabajo se podría hacer más fácilmente y en menos tiempo.

4 **Planifica cómo poner en práctica la solución.** Se podrían construir rampas temporales a cada lado de la pirámide. El uso de cuatro rampas facilitaría la colocación de los bloques.

5 **Ve cómo funciona tu solución y cómo resuelve el problema.** La solución escogida por los constructores egipcios resolvió el problema: la Gran Pirámide de Gizeh se construyó y todavía sigue en pie después de 4,500 años.

Las pirámides son un ejemplo de los conocimientos que tenían los egipcios de matemáticas, ingeniería y arquitectura.

4. Piensa y aplica

¿Qué pasaría si hubiera que construir la Gran Pirámide hoy día? ¿Cómo se resolvería actualmente el problema que enfrentaron los constructores egipcios? Con un compañero, piensa de qué manera los constructores de hoy solucionarían el problema. Usen los pasos que acaban de aprender y presenten su solución al resto de la clase.

Obreros egipcios subiendo un bloque por una rampa (izquierda). Probablemente los egipcios usaron varias rampas a la vez (arriba).

Capítulo 3 • **149**

LECCIÓN 4

ENFOQUE

¿Por qué algunas sociedades cambian con el tiempo y otras permanecen iguales?

Idea principal

Mientras lees piensa en cómo los egipcios mantuvieron su civilización por miles de años haciendo cambios para que su sociedad se ajustara a las nuevas condiciones.

Vocabulario

intermediario
guerra civil
burocracia

Los antiguos egipcios han dejado muchas obras de arte y joyas de excelente calidad. Este anillo de oro fue usado por el faraón Ramsés II.

Los últimos reinos egipcios

| 2000 a.C. | 1000 a.C. | a.C. | d.C. |

El Imperio Medio y el Imperio Nuevo fueron períodos de crecimiento y prosperidad para Egipto. En esta época los egipcios dejaron de considerar al faraón como un **intermediario**, o el que sirve de conexión, entre los seres humanos y los dioses. Esta pérdida de poder del faraón llevó al derrumbe del gobierno egipcio.

El Imperio Medio

Al final del Imperio Antiguo, Egipto atravesó tiempos de crisis. En el 2080 a.C., la lucha entre reyes rivales estaba dividiendo el imperio. Egipto se desgarró en una guerra civil. En una **guerra civil** grupos de personas de un mismo lugar o país luchan entre sí. Un escriba llamado Neferti describió así estos tiempos de crisis:

> ❝ Seco está el río de Egipto, uno cruza las aguas a pie...
> Yo te mostraré la tierra en caos...
> Los hombres alzarán sus armas en guerra...
> Yo te mostraré el hijo como enemigo, el hermano como rival... ❞

Egipto se reunificó en el 1980 a.C. Ese año marca el comienzo del Imperio Medio, el cual se prolongó hasta el 1630 a.C. El reinado de la XII dinastía es considerado como el punto de máximo esplendor del Imperio Medio. La XII dinastía comenzó en 1938 a. C. cuando Amenemes, un visir del Bajo Egipto, se convirtió en faraón. Él y sus sucesores conquistaron la Baja Nubia y levantaron una cadena de fortificaciones para proteger sus tierras y avanzar contra la Alta Nubia.

150 • Unidad 2

Pirámide social egipcia

Soberano de Egipto. Controlaba todo y era considerado un dios. → **FARAÓN**

La clase alta. Poseía la mayoría de las tierras de cultivo y controlaba los templos. → **NOBLES Y SACERDOTES**

La clase media. Proveía mercancías y servicios. → **ARTESANOS, COMERCIANTES Y ESCRIBAS**

La clase baja. Proveía alimentos y fue obligada a construir monumentos y pirámides durante la inundación. → **AGRICULTORES**

La clase más baja. Muchos eran prisioneros de guerra. → **ESCLAVOS**

APRENDER CON DIAGRAMAS Este diagrama piramidal muestra las clases de la sociedad egipcia.
■ *¿Quiénes eran los dueños de la mayoría de la tierra?*

El comercio egipcio también se expandió durante el Imperio Medio. Con cedro y pino importados del Líbano se construyeron embarcaciones y muebles. Los comerciantes llevaban a Egipto valiosos metales: oro de Nubia, plata de Siria y cobre de la península del Sinaí. A través de la Alta Nubia llegaban oro, ébano, incienso y marfil de la Sabana Africana.

Durante el Imperio Medio se experimentaron cambios en la sociedad. Algunos de los derechos que habían sido sólo privilegio de los faraones, ahora se extendían a todos los egipcios. Por ejemplo, los entierros ceremoniales, que antes estaban reservados sólo para los reyes, ahora cualquiera podía realizarlos. A pesar de estos cambios la sociedad egipcia permaneció fuertemente dividida en clases.

Los historiadores han comparado la sociedad egipcia con una pirámide, en cuya cima estaba el faraón. Inmediatamente debajo se encontraba la familia real, los sacerdotes y los nobles. Abajo de ellos se encontraban los escribas, artesanos y comerciantes. Les seguían los agricultores. Por último, en la base de la pirámide, estaban los esclavos.

La mayoría de los esclavos habían sido tomados prisioneros durante campañas militares. En comparación de lo que ocurría en otras sociedades, en Egipto los esclavos tenían ciertas libertades. Se les permitía tener posesiones y hasta podían ocupar cargos en el gobierno. También podían comprar su libertad.

Egipto cambió no sólo en la sociedad sino también en su gobierno. Sesostris III, un faraón del Imperio Medio, reorganizó la **burocracia** egipcia, o sea el conjunto de funcionarios del gobierno. Bajo el antiguo régimen los gobernantes locales habían adquirido mucho poder. Sesostris III reemplazó a esos funcionarios por un sistema de gobernadores que estaban controlados por el visir del faraón. Esto le dio al faraón gran control sobre el gobierno.

REPASO *¿Qué cambios hubo en el gobierno egipcio durante el Imperio Medio?*

El Imperio Nuevo

La prosperidad egipcia declinó hacia el año 1630 a.C. cuando los hicsos tomaron el control del Bajo Egipto y parte del Alto Egipto. Los hicsos habían llegado a Egipto provenientes del oeste asiático. Sus reyes, la XV dinastía, gobernaron cerca de 100 años. Durante su reinado los hicsos introdujeron muchas innovaciones militares, como los carros tirados por caballos y una clase más fuerte de arco, el arco compuesto.

El faraón Ahmose de la XVIII dinastía venció a los hicsos y recuperó el territorio egipcio en 1520 a.C. El comienzo de la XVIII dinastía marca el inicio del Imperio Nuevo.

Durante el Imperio Nuevo se instituyó un ejército oficial que protegió a Egipto y conquistó tierras más allá del valle del Nilo.

Hacia el norte, las tropas del faraón Tutmés I llegaron hasta el río Éufrates. También conquistaron partes de Nubia, extendiendo la frontera egipcia más allá de la cuarta catarata.

Dentro del templo de la faraona Hatsepsut en Deir al-Bahari (abajo) pueden verse escenas de su expedición a Punt (izquierda).

Su hijo, Tutmés II, continuó con la expansión de Egipto.

Después de la muerte de Tutmés I, su esposa Hatsepsut se convirtió en faraona y fue la única mujer en el antiguo egipto que recibió todos los honores de un faraón. La reina Hatsepsut envió ejércitos hacia Nubia y el suroeste asiático. También envió una expedición comercial al sur, por el mar Rojo, hacia la tierra de Punt. Se cree que la ciudad de Punt estaba situada en lo que es hoy Etiopía o Somalia.

El hijastro de Hatsepsut, Tutmés III, la sucedió como faraón. Bajo su reinado, el Imperio Egipcio alcanzó su máxima extensión geográfica. Hacia 1450 a.C. Egipto controlaba tierras desde Siria hasta Nubia.

Los primeros años del Imperio Nuevo fueron de esplendor. Para honrar a los dioses se construyeron durante este período enormes templos como no habían sido vistos antes. El templo de Amón-Ra en Karnak pasó a ser el más grande de Egipto.

Aunque la construcción tuvo un gran auge durante este período, dejaron de construirse pirámides. Las momias de los reyes egipcios se colocaban en tumbas ocultas en el Valle de los Reyes, para evitar que fueran encontradas por profanadores de tumbas.

En el momento de mayor esplendor de su sociedad, el pueblo egipcio debió enfrentarse a grandes cambios. Amenofis IV llegó al trono en 1353 a.C. Él y su esposa Nefertiti trataron de imponer el culto a un solo dios, Atón. Algunos historiadores creen que éste fue el primer intento de monoteísmo en Egipto.

Amenofis IV era tan devoto de Atón que se hizo llamar Ajnatón, que significa "sirviente de Atón". Ajnatón ordenó que los nombres de muchos otros dioses fueran eliminados de templos y tumbas. Sin embargo la mayoría de los egipcios continuaron adorando a los antiguos dioses, además de Atón.

La expansión de Egipto

Imperio Antiguo (2625 a.C.–2130 a.C.)
Imperio Medio (1980 a.C.–1630 a.C.)
Imperio Nuevo (1539 a.C.–1075 a.C.)

Relaciones entre el ser humano y el ambiente
Este mapa muestra las fronteras de Egipto durante los tres imperios.
■ ¿Cómo influyó en el crecimiento de Egipto el mejoramiento de las técnicas agrícolas?

Para fortalecer la creencia en Atón, Ajnatón trasladó la capital egipcia El-Amarna, también llamada Ajtatón, hacia la parte central del imperio.

Ajnatón construyó allí grandes templos abiertos en honor al dios Atón. Por esto, los historiadores actuales llaman a este tiempo el período amarna.

HISTORIA

La piedra de Rosetta

Cuando los egipcios fueron conquistados, abandonaron los jeroglíficos y adoptaron la escritura de sus conquistadores. Durante miles de años, nadie había podido leer las antiguas escrituras egipcias. En 1798 d.C. los ejércitos franceses dirigidos por Napoleón Bonaparte invadieron el noreste de África. Un año después, un oficial del ejército francés encontró una gran piedra negra cerca de la ciudad de Rosetta, en el delta del Nilo, en la que se podía observar un decreto real que contenía tres tipos de escritura: dos egipcias y una griega. La escritura griega dio a los investigadores la clave de una de las escrituras egipcias. La otra, constituida por jeroglíficos, continuó siendo un misterio. En 1822, Jean-François Champollion logró interpretar los jeroglíficos, revelando así la historia de los egipcios.

La piedra de Rosetta fue hecha hacia el año 196 a.C. En ella se alaba al rey egipcio de la época, Tolomeo V.

Después de la muerte de Ajnatón, un niño de 9 años llamado Tutankatón se convirtió en el nuevo faraón. Restablecidos los viejos dioses y bajo la presión de sus ministros, el nuevo faraón cambió su nombre a Tutankamón, que significa la "imagen viva de Amón". Tutankamón murió a los 18 años y fue enterrado en un ataúd de oro en una tumba llena de joyas y metales preciosos.

Hacia el 1215 a.C. los egipcios empezaron a perder parte de su imperio frente a invasores conocidos como los Pueblos del Mar. Estos invasores provenían de Asia Menor y tierras cercanas al mar Egeo y al Mediterráneo. Durante la XX dinastía, que terminó en 1075 a.C., Egipto se mantuvo unido.

REPASO *¿Adónde trasladó Ajnatón la capital del Imperio Egipcio?*

Ajnatón y la familia real ofrecen regalos al dios Atón, representado aquí como un disco solar.

Otros pueblos gobiernan Egipto

Los territorios del delta del Nilo estaban gobernados por dinastías rivales; hacia 730 a.C. la XXV dinastía, originaria de Nubia, tomó el control de Egipto y por casi 50 años luchó contra el Imperio Asirio por el control del suroeste de Asia. Finalmente, los asirios derrotaron a los nubios.

En el 664 a.C. los asirios reunificaron Egipto. Reinaron por más de 100 años y permanecieron en paz hasta que el rey persa Cambises II invadió Egipto y lo hizo parte de su imperio en 525 a.C. Egipto recobró su independencia en el 404 a.C. y la mantuvo hasta el 343 a.C., año en que lo conquistaron los persas nuevamente.

En el 323 a.C. Alejandro Magno conquistó el Imperio Persa. Al hacerlo, tomó también control de Egipto, que pasó a formar parte del Imperio Griego. Su general, Tolomeo, asumió el control de Egipto en 305 a.C. Cuando los griegos fueron derrotados por los romanos, Egipto cayó bajo el dominio del Imperio Romano, en el año 30 a.C. Aunque la sociedad egipcia mantuvo su cultura bajo la dominación romana, hacia 395 d.C. los egipcios comenzaron a reemplazar muchas de sus creencias religiosas por creencias cristianas.

La inscripción en esta moneda romana dice: "Egipto ha sido capturado".

REPASO *¿Cuáles fueron los pueblos que controlaron a Egipto después del Imperio Nuevo?*

LECCIÓN 4 • REPASO

Línea de tiempo:
- 1980 a.C. • Comienza el Imperio Medio
- 1539 a.C. • Comienza el Imperio Nuevo
- 730 a.C. • Nubios conquistan Egipto
- 30 a.C. • Terminan las dinastías egipcias

Comprueba lo que aprendiste

1. **Recuerda los datos** ¿Qué territorios conquistaron los egipcios durante el Imperio Medio y el Imperio Nuevo?

2. **Recuerda la idea principal** ¿Qué cambios hicieron los egipcios en su gobierno, religión y forma de vida?

Piensa críticamente

3. **Ayer y hoy** ¿En qué aspectos Estados Unidos no ha cambiado a través de los años? ¿En qué cosas ha cambiado?

4. **Piensa más sobre el tema** ¿Cómo hicieron los faraones para mantener la antigua civilización egipcia a la vez que realizaron cambios?

Muestra lo que sabes

Actividad: Mapas Egipto construyó un gran reinado durante el Imperio Medio y el Imperio Nuevo. Haz un mapa del Imperio Egipcio en su máxima extensión. Incluye los pueblos que comerciaron con Egipto e inserta dibujos de los productos que los egipcios obtuvieron de cada lugar.

Capítulo 3 • 155

LECCIÓN 5
APRENDE HISTORIA *con la* literatura

Su Majestad
La reina Hatsepsut

Dorothy Sharp Carter

En la antigua sociedad egipcia, las mujeres disfrutaban, como los hombres, del derecho a tener propiedades y negocios. Algunas mujeres del antiguo Egipto llegaron a ser funcionarias del gobierno y apreciadas consejeras de los faraones. Los historiadores creen que la reina Tiye, esposa del faraón Amenofis III, gobernó junto con su marido, tomando muchas decisiones de importancia. Sin embargo, muy pocas mujeres llegaron a reinar solas.

La reina Hatsepsut también gobernó con su marido, Tutmés II. Hatsepsut se había casado con su hermanastro, una costumbre de la familia real egipcia. Tras la muerte de su esposo, Hatsepsut se negó a entregar el poder al joven Tutmés III, el hijo de Tutmés II y otra de sus mujeres. Por ser varón, Tutmés III era el primero en la línea de sucesión al trono. Sin embargo, Hatsepsut creía que le correspondía reinar a ella por ser la hija de Tutmés I.

Al ser coronada faraona, Hatsepsut se convirtió en la primera mujer en la historia del mundo que tuvo un puesto de esta importancia. Aconsejada por su visir Hapusoneb, Hatsepsut gobernó Egipto durante el período del Imperio Nuevo. Durante su reinado consiguió fortalecer y enriquecer Egipto; es recordada por su expansión de las rutas comerciales y por enviar expediciones a la tierra de Punt.

Lee el relato de la coronación de Hatsepsut. Durante la lectura, piensa en cómo se debe sentir una persona que va a asumir un nuevo papel en una sociedad.

Los preparativos para mi coronación siguen su curso, y cuanto antes tenga lugar, mejor será. Si dejamos pasar tiempo pueden surgir conspiraciones.

El edicto de mi ascenso al trono será enviado a los dos países y al extranjero pocas semanas antes de la ceremonia. La tradición marca que el acontecimiento se produzca durante una festividad religiosa de importancia, en este caso la fiesta de Opet. Hapusoneb insiste en que es algo apresurado, pero perfectamente apropiado. Pero es que todo lo que el futuro faraón decide es apropiado.

El edicto dice así:

> Un mensaje del Rey para comunicar que Mi Majestad se eleva como Rey en el trono de Horus, por siempre supremo. Mis títulos son: para mi nombre de Horus, Usert-Kau, poderosa; para Buitre-Cobra, Uadjit-Renpet, lozana en años; para Horus dorado, Netertkhau, divina en apariciones[1]; mis nombres real y de familia, Makare Hatsepsut.
>
> Advierte que se haga adoración a los dioses por deseo del Rey del Alto y Bajo Egipto, Hatsepsut. Advierte que todos los juramentos se tomen en el nombre de Mi Majestad, nacida de la reina madre Ahmose. Así se escribe para que incline la cabeza en señal de obediencia y acatamiento a la firmeza y fortaleza de la casa real.
>
> El año tercero, tercer mes de la Inundación, día 7. Día de la coronación.

Me preocupa mi vestido. Como la ceremonia dispone que el rey lleve la barba real trenzada y sujeta a la barbilla (tenga o no una barba propia), ciertamente lo haré así.

---

[1] **apariciones:** espíritus religiosos

Esta escultura de arenisca pintada capta la belleza de la reina Hatsepsut. Hatsepsut reinó en Egipto como faraón desde el 1504 a.C. hasta el 1482 a.C.

Capítulo 3 • 157

¿Deberé, por lo tanto, vestir el traje largo de una reina, o la falda corta de un rey? Con una pregunta, Hapusoneb proporciona la respuesta.

Se siente preocupado, pobre hombre, por tener que supervisar preparativos tan complicados en tan poco tiempo. En cada nueva audiencia aparece ante mí más angustiado, más doblado por la responsabilidad, hasta que su espalda se curva como un arco tensado.

—Uno de los problemas, Majestad, es que los títulos y las ceremonias de coronación están pensadas para los hombres. ¿Cómo podemos modificarlas?

La solución se me presenta clara, como el rostro atormentado de Hapusoneb.

—No hay necesidad de cambiar nada, Visir. Mi intención es gobernar como rey, con los plenos poderes de un rey. Vestiré como un rey. Los rituales, los títulos, serán los mismos que creó Narmer, primer Rey de los dos países.

Hapusoneb parece vacilante, y luego aliviado. Después de todo, por muchas que sean sus dudas, no puede desobedecer a quien va a ser el nuevo faraón.

Y como estoy decidida a ser tan resuelta, tan enérgica, como cualquier rey, comenzaré por

En esta estatua, la reina Hatsepsut lleva la tradicional barba de los faraones.

llevar todos los atributos[2] reales en mi coronación. Alrededor de la cintura, sobre la falda corta, me abrocho un amplio cinturón adornado con una hebilla metálica con la forma de mi tarjón[3] personal. Unido a él, por delante llevo un mandil de cuentas, por detrás, una cola de toro. Una muchacha me sujeta la barba al mentón. Sobre la peluca me ajusto el nems, el tocado de piel con dos pliegues rayados que caen hacia delante sobre los hombros.

Para la ceremonia he ordenado un deslumbrante pectoral[4] de oro y piedras preciosas suspendido de una cadena doble de oro. Una muchacha abrocha un par de amplios brazaletes en cada brazo, otro par en cada muñeca, un tercer par en los tobillos. En los dedos me ponen anillos como si fueran pedazos de carne en una brocheta. Estoy segura de que debo pesar el doble de lo normal. Cuando echo un vistazo final en mi espejo de plata, le digo sorprendida a Henut[5]:

—¡Pero si parezco una momia! Con todo este oro apenas se me ve la piel.

---

[2] **atributos:** símbolos
[3] **tarjón:** adorno con el nombre o emblema de un soberano
[4] **pectoral:** placa que se lleva sobre el pecho
[5] **Henut:** sirviente de Hatsepsut

Pectoral, o placa para el pecho, de un faraón de la XIX dinastía

—Muy apropiado, Alteza—asiente Henut—. Egipto es un país rico más allá de toda medida. Y su Alteza es el símbolo de esa riqueza.

Es posible pero, como descubro pronto, riqueza no siempre significa comodidad.

La ceremonia se inicia con esplendor. Aunque la coronación de mi esposo tuvo lugar hace quince años, los ritos siguen claros en mi memoria.

Voy sentada en un trono ligero que seis esclavos llevan desde el Gran Palacio hasta la nave real, que nos transporta río abajo. Desde la orilla hasta el templo, la procesión va encabezada por heraldos que anuncian:

—¡Tierra, te avisamos! ¡Tu Dios llega!

Filas de soldados marchan delante y detrás de mi silla portátil, y tras ellos, cientos de sacerdotes.

Detrás de la silla, un sirviente me protege sosteniendo con un mango muy largo un quitasol, y a mi lado dos jóvenes pajes agitan abanicos de plumas de avestruz. (El visir me ha prometido muchachos con resistencia y dedicación suficientes para no derribarme el tocado.) La cola de la procesión —una larga cola— está formada por dignatarios[6] del gobierno, la nobleza y embajadores[7] extranjeros.

La mayoría de los espectadores caen de rodillas, con la cabeza en el polvo, aunque algunos campesinos fascinados permanecen en pie, boquiabiertos de admiración. Un guardia les hace gestos imperativos de que se inclinen, e incluso golpea a uno o dos de ellos con su espada. Como dice Hapusoneb: "Las buenas costumbres cada vez están menos de moda". Así y todo, el ambiente es una alegre mezcla de reverencia y júbilo.

En la sala principal del templo hacen descender mi silla, y camino, acompañada por el Sumo Sacerdote, hasta el reluciente trono dorado situado sobre una plataforma[8]. Tras las plegarias y los himnos a Amón, el Sacerdote repite las palabras pronunciadas por mi padre en el sueño: "La he escogido para ser mi sucesora en el trono. Ella es, sin duda, quien debe sentarse en mi glorioso trono; ella debe dirigir en todas las cuestiones al pueblo en cada departamento del Estado; ella es quien debe gobernarlos".

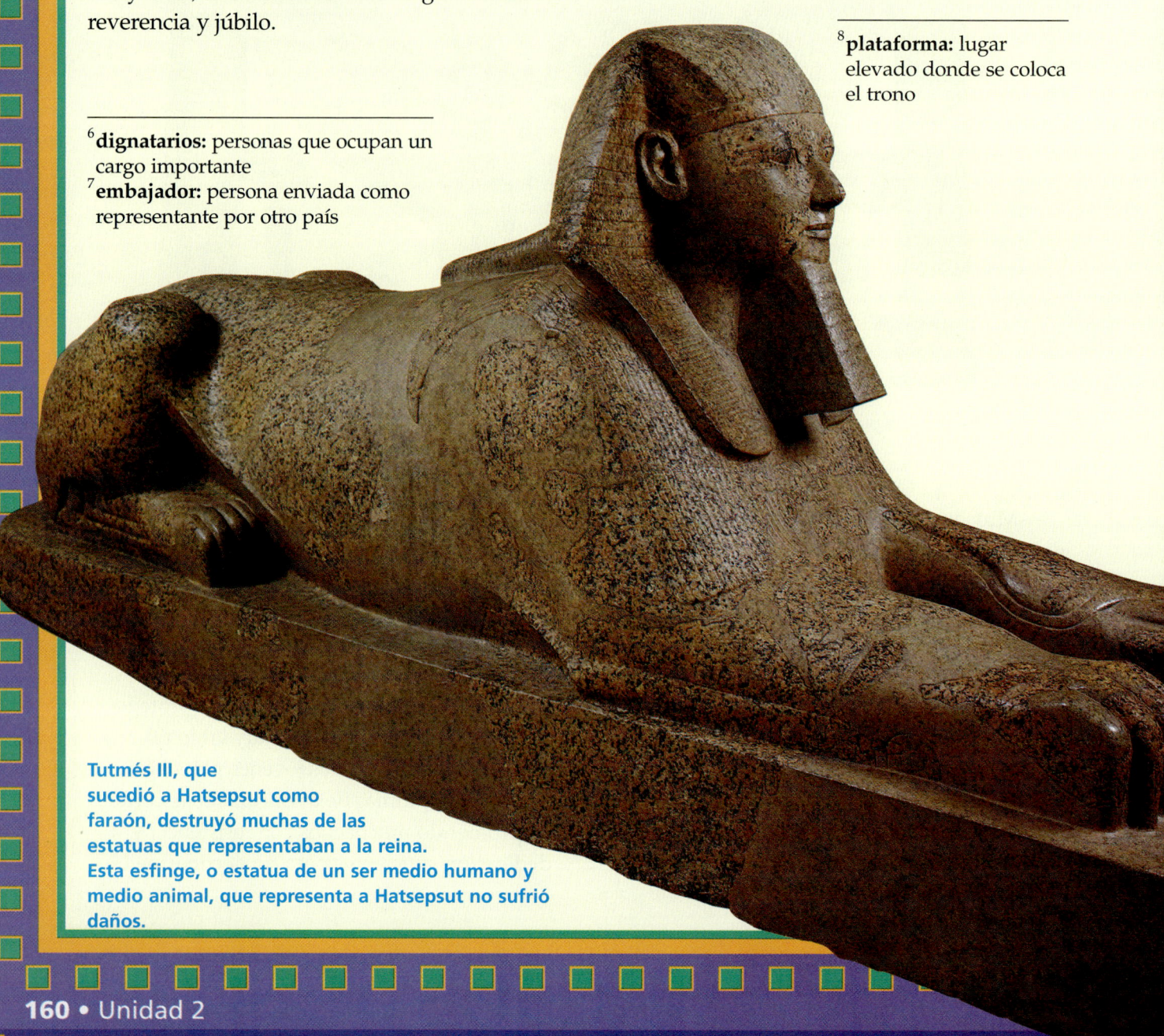

---

[6] **dignatarios:** personas que ocupan un cargo importante
[7] **embajador:** persona enviada como representante por otro país

---

[8] **plataforma:** lugar elevado donde se coloca el trono

Tutmés III, que sucedió a Hatsepsut como faraón, destruyó muchas de las estatuas que representaban a la reina. Esta esfinge, o estatua de un ser medio humano y medio animal, que representa a Hatsepsut no sufrió daños.

Por último, me declara Señor de los Dos Países, sentada en el trono de Horus, inmortal. En mis manos pone los dos cetros, emblemas de Osiris: el báculo de oro y el mayal dorado con el mango tallado en forma de flor de loto. Y sobre mi cabeza pone una corona simbólica tras otra, terminando con la doble corona que combina la diadema blanca del Alto Egipto con la roja del Bajo Egipto, con la cobra dorada en la frente. Se dice que la cobra escupe fuego venenoso a cualquiera que se acerque demasiado al faraón. (Un día, para divertirme, tengo que persuadir al visir de que ponga esto a prueba.) El artefacto es tan recargado que el cuello me duele por el peso.

Durante la coronación observo a mi hija y al Príncipe, uno al lado del otro. Como Nofrure se negó a ser llevada en una silla portátil por miedo a caerse, los dos marcharon en el cortejo (cuando Nofrure no era llevada por un miembro de la guardia), a poca distancia detrás de mi litera. Nofrure me sonríe, orgullosa y emocionada, mientras que la mirada de Tutmés es tan vacía como la que mostraba al contemplar las piedras preciosas y los jarrones durante la recepción a los embajadores. Perdido en su propio mundo (quizás un mundo en que su madrastra se muestra débil o ha muerto), parece ajeno a todo lo que lo rodea.

El viaje de regreso al palacio es un tormento; tanto es así que tengo que apretar los dientes y poner duro el cuello. ¿Qué pasaría si de repente mi cuello cediera, o se rompiera, y esta inmensa corona rodara por el suelo entre la muchedumbre? El rey Hatsepsut tendría que inventarse una hábil patraña o todo Egipto creería que es una señal de Amón que indica mi incapacidad para ser faraón. Un escalofrío me recorre, y tenso el cuello con mayor fuerza.

Por fin todo ha terminado. Estoy en mi cámara, descansando, la cabeza y el cuello aún doloridos, pero intactos. Por delante todavía quedan la recepción y el banquete, pero en ellos puedo arreglármelas con facilidad. Oigo en la distancia a la gente que celebra comiendo y bebiendo, cantando y bailando, y escucho las carcajadas que producen los acróbatas, malabaristas y payasos. El Tesoro de Egipto va a descender como las aguas del Nilo durante la cosecha, pero lo cierto es que una coronación no ocurre todos los días, y la de una reina prácticamente nunca.

¡Yo, Makare Hatsepsut, soy faraón de todo el Egipto! La idea es demasiado maravillosa para acostumbrarme a ella. Primero debo analizarla desde todos los ángulos… y esculpirla… y moldearla… hasta poder abarcarla con naturalidad.

REPASO DE LA LITERATURA

1. ¿De qué modo Hatsepsut conservó y al mismo tiempo modificó la tradición egipcia al asumir su nuevo papel de gobernante?
2. ¿Cuál crees que fue la razón de que Hatsepsut desafiara la tradición y quisiera convertirse en faraón?
3. Usa lo que has aprendido sobre Hatsepsut para escribir una descripción del carácter de la faraona. Asegúrate de mencionar las cualidades de gobernante que crees que demostró.

Capítulo 3 • 161

CAPÍTULO

4

LA ANTIGUA NUBIA

"Aquí se pueden encontrar oro en abundancia, elefantes gigantescos, marfil y todo tipo de árboles."

Descripción del historiador griego Heródoto sobre Nubia en el año 450 a.C.

Máscara en plata y oro de la reina Malaqaye de Kush, hecha aproximadamente en el año 500 a.C.

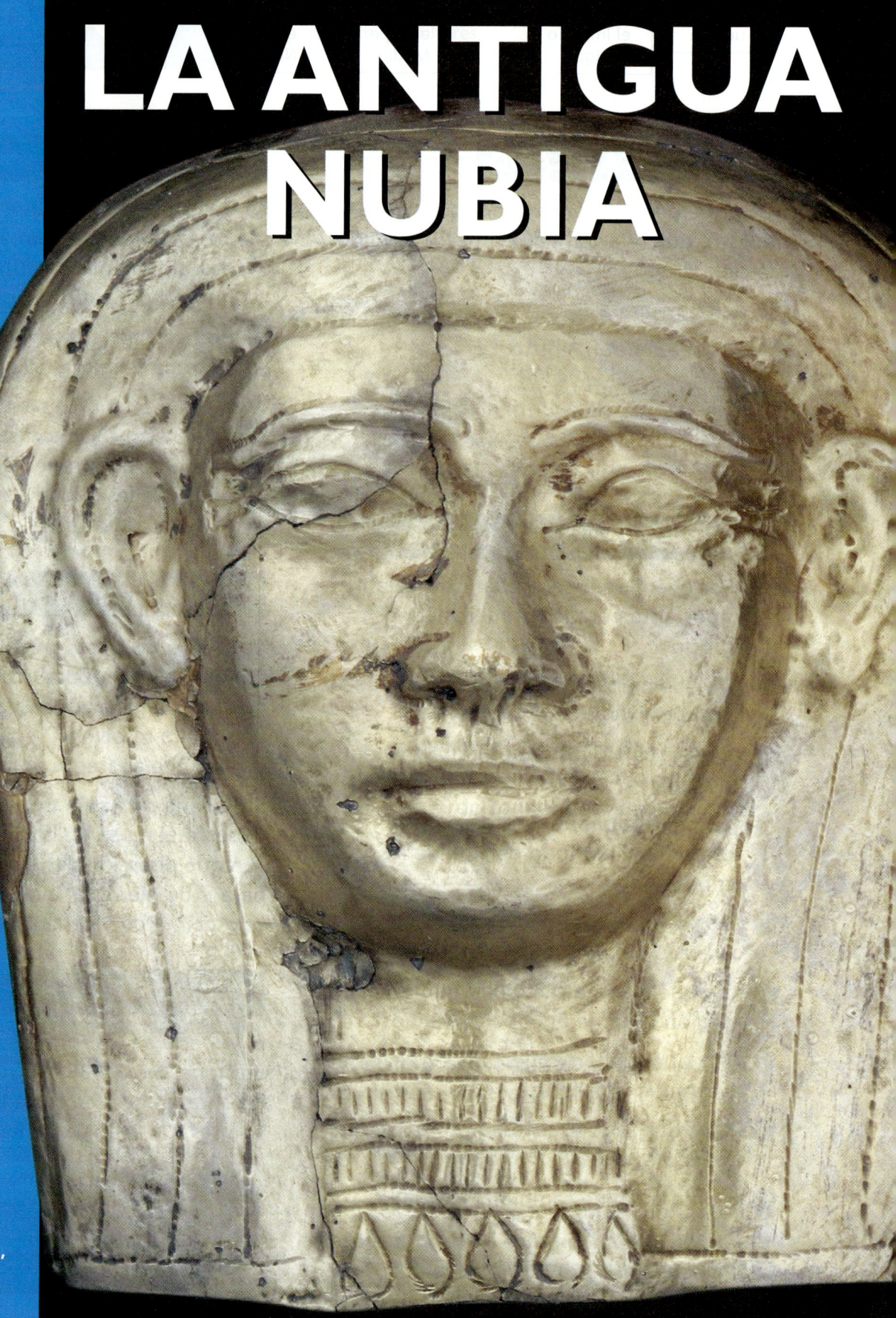

Nubia, rival de Egipto

| 6000 a.C. | 4000 a.C. | 2000 a.C. | a.C. | d.C. |

El territorio de Nubia se extendía a lo largo del Nilo, desde la frontera sur de Egipto hasta donde se encuentra hoy en día la ciudad de Jartum, Sudán. El suelo rocoso de Nubia era rico en recursos naturales, como el cobre y el oro. Altos peñascos de granito y otros tipos de piedra utilizados en la construcción se perfilaban majestuosos en el horizonte. Animales de muchos tipos merodeaban libremente por el territorio. La diversidad de recursos que abundaba en Nubia permitía que sus habitantes vivieran cómodamente, pero también despertaba la codicia de otros pueblos, como los egipcios, que querían apoderarse de la región. Por ese motivo surgieron muchos conflictos. Dado el estrecho contacto que existía entre ambos pueblos, los nubios y los egipcios se influyeron mutuamente en sus modos de vida. Esto se reflejó en la religión, la forma de gobierno y la cultura de ambos pueblos. Cada uno adoptó algunas de las ideas y costumbres del otro. Aun así, durante miles de años, mantuvieron su propia identidad.

El territorio y los habitantes de Nubia

La geografía de Nubia era muy diferente a la de Egipto. En Nubia el terreno era mucho más rocoso y en algunos lugares se alzaban altos peñascos directamente desde las riberas del Nilo.

Incluso el Nilo se comportaba de manera distinta al cruzar por Nubia. Su curso no era tan tranquilo como lo era más al norte. Grandes piedras de granito bloqueaban partes del río, causando rápidos y cascadas. Estos grupos de rocas formaban las seis cataratas que se encuentran en la parte sur, o alta, del Nilo.

Los arqueólogos creen que los primeros habitantes llegaron a Nubia por lo menos hace 8,000 años. La evidencia arqueológica que se ha descubierto cerca de la ciudad de Jartum indica que allí existió una antigua cultura que data de esa época.

LECCIÓN 1

ENFOQUE
¿Por qué el contacto entre dos pueblos vecinos puede ser motivo de cooperación y conflicto al mismo tiempo?

Idea principal
Mientras lees piensa en cómo se influyeron mutuamente los egipcios y los nubios.

Vocabulario
anexar
independencia
aliado

Capítulo 4 • 167

Al igual que los egipcios, la mayoría de los nubios se asentaron a lo largo del Nilo. Los primeros habitantes de Nubia vivían de la misma manera que habían vivido los egipcios antes de que surgieran las dinastías. De hecho, algunos expertos consideran que algunas de las ideas básicas de la cultura egipcia tuvieron origen en la cultura de los nubios. Por ejemplo, es posible que algunos de los dioses egipcios hayan sido venerados en Nubia primero.

Los primeros habitantes de Nubia pescaban, cazaban y recolectaban granos silvestres. Con el tiempo, comenzaron a cultivar sus propios cereales y a criar ganado, ovejas y cabras. Estos agricultores y pastores descubrieron que era mejor quedarse en el mismo lugar todo el año, en vez de desplazarse de un lado a otro.

Al asentarse, los nubios comenzaron a fabricar vasijas de cerámica para almacenar granos y transportar provisiones. Las personas que viajaban de un lugar a otro no podían usar vasijas porque se rompían fácilmente. Sin embargo, para aquellos que se establecían en un lugar, la alfarería era muy útil.

Los nubios fueron uno de los primeros pueblos en fabricar piezas de alfarería. Ya sabían moldear la arcilla en el año 6000 a.C., y los tazones y jarras que fabricaron son algunas de las cerámicas más delicadas y hermosas de la época.

Con el paso del tiempo, comenzaron a comerciar sus cerámicas. Además, comerciaban bienes que llegaban de otras regiones del centro y sur de África, ya que existía una gran demanda de esos bienes en Egipto y el suroeste de Asia.

La ubicación de Nubia, entre Egipto y el sur de África, la convertía en un centro ideal para el comercio. Los nubios actuaban como intermediarios en el comercio entre el norte y el sur de África.

Entre los muchos productos que los nubios enviaban al norte, se encontraban pieles de leopardo, huevos de avestruz, plumas, marfil,

Bajo el dominio de los egipcios era común que los nubios tuvieran que pagar tributo a los faraones. Este mural muestra a una princesa nubia en carro y a cuatro príncipes que avanzan a pie. El grupo va a ofrecer oro al faraón.

Egipto y Nubia: Conflictos y conquistas

2100 a.C. — 1850 a.C. — 1600 a.C. — 1350 a.C. — 1100 a.C. — 850 a.C. — 600 a.C.

1935 a.C. aprox.
- El faraón Amenemes conquista Nubia
- La región independiente de Kush establece su capital en Kerma

1650 a.C. aprox.
- Nubia recupera su independencia

1465 a.C. aprox.
- El faraón Tutmés III conquista Nubia
- La región independiente de Kush establece su capital en Napata

750 a.C.
- El rey Kashta conquista el Alto Egipto

730 a.C.
- El rey Piye conquista el Bajo Egipto

671 a.C.
- Termina el gobierno kushita en Egipto
- Continúa el reino independiente de Kush

APRENDER CON LÍNEAS CRONOLÓGICAS Esta línea cronológica indica que Egipto y Nubia a menudo estaban en guerra.
■ De acuerdo con la línea cronológica, ¿durante qué años gobernó Kush a Egipto?

ébano, especias y oro.

La evidencia arqueológica parece indicar que en un principio Nubia y Egipto comerciaron pacíficamente. Sin embargo, los egipcios descubrieron que podrían adquirir más riquezas si controlaban las rutas comerciales de Nubia. Las rutas comerciales son los caminos que los comerciantes utilizan para intercambiar bienes.

Hacia el año 2600 a.C. los reyes egipcios ya se habían apoderado con éxito de todas las rutas comerciales del norte de Nubia y comenzaban a apropiarse de los ricos recursos de la región. Cortaban bloques de piedra, como el granito, que utilizaban para construir estatuas y edificios; también explotaban las minas de cobre y oro. Después de años de controlar la mayor parte del norte de Nubia, Egipto decidió **anexar**, o apoderarse del resto del territorio. Cerca del año 1900 a.C., el faraón de Egipto ordenó que se construyeran fuertes cerca de la segunda catarata para proteger el territorio recién anexado de ataques enemigos.

REPASO ¿Por qué quería Egipto controlar las rutas comerciales de Nubia?

Libertad y reconquista

Los egipcios no lograron dominar a los nubios por mucho tiempo, pues en la región alta de Nubia se desarrolló un reino muy poderoso. Este reino pronto adquirió la fuerza suficiente para expulsar a los egipcios.

Los egipcios llamaban a ese reino Kush. Los arqueólogos modernos lo llaman la cultura kerma, porque la capital se encontraba cerca de la tercera catarata, donde hoy está la ciudad de Kerma, en Sudán.

Hacia el año 1650 a.C. los nubios habían recuperado la **independencia**, o libertad total, de Egipto. Libre del dominio egipcio, la cultura kerma floreció. La ciudad de Kerma se convirtió en una parada obligatoria para el comercio fluvial y terrestre. Todo tipo de bienes, oro, sal, elefantes, cuernos de rinocerontes y especias, pasaban por Kerma, camino de los mercados de África y del otro lado del mar Rojo. Las actividades comerciales enriquecieron a los habitantes de Kerma.

Los cementerios donde se sepultaban a los reyes de Kerma dan evidencia de su riqueza.

Para enterrar a un rey, se cavaba un foso redondo. Luego, se colocaba un féretro de madera revestido de oro en el fondo del foso. Se vestía al rey con su mejor ropa y se lo colocaba en el féretro. A su alrededor se ponían sus armas, sus tesoros de oro y marfil y sus alhajas. Luego, se cubría la fosa con una pila de tierra y se marcaba el montículo con calaveras de ganado.

Durante la época de prosperidad, los reyes de Kerma acapararon poder y riquezas. Con el tiempo, lograron controlar gran parte del norte de Sudán e incluso algunas partes del sur de Egipto.

Sin embargo, durante esa misma época los egipcios no habían corrido la misma suerte que los habitantes de Kerma: los hicsos se habían apoderado de gran parte del territorio egipcio. El gobernante de Kerma decidió convertirse en **aliado**, o amigo, de los hicsos. Después de todo, ellos controlaban casi todas las tierras al norte de Nubia. Pero el rey de Kerma no anticipó que al poco tiempo los egipcios volverían a controlar su territorio. Con la victoria, los egipcios expulsaron a los hicsos hacia el suroeste de Asia. Luego se dirigieron hacia el sur y destruyeron Kerma, la capital de Kush. Querían castigar a los habitantes de Kerma por haber ayudado a los hicsos.

En Nubia y Egipto se adoraban varios de los mismos dioses. Este pendiente de oro y cristal, hecho durante la XXV dinastía, muestra a la diosa Hatho.

Después de la victoria militar, los egipcios se apoderaron de gran parte de Nubia. Esta vez, el control de Egipto se extendió más allá de la cuarta catarata. Para demostrar su poderío absoluto, los egipcios construyeron ciudades y templos en todo el territorio de Nubia.

Los egipcios dominaron Nubia durante 550 años. En este período, el faraón egipcio creó un puesto especial llamado "el Hijo de Kush y del Rey". La persona que ocupaba ese cargo debía administrar el territorio nubio y recaudar los impuestos.

Bajo el gobierno egipcio, se alentó a los nubios a imitar a los egipcios. Muchos nubios adoptaron las creencias religiosas egipcias, así como su escritura, costumbres y modo de vestir.

REPASO *¿Qué sucedió a los habitantes de Kerma por haberse aliado con los hicsos?*

Las pirámides construidas durante el reino de Kush son evidencia de las antiguas civilizaciones que se desarrollaron en Nubia.

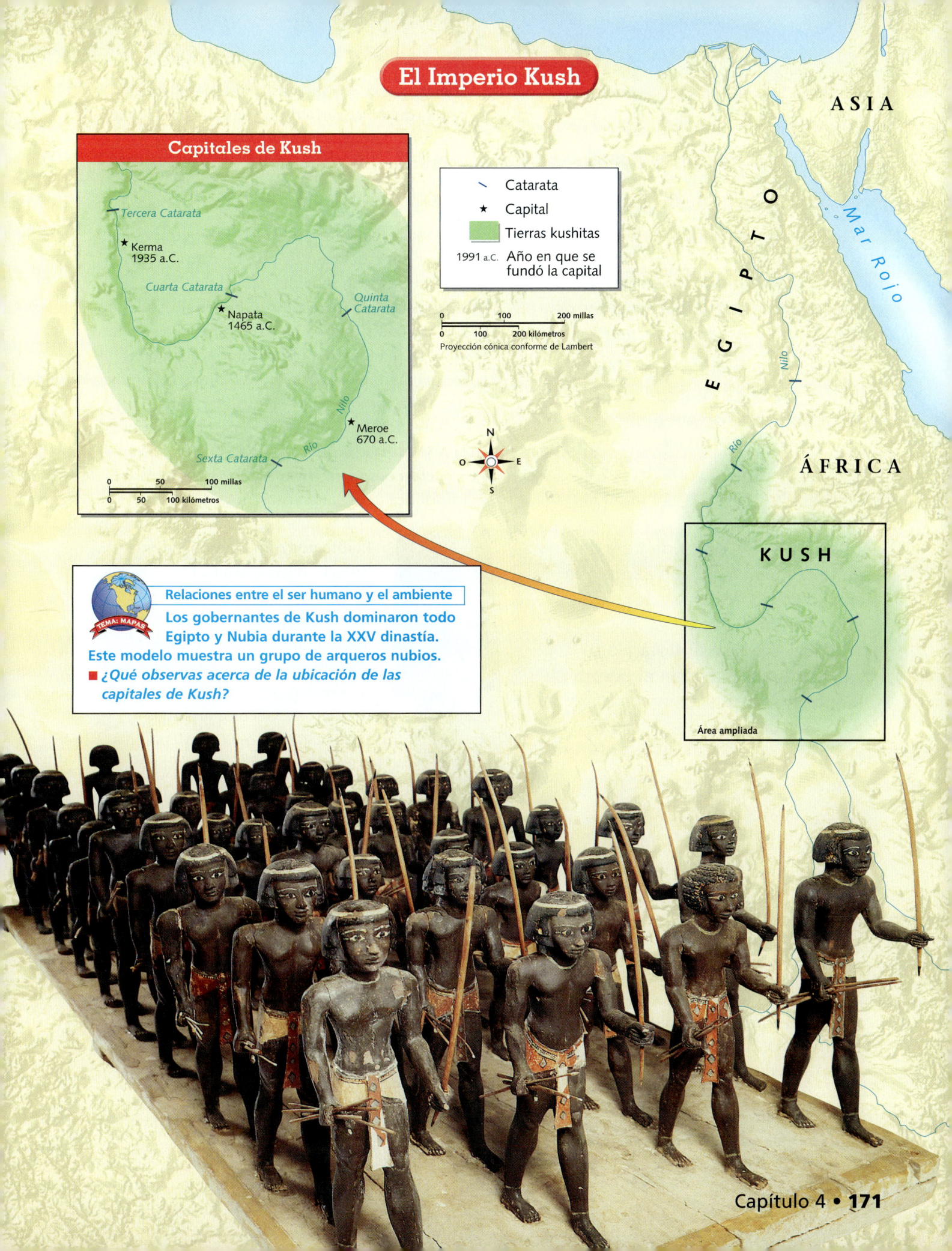

El Imperio Kush

Capitales de Kush

- Tercera Catarata
- ★ Kerma 1935 a.C.
- Cuarta Catarata
- ★ Napata 1465 a.C.
- Quinta Catarata
- ★ Meroe 670 a.C.
- Sexta Catarata
- Río Nilo

Leyenda:
- Catarata
- ★ Capital
- Tierras kushitas
- 1991 a.C. Año en que se fundó la capital

0   100   200 millas
0   100   200 kilómetros
Proyección cónica conforme de Lambert

ASIA

EGIPTO

Mar Rojo

Nilo

ÁFRICA

KUSH

Área ampliada

Relaciones entre el ser humano y el ambiente

Los gobernantes de Kush dominaron todo Egipto y Nubia durante la XXV dinastía. Este modelo muestra un grupo de arqueros nubios.

■ *¿Qué observas acerca de la ubicación de las capitales de Kush?*

Capítulo 4 • 171

PIYE ATACA EGIPTO

Estas palabras, que aparecen en una estela, describen la captura de Menfis, bajo el comando de Piye.

"Amanecía cuando su majestad llegó a Menfis... Al alcanzar el extremo norte, observó que las aguas tocaban el fuerte... Encontró los barcos atados a los muros de piedra... Su majestad se puso como una fiera y dijo:

—Juro por el amor de Ra y de mi padre, Amón ... que azotaré la ciudad como las aguas de una inundación...

Luego, envió a su flota y a su ejército a que atacaran el puerto de Menfis."

La conquista de Egipto

A partir del año 1075 a.C., la sucesión de varias dinastías débiles hizo que el Imperio Egipcio entrara en un período de caos. Hacia el año 800 a.C. los soldados egipcios abandonaron Nubia y regresaron a Egipto a ocuparse de los problemas del imperio. Durante ese mismo período, el reino de Kush recuperó su fuerza. Los kushitas construyeron una nueva capital más al sur, a orillas del Nilo, cerca de la cuarta catarata y la llamaron Napata.

Kashta, el rey de Kush, prestaba mucha atención a lo que ocurría en Egipto. Cerca del año 750 a.C. atacó el Alto Egipto. Unos 20 años más tarde Piye, el hijo de Kashta, conquistó la mayor parte del Bajo Egipto. Piye, que también se conocía como Piankhi, había logrado conquistar todo el territorio egipcio. Después de la muerte de Piye, su hermano Shabaka reclamó el trono del faraón. Él y los faraones kushitas que lo sucedieron formaron la XXV dinastía, también conocida como la dinastía kushita.

Tal vez el más famoso de todos los faraones de la XXV dinastía fuera Taharka, a quien se le recuerda por la inmensidad de los templos y pirámides que mandó construir.

Los faraones kushitas gobernaron Egipto aproximadamente desde 730 a.C. hasta 660 a.C. Durante su gobierno restauraron la antigua gloria de Egipto. Reconstruyeron los templos que habían sido destruidos en invasiones anteriores y construyeron otros nuevos. Volvieron a celebrar antiguas ceremonias religiosas y ordenaron a los escribas copiar y preservar antiguos libros egipcios.

Los reyes de la XXV dinastía aprendieron a usar los jeroglíficos egipcios y, por primera vez, los nubios escribieron su propia historia. Grabaron sus logros en las paredes de los templos y en estelas, ofreciendo al mundo una fuente directa de cómo era su modo de vida.

REPASO ¿En qué se diferenció la XXV dinastía de otras dinastías?

Ésta es la estatua del rey Aspelta, que gobernó Kush de 593 a.C. a 568 a.C.

Termina el dominio kushita

El dominio de los kushitas llegó a su fin en el año 671 a.C. cuando los asirios invadieron Egipto. Las armas de hierro de los asirios superaron a las armas de bronce de los kushitas. Los asirios destruyeron los ejércitos formados por kushitas y egipcios. Esto obligó a Taharka y al ejército kushita a replegarse a Napata.

El faraón Taharka murió en Napata y poco tiempo después, los kushitas perdieron el control de Egipto. Sin embargo, habían aprendido de los asirios cómo fabricar hierro, una destreza que los ayudaría a reconstruir el imperio.

REPASO *¿Cuál fue la causa de que los kushitas perdieran control de Egipto?*

HERENCIA

Los templos de Abu Simbel

Aproximadamente en el año 1279 a.C. el faraón Ramsés II hizo construir dos templos en Abu Simbel, Nubia. En 1959, el gobierno de Egipto anunció planes para construir la represa de Asuán. El lago formado por la represa cubriría la mayor parte de la Baja Nubia. Se inició un esfuerzo a nivel mundial para salvar los templos. Éstos fueron cortados en bloques, algunos pesaban hasta 30 toneladas, y se trasladaron lejos del Nilo, a terrenos más altos.

Traslado de una estatua gigantesca de Ramsés II en Abu Simbel

LECCIÓN 1 • REPASO

6000 a.C.
- **6000 a.C. aprox.**
  • Llegan los primeros habitantes a Nubia

4000 a.C.
- **2600 a.C. aprox.**
  • Egipto reclama rutas comerciales y recursos en el norte de Nubia

2000 a.C.
- **730 a.C.**
  • El rey kushita Piye conquista el Bajo Egipto

a.C. | d.C.
- **671 a.C.**
  • Los asirios conquistan a los nubios en Egipto

Comprueba lo que aprendiste

1. **Recuerda los datos** ¿Por qué hubo conflictos entre Egipto y Nubia?
2. **Recuerda la idea principal** ¿Cómo se influyeron mutuamente los habitantes de Egipto y Nubia?

Piensa críticamente

3. **En mi opinión** ¿Por qué los gobernantes de Kush querían controlar Egipto?
4. **Piensa más sobre el tema** ¿Por qué crees que los faraones kushitas reconstruyeron los templos egipcios que habían sido destruidos?

Muestra lo que sabes

Actividad: Línea cronológica Haz una línea cronológica de algunos de los acontecimientos históricos más importantes de la historia de Nubia. Recuerda incluir aquellos acontecimientos que muestren cómo los habitantes de Nubia y Egipto se influyeron mutuamente.

Capítulo 4 • 173

Compara puntos de vista

¿Qué civilización apareció antes: la nubia o la egipcia?

Durante muchos años los arqueólogos y otros estudiosos tenían un conocimiento muy limitado sobre los egipcios y los nubios. En 1822 Jean-François Champollion utilizó la Piedra de Rosetta para descifrar la escritura egipcia. Su trabajo reveló al mundo los secretos de la historia de Egipto. Sin embargo, como esos escritos solamente expresaban el punto de vista egipcio acerca de los nubios, por casi 150 años la mayoría de los estudiosos creyeron que los nubios habían tenido muy poca importancia.

No fue sino hasta la década de los sesenta que se empezó a descubrir más información acerca de Nubia. Se descubrieron artefactos y monumentos que muestran que Nubia poseía una civilización altamente desarrollada.

En la actualidad, algunos estudiosos se preguntan cuál de esas dos civilizaciones tuvo mayor influencia sobre la otra. Uno de los temas de debate es cuál de las dos civilizaciones fue la primera en tener un gobierno unificado bajo el poder de un solo rey. La opinión de dos eruditos aparece en la página 175.

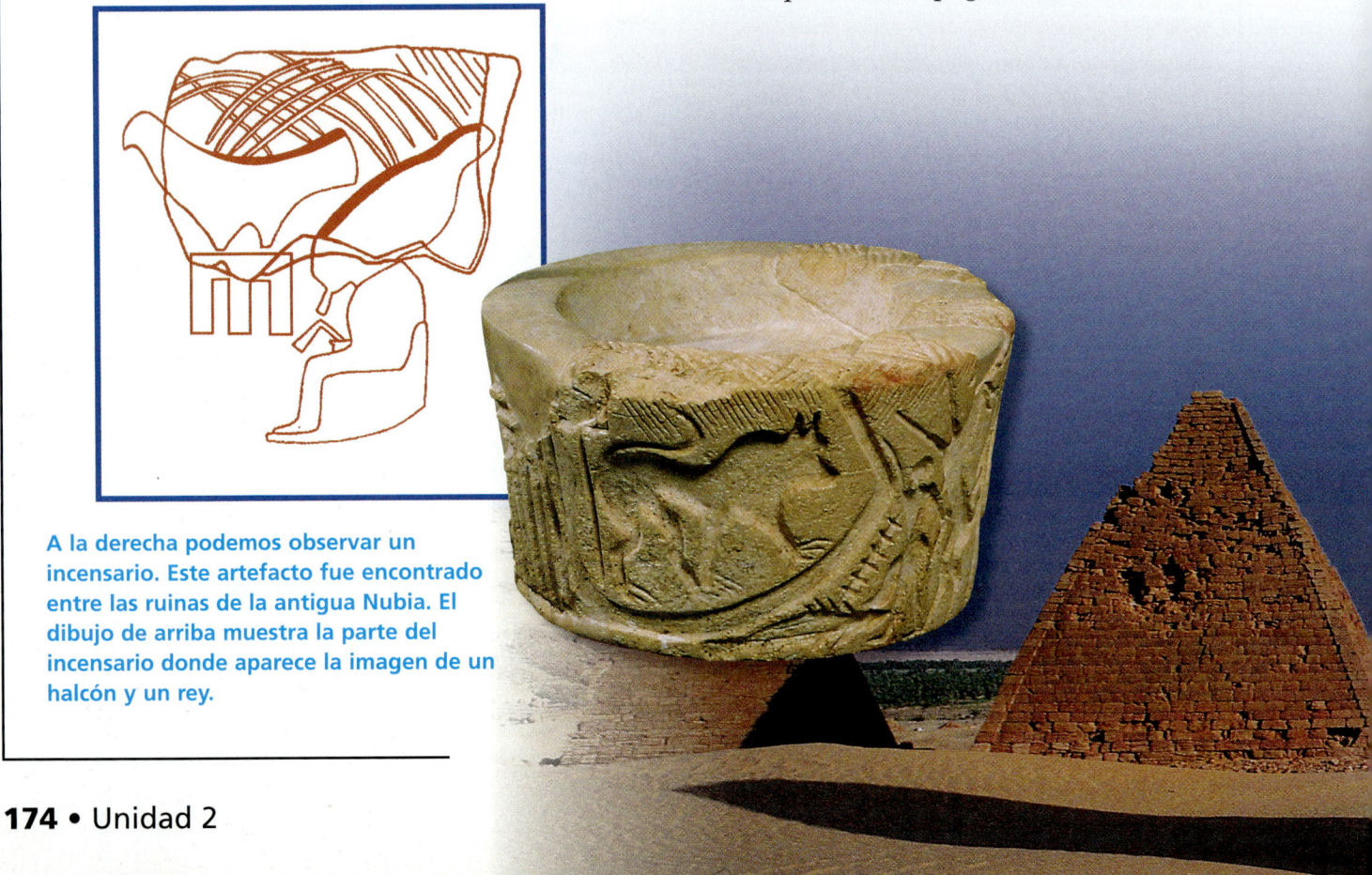

A la derecha podemos observar un incensario. Este artefacto fue encontrado entre las ruinas de la antigua Nubia. El dibujo de arriba muestra la parte del incensario donde aparece la imagen de un halcón y un rey.

Bruce Williams

Bruce Williams, un arqueólogo de la Universidad de Chicago, opina que los artefactos nubios que datan del año 3000 a.C. muestran las primeras representaciones de reyes que conocemos. Uno de los artefactos que Williams ha estudiado es un incensario de piedra en el que se ve un halcón y una figura humana.

❝El halcón simboliza a un dios... Esa [figura] es definitivamente la representación de un rey, porque lleva una corona... El incensario es claramente un artefacto nubio y no egipcio.❞

David O'Connor

David O'Connor, de la Universidad de Pennsylvania, cree que los nubios copiaron muchas de las ideas de los egipcios, incluso el sistema de gobierno unificado bajo el poder de un rey.

❝Es muy probable que en Nubia haya existido una clase social a cargo del gobierno. Pero los artefactos que menciona Williams seguramente son egipcios y no nubios. Son objetos que probablemente llegaron a Nubia a través del comercio. Los reyes que representan son egipcios.❞

Las pirámides nubias por lo general eran más empinadas y pequeñas que las egipcias.

Puntos de contraste

Compara puntos de vista

1. ¿Por qué Bruce Williams considera que Nubia fue la primera civilización en tener reyes?
2. ¿Por qué David O'Connor no está de acuerdo con Bruce Williams?
3. ¿Se resolvería este desacuerdo si los arqueólogos supieran qué civilización construyó el incensario?

Piensa y aplica

EL BUEN CIUDADANO

A menudo nos basamos en pruebas para respaldar nuestros puntos de vista. ¿En qué situaciones de la actualidad es importante la interpretación de pruebas? ¿Están todos de acuerdo?

LECCIÓN 2

ENFOQUE

¿De qué manera la ubicación y los recursos naturales de un lugar pueden influir en su historia y cultura?

Idea principal

Mientras lees piensa en la influencia que la ubicación y los recursos naturales de Meroe tuvieron en su prosperidad y caída.

Vocabulario

red comercial

Este precioso collar nubio fue encontrado en la pirámide de Meroe.

Kush y el mundo

| 400 a.C. | 200 a.C. | a.C. | d.C. | 200 d.C. | 400 d.C. |

Sitiados pero no vencidos, los gobernantes kushitas trasladaron su capital hacia el sur, hasta Meroe, cerca de la sexta catarata del Nilo. Allí, lejos de Egipto, la cultura kushita floreció desde 270 a.C. hasta 350 d.C., época conocida como período meroítico. Durante el período meroítico, Kush abarcó la mayor parte del territorio de Nubia, así como las regiones del sur que llegan hasta Jartum. A lo largo y a lo ancho del imperio, los kushitas construyeron templos a sus dioses, así como palacios y pirámides para sus reyes y reinas. Además, desarrollaron una cultura propia y se dieron a conocer en el comercio.

Vínculos comerciales

Una de las mayores ventajas de Meroe era su ubicación. La ciudad no sólo estaba situada a orillas del Nilo, sino que también estaba en el punto donde se unían varias rutas comerciales terrestres. En Meroe, los mercaderes kushitas volvieron a establecer una **red comercial**, es decir, un conjunto de compradores y vendedores. Allí llegaban mercaderes del suroeste de Asia y de todas partes de África. Además de oro y especias, los kushitas vendían productos de hierro.

El conocimiento de las técnicas de fundición y fabricación del hierro fue una gran ventaja para los kushitas. Los habitantes de Kush descubrieron que dentro de su territorio había mucho mineral de hierro. En las minas cerca de Meroe, los trabajadores extraían el mineral de hierro que se encontraba debajo de las piedras y la arena. Los forjadores fundían el metal y le quitaban las impurezas. El metal puro era llevado hasta la ciudad, donde los artesanos lo utilizaban para fabricar herramientas y armas.

176 • Unidad 2

En África, Meroe fue uno de los primeros lugares donde se trabajó el hierro. En la actualidad las grandes pilas de escoria, o desechos del mineral fundido, que se encuentran en la zona, son una prueba de la gran importancia que tuvo esa actividad económica en el pasado.

Meroe adquirió fama en la antigüedad como centro comercial. La ciudad también se convirtió en un centro cultural y artístico para los viajeros provenientes de todas las regiones de África. La red comercial meroítica se extendía hasta el Mediterráneo. En las tumbas excavadas en Meroe y sus alrededores se han encontrado artefactos fabricados en lugares de todo el Mediterráneo.

La necesidad de mantener registros de las actividades comerciales llevó a los habitantes de Meroe a crear un sistema de escritura. Anteriormente, la lengua nubia había sido solamente oral. Para las comunicaciones escritas se utilizaban jeroglíficos egipcios. El alfabeto que inventaron tenía 23 símbolos que representaban sonidos de la lengua nubia. En la actualidad, se conocen los sonidos de los símbolos, pero nadie ha podido aún descifrar el significado de las palabras. La lengua nubia sigue siendo un misterio. Hasta que se descifre el misterio, no podremos conocer gran parte de la historia de los habitantes de Meroe.

REPASO *¿Por qué era importante la ubicación de Meroe?*

Gobernantes meroíticos

El comercio favoreció el florecimiento de la cultura meroítica, y los gobernantes de ese período lograron dar estabilidad a la región. Los gobernantes de la cultura meroítica, al igual que los faraones de la XXV dinastía decían ser hijos del dios Amón.

No obstante, los gobernantes de Meroe eran distintos a los de Egipto. En Meroe, las mujeres

Producción de objetos de hierro
en Kush

APRENDER CON DIAGRAMAS Este diagrama muestra cómo se ❶ extraía, ❷ fundía y ❸ forjaba el mineral de hierro en Kush durante el período meroítico.
■ ¿Por qué crees que los hornos para fundir el mineral de hierro estaban parcialmente enterrados?

Capítulo 4 • **177**

Productos de Kush

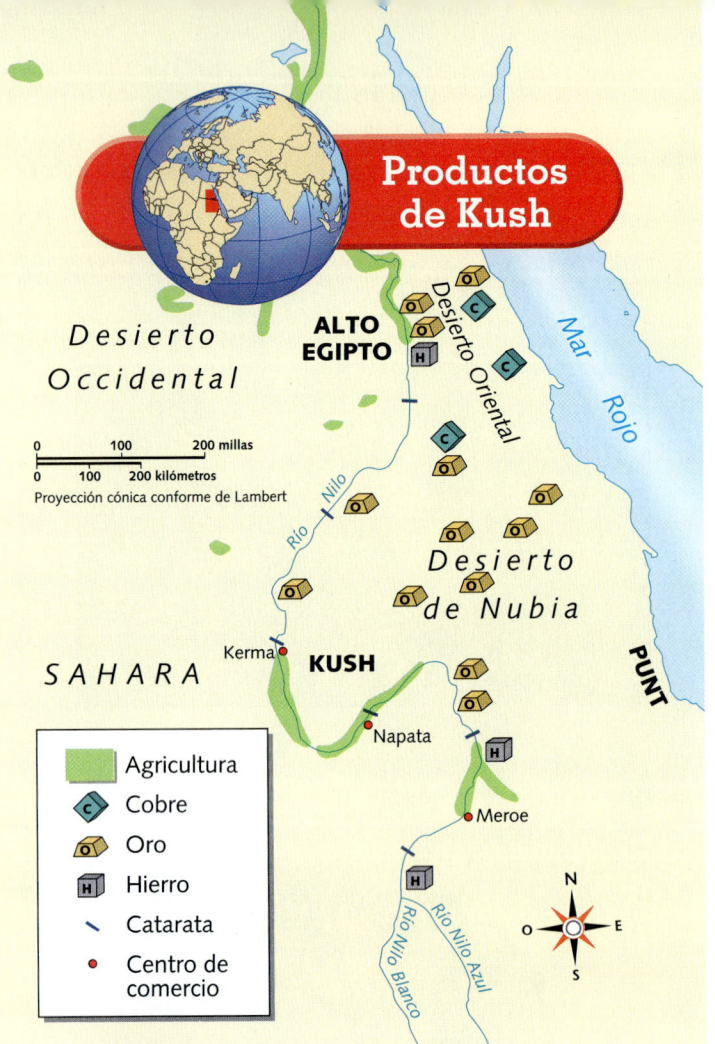

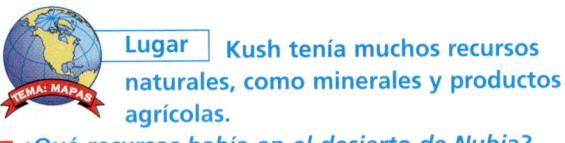

Lugar Kush tenía muchos recursos naturales, como minerales y productos agrícolas.

■ ¿Qué recursos había en el desierto de Nubia?

tropas en las batallas. Una de las reinas, Amanitore, condujo a su ejército contra los romanos en el año 24 a.C.

Las esculturas también muestran cómo se vestían los gobernantes de esta época. El rey o la reina usaban una túnica larga, cubierta con una capa. A menudo, envolvían esta vestimenta con un chal con flecos y largas bandas de tela con borlas que llegaban prácticamente hasta el piso. También usaban alhajas. A veces usaban una serie de pulseras anchas en el brazo y el antebrazo, y diez anillos en cada mano. Asimismo, en el cuello usaban cadenas adornadas con pendientes.

REPASO *¿De qué manera participaban las mujeres en el gobierno de Meroe?*

desempeñaban un papel importante en el gobierno. Incluso, muchos historiadores piensan que el derecho a gobernar se heredaba de la reina, no del rey. Las mujeres también podían gobernar, y muchas mujeres gobernaron Meroe.

Lo que hoy sabemos acerca de las mujeres que gobernaron Meroe se basa en las esculturas descubiertas en los templos de Nubia. En ellas, las reinas del período meroítico aparecen como guerreras armadas con espadas. Se cree que en muchas ocasiones estas poderosas reinas iban al frente de las

Los nubios y los egipcios colocaban en sus tumbas pequeñas esculturas llamadas *shawabtis*. Creían que los shawabtis serían los sirvientes de la persona en el más allá.

178 • Unidad 2

La caída de Meroe

En el segundo siglo a.C. los reyes griegos en Egipto ordenaron construir puertos en el Mar Rojo. Los mercaderes comenzaron a utilizar las rutas marítimas en vez de las rutas terrestres que pasaban por la que una vez fue la ciudad floreciente de Meroe. Al dejar de ser un centro de comercio, Meroe perdió gran parte de su poder, riqueza e importancia.

Además, los soldados del reino africano de Axum comenzaron a atacar las ciudades kushitas. Aproximadamente en el 350 d.C., el reino de Axum derrotó a los kushitas. El rey de Axum escribió:

> 66 Quemé sus pueblos, tanto aquéllos construidos con ladrillos como los construidos con cañas. 99

Esta escultura de madera, posiblemente nubia, fue hecha en Egipto hacia el año 2350 a.C.

Hacia fines del cuarto siglo d.C., la cultura kushita había desaparecido.

Entre los años 500 d.C y 600 d.C, misioneros de Egipto y de la región sureste de Europa trajeron el cristianismo a Nubia. El cristianismo fue la principal religión de la región hasta el siglo XIV, cuando se introdujo el islam.

REPASO *¿Por qué Meroe perdió gran parte de su poder, riqueza e importancia?*

LECCIÓN 2 • REPASO

400 a.C. — **270 a.C.** • Comienza el período meroítico
200 a.C. — **24 a.C.** • La reina Amanitore va al frente del ejército nubio para atacar a los romanos
a.C. | d.C.
200 d.C.
400 d.C. — **350 d.C.** • Termina el período meroítico

Comprueba lo que aprendiste

1. **Recuerda los datos** ¿Dónde estaba situada la ciudad de Meroe?

2. **Recuerda la idea principal** ¿Qué influencia tuvieron la ubicación y los recursos naturales de Meroe en su prosperidad y su caída?

Piensa críticamente

3. **Piensa más sobre el tema** ¿Por qué crees que los habitantes de Axum pudieron infligir tanto daño a los kushitas?

4. **Ayer y hoy** ¿De qué manera la ubicación de tu comunidad ha influido en su desarrollo?

Muestra lo que sabes

Actividad: Diario Imagina que eres un mercader y que acabas de llegar a Meroe. Escribe en tu diario acerca de las actividades que se llevan a cabo en la ciudad. Intercambia tus anotaciones con las de un compañero.

Capítulo 4 • 179

Mapas y globos terráqueos

Usa un mapa

1. ¿Por qué aprender esta destreza?

Una manera de aprender historia es mediante el uso de mapas históricos. Un **mapa histórico** contiene información sobre el pasado. Los mapas históricos pueden mostrar por dónde pasaban las antiguas rutas comerciales y dónde tuvieron lugar las batallas. Además, pueden indicar quién dominaba los recursos naturales de una región. El saber usar un mapa histórico sirve para entender cómo era el mundo en la antigüedad.

2. Comprende el proceso

Los dos mapas de la página 181 muestran parte del norte de África. El Mapa A es un mapa histórico. En él puedes ver el territorio bajo el dominio de Kush hacia el año 730 a.C. El Mapa B es un mapa político de la misma región en la actualidad. Ambos mapas muestran accidentes geográficos: ríos, mares y montañas.

Los accidentes geográficos no varían demasiado con el tiempo. Pero es posible que cambien de nombre. Por ejemplo, el Desierto Oriental se conoce ahora con el nombre de Desierto de Arabia. Las fronteras políticas y los nombres de las regiones, ciudades y pueblos también cambian. Observa detenidamente las diferencias entre el Mapa A, que muestra a Egipto y a Nubia como eran en el pasado, y el Mapa B, que muestra la misma región en la actualidad. Luego, contesta estas preguntas:

1. ¿Qué ciudades y pueblos aparecen en el Mapa A? ¿Por qué crees que las ciudades y pueblos que aparecen en los dos mapas son diferentes?
2. ¿Qué ciudad de la antigüedad estaba situada cerca de donde El Cairo está hoy en día?
3. ¿Cuáles son los dos antiguos reinos que aparecen en el Mapa A?
4. ¿Qué países modernos aparecen en el Mapa B?
5. ¿Qué otro reino dominó el reino de Kush aproximadamente en el año 730? ¿Cómo lo sabes?
6. ¿Qué países se encuentran hoy en día en el territorio que antiguamente estaba bajo el control del reino de Kush?
7. En el Mapa A, ¿cuántos afluentes aparecen cerca de la desembocadura del Nilo? En el Mapa B, ¿cuántos afluentes aparecen cerca de la desembocadura del Nilo? ¿Por qué crees que cada mapa muestra una cantidad diferente de afluentes?
8. ¿Por qué crees que el relieve que aparece en ambos mapas es igual?
9. ¿Qué mapa muestra embalses y represas construidos a lo largo del Nilo? ¿Por qué aparecen solamente en ese mapa?

3. Piensa y aplica

Busca otro mapa histórico en el libro de texto. ¿Cómo sabes que muestra información sobre el pasado? ¿Qué tipo de información muestra? ¿En qué se diferenciaría un mapa actual de la misma región?

180 • Unidad 2

histórico

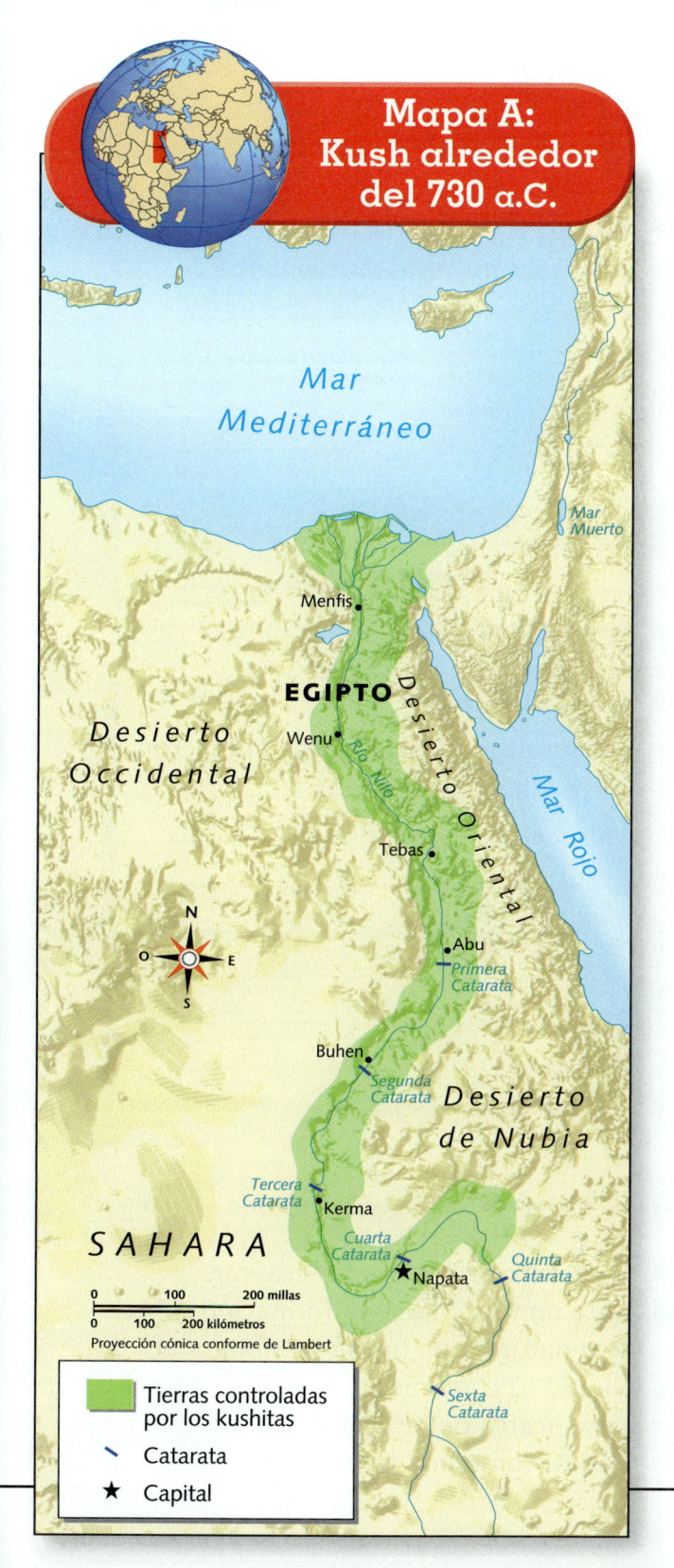

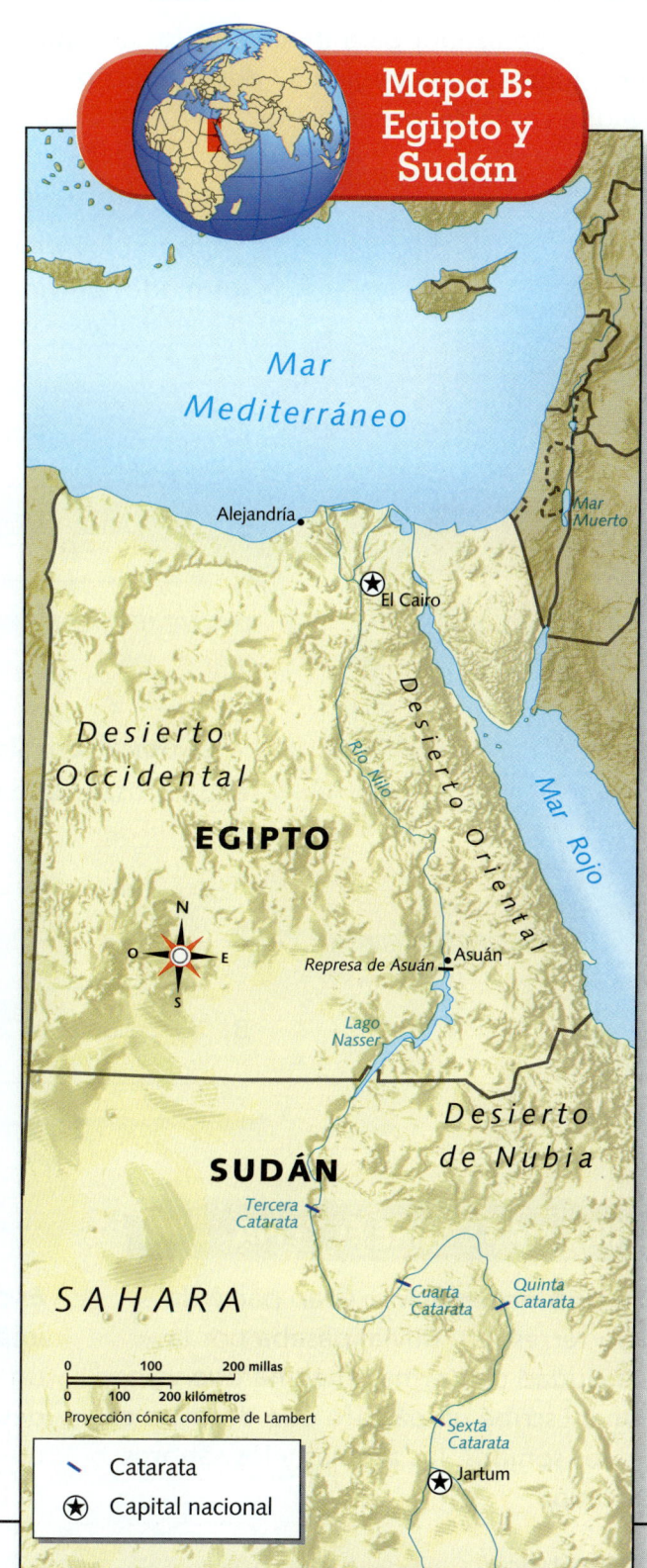

Destrezas

Mapa A: Kush alrededor del 730 a.C.

- Mar Mediterráneo
- Mar Muerto
- Menfis
- EGIPTO
- Wenu
- Río Nilo
- Desierto Occidental
- Desierto Oriental
- Mar Rojo
- Tebas
- Abu
- Primera Catarata
- Buhen
- Segunda Catarata
- Desierto de Nubia
- Tercera Catarata
- Kerma
- SAHARA
- Cuarta Catarata
- Napata
- Quinta Catarata
- Sexta Catarata

0   100   200 millas
0   100   200 kilómetros
Proyección cónica conforme de Lambert

Leyenda:
- Tierras controladas por los kushitas
- Catarata
- ★ Capital

Mapa B: Egipto y Sudán

- Mar Mediterráneo
- Mar Muerto
- Alejandría
- El Cairo
- Desierto Occidental
- Río Nilo
- EGIPTO
- Desierto Oriental
- Mar Rojo
- Represa de Asuán
- Asuán
- Lago Nasser
- Desierto de Nubia
- SUDÁN
- Tercera Catarata
- SAHARA
- Cuarta Catarata
- Quinta Catarata
- Sexta Catarata
- Jartum

0   100   200 millas
0   100   200 kilómetros
Proyección cónica conforme de Lambert

Leyenda:
- Catarata
- ⊛ Capital nacional

181

CAPÍTULO 4 REPASO

6000 a.C.   5000 a.C.   4000 a.C.

6000 a.C.
- Los primeros habitantes llegan a Nubia

CONECTA LAS IDEAS PRINCIPALES

Usa este organizador para describir a los antiguos habitantes de Kush y sus logros. En la página 37 del Cuaderno de actividades aparece una copia del organizador.

Nubia y Egipto

Nubia, la rival de Egipto
Los nubios y los egipcios se influyeron mutuamente en sus modos de vida.

1. _____
2. _____
3. _____

Kush y el mundo
La ubicación y los recursos naturales de Meroe influyeron en la prosperidad y caída de la cultura kushita.

1. _____
2. _____
3. _____

ESCRIBE MÁS SOBRE EL TEMA

Escribe una descripción Gran parte del comercio terrestre y fluvial pasaba por la antigua ciudad de Kerma. Imagina que vives en Kerma. Escribe un párrafo que describa el paisaje, los sonidos, los aromas y los sabores del mercado.

Escribe un informe El hierro era muy importante en Kush. Busca información sobre un recurso natural que haya contribuido al desarrollo de tu comunidad. Luego, escribe un informe acerca del efecto de ese recurso natural en tu comunidad.

| 3000 a.C. | 2000 a.C. | 1000 a.C. | a.C. | d.C. | 1000 d.C. |

2600 a.C. aprox.
• Egipto reclama rutas comerciales y recursos en la región norte de Nubia

730 a.C.
• Piye, el rey kushita, conquista el Bajo Egipto

270 a.C.
• Comienza el período meroítico

200 d.C. aprox.
• Meroe pierde poder a medida que se usan las rutas marítimas romanas

USA EL VOCABULARIO

Elige el término apropiado para completar cada una de las siguientes oraciones.

aliado **independencia**
anexar **red comercial**

1. Los habitantes de Nubia celebraron su ____, o libertad total, de Egipto.
2. Kerma se convirtió en un ____ de los hicsos, es decir, un amigo.
3. Después de años de controlar la región norte de Nubia, Egipto decidió ____, o apoderarse del resto del territorio.
4. Una ____ es un conjunto de compradores y vendedores.

COMPRUEBA LO QUE APRENDISTE

5. ¿Por qué Egipto quería apoderarse del territorio de Nubia?
6. ¿En qué se diferenciaba la geografía de Nubia de la de Egipto?
7. ¿Dónde estaba situada Nubia? ¿De qué manera esta ubicación ayudó a que Nubia se convirtiera en un centro de comercio?
8. ¿De qué manera la ubicación de Meroe tuvo un impacto sobre esta ciudad?
9. ¿En qué pruebas se basan los historiadores para decir que Meroe fue uno de los primeros lugares de África donde se forjó el hierro?
10. ¿En qué se diferenciaba la vida de las mujeres de Meroe de las de Egipto?
11. ¿Cuáles fueron algunas de las razones de la desaparición de la cultura kushita?

PIENSA CRÍTICAMENTE

12. **Ayer y hoy** La necesidad de mantener registros llevó a los habitantes de Meroe a la creación del primer lenguaje escrito nubio. ¿De qué manera crees que sería diferente la vida si no hubiera lenguajes escritos?
13. **Causa y efecto** ¿De qué manera el deseo de Egipto de controlar los recursos naturales de Nubia afectó la relación entre ambos reinos?
14. **En mi opinión** ¿Qué piensas que descubrirán en el futuro los eruditos que estudian Nubia?

APLICA TUS DESTREZAS

Usa un mapa histórico Observa los mapas de la página 181. Luego, responde a las siguientes preguntas.

15. ¿Era Buhen parte del territorio que antiguamente controlaban los kushitas? ¿Cómo lo sabes?
16. ¿En qué país estaría hoy en día el pueblo de Napata?

Visita nuestra página en Internet en http://www.hbschool.com para recursos adicionales.

Capítulo 4 • 183

Los estudios sociales y tú

¿Por qué es importante preservar el pasado?

Para algunas personas de Estados Unidos, construir un centro comercial en el lugar donde se libró una batalla de la Guerra Civil, o demoler una antigua escuela para poner un estacionamiento, es signo de progreso. Para otros significa destruir un testimonio del pasado.

Los edificios antiguos, monumentos y otras importantes construcciones, unen al mundo de hoy con la historia. Nos ayudan a recordar que la gente que vivió en la antigüedad obtuvo importantes logros. Mientras permanezca todo aquello que construyeron, su presencia se mantendrá viva.

Uno de los monumentos más notables del mundo es la Esfinge. Nos trae el recuerdo de los poderosos faraones egipcios que gobernaron hace más de 4,000 años. Miles de obreros trabajaron durante años para crear construcciones tan grandes como las de las pirámides y la Esfinge.

En los últimos años la Esfinge ha sufrido daños por la contaminación, el clima y el paso del tiempo. Si este proceso de destrucción continúa, los egipcios de hoy día podrían perder sus vínculos con el pasado. Para evitar que esto ocurra se comenzó un costoso proceso para salvar la Esfinge. El artista Adam Henein, explicó sus razones para dedicar tantas horas de trabajo en la restauración y protección de la Esfinge. "Para mí," dijo Henein, "[la Esfinge] es el alma de Egipto."

Piensa y aplica

EL BUEN CIUDADANO

Reflexiona sobre la importancia de preservar el recuerdo de nuestro pasado. ¿Qué objetos te gustaría conservar para que la gente del futuro recordara tus logros? Trabaja con tu clase para preparar una cápsula de tiempo que contenga estos objetos. Busca un lugar seguro en donde poner la cápsula para que otros compañeros de tu escuela la puedan abrir dentro de muchos años.

HARCOURT BRACE Visita nuestra página en Internet en http://www.hbschool.com para recursos adicionales.

CNN Turner Le@rning Busca en el centro de recursos de tu escuela el vídeo *Making Social Studies Relevant*.

Estos obreros usan andamios para restaurar la Gran Esfinge (arriba). Obras para preservar las pirámides de Kush (abajo).

UNIDAD 2 REPASO

RESUMEN VISUAL

Resume las ideas principales
Examina las ilustraciones y los resúmenes para repasar lo que estudiaste en la Unidad 1.

Generaliza
Observa cuidadosamente las imágenes del Resumen visual. Generaliza acerca del modo de vida en Egipto y Nubia.

1 Los egipcios viven en aldeas a lo largo del Nilo. El Nilo influye en la vida cotidiana, la agricultura, el comercio y la religión de Egipto.

3 Durante los imperios Medio y Nuevo, los egipcios extienden sus fronteras y comercian con tierras distantes.

5 La cultura nubia se desarrolla al sur de Egipto, en lo que hoy es Sudán. Las culturas nubia y egipcia se influyen mutuamente.

186 • Unidad 2

2 Durante el Imperio Antiguo, se construyen enormes edificaciones. La escritura en jerogíflicos también se inventa en esta época.

4 Egipto se debilita durante el Imperio Nuevo. Los persas, romanos y otros pueblos conquistan el territorio egipcio en distintas ocasiones.

6 El reino nubio de Kush conquista Egipto en el año 724 a.C. La XXV dinastía que gobierna Egipto esta compuesta por faraones kushitas.

7 La elaboración de objetos de hierro ayuda a que Kush establezca una red comercial alrededor de Meroe. Los kushitas son unos de los primeros en forjar hierro de África.

UNIDAD 2 REPASO

USA EL VOCABULARIO

Escribe por lo menos una oración que muestre la diferencia que hay entre los términos que aparecen en cada grupo.

1. delta, catarata
2. estado nacional, dinastía
3. visir, burocracia
4. decreto, faraón
5. anexar, independencia

COMPRUEBA LO QUE APRENDISTE

6. ¿Por qué los habitantes de Egipto llamaban Bajo Egipto a la región del norte y Alto Egipto a la región del sur?
7. ¿Cómo se llamaba el dios egipcio más importante?
8. ¿Cuáles eran algunas de las actividades cotidianas de los antiguos egipcios?
9. ¿Qué cambios religiosos ocurrieron durante el reinado del faraón Ajnatón?
10. ¿Qué cambios introdujo el faraón Sesostris III en el gobierno egipcio?
11. ¿Cuál fue el logro más importante del gobernante kushita Piye?
12. ¿De qué manera los faraones kushitas contribuyeron a que Egipto recuperara su gloria pasada?
13. ¿Qué ciudad nubia se convirtió en un centro artístico y cultural para los viajeros de todas las regiones de África?

PIENSA CRÍTICAMENTE

14. **Piensa más sobre el tema** ¿Por qué crees que la conquista era tan importante para algunos de los faraones del Nuevo Imperio?
15. **Causa y efecto** ¿Qué efecto tuvo en los nubios el dominio egipcio?
16. **Explora otros puntos de vista** Los escribas egipcios con frecuencia describían a los nubios de manera negativa. ¿Por qué crees que lo hacían?

APLICA TUS DESTREZAS

Usa un mapa histórico Lee el mapa y contesta las preguntas.

17. ¿Qué período histórico cubre este mapa?
18. ¿Qué ciudades del Imperio Nuevo estaban situadas cerca de las cataratas?
19. Durante el Imperio Nuevo, ¿en qué dos continentes Egipto controlaba territorios?

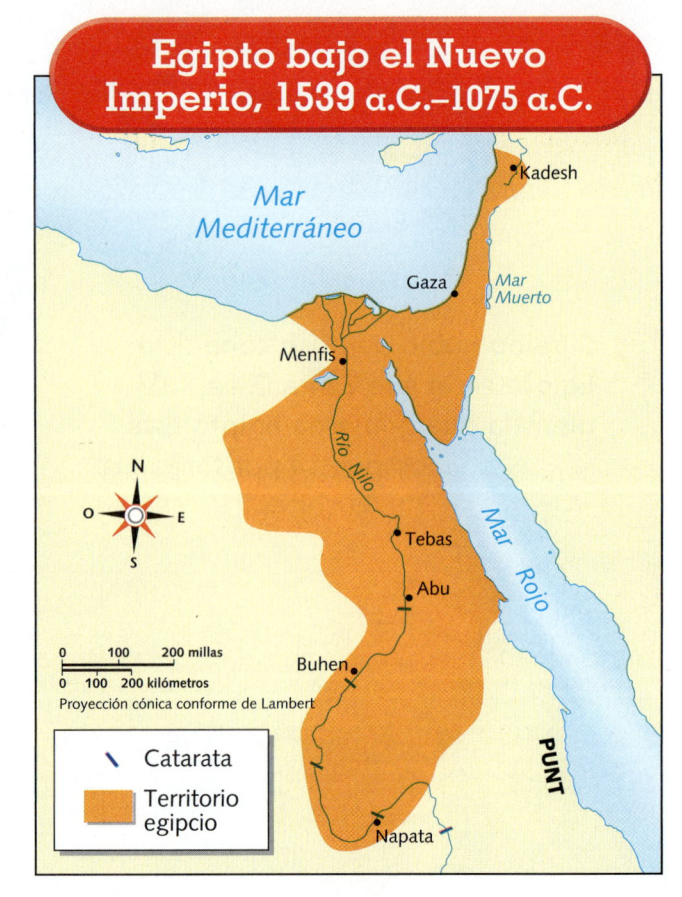

Egipto bajo el Nuevo Imperio, 1539 a.C.–1075 a.C.

188 • Unidad 2

TALLER DE APRENDIZAJE COOPERATIVO

RECUERDA
- Comparte tus ideas.
- Coopera con los demás para planificar el trabajo.
- Responsabilízate de tu trabajo.
- Ayuda a tus compañeros.
- Muestra a la clase el trabajo de tu grupo.
- Comenta lo que has aprendido trabajando en grupo.

ACTIVIDAD: Organizar un debate

Con un grupo de cuatro o cinco estudiantes, organiza un debate entre los gobernantes del antiguo Egipto y los gobernantes de hoy. Conversen sobre las cualidades que debían tener los faraones para gobernar en el pasado y qué cualidades se necesitan hoy en día para gobernar. Luego, comparen las cualidades que se necesitaban en el pasado con las que se necesitan en la actualidad.

ACTIVIDAD: Hacer un cartel

Trabaja con dos compañeros para hacer un cartel que muestre el antiguo calendario egipcio. Dibuja un círculo grande dividido en tres partes iguales. Luego, en cada parte escribe el nombre de una de las tres estaciones del calendario egipcio. Por turno, hagan dibujos de lo que ocurría durante cada estación.

ACTIVIDAD: Imaginarse que son mercaderes

Tu clase se dividirá en dos grupos. Unos serán comerciantes nubios que viajan a Egipto. Otros serán mercaderes egipcios. Cada grupo debe hacer una lista de los bienes que quiere intercambiar y escribir cada artículo en una tarjeta. Luego, los mercaderes intercambian bienes. El objetivo de cada grupo es terminar satisfecho con los productos que obtuvieron a través del intercambio comercial.

Termina el proyecto

Haz un pergamino Estudia tus apuntes y decide qué datos puedes incluir en el pergamino: la influencia de la geografía en los pueblos de Egipto y Nubia, sus obras y formas de gobierno. Escribe un borrador de lo que quieras incluir. Luego haz la copia final en forma de pergamino. Si lo deseas, añade ilustraciones.

Unidad 1
Los orígenes de la humanidad

Unidad 2
Las antiguas civilizaciones de África

Unidad 3

LAS ANTIGUAS CIVILIZACIONES DE ASIA

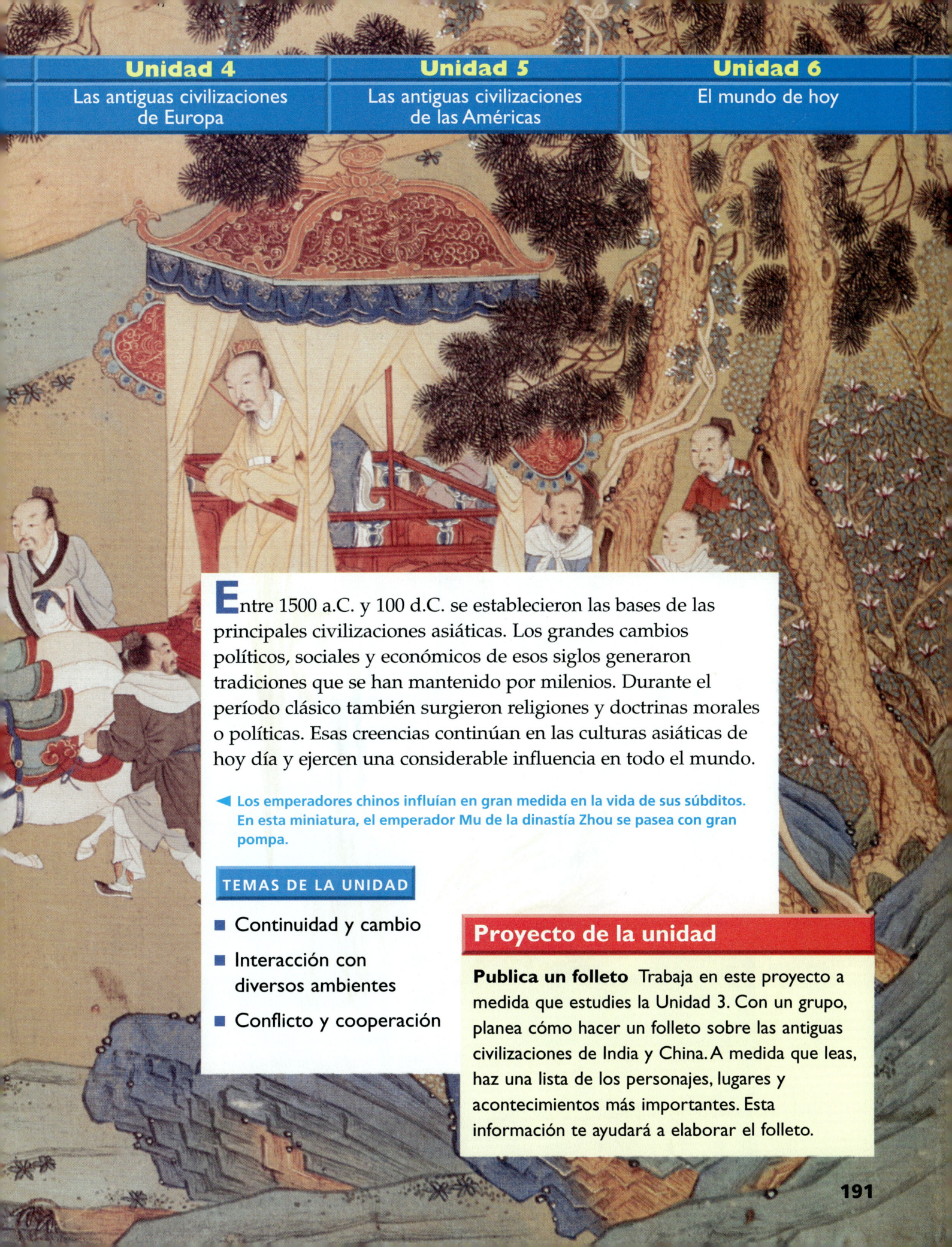

Unidad 4	Unidad 5	Unidad 6
Las antiguas civilizaciones de Europa	Las antiguas civilizaciones de las Américas	El mundo de hoy

Entre 1500 a.C. y 100 d.C. se establecieron las bases de las principales civilizaciones asiáticas. Los grandes cambios políticos, sociales y económicos de esos siglos generaron tradiciones que se han mantenido por milenios. Durante el período clásico también surgieron religiones y doctrinas morales o políticas. Esas creencias continúan en las culturas asiáticas de hoy día y ejercen una considerable influencia en todo el mundo.

◀ Los emperadores chinos influían en gran medida en la vida de sus súbditos. En esta miniatura, el emperador Mu de la dinastía Zhou se pasea con gran pompa.

TEMAS DE LA UNIDAD

- Continuidad y cambio
- Interacción con diversos ambientes
- Conflicto y cooperación

Proyecto de la unidad

Publica un folleto Trabaja en este proyecto a medida que estudies la Unidad 3. Con un grupo, planea cómo hacer un folleto sobre las antiguas civilizaciones de India y China. A medida que leas, haz una lista de los personajes, lugares y acontecimientos más importantes. Esta información te ayudará a elaborar el folleto.

UNIDAD 3
PRESENTACIÓN

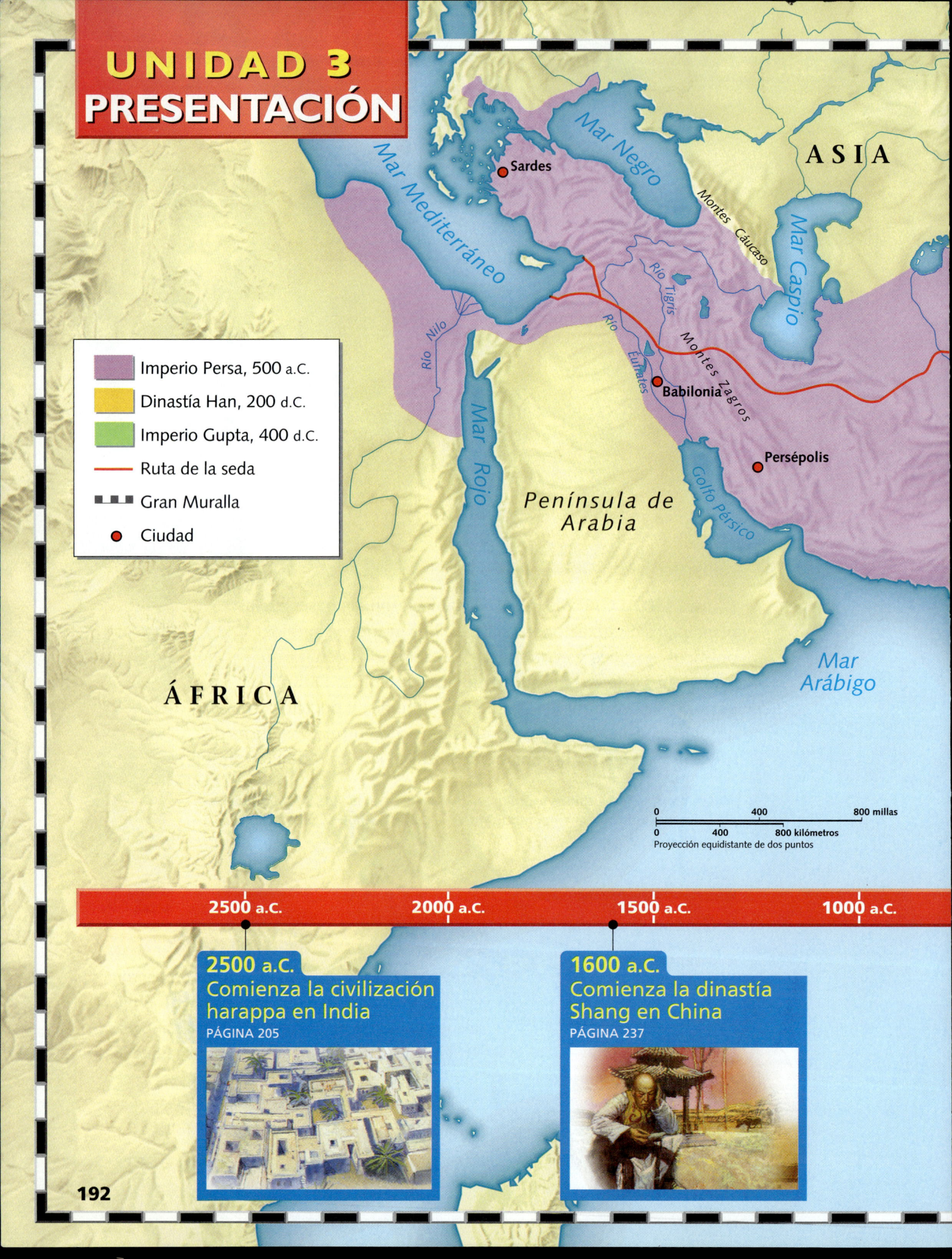

- Imperio Persa, 500 a.C.
- Dinastía Han, 200 d.C.
- Imperio Gupta, 400 d.C.
- Ruta de la seda
- Gran Muralla
- Ciudad

ASIA

Sardes
Mar Negro
Mar Mediterráneo
Montes Cáucaso
Mar Caspio
Río Nilo
Río Tigris
Río Éufrates
Montes Zagros
Babilonia
Persépolis
Mar Rojo
Golfo Pérsico
Península de Arabia
Mar Arábigo

ÁFRICA

0   400   800 millas
0   400   800 kilómetros
Proyección equidistante de dos puntos

| 2500 a.C. | 2000 a.C. | 1500 a.C. | 1000 a.C. |

2500 a.C.
Comienza la civilización harappa en India
PÁGINA 205

1600 a.C.
Comienza la dinastía Shang en China
PÁGINA 237

192

Antiguos imperios de India y China

DESIERTO DE GOBI
ASIA
HINDU KUSH
HIMALAYA
Río Indo
Delhi
Ajodha
Ujjain
Río Ganges
INDIA
Huang He
Beijing
Chang'an
Chang Jiang
CHINA
Changsha
Hangzhou
Guangzhou
OCÉANO PACÍFICO
Mar de China Meridional
OCÉANO ÍNDICO

N O E S

| 500 a.C. | a.C. | d.C. | 500 d.C. | 1000 d.C. |

522 a.C.
El rey Darío establece el Imperio Persa
PÁGINA 225

206 a.C.
Comienza la dinastía Han en China
PÁGINA 262

320 d.C.
El Imperio Gupta comienza en India
PÁGINA 221

ESTABLECE EL ESCENARIO con la literatura

Los relatos de Jataka
Amigos y vecinos

versión de Nancy DeRoin • ilustraciones de Navin Patel

En esta unidad leerás sobre Siddhartha Gautama, el fundador del budismo. Siddharta Gautama llegó a ser conocido como Buda, que significa "el Iluminado". Predicaba con un lenguaje sencillo para que todos pudieran entenderlo y, en ocasiones, se valía de cuentos tradicionales para hacer comprender su mensaje. Muchos de estos cuentos eran fábulas, o sea, relatos breves protagonizados por animales y que transmiten una moraleja. Los seguidores de Buda pensaban que él había aprendido esos relatos en vidas pasadas, cuando su alma había habitado el cuerpo de varios animales. Muchos años después de la muerte de Buda, algunas fábulas fueron recopiladas en un libro titulado Los Relatos de Jataka, o Cuentos del nacimiento. A continuación sigue uno de esos relatos.

Una vez, un gran león que andaba cazando venados perdió el equilibrio y cayó, colina abajo, en una ciénaga. Como era muy pesado, el león se hundió en el fango hasta el cuello. A pesar de que lo intentaba, no podía salir. Cuando levantaba una pata, las otras tres se hundían más profundamente en el barro. Finalmente, el león dejó de moverse por temor a hundirse por completo. Se quedó inmóvil, petrificado; sólo su enorme cabeza emergía del lodazal.

El león permaneció así durante siete días, como un pilón enterrado en el lodo, sin beber ni probar bocado.

Al final del séptimo día se acercó un chacal que también iba de caza. Su primera reacción, al ver la cabeza del león sobresaliendo del barro, fue huir despavorido. Pero el león le ordenó que se detuviera:

—¡Chacal, quédate donde estás! Estoy atrapado en el fango y no puedo salir. ¡Sálvame por favor!

El chacal se acercó temeroso, miró al león y le dijo: —Creo que no me sería muy difícil rescatarte, pero temo que una vez que estés libre te eches sobre mí y me comas.

—No temas —dijo el león—. Si me salvas, seré tu amigo de por vida.

El chacal decidió creerle. Cavó un hoyo alrededor de cada pata del león y varias zanjas que conectaban los hoyos con una pequeña laguna. El agua de la laguna corrió por las zanjas hasta llenar los agujeros y ablandó el barro. Entonces el chacal dijo:

—Ahora debes hacer mucha fuerza.

El león, debilitado por la falta de alimento, tensó cada músculo, cada nervio y hasta cada hueso de su cuerpo. Finalmente, logró despegar sus pies del lodo y se arrastró hasta tierra firme.

Después de lavar su dorado cuerpo, el león cazó un bisonte y le dijo al chacal:

—Come lo que gustes, compañero.

Cuando el chacal terminó de comer, el león observó que el chacal había dejado un buen trozo de carne sin tocar.

—¿Por qué no lo comes todo? —preguntó el león.

—Quiero llevar algo de carne a mi esposa —contestó el chacal.

Unidad 3 • **195**

—Yo también tengo una esposa —dijo el león—. Iré contigo.

Cuando se acercaron al escondrijo del chacal, la esposa se aterrorizó al ver al enorme león. Pero el chacal la tranquilizó diciendo:

—No temas; este león es mi amigo.

Y el león añadió:

—A partir de este momento, señora mía, voy a compartir mi vida con usted y su familia.

Los chacales lo acompañaron a su refugio y se instalaron en una cueva vecina.

Desde ese entonces, el chacal y el león salieron juntos de caza, mientras sus esposas se quedaban en casa.

Al poco tiempo, ambas familias tuvieron cachorros, que al crecer jugaban juntos.

Pero un día, repentinamente, la leona pensó: —Mi esposo quiere mucho a estos chacales. A mí no me parece natural. Al fin y al cabo, no son como nosotros.

Esta preocupación se hizo tan fuerte que no pudo pensar en otra cosa.

—Nosotros somos leones y ellos chacales; debo deshacerme de ellos —concluyó.

La leona se dedicó a asustar a su vecina cada vez que el león y el chacal salían de caza. La leona acechaba silenciosamente y después saltaba por sorpresa.

—¿Por qué te quedas donde no te quieren? —decía entre rugidos.

También se arrastraba junto a la madre chacal y le siseaba en el oído:

—¿Acaso no sabes que tu vida corre peligro? Pobres chacalitos; es una pena que su madre no se preocupe por su seguridad —añadía entre dientes.

Finalmente, la madre chacal le contó a su compañero lo que estaba sucediendo.

—Está claro —dijo la madre chacal— que el león le dijo a su esposa que me asustara. Llevamos aquí mucho tiempo y se debe haber cansado de nosotros. Vámonos antes de que nos maten.

Luego de escuchar a su esposa, el chacal se encontró con el león y le dijo:

—Amigo mío, es bien sabido que en este mundo siempre se impone la voluntad del más fuerte. Pero debo decirte que es una crueldad aterrorizar a la esposa e hijos del vecino, sólo porque éste no te caiga bien.

—¿Pero de qué me estás hablando? —preguntó el león, confundido.

Entonces el chacal le contó que la leona estaba asustando a su esposa e hijos. Después de escuchar con atención, el león llamó a su esposa y le dijo frente a todos:

—¿Recuerdas que hace mucho tiempo salí de caza y no regresé hasta pasados siete días? ¿Recuerdas que al volver traje conmigo a este chacal y a su esposa?

—Sí, me acuerdo muy bien —dijo la leona.

—¿Y sabes por qué tardé toda una semana en regresar?

—Pues no, no lo sé —contestó.

—No te conté entonces porque me daba vergüenza —dijo el león—, pero te lo contaré ahora. Estaba tratando de cazar un venado, salté demasiado, resbalé por una colina y caí en una ciénaga. Allí me quedé atrapado en el barro. Estuve una semana sin poder moverme, sin comida ni agua. Entonces llegó este chacal y me salvó la vida. Este chacal es mi amigo.

Desde ese momento los chacales y los leones volvieron a vivir en paz y en armonía. Incluso después de que los padres murieron, los hijos de ambas parejas no se separaron. Ellos también vivieron juntos sin olvidar nunca las palabras del gran león:

"Un amigo que actúa como tal,
sea quien sea,
es mi camarada y mi familiar,
es mi propia carne y sangre".

A medida que lees esta unidad, aprenderás sobre la historia, creencias y modo de vida de la antigua Asia.

CAPÍTULO

5

INDIA Y PERSIA

"Una época dorada como ésta, que manifiesta la grandeza de una cultura por tiempos inmemoriales, nunca es un fenómeno repentino o aislado."

Lucille Schulberg, *Historic India*

Niña de Madras, India, vestida con ropa tradicional

La geografía de India

LECCIÓN 1

E l territorio que Pakistán, Bangladesh e India ocupan en la actualidad está ubicado en el sur de Asia. Esta región recibe el nombre de subcontinente indio. Un **subcontinente** es una gran extensión de tierra, aislada del resto del continente por una barrera natural. Al norte del subcontinente indio se encuentra la cordillera del Himalaya, una de las cadenas de montañas más altas del mundo. El Himalaya forma una barrera natural entre el subcontinente indio y el resto de Asia.

El territorio de India

El Indo y el Ganges, dos de los ríos más grandes del subcontinente indio, nacen en las cumbres nevadas del Himalaya. Muchos afluentes alimentan a estos ríos. El Indo y sus afluentes nacen en la región oeste del Himalaya y corren hacia el sur, atravesando Pakistán hasta desembocar en el mar Arábigo.

La cordillera del Himalaya se extiende a lo largo de 1,500 millas (2,414 km) y está dividida en tres zonas: Gran Himalaya, Himalaya Menor e Himlaya Exterior.

ENFOQUE
¿De qué manera nos afectan la altitud y el clima hoy en día?

Idea principal
Mientras lees piensa en cómo la altitud y el clima afectaron el modo de vida de los habitantes de la India en la antigüedad.

Vocabulario
subcontinente
monzón
deforestación

El subcontinente indio

Lugar Este mapa muestra el territorio que ocupan en la actualidad India y Pakistán.
■ ¿En qué región de la India se encuentran la mayor parte de las montañas?

El Indo es uno de los ríos más largos del mundo: tiene 1,800 millas (2,900 km) de longitud. El Ganges y sus afluentes nacen en la región central del Himalaya y corren hacia el este, atravesando India hasta desembocar en el golfo de Bengala.

En la actualidad, India ocupa gran parte del subcontinente. La región norte del país está cubierta en su mayor parte por amplias llanuras fluviales. El Indo y sus cuatro afluentes principales recorren una llanura llamada Punjab, o "cinco ríos". Al este del Punjab, el Ganges atraviesa otra gran llanura, conocida comúnmente como la llanura del norte de India.

En el sur del subcontinente no hay ni montañas tan altas como el Himalaya, ni llanuras fluviales tan amplias como las del norte. El sur de India es un territorio de altitudes variadas, con muchos montes escarpados. Esta región recibe el nombre de meseta del Decán. Atravesar esta región montañosa es mucho más difícil que viajar por el norte del subcontinente.

En el sur de India los ríos se alimentan de las aguas de lluvia, mientras que en el norte, los ríos también reciben las aguas que provienen de los deshielos. Por ello, en la región sur, los lechos de muchos ríos están secos, salvo en la época de lluvias. Los ríos del norte son importantes vías de comunicación. En el sur, es poco común ver embarcaciones en los ríos.

200 • Unidad 3

La facilidad para desplazarse de un lugar a otro que existe en el norte de India ayudó a la unificación de sus habitantes. Esto ayuda a explicar porqué los grandes imperios de la antigüedad se establecieron en el norte.

REPASO *¿En qué se diferencia la geografía de la región norte de India de la del sur?*

Ríos y lluvias

Un antiguo texto indio dice lo siguiente sobre los ríos y las lluvias: "Agua, tú nos das la vida. Ayúdanos a encontrar alimento para que podamos vivir con felicidad". Los habitantes de la antigua India sabían que los ríos les hacían la vida posible. La importancia del agua es tal que los ríos siempre se han considerado sagrados.

El río más sagrado, el Ganges, es también uno de los ríos más largos del subcontinente. Se extiende a lo largo de 1,560 millas (2,515 km).

El poeta Jagannatha, que vivió en el siglo XVI, llamaba las aguas del Ganges "la bendición del mundo que calmará la turbulencia de nuestras almas". Incluso hoy en día, los hindúes se bañan en el Ganges, pues creen que así redimen sus pecados.

Además de los ríos, la lluvia es la otra gran fuente de agua. En India, casi toda la lluvia cae durante el **monzón** de verano, que es la estación cuando los vientos húmedos soplan desde el océano Índico en dirección al subcontinente. En el invierno, los vientos soplan en la dirección opuesta.

Las fértiles llanuras del valle del Indo (derecha) están rodeadas por montañas, como la cordillera de Karakoram, en Pakistán (abajo).

Capítulo 5 • 201

Durante el invierno, los vientos no traen lluvia porque soplan desde las zonas secas del interior de Asia.

Por lo general, el cambio en la dirección de los vientos sigue un patrón regular. Pero algunos años, las lluvias del monzón comienzan tarde o no llegan. Esto afecta los cultivos y en ocasiones provoca hambrunas. Cuando esto ocurre, los habitantes rezan a sus dioses. Uno de los dioses más importantes es Indra, el dios de las tormentas. Cuando hace falta lluvia, le piden al dios "que levante el gran cubo de agua y lo vierta".

Una vez que comienzan los monzones, llueve durante cuatro meses. A través de los años esta lluvia constante ha sorprendido a las personas que visitan India. El griego Aristóbulo, que visitó el subcontinente en el año 327 a.C., escribió que la lluvia caía "violentamente de las nubes día y noche". En la antigüedad las guerras se suspendían durante la época de monzones, porque los soldados no podían avanzar debido al lodo de los caminos.

REPASO *¿Por qué los antiguos habitantes de India consideraban que los ríos eran sagrados?*

La agricultura en la antigua India

Durante la estación de los monzones, todos los ríos de India crecen debido a las lluvias. Pero los ríos de la región norte crecen aún más por las aguas que reciben del Himalaya. Estos ríos se desbordan e inundan las llanuras, causando mucha destrucción. Con las inundaciones se destruyen los cultivos y muchas personas mueren. Sin embargo, las inundaciones también son beneficiosas, porque cubren la tierra con un nuevo manto de sedimento. De esta manera, el suelo se vuelve fértil y apto para el cultivo.

Los primeros agricultores del valle del Indo aprovechaban al máximo las inundaciones.

Esta mujer está recolectando hojas de té. En la actualidad, India es uno de los mayores productores de té del mundo.

Plantaban algodón y ajonjolí justo antes de que comenzaran los monzones. Cuando paraban las lluvias y el Indo volvía a su cauce, los cultivos estaban listos para ser cosechados. Los agricultores plantaban cebada y trigo durante el invierno y recogían la cosecha en la primavera. El suelo conservaba tanta agua después de la época de lluvias que no era necesario irrigar.

Los primeros agricultores también criaban ganado, por ejemplo, vacas, ovejas y cabras. Sin embargo, para sus vestimentas usaban algodón en vez de la piel o lana de animales. El algodón es una planta natural de India.

Aunque el valle del Indo era excelente para la agricultura, también tenía sus inconvenientes. El río a menudo se desbordaba y cambiaba de curso debido a la acumulación de sedimento. Cuando el cauce del río cambiaba mucho, era necesario abandonar las aldeas.

Aun así, la vida era buena para los primeros habitantes del valle del Indo. La importancia del río queda clara si advertimos que el subcontinente lleva su nombre.

Hoy en día, las inundaciones causan problemas en el norte de India. La **deforestación**, o la tala de árboles, ha intensificado las inundaciones. Las peores inundaciones ocurren en la llanura del Ganges. En un tiempo esta región estuvo cubierta por espesos bosques, pero ahora sólo quedan muy pocos árboles. En los últimos 50 años también se han talado muchos de los bosques del Himalaya. Los bosques ayudaban a absorber parte de las cuantiosas lluvias. Sin los bosques, el agua baja por las montañas sin obstáculos a su paso y causa inundaciones.

REPASO *¿De qué manera los antiguos habitantes del valle del Indo se beneficiaban con las inundaciones?*

En India desde la antigüedad se usaba ropa de algodón. En esta fotografía, una joven de Manipur fabrica tela con un telar artesanal.

LECCIÓN I • REPASO

Comprueba lo que aprendiste

1. **Comprueba lo que aprendiste** Recuerda los datos ¿Cuáles son las principales fuentes de agua de India?

2. **Recuerda la idea principal** ¿Qué efecto tuvieron los ríos y monzones en la antigua India?

Piensa críticamente

3. **Ayer y hoy** ¿Crees que en la actualidad los ríos benefician a los habitantes de India? ¿Crees que los ríos siguen causando problemas?

4. **Piensa más sobre el tema** ¿Cómo serían el relieve y los ríos de India si no existiera el Himalaya?

Muestra lo que sabes
Actividad: Mapa
Imagina que una gota de agua cae sobre la cordillera del Himalaya y que debe llegar hasta el mar Arábigo. Haz un mapa indicando algunas de las rutas que podría tomar.

Capítulo 5 • 203

LECCIÓN 2

La civilización del valle del Indo

| 3000 a.C. | 2000 a.C. | 1000 a.C. |

El valle del Indo ofrecía las mejores condiciones para la agricultura del subcontinente indio. En un principio, los pobladores construyeron aldeas pequeñas y cultivaron la tierra. Hacia el año 2500 a.C., no mucho después de que los pueblos del Creciente Fértil y del valle del Nilo desarrollaron sus civilizaciones, los primeros habitantes del valle del Indo también construyeron ciudades y establecieron una civilización.

Asentamientos en el valle del Indo

Alimentado por aguas de deshielo, el río Indo se precipita desde las altas montañas, arrastrando rocas, gravilla y sedimento. Corre en dirección sur y oeste, hacia una cálida y seca llanura en lo que hoy es Pakistán. Cada primavera, al derretirse las nieves, el Indo crece y se desborda. El agua inunda la llanura, y el suelo se vuelve fértil al cubrirse con un nuevo manto de sedimento. Otro río, el Sarasvati, corría anteriormente paralelo al Indo, pero una serie de terremotos desvió el curso de las aguas de sus afluentes hacia otros ríos. En la actualidad, el Sarasvati es un lecho seco. Los primeros agricultores del valle del Indo cultivaban cebada y otros cereales en ese fértil suelo. Estos cereales complementaban los alimentos que se obtenían cazando animales y recogiendo plantas silvestres.

Los habitantes del valle del Indo construyeron sus aldeas sobre grandes montículos de piedra y barro, para así poder vivir, sin peligro, por encima de las tierras inundadas. Con el paso del

ENFOQUE
¿Por qué algunas civilizaciones perduran mientras otras desaparecen con rapidez?

Idea principal
Mientras lees piensa en cómo la geografía afectó el desarrollo y la existencia de la civilización del valle del Indo.

Vocabulario
fortaleza
inscripción
asimilar

Los arqueólogos creen que esta escultura de Mohenjo-Daro fue hecha hacia el año 2000 a.C. Es posible que la figura represente un sacerdote. Un carnero de juguete aparece arriba.

tiempo, las aldeas se convirtieron en ciudades y surgió una gran civilización que abarcaría el territorio actual de Pakistán y partes de lo que ahora es Afganistán y el norte de India.

Algunas de las ciudades antiguas más grandes e importantes del valle del Indo eran Harappa, Lothal y Mohenjo-Daro.

Harappa es el nombre de la primera ciudad pakistaní donde se encontró evidencia de esta civilización. Harappa llegó a ser tan importante, que esta civilización a menudo se llama la civilización harappa. Asimismo, se han descubierto muchos restos arqueológicos en Lothal, situada cerca de la costa del mar Arábigo. Pero las ruinas de Mohenjo-Daro son las que proporcionan la evidencia más completa de la vida urbana que existió en el antiguo valle del Indo.

REPASO *¿Qué eran Harappa y Mohenjo-Daro?*

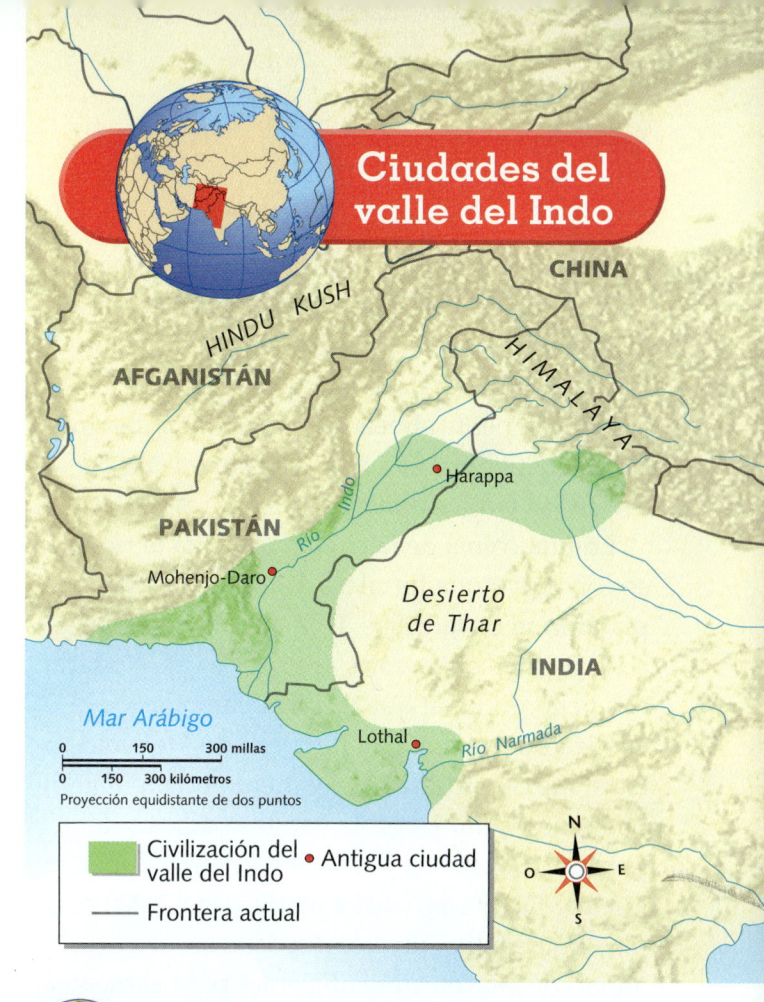

Ciudades del valle del Indo

Regiones Las excavaciones han revelado que las tres antiguas ciudades que se muestran en este mapa, Mohenjo-Daro, Harappa y Lothal, eran casi idénticas.
■ ¿Por qué es interesante que estas ciudades se parezcan tanto?

Los arqueólogos (abajo) continúan estudiando las ruinas de la ciudad de Mohenjo-Daro y otras ciudades de la civilización harappa. Artefactos como esta vasija (izquierda) ofrecen evidencia acerca de cómo era la vida en esas ciudades.

205

La ciudad de Mohenjo-Daro

En su época, Mohenjo-Daro fue un ejemplo de planificación urbana. Calles rectas y amplias, algunas de hasta 30 pies (casi 9 m) de ancho, cruzaban la ciudad. Estas calles estaban cuidadosamente alineadas para formar cuadras rectangulares en las que se ubicaban las viviendas y otros edificios.

En una colina de la ciudad, cercana al río Indo, se construyó una fortaleza amurallada sobre una plataforma de ladrillos. Una **fortaleza** es un edificio cuyo objetivo es proteger a una ciudad o ejército. Al igual que en otras ciudades de la civilización harappa, la fortaleza de Mohenjo-Daro fue construida en el extremo occidental. Sus gruesos muros protegían los edificios del gobierno, los baños públicos y un gran depósito que medía 30 pies (casi 9 m) de alto y 1,200 pies (366 m) de largo. En este depósito se almacenaban cereales suficientes para alimentar a la población de la ciudad, que en el año 1500 a.C. ya alcanzaba los 45,000 habitantes. Los cereales almacenados en este depósito también se utilizaban para pagar a muchas de las personas que trabajaban en Mohenjo-Daro.

Gran parte de las construcciones de Mohenjo-Daro, incluyendo el gran depósito de cereales, estaban hechas de ladrillos. En lugar de secar los ladrillos al sol, como hacían los pobladores del Creciente Fértil y del valle del Nilo, los pueblos del valle del Indo cocían los ladrillos en hornos. Estos ladrillos horneados duraban más y eran más resistentes que los secados al sol.

Sólo las familias más pudientes vivían en edificios de ladrillos. La mayoría de las personas vivían en pequeñas chozas que rodeaban la ciudad de Mohenjo-Daro. Algunas de las casas de la ciudad tenían dos pisos y eran tan grandes que tenían patio y cuarto para los sirvientes. Las puertas de la mayoría de las casas de la ciudad solían estar situadas en la parte que daba a las callejuelas, en lugar de la calle principal. Las fachadas de las viviendas, que no tenían ventanas, se parecían mucho entre sí.

Incluso las casas más pequeñas tenían paredes que separaban la cocina, los dormitorios y cuartos de baño. Algunas incluso tenían una habitación separada para el pozo. Casi todas las casas de Mohenjo-Daro tenían cuarto de baño, algunas con pisos de ladrillos lustrados. La gente se bañaba echándose agua fresca con recipientes. El agua caía por unas tuberías de ladrillo y llegaba al drenaje de las calles principales de la ciudad. Las calles tenían agujeros cubiertos que permitían la entrada de los trabajadores para arreglar problemas en las tuberías.

Las viviendas tenían también un conducto para tirar la basura, que caía en un basurero en la calle. Luego la basura era recogida por trabajadores de la ciudad.

Dentro de la fortaleza de Mohenjo-Daro había un establecimiento de baños públicos. El tanque principal tenía 40 pies (12 m) de largo y 8 pies (2.4 m) de profundidad. Es posible que estos baños públicos fueran utilizados en ceremonias religiosas. También puede haber sido el lugar donde se reunían las personas a intercambiar noticias y realizar negocios.

REPASO *¿Cómo eran las calles de Mohenjo-Daro?*

APRENDER CON DIAGRAMAS El gran baño (abajo) es una de las ruinas de Mohenjo-Daro que se siguen explorando. El diagrama (arriba) muestra cómo era la vida cotidiana en la civilización harappa. El diagrama principal muestra algunas de las características de Mohenjo-Daro:
1. Fortaleza
2. Esteras para descansar
3. Palmeras para sombra
4. Caminos pavimentados
- *¿Hacia dónde parecen dirigirse la mayoría de los caminos de la ciudad?*

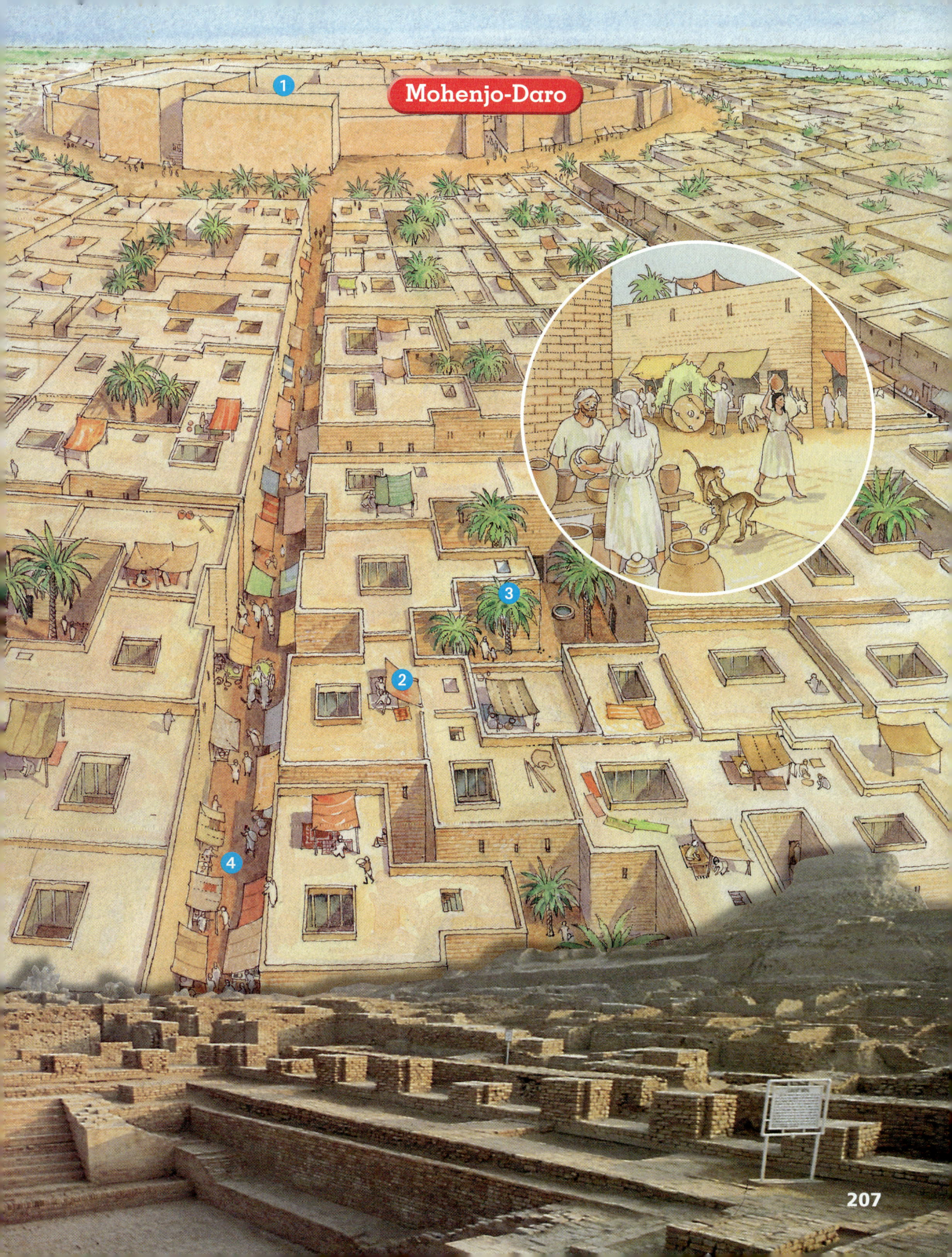

Mohenjo-Daro

207

La gente de la ciudad

La mayoría de los habitantes de Mohenjo-Daro eran artesanos y mercaderes. Los artesanos tejían telas de algodón, moldeaban vasijas de arcilla y trabajan en metal, fabricando, por ejemplo, joyas de plata. Ya en el año 2300 a.C., los mercaderes del valle del Indo comerciaban con otros pueblos de Asia tan lejanos como el Creciente Fértil.

Muchos de los artesanos y mercaderes de Mohenjo-Daro sabían leer y escribir. Lo sabemos porque marcaban sus cerámicas y otros artículos con sellos de piedra para indicar quién era el propietario de los artículos.

Con frecuencia, los sellos de piedra tenían grabadas figuras de elefantes y tigres. Muchos sellos tenían además una **inscripción**, o mensaje escrito. Si el mercader ponía un cordel a través de un orificio en la parte posterior del sello, éste podía ir atado a la carga de grano y a cualquier otro artículo.

Un hecho interesante de las ciudades harappas es que se parecían mucho entre sí. Los diseños de las calles eran similares. Además, sus habitantes usaban las mismas herramientas, así como medidas de peso y longitud.

REPASO *¿Qué revelan los artefactos acerca de los habitantes de Mohenjo-Daro?*

Para identificar sus bienes, los mercaderes del valle del Indo usaban sellos. Estampaban directamente la mercancía o ataban sellos a la mercancía con un cordel. El sello de la derecha muestra a Gilgamesh y el de la izquierda muestra a un elefante.

ECONOMÍA

El comercio más allá del valle del Indo

En Ur y en otras ciudades de Mesopotamia se han descubierto sellos del valle del Indo. Por otra parte, se han encontrado sellos de Mesopotamia en las ruinas de la ciudad portuaria de Lothal, en el valle del Indo. Las embarcaciones mercantes del valle del Indo quizás aprovecharan los fuertes vientos monzónicos para cruzar desde Lothal al mar Arábigo. Es probable que sus barcos transportaran gemas, aceite de ajonjolí y algodón, mientras los sumerios navegaban hacia Lothal con cargamentos de cebada, lana y plata.

El misterio de Mohenjo-Daro

Mohenjo-Daro lleva deshabitada más de 3000 años. Se desconoce por qué desapareció la ciudad y el resto de la civilización, pero sabemos que ocurrió de forma repentina, probablemente en una fecha cercana al año 1500 a.C.

En busca de datos sobre cómo era la vida en Mohenjo-Daro, los arqueólogos han encontrado evidencia de que los habitantes murieron de forma repentina. Han descubierto muchos esqueletos sin enterrar. Además, las posturas de los esqueletos sugerían que las personas huían de algo. Las viviendas parecen haber sido abandonadas súbitamente. Quizás los habitantes de Mohenjo-Daro fueran víctimas de un terremoto o de una inundación. Algunos esqueletos, sin embargo, muestran evidencias de heridas de espada. Esto sugiere que Mohenjo-Daro puede haber sido atacada por invasores.

208 • Unidad 3

En el valle del Indo, los juguetes y los juegos eran tan populares como lo son hoy en día. A la izquierda aparece un carro de juguete de dos ruedas, y a la derecha, un juego de mesa con fichas y piedras.

Asimismo, hay evidencia de que las aguas subterráneas del valle del Indo se habían salificado. Debido a esto, los agricultores deben haber tenido mucha dificultad en continuar cosechando sus cultivos.

Mucha gente pudo haber muerto por falta de alimentos. El resto probablemente dejó las ciudades y se mudó a otros lugares. Con el tiempo, es posible que se hayan **asimilado** a otra cultura, es decir integrado a ella.

Lo que hoy sabemos acerca de Mohenjo-Daro, proviene de la evidencia que los arqueólogos han reunido. Las ruinas y los pequeños artefactos son la única evidencia que queda de una civilización que ya no existe.

REPASO *¿Cuáles pueden ser algunas de las razones que explican la desaparición de la civilización harappa?*

LECCIÓN 2 • REPASO

3000 a.C. — **2000 a.C.** — **1000 a.C.**

- 2500 a.C. aprox.
  • Comienza la civilización harappa
- 1500 a.C. aprox.
  • Termina la civilización harappa

Comprueba lo que aprendiste

1. **Recuerda los datos** ¿Por qué se llama civilización harappa a la primera civilización de India?

2. **Recuerda la idea principal** ¿De qué manera la geografía afectó el desarrollo y la existencia de la civilización del valle del Indo?

Piensa críticamente

3. **Piensa más sobre el tema** ¿Qué indica acerca de la civilización harappa el gran parecido que existe entre todas las ciudades del valle del Indo?

4. **Ayer y hoy** ¿Por qué crees que en nuestros días grandes comunidades abandonan su lugar de origen para irse a vivir a otro lugar?

Muestra lo que sabes

Actividad: Diario Imagina que eres un arqueólogo que está explorando las ruinas del antiguo valle del Indo. Describe en tu diario los artefactos que encuentras y tus observaciones de cómo los habitantes del valle del Indo aprovechaban los recursos naturales del lugar.

LECCIÓN 3

Los arios transforman India

1500 a.C. — **1000 a.C.** — **500 a.C.**

Hacia el año 1500 a.C. India empezó a atraer a un gran número de inmigrantes. Estas migraciones duraron más de 3,000 años y fueron importantes porque introdujeron a la región pueblos con ideas y costumbres diferentes. Los primeros inmigrantes se llamaban **arios**. La palabra *ario* significa "noble". Eran una civilización de guerreros y pastores provenientes de Europa del este y la región occidental de Asia. Muchos eran oriundos de regiones próximas al mar Negro y al mar Caspio. Su llegada al subcontinente Indio provocó muchos cambios en el modo de vida de los pueblos nativos de la India.

Los inmigrantes arios

Las primeras migraciones arias duraron varios siglos. Formaban parte del desplazamiento hacia el sur de los pueblos indoeuropeos. No se conoce la razón exacta que motivó la migración de los arios y otros pueblos. Sin embargo, se cree que la superpoblación en su territorio forzó su desplazamiento.

Viajeros cruzan un paso de montaña en el Hindu Kush, en el actual Pakistán. Los arios cruzaron estas mismas montañas en su migración hacia la península india.

ENFOQUE
¿Qué efecto tiene la llegada de nuevas culturas en los pueblos nativos de un lugar?

Idea principal
Mientras lees piensa en la influencia que los arios tuvieron en la civilización india.

Vocabulario
ario
sánscrito
Vedas
hinduismo
reencarnación
casta
intocable
budismo

Llegada de los arios a India

Movimiento Este mapa muestra las rutas que los arios siguieron camino a la India hacia el año 1500 a.C.
- ¿Por qué crees que los arios detuvieron su marcha y se asentaron en el norte de India?

Algunos arios se desplazaron hacia el oeste, a Europa. Otros migraron hacia el sur y atravesaron los desfiladeros del Hindu Kush, una parte del Himalaya. Estos arios se asentaron en el Punjab, que hoy es parte de Pakistán. Con el tiempo, los arios también ocuparon gran parte del norte de India.

La población aria en India aumentó con cada ola migratoria. Esto condujo a la lucha entre los arios y los pueblos indígenas por las tierras de cultivo. Los arios habían traído consigo algo que en India no existía y que ahora los aventajaba en el combate por los territorios: los caballos. Los arios también introdujeron los carros de guerra.

Antes de migrar a India, los arios habían sido pastores y criaban rebaños de vacas, cabras y ovejas. De estos animales, obtenían carne, productos lácteos y lana para sus vestimentas. Con el tiempo, los arios cambiaron el pastoreo por la agricultura. Fueron los primeros en plantar cebada y posiblemente trigo en India. Los arios vivían en aldeas pequeñas esparcidas por el campo. Durante los siglos que siguieron, la vida cotidiana y la economía se desarrollaron en torno a las aldeas. Hoy en día hay grandes ciudades en India. Sin embargo, muchos de los habitantes del país aún viven en aldeas. De hecho, India muchas veces recibe el nombre de "una nación de aldeas".

REPASO ¿Por qué abandonaron los arios sus lugares de origen?

Capítulo 5 • 211

Fragmento del Bhagavad Gita

El Bhagavad Gita, *u "Oración del Señor", es parte de una antigua poesía india llamada el* Mahabharata. *En esta selección, el dios hindú Visnú habla con Arjuna, uno de los personajes principales del* Bhagavad Gita:

No tengo duda de que llegarás a conocerme
 en la totalidad de mi ser si persistes,
si eres disciplinado y confías en mí,
 y dejas que tus pensamientos vengan a mí.

Sin negarte nada, te daré sabiduría
 y te explicaré como alcanzarla;
y una vez que la poseas,
 no tendrás nada más que saber.

Uno entre millones
 se esforzará por alcanzar la luz
y de éstos tan sólo unos pocos
 llegarán a conocer mi verdadera esencia.

El hinduismo

El modo de pensar de los arios aún se puede ver en la cultura y las creencias indias de la actualidad. Por ejemplo, los arios trajeron su lengua, el **sánscrito**, a India. Muchas de las lenguas que se hablan en India están basadas en el sánscrito, incluyendo el hindi, la lengua más difundida del país.

Los arios creían que el sánscrito era la lengua hablada por los dioses y por eso la consideraban sagrada. Los **Vedas**, los cuatro libros divinos de los arios, están escritos en sánscrito. En ellos se describe su religión.

La religión de los arios se transformó en el **hinduismo**, una de las religiones más antiguas del mundo y que aún se practica. Los hindúes adoran a tres dioses principales: Brahma el Creador, Visnú el Protector y Siva el Destructor. También existen muchos dioses menores.

El dios hindú Shiva

Una de las creencias del hinduismo es que las personas viven muchas vidas hasta que alcanzan la perfección espiritual. Esta creencia de que el alma nunca muere, sino que pasa de un cuerpo a otro después de la muerte se llama **reencarnación**. Según esta religión, aquellas personas que obedecen las doctrinas religiosas y tienen un buen comportamiento durante su vida volverán a nacer en una clase social más elevada; sin embargo, los que no respetan dichas doctrinas volverán a la vida como seres más primitivos. Los hindúes también creen que los animales tienen alma y que las vacas son sagradas. Es por esta razón que los creyentes no comen carne vacuna.

REPASO *¿Qué religión actual proviene de la religión de los arios?*

Clases

Durante cientos de años, los sacerdotes arios usaron los Vedas para organizar la sociedad. De acuerdo con las enseñanzas de los Vedas, los arios dividieron la sociedad en cuatro clases sociales. Cada clase o *varna* en el lenguaje sánscrito tenía un trabajo especial que hacer.

Para la gente de la antigua India, las diferentes clases sociales trabajaban juntas como las diferentes partes del cuerpo humano. Los brahmanes, que eran los sacerdotes y eruditos, formaban la cabeza. Los chatrias, que eran los gobernantes, formaban los brazos. Los vaisías, que eran los mercaderes y los profesionales, formaban las piernas. Los sudras, que eran los obreros y sirvientes, formaban los pies.

En India, las clases sociales de los arios condujeron al sistema de castas. Una **casta** es un grupo de personas dentro de una clase social. La persona que nacía en una casta no podía pertenecer a otra casta. Los integrantes de una casta trabajaban dentro de su propio grupo y solamente se podían casar con personas de la misma casta.

Debajo de todas las castas estaban los **intocables**. En la sociedad india, estas personas realizaban los trabajos más indignos, como recoger basura, limpiar los establos y encargarse de los muertos. Los intocables eran considerados gente impura y debían evitar todo contacto con el resto de la sociedad. Un intocable ni siquiera podía proyectar su sombra sobre una persona de una casta superior.

El hinduismo exigía que la gente aceptara la casta en la que había nacido. Cada persona ocupaba un lugar en la sociedad y tenía una misión que desempeñar. La vida podía ser difícil, pero si las personas se comportaban debidamente dentro de sus castas, podían lograr una vida mejor en la siguiente reencarnación.

Aproximadamente en el siglo VI a.C., surgió una nueva religión en India que cuestionaría los ritos y el sistema de castas impuesto por el hinduismo.

REPASO *¿Qué fue el sistema de castas indio?*

Los orígenes del budismo

Una antigua leyenda india narra que un brahmán errante se encontró con un desconocido en su camino. El brahmán le preguntó su nombre y el desconocido contestó:

> ❝ Aunque he nacido en el mundo y me he criado en el mundo, me sobrepuse al mundo y me mantengo limpio del mundo. Puede llamarme Buda. ❞

La estatua (abajo, izquierda), del siglo II d.C., representa a una joven sirvienta de la casta sudra. La imagen de arriba muestra a dos brahmanes.

Capítulo 5 • 213

A la derecha está un mural de un budista, el cuál fue hallado en las cuevas de Ajanta, en la ciudad de Hyderabad, India. A la izquierda está un monje budista.

APRENDER CON GRÁFICAS Los budistas siguen estos ocho pasos para alcanzar el *nirvana*, un estado espiritual de felicidad y equilibrio. Estos pasos se conocen como El Noble Camino Óctuple del Budismo.
■ ¿Por qué crees que es importante la práctica de la concentración?

La senda del budismo

- Practicar la concentración
- Conocer la verdad
- Controlar los sentimientos y el pensamiento
- Proponerse rechazar la maldad
- Luchar para liberar la mente de la maldad
- No decir nada que pueda lastimar a los demás
- Realizar un trabajo que no perjudique a los demás
- Respetar la vida y la propiedad

Nirvana

Lo poco que conocemos del hombre que se hacía llamar Buda, o "el Iluminado", proviene de información escrita muchos años después de su muerte. Según estos escritos, su nombre verdadero era Siddhartha Gautama. Nació en el norte de India en el año 563 a.C. Era el hijo de un príncipe indio y vivió una vida acomodada. Su padre satisfizo todos sus deseos y lo mantuvo apartado del sufrimiento de la gente común.

Pero a los 30 años, Gautama fue más allá de las murallas de su palacio por primera vez. En la calle vio a un hombre encorvado por la edad. Después se encontró con un enfermo indefenso. Finalmente vio un cadáver. Gautama pidió a su sirviente que le explicase lo que había visto.

Éste le dijo que todas las personas envejecen, enferman y mueren. Pero a Gautama no le satisfizo esa contestación; él quería saber por qué existía tanto sufrimiento en el mundo y si se podía hacer algo para evitarlo. Gautama decidió dedicar el resto de su vida a encontrar las respuestas a sus preguntas. Fue así que abandonó el palacio de su padre y se marchó a mendigar por los caminos.

Por años Gautama buscó la verdad mediante el estudio con los sacerdotes brahmanes. No logró encontrar sus respuestas. Un día Gautama se sentó a la sombra de un árbol a pensar y descansar. Después de horas de profunda reflexión, sintió que había comprendido el significado de la vida. Entendió que las personas debían buscar el amor, la verdad, el placer de la sabiduría y la paz espiritual. En ese momento se convirtió en Buda.

Gautama pasó el resto de su vida predicando su mensaje, el cual se basaba en cuatro verdades nobles: (1) sufrir es parte de la vida. (2) Desear cosas trae sufrimientos. (3) La gente puede encontrar paz renunciando a sus deseos. (4) Seguir las ocho leyes básicas, llamadas El Noble Camino Óctuple del Budismo puede conducir a la paz. Después de su muerte en el año 483 a.C., sus discípulos continuaron su labor. El **budismo**, la religión basada en sus doctrinas, se difundió con el tiempo por toda Asia.

Ni Buda ni sus discípulos fundaron iglesia alguna; tampoco escribieron libros sagrados. Su objetivo fue enseñar a través del ejemplo, con generosidad y cortesía.

REPASO *¿Por qué emprendió Gautama la búsqueda de la verdad?*

La flor de loto es un símbolo del budismo.

LECCIÓN 3 • REPASO

1500 a.C. — 1500 a.C. aprox. • Comienza la migración aria en India

1000 a.C.

500 a.C. — 563 a.C. • Nace Buda — 483 a.C. • Muere Buda

Comprueba lo que aprendiste

1. **Recuerda los datos** ¿De dónde provenían los arios? ¿Hacia dónde migraron?

2. **Recuerda la idea principal** ¿Qué influencia tuvieron los arios en la civilización india?

Piensa críticamente

3. **Ayer y hoy** La India es hoy un país industrializado. ¿Qué efecto crees que ha tenido el desarrollo industrial en el sistema de castas?

4. **Explora otros puntos de vista** Si hubieras sido un brahmán en la India antigua, ¿cómo crees que habrías reaccionado ante las enseñanzas de Buda? ¿Y si en lugar de un brahmán hubieras sido un intocable?

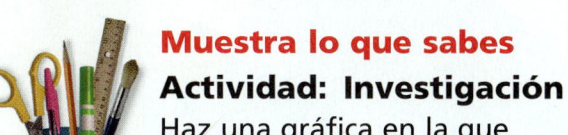

Muestra lo que sabes

Actividad: Investigación
Haz una gráfica en la que compares la civilización india antes y después de la llegada de los arios. Entre los temas que incluyas pueden estar el modo de vida de la gente, los lugares dónde vivía y las clases sociales que existían. Recopila información de tu libro de texto, de almanaques y de enciclopedias.

Capítulo 5 • 215

Mapas y globos terráqueos

Usa un mapa cultural

1. ¿Por qué aprender esta destreza?

Los símbolos de las señales de tránsito dan información sin emplear palabras. Esto permite que la información se pueda entender al instante. Por ejemplo, una señal con un dibujo de un venado saltando indica que estos animales cruzan la carretera. Los símbolos de los mapas también permiten interpretar la información con rapidez. Pueden indicar dónde se producen determinados productos o dónde se libraron batallas.

Al igual que otros tipos de mapas, los mapas culturales dan una idea general de una región del mundo. En ellos se pueden usar símbolos para indicar las lenguas que se hablan en una región determinada o las religiones que allí se profesan. Estos mapas pueden ayudarte a conocer mejor los pueblos y culturas de esas

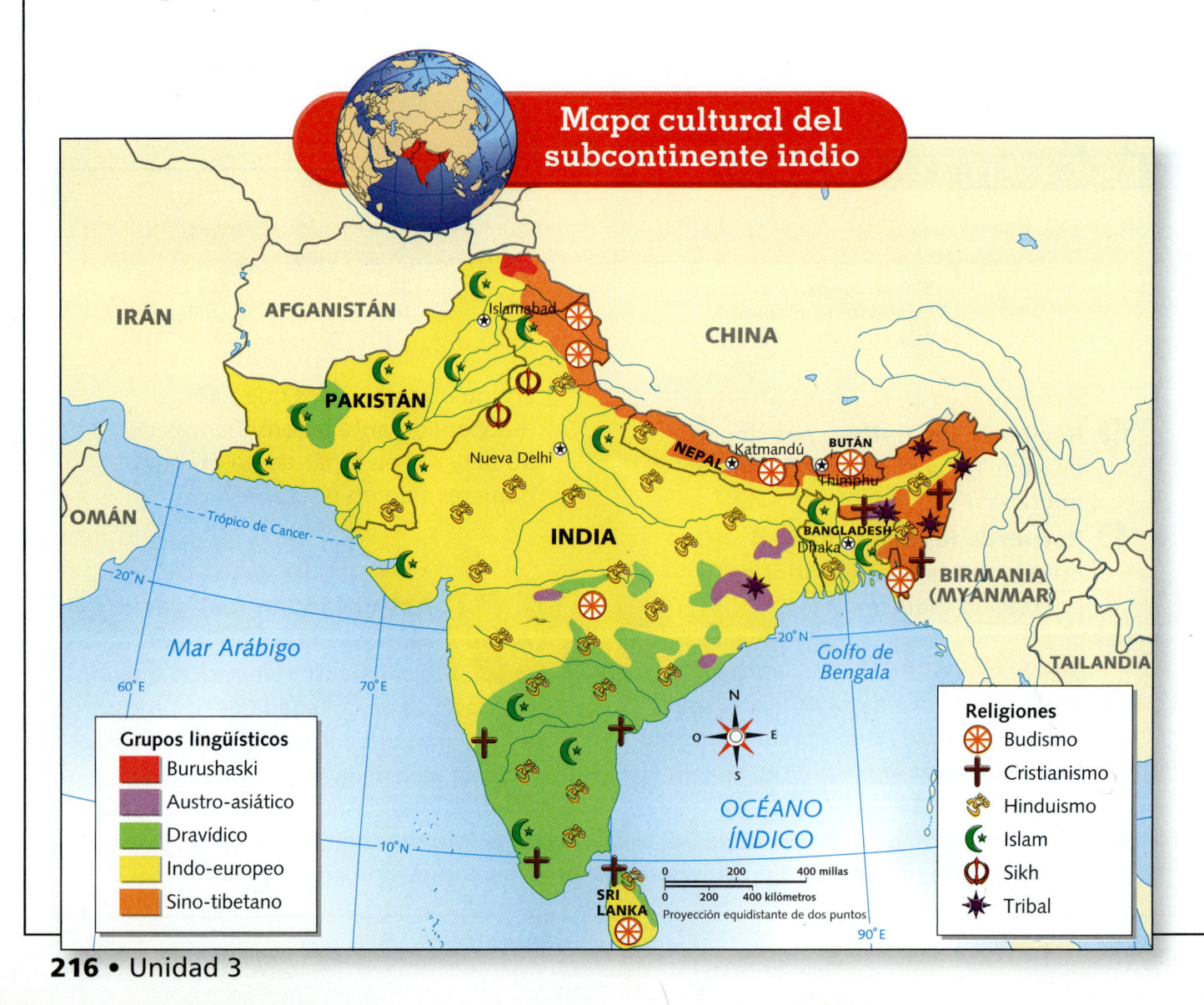

Mapa cultural del subcontinente indio

Grupos lingüísticos
- Burushaski
- Austro-asiático
- Dravídico
- Indo-europeo
- Sino-tibetano

Religiones
- Budismo
- Cristianismo
- Hinduismo
- Islam
- Sikh
- Tribal

Proyección equidistante de dos puntos

216 • Unidad 3

regiones.

Observa que este mapa del actual subcontinente indio tiene dos leyendas. La de la izquierda usa colores como símbolos. Los colores representan las lenguas que se hablan en el subcontinente indio. La leyenda indica que existen cinco grupos de lenguas principales.

La leyenda de la derecha utiliza dibujos pequeños a modo de símbolos. Cada uno de ellos representa una religión importante y está situado en el medio del área donde esa religión se profesa.

2. Comprende el proceso

Ahora que ya conoces los símbolos de las leyendas, usa estas preguntas como guía para generalizar acerca de las culturas actuales del subcontinente indio.

1. Identifica el color que cubre la mayor parte de la mitad norte de India. ¿Qué generalizaciones puedes hacer sobre la lengua de esa región?
2. ¿Cuál es el principal grupo de lenguas del sur de India?
3. ¿Cuál es el principal grupo de lenguas en Pakistán?
4. ¿Qué indican los símbolos en Pakistán?
5. ¿En qué país predomina el budismo?
6. ¿Se practica una sola religión en Bangladesh? Explica tu respuesta.
7. Generaliza acerca de la religión y la lengua de los siguientes países: Bangladesh, India, Pakistán y Bután.

3. Piensa y aplica

Haz un mapa cultural de Asia. Usa un atlas, una enciclopedia o un almanaque para obtener información. Emplea colores para mostrar los distintos grupos de lenguas y símbolos para indicar las religiones. Asegúrate de poner el nombre de cada país. ¿Qué grupos lingüísticos y religiones que no aparecen en el mapa de la página 216 aparecerán en el tuyo? Cuando hayas terminado pide a un compañero que use tu mapa para generalizar acerca de Asia contemporánea.

El "Templo Dorado" sikh en Amristsar, India, cerca de la frontera con Pakistán

LECCIÓN 4

ENFOQUE
¿Qué fuerzas crean y mantienen la unidad de un pueblo?

Idea principal
Mientras lees piensa en los métodos que los emperadores maurya y gupta emplearon para unificar la India.

Vocabulario
rajá
asesinato político
momento decisivo
misionero
número arábigo
vacuna

La unificación de India

400 a.C. | a.C. | d.C. | 400 d.C.

En tiempos de Buda el territorio de India estaba dividido. Los rajás, nombre con el que se conocía a los príncipes indios, gobernaban grandes ciudades-estado, ricas en productos alimenticios, joyas y metales. La riqueza de estas ciudades atrajo a pueblos invasores, entre ellos los persas, provenientes de Asia, y los griegos desde Europa. Durante más de dos siglos, después de la muerte de Buda, muchas partes del subcontinente indio estuvieron dominadas por fuerzas extranjeras. Finalmente, un joven indio logró expulsar a los invasores y someter a los rajás.

El primer Imperio Indio

Hacia el año 320 a.C. un joven emperador llamado Chandragupta Maurya logró unificar India y creó el Imperio Maurya. Chandragupta Maurya se basó en métodos crueles para gobernar el imperio. Obligó a los campesinos a trabajar como esclavos. Tenían que talar bosques y drenar pantanos para luego cultivar las tierras despejadas. Además, los campesinos tenían que pagar impuestos por sus cosechas.

La crueldad extrema de Chandragupta le hizo ganar muchos enemigos por todo el imperio. Como temía por su seguridad sólo aparecía públicamente durante festivales importantes. Además, hacía que sus criados probaran su comida por si estaba envenenada. Para evitar que lo asesinaran, cada noche dormía en una habitación distinta. Sin embargo, jamás se produjo ese temido asesinato político. En el año 297 a.C. Chandragupta cedió el trono a su hijo.

Chandragupta y su hijo gobernaron de acuerdo al *Arthashastra*, un libro según el cual los gobernantes debían regir con mano firme. En este libro se declaraba: "El gobierno es la ciencia del castigo".

Esta obra de arte de la cultura maurya es parte de una serie de tablillas que describen a gobernantes del pasado.

218 • Unidad 3

El *Arthashastra* también defendía la guerra como un método legítimo de los gobernantes para lograr sus fines. Al gobernar con mano firme, conforme a la teoría del *Arthashastra*, tanto Chandragupta como su hijo lograron expandir el Imperio Maurya hasta incluir lo que hoy es la región occidental de Pakistán y el sur de India.

REPASO *¿Qué tipo de gobernante era Chandragupta?*

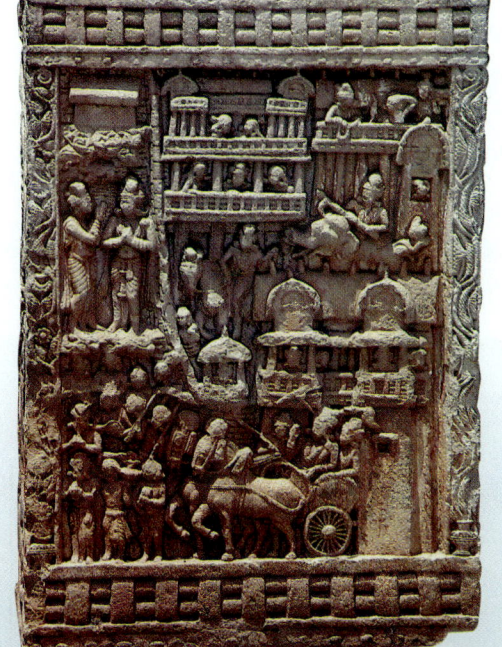

El reino de Asoka

El nieto de Chandragupta, Asoka, se convirtió en emperador hacia el año 273 a.C. Asoka gobernó con la misma crueldad que su padre y su abuelo. Sostenía que "un reino más poderoso que otro debe lanzarse a la guerra".

En el año 265 a.C., aproximadamente, Asoka condujo su ejército hasta el reino de Kalinga, en la frontera sur del imperio. Las fuerzas maurya aplastaron a las de Kalinga. Según las palabras del propio Asoka: "se deportaron a más de 150,000 personas, se mataron a 100,000 y, en total, murieron muchas veces más ese número de personas".

Durante el Imperio Maurya, los budistas construyeron grandes monumentos funerarios llamados stupas. El Gran Stupa de Sanchi, India (abajo), aún está en pie. Al igual que la mayoría de los stupas, está cubierto de dibujos y relieves. (izquierda) Los budistas muestran respeto por el stupa caminando alrededor de él.

Imperio Maurya, aprox. 250 a.C.

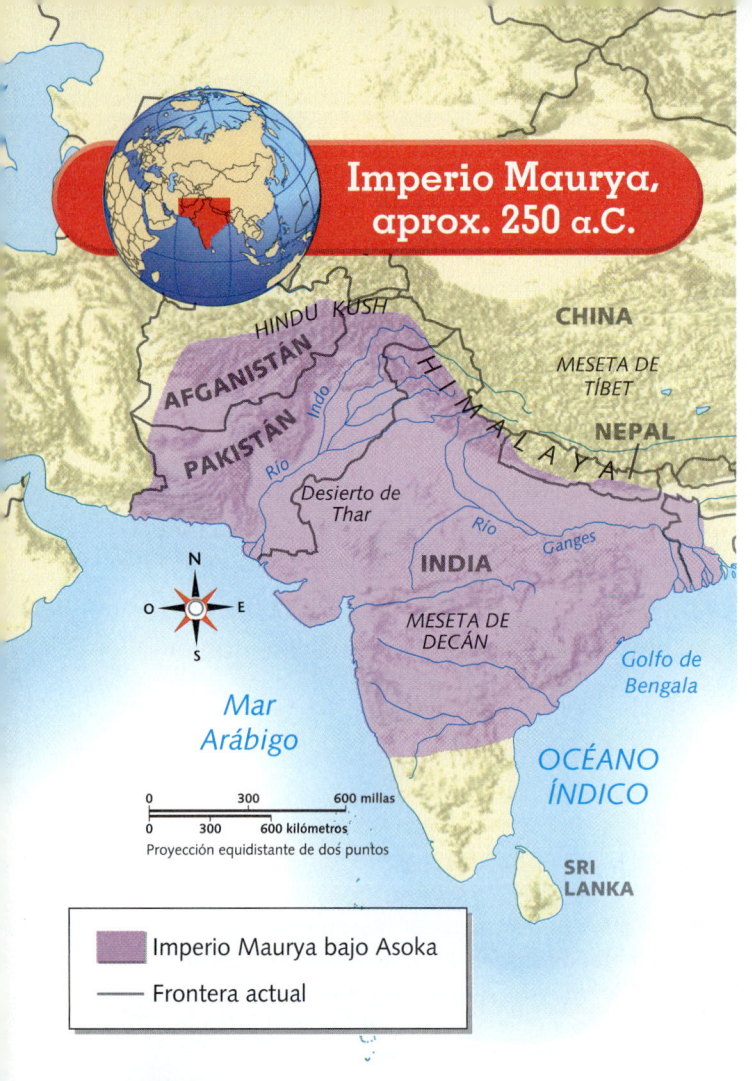

Lugar El Imperio Maurya alcanzó su mayor extensión durante el reino de Asoka.
■ ¿Qué parte del subcontinente indio no estaba bajo el dominio de los Maurya?

- Imperio Maurya bajo Asoka
- Frontera actual

religión, para difundir el budismo por otras regiones de Asia.

Asoka empleó su poder para mejorar la calidad de vida de sus súbditos. Durante su gobierno, la gente comenzó a poner menos énfasis en el sistema de castas.

Asoka fue un emperador tan justo que pasó a la historia como "el gobernante más grande y más noble que jamás haya conocido India". Sin embargo, no mucho después de su muerte en el año 232 a.C., India volvió a convertirse en un territorio dividido en muchos reinos pequeños.

En el presente, sin embargo, India guarda respeto por Asoka. Los dibujos del león y la rueda con los que Asoka ordenaba decorar sus edictos son símbolos de la India actual.

REPASO *¿Qué principios siguió Asoka para gobernar India después de la invasión de Kalinga?*

La invasión de Kalinga fue un **momento decisivo** en la vida de Asoka. Un momento decisivo es un momento importante de cambio. La sangrienta invasión de Kalinga hizo que Asoka abandonara la violencia. Asoka adoptó el budismo y por ello dejó de cazar animales y de comer carne. Su conversión hizo que mucha gente del imperio también adoptara costumbres pacíficas.

Asoka decretó varios edictos, o mandatos, para difundir el mensaje de Buda. Ordenó que los edictos se grabaran en rocas y en pilares a lo largo de los caminos. Muchos de estos pilares aún se pueden leer. Uno de los edictos decía: "obedece a tu padre y tu madre". Asoka también envió **misioneros**, o personas que predican una

BIOGRAFÍA

Asoka
gobernó 273 a.C. – 232 a.C.

Asoka heredó el reino de India de su padre, Bindusara. Antes de ocupar el cargo de emperador, Asoka fue gobernador de dos grandes ciudades, Taxilla y Ujjain. Cuando se convirtió al budismo, basó su gobierno en una política de paz y sin violencia, o *ahimsa*. Gobernó de acuerdo al *dharma*, o los "principios correctos de la vida".

Asoka colocó esculturas de leones y ruedas sobre pilares a lo largo de los antiguos caminos de India.

Los Gupta asumen el poder

Tan sólo cincuenta años después de la muerte de Asoka, el Imperio Maurya se derrumbó a causa de las luchas internas entre las ciudades-estado. Pasarían 500 años hasta que otro gran imperio, el Imperio Gupta, lograra unificar India una vez más.

En el año 320 d.C., Chandragupta I se convirtió en el gobernante de un pequeño reino del valle del Ganges y no tardó mucho tiempo en controlar todo el valle. Su hijo, Samudra Gupta, y su nieto, Chandragupta II, continuaron la expansión del territorio. Si bien el Imperio Gupta jamás alcanzó las dimensiones del Imperio Maurya, estos gobernantes pusieron fin a siglos de guerras. Durante 200 años, India gozó de paz y prosperidad.

Casi todo lo que se sabe del Imperio Gupta proviene de los escritos de Faxian, un monje budista que viajó a través de India en el siglo V. Faxian permaneció en India durante 10 años, reuniendo escritos budistas para llevarlos a China. Faxian también escribió sobre sus viajes. Sus escritos están compilados en el *Fo Kuo Chi*, un libro conocido en inglés con el nombre de *Record of Buddhist Kingdoms*.

Faxian escribió que la gente "vive muy bien". Las personas gozaban de tal libertad que "si quieren ir, van, y si desean detenerse, se detienen". A Faxian le asombró lo bien mantenidos que estaban los caminos y los majestuosos palacios, templos y monumentos que vio a su paso. También escribió acerca de los hospitales gratuitos donde la gente iba a curarse. A juicio de Faxian, el imperio era un lugar seguro y feliz.

Faxian también viajó a la región que ahora es Sri Lanka para aprender más sobre el budismo. Cuando regresó a China, se dedicó a traducir importantes textos budistas que había encontrado durante sus travesías. Su viaje a India ayudó a consolidar el budismo en China y pudo haber ayudado a mejorar las relaciones entre India y China.

REPASO *¿Cómo se vivía en India durante el Imperio Gupta?*

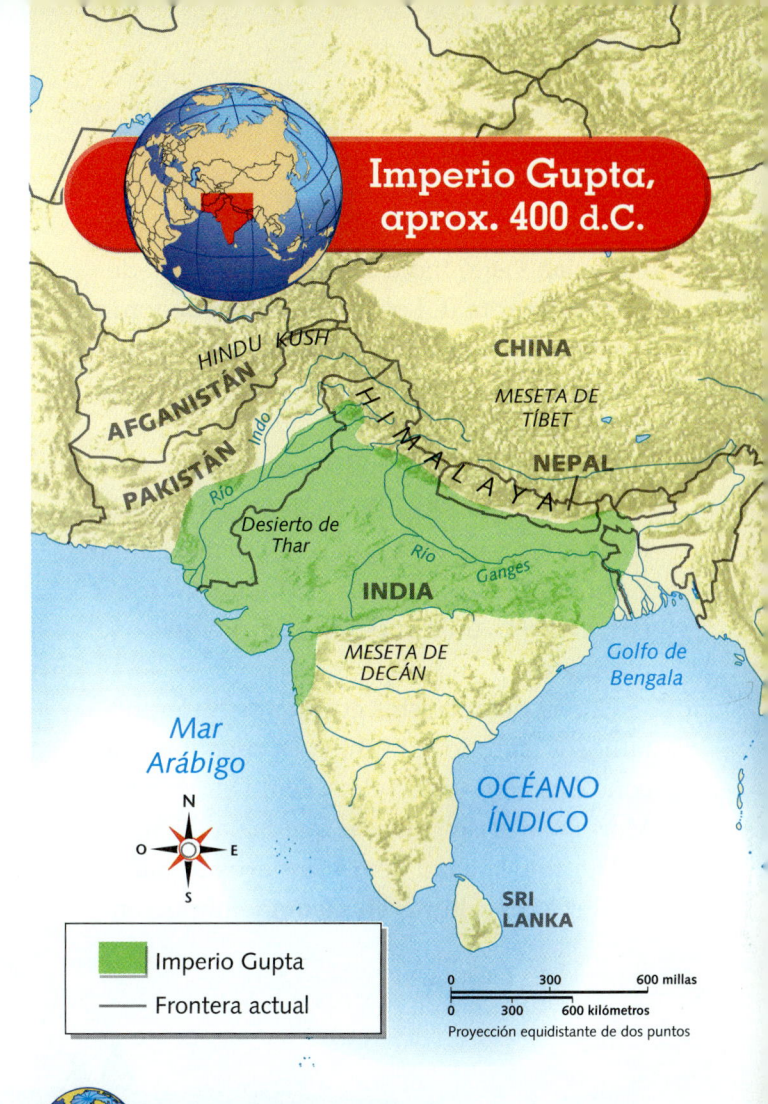

Imperio Gupta, aprox. 400 d.C.

Regiones El Imperio Gupta llegó al poder hacia el año 300 d.C., casi 600 años después del Imperio Maurya.
■ ¿Por qué crees que ninguno de estos imperios se expandió hacia el nordeste, en lo que hoy es China?

En esta moneda aparece la imagen de Chandragupta II, quien gobernó India durante la edad de oro.

Capítulo 5 • 221

La edad de oro de India

Faxian visitó India durante el reinado de Chandragupta II. Los historiadores denominan a ese período la edad de oro de India. Fue un período de paz, crecimiento y grandes logros en el arte y las ciencias.

Chandragupta II apoyó a muchos escritores y artistas. El más conocido de ellos fue quizás Kalidasa, un escritor famoso por sus poemas y obras de teatro. De esta época también es el *Panchatantra*, un compendio de cuentos populares.

Con el tiempo estos cuentos se hicieron famosos en todo el mundo. Es probable que conozcas algunos de ellos, como el de "Simbad el Marino" o el de "Juan, el que mata gigantes".

Durante la edad de oro, los artistas tallaron hermosas esculturas en piedra y fabricaron fantásticos objetos de metal. Uno de estos objetos es un pilar de hierro, hecho para Chandragupta II aproximadamente en el año 400 d.C. El pilar mide 23 pies (7 m) de altura; aún está en pie cerca de la ciudad de Delhi, y prácticamente no se ha oxidado.

También se lograron avances muy importantes en el campo de la medicina y las matemáticas. En el año 595 d.C., los matemáticos indios ya habían desarrollado el sistema numérico decimal: del 1 al 9 y el cero. Aunque se conocen como **números arábigos**, estos números se empleaban en India mucho antes de que los comerciantes árabes los adoptaran.

Durante la edad de oro, los médicos indios inventaron técnicas para inmovilizar huesos fracturados y para facilitar el parto a las mujeres. Al igual que los cirujanos actuales, los médicos de India usaban la piel de otras partes del cuerpo para reparar orejas y narices dañadas.

Ruinas de una antigua universidad budista en lo que hoy es Nalanda, India

Las cuevas de Ajanta, en India, son en realidad templos budistas que fueron excavados en la roca entre los años 200 a.C. y 600 d.C. Estas cuevas son una de las fuentes de información más importantes sobre las culturas de India.

También esterilizaban los instrumentos de cirugía y empleaban **vacunas**, un procedimiento médico que consiste en transmitir una enfermedad atenuada para evitar que se produzca esa misma enfermedad con mayor seriedad. Esta técnica no se empleó en Europa y las Américas sino hasta el siglo XVIII.

Los comerciantes llevaron muchas de estas ideas a otras regiones. Los mercaderes árabes llevaron especias, paños, alfombras y joyas indias hacia la región del Mediterráneo, y libros e ideas a Europa y África. Las noticias de los avances de India llegaron a muchas partes del mundo.

REPASO *¿Qué conocimientos importantes se lograron en India durante el Imperio Gupta?*

LECCIÓN 4 • REPASO

| 400 a.C. | 200 a.C. | a.C. | d.C. | 200 d.C. | 400 d.C. |

320 a.C. aprox.
• Comienza el Imperio Maurya

273 a.C. aprox.
• Comienza el gobierno de Asoka en India

320 d.C.
• Comienza el Imperio Gupta

Comprueba lo que aprendiste

1. **Recuerda los datos** ¿Quién fundó el primer Imperio Indio? ¿Qué gobernante decidió terminar con la violencia?

2. **Recuerda la idea principal** ¿Qué métodos emplearon los gobernantes maurya y gupta para unificar India? ¿En qué se asemejan? ¿En qué difieren?

Piensa críticamente

3. **En mi opinión** ¿Quién crees que era mejor gobernante, Chandragupta Maurya o Asoka? ¿Por qué?

4. **Piensa más sobre el tema** ¿Por qué los historiadores denominan la edad de oro al reinado de Chandragupta II?

Muestra lo que sabes
Actividad: Presentación Oral Asoka gobernó según las doctrinas de Buda. Imagina que visitas India en la época de Asoka. Describe a tus compañeros el efecto de las acciones del emperador en la calidad de vida de la gente. Luego, escucha las descripciones de tus compañeros.

Capítulo 5 • 223

LECCIÓN 5

El Imperio Persa

1000 a.C.   500 a.C.   a.C. | d.C.   500 d.C.   1000 d.C.

Hacia el año 900 a.C. algunos pueblos arios se establecieron en el oeste de India, en lo que hoy es Irán. Es probable que el nombre *Irán* provenga de la palabra ario. Los arios que se establecieron en Irán con el tiempo fueron conocidos como los persas.

Ciro, el arquitecto del Imperio Persa

Los persas vivían en la meseta de Irán, una vasta región que se extiende desde India hasta los montes Zagros. Desde esa meseta, se expandieron en todas direcciones. Conquistaron a los babilonios en el 539 a.C., y a Egipto en el 525 a.C. Con el tiempo, crearon el imperio más vasto que se conociera hasta entonces.

El ejército persa era enorme. La gran cantidad de soldados y su tecnología bélica avanzada eran una combinación insuperable. Los soldados de infantería usaban cascos de bronce y escudos, lo cual les daba una gran ventaja en el combate cuerpo a cuerpo. Los persas también eran temibles en el mar.

Los persas se valían de la **caballería**, soldados que montaban caballos o camellos para atacar con rapidez. Además, combatían con carros que llevaban cuchillas fijadas a las ruedas. En menos de veinte años, el ejército persa logró conquistar un territorio que se extendía desde el norte de India hasta el norte de África.

El gobernante que estableció el Imperio Persa se llamaba Ciro el Grande. Ciro nació entre los años 590 y 580 a.C. y jamás perdió una batalla, excepto la última. En esa batalla combatió contra un pueblo del mar Caspio, gobernado por la reina Tomyris. Ella envió su pequeño ejército para hacer frente a las fuerzas de Ciro. Heródoto, un historiador griego,

---

ENFOQUE

¿Cómo producen cambios los gobernantes poderosos?

Idea principal

Mientras lees piensa en la influencia que los gobernantes persas tuvieron en el desarrollo de su imperio y de su civilización.

Vocabulario

caballería
tributo
mensajero
profeta
zoroastrismo

Esta escultura es posiblemente de Ciro el Grande, fundador del Imperio Persa.

224 • Unidad 3

El Imperio Persa

Imperio Persa bajo Ciro el Grande (aprox. 530 a.C.)
Territorio ocupado por Darío (aprox. 500 a.C.)
● Capital — Camino real

Movimiento El Imperio Persa logró su máxima expansión bajo el mando de Ciro el Grande.
■ *¿En qué continentes añadió Darío nuevos territorios?*

posteriormente describió la batalla de este modo:

> En un principio ambos ejércitos mantuvieron la distancia y se dispararon flechas. Cuando sus carcajes se vaciaron, lucharon cuerpo a cuerpo con lanzas y puñales. Y de este modo continuaron la batalla por un tiempo, sin que ninguna de las partes cediera terreno.

Finalmente, los soldados de Tomyris mataron a casi todos los persas, incluyendo a Ciro. Esa batalla puso fin a la expansión del Imperio Persa.

REPASO ¿Quién creó el Imperio Persa?

Darío, el organizador

Darío, el emperador persa de 522 a 486 a.C., tuvo a su cargo la tarea de organizar el vasto imperio y lo logró con éxito. Dio a los pueblos que constituían el imperio plena libertad para mantener sus costumbres. Además eligió a gobernantes locales para que gobernaran con sus propias normas. Darío también llevó a cabo varios proyectos para mejorar el comercio y el transporte. Uno de estos proyectos fue la construcción de un canal en Egipto que unía el mar Rojo con el Nilo.

Los territorios conquistados por los persas debían enviar anualmente un **tributo**, o pago,

Capítulo 5 • 225

Ruinas del palacio de Darío en Persépolis, hoy parte de Irán

al emperador. En Persépolis, la capital fundada por Darío, hay grabados en piedra en los que se muestra a diferentes pueblos pagando sus tributos. Allí aparecen los babilonios llevando ganado, los asirios portando cueros curtidos y los indios cargando recipientes llenos de oro en polvo. Otros pueblos aparecen ofreciendo telas finas, cerámicas, caballos y camellos.

Durante su gobierno, Darío tuvo que hacer frente a un desafío. ¿Cómo podía comunicarse con regiones situadas a miles de kilómetros de la capital? Para lograrlo, creó un sistema de jinetes. Los jinetes, llamados ==mensajeros==, cabalgaban a través del imperio, cambiando de caballo en estaciones situadas a lo largo de las rutas.

Los mensajeros lograban cubrir una distancia de 1,677 millas (2,699 km) en una semana. Hacia el año 440 a.C., el historiador griego Heródoto escribió: "No hay nada en el mundo que viaje más rápido que los mensajeros persas. Nada, ni la nieve, la lluvia, el calor o la oscuridad, impide que estos mensajeros cubran su ruta asignada lo más rápido posible". El servicio postal de Estados Unidos emplea palabras similares para describir a sus carteros.

REPASO *¿Qué hizo Darío para comunicarse con todas las regiones del imperio?*

226 • Unidad 3

Zaratustra, el profeta

Los primeros persas adoraban a muchos dioses, hasta que un profeta llamado Zaratustra fundó una nueva religión. Un **profeta** es una persona quien se cree que es portadora de un mensaje divino. La religión creada por Zaratustra se llamó **zoroastrismo** y se basaba en la existencia de dos dioses.

Uno de los dioses, Ahura Mazda, o "dios sabio", era una divinidad bondadosa que representaba el bien. El otro dios y enemigo de Ahura Mazda era Ahrimán. Según el zoroastrismo, el bien y el mal, encarnados en estos dos dioses, están en lucha continua. La batalla terminará un día con la victoria del bien.

Este relieve, del año 800 a.C., aproximadamente, representa a Ahuma Mazda, el dios de la verdad y la bondad del zoroastrismo.

"La Tierra es un campo de batalla, una lucha entre las fuerzas de la luz y las fuerzas de la oscuridad", dijo Zaratustra. Los seguidores de esta religión creían en la existencia de un paraíso más allá de la muerte.

A medida que los persas expandían el imperio también propagaban su religión, costumbres y cultura. Pero al debilitarse el imperio, los persas tuvieron que luchar contra sus conquistadores para mantener su herencia cultural. Las luchas continuaron hasta el año 750 d.C., cuando los árabes conquistaron la región e implantaron su propia religión: el islam.

REPASO ¿Qué es el zoroastrismo?

LECCIÓN 5 • REPASO

- **900 a.C. aprox.** Los arios llegan a lo que hoy es Irán
- **522 a.C.** Comienza el gobierno de Darío
- **486 a.C.** Termina el gobierno de Darío
- **750 d.C. aprox.** Los árabes conquistan el Imperio Persa

Comprueba lo que aprendiste

1. **Recuerda los datos** ¿Quién logró la máxima expansión del Imperio Persa?
2. **Recuerda la idea principal** Menciona un logro de cada uno de estos personajes: Ciro, Darío y Zaratustra.

Piensa críticamente

3. **Piensa más sobre el tema** ¿Por qué era importante que los mensajes llegaran con rapidez a todas partes del Imperio Persa?
4. **Causa y efecto** ¿Qué podría haber pasado si Ciro hubiera ganado la batalla contra la reina Tomyris?

Muestra lo que sabes

Actividad: Discurso

¡Felicitaciones! Has sido elegido presidente de tu clase. Escribe un discurso en el que describas los cambios que, como gobernante poderoso pero justo, pretendes llevar a cabo. Asegúrate de explicar cómo van a funcionar tus cambios y por qué crees que estos cambios son necesarios. Si tienes una grabadora, puedes leer tu discurso en voz alta y grabarlo, para después escuchar cómo suena. Presenta el discurso ante tus familiares o tus compañeros de clase.

Capítulo 5 • 227

CAPÍTULO 5 REPASO

3000 a.C. — **2000 a.C.**

2500 a.C. aprox.
- Comienza la civilización harappa

CONECTA LAS IDEAS PRINCIPALES

Usa este organizador para describir las culturas de India y Persia. Enumera tres detalles de cada idea principal. En la página 46 del Cuaderno de actividades aparece una copia del organizador.

La civilización del valle del Indo
La ubicación geográfica de la civilización del valle del Indo afectó su desarrollo y supervivencia.
1. _____
2. _____
3. _____

La geografía de la antigua India
La elevación y el clima de India influyeron en el modo de vida de los antiguos habitantes de India.
1. _____
2. _____
3. _____

India y Persia

Los arios transforman India
La llegada de los arios a India cambió el modo de vida de los nativos.
1. _____
2. _____
3. _____

La unificación de India
Los gobernantes maurya y gupta emplearon métodos distintos para unificar a India.
1. _____
2. _____
3. _____

El Imperio Persa
Gobernantes poderosos influyeron mucho en el desarrollo del imperio y la civilización persas.
1. _____
2. _____
3. _____

ESCRIBE MÁS SOBRE EL TEMA

Escribe preguntas Escribe cinco preguntas que te gustaría hacer a un hindú de la actualidad.

Escribe para comparar y contrastar Redacta varios párrafos sobre las similitudes y las diferencias entre el hinduismo y el budismo.

Escribe una descripción La siguiente cita del *Arthashastra* describe cómo gobiernan algunos gobernantes: "El gobierno es la ciencia del castigo". ¿Crees que castigar a los ciudadanos es un buen modo de gobernar? ¿Por qué? Escribe una breve descripción de un gobierno competente.

1000 a.C.		a.C. | d.C.		1000 d.C.
1500 a.C. aprox. • Comienza la migración de los arios hacia India	**563 a.C.** • Nace Buda	**320 a.C. aprox.** • Comienza el Imperio Maurya	**320 d.C.** • Comienza el Imperio Gupta	**750 d.C. aprox.** • Los árabes conquistan el Imperio Persa

USA EL VOCABULARIO

Escribe una o dos oraciones con cada grupo de palabras para mostrar cómo se relacionan entre sí:

1. sánscrito, Vedas
2. hinduismo, casta, intocables
3. números arábigos, vacuna
4. profeta, zoroastrismo

COMPRUEBA LO QUE APRENDISTE

5. ¿Qué ventaja tenían los arios sobre los nativos de India en la lucha por las tierras de cultivo?
6. ¿Cuáles son algunas de las cosas que los arios introdujeron en India?
7. ¿Cuáles son los tres dioses principales del hinduismo?
8. ¿Qué influencia tuvo el sistema de castas en la antigua sociedad india?
9. ¿Qué hizo que Siddhartha Gautama emprendiera su búsqueda del saber?
10. ¿Cuál fue el acontecimiento que hizo que Asoka cambiara su modo de gobierno?
11. ¿Qué avances importantes se produjeron durante la edad de oro de India?
12. ¿Qué consecuencias tuvo en Persia el sistema de mensajeros creado por Darío?

PIENSA CRÍTICAMENTE

13. **Piensa más sobre el tema** ¿Cómo la creencia en la reencarnación puede influir en las personas que son parte del sistema de castas?
14. **Explora otros puntos de vista** ¿Qué opinión tenía, probablemente, un sacerdote hindú acerca del sistema de castas? ¿Y un intocable?
15. **Ayer y hoy** El budismo se ha extendido a muchos países con culturas diferentes. ¿Por qué crees que esta religión se practica en tantas partes del mundo?
16. **En mi opinión** Imagina que eres miembro de la casta sudra. ¿Crees que te resignarías a permanecer en esta casta toda la vida? Explica por qué.

APLICA TUS DESTREZAS

Usa un mapa cultural Elige un país. Usa una enciclopedia para determinar cómo se distribuyen las religiones y lenguas principales de ese país. Haz un mapa con esa información representándolos con colores y símbolos. Cuando termines, intercambia tu mapa con un compañero. Escribe una breve descripción sobre la información que aparece en el mapa de tu compañero.

LEE MÁS SOBRE EL TEMA

El Ramayana de Valmiki de Carmela Eulate. Editorial Porrúa, S.A. 1994. El Ramayana pertenece a las grandes obras de la literatura universal y esta edición ha sido adaptada para que los lectores jóvenes conozcan un episodio de la mitología de India.

Visita nuestra página en Internet en **http://www.hbschool.com** para recursos adicionales.

Capítulo 5 • **229**

CAPÍTULO

6

CHINA

Estatua de tamaño natural de un soldado chino, tallada aproximadamente en el año 210 a.C.

"Hacia el este fluye el gran río,
 sus gigantescas olas por miles de años
 a los galantes hombres han arrastrado."

Su Shi, poeta chino
1037–1101

La geografía de China

En tiempos remotos, la geografía aisló a China y a sus habitantes del resto del mundo. Las montañas, los desiertos y las grandes masas de agua dificultaban los viajes. Por ese motivo, los habitantes de China desarrollaron una apreciación especial por su territorio. La geografía de China moldeó la civilización, la cultura y las creencias de sus habitantes.

LECCIÓN 1

ENFOQUE
¿De qué manera los accidentes geográficos separan actualmente las regiones de Estados Unidos?

Idea principal
Mientras lees piensa en la manera en que las montañas y los ríos han dividido a China en varias regiones, cada una con su propia cultura.

Vocabulario
loess
cuenca
dialecto

El territorio de China

China está situada en el extremo este de Asia. Hoy en día, cubre más de 3,696,100 millas cuadradas (9,572,160 kilómetros cuadrados), y es el tercer país más grande del mundo. Se extiende 3,100 millas (4,989 km) de este a oeste y aproximadamente 3,400 millas (5,472 km) de norte a sur. Todo el territorio continental de Estados Unidos cabe dentro las fronteras de China.

En China hay muchos ríos largos y anchos que atraviesan el país. Los ríos más grandes son el Huang He, o "río Amarillo", en el norte, y el Chang Jian, o "río Largo", en el sur.

El Huang He serpentea unas 2,900 millas (4,667 km), desde su nacimiento en las altas mesetas de la región oeste de China, hasta su desembocadura en el Mar Amarillo. A lo largo de su curso por los desiertos del norte recoge **loess**, o sedimento amarillo. Este sedimento colorea las aguas y de allí deriva el nombre del Huang He.

El afluente más grande del Huang He es el río Wei. El Wei comienza en la región central de China y fluye hacia el este hasta desembocar en el Huang He.

Un agricultor riega su huerta al norte de Cantón, China.

Capítulo 6 • **231**

El Chang Jiang, también llamado Yangtze, es el tercer río más largo del mundo. Solamente el Nilo, en África, y el Amazonas, en América del Sur, son más largos. El Chang Jiang recorre aproximadamente 3,430 millas (5,520 km), desde la región montañosa del Tíbet, hasta el océano Pacífico. Cruza sinuosamente las montañas y se precipita a través de desfiladeros profundos antes de llegar al mar.

China no sólo es famosa por sus ríos poderosos sino también por sus montañas escarpadas. La mayoría de las cordilleras de China son altas, rocosas y difíciles de atravesar. Una de ellas es la cordillera Taihang, que atraviesa el centro de la región norte de China, de norte a sur. Otra cadena de montañas, la cordillera Qinling, se extiende de este a oeste.

REPASO *¿Cuáles son algunos de los ríos y montañas más importantes de China?*

Las regiones de China

Los ríos y las montañas dividen a China en varias regiones. La cordillera Qinling divide al país por la mitad: la región norte y la región sur. A su vez, estas regiones se pueden subdividir en zonas más pequeñas.

Entre las principales regiones del norte de China se encuentran: la gran llanura del norte de China, la península de Shandong y el valle del Huang He.

Estas fotos, una del Huang He serpenteando a través de las montañas (izquierda) y la otra de Beijing (abajo), muestran que China es un país a la vez antiguo y moderno.

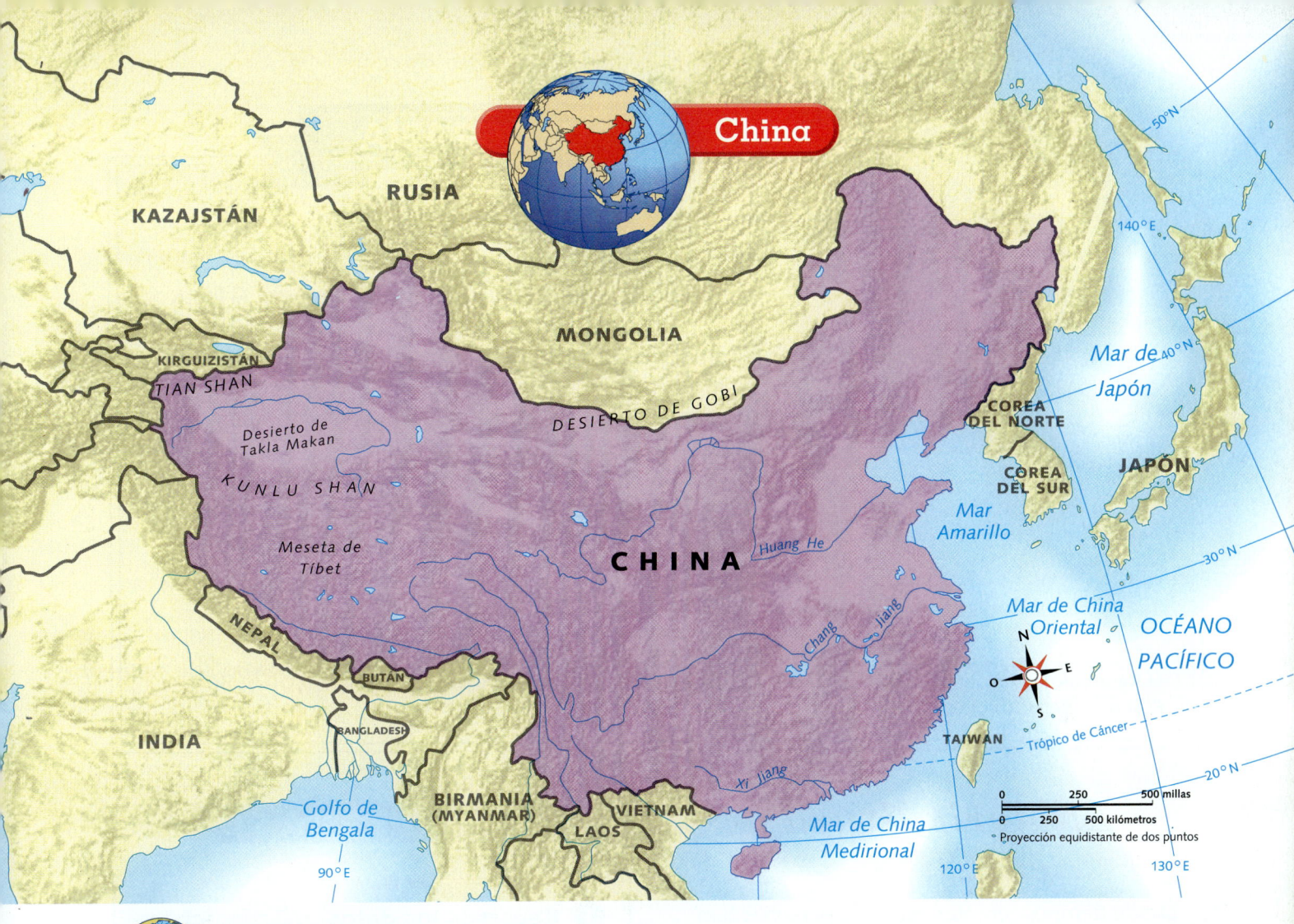

Regiones China está dividida en varias regiones.
■ ¿Por qué crees que la civilización china se desarrolló en el este del país en vez del oeste?

Algunas de las regiones más importantes del sur de China son la cuenca de Szechwan, la cordillera del Sureste y la cuenca del Chang Jiang. Una **cuenca** es una área amplia, de forma cóncava y rodeada de tierras más altas.

Al oeste de la cordillera Qinling se encuentra la meseta del Tíbet. Esta meseta, situada en la región suroeste de China ocupa cerca de un cuarto de la extensión del territorio. La altitud de la meseta varía de los 13,000 pies (3,962 m) a los 26,000 pies (7,925 m), aproximadamente. Al norte de la cordillera Qinling se encuentra el enorme desierto de Gobi. Esta zona de 500,000 pies cuadrados (46,450 metros cuadrados) es muy seca y en ella crecen muy pocas plantas.

Cada una de las regiones de China tiene su propio clima y geografía. Muchas regiones también tienen una cultura propia. En cada región se habla un **dialecto** específico, es decir una manera particular de hablar el idioma chino. Es por eso que a menudo los habitantes de una región no entienden el dialecto de otra región.

Los ríos y las montañas de China son una de las principales causas de las diferencias que existen entre una región y otra. Durante siglos, estas montañas y ríos mantuvieron aislados a los habitantes de las diferentes regiones. Al no tener contacto con forasteros, los habitantes de cada región desarrollaron su propio modo de vida.

REPASO ¿En qué se diferencian las regiones de China?

Capítulo 6 • 233

GEOGRAFÍA

Loess

El sedimento que constituye los suelos fértiles y arenosos del valle del Huang He se llama loess. El loess se diferencia de otros suelos en que nunca cesa de acumularse y de desplazarse con el azote de los vientos. A veces, la acumulación de loess causa desbordamientos. El avance rápido de las aguas arrasa con todo lo que encuentra a su paso. Los montículos de loess pueden hacer que el río cambie su curso, causando estragos y muerte. Hubo realmente muy buenas razones para llamar al Huang He "el río de los pesares". Sin embargo, esas mismas inundaciones depositan loess, creando tierras fértiles, excelentes para el cultivo.

El loess colorea de amarillo el agua del Huang He, que significa "río Amarillo". El Huang He ha cambiado de curso varias veces a causa del loess que transporta.

La agricultura en China

Desde tiempos remotos miles de personas han habitado la gran llanura del norte y el valle del Huang He. Asimismo, éstas han sido las regiones productoras de alimento más importantes de China. La agricultura en el norte del país siempre ha presentado un desafío. El clima es frío y seco, y la estación de cultivo es corta. Sin embargo, la tierra a lo largo del Huang He es fertilizada por los depósitos de sedimento del río. El suelo fértil ha permitido a los agricultores del norte del país plantar trigo y otros cereales, así como una variedad de hortalizas.

La región sur de China tiene un clima más cálido y períodos de cultivo más largos. Los agricultores de la cuenca del Chang Jiang producen tres cuartas partes de todo el arroz que se come en China. El trigo, el maíz y los frijoles son tan sólo algunos de los cultivos que se plantan en la cuenca del Chang Jiang.

REPASO *¿Cuáles son algunos de los cultivos que se plantan en China?*

LECCIÓN 1 • REPASO

Comprueba lo que aprendiste

1. **Recuerda los datos** ¿Cuáles son los dos ríos más importantes de China?
2. **Recuerda la idea principal** ¿Qué efecto han tenido las montañas y los ríos en China?

Piensa críticamente

3. **Ayer y hoy** ¿De qué modo afecta a los habitantes de China vivir en un país de muchas culturas?
4. **Piensa más sobre el tema** Si China no tuviera montañas y grandes ríos, ¿cómo crees que sería?

Muestra lo que sabes

Actividad: Mapa
Imagina que recorres en barco el río Huang He, desde el nacimiento hasta la desembocadura. Haz un mapa de la ruta.

La primera civilización china

| 5000 a.C. | 3000 a.C. | 1000 a.C. |

LECCIÓN 2

ENFOQUE
¿De qué forma la actitud de un pueblo hacia su pasado puede afectar su modo de vida?

Idea principal
Mientras lees piensa en la manera en que el respeto por los antepasados influyó en la vida de los antiguos chinos.

Vocabulario
leyenda
rito
antepasado
hueso oracular
oráculo
caracter

La civilización china tiene una historia larga y compleja. A lo largo de los años, los historiadores han mantenido un registro casi completo de gobernantes, culturas y acontecimientos importantes. Esta cadena histórica vincula a la China moderna con sus primeras civilizaciones. Dos de las civilizaciones antiguas más importantes se establecieron en valles fluviales: una a lo largo del Huang He y la otra a lo largo del Chang Jiang.

Hechos y leyendas sobre el origen de China

Al igual que otros pueblos, los chinos han explicado su pasado valiéndose de **leyendas**, o relatos transmitidos de generación en generación. Una de esas leyendas cuenta que la diosa Nugua utilizó arcilla para crear los primeros seres humanos. Otra leyenda relata cómo su esposo, Fuxi, inventó la escritura observando las huellas de pájaros y otros animales.

Pero es probable que la leyenda más famosa sea la de Yu el Grande y la gran inundación. Esta leyenda cuenta del tiempo cuando casi todo el país estaba cubierto por agua. Para salvar a China, Yu el Grande cavó profundos ríos para contener el exceso de agua. Yu trabajó arduamente durante 13 años para las evitar inundaciones. Cuando su tarea terminó, los agricultores pudieron cultivar otra vez. Aún hoy en día los niños chinos dicen: "Si no fuera por Yu el Grande, todos seríamos peces".

Los historiadores quizás nunca lleguen a saber si Yu el Grande logró controlar las inundaciones. Ni siquiera hay evidencia alguna de su existencia. Pero esta leyenda nos dice mucho sobre los antiguos habitantes de China: nos muestra la importancia que tenía la agricultura.

Es probable que esta hacha se utilizara en ceremonias religiosas en la antigua China.

Capítulo 6 • **235**

Hacia el año 5000 a.C. los agricultores ya plantaban cultivos en las regiones norte y sur del país. Además, existe evidencia de que en esa época había perros y cerdos domesticados. En el norte se plantaba mijo, frutas y hortalizas; y en el sur, arroz. Hacia el año 3000 a.C. ya se criaba ganado tanto en la región sur como en el norte.

En ambas regiones los agricultores asentados fabricaban cerámicas. Utilizaban vasijas, jarrones y otras piezas para almacenar y transportar arroz y otros cereales. Algunas de las cerámicas estaban decoradas con diseños sencillos y se colocaban en las tumbas. Hermosos objetos de jade, una piedra dura generalmente de color verde, se han encontrado en las tumbas.

REPASO *¿Por qué es importante la leyenda de Yu el Grande?*

Las dinastías Xia y Shang

Aproximadamente en el año 2000 a.C. había cientos de poblados cerca de los ríos Chang Jiang y Huang He. Al igual que en otras civilizaciones, algunas de estas poblaciones agrícolas terminaron por convertirse en ciudades. Más tarde, esas ciudades se transformaron en reinos poderosos que competían entre sí por los recursos de la región. Esta rivalidad a menudo causó problemas y luchas entre los reinos.

Según cuenta una leyenda, Yu el Grande logró dominar varios reinos después de encontrar la manera de controlar las inundaciones, y tras su muerte, su hijo continuó gobernando.

Esta vasija, de la época de la dinastía Shang, se usaba en la preparación de alimentos. Su forma le permitía sostenerse fácilmente sobre un fuego pequeño.

TEMA: MAPAS — Relaciones entre el ser humano y el ambiente
Los Shang reclamaron tierras del este de Asia.
■ *¿Por qué crees que otros grupos querían controlar la tierra que dominaban los Shang?*

Dinastía Shang
DESIERTO DE GOBI
Anyang ★
Huang He
Mar Amarillo
Chang Jiang
Mar de China Oriental
0 200 400 millas
0 200 400 kilómetros
Proyección equidistante de dos puntos

■ Dinastía Shang 1600 a.C.–1050 a.C.
★ Capital

OCÉANO PACÍFICO

Los Shang también hacían armas de bronce, como esta espada y puñal.

Se cree que esta vasija de bronce proviene de la tumba de un rey Shang que gobernó aproximadamente en el año 1300 a.C.

De esa manera Yu y su familia crearon la primera dinastía china, la Xia. Sin embargo, como no se ha encontrado ninguna evidencia arqueológica de los Xia, no sabemos realmente si existieron.

Los expertos saben que, muchas otras familias gobernaron el país. Durante casi 4,000 años China fue gobernada por dinastías.

Las antiguas leyendas cuentan que la dinastía Xia gobernó durante muchos años. Aproximadamente en el año 1600 a.C., otra dinastía ascendió al poder. El rey Tang el Grandioso supuestamente conquistó a los Xia e inició la dinastía Shang. Los Shang usaban carros militares y armas de bronce, un metal que se logra al combinar cobre, plomo y estaño. Es posible que esa tecnología les ayudara a tomar control de China.

A lo largo de los años, los Shang conquistaron y anexaron territorios a su reino. Con cada anexión, los gobernantes Shang trasladaban la capital más al norte, por lo tanto, durante la dinastía Shang existieron cinco capitales. En una de estas capitales, Zhengzhou, se construyeron enormes muros alrededor de la ciudad. Los muros se hicieron superponiendo y machacando finas capas de tierra dentro de una armazón temporal. Una vez construido el muro, se quitaba la armazón. Con este método, los Shang crearon muros que tenían la firmeza del cemento. Los muros medían 60 pies (18.3 m) de ancho, 30 pies (9.1 m) de alto y 2,385 pies (727 m) de largo. La última capital de los Shang estaba situada cerca de lo que hoy es la ciudad de Anyang, no muy lejos del Huang He.

REPASO *¿Cuál fue la primera dinastía China?*

Vasijas de bronce y huesos oraculares

La mayoría de la población del período Shang vivía en pequeños poblados agrícolas. Los agricultores cultivaban cereales y criaban pollos, cerdos y gusanos de seda. Los artesanos fabricaban herramientas, armas y hermosas vasijas de bronce. Las vasijas eran utilizadas en ritos. Un **rito** es una ceremonia que se realiza de acuerdo con un conjunto de normas prescritas.

Las vasijas de bronce se usaban en los ritos dedicados a honrar a los **antepasados**, o sea, a los familiares de generaciones anteriores a las de los abuelos. Debido a la importancia que tenían estas ceremonias, durante la dinastía Shang se dedicó mucho tiempo y energía a la fabricación de las vasijas sagradas. A veces, los artesanos grababan en las vasijas el nombre del antepasado a quien se rendía homenaje. Esas inscripciones representan algunos de los ejemplares más antiguos de escritura china.

Los chinos de la antigüedad veneraban a sus antepasados y a varios dioses. Creían que los antepasados eran sabios y que podían guiar a las personas vivas. Adoraban principalmente a dioses de la naturaleza, por ejemplo a los dioses del viento, la lluvia y el fuego. Además, adoraban a los dioses de los cuatro puntos cardinales: norte, sur, este y oeste.

BIOGRAFÍA

La Dama Hao (1250 a.C. aprox.)

Gran parte de lo que sabemos de la dinastía Shang se basa en los artefactos encontrados en sus tumbas. En la tumba de la Dama Hao, un personaje de la realeza Shang, se encontraron más de 460 objetos de bronce y varias esculturas de jade y marfil. Es muy poco lo que se sabe sobre la Dama Hao. Algunos expertos creen que su nombre se menciona en las inscripciones de los huesos oraculares como una de las esposas del rey Wu Ding. Según estas oficiaba en ciertos ritos y administraba una propiedad fuera de la capital. Además, encabezó campañas militares, entre ellas una con más de 13,000 soldados.

Los artefactos chinos encontrados en la tumba de la Dama Hao, como esta taza de marfil y turquesa, son admiradas hoy en día por su belleza y durabilidad.

El dios principal de la dinastía Shang se llamaba Shang Di, que significa "dios de las alturas". El nombre sugiere que creían que ese dios vivía en el cielo y observaba todo lo que hacían.

Como también creían que sus antepasados podían comunicarse con los dioses, les pedían que rogaran a los dioses de la naturaleza para que fueran bondadosos con la humanidad. Temían que la furia de los dioses causara catástrofes, enfermedades o ataques de los enemigos.

Con frecuencia, los reyes Shang pedían consejo a sus antepasados sobre una gran variedad de asuntos. Para conocer la respuesta a sus preguntas, el rey necesitaba la ayuda de un adivino, es decir, una persona que de acuerdo con sus creencias podía comunicarse con el espíritu de los muertos. El adivino colocaba sobre una superficie huesos de animales y caparazones de tortuga. Luego los tocaba con una vara de metal caliente. El calor intenso de la vara causaba rajaduras en los huesos y caparazones. El adivino se los daba al rey para que éste "leyera" las rajaduras y encontrara las respuestas a sus preguntas.

Los chinos utilizaban huesos oraculares para hallar la respuesta tanto a los problemas mayores como a los menores. ¿Qué medios usamos hoy en día para resolver problemas?

Una vez que el rey recibiera la respuesta de sus antepasados, un escriba la inscribía en los huesos y caparazones. Al igual que las inscripciones talladas sobre las vasijas sagradas, las de los huesos y caparazones constituyen los ejemplares de escritura china más antiguos que se hayan encontrado.

Hace aproximadamente 100 años, los campesinos de Anyang comenzaron a encontrar huesos y caparazones del período de los Shang. Como no comprendían la escritura, los campesinos pensaban que se trataba de "huesos de dragón". Así que vendían los "huesos de dragón" a las farmacias locales, donde se utilizaban para hacer medicamentos.

Con el tiempo los arqueólogos se enteraron del hallazgo de los campesinos y, finalmente, identificaron correctamente los "huesos de dragón". Fue así como nos llegamos a enterar de que en esos huesos estaban inscritas las respuestas a las preguntas que los antiguos reyes Shang habían hecho a sus antepasados. En la actualidad, los eruditos que estudian la cultura China antigua los llaman **huesos oraculares**. Un **oráculo** es una persona que da sabios consejos.

Los huesos oraculares nos revelan muchas pistas importantes acerca del modo de vida de los Shang. Nos dan una idea acerca de los problemas a los que se enfrentaba el pueblo chino y cómo trataban de solucionarlos. Además, ofrecen indicios de cómo era su vida cotidiana.

REPASO *¿Cómo se usaban los huesos oraculares durante el período Shang?*

La seda de esta figura está prácticamente intacta a pesar de que tiene 2,000 años de antigüedad.

HISTORIA

La leyenda de la seda

La seda se usa en China desde la antigüedad para hacer hermosas prendas de vestir, cintas y adornos. Cuenta la leyenda que los chinos descubrieron la seda en el año 2700 a.C., cuando Xilingshi, la esposa de un gobernante, vio que unos gusanos comían de su morera. Xilingshi arrojó el capullo de un gusano en agua hirviendo y notó que una hebra de hilo se desenrollaba. Entonces usó la hebra para hacer un hermoso tejido. Nadie sabe si esta historia es verídica. La seda se produce en el valle del Huang He desde la época de la dinastía Shang y tal vez antes.

La seda siempre ha sido un producto muy preciado en China. Artesanos chinos del siglo XVIII tejen seda en un gran telar (derecha).

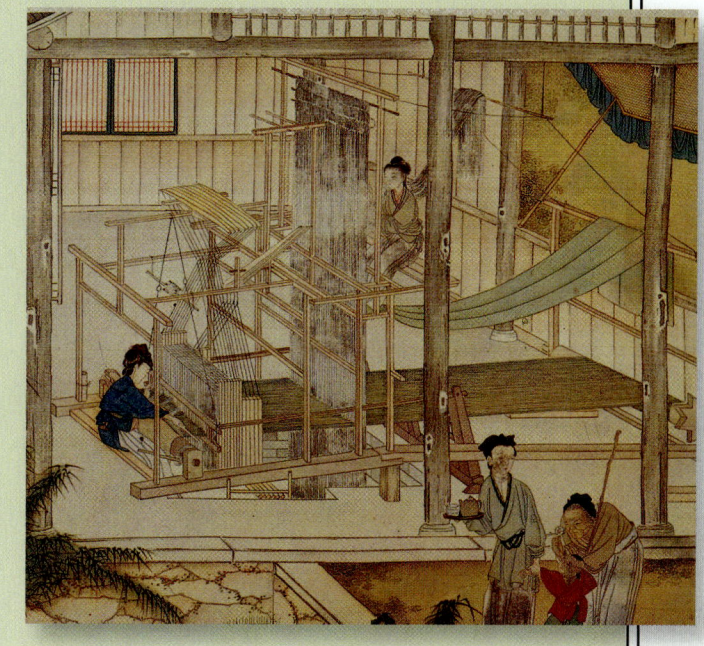

Escritura china		
ESCRITURA DEL PERÍODO SHANG	PALABRA EN ESPAÑOL	ESCRITURA EN LA ACTUALIDAD
☉	Sol	日
☽	Luna	月
木	Árbol	木
☂	Lluvia	雨
⛰	Montaña	山
≋	Agua	水

APRENDER CON TABLAS Esta tabla muestra cómo evolucionó la escritura china desde la antigüedad hasta el presente.
■ ¿Qué semejanzas puedes encontrar entre los caracteres del pasado y los actuales?

Los huesos oraculares y las vasijas sagradas constituyen la única evidencia de la existencia de la escritura en el período Shang. Estos artefactos indican, además, que los habitantes del reino Shang fueron los primeros en leer y escribir en la región situada al este del valle del Indo. Mediante la escritura los gobernantes Shang podían llevar registros y ser más eficientes en su trabajo.

El sistema de escritura creado durante esta época fue adoptado luego por las demás dinastías chinas y constituye la base de todos sus sistemas posteriores de escritura. Este sistema se diferencia de otros en que cada uno de los **caracteres**, o signos, representa una palabra.

Los artistas chinos utilizan barras de tinta (abajo, izquierda) y pinceles (derecha) para crear caligrafía, o "escritura bella".

La escritura china

La dinastía Shang aportó muchos inventos a la antigua civilización china. Las vasijas sagradas y las armas de bronce, los carros militares y las ciudades amuralladas fueron tan sólo algunos de sus inventos. Pero de todas las innovaciones, la más importante fue la escritura china.

Cuenta la leyenda que durante el período Shang la gente escribía en libros de bambú y madera. Sin embargo, estos libros nunca han sido encontrados. Es probable que los libros fabricados con esos materiales no perduraran a través de los siglos.

Estos caracteres no son como las letras del alfabeto español que representan sonidos. Los caracteres de la escritura Shang se parecen más a los jeroglíficos egipcios, que también representan palabras enteras. Al igual que los jeroglíficos, muchos caracteres Shang en un comienzo fueron dibujos de los objetos que representaban.

Los huesos oraculares y las vasijas sagradas muestran que el pueblo Shang usaba una gran cantidad de caracteres. Sólo unos 1,000 caracteres han sido descifrados.

En el transcurso de miles de años, el sistema de escritura china cambió. La civilización china desarrolló nuevas ideas y estableció relaciones más estrechas con otros pueblos y civilizaciones.

Como resultado, se han incorporado caracteres nuevos, y algunos de los viejos caracteres han cambiado de significado. A pesar de eso, la escritura china actual tiene raíces profundas en los caracteres Shang.

REPASO *¿En qué se diferencia la escritura Shang de otros tipos de escritura?*

Caligrafía China en la cima del Monte Tai Shan.

LECCIÓN 2 • REPASO

5000 a.C.
- 5000 a.C. aprox.
  • Comienza la agricultura en China

3000 a.C.
- 2700 a.C. aprox.
  • Se produce seda en el valle del Huang He

1000 a.C.
- 1600 a.C. aprox.
  • Comienza la dinastía Shang

Comprueba lo que aprendiste

1. **Recuerda los datos** ¿Cuáles fueron las dos primeras dinastías chinas?
2. **Recuerda la idea principal** ¿De qué manera el respeto por los antepasados influyó en el desarrollo de la civilización china?

Piensa críticamente

3. **En mi opinión** Los antiguos chinos respetaban las tradiciones familiares y la opinión de los familiares mayores. En la sociedad actual ¿se respetan las tradiciones y la sabiduría de las personas mayores? Explica tu respuesta.
4. **Ayer y hoy** Los huesos oraculares nos proporcionan información sobre algunos de los problemas que tuvieron que enfrentar los reyes Shang. ¿A qué fuentes podemos recurrir en la actualidad para conocer los problemas que preocupan a nuestros gobernantes?

Muestra lo que sabes

Actividad: Teatro Con un compañero, escribe y representa dos escenas sobre el hallazgo de unos huesos oraculares. Primero, serán dos campesinos que encuentran unos "huesos de dragón". Luego, serán dos arqueólogos que descubren huesos oraculares en una excavación. Piensen en qué se parecen y en qué se diferencian las dos escenas.

Mapas y globos terráqueos

Usa mapas de altitud

1. ¿Por qué aprender esta destreza?

Cada clase de mapa proporciona un tipo de información en particular. Por ejemplo, un mapa de carreteras muestra qué rutas van de un lugar a otro y qué distancia hay entre los lugares. Pero algunas veces, necesitamos información que no está incluida en un mapa de carreteras. Si necesitas saber si un lugar es alto o bajo, debes usar un mapa de **altitud**. La altitud es la altura de un lugar respecto al nivel del mar. Los mapas de altitud ayudan a los urbanistas a planificar dónde instalar las cañerías de agua o dónde construir un centro comercial. Con un mapa de altitud puedes encontrar un lugar adecuado donde montar bicicleta o patineta.

2. Las curvas de nivel y los colores

Para saber tu estatura debes medir la distancia que hay desde la planta de los pies, la base, a la cabeza, el tope. Los accidentes geográficos también se pueden medir de la base al tope. La base de todos los accidentes geográficos es el nivel del mar, o sea, 0 pies (0 m). Busca el nivel del mar en el dibujo A que está a la izquierda del mapa de altitud del sureste de Asia de la página 243.

En este dibujo de una colina, las líneas representan curvas de nivel. Una **curva de nivel** conecta todos los puntos que están a la misma altitud. Busca la curva de nivel de 400 pies (122 m) en el dibujo A. Esta línea conecta todos los puntos que están exactamente a 400 pies sobre el nivel del mar.

Imagínate que vuelas en avión sobre la colina que muestra el dibujo. Si la miras desde arriba verás que las curvas de nivel forman anillos. Si sobrevuelas la colina del dibujo B verás que la altura está escrita sobre cada curva de nivel y que los espacios entre las curvas de nivel no son iguales. En el lado más empinado de la colina, las curvas de nivel están más juntas. En el lado en que la pendiente es menos pronunciada, las curvas de nivel están más separadas.

En algunos mapas de altitud, como el del dibujo C, el espacio entre las curvas de nivel está pintado de color. En estos mapas la altitud se indica mediante una clave, en vez de que esté escrita directamente en el mapa. La clave muestra que todo lo que está en verde está ubicado entre el nivel del mar y los 100 pies (30 m) de altura. La línea que está entre el verde y el amarillo es una curva de nivel de 100 pies (30 m). Las líneas que delimitan los otros colores son también curvas de nivel.

La mayoría de los mapas de altitud tienen pocas curvas de nivel y colores entre las líneas. Observa el mapa de altitud de la próxima página. La clave muestra el color que corresponde a cada altitud. Un lugar que está a 13,120 pies (4,000 m) sobre el nivel del mar, o que supera esa altitud, se señala con morado. El verde se usa para los lugares que están entre el nivel del mar y los 655 pies (200 m). No se puede decir con certeza si los lugares que están marcados con verde se encuentran al nivel del mar, a 655 pies sobre el nivel del mar, o a una altitud intermedia.

242 • Unidad 3

3. Comprende el proceso

Usa estas preguntas como guía para comprender mejor los mapas de altitud.

1. ¿Qué diferencia hay entre lo que muestran una curva de nivel y una franja coloreada?
2. Para hallar la altitud exacta de un lugar, ¿debes fijarte en las curvas de nivel o en las franjas coloreadas?
3. ¿A qué altitud están las partes más elevadas de Birmania? ¿Cómo lo sabes? ¿Dónde están situadas?
4. ¿Cuáles son las áreas de menor altitud de Vietnam? ¿Cómo lo sabes?
5. ¿Cómo es la mayor parte de Camboya: baja o elevada? Explica tu respuesta.

4. Piensa y aplica

Hacia el año 2000 a.C. los habitantes del noreste y centro de Tailandia empezaron a fabricar objetos de bronce. Hacían herramientas, armas, adornos y tambores. Con esos objetos iniciaron el comercio con los pobladores de asentamientos cercanos. Imagina que eres un comerciante tailandés que viaja desde la parte central de Tailandia hasta la costa del mar de China Meridional. Sigue la ruta con el dedo. Describe los accidentes geográficos que ves a lo largo del camino.

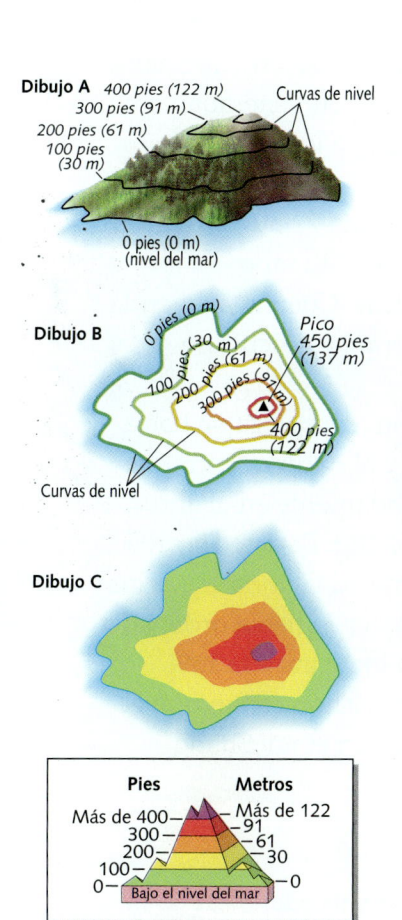

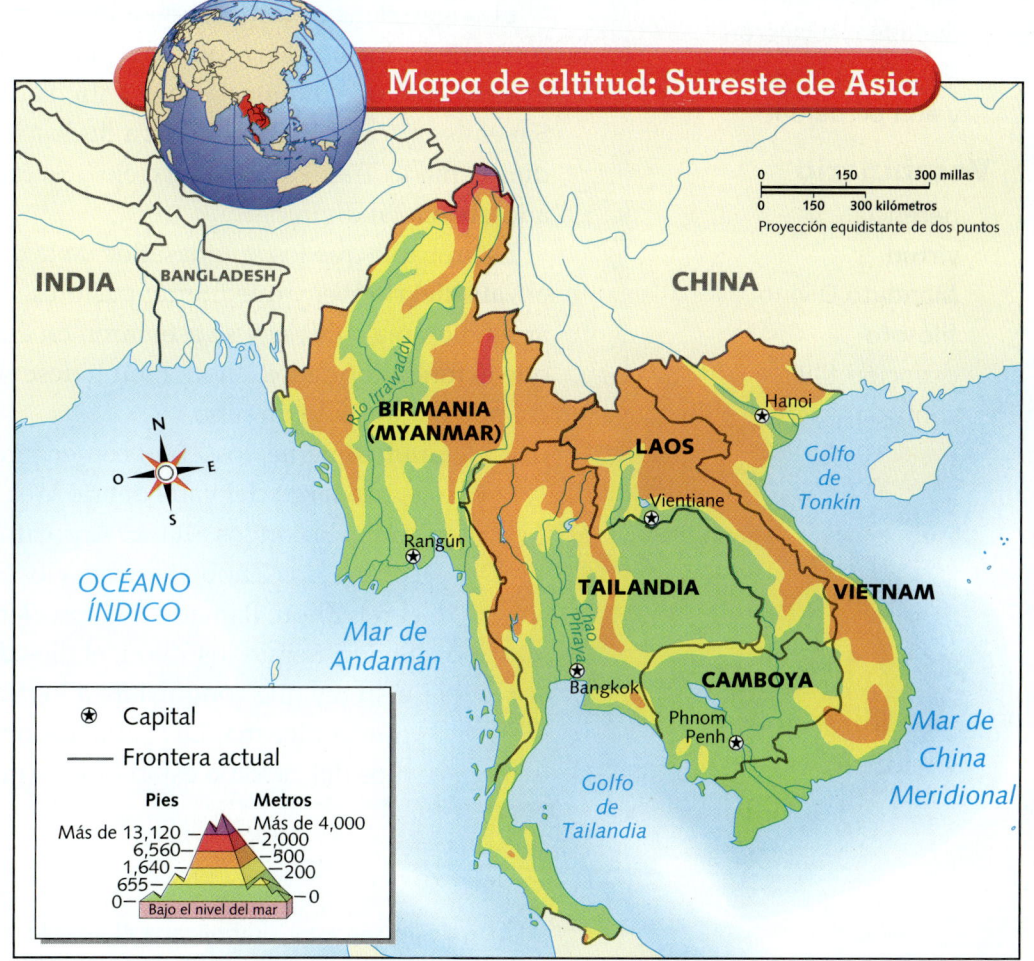

Capítulo 6 • 243

LECCIÓN 3

La dinastía Zhou

ENFOQUE
¿Qué efecto tienen los valores morales en la sociedad actual?

Idea principal
Mientras lees piensa en qué ideas surgieron durante la dinastía Zhou y aún perduran.

Vocabulario
herencia
virtud
Mandato Divino
filósofo
devoción filial
confucianismo

1250 a.C.   1000 a.C.   750 a.C.   500 a.C.

E l período clásico chino comenzó en el año 1050 a.C. con la conquista del valle del Huang He por la dinastía Zhou. Bajo el reinado de ésta y de las siguientes dinastías, China se hizo un país muy poderoso. La **herencia** cultural de esa época ha perdurado hasta nuestros días. Llamamos herencia cultural al conjunto de ideas y costumbres que se transmite de generación en generación.

El Mandato Divino

El origen de la dinastía Zhou aún no se ha podido determinar con certeza. Incluso los eruditos de la historia de China no saben exactamente qué diferencias hay entre la dinastía Zhou y la Shang. Sin embargo, algo no deja lugar a dudas: los Zhou veneraban a un dios llamado Tian, o "dios del cielo". Se cree que los Zhang no adoraban a tal divinidad.

Es probable que los antepasados de la dinastía Zhou vivieran en el valle del río Wei y que fueran pastores. Con el tiempo aprendieron a cultivar y se asentaron en aldeas. Cuenta la leyenda que el fundador de los Zhou, Hou Ji descubrió la agricultura cuando era tan sólo un niño.

Gradualmente, los Zhou comenzaron a desplazarse hacia el este, a lo largo del valle del río Wei, y al hacerlo, entraron en contacto con los Shang. Aproximadamente en el año 1150 a.C. los Zhou atacaron a los Shang. Para el año 1050, el rey Zhou, llamado Wu, proclamó su victoria sobre los Shang. Según los Zhou, el dios del cielo había ordenado a su rey que conquistara a los Shang e iniciara una nueva dinastía. Los primeros reyes Zhou creían que el dios del cielo no estaba conforme con el rey Shang

El *bi*, o anillo sagrado, simbolizaba el vínculo que unía a los dioses chinos con los monarcas elegidos para ejercer por Mandato Divino.

244 • Unidad 3

porque no poseía las **virtudes**, o cualidades, necesarias para reinar.

El *Libro de documentos*, un antiguo texto chino, explica que el dios del cielo otorga el **Mandato Divino**, o el derecho a gobernar China. Los reyes Zhou creían que podrían conservar el Mandato Divino siempre y cuando tuvieran las virtudes necesarias. También creían que esas virtudes ayudaban a conservar el orden de la sociedad.

REPASO *¿Qué es el Mandato Divino?*

La división de clases

La familia era el núcleo de la sociedad Zhou. Durante esta época, la sociedad estaba dividida en tres clases de familias; el rey y su familia, las familias nobles y las familias campesinas. Se esperaba que las familias de cada clase mostraran sus virtudes realizando servicios para las demás clases.

El rey mostraba que tenía virtudes concediendo tierras a las familias nobles. Estas tierras recibían el nombre de feudos. Los feudos permanecían en manos de las familias nobles y se pasaban de generación en generación. A cambio de la concesión de tierras, las familias nobles mostraban su lealtad al rey pagando un tributo. El tributo se pagaba en obsequios valiosos o poniendo un ejército a disposición del rey para proteger el reino.

Los campesinos vivían y cultivaban la tierra de la nobleza; a cambio de ese derecho tenían que servir en los ejércitos de sus señores y pagar impuestos entregando parte de sus cultivos.

La vida de los campesinos estaba llena de padecimientos. Algunos nobles eran codiciosos y exigían a los campesinos que pagaran impuestos excesivos.

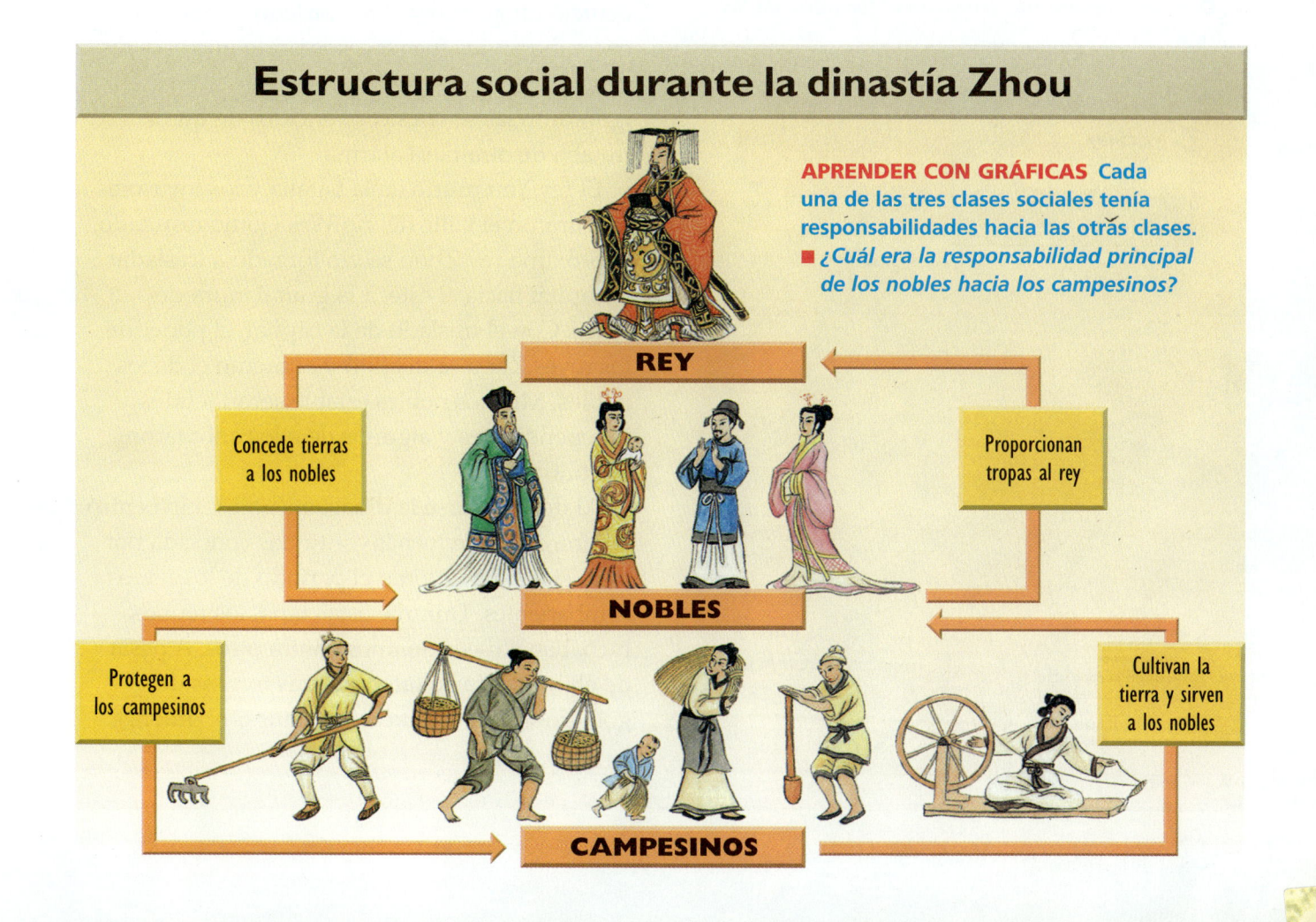

Estructura social durante la dinastía Zhou

APRENDER CON GRÁFICAS Cada una de las tres clases sociales tenía responsabilidades hacia las otras clases.
■ ¿Cuál era la responsabilidad principal de los nobles hacia los campesinos?

REY
- Concede tierras a los nobles
- Proporcionan tropas al rey

NOBLES
- Protegen a los campesinos
- Cultivan la tierra y sirven a los nobles

CAMPESINOS

Sin embargo, los campesinos no eran esclavos y si querían podían irse a otras tierras. Este poema antiguo pertenece al *Libro de los cantos* y expresa con elocuencia la opinión de un campesino acerca del señor feudal:

> ¡Gran rata, gran rata!
> ¡No te comas nuestro mijo!
> Durante tres años trabajamos
> día y noche y no nos pagas.
> Pronto te dejaremos e iremos
> rumbo a la tierra de la felicidad.
> ¡Tierra de la felicidad, tierra de la felicidad!
> Allí encontraremos un buen lugar.

REPASO ¿Cuáles eran las tres clases sociales chinas?

Regiones El reino Zhou comprendía gran parte del territorio ocupado anteriormente por la dinastía Shang.
■ ¿Qué ríos importantes cruzaban el territorio de los Zhou?

Dinastía Zhou
1050 a.C.–256 a.C.
★ Capital

El debilitamiento de la dinastía Zhou

El rey Wu y los reyes que lo sucedieron fueron gobernantes muy poderosos. El *Libro de documentos* indica que los Zhou gobernaron con rectitud, porque temían perder el Mandato Divino. Sin embargo, al pasar de los años, el poder y el control de los reyes Zhou comenzó a debilitarse y, al poco tiempo, los pueblos que estaban al norte y al oeste del reino invadieron el valle del río Wei.

En el año 771 a.C., los habitantes de la ciudad de Hao, la capital del reino Zhou, se prepararon para rechazar una ofensiva de los invasores. Según cuenta una leyenda, el rey You ordenaba encender fuegos en las colinas que rodeaban la capital cuando existía la posibilidad de un ataque. Pero muchas veces mandó encender las fogatas cuando en realidad no existía el peligro de un ataque, simplemente para ver si los nobles respondían en defensa del soberano. Finalmente, ocurrió un ataque y el rey ordenó que se encendieran los fuegos, esperando que los nobles acudieran con sus ejércitos. Pero éstos ignoraron las señales convencidos de que se trataba de otra falsa alarma.

El rey You murió en la batalla y los invasores capturaron el valle del río Wei. Como resultado, el próximo rey Zhou se vio forzado a trasladar la capital hacia el este, a la gran llanura del norte. Con el traslado de la capital, el poder de los reyes Zhou se debilitó y aumentó el de los nobles. Muchos nobles establecieron feudos independientes y algunos de ellos adoptaron el título de rey.

Al derrumbarse la dinastía Zhou, China entró en una etapa de luchas continuas conocida por los historiadores como el período de los reinos combatientes. Durante esta etapa, los feudos luchaban a menudo unos contra otros. A pesar de ello, se desarrollaron nuevas formas de gobierno que permitieron restaurar el orden.

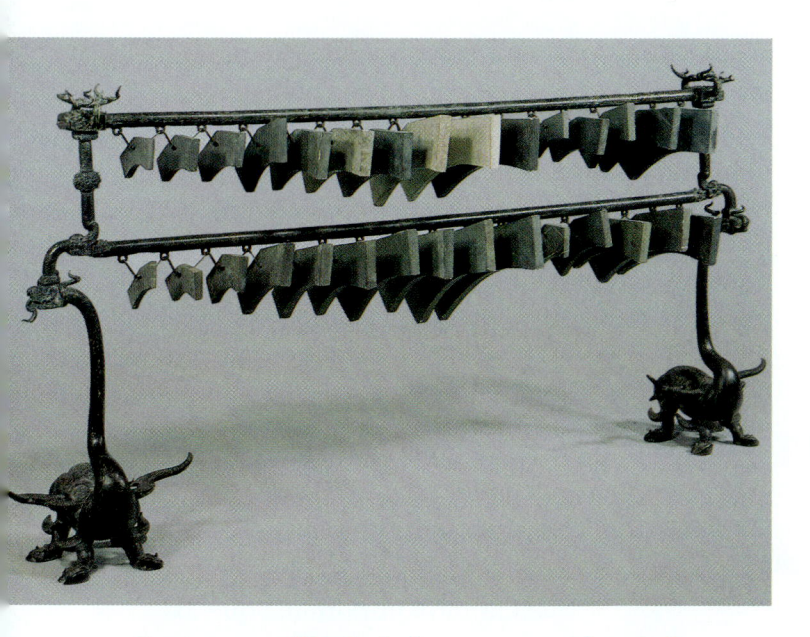

Estas campanillas de jade pertenecen al período de los reinos combatientes. La armazón, en forma de animal, es de bronce.

Hacia el año 600 a.C., el reino de Chu había ideado una nueva manera de repartir y administrar el territorio. Los reyes Chu no concedían tierras a los nobles sino que creaban condados y elegían a los gobernantes de acuerdo con su capacidad. El sistema que empleaban para gobernar los condados es uno de los ejemplos más antiguos de burocracia. En la burocracia de los Chu, se asignaban tareas específicas a los funcionarios gubernamentales. Este sistema se extendió rápidamente por la antigua China.

Esta figura de bronce y jade del período Zhou representa a un niño campesino. ¿Por qué crees que se hacían esculturas como ésta?

En el año 535 a.C., el rey de Zheng, un pequeño reino de la gran llanura del norte, escribió un código legal. Éstas son las primeras leyes escritas de China. El gobernante Zheng consideraba que no era suficiente tener virtudes para garantizar el orden social, sino que hacían falta leyes concretas. El objetivo de las leyes era explicar claramente lo que se podía y lo que no se podía hacer. El rey de Zheng inscribió las leyes en la parte exterior de una inmensa vasija de bronce, para que todos las pudieran ver.

REPASO *¿Qué forma de gobierno había en el reino de Chu?*

Las ideas de Confucio

Uno de los pensadores más importantes de China, Confucio, vivió durante el período de los reinos combatientes. Se suele reconocer a Confucio como el primer filósofo chino. Un **filósofo** es una persona que estudia el sentido de la vida. Confucio pasó gran parte de su vida pensando en maneras de mejorar la sociedad y restaurar el orden en China.

Confucio también es recordado como el primer maestro de China; durante su vida muchas personas se acercaron a él para estudiar las antiguas tradiciones del país. Confucio a menudo usaba proverbios para comunicar sus ideas. Después de su muerte, sus alumnos recopilaron los proverbios. Posteriormente, muchos de sus seguidores expresaron dudas de que todos los proverbios pertenecieran a Confucio, y entonces se compiló un nuevo libro con los proverbios que la mayoría acordó eran realmente de Confucio. Este libro se llama *Lunyu*, en chino, y *Analectas*, en español. La palabra china *lunyu* significa "discusiones".

BIOGRAFÍA

Confucio (551 a.C.–479 a.C.)

Se cree que Confucio nació en el año 551 a.C. El nombre Confucio es la forma latina del nombre Kong Fuzi, que significa Maestro Kong. El padre de Confucio era un funcionario gubernamental. Para cuando Confucio cumplió 25 años ya trabajaba en el gobierno de Lu. Tal vez porque ofendió a familias nobles y poderosas, Confucio fue expulsado de Lu. Según cuenta la leyenda, Confucio deambuló durante 25 años. Durante este período, formó sus ideas sobre el gobierno y la sociedad. Muchas de sus ideas aún son respetadas.

Se desconoce el aspecto físico de Confucio, los retratos de 1734 d.C. (arriba) y una talla de marfil de 1000 d.C. (arriba, derecha) presentan imágenes muy distintas.

En las *Analectas* se encuentran gran parte de las enseñanzas de Confucio. Él se oponía a la burocracia, no estaba de acuerdo con la forma de gobierno de los reinos Chu y Zheng. Creía que el uso de leyes escritas y la imposición de castigos no eran la mejor manera de restaurar el orden social. Apoyaba las ideas de la antigua dinastía Zhou: el gobernante debía dar el buen ejemplo a su pueblo.

Las teorías de Confucio acerca del gobierno parecen estar basadas en su opinión sobre la familia. Los chinos consideraban que era muy importante que los hijos trataran a sus padres con honor y respeto. Los antiguos chinos daban a esta actitud el nombre de *xiao*, o **devoción filial**. Confucio enseñó a sus discípulos que si cumplían con los principios de la devoción filial podrían aprender a ser súbditos leales.

Confucio también creía que los gobernantes podían ganar el respeto de sus súbditos tratándolos con el mismo amor que los padres demuestran a sus niños. Él llamaba *ren*, o bondad, a este tipo de amor.

Casi todas las enseñanzas de Confucio se ignoraron durante su vida, pero con el tiempo, llegaron a ser conocidas como **confucianismo**, y se divulgaron a través de todo el este de Asia.

REPASO *Según Confucio, ¿cuáles son las cualidades que debían tener tanto los gobernantes como los súbditos?*

Proverbios de Confucio
tomados de las Analectas

Sobre la verdad
Quienes conocen la verdad no están a la altura de quienes la aman; quienes la aman no están a la altura de quienes se deleitan en ella.

Sobre la educación
En la educación no hay distinciones de clase.

Sobre el gobierno
Si un gobernante es recto, todo irá bien sin necesidad de órdenes. Pero si carece de rectitud, aunque dé órdenes, éstas no serán obedecidas.

LECCIÓN 3 • REPASO

1250 a.C. — 1000 a.C. — 750 a.C. — 500 a.C.

- **1050 a.C. aprox.** La dinastía Zhou derrota a la dinastía Shang
- **770 a.C. aprox.** Comienza el período de los reinos combatientes
- **551 a.C.** Nace Confucio
- **535 a.C.** Primeras leyes escritas chinas

Comprueba lo que aprendiste

1. **Recuerda los datos** ¿Qué filósofo chino desarrolló un importante sistema político y moral?
2. **Recuerda la idea principal** ¿Por qué tener una filosofía en común facilitaba la cooperación entre los chinos?

Piensa críticamente

3. **Piensa más sobre el tema** ¿En qué sentido el confucianismo respaldaba la idea del Mandato Divino?
4. **En mi opinión** ¿La sociedad del período Zhou se dividía en tres clases, cada una con distintas responsabilidades. ¿A qué conduce un sistema de ese tipo, a la cooperación o al conflicto? Explica tu respuesta.

Muestra lo que sabes
Actividad: Proverbios
Confucio solía expresar sus ideas acerca de la sociedad mediante proverbios. Arriba aparecen varios proverbios tomados de las *Analectas*. Úsalos como modelo para escribir tus propios proverbios sobre la necesidad de mantener el orden y de cooperar en tu escuela o comunidad.

LECCIÓN 4

La dinastía Qin

ENFOQUE
¿De qué manera pueden unirse personas de diferentes culturas hoy en día?

Idea principal
Mientras lees piensa en cómo el emperador de la dinastía Qin logró unificar a su pueblo y creó el primer Imperio Chino.

Vocabulario
legalismo
estandarizar
provincia

La dinastía Qin utilizó su ejército para conquistar muchos de los otros reinos en lo que ahora es China.

| 300 a.C. | 200 a.C. | 100 a.C. |

Durante el siglo III a.C. los reinos más grandes de China empezaron a conquistar y establecer su dominio sobre los más pequeños. El último reino Zhou llegó a su fin en el año 256 a.C. y así desapareció la dinastía Zhou. En ese entonces quedaban tres reinos independientes: el Qi, el Chu y el Qin. Estos reinos combatieron entre sí para controlar el territorio chino. Finalmente los Qin ganaron y unificaron China bajo un solo gobierno.

El reinado de Qin Shi Huangdi

El rey Qin estableció el primer Imperio Qin en el 221 a.C. y se otorgó a sí mismo el título de Qin Shi Huangdi, o "primer emperador de los Qin". La unificación de China bajo la dinastía Qin es uno de los acontecimientos más importantes de su historia. La importancia de la dinastía Qin queda claramente de manifiesto si consideramos que el nombre *China* deriva de la palabra *Qin*.

Shi Huangdi nació aproximadamente en el año 259 a.C., y se convirtió en rey de Qin en el 246 a.C., cuando sólo tenía 13 años de edad. Al comienzo estaba rodeado de consejeros que le recomendaban adoptar las enseñanzas de Confucio. Al cumplir los 20 años, en el año 239 a.C., el joven rey rechazó estos consejos y nombró a otros consejeros. Estos le enseñaron otra manera de gobernar, basada en el cumplimiento estricto de las leyes.

Li Si, el más poderoso de los consejeros de Shi Huangdi, fue nombrado primer ministro en el año 237 a.C. Algunos historiadores piensan que Li Si desempeñó un papel fundamental en la unificación de China.

252 • Unidad 3

El emperador Shi Huangdi ordenó quemar libros en todo el imperio para evitar la difusión de ideas distintas a las suyas. Esta pintura de Hung Wu, realizada en un período posterior, representa una de esas quemas.

Posteriormente, los historiadores chinos describieron el gobierno de Qin como cruel e indiferente. Según cuentan, todos aquellos que cometían la imprudencia de retar la autoridad de Shi Huangdi eran ejecutados junto con sus familias, para que el resto de los súbditos aprendieran la lección.

REPASO *¿Cuál fue el principal logro de la dinastía Qin?*

El legalismo

Para gobernar su imperio, Shi Huangdi dictó leyes e instituyó un sistema burocrático. La creencia en el estricto cumplimiento de las leyes y el uso de la burocracia, se denomina **legalismo**. Según el legalismo, el pueblo debe obedecer a sus gobernantes impulsado por el miedo y no por el respeto. Quienes obedecen son recompensados; quienes no acatan las órdenes de los gobernantes son castigados.

Los textos más detallados sobre el legalismo fueron obra del maestro Han Fei, cuyas ideas eran distintas a las de Confucio. Han Fei creía que un gobierno basado en las virtudes y en el respeto no podía funcionar. Por el contrario, instaba a los gobernantes a basarse en el principio de "las dos asas": la recompensa y el castigo. Con el tiempo, Han Fei enseñó a Shi Huangdi sus creencias.

REPASO *¿En qué se basaba el principio de "las dos asas" que Han Fei consideraba que debían usar los gobernantes?*

Capítulo 6 • 253

La Gran Muralla China

- LADRILLO — 13 pies (4 m)
- 5 pies (2 m)
- 15 pies (5 m)
- 30 pies (9 m)
- PIEDRA O LADRILLO
- GRAVA Y TIERRA APISONADA
- BASE DE PIEDRA — 5 pies (2 m)
- PIEDRA
- 25 pies (8 m)
- 40 pies (12 m)

APRENDER CON DIAGRAMAS Este diagrama muestra un corte transversal de la Gran Muralla.
■ ¿Por qué crees que se utilizaron varios tipos de materiales en las diferentes partes de la muralla?

Así es la Gran Muralla hoy en día. Gran parte de ella fue construida en el siglo XIV.

La Gran Muralla

El primer emperador no sólo unificó a China, sino que también extendió las fronteras del imperio. A medida que el imperio crecía, la comunicación se hacía cada vez más difícil. Para resolver el problema, Shi Huangdi usó presos para construir caminos y canales. Se construyeron más de 4,000 millas (6,437 km) de caminos que conectaban las regiones más distantes con Xianyang, la capital del imperio.

Shi Huangdi descubrió que proteger su gran imperio no era tarea fácil. Al norte del imperio vivían tribus de feroces guerreros que montaban a caballo. En el pasado, los habitantes de los reinos del norte de China habían construido murallas de tierra apisonada para protegerse de estos pueblos, pero éstas no fueron suficientes para contener a los invasores. Shi Huangdi ordenó unir las murallas existentes. Usando mano de obra forzada, construyó una muralla única: la Gran Muralla.

La Gran Muralla medía 30 pies (9 m) de alto, y tenía torres de 40 pies (12 m). Serpenteaba entre montañas, valles, pantanos y desiertos a lo largo de casi 1,500 millas (2,414 km). A pesar de esa longitud, fue construida en sólo siete años.

La Gran Muralla protegía a China de los invasores. Desde allí se podía ver cuándo se aproximaban los enemigos, lo que permitía advertir a las poblaciones. Los soldados destacados en la Gran Muralla se comunicaban con señales. Durante el día se usaban señales de humo y por la noche señales de fuego, que se transmitían de torre a torre, a lo largo de la Gran Muralla, hasta llegar a la capital del Imperio Qin.

El costo humano de la muralla fue muy alto: más de 500,000 trabajadores murieron durante la construcción; algunos incluso fueron sepultados entre las piedras.

REPASO *¿Con qué propósito construyeron los Qin la Gran Muralla?*

GEOGRAFÍA

La Gran Muralla en la actualidad

Los viajeros que visitan China en la actualidad se maravillan al ver la Gran Muralla. Sin embargo, la muralla que está en pie no es la original sino que es una que se comenzó a construir en 1368, durante la dinastía Ming. Su construcción o ampliación demoró 200 años. Se extiende a lo largo de más de 3,700 millas (5,954 km), casi el doble de la longitud de la original. La primera muralla no se mantuvo adecuadamente después de la dinastía Qin. Los Ming descubrieron que era necesario reconstruirla para protegerse de la invasión de los mongoles.

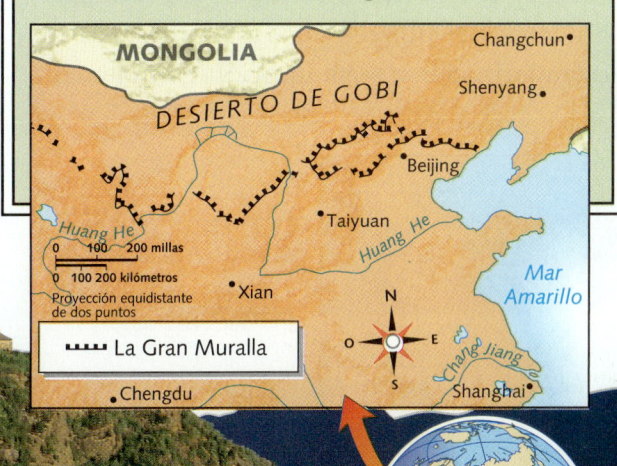

Capítulo 6 • 255

Un programa de estandarización

Las murallas, las carreteras y otras obras públicas ayudaron a la unificación de China. El programa de estandarización instituido por Shi Huangdi también contribuyó mucho. **Estandarización** es la unificación de elementos diversos. La estandarización de la escritura, la moneda y el sistema de pesas y medidas facilitó el comercio y las comunicaciones. Asimismo, hizo que los distintos pueblos del imperio se vieran a sí mismos como integrantes de una misma nación.

La escritura también se estandarizó durante la dinastía Qin. Anteriormente había dos tipos de escritura oficial. Una se utilizaba para tallar inscripciones en piedra y para los documentos oficiales, y la otra para las actividades cotidianas.

Shi Huangdi también puso mucho énfasis en la estandarización de la educación. Su objetivo era controlar los textos usados en la enseñanza, ya que Li Si se había quejado de que muchos textos alababan a los Zhou y cuestionaban las ideas de los Qin. En el año 213 a.C. Shi Huangdi ordenó quemar ciertos libros, entre los que se encontraban muchos textos sobre el confucianismo. Cuenta la leyenda que los maestros que se negaban a abandonar los principios del confucianismo eran tomados prisioneros y enterrados vivos.

Como parte de su programa de estandarización, Shi Huangdi acabó con los feudos creados durante la dinastía de los Zhou. Los más pequeños se convirtieron en condados, y los más grandes en provincias. Las **provincias** son regiones políticas de un país, similares a los estados de Estados Unidos.

Shi Huangdi ordenó a las familias nobles que abandonaran sus feudos y se trasladaran a Xianyang, la capital del imperio. Así logró romper los lazos de lealtad que se mantenían entre la nobleza y los campesinos. Además, prohibió que cualquier persona que no estuviera en el ejército portara armas y ordenó confiscar y fundir cualquier arma que no perteneciera al ejército.

Luego, Shi Huangdi nombró funcionarios gubernamentales para que administraran los condados y las provincias. Estos funcionarios dependían directamente del gobierno central en Xianyang. De esa manera, los Qin crearon una sola burocracia para todo el imperio. A fin de mantener esa burocracia, el pueblo chino tenía que pagar altos impuestos.

REPASO *¿Cuáles fueron algunas de las cosas que se estandarizaron durante la dinastía Qin?*

Dinastía Qin

Dinastía Qin, 221 a.C.–206 a.C.
★ Capital
····· La Gran Muralla
QI Reino combatiente

Relaciones entre el ser humano y el ambiente
Varios reinos combatientes se unificaron durante la dinastía Qin.
■ *¿En qué dirección es más probable que se hayan desplazado los Qin para expandir su imperio?*

El final de la dinastía Qin

Durante la dinastía Qin, el emperador tenía control total del gobierno y, por consiguiente, era necesario que fuera lo suficientemente poderoso como para dominar todo el territorio de China. Muchos de los habitantes de China no estaban conformes con los Qin, pero le tenían demasiado temor a Shi Huangdi como para rebelarse.

Shi Huangdi, el primer emperador, murió en el año 210 a.C. Su hijo favorito heredó el trono, pero era un gobernante débil. Al poco tiempo, la nación estaba enfrascada en una guerra civil.

Pesas estándar como ésta permitían a los chinos tasar el jade u otros artículos de manera uniforme. ¿Por qué era importante valorar de la misma manera las mercancías del mismo género?

En una guerra civil combaten grupos de personas que viven en el mismo lugar o pertenecen a una misma nación. Hacia el año 206 a.C., la dinastía Qin se había derrumbado. Finalmente, en el 202 a.C., después de cuatro años más de guerra civil, Liu Han, rey de los Han, derrotó a todos sus rivales y asumió el poder.

Gran parte de lo que sabemos sobre Shi Huangdi, Li Si, y el Imperio Qin, se basa en información recopilada por los historiadores de la dinastía Han. Los Han no estaban de acuerdo con el legalismo de los Qin.

No hay duda de que los Qin basaron su feroz mandato en el legalismo. Aunque los estudiosos hayan descubierto leyes promulgadas por los Qin que indican su dureza, es posible que los Han exageraran las crueldades de los Qin.

REPASO *¿Por qué se derrumbó el Imperio Qin?*

LECCIÓN 4 • REPASO

300 a.C. — 200 a.C. — 100 a.C.

- **221 a.C.** • Qin Shi Huangdi establece el Imperio Qin
- **206 a.C.** • El Imperio Qin llega a su fin

Comprueba lo que aprendiste

1. **Recuerda los datos** Para unificar y gobernar China, ¿la dinastía Qin se basó en el legalismo o el confucianismo?

2. **Recuerda la idea principal** ¿Cuáles fueron algunos de los proyectos e ideas que ayudaron a unificar China durante la dinastía Qin?

Piensa críticamente

3. **Causa y efecto** ¿Qué piensas que sucedió cuando el gobierno forzó a los nobles a dejar sus feudos?

4. **Ayer y hoy** ¿De qué manera los gobernantes de hoy tratan de unificar a los pueblos?

Muestra lo que sabes

Actividad: Cartel Divide una cartulina u hoja en dos columnas. En una, enumera las ideas que utilizó la dinastía Zhou para gobernar. En la otra, enumera las ideas que utilizaron los Qin para reemplazar las ideas de los Zhou.

LECCIÓN 5
APRENDE CULTURA con la literatura

El descubrimiento y la excavación de la tumba de

Shi Huangdi

tomado de la revista *Calliope*

texto de Helen Wieman Bledsoe
ilustraciones de Higgins Bond

Qin Shi Huangdi, primer emperador de China, logró unificar el país hacia el año 221 a.C. Posteriormente, los historiadores caracterizaron su reinado como un período de mucha crueldad, tal vez injustamente. Shi Huangdi forzó a miles de campesinos a trabajar en proyectos monumentales, como la Gran Muralla, y en la construcción de caminos, canales y palacios. También se ganó el odio de sus enemigos y estuvo a punto de ser asesinado tres veces.

Después de sobrevivir esos intentos de asesinato, Shi Huangdi juró que encontraría una manera de vivir eternamente. Con ese fin envió a hombres y mujeres a cruzar los mares en busca de un lugar donde las personas no morían. La obra más sorprendente que realizó para desafiar la muerte fue la construcción de su tumba, cuyas ruinas fueron descubiertas en 1974. A continuación leerás por qué el hallazgo de su tumba ha sido considerado uno de los descubrimientos arqueológicos más importantes de todos los tiempos.

En marzo de 1974, unos campesinos chinos que excavaban un foso cerca de Xi'an, en la provincia central de Shaanxi, encontraron fragmentos de cerámica poco comunes. Luego, a una profundidad de once pies, hallaron una cabeza de terracota (arcilla o barro cocido). Notificaron a las autoridades y enseguida se ordenó la excavación del lugar. Hasta la fecha, se han descubierto aproximadamente ocho mil figuras de soldados de tamaño natural, y la excavación se ha convertido en uno de los descubrimientos arqueológicos más notables en la historia de la humanidad.

Durante más de dos mil años, esos soldados de arcilla custodiaron la tumba de Shi Huangdi, el primer emperador de China. Según cuenta la leyenda, Shi Huangdi comenzó la construcción de su tumba cuando ascendió al trono a la edad de trece años. Cuando el emperador murió, treinta y seis años más tarde, la tumba aún no se había terminado de construir. El historiador chino Sima Qian escribió en los *Shiji*, o "Registros históricos", que el emperador forzó a 700,000 campesinos a trabajar en su fastuosa tumba.

Los guerreros montan guardia en tres fosos (un cuarto foso se encontró vacío). Cada foso cubre cinco acres y medio, y tiene una profundidad de dieciséis a veinticuatro pies. El foso más grande contiene seis mil soldados de terracota marchando en formación militar en once trincheras, cada una del tamaño de una cancha de fútbol. En el extremo occidental de la formación se encuentra la primera línea de arqueros y flecheros. A la cabeza de seis de las trincheras yacen los restos de carros de guerra, cada uno con caballos y dieciocho soldados de tamaño natural. En su mayoría, los carros se han desintegrado, a diferencia de las figuras de soldados y caballos de terracota que aún están de pie. A continuación, siguen filas y filas de soldados. A pesar de la gran cantidad de figuras de hombres, ningún rostro es igual al otro y las expresiones denotan dignidad, firmeza e inteligencia. Las figuras son altas y miden de cinco pies y medio a seis pies de altura. Algunos piensan que las figuras de terracota representan los soldados del gran ejército del primer emperador. Las piernas de los guerreros son sólidas columnas

Capítulo 6 • 259

de arcilla y los pies están cubiertos con sandalias cuadradas. Las figuras son huecas, de arcilla cortada en círculos. La cabeza y las manos de cada soldado han sido cuidadosamente moldeadas y unidas a los cuerpos como en una línea de ensamblaje. Rastros de pigmentos de color rosa, amarillo, violeta, azul, anaranjado, verde, marrón y negro muestran que en el pasado estas figuras estuvieron pintadas de brillantes colores. Los caballos son roanos (marrón rojizo, marrones o negros), con el hocico rosa.

El peinado, los copetes y los adornos del uniforme indican el rango militar de cada soldado. Muchos no usan casco ni escudos, una señal de valentía en la batalla. Es probable que la armadura fuera de cuero laqueado; algunas piezas son semejantes a los chalecos de protección que usan los receptores en el béisbol. Las manos de los soldados parecen que portaran armas, pero la mayoría de éstas han desaparecido. Es posible que hayan sido robadas cuando los fosos fueron saqueados después de la caída de la dinastía Qin (la dinastía fundada por Shi Huangdi). Sin embargo, se han encontrado lanzas de bronce, alabardas (una combinación de lanzas y hachas de guerra), espadas, puñales y cerca de mil cuatrocientas puntas de flechas, con las hojas aún muy afiladas.

Un segundo foso que solamente ha sido parcialmente excavado, contiene unos mil cuatrocientos soldados más. Mientras que en el primer foso casi todas las figuras son de infantería, el segundo incluye fuerzas de ataque de caballos y carros. Se cree que en el tercer pozo se encontrarán los oficiales del ejército. El carro del comandante en jefe permanece intacto, con hombres rodeándolo en posición defensiva.

Las figuras estaban cubiertas por un techo de madera y diez pies de tierra; el objetivo era que estas figuras nunca fueran descubiertas. Cuando los fosos fueron saqueados y quemados, el techo se derrumbó y dañó muchas de las esculturas. La reconstrucción es un proceso lento y complicado. En la actualidad, los que visitan el lugar pueden caminar sobre largas plataformas de madera colocadas dieciséis pies por encima de las esculturas y mirar con asombro a las miles de figuras de soldados.

Casi a una milla de distancia de los fosos se encuentra una pequeña colina cubierta de árboles, la sepultura del primer emperador. El montículo de cuatro lados, construido con tierra apisonada cubre tres cuartos de una milla cuadrada y mide ciento cincuenta y seis pies de alto. En el pasado, medía cuatrocientos pies. De los dos grandes muros que rodeaban el parque funerario sólo quedan escombros. El perímetro de la pared exterior mide cerca de cuatro millas. En las anchas y fuertes paredes había cuatro portones, y en las esquinas, cuatro torres. Además de la sepultura, dentro de los muros había jardines, pabellones y un palacio destinado a sacrificios. La cámara de sepultura aún está intacta y se desconoce su contenido.

La tradición basada en los *Shiji* cuenta que el cuerpo del emperador fue enterrado vestido con un traje de pequeñas piezas de jade enlazadas con hilo de oro y cubierto con un manto de perlas y jade. En la tumba, también había modelos de bronce de los palacios y oficinas gubernamentales de Shi Huangdi. Estas réplicas incluían perlas para representar el sol y la luna, y piscinas de mercurio para recrear los ríos y mares.

Los antiguos chinos creían que el alma de los muertos continuaba viviendo y por eso en la tumba incluían todo tipo de objeto terrenal. Los reyes en especial necesitaban muchos objetos de lujo, por eso en sus tumbas hay joyas, oro, plata y bronce.

Los *Shiji* establecen que para evitar el saqueo de las tumbas "los artesanos construían dispositivos internos que lanzaban flechas si una persona osaba atravesar los túneles". Sima Qian escribió sus relatos históricos un siglo después de la muerte del primer emperador, por lo tanto sus declaraciones son cuestionables. De hecho, la tumba de Shi Huangdi fue saqueada por ladrones treinta años después de la caída de la dinastía Qin (cuatro años después de la muerte del emperador). Es probable que durante este período hayan desaparecido muchos objetos valiosos.

En 1980 se descubrieron fosos adicionales más pequeños. Uno contiene ataúdes de cerámica con huesos de pájaros y animales exóticos, probablemente del zoológico real. Otro tiene embarcaciones con inscripciones que dicen, "Propiedad de los funcionarios responsables de los alimentos en el monte Li", seguramente el lugar donde se ofrecían alimentos y sacrificios en honor al emperador muerto. En el dormitorio se encontraron ropas y objetos cotidianos para comodidad del alma del emperador. A medida que las excavaciones continúan, cada descubrimiento es una evidencia más de la increíble energía y genialidad de Shi Huangdi y su pueblo.

REPASO DE LA LITERATURA

1. ¿De qué antigua fuente china obtenemos gran parte de lo que sabemos sobre la tumba de Shi Huangdi?
2. ¿Por qué crees que Shi Huangdi enterró un ejército de figuras de soldados de tamaño natural?
3. Imagina que eres Shi Huangdi. Escribe las indicaciones que darías a los artesanos que van a fabricar el ejército de arcilla. Describe claramente lo que quieres y por qué lo quieres de esa forma. Muestra tus indicaciones a un compañero.

LECCIÓN 6

La dinastía Han

| 300 a.C. | a.C. | d.C. | 300 d.C. |

Liu Bang, el fundador de la dinastía Han, era de origen campesino. A diferencia de los nobles de esa época, Liu Bang quería unificar los reinos de China bajo un solo gobierno. Durante su reinado logró ese objetivo y mucho más. La dinastía que fundó perduró por más de 400 años, desde el 206 a.C. hasta el 220 d.C.

Gaozu, el primer gobernante de los Han

Después de consolidar su control sobre China, Liu Bang adoptó el nombre de Han Gaozu, o "gran fundador de la dinastía Han". Fundó la capital en Chang'an, en el valle del río Wei, no lejos de Xianyang, la antigua capital Qin. Gaozu quería que su gobierno fuera muy diferente al de Shi Huangdi, pues pensaba que sus súbditos se rebelarían contra él si establecía un gobierno legalista. Él adoptó el confucianismo.

Gaozu también sabía que era importante contar con el apoyo de la nobleza. Para hacerlo, acabó con las provincias: restauró los reinos de la dinastía Zhou y nombró nobles para que los gobernaran.

Posteriormente, los emperadores de la dinastía Han quitaron a los nobles las tierras que Gaozu les había concedido y nombraron a funcionarios gubernamentales para que las administraran. Estos funcionarios estaban bajo la supervisión directa del emperador. De esa manera, los Han formaron una burocracia, al igual que durante la dinastía Qin.

Durante el gobierno Han, se combinaron las ideas del legalismo y el confucianismo. Si bien

ENFOQUE
¿De qué manera los gobiernos de hoy usan ideas del pasado?

Idea principal
Mientras lees piensa en cómo el gobierno Han combinó el confucianismo y el legalismo.

Vocabulario
administración pública
taoísmo
importar
exportar
embajador
Ruta de la Seda
ganancia
caravana

Este caballo de bronce de la dinastía Han data del siglo I d.C.

creían que el emperador debía dar el ejemplo al pueblo, también entendían la necesidad de tener un gobierno central fuerte y un líder poderoso.

Los emperadores de la dinastía Han llegaron a ser tan temidos y respetados como lo había sido Shi Huangdi. Para lograrlo no utilizaron las leyes de los Qin sino que se basaron en el confucianismo. De acuerdo a éste, se debe obedecer a los gobernantes como los niños obedecen a sus padres.

REPASO *¿Quién fue el fundador de la dinastía Han?*

Wu Di y la administración pública

En el 140 a.C., Wu Di subió al trono de los Han. Su nombre, que significa "emperador guerrero", está sin duda justificado. Wu Di organizó ejércitos de hasta 300,000 soldados para conquistar nuevos territorios y extender las fronteras del imperio.

En el norte, el imperio de Wu Di tuvo que enfrentar ataques de un pueblo nómada, los Xiongnu. Mucho después, los Xiongnu, también llamados hunos, atacarían Europa. Para proteger el territorio contra esos invasores, Wu Di extendió la Gran Muralla y envió sus ejércitos al norte para luchar contra los guerreros nómadas. Esto logró restaurar la paz en muchas de las regiones más distantes del imperio chino.

Wu Di también logró establecer la paz en el resto del imperio haciendo algunos cambios en el

Regiones China creció poco a poco bajo el control de varias dinastías. Compara su tamaño en la época Shang con el alcanzado bajo la dinastía Han.
■ *¿En qué direcciones se expandió el imperio durante el período Han?*

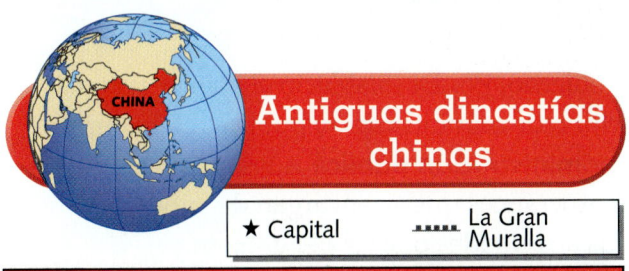

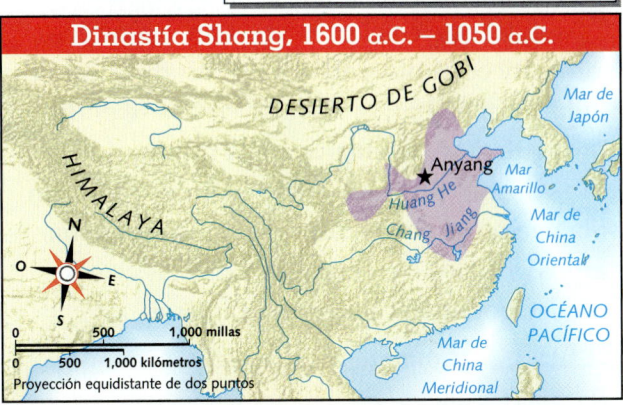

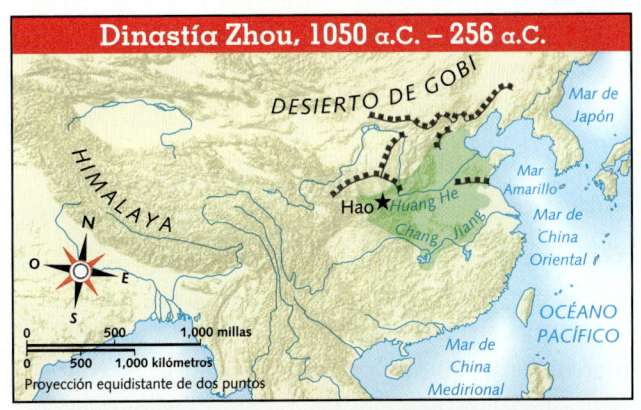

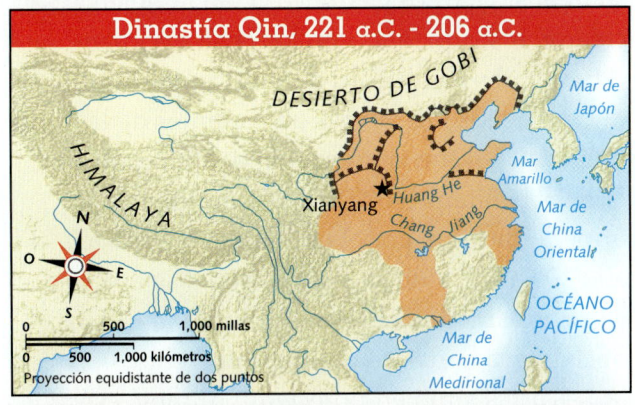

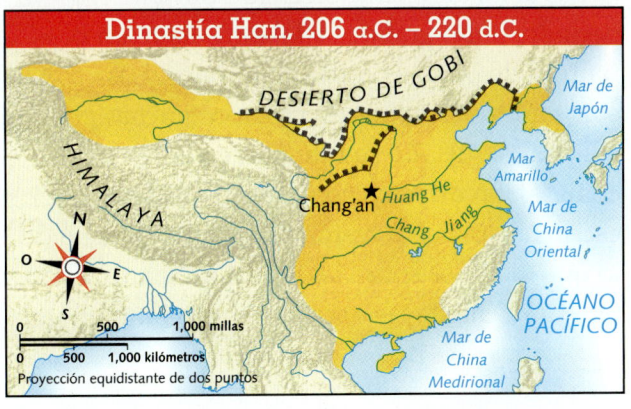

Antiguas dinastías chinas

★ Capital ..... La Gran Muralla

Dinastía Shang, 1600 a.C. – 1050 a.C.

Dinastía Zhou, 1050 a.C. – 256 a.C.

Dinastía Qin, 221 a.C. – 206 a.C.

Dinastía Han, 206 a.C. – 220 d.C.

Capítulo 6 • 263

gobierno. Wu Di estableció el primer sistema chino de administración pública. Llamamos **administración pública** a los organismos burocráticos que se encargan de supervisar las actividades diarias del gobierno.

Al igual que en el gobierno Qin, los cargos burocráticos se otorgaban para recompensar la lealtad. Sin embargo, algunos cargos se podían conseguir si se obtenía una alta puntuación en los exámenes oficiales. Estos exámenes medían si la persona tenía habilidad para desempeñar cargos oficiales. Personas de todas las clases sociales podían tomar estos exámenes.

REPASO *¿Cómo defendió y administró Wu Di su imperio?*

Los logros de la dinastía Han

La dinastía Han hizo muchas contribuciones valiosas a la sociedad china, por ejemplo, innovaciones técnicas. En 132 d.C., un inventor Han creó el primer sismógrafo, un instrumento que detecta los terremotos y mide su intensidad. Los científicos Han también crearon instrumentos con los cuales podían estudiar el movimiento de los planetas.

Uno de los logros más importantes de la dinastía Han fue la invención del papel. Se cree que los habitantes de la región occidental del imperio hicieron papel por primera vez hacia el año 100 a.C. y que la corte imperial se enteró de ello aproximadamente en el año 100 d.C. Un oficial de la corte se adjudicó el invento.

Las artes también florecieron durante este período; hubo grandes adelantos tanto en la pintura de paisajes como de retratos. Los escritores de la época escribieron muchas poesías y ensayos que aún se estudian en las escuelas chinas. Uno de estos escritores, Sima Qian, escribió la primera historia de China. Mucho de lo que sabemos sobre las dinastías Shang, Zhou y Qin proviene de las obras de Sima Qian.

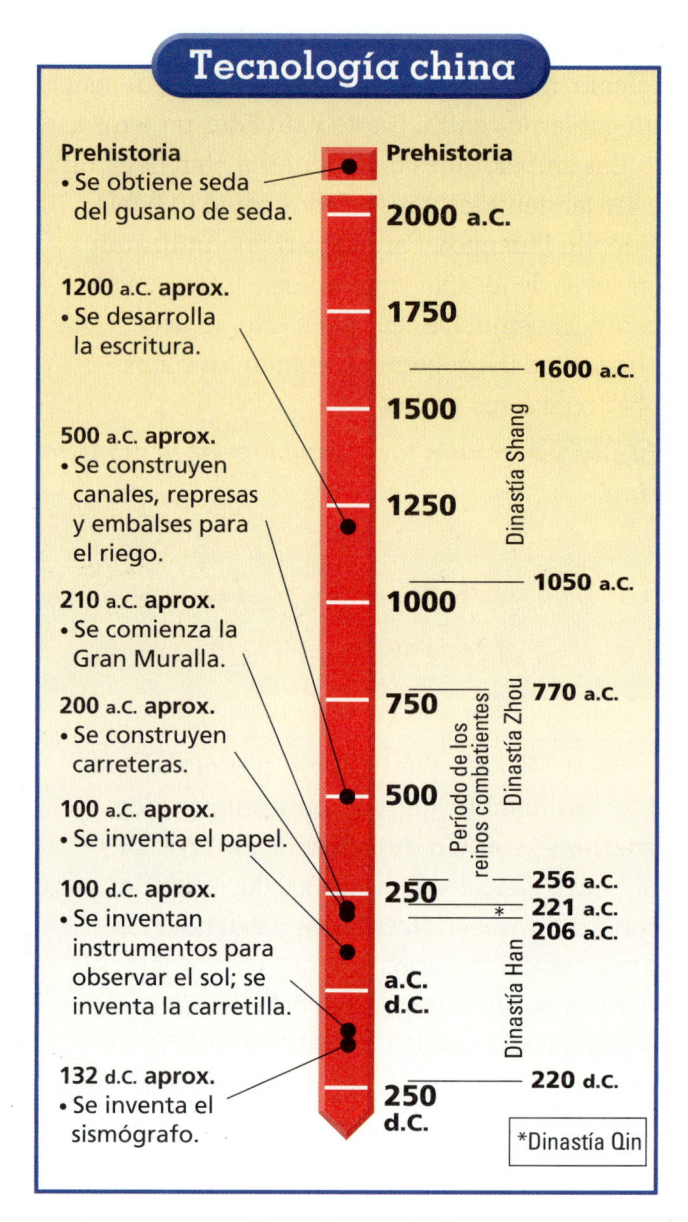

Tecnología china

Prehistoria
- Se obtiene seda del gusano de seda.

1200 a.C. aprox.
- Se desarrolla la escritura.

500 a.C. aprox.
- Se construyen canales, represas y embalses para el riego.

210 a.C. aprox.
- Se comienza la Gran Muralla.

200 a.C. aprox.
- Se construyen carreteras.

100 a.C. aprox.
- Se inventa el papel.

100 d.C. aprox.
- Se inventan instrumentos para observar el sol; se inventa la carretilla.

132 d.C. aprox.
- Se inventa el sismógrafo.

Prehistoria — 2000 a.C. — 1750 — 1600 a.C. — 1500 — 1250 — 1050 a.C. — 1000 — 770 a.C. — 750 — 500 — 256 a.C. — 250 — 221 a.C. — 206 a.C. — a.C./d.C. — 220 d.C. — 250 d.C.

Dinastía Shang / Dinastía Zhou / Período de los reinos combatientes / Dinastía Han

*Dinastía Qin

APRENDER CON LÍNEAS CRONOLÓGICAS Los chinos lograron muchos avances técnicos desde los tiempos prehistóricos hasta el 220 d.C.

■ *¿Qué se inventó primero, la carretilla o el sismógrafo?*

Durante la dinastía Han también se dio mucha importancia a la filosofía. El confucianismo se convirtió en la doctrina oficial Han. Emperadores Han fomentaron también el estudio de doctrinas como el taoísmo. El **taoísmo** enseña que para ser feliz hay que aceptar la vida tal como es. El taoísmo se convirtió en una religión, con sus propios rituales y casas de culto.

TECNOLOGÍA

El sismógrafo

Hacia el año 132 d.C., Chang Heng inventó el primer sismógrafo chino. Los sismógrafos modernos indican la ubicación e intensidad de un terremoto. El antiguo sismógrafo chino funcionaba de manera muy parecida. Una barra interior golpeaba al dragón más cercano al movimiento sísmico, produciendo un fuerte ruido. Una bola salía entonces de la boca del dragón y caía en la rana de bronce situada debajo. El sonido anunciaba al emperador que un terremoto acababa de ocurrir en su reino. La dirección en que caía la bola indicaba la dirección aproximada del terremoto.

El sismógrafo de Chang Heng no sólo funcionaba bien, sino que estaba hermosamente tallado.

La dinastía Han terminó en el año 220 d.C. Sin embargo, las ideas de los Han aún tienen influencia en la civilización china. Por consiguiente, no es de sorprenderse que los chinos se llamen a sí mismo los hijos de Han.

REPASO *¿Cuáles son algunas de las contribuciones más importantes que la dinastía Han hizo a la civilización china?*

La Ruta de la Seda

Incluso antes de la dinastía Han, los comerciantes chinos **importaban**, o traían al país, mercancías de otras regiones del mundo. Además, **exportaban**, o enviaban a otras regiones, sus propias mercancías. Durante la dinastía Han, la actividad comercial con el resto del mundo creció notablemente.

En el año 139 a.C., Wu Di envió a un **embajador**, es decir un representante autorizado del gobierno, para que negociara la paz con los Xiongnu, pero el embajador Zhang Qian no tuvo éxito. No obstante, el viaje le permitió conocer otras civilizaciones que se encontraban al oeste de China. Zhang Qian regresó maravillado de lo que vio y de los relatos que oyó sobre objetos desconocidos en China y de caballos magníficos. Estos relatos impulsaron a los comerciantes chinos a salir en busca de caballos y otros bienes.

La mayor parte del comercio chino se hacía por tierra. La ruta que más se usaba empezaba cerca de Chang'an, la capital del imperio Han y luego atravesaba los desiertos y las mesetas de Asia central. La ruta finalmente terminaba en las costas del mar Mediterráneo.

Los chinos ricos de la época Han vivían en mansiones como ésta. Los pobres solían vivir en pequeñas construcciones de una planta.

Capítulo 6 • **265**

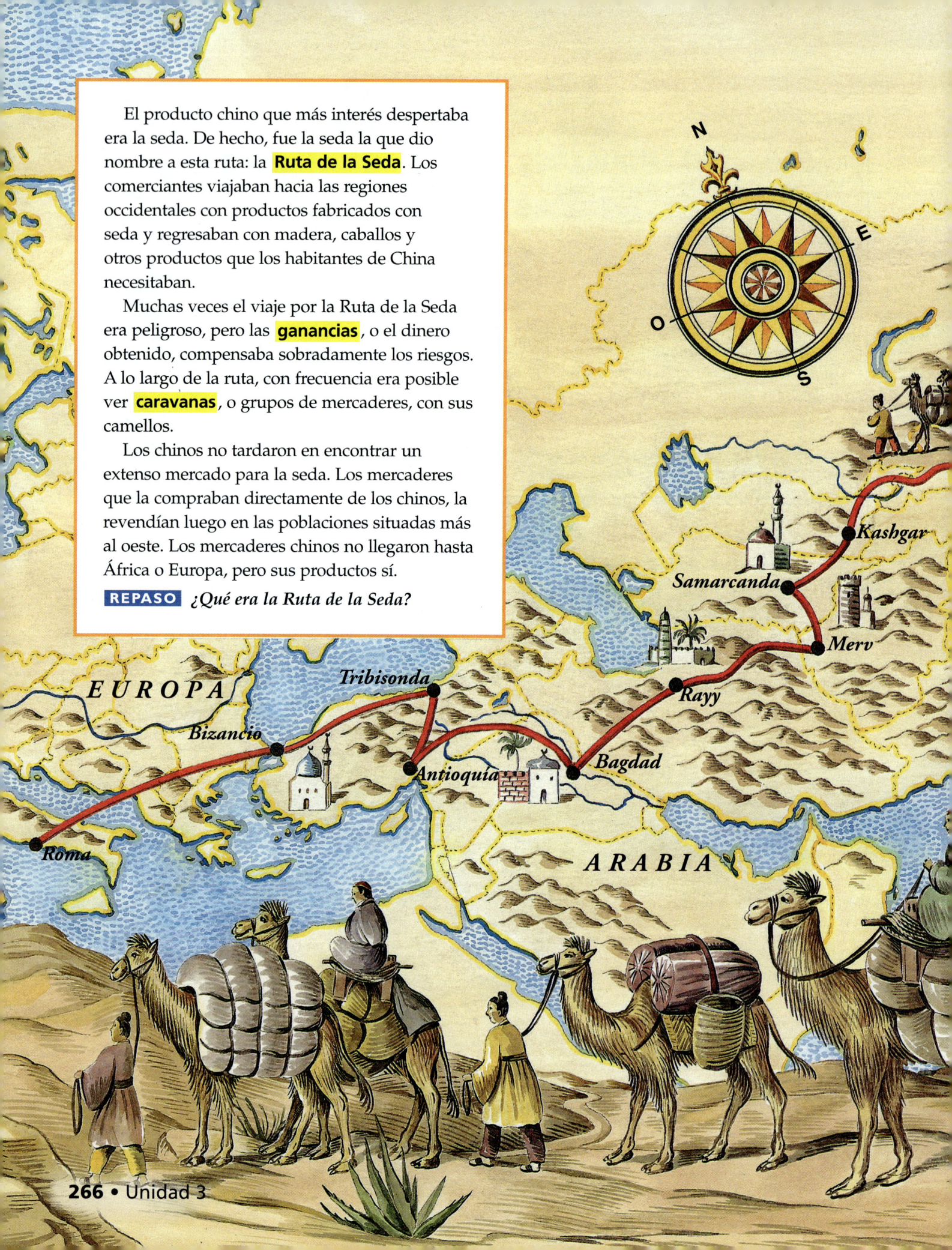

El producto chino que más interés despertaba era la seda. De hecho, fue la seda la que dio nombre a esta ruta: la **Ruta de la Seda**. Los comerciantes viajaban hacia las regiones occidentales con productos fabricados con seda y regresaban con madera, caballos y otros productos que los habitantes de China necesitaban.

Muchas veces el viaje por la Ruta de la Seda era peligroso, pero las **ganancias**, o el dinero obtenido, compensaba sobradamente los riesgos. A lo largo de la ruta, con frecuencia era posible ver **caravanas**, o grupos de mercaderes, con sus camellos.

Los chinos no tardaron en encontrar un extenso mercado para la seda. Los mercaderes que la compraban directamente de los chinos, la revendían luego en las poblaciones situadas más al oeste. Los mercaderes chinos no llegaron hasta África o Europa, pero sus productos sí.

REPASO ¿Qué era la Ruta de la Seda?

La Ruta de la Seda

Turpan • Hani • Jiayuguan • Shandan • Wuwei
Anxi • Dunhuang • Lanzhou • Tianshui • Baoji • Chang'an
Hotan • Aksu

CHINA

INDIA

LECCIÓN 6 • REPASO

300 a.C. — 150 a.C. — a.C. | d.C. — 150 d.C. — 300 d.C.

206 a.C.
• Comienza la dinastía Han

140 a.C.
• Comienza el reinado de Wu Di

220 d.C.
• Termina la dinastía Han

Comprueba lo que aprendiste

1. **Recuerda los datos** ¿Cuáles fueron los principales logros de Gaozu y Wu Di?

2. **Recuerda la idea principal** ¿Qué ideas del confucianismo y el legalismo combinaron los Han para crear un gobierno fuerte?

Piensa críticamente

3. **Piensa más sobre el tema** ¿Por qué fue importante la Ruta de la Seda?

4. **Ayer y hoy** ¿De qué modo el gobierno de tu comunidad combina diferentes ideas?

Muestra lo que sabes

Actividad: Cartel Algunas personas sostienen que el siglo XX ha sido una época de innovaciones. Usa fotografías y titulares de diarios o revistas para crear un cartel que ilustre esta idea. Incluye inventos y descubrimientos recientes.

Capítulo 6 • 267

Tablas y gráficas

Usa una tabla para

1. ¿Por qué aprender esta destreza?

Imagina que buscas algo que has escrito en una pila de papeles desordenados. Sería muy difícil encontrarlo inmediatamente.
De manera similar, la búsqueda de datos puede resultar difícil si éstos están desordenados. Al igual que con los papeles, es más fácil manejar datos que están clasificados u ordenados. Aprender a clasificar datos te ayudará a hallar la información que necesites.

2. Recuerda lo que has leído

Se te ha proporcionado mucha información sobre China durante el período clásico. Has aprendido sobre las épocas en que gobernaron las dinastías Zhou, Qin y Han; el período de los reinos combatientes; quiénes fueron los gobernantes principales de esas épocas y qué contribuciones hizo cada dinastía a la civilización china. Éstos y otros datos pueden clasificarse en una tabla. Una tabla es una gráfica donde los datos están agrupados por categorías.

3. Comprende el proceso

En la tabla de la página 269, los datos sobre la antigua China están clasificados según las dinastías y el período de los reinos combatientes. Los años que delimitan cada período aparecen en orden cronológico dentro de la primera columna.

Cada hilera contiene datos acerca de una etapa particular. Supongamos que quieres buscar información sobre la dinastía Qin: mueve un dedo por la columna Nombre hasta que encuentres Qin; mueve después el dedo por esa hilera hasta hallar la columna Contribuciones. ¿Qué contribución hicieron los Qin? En la columna siguiente aparece el nombre del principal gobernante Qin.

Esta pintura muestra a funcionarios chinos tomando exámenes con la esperanza de ingresar en la administración pública.

clasificar datos

China antigua

AÑOS	NOMBRE	CONTRIBUCIONES	GOBERNANTES DESTACADOS
del 1600 a.C. a 1050 a.C.	Dinastía Shang	Escritura Uso del bronce	
del 1050 a.C. a 256 a.C.	Dinastía Zhou	La idea del Mandato Divino Mejoras en la agricultura La división de clases	Wu
del 770 a.C. a 221 a.C.	Período de los reinos combatientes	Nuevas formas de gobierno	
del 221 a.C. a 206 a.C.	Dinastía Qin	Construcción de la Gran Muralla Estandarización de pesos y medidas Creación de un sistema de caminos	Shi Huangdi
del 206 a.C. to 220 d.C.	Dinastía Han	Exámenes para ingresar en la administración Invención del papel Invención del sismógrafo Apertura de la Ruta de la Seda Avances en medicina y matemáticas	Gaozu Wu Di

Usa la tabla para contestar las preguntas:

1. ¿Cuáles fueron algunas de las contribuciones de la dinastía Shang?
2. ¿Durante qué dinastía gobernó Gaozu?
3. ¿Durante qué años gobernó la dinastía Qin?
4. ¿En qué período se introdujeron en China las monedas de metal?
5. ¿Quién fue un importante gobernante de China durante la dinastía Zhou?
6. ¿Quién controlaba China aproximadamente en el año 1300 a.C.?
7. ¿Durante qué período se introdujeron en China mejoras en el riego y en las técnicas de cultivo?
8. ¿Cuáles de los períodos que aparecen en la tabla se superponen?

4. Piensa y aplica

Haz tu propia tabla para presentar datos sobre la antigua China. Usa los datos que aparecen en esta página, pero clasifícalos de otra manera. Muestra tu tabla a un compañero cuando repases el capítulo.

Los estudios sociales y tú

La religión en el mundo de hoy

La religión siempre ha sido una parte muy importante de la vida de la gente. La religión une a las personas que comparten una creencia. En muchos países existe una religión mayoritaria e incluso oficial. Más del ochenta por ciento de la población de India pertenece al hinduismo. En Japón, la mayoría de las personas profesan el budismo y el sintoísmo.

A diferencia de muchos países, Estados Unidos se fundó sobre la idea de la libertad religiosa. La Declaración de Derechos de la Constitución estadounidense otorga a los ciudadanos la libertad de profesar la religión que deseen, cualquiera que ésta sea. Por eso, en este país conviven personas de religiones que se han profesado durante siglos, como el cristianismo, el islam, el hinduismo, el budismo y el judaísmo. En Estados Unidos también conviven personas que practican muchas religiones más recientes. De hecho, ¡en nuestro país existen más de mil grupos religiosos!

272 • Unidad 3

Piensa y aplica

Busca información en los medios de comunicación para conocer el modo en que las diferencias religiosas afectan la vida de las personas en las escuelas, en el gobierno y en otras partes de la sociedad. Busca ejemplos de nuestro país y de otros lugares. Luego, con otro estudiante, haz un cartel sobre la información y muéstralo a tus compañeros.

Visita nuestra página en Internet en **http://www.hbschool.com** para recursos adicionales.

Busca en el centro de recursos de tu escuela el vídeo *Making Social Studies Relevant*.

Unidad 3 • 273

UNIDAD 3
REPASO

RESUMEN VISUAL

Resume las ideas principales
Examina las ilustraciones y los resúmenes para repasar lo que leíste en la Unidad 3.

Interpreta las ilustraciones
Observa cuidadosamente las imágenes del Resumen visual. ¿Qué detalles se muestran de cada período? Después de observar las imágenes escribe una descripción breve de cada una de ellas.

1 La geografía del valle del Indo influye en el desarrollo y la supervivencia de la cultura local, incluyendo el buen diseño de las ciudades.

5 Las creencias de los antiguos chinos influyen en el desarrollo de su civilización.

6 El filósofo Confucio vive en una época de inestabilidad conocida como el período de los reinos combatientes. Confucio predica que se necesitan ciertas virtudes para organizar la sociedad.

2 El hinduismo y el budismo nacen en la India antigua e influyen en Asia por siglos.

3 En la India, el Imperio Gupta hace posible una época de avances en el arte, la literatura, las matemáticas y la medicina.

4 Gobernantes poderosos como el rey Darío hacen posible el desarrollo del Imperio Persa.

7 El emperador Shi Huangdi unifica muchos estados independientes y crea así el primer Imperio Chino. Sus logros más notables son la introducción del sistema de estandarización y la construcción de obras públicas.

8 Durante la dinastía Han hay grandes avances políticos, literarios, comerciales y en la recopilación histórica.

Unidad 3 • 275

UNIDAD 3 REPASO

USA EL VOCABULARIO

Usa los términos de la siguiente lista para completar las oraciones.

mensajero   legalismo   reencarnación
rito   virtudes

1. Un _____ se realiza de acuerdo a un conjunto de normas prescritas.
2. Un _____ era un jinete que llevaba recados por todo el Imperio Persa.
3. La _____ es la creencia en que el alma continúa viviendo después de la muerte y regresa a la vida en otro cuerpo.
4. El _____ es una forma de gobierno que se basa en el estricto cumplimiento de las leyes y el uso de la burocracia.
5. Las buenas cualidades se conocen como _____.

COMPRUEBA LO QUE APRENDISTE

6. ¿Quiénes eran los intocables?
7. ¿Quién era Zaratustra?
8. ¿Por qué se derrumbó el sistema político de China en el siglo VIII a.C.?
9. ¿Qué filósofo chino comparó la sociedad con la familia?
10. ¿Cuáles fueron algunos de los inventos logrados durante la dinastía Han?

PIENSA CRÍTICAMENTE

11. **Ayer y hoy** Los arios cambiaron la cultura de India. ¿Qué efecto tienen los inmigrantes en la sociedad actual?
12. **En mi opinión** ¿Cómo era la vida durante las dinastías Zhou, Qin y Han?
13. **Causa y efecto** ¿Qué efecto tuvo el período de los reinos combatientes en la sociedad china?

APLICA TUS DESTREZAS

Usa un mapa cultural Los títulos del mapa siguiente indican las distintas áreas culturales de China. Los colores representan las lenguas. Consulta el mapa para responder las siguientes preguntas.

14. ¿En qué partes de China se habla alguna lengua que no sea el chino?
15. ¿Por qué crees que hay más diversidad cultural cerca de las fronteras de China?
16. ¿Qué pueblos viven en las fronteras oeste y sur de China?

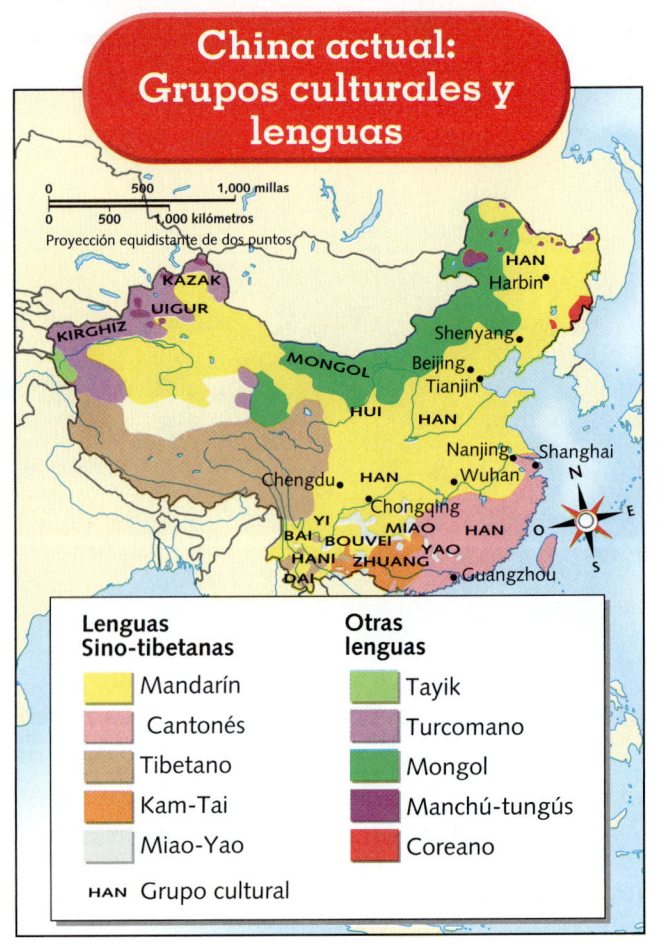

China actual: Grupos culturales y lenguas

Lenguas Sino-tibetanas
- Mandarín
- Cantonés
- Tibetano
- Kam-Tai
- Miao-Yao

Otras lenguas
- Tayik
- Turcomano
- Mongol
- Manchú-tungús
- Coreano

HAN Grupo cultural

276 • Unidad 3

TALLER DE APRENDIZAJE COOPERATIVO

RECUERDA
- Comparte tus ideas.
- Planea el trabajo con los demás.
- Responsabilízate de tu trabajo.
- Ayuda a tus compañeros.
- Muestra a la clase el trabajo de tu grupo.
- Comenta lo que has aprendido trabajando en grupo.

ACTIVIDAD: Crear un cartel con la clase

Trabaja con toda la clase para hacer un cartel que ilustre algunas de las ideas del confucianismo. Recorten fotos de periódicos y revistas que muestren a personas realizando acciones que ejemplifiquen cada idea. Agrupen las imágenes que representan una misma idea. Después titulen cada idea y exhiban el cartel fuera del salón de clases.

ACTIVIDAD: Contar una fábula

Con tres o cuatro compañeros, piensa en un mensaje que desearías comunicar al mundo. Después, escriban una fábula que contenga dicho mensaje en forma interesante. Cuando terminen, hagan una representación oral ante la clase.

ACTIVIDAD: Hacer un plan de viaje

Imagina que tienes la oportunidad de visitar China. Haz una lista de los lugares históricos que te gustaría ver. Junto a cada lugar, explica por qué te gustaría visitarlo. Describe cada lugar en detalle y explica qué importancia tuvo en la historia de China. Compara tu lista con la de tus compañeros.

Termina el proyecto

Publica un folleto Ahora tienes la información suficiente para hacer un folleto sobre India y China en la antigüedad. Trabaja en un grupo pequeño. Primero escriban un borrador. Cada integrante del grupo debe tener una tarea específica. Uno, por ejemplo, puede dedicarse a recopilar información, otro puede ser el dibujante y un tercero, el escritor. Cada integrante debe hacer correcciones al folleto. Cuando hayan terminado, muestren el folleto al resto de la clase.

Unidad 1	Unidad 2	Unidad 3
Los orígenes de la humanidad	Las antiguas civilizaciones de África	Las antiguas civilizaciones de Asia

LAS ANTIGUAS CIVILIZACIONES DE EUROPA

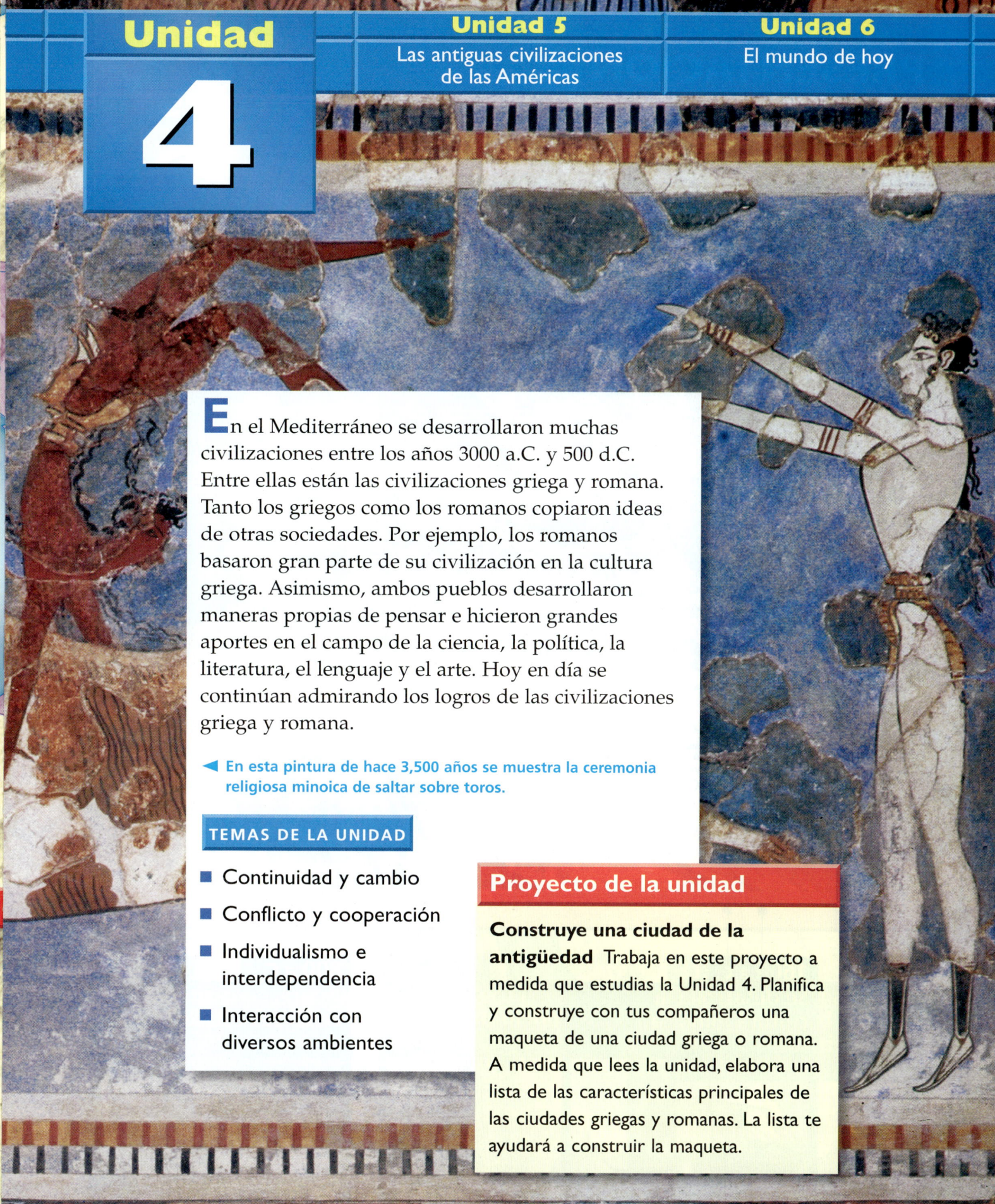

Unidad 4

Unidad 5 Las antiguas civilizaciones de las Américas

Unidad 6 El mundo de hoy

En el Mediterráneo se desarrollaron muchas civilizaciones entre los años 3000 a.C. y 500 d.C. Entre ellas están las civilizaciones griega y romana. Tanto los griegos como los romanos copiaron ideas de otras sociedades. Por ejemplo, los romanos basaron gran parte de su civilización en la cultura griega. Asimismo, ambos pueblos desarrollaron maneras propias de pensar e hicieron grandes aportes en el campo de la ciencia, la política, la literatura, el lenguaje y el arte. Hoy en día se continúan admirando los logros de las civilizaciones griega y romana.

◀ En esta pintura de hace 3,500 años se muestra la ceremonia religiosa minoica de saltar sobre toros.

TEMAS DE LA UNIDAD

- Continuidad y cambio
- Conflicto y cooperación
- Individualismo e interdependencia
- Interacción con diversos ambientes

Proyecto de la unidad

Construye una ciudad de la antigüedad Trabaja en este proyecto a medida que estudias la Unidad 4. Planifica y construye con tus compañeros una maqueta de una ciudad griega o romana. A medida que lees la unidad, elabora una lista de las características principales de las ciudades griegas y romanas. La lista te ayudará a construir la maqueta.

CAPÍTULO 7

LA ANTIGUA GRECIA

"Aquí los individuos no sólo se interesan por sus asuntos personales, sino también por los asuntos del estado."

Pericles, gobernante ateniense, 430 a.C.

Estatua de un joven auriga, esculpida alrededor del año 470 a.C.

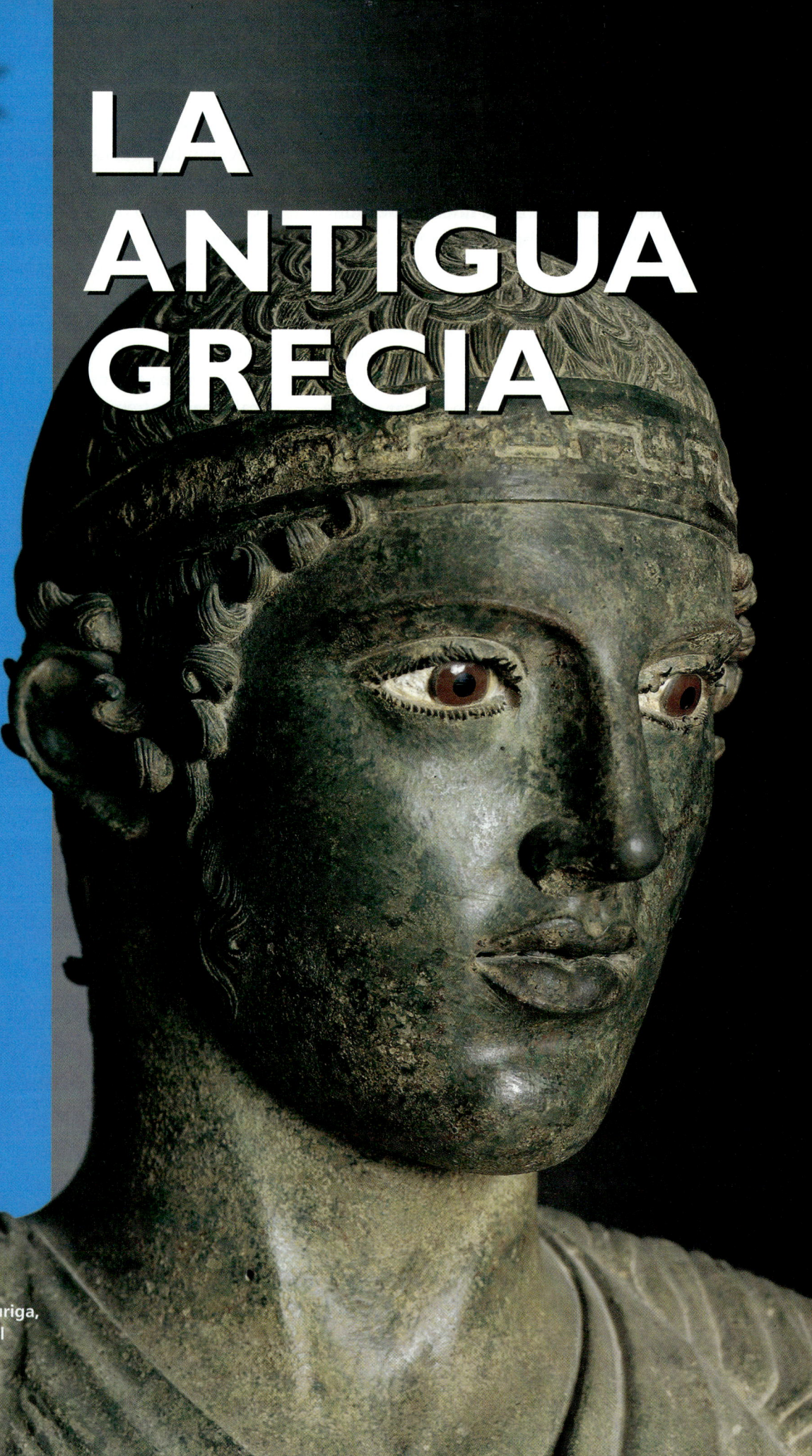

La geografía de Grecia

Los griegos estaban fascinados por la geografía. El término geografía proviene de dos palabras griegas: *geo*, que significa "tierra", y *grapho* que significa "dibujo o imagen". Los griegos deseaban conocer "la imagen de la tierra", es decir, la geografía de la región donde vivían.

Grecia

Grecia está ubicada en el extremo de una gran península del sur de Europa. Esta península, la península Balcánica, se adentra hacia el sur y el este del mar Mediterráneo, y se extiende hasta una parte de Asia llamada Asia Menor. Hoy en día Turquía ocupa el territorio de Asia Menor. Turquía y Grecia están separadas por el mar Egeo, un brazo del Mediterráneo donde existen muchas islas.

Al oeste de Grecia se encuentra el mar Jónico y al sur, el Mediterráneo. Estos mares prácticamente dividen a Grecia en dos. La parte sur, llamada Peloponeso, está conectada al resto del continente por una pequeña lengua de tierra o **istmo**. Alrededor del país hay unas 2,000 islas, la mayor de las cuales es Creta, situada al sureste de la península.

Los griegos no vivían solamente en el territorio que hoy es Grecia. Las primeras comunidades se extendieron por los mares Egeo, Jónico y Mediterráneo. Establecieron colonias en diversas islas y en las costas del norte de África, España, Italia y Asia Menor.

REPASO *¿Dónde está situada Grecia?*

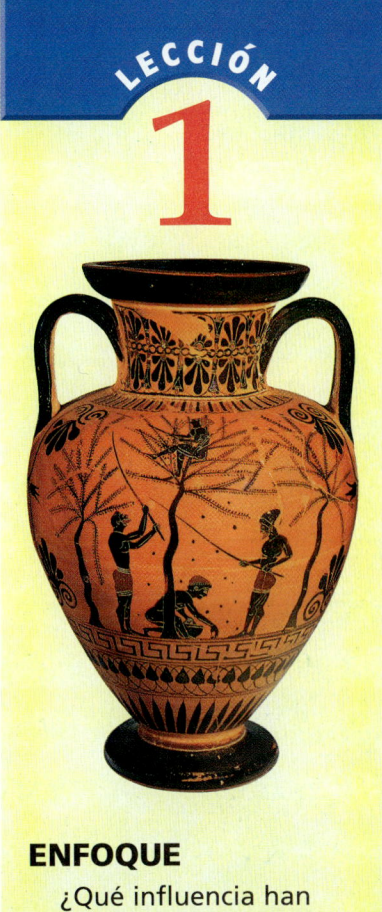

LECCIÓN 1

ENFOQUE
¿Qué influencia han tenido la geografía y los recursos naturales en la historia de tu comunidad?

Idea principal
Mientras lees piensa en cómo las montañas y el mar afectaron a la historia y a la cultura de la antigua Grecia.

Vocabulario
istmo
puerto
trirreme

En esta vasija griega se ven dos hombres recolectando aceitunas.

El antiguo Mediterráneo

Península Balcánica

Ubicación Grecia, en el extremo de la península Balcánica, estaba rodeada por tres mares.

■ ¿De qué manera contribuyó la ubicación de Grecia a su desarrollo como potencia comercial?

Una región de montañas

Casi tres cuartas partes del territorio de Grecia están cubiertas por montañas. Los montes Pindo cruzan el país de norte a sur y están rodeados de estrechos valles y pequeñas llanuras.

La geografía de Grecia dificultaba los desplazamientos en el interior y prácticamente imposibilitaba el comercio. Los senderos eran escarpados y polvorientos y los ríos no eran navegables.

Monte Olimpo

288 • Unidad 4

Como era tan difícil viajar y comerciar por tierra, cada asentamiento se abastecía de su propia producción agrícola. Y el escaso contacto entre los pueblos hizo que crearan sus propios gobiernos y fueran muy independientes. De modo que las montañas impidieron durante siglos que los asentamientos se unieran bajo un sólo gobierno.

La dureza del territorio influyó mucho en la vida de la antigua Grecia. Las montañas, por ejemplo, formaban parte de la religión. El monte Olimpo, el más alto y famoso de Grecia, era considerado la casa de Zeus y de otros dioses.

Debido a la geografía montañosa de Grecia, los griegos disponían de escasos espacios apropiados para la agricultura. Además, la tierra rocosa ofrecía pocos recursos naturales.

REPASO *¿De qué manera afectó la geografía el modo de vida de los griegos?*

Rodeada de mar

Las montañas separaban a los pueblos pero los mares los unían. Grecia posee numerosos **puertos** naturales, lugares resguardados, de aguas profundas, próximos a la costa. Desde estos puertos los griegos exploraron los mares.

Al principio usaron los mares como una fuente de alimentos; después, como vías de comercio en busca de materias de las que carecían. Con el tiempo, los griegos encontraron nuevos territorios para crear colonias. Las colonias ofrecían mejores tierras de cultivo y más recursos naturales.

Gracias al comercio marítimo los griegos no sólo obtuvieron recursos naturales y productos sino también ideas. Por ejemplo, probablemente tomaron el alfabeto fenicio, que se convirtió en la base del suyo propio, y recibieron la influencia de la escultura egipcia. Al mismo tiempo, las ideas griegas llegaron a otras regiones.

Pero el contacto con otros pueblos también provocó conflictos, por lo que los griegos poco a poco se convirtieron en expertos combatientes. Al final del siglo sexto comenzaron a construir barcos de guerra llamados **trirremes**, haciendo uso de la tecnología de los pueblos situados al este del Mediterráneo. Y como resultado de su habilidad para protegerse a sí mismos, el comercio marítimo griego no paró de crecer.

A lo largo de los siglos los griegos se han adaptado a territorios difíciles. Este monasterio del siglo XII (recuadro) es un ejemplo de cómo los griegos han aprovechado una región rocosa.

Los olivos crecen muy bien en Grecia gracias a su clima seco.

Los griegos creían que el mar poseía su propio dios: Poseidón, quien cuidaba de los marineros. A pesar de ello, no les gustaba viajar a mar abierto. Preferían navegar cerca de las costas.

REPASO *¿Cómo afectó el mar a la cultura griega?*

La agricultura en la antigua Grecia

La escasez de buenas tierras y el clima seco no permitieron muchos cultivos en Grecia. Sólo una quinta parte de la región era aprovechable para la agricultura. Sólo se producían pequeñas cantidades de trigo y cebada. De ahí que los griegos decidieran importar, es decir, traer lo que necesitaban de otros lugares.

Las uvas y las aceitunas, que resisten el clima seco, se convirtieron en sus principales productos agrícolas. Además, usaban las aceitunas para hacer aceite de oliva, que servía para cocinar y como combustible para las lámparas. El aceite de oliva se convirtió en uno de los mayores bienes griegos para la exportación.

Los antiguos griegos comían tanto las uvas como las hojas de la vid. Con las uvas también hacían vino que se exportaba en jarras de arcilla a otras regiones del Mediterráneo.

La comida típica de la antigua Grecia consistía en aceitunas, uvas, pescado seco, hortalizas y pan crujiente hecho con grano importado. Sólo se comía carne en ocasiones especiales.

REPASO *¿Qué importancia tenían las aceitunas y las uvas en la antigua Grecia?*

LECCIÓN 1 • REPASO

Comprueba lo que aprendiste

1. **Recuerda los datos** ¿Cómo es la geografía de Grecia?
2. **Recuerda la idea principal** ¿De qué manera afectaron el mar y las montañas a la historia y la cultura griegas?

Piensa críticamente

3. **Ayer y hoy** ¿Crees que a los habitantes de Grecia les afecta en la actualidad la geografía de la misma forma que les afectaba en otros tiempos? Explica tu respuesta.
4. **Piensa más sobre el tema** ¿Cómo hubiera sido la vida en la antigua Grecia si el territorio hubiera sido plano?

Muestra lo que sabes
Actividad: Mapa
Imagínate que eres un geógrafo de la antigüedad que viaja por la Grecia actual. Traza un mapa señalando los principales accidentes geográficos. Luego muestra tu mapa a la clase.

290 • Unidad 4

Los primeros habitantes de Grecia

| 2000 a.C. | 1400 a.C. | 800 a.C. |

A lo largo de los siglos diferentes culturas se establecieron en lo que ahora es Grecia. Entre los primeros habitantes se encontraban los minoicos, quienes habitaban la isla de Creta, y los micénicos, que ocuparon el territorio continental. Acerca de estos pueblos pioneros se han inventado muchas leyendas, basadas tanto en la realidad como en la imaginación de quienes las contaron por primera vez. En la actualidad, los conocimientos que se tienen sobre las culturas minoica y micénica proceden de hallazgos arqueológicos.

Los minoicos

Creta está situada a 60 millas (97 km) al sur del Peloponeso. El poeta griego Homero describió esta isla como "una tierra hermosa y rica, bañada por las olas". Hoy Creta aún se parece mucho a la descripción que Homero hizo hace tantos años.

Durante siglos los griegos habían contado leyendas sobre una civilización perdida en Creta. Los estudiosos no habían encontrado rastros de ella, pero a comienzos del siglo veinte el arqueólogo británico Arthur Evans realizó un sorprendente descubrimiento. Evans encontró las ruinas de un antiguo reino al que llamó civilización minoica en honor de Minos, el legendario rey de Creta. Por esta razón en nuestros días a los habitantes de la antigua Creta se les denomina minoicos.

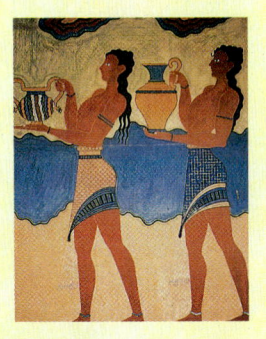

LECCIÓN 2

ENFOQUE
¿Qué permite a un pueblo ganar o perder una región determinada?

Idea principal
Mientras lees piensa en las razones por las que diferentes culturas aparecieron y desaparecieron en Grecia.

Vocabulario
préstamo cultural
poema épico

Este pendiente minoico de oro de aproximadamente 1500 a.C. tiene la forma de dos abejas y un panal.

Capítulo 7 • 291

Comercio minoico, 1450 a. C.

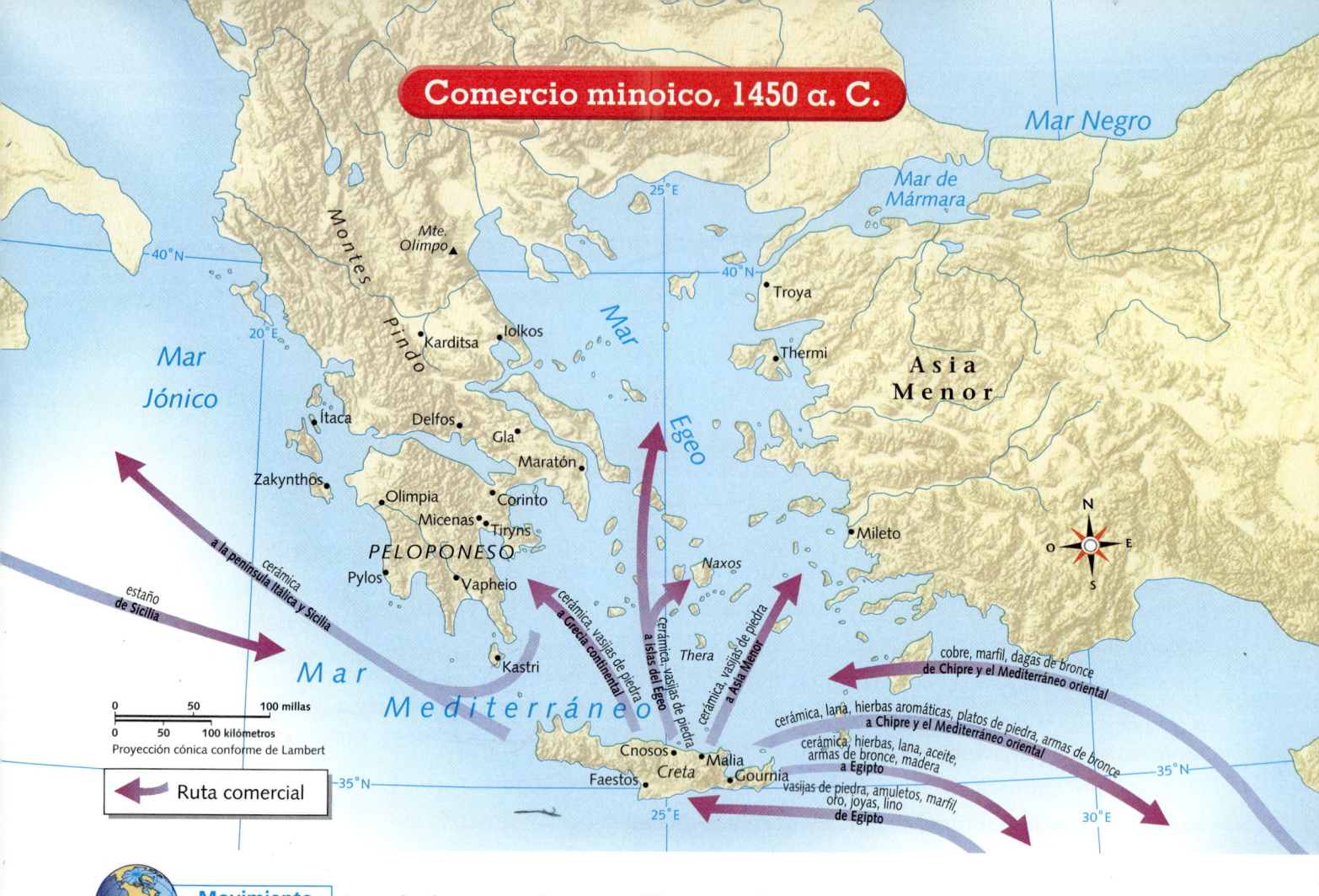

Movimiento Los minoicos comerciaron con diferentes culturas del Mediterráneo.
■ ¿Cuáles eran los principales productos minoicos de exportación? ¿Y de importación?

Durante muchos años los minoicos vivieron en pequeñas comunidades agrícolas hasta que, con el paso del tiempo, la población fue aumentando.

Alrededor del año 1900 a.C. empezaron a construir gigantescos palacios que eran el centro religioso y del gobierno de los territorios vecinos. Estos palacios parecían laberintos, con infinidad de habitaciones y pasadizos. En torno a los palacios había casas y, más apartados, pequeños pueblos, aldeas y terrenos de cultivo.

Los restos de los palacios minoicos se han mantenido hasta ahora. El más importante, llamado Cnosos, tenía al menos tres pisos de altura y ocupaba unos 185 acres de terreno, un área equivalente a 20 campos de fútbol americano. Los arqueólogos creen que albergaba a unos 12,000 habitantes.

Las paredes de los palacios estaban decoradas con hermosos murales de escenas cotidianas. Estas

Los minoicos son especialmente recordados por la belleza de sus murales.

292 • Unidad 4

pinturas ofrecen mucha información acerca de los minoicos. Muestran, por ejemplo, que se trataba de un pueblo amante de la danza, la música y los deportes; las mujeres y los hombres solían llevar el pelo largo y suelto, y joyas de oro. Los murales también reflejan que la religión ocupaba un papel esencial en la sociedad.

Los murales y otros descubrimientos arqueológicos indican que los minoicos eran expertos marineros y comerciantes. Comerciaban con pueblos de África, Asia y Europa. Egipto, en África, y Siria, en el suroeste de Asia eran tan sólo dos de sus aliados comerciales. Las embarcaciones minoicas transportaban aceite de oliva, vino, lana, vasijas de barro y otros bienes desde Creta hasta puertos extranjeros. Las embarcaciones volvían repletas de tesoros, tales como cobre, estaño y oro. Los minoicos mezclaron cobre y estaño para hacer bronce. Con el bronce fabricaban hermosos tazones, hachas y otros objetos.

Para mantener un registro de sus actividades, los minoicos desarrollaron un sistema de escritura. Lamentablemente, es posible que parte de los documentos escritos hayan sido destruidos en un incendio que arrasó el reino minoico hacia el año 1370 a.C. Solamente se conservaron registros inscritos en tablillas de barro, que nadie ha podido descifrar hasta ahora. Cuando los expertos aprendan a interpretar estas escrituras, se conocerá más acerca de la cultura minoica.

Nadie sabe con certeza cuál fue la causa del declive del imperio minoico. Algunos historiadores piensan que el incendio puso fin a esta civilización. Otros creen que un enorme terremoto ocurrió en la isla. Y, por último, hay quienes piensan que los griegos de la península impidieron el desarrollo del pueblo minoico.

REPASO *¿Cómo eran los palacios minoicos?*

Algunas partes de la ciudad-palacio de Cnosos (abajo) fueron restauradas a principios de siglo. Murales de delfines (recuadro) adornaban la Sala de la Reina.

GEOGRAFÍA

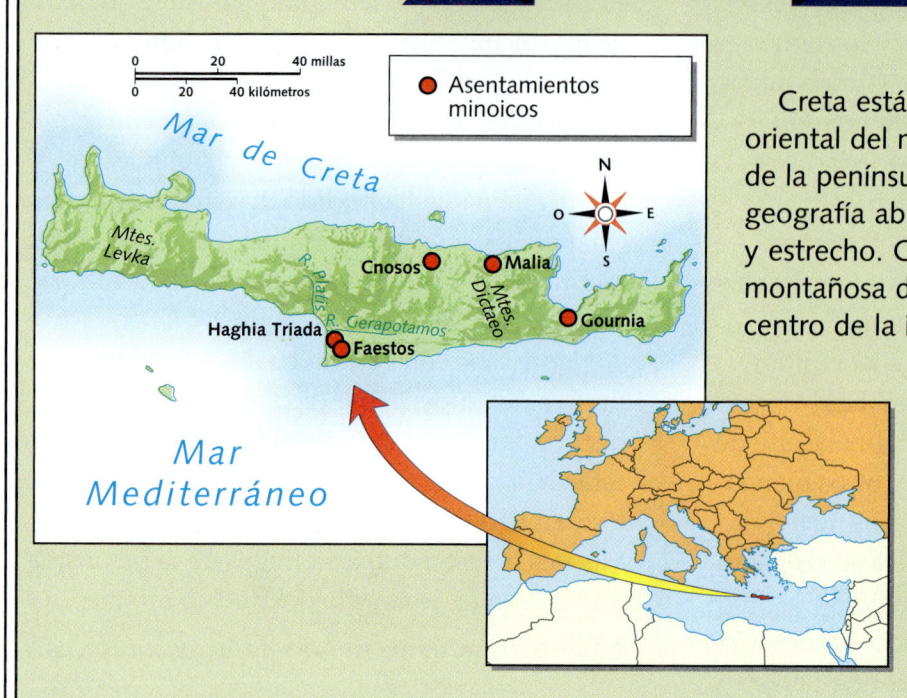

Creta

Creta está ubicada en la región oriental del mar Mediterráneo, al sureste de la península Balcánica. Presenta una geografía abrupta en un territorio largo y estrecho. Cuenta con una cadena montañosa de vistas fabulosas en el centro de la isla.

Allí crecen olivos y naranjales por todas partes. El clima no es ni muy caluroso ni muy frío. Es fácil saber porqué hoy en día la isla mantiene el encanto de los tiempos de Homero.

Los micénicos

Durante los últimos años de su reino, los mercaderes minoicos comenzaron a comerciar con la ciudad de Micenas, cerca de la costa del Peloponeso. Al parecer los micénicos eran una civilización guerrera que calculaba su poderío según el número de armas que poseía.

Los micénicos adoptaron muchas costumbres minoicas. El proceso por el cual una cultura toma ideas de otras culturas se llama **préstamo cultural**. Los micénicos adoptaron las creencias religiosas de los minoicos así como su estilos artísticos y diseños de vasijas, a las que decoraron con escenas de guerra. También adaptaron la escritura minoica al lenguaje micénico. Según los historiadores, el micénico es una forma primitiva del griego.

Estas vasijas muestran la influencia minoica en la cultura micénica. Las muestras son minoica (izquierda), micénica temprana (centro) y micénica tardía (derecha).

En el año 1450 a.C., tras el debilitamiento del reino minoico, los micénicos invadieron Creta y mantuvieron el control de la isla y parte del Peloponeso hasta el año 1100 a.C.

Al igual que los minoicos, los micénicos construyeron grandes palacios pero con murallas de defensa. Los minoicos no habían construido murallas, lo que da cuenta de las múltiples guerras de los micénicos.

Durante muchos años los micénicos también navegaron por los mares para comerciar. Gracias a estos viajes fundaron colonias en las costas del Mediterráneo. No obstante, tras varios siglos de gran poderío, la civilización micénica comenzó a decaer hacia el año 1100 a.C.

Nadie sabe con certeza por qué los micénicos perdieron el control de Grecia. Durante muchos años los historiadores pensaron que los dorios, otro pueblo griego guerrero, llegaron al sur quemando palacios y aldeas durante su marcha. Hoy algunos expertos piensan que unos invasores llamados la gente del mar atacaron a los micénicos. Según ellos, los dorios simplemente se asentaron en la región después de esta conquista. Otros sostienen que los desacuerdos internos entre los micénicos los debilitó.

La mayoría de los historiadores considera que tuvieron que producirse grandes cambios para que los micénicos abandonaran su escritura, arte y comercio. Durante el período comprendido entre los años 1100 y 800 a.C. se perdió gran parte del saber minoico y micénico. Como consecuencia los antiguos pueblos griegos retrocedieron a un modo de vida más sencillo.

La arqueología ha contribuido a conocer más cosas sobre los micénicos. En 1876 el arqueólogo alemán Heinrich Schliemann encontró las primeras muestras de esta civilización: tazas de oro, armas y máscaras.

REPASO *¿De quiénes tomaron prestadas muchas ideas los micénicos?*

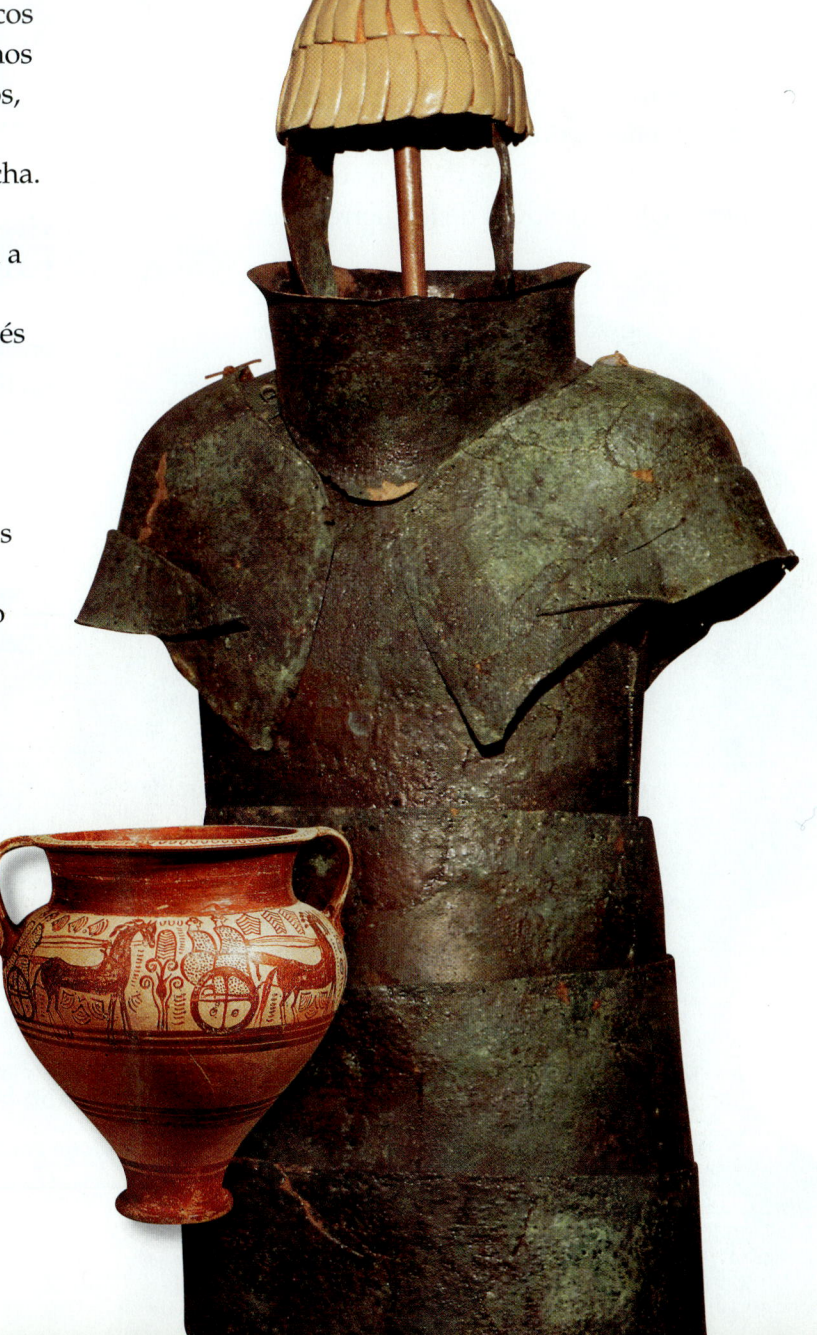

Los soldados micénicos utilizaban armaduras de bronce con cascos fabricados con colmillos de jabalí (arriba). Las vasijas micénicas (derecha) a menudo eran adornadas con escenas de guerra.

Leyendas antiguas

Cuatro siglos después de que la civilización micénica había perdido su poderío, el poeta Homero escribió varios **poemas épicos**, o largas historias en forma de poemas, que mantuvieron viva la memoria de ese pueblo. Los poemas se basaban en relatos populares que habían perdurado durante siglos y rendían homenaje a una cultura en la que prevalecían el honor y el valor.

En la actualidad las obras de Homero se leen en todo el mundo. En la *Ilíada* Homero relata los acontecimientos que ocurrieron durante una gran guerra. En el siguiente poema épico, la *Odisea*, Homero relata el viaje de regreso del héroe Ulises después de la guerra. Durante los diez años que dura el viaje de regreso, Ulises vive una infinidad de extrañas aventuras, entre las que figuran su lucha con un gigante de un solo ojo. Mientras tanto su mujer, Penélope, se enfrenta a los problemas que surgieron después de la partida de Ulises.

Según la tradición, la guerra que describió Homero en la *Ilíada* tuvo lugar entre los micénicos y los troyanos.

La Odisea

En este fragmento de la Odisea *el fuerte oleaje del mar derriba el barco de Ulises.*

"En plena conversación, una ola montañosa, avanzando con paso majestuoso, se abatió sobre él y viró su barco en dirección contraria. El timón se le escapó de las manos y fue empujado fuera del barco, al tiempo que terribles vientos aparecieron con bravura, originando una tremenda ráfaga que partió el mástil en dos y hundió el barco en lo más profundo del mar".

BIOGRAFÍA

Homero
700 a.C.

Los historiadores conocen muy poco acerca de Homero, el autor de la *Ilíada* y la *Odisea*. Se cree que nació en Jonia, en Asia Menor, entre los años 800 a.C. y 700 a.C. La tradición cuenta que Homero era ciego y que recitaba de memoria los 28,000 versos de sus poemas épicos. En la actualidad, algunos historiadores piensan que Homero era uno de los autores que probablemente compusieron la *Ilíada* y la *Odisea*.

Estatua de Homero

Los troyanos vivían en Troya, una ciudad que quedaba en lo que hoy es Turquía. De ahí que se le conozca como la guerra de Troya.

La leyenda cuenta que la guerra comenzó cuando Paris, un príncipe de Troya, raptó a Helena, la esposa del rey micénico. Agamenón, hermano del rey, marchó con sus soldados hacia Troya para rescatar a Helena.

El conflicto se extendió y parecía no tener fin, cuando a los micénicos se les ocurrió una idea ingeniosa para engañar a los troyanos. Construyeron un gran caballo de madera hueco, lo arrastraron hasta las puertas de Troya durante la noche y lo dejaron allí. El caballo despertó la curiosidad de los troyanos y, a la mañana siguiente, lo metieron dentro de la ciudad. Esa misma noche un grupo de micénicos, que estaban escondidos dentro, salieron del caballo y abrieron las puertas a los soldados griegos que aguardaban fuera. Rescataron a Helena y prendieron fuego a Troya.

La leyenda de la guerra de Troya, los poemas épicos de Homero y otros relatos dejaron constancia de la vida de los antiguos griegos. A partir de esas primeras tradiciones la civilización griega continuó cambiando y creciendo.

Esta máscara de oro, realizada por un artista micénico, es un testimonio de las antiguas culturas que vivían en lo que hoy es Grecia.

REPASO *¿Qué hizo Homero para mantener viva la memoria de la civilización micénica?*

LECCIÓN 2 • REPASO

2000 a.C.
- **1900 a.C.**
  - Los minoicos empiezan a construir palacios en Creta

1400 a.C.
- **1450 a.C.**
  - Los micénicos invaden Creta

800 a.C.
- **800 a.C.**
  - Se pierde casi todo el conocimiento minoico y micénico

Comprueba lo que aprendiste

1. **Recuerda los datos** ¿Quiénes eran los minoicos y los micénicos? ¿Quiénes se establecieron primero en Creta?

2. **Recuerda la idea principal** ¿Cuáles fueron las posibles causas de la caída de la civilización minoica? ¿Y de la micénica?

Piensa críticamente

3. **Ayer y hoy** En la actualidad, ¿qué podría causar el fortalecimiento y posterior debilitamiento de una cultura?

4. **Piensa más sobre el tema** ¿Por qué los micénicos modificaron las ideas minoicas en vez de utilizarlas tal como eran?

Muestra lo que sabes

Actividad: Mural Haz una pintura que muestre las causas por las que se debilitaron las culturas minoica y micénica. Exhibe tu pintura junto a las de los otros estudiantes, de manera que formen un mural.

Mapas y globos terráqueos

Compara diferentes

1. ¿Por qué aprender esta destreza?

Existen muchas clases de mapas, y cada clase de mapa muestra un tipo de información distinta. Por ejemplo, los mapas históricos ofrecen información sobre cómo eran los lugares en el pasado. Los mapas políticos muestran dónde están las ciudades y las fronteras. Los mapas de altitud muestran a qué altitud está un lugar en relación al nivel del mar.

Saber interpretar las distintas clases de mapas es muy útil, y saber cómo combinar la información que ofrecen lo es aun más. Te permite conectar la historia, la geografía, la economía, la política y la cultura de un país o región. Por ejemplo, con un mapa físico y un mapa político se puede averiguar por qué se establecieron ciudades en algunos lugares y no en otros.

2. Comprende el proceso

Los mapas de estas páginas muestran la geografía y los primeros asentamientos humanos de Grecia. Utilizando los dos mapas puedes aprender sobre cómo se fue poblando la región.

Primero observa el mapa de elevación. ¿Predominan en Grecia las elevaciones altas o bajas? ¿Crees que en la antigüedad era fácil o difícil viajar por esa región? Estudiando este mapa y la clave puedes darte cuenta de que en Grecia predominan las elevaciones altas. Esto dificulta los desplazamientos a través del territorio.

Después mira el mapa histórico sobre los asentamientos micénicos. ¿Dónde había más asentamientos, en el interior o en la costa de la península Balcánica? ¿Había asentamientos sólo en la península Balcánica? ¿Los micénicos

Mapa de altitud: Grecia

Pies / Metros
- Más de 13,120 / Más de 4,000
- 6,560 / 2,000
- 1,640 / 500
- 655 / 200
- 0 / 0
- Bajo nivel del mar

— Frontera actual

clases de mapas

Destrezas

viajaban por tierra o por mar para establecer otros asentamientos? El mapa muestra que la mayoría de los asentamientos en la península Balcánica y Asia Menor estaban en la costa. Esto nos dice que los micénicos viajaban a través del mar Egeo para establecer otros asentamientos. ¿Por qué navegaban hacia el este en vez de viajar por el interior del territorio? Con la ayuda de los dos mapas puedes ver que los griegos preferían viajar por mar en vez de cruzar el montañoso terreno del interior de la península.

3. Piensa y aplica

Busca en la biblioteca un mapa político y un mapa físico de Estados Unidos. En el mapa político señala una ciudad grande y un pueblo pequeño. Luego, emplea ambos mapas para responder las siguientes preguntas:

A. ¿Qué accidentes geográficos rodean la ciudad grande? ¿Qué influencia tuvieron en su desarrollo? Explica tu respuesta.

B. Observa el mapa físico. ¿Puedes decir por qué no creció el pequeño pueblo? ¿Qué accidentes geográficos dificultaron su desarrollo? Explica tu respuesta.

Mapa histórico: Antiguos asentamientos griegos, 1150 a.C.

- Asentamientos micénicos

LECCIÓN 3

Ciudades-estado griegas

| 800 a.C. | 700 a.C. | 600 a.C. | 500 a.C. |

Cerca del año 800 a.C. los habitantes de Grecia comenzaron a construir asentamientos otra vez. Los asentamientos eran pequeñas villas agrícolas pero algunas crecieron y se convirtieron en ciudades. A menudo, una ciudad se unía con otros pueblos, aldeas y granjas vecinas para formar un tipo de comunidad más amplia denominada **polis**, o ciudad-estado. Esparta, Atenas, Argos y Egina son antiguas ciudades-estado griegas.

El surgimiento de las ciudades-estado

Para protegerse de los invasores, las comunidades griegas construyeron un fuerte en la cima de un monte. Durante los ataques enemigos, los granjeros se refugiaban allí. Más tarde, este lugar seguro, llamado **acrópolis**, se convirtió en un centro de religión en muchas ciudades-estado.

ENFOQUE
¿Qué factores pueden hacer que personas de diferentes lugares desarrollen modos de vida diferentes?

Idea principal
Mientras lees piensa en las causas por las que los antiguos habitantes de Grecia desarrollaron distintos modos de vida.

Vocabulario
polis
acrópolis
ágora
tirano
aristocracia
asamblea
ilota
oligarquía
democracia
gobierno de la mayoría
mito

APRENDER CON DIAGRAMAS
El ágora se encontraba rodeada de otros edificios destinados al trabajo, la diversión y la vida cotidiana:
1. acrópolis
2. casa
3. almacén
4. templo
5. casa de reuniones
6. gimnasio
7. templo
8. fuente

■ ¿Por qué crees que el ágora se construía fuera de la acrópolis?

300 • Unidad 4

Fuera de la acrópolis había casas, templos y un mercado al aire libre, llamado **ágora** que también servía como lugar de reunión. En el ágora la gente se reunía para comerciar y para intercambiar las noticias del día.

En un principio, las ciudades-estado estaban gobernadas por reyes o tiranos que tomaban todas las decisiones políticas. En Grecia un **tirano** era alguien que se apoderaba del gobierno por la fuerza y tenía poder absoluto. Hoy la palabra tirano también se refiere a quien gobierna con crueldad.

Con el tiempo, cada ciudad-estado desarrolló su propia forma de gobierno. En algunos casos los ricos compartían la autoridad con el rey. Esta clase gobernante, o **aristocracia**, estaba constituida por terratenientes y comerciantes ricos. En otras ciudades-estado, todos los hombres libres, ricos o pobres, participaban en el gobierno. Se reunían en una **asamblea**, o grupo legislativo, para tomar las decisiones de toda la comunidad.

La mayoría de las ciudades-estado tenían menos de 5,000 habitantes. Con el aumento de la cantidad de habitantes surgió la superpoblación, y algunas personas tuvieron que buscar otro sitio para vivir. Por esta razón muchas ciudades-estado establecieron colonias en Asia Menor, el norte de África y el sur de Europa.

Además de proporcionar más espacio para albergar mayor población, las colonias aportaban recursos naturales y nuevos mercados. Por otro lado, las ideas y costumbres griegas se extendían por el Mediterráneo.

Pronto las ciudades-estado comenzaron a enfrentarse por la posesión de la tierra y el comercio. Esparta y Argos querían controlar el

El ágora

Capítulo 7 • 301

Colonias y ciudades-estado griegas

Movimiento Los griegos establecieron colonias a lo largo del Mediterráneo.
■ ¿Por qué crees que los griegos establecieron colonias en el Mediterráneo y África?

Peloponeso. Atenas y Tebas querían los territorios ubicados al noreste del Peloponeso. Aunque Esparta y Atenas no eran rivales al principio, tenían modos de vida muy diferentes.

REPASO ¿En que se parecían las ciudades-estado?

Esparta

Esparta estaba ubicada en el sur del Peloponeso. En esta ciudad-estado era común ver soldados desfilando y tanto a niños como niñas haciendo ejercicio. Los espartanos vivían una vida sencilla, llena de actividades físicas.

Los espartanos eran descendientes de colonos dorios que habían conquistaron a los primeros pobladores de la región y los habían convertido en **ilotas**. Un ilota es un esclavo del gobierno y no propiedad privada de un ciudadano.

Los espartanos hacían uso de la fuerza militar para controlar su ciudad–estado. Los historiadores creen que en Esparta llegó a haber diez veces más esclavos que ciudadanos. De modo que por miedo a que se rebelaran los esclavos, los espartanos crearon una cultura militar.

Los niños y niñas espartanos debían pasar por largos y duros programas de entrenamiento físico. Los niños eran separados de sus familias a los 7 años para ser internados en campos de adiestramiento.

El ejercicio físico era parte importante de la vida cotidiana en Esparta.

302 • Unidad 4

Las niñas permanecían en sus hogares pero recibían entrenamiento en gimnasia y en carreras. Los niños permanecían entrenándose hasta los 18 años y servían en el ejército espartano hasta cumplir los 30.

En los campamentos militares los espartanos aprendían a obedecer a sus comandantes sin cuestionarlos jamás. Los espartanos pensaban que nunca debían rendirse en la batalla, aun cuando estuvieran heridos. Para ellos no existía mayor honor que morir defendiendo su ciudad-estado.

Si bien las mujeres de Esparta tenían menos derechos que los hombres, disponías de más derechos que las mujeres de otras ciudades-estado griegas. Se encargaban de las tareas del hogar y, a menudo, de asuntos comerciales. No obstante, según los gobernantes espartanos, el deber principal de las mujeres era criar hijos fuertes.

Todos los espartanos vivían una vida sencilla. Por ley todos comían "en común, del mismo pan y de la misma carne". Por miedo a que las ideas nuevas produjeran cambios sociales, los gobernantes desalentaban el comercio con el exterior y los ciudadanos rara vez podían viajar. Por ello los espartanos dependían de sus propios recursos y su modo de vida no cambió mucho a lo largo de los años.

Esparta tenía dos reyes, cada uno de una familia real distinta. Los reyes tenían poca autoridad, excepto durante períodos de guerra. Ambos reyes formaban parte de un senado de 30 miembros. El resto de los miembros, mayores de 60 años, eran elegidos por una asamblea de ciudadanos. Todos los varones espartanos podían pertenecer a la asamblea. La asamblea elegía a cinco terratenientes ricos llamados *éforos* para que se ocuparan de los asuntos cotidianos de gobierno.

Sólo el senado o los éforos podían proponer nuevas leyes. La asamblea de ciudadanos votaba en favor o en contra de las leyes, pero sus votos podían no ser tenidos en cuenta por el senado o los éforos.

Esto significaba que los éforos y los senadores tenían la mayoría del poder en Esparta. A todo grupo pequeño de gobernantes se le llama **oligarquía**. A pesar de ser tan estricto, el gobierno espartano era admirado en toda Grecia. Muchas personas pensaban que el control del gobierno sobre sus ciudadanos fortalecía esa ciudad-estado.

REPASO *¿Por qué los espartanos creían que necesitaban un ejército poderoso?*

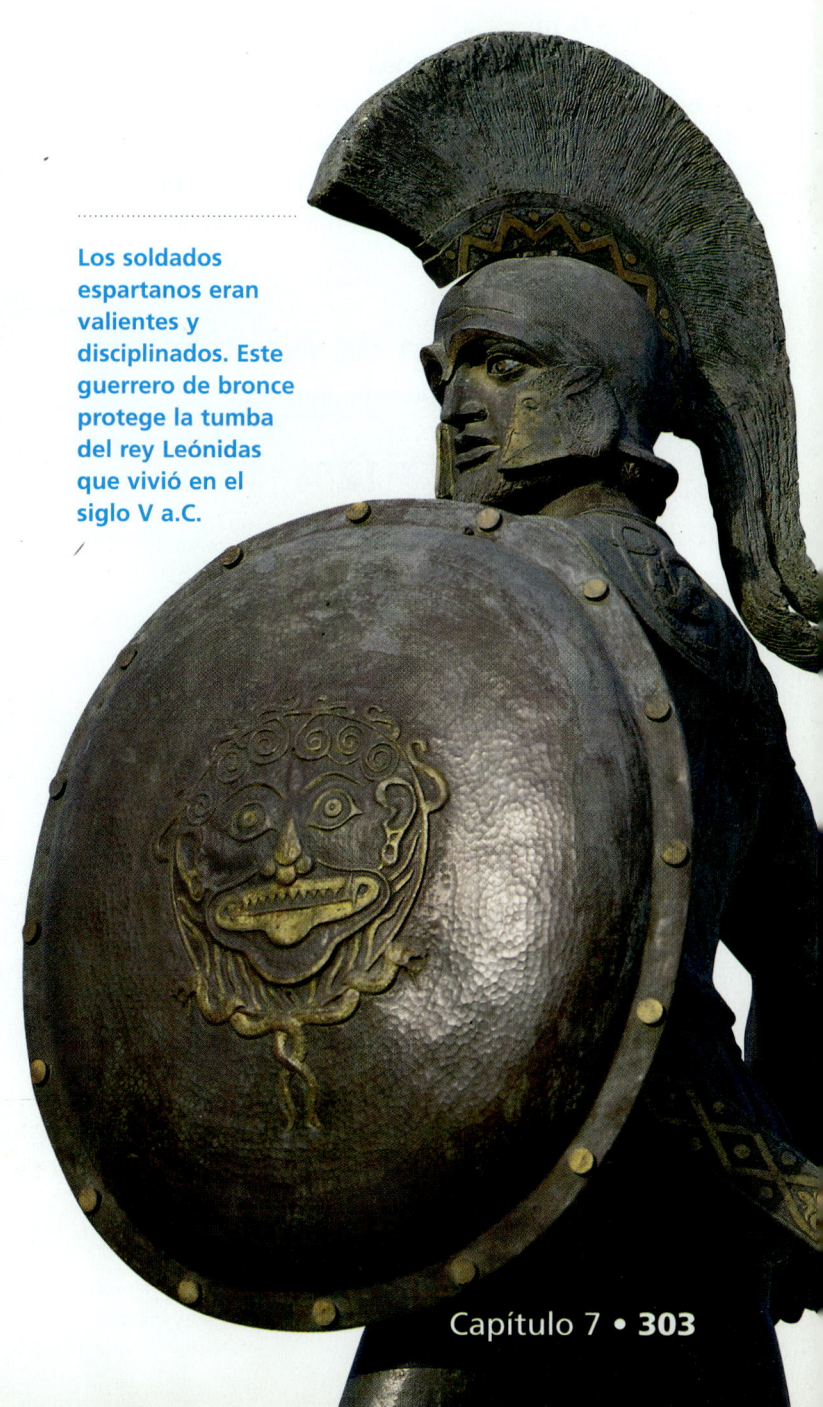

Los soldados espartanos eran valientes y disciplinados. Este guerrero de bronce protege la tumba del rey Leónidas que vivió en el siglo V a.C.

Atenas

Atenas estaba situada en Ática, antiguo nombre de la región ubicada al noreste del Peloponeso. La vida en Atenas era muy diferente de la de Esparta. En Atenas sólo se requería que los jóvenes sirvieran en el ejército en tiempos de guerra. El gobierno de Atenas animaba a sus habitantes a participar en las decisiones de la comunidad. Esta participación cívica dio lugar a una **democracia**, o gobierno del pueblo. El historiador griego Tucídides dijo acerca de Atenas: "Su gobierno favorece a la mayoría en vez de a la minoría".

El gobernante ateniense Solón ayudó a establecer la democracia en Atenas hacia el año 594 a.C. Bajo su mandato, los atenienses varones obtuvieron más derechos para intervenir en el gobierno. Posteriormente, cerca del año 508 a.C., Clístenes modificó el sistema de gobierno de Atenas hasta lograr una democracia más plena. En el año 500 a.C. todo hombre libre de más de 20 años tenía derechos políticos.

En Atenas, todos los ciudadanos varones tomaban parte en la asamblea de la ciudad-estado, o *ecclesia*. Cada miembro de la asamblea tenía un voto. Todas las decisiones se adoptaban según el **gobierno de la mayoría**. En otras palabras, la propuesta que recibía más votos se convertía en ley.

Las reformas de Clístenes evitaron que una sola persona tuviera el control del gobierno en Atenas. Para excluir de la comunidad a una persona que causaba problemas, los ciudadanos organizaban una asamblea especial. Cualquier ciudadano que recibía la mayoría de los votos de un total de 6,000 votos en su contra era forzado a irse de Atenas durante 10 años. Los nombres de estos ciudadanos se escribían en trozos de arcilla llamados *ostraka*. De esta antigua costumbre deriva la palabra *ostracismo*, que significa "desterrar, exilar".

Los cambios introducidos por Clístenes permitieron que más personas participaran en el gobierno. Pero la democracia ateniense no incluía a todos. Las mujeres no participaban en el gobierno y no eran consideradas ciudadanas. Los atenienses también tenían esclavos que eran una tercera parte de la población y no tenían ni voz ni voto en el gobierno. En su mayoría los esclavos eran personas de las regiones vecinas que habían sido capturadas en tiempos de guerra. Los esclavos realizaban la mayoría del trabajo en Atenas, permitiendo a los ciudadanos participar en el gobierno.

Las pinturas en las vasijas de barro griegas ilustran relatos de la historia, leyendas, ceremonias religiosas o actividades de la vida cotidiana.

Población de Atenas
430 a.C. aproximadamente

- 12% no ciudadanos
- 19% ciudadanos varones
- 33% familiares de ciudadanos varones
- 36% esclavos

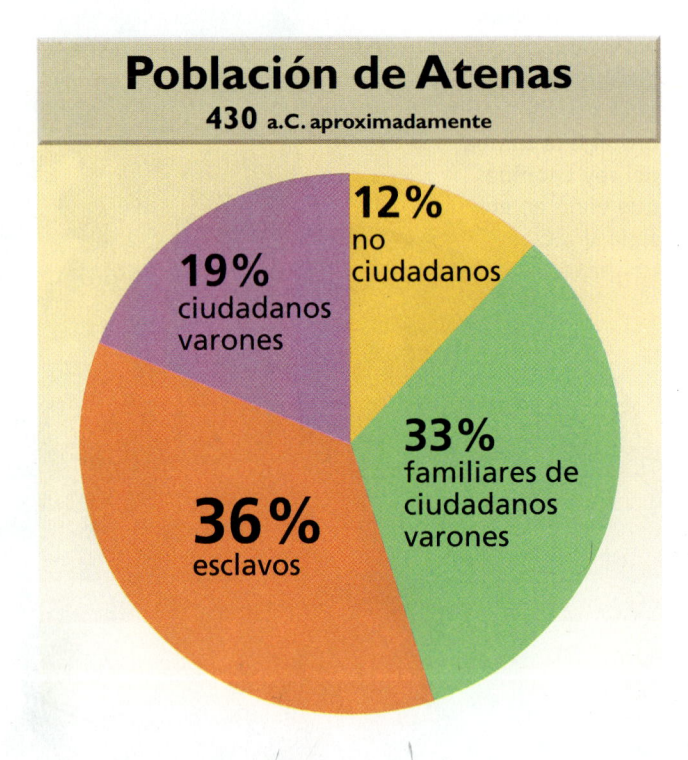

APRENDER CON GRÁFICAS Los ciudadanos varones con derecho a voto constituían una pequeña parte de la población ateniense.
■ Atenas tenía una población de alrededor de 285,000 personas ¿Aproximadamente cuántos ciudadanos varones había? ¿Aproximadamente cuántos esclavos había?

A diferencia de los ilotas de Esparta, los esclavos atenienses podían ser comprados y vendidos por los ciudadanos.

REPASO ¿Cómo se tomaban las decisiones políticas en Atenas?

Lo que significaba ser "griego"

Durante la era de las ciudades-estado, los griegos no se consideraban parte de un solo país. Las personas se identificaban con su ciudad-estado. Sin embargo, los griegos sentían que existía entre ellos una fuerte conexión cultural o identidad cultural. Poseían un origen, un idioma y una religión comunes.

Se creía que el héroe Heleno era el antepasado de todos los griegos. Un **mito** griego, o relato transmitido de generación en generación, sobre un dios o héroe contaba que Heleno había sido el único sobreviviente de una inundación. Además,

APRENDER CON TABLAS Los griegos tomaron muchas letras de los fenicios, pero agregaron sus propias vocales para formar un alfabeto de 24 letras.
■ ¿En qué se parece el antiguo alfabeto griego al alfabeto español actual?

El alfabeto griego

LETRA GRIEGA	NOMBRE ESCRITO	SONIDO EN ESPAÑOL
Α	alfa	a
Β	beta	b
Γ	gamma	g
Δ	delta	d
Ε	épsilon	e
Ζ	zeta o seta	z ó s
Η	eta	e
Θ	zeta (o) theta	th
Ι	iota	i
Κ	kappa	k
Λ	lambda	l
Μ	my	m
Ν	ny	n
Ξ	xi	x
Ο	ómicron	o
Π	pi	p
Ρ	ro (o) rho	r
Σ	sigma	s
Τ	tau	t
Υ	ípsilon	y
Φ	fi	f
Χ	ji	j
Ψ	psi	ps
Ω	omega	o

HERENCIA

Los primeros Juegos Olímpicos

Los primeros Juegos Olímpicos tuvieron lugar en el valle de Olimpia, cerca de la ciudad-estado de Elis, en el año 776 a.C. Aproximadamente 40,000 personas vieron a deportistas de ciudades-estado de toda Grecia competir en un solo deporte: una carrera pedestre. Las mujeres no podían entrar en el estadio como espectadoras, ni tampoco podían competir. Sin embargo, más tarde, las mujeres de Elis organizaron sus propias carreras pedestres en honor de la diosa Hera.

Ésta es la escultura de un luchador que compitió en los Juegos Olímpicos. ¿Por qué los Juegos Olímpicos de hoy unen a las diferentes culturas?

los griegos pensaban que su religión los diferenciaba de los otros pueblos del Mediterráneo.

La identidad cultural griega se manifestaba en otras muchas actividades. Por ejemplo, durante los Juegos Olímpicos, las ciudades-estado se reunían en paz. Cerca del año 776 a.C. los griegos empezaron a reunirse cada cuatro años para participar en competencias deportivas en honor al dios Zeus. Los griegos pensaban que Zeus y sus otros dioses controlaban los acontecimientos de la vida cotidiana.

Un idioma común también ayudó a las ciudades-estado a fortalecer sus vínculos. En el siglo VIII a.C. los griegos desarrollaron un alfabeto basado en el alfabeto fenicio.

Los fenicios, al igual que los minoicos mucho antes que ellos, eran comerciantes y necesitaban un sistema de escritura para mantener un registro de sus actividades comerciales. El sistema de escritura fenicio utilizaba símbolos para representar sonidos individuales en vez de representar conceptos. Los griegos modificaron ese sistema para adaptarlo a sus necesidades. Llamaron alfa a la primera letra y beta a la segunda. La palabra alfabeto deriva de los nombres de estas dos letras griegas.

Dioses griegos

Afrodita	diosa del amor
Apolo	dios de la música y la poesía
Ares	dios de la guerra
Atenea	diosa de la guerra y la sabiduría
Hera	diosa protectora del matrimonio y las mujeres
Hermes	mensajero de los dioses
Hestia	diosa de la lumbre
Poseidón	dios del mar
Zeus	dios supremo

APRENDER CON LAS TABLAS Los griegos de la antigüedad creían que cada dios se ocupaba de un área diferente de la vida.
■ ¿Qué áreas de la vida se tenían en cuenta en Atenas?

REPASO *¿Qué hizo que los griegos se identificaran con la misma cultura?*

LECCIÓN 3 • REPASO

800 a.C. — 700 a.C. — 600 a.C. — 500 a.C.

776 a.C.
• Primeros Juegos Olímpicos

Siglo VIII a.C.
• Se inventa el alfabeto griego

Comprueba lo que aprendiste

1 Recuerda los datos ¿Qué ciudad-estado se organizaba en torno al ejército? ¿Cuál tenía una democracia?

2 Recuerda la idea principal ¿Por qué se desarrollaron modos de vida distintos en las diferentes regiones de Grecia?

Piensa críticamente

3 Piensa más sobre el tema ¿Por qué los atenienses consideraban que la participación en el gobierno era importante?

4 Explora otros puntos de vista ¿Por qué cada país tiene su propia forma de gobierno?

Muestra lo que sabes

Actividad: Discurso Los habitantes de las ciudades-estado griegas tenían diferentes modos de vida. Imagina que visitas Esparta y luego Atenas. Haz un discurso sobre los diferentes modos de vida de estas dos ciudades-estado.

La edad de oro de Atenas

500 a.C. — **400 a.C.**

Durante siglos las ciudades-estado de Grecia lucharon por el control de territorios y para imponer sus propios modos de vida. A principios del siglo V a.C. un enemigo común unió a los griegos.

Las guerras médicas

A partir del año 540 a.C. los ejércitos persas empezaron la conquista de Babilonia, Asiria, Egipto y otros territorios del Mediterráneo. También se apoderaron de las colonias griegas en Asia Menor. Al poco tiempo los persas atravesaron el estrecho mar Egeo, que separa Europa de Asia, e invadieron el norte de la península Balcánica. Hacia el año 500 a.C. las colonias griegas se rebelaron en contra del dominio persa, pero fueron derrotadas.

En el año 490 a.C. el rey persa Darío I decidió invadir Atenas, ya que ésta había apoyado a las colonias durante la rebelión contra los persas. Los atenienses se enfrentaron a los persas en la llanura de Maratón, próxima a Atenas. A pesar de que los persas tenían más soldados, los atenienses lograron derrotarlos en un solo día de batalla. Después la gente contaba que un mensajero corrió desde Maratón hasta Atenas para anunciar la victoria.

En los Juegos Olímpicos de hoy en día los atletas recrean este acontecimiento corriendo el maratón, una carrera de larga distancia.

Darío I murió en el año 486 a.C. Tras su muerte, su hijo Jerjes tomó el poder y nunca olvidó la derrota de su padre a manos de los griegos. En el año 480 a.C. Jerjes envió 200,000 soldados en 800 barcos para atacar Grecia.

LECCIÓN 4

ENFOQUE
¿Qué efecto tienen los períodos de paz y de guerra en las sociedades actuales?

Idea principal
Mientras lees piensa en cómo los períodos de paz y de guerra influyeron en el modo de vida de los griegos.

Vocabulario
liga
tragedia
comedia
plaga
demagogo

El gobernante ateniense Pericles vivió aproximadamente de 495 a.C. a 429 a.C.

Capítulo 7 • 307

Las guerras médicas

Leyenda del mapa:
- Imperio Persa
- Aliados de Persia
- Invasión de Darío, 490 a.C.
- Invasión de Jerjes, 480 a.C.
- ★ Victoria persa
- Territorio griego
- ★ Victoria griega

Ubicaciones en el mapa: Macedonia, Tracia, Tesalia, Monte Olimpo, Termópilas 480 a.C., Delfos, Maratón 490 a.C., Platea 479 a.C., Atenas, Salamina 480 a.C., Peloponeso, Esparta, Asia Menor, Sardes, Éfeso, Mar Jónico, Mar Egeo, Mar Mediterráneo, Mar Negro, Mar de Mármara, Río Axiós, Büyük Menderes

Relaciones entre el ser humano y el ambiente Los griegos y los persas libraron una batalla en la península Balcánica.
■ ¿Quién controlaba el territorio donde los griegos obtuvieron sus victorias?

Esta vez los persas se enfrentaron al ejército y la armada formados por varias ciudades-estado griegas, incluyendo Atenas y Esparta. Si bien los persas de nuevo tenían más soldados y marineros, fueron derrotados cerca de la isla de Salamina. Los persas tuvieron que regresar a su territorio y la civilización griega pudo mantener su independencia.

Tras las guerras médicas las ciudades-estado griegas temieron que hubiera nuevas invasiones. Por ello formaron **ligas**, o grupos de aliados, para defenderse. Esparta se puso a la cabeza de la liga del Peloponeso y Atenas dirigió la Liga Délica, donde se encontraban las ciudades-estado de Asia Menor y las islas del mar Egeo.

REPASO ¿Por qué las ciudades-estado griegas se unieron?

La edad de oro

Los griegos se sentían muy orgullosos de haber derrotado a Persia. Aproximadamente del año 479 a.C. al 431 a.C., este orgullo les condujo hacia un período de esplendor conocido como edad de oro. Atenas se convirtió en la ciudad–estado más importante durante esta época.

Pericles, un acaudalado aristócrata, fue elegido para que gobernara durante 15 años consecutivos, es decir, la mayor parte de este período. Pericles aconsejaba a sus súbditos a no hacer "nada en exceso", a ser moderados.

Pericles gobernó Atenas con la ayuda de una asamblea compuesta por miles de ciudadanos. Cualquier miembro podía hablar ante la asamblea, y todos tenían derecho a votar. Se solía votar alzando la mano.

Un grupo llamado el Consejo de los 500 decidía los temas que se debatían en cada asamblea. Los miembros del Consejo eran elegidos cada año sacando al azar los nombres de un tazón. La mayoría de los funcionarios públicos, así como los jueces también se elegían de esa manera.

Pericles apoyaba firmemente la existencia de una democracia en Atenas. Sin embargo, estaba convencido de que podía mejorarse. Consideraba que todos los ciudadanos, y no sólo los ricos, tenían derecho a participar en el gobierno. De modo que ordenó que los funcionarios públicos y los jueces recibieran un salario por los días de servicio. Este salario compensaba las ganancias que perdían por faltar al trabajo. Tal decisión permitió que tanto los ciudadanos pobres como los ricos tuvieran la posibilidad de ocupar cargos públicos. Pericles dijo:

> Para nosotros la pobreza no es un impedimento. Todos deben tener la oportunidad de prestar servicios a la ciudad-estado.

REPASO *¿Cómo mejoró Pericles la democracia de Atenas?*

CIUDADANÍA

La democracia directa

A diferencia de la democracia de Estados Unidos, Atenas tenía una democracia directa. Cada ciudadano desempeñaba un papel directo en los asuntos cotidianos del gobierno. La mayoría de los países modernos, debido a sus numerosas poblaciones, no pueden implantar una democracia directa.

Estados Unidos, por ejemplo, dispone de una democracia representativa. En este tipo de democracia, los ciudadanos eligen a un grupo de representantes para que elaboren las leyes.

El edificio más notable de la edad de oro de Atenas fue el Partenón, que se construyó en la acrópolis de la ciudad. Este templo de mármol celebraba las victorias de Grecia en las guerras médicas y honraba a la diosa Atenea. El Partenón se terminó de construir en el año 432 a.C. Aún hoy se pueden ver las ruinas en la ciudad de Atenas, Grecia.

Los logros de la edad de oro

Pericles deseaba que Atenas se convirtiera en "la escuela de Grecia". Con este fin apoyó a quienes se dedicaban al arte y a la construcción, y también invitó a artistas de otras ciudades-estado para que fueran a Atenas.

Los arquitectos y los constructores se dedicaron a embellecer Atenas. Los arquitectos diseñaron templos, gimnasios, teatros y otros edificios públicos. Los artistas decoraron los edificios con murales que representaban escenas de la historia de Atenas y de los mitos griegos.

Los escritores también contribuyeron a la edad de oro. Heródoto, considerado el primer historiador y uno de los primeros geógrafos, escribió sobre las guerras médicas. Heródoto explicó que trataba de dejar constancia de "los increíbles logros obtenidos por nuestros ciudadanos y por los demás pueblos". Hoy se siguen leyendo sus obras.

Sófocles escribió **tragedias**, o sea, obras de teatro con un desenlace triste. Y Aristófanes se dedicó a las **comedias**, es decir, obras de teatro en la que prevalece el humor y donde se hace burla de los gobernantes o de ciertas ideas tradicionales.

Los anfiteatros griegos, como éste en Delfos, eran diseñados de manera que hasta un susurro se pudiera escuchar desde los asientos más alejados.

Columnas griegas

Dórica   Jónica   Corintia

APRENDER CON DIAGRAMAS Los griegos emplearon diferentes estilos en la construcción de sus edificios.
- ¿Qué se puede aprender sobre los griegos estudiando estos tipos de columnas?

En los tiempos de Pericles, científicos que estudiaban la naturaleza y la vida humana acudieron a Atenas desde todo el Mediterráneo. Sus descubrimientos cambiaron las creencias de la gente. Uno de esos grandes científicos fue Hipócrates, quien demostró que las enfermedades tienen causas naturales y que no eran el castigo de los dioses, como creía mucha gente.

Los médicos de Atenas aceptaron las ideas de Hipócrates y recomendaron a los griegos que para estar sanos debían comer "pan de trigo en vez de tortas de cebada, y carne asada en vez de hervida". Si bien muchas de sus sugerencias eran acertadas, también pensaban que "las verduras se deben reducir al mínimo".

A Hipócrates se le recuerda en especial por haber escrito un código de conducta para los médicos. Aún hoy en día, cuando los médicos obtienen sus títulos prometen cumplir las normas de Hipócrates.

REPASO *¿Quiénes trabajaron en Atenas durante la edad de oro?*

El fin de la edad de oro

Durante la edad de oro, Atenas y Esparta se convirtieron en las ciudades-estado más poderosas de Grecia. Pero ninguna de las dos estaba satisfecha. Atenas ansiaba más poder y Esparta quería debilitar a Atenas. Las ciudades-estado de la Liga del Peloponeso apoyaban a Esparta, mientras que la Liga Délica apoyaba a Atenas. En el año 431 a.C. estalló la guerra del Peloponeso, que duró 27 años.

Cuando Esparta atacó los pueblos de Ática muchas personas abandonaron el campo y se trasladaron a Atenas. El exceso de habitantes ocasionó epidemias que devastaron a la ciudad. Un cuarto del ejército de Atenas murió a causa de una **plaga**, o enfermedad. Pericles también murió durante la epidemia.

La guerra del Peloponeso

Lugar La guerra del Peloponeso se originó por los conflictos entre Esparta y Atenas.
■ *Durante la guerra, ¿quién crees que tenía control del mar Egeo, Esparta o Atenas?*

Sin la sabia guía de Pericles, los miembros de la asamblea quedaron bajo el mando de **demagogos**. Los demagogos hacían promesas que no podían cumplir y hacían que la asamblea adoptara decisiones insensatas. Caída en ruinas, Atenas se rindió ante Esparta en el año 404 a.C. Esparta reemplazó rápidamente a la asamblea ateniense con una oligarquía. Sin embargo, los atenienses pronto se rebelaron y volvieron a establecer una democracia a en la ciudad.

Capítulo 7 • **311**

Compara puntos de vista

¿Participaban en la vida política

¿Debían permanecer en sus casas y estar al margen de la vida política las mujeres de la antigua Grecia? Es difícil responder esta pregunta. Casi no se conservan muestras arqueológicas de las actividades de las mujeres: sus contribuciones se han perdido en el tiempo. Tampoco hay relatos de mujeres: todos los textos acerca de la antigua Grecia fueron escritos por hombres y para hombres.

Las obras de arte añaden confusión. Mientras algunos escritos dicen que a las mujeres no se les permitía salir fuera de casa, algunos grabados en vasijas muestran grupos de mujeres charlando en las fuentes. A partir del estudio de estos escritos y objetos de arte algunos expertos creen que las mujeres tenían poca vida social o pública. Otros, en cambio, no están de acuerdo.

Los siguientes textos pertenecen a cuatro expertos en la cultura de la antigua Grecia. Cada uno sostiene sus ideas acerca del papel de la mujer en la sociedad griega. Estas ideas están basadas en años de investigación que les han llevado a conclusiones diferentes. Lee cada texto y responde las preguntas de Compara puntos de vista.

Este detalle de un jarrón griego del siglo V a.C. muestra mujeres preparándose para una boda.

Sarah Pomeroy

Sarah Pomeroy, historiadora especialista en el estudio de las mujeres, escribe:

❝Las mujeres libres en general estaban recluidas de modo que no podían ser vistas por hombres que no fueran parientes cercanos. Un orador [alguien que hablaba en los tribunales] podía decir que algunas mujeres eran demasiado tímidas como para ser vistas por hombres que no fueran parientes.❞

las mujeres griegas?

puntos de contraste

François Lissarrague

François Lissarrague, historiadora de arte, escribe acerca de un jarrón que muestra mujeres en una fuente:

❝Aquí la fuente representa el equivalente femenino de lo que era la plaza para los varones. Se trataba de un espacio público donde se podían ver sobre todo mujeres (o eso es lo que el artista nos hace pensar).❞

Elizabeth Wayland Barber

Elizabeth Wayland Barber, profesora de arqueología, escribe:

❝Las mujeres eran prácticamente prisioneras del hogar, en particular, en la sociedad ateniense del siglo V, como muestran los escritos legales de Lisio. Esta condición parece haber sido común desde poco antes de los tiempos de Homero.❞

David Cohen

David Cohen, historiador especialista en Grecia, escribe:

❝Los maridos dejaban que sus esposas salieran y aquellos que tenían dinero les proporcionaban esclavos para que las acompañaran... De hecho, una de las actividades más importantes de las mujeres era la visita de parientes y amigos. Dado que los hombres tenían su círculo de amigos, hay pruebas suficientes de que las mujeres tenían... amistad con sus vecinos, y se visitaban con frecuencia, ya fuera para pedir sal o un vestido.❞

Las mujeres griegas de esta escena en arcilla juegan a algo parecido a las tabas.

Compara puntos de vista

1. ¿Qué escritores creen que las mujeres de la antigua Grecia no podían abandonar sus casas? ¿Cómo lo sabes?
2. ¿Qué escritores mencionan pruebas materiales para respaldar sus puntos de vista?

Piensa y aplica

EL BUEN CIUDADANO

Piensa en alguna situación en la que dos personas o dos países hayan llegado a conclusiones distintas usando la misma evidencia.

Destrezas

Razonamiento crítico

Predice el resultado

1. ¿Por qué aprender esta destreza?

Cuando haces una predicción no sólo tratas de adivinar lo que ocurrirá en el futuro. También usas lo que ya conoces además de cualquier otra información que puedas obtener.

2. Recuerda lo que has leído

Los persas lucharon contra los griegos porque querían extender sus territorios. Aunque los griegos vencieron en la batalla de Maratón, los persas regresaron. El rey persa Jerjes envió 800 barcos para atacar a Grecia.

3. Aplica nueva información

Los barcos griegos navegaron hasta el estrecho de Salamina, donde descansaron mientras esperaban a que los 800 barcos persas se aproximaran. Tal y como lo griegos esperaban, los persas tuvieron que remar durante 12 horas para alcanzar la flota griega. Imagínate que eres un marinero griego. ¿Qué crees que ocurrirá a continuación?

4. Comprende el proceso

Para hacer tu predicción puedes seguir los siguientes pasos:

1. Piensa en lo que ya sabes. *Los persas deseaban más tierras y enviaron una flota de barcos para atacar a los griegos.*
2. Repasa toda la información que acabas de obtener. *Los persas remaron hasta la estrecha masa de agua donde los griegos descansaban.*
3. Haz una predicción.

Esto fue lo que ocurrió cuando la flota persa persiguió a los griegos. Después de remar durante más de 12 horas, los marineros persas se enfrentaron a los griegos, pero estaban muy cansados. Además, la flota persa era demasiado grande como para desplazarse bien por el pequeño estrecho. La flota griega, aunque era menor, contaba con marineros que habían descansado. Por esta razón los griegos pudieron atacar con facilidad y hundir la mayoría de los barcos persas.

5. Piensa y aplica

A medida que lees la próxima lección, sigue los pasos de la lista anterior para predecir qué hizo la cultura griega para ejercer su influencia en otras culturas.

Batalla de Salamina

El imperio de Alejandro Magno

400 a.C.   **300 a.C.**

LECCIÓN 5

ENFOQUE
¿Cómo puede una sola persona afectar el curso de la historia?

Idea principal
Mientras lees piensa en cómo Alejandro Magno transformó la región del Mediterráneo.

Vocabulario
alianza
helenístico
multicultural

Ningún gobernante había gobernado sobre las diferentes ciudades-estado griegas. Sin embargo, esto pronto cambiaría. Alejandro Magno llegó a controlar territorios que se extendían desde la península Balcánica hasta el norte de India, creando así el mayor imperio que jamás hubiera existido.

Las conquistas de Grecia

Después de la guerra del Peloponeso, Grecia se convirtió en una región de conflictos y desconfianzas. Las ciudades-estado establecieron **alianzas**, es decir, acuerdos para ayudarse mutuamente. Sin embargo, eran alianzas que no duraban mucho tiempo. El aliado en un conflicto podía ser enemigo en el siguiente. Cada ciudad-estado hacía valer sus intereses por encima del bienestar común de Grecia. Esparta perdió todo su poder durante este período, y Atenas se convirtió en el principal miembro de la segunda Liga Délica.

Mientras tanto, en una región al norte de Grecia llamada Macedonia, un poderoso rey llamado Felipe II asumió el trono. Felipe había logrado unificar a su pueblo bajo un solo gobierno y pensaba hacer lo mismo en Grecia.

Ni siquiera la unión de los ejércitos de Atenas y Tebas pudo detener a los hábiles soldados macedonios. Los ejércitos de Felipe avanzaron a través del norte y del centro de Grecia hasta el Peloponeso. En el año 338 a.C. el ejército macedonio derrotó a Atenas y sus aliados en una importante batalla, conocida como la batalla de Queronea. Con esa victoria Felipe logró controlar casi toda la península Balcánica.

Alejandro Magno tenía sólo veinte años cuando asumió el trono de Macedonia. Esta escultura de mármol es una copia romana de la original, que fue hecha en el año 320 a.C.

317

Los macedonios no conquistaron Grecia para destruirla. Felipe respetaba la cultura griega y quería preservarla, no terminarla.

Con Grecia bajo su control, Felipe exigió que las ciudades-estado griegas se unieran a la Liga de Corinto, que él encabezaba. Para unirse a la Liga de Corinto, cada ciudad-estado tenía que prometer no pelear contra ningún otro miembro de la liga.

Con Grecia bajo control, Felipe puso su mirada en Asia. Deseaba liberar todas las colonias griegas bajo dominio persa. De modo que en el año 336 a.C. Felipe envió a Asia un pequeño ejército, para después mandar el resto.

Pero Felipe no vivió para enfrentarse a los persas. Fue asesinado en el año 336 a.C. mientras asistía a la boda de su hija en Macedonia. Entonces Alejandro, su hijo de 20 años de edad, tomó el poder.

REPASO *¿Qué gobernante unificó Grecia? ¿De dónde provenía?*

La creación de un imperio

Los padres de Alejandro lo habían preparado para asumir su nueva responsabilidad. Felipe, quien había pasado parte de su infancia en Grecia, quiso transmitir a su hijo su amor por la cultura griega. Contrató al filósofo Aristóteles para que instruyera a Alejandro. De Aristóteles el futuro gobernante aprendió ideas y de su padre, la valentía del guerrero. Las leyendas cuentan que Alejandro dormía con una daga y una copia de la *Ilíada* de Homero bajo su almohada.

Cuando fue nombrado rey, Alejandro quiso continuar la tarea de su padre, no sólo gobernando a los griegos y los macedonios sino también todo el mundo. El mundo que conocía Alejandro estaba formado por Europa oriental, el norte de África y Asia occidental.

Al principio diversos problemas en su reino retrasaron sus planes. Pueblos vecinos comenzaron a atacar a Macedonia por la

Este mosaico hallado en Pompeya es una copia romana de una pintura griega. Muestra a Alejandro (izquierda) luchando contra el rey Darío III y los persas.

frontera norte. Alejandro tenía que asegurarse de que su reino estaba seguro antes de marchar a territorios lejanos.

En poco tiempo el ejército de Alejandro derrotó a los invasores. Sin embargo, durante la batalla se extendió el rumor de que Alejandro había muerto. Al conocer la noticia, algunas ciudades-estado griegas se rebelaron contra el poder macedonio. Alejandro regresó al sur de Grecia y terminó con la revuelta por la fuerza.

En el año 334 a.C. Alejandro volvió a su sueño de conquistar el mundo. Cruzó con su ejército el estrecho de Helesponto, ubicado entre Europa y Asia Menor. Y atacó las fuerzas del imperio persa, gobernado por el rey Darío III. El ejército de Alejandro contaba entonces con 35,000 soldados bien entrenados.

Una a una, Alejandro liberó las colonias griegas del control persa y, en general, estableció la democracia en las ciudades liberadas. Pero esto no significa que les hubiera dado independencia total. Alejandro forzó a las ciudades-estado de Asia Menor a aceptar su mandato.

Alejandro continuó con sus sangrientas conquistas. Uno a uno, pueblos y territorios cayeron bajo su control. A lo largo de todo su imperio Alejandro Magno, como se le comenzó a llamar, estableció ciudades. A muchas de ellas las bautizó Alejandría, en su honor. Las ciudades se convirtieron en centros del saber y sirvieron para esparcir la cultura griega. Con el pasar de los años, la ciudad de Alejandría ubicada en Egipto llegó a ser la rival de Atenas como el centro de la cultura griega.

Esta corona de hojas de oro fue usada por Alejandro Magno.

El avance de Alejandro

Leyenda:
- Imperio de Alejandro Magno
- Ruta de Alejandro Magno

1 La batalla de Granico Alejandro ganó su primera batalla contra los persas a la edad de 22 años.

2 El Nudo Gordiano Según la leyenda, el rey Gordias, padre de Midas, hizo un complicado nudo en su carreta. Se decía que el primero en desatar el nudo gobernaría toda Asia. Alejandro fue a Gordion, cortó el nudo con su espada y se coronó rey.

3 Babilonia La ciudad fue tomada con facilidad por Alejandro. Más adelante, Alejandro volvió a Babilonia, donde cayó enfermo de tanto viajar y murió en el año 323 a.C.

4 Río Hifasis Alejandro había planeado llegar hasta India, pero sus tropas se detuvieron aquí y se negaron a continuar avanzando. Alejandro retrocedió, después de conquistar la mayor parte del mundo conocido.

5 Desierto de Gedrosia La mitad del ejército de Alejandro murió al cruzar este desierto, cuando se dirigían a Babilonia.

Lugar Alejandro conquistó gran parte del mundo conocido hasta ese entonces.
■ ¿Cuántos continentes abarcaba el imperio de Alejandro?

Los soldados y los colonos griegos se esparcieron por todos los nuevos territorios. Los distintos pueblos del imperio de Alejandro aprendieron a hablar griego y a rendir culto a los dioses griegos. Por esta razón la época de Alejandro y la que siguió al poco tiempo de su muerte se les conoce como la época **helenística**, o "semejante a la cultura griega".

Las conquistas de Alejandro lo convirtieron en el gobernante de un imperio **multicultural**, es decir, formado por muchas culturas. Como gobernante de pueblos tan diferentes, Alejandro consideró que era apropiado tomar algunas de las costumbres de esos pueblos, al mismo tiempo que se les hacía adoptar la cultura griega.

Moneda conmemorativa de una batalla de Alejandro en la India.

320 • Unidad 4

Esto contribuyó a que los persas y otros pueblos conquistados aceptaran su mandato. Hacia el año 331 a.C. el imperio de Alejandro se extendía desde el río Danubio, en Europa, hasta el río Nilo, en África; y desde Grecia, hasta más allá de los ríos Tigris y Éufrates, en Asia. Alejandro había conquistado Asia Menor, Siria, Egipto, Mesopotamia y otras regiones del antes poderoso imperio persa. ¡Todo ello sin perder ni una sola batalla!

REPASO *¿Cómo consiguió Alejandro su imperio?*

La desintegración del imperio

Alejandro Magno había conquistado un vasto territorio, pero aun así quería más tierras. Más allá de Persia estaba India. Alejandro avanzó con su ejército hacia el este, desde Persia, en dirección al río Indo. Allí luchó contra el rey indio Porus.

El ejército de Porus disponía de más de 300 carros de guerra y 200 elefantes. El propio Porus luchó montado en un gran elefante. Aunque estos animales imponían mucho temor, no resultaron suficientes para ganar la batalla. Finalmente Porus fue herido y se rindió ante las fuerzas de Alejandro. No obstante, Alejandro permitió a Porus seguir al frente de su reino.

Alejandro quería proseguir desde el valle del Indo hasta el río Ganges. Pero sus soldados, agotados de tantas guerras, se negaron a continuar. Muy decepcionado, Alejandro se dirigió hacia Babilonia en el año 326 a.C.

En el año 323 a.C. poco después de su llegada a Babilonia, Alejandro cayó enfermo con una fiebre muy alta y murió unos días después, a punto de cumplir 33 años. La leyenda cuenta que antes de su muerte un soldado le preguntó: "¿Quién gobernará el imperio?". Y Alejandro contestó: "¡El más fuerte!"

Ningún gobernante demostró tener el poder de mando suficiente para asumir el trono. El imperio de Alejandro pronto se desintegró por las luchas entre los generales de su ejército. Se dividió en muchos territorios, de los cuales los mayores eran Macedonia, Siria y Egipto. Estos tres reinos lucharon entre sí a menudo. Pero las regiones helenísticas mantuvieron muchas de las ideas de Alejandro.

REPASO *¿Por qué se desintegró el imperio de Alejandro después de su muerte?*

Las escenas en este ataúd de piedra caliza muestran Alejandro en batalla.

El legado de Alejandro

Si bien el imperio no duró mucho tiempo, la cultura helenística que había empezado con Alejandro sí lo hizo. Al igual que en la época de Pericles, los grandes pensadores de la época helenística transformaron el conocimiento que se tenía acerca del mundo.

La ciudad de Alejandría, en Egipto, se convirtió en el centro del saber del mundo helénico. La enorme biblioteca de Alejandría contenía más de medio millón de rollos de pergaminos, hojas de papiro enrolladas. ¡El objetivo de sus bibliotecarios era reunir todos los textos del mundo!

Conectado con la librería, se encontraba el museo, donde los estudiosos escribían libros e intercambiaban ideas. En la actualidad los museos se dedican a conservar la historia y ofrecer información.

Los maestros helenísticos desarrollaron nuevas ideas en matemáticas. Euclides de Alejandría realizó los primeros trabajos en geometría (estudio de las líneas y los ángulos). Arquímedes de Siracusa, en Sicilia, aplicó las matemáticas a la construcción de máquinas.

Los científicos helenísticos también emplearon su saber matemático en el estudio del universo. Aristarco, por ejemplo, descubrió con cálculos matemáticos que la Tierra y otros planetas giran alrededor del Sol.

Además, los científicos desarrollaron los conocimientos médicos de Hipócrates. De este modo Alejandría pasó a ser el centro de estudios en medicina y cirugía. Allí los médicos

En estas tumbas (arriba) de alrededor del año 7 a.C. se pueden apreciar los avances helenísticos en arquitectura. Las tumbas, ubicadas en la actual Turquía, fueron excavadas en piedra. Esta escultura de piedra encontrada en la India (derecha) es una muestra del alcance de la influencia helenística en el arte.

descubrieron que el cerebro es el centro del sistema nervioso.

Los científicos del periodo helenístico también se concentraron en el estudio de la geografía. No sólo mejoraron la manera en que los mapas eran dibujados, sino que también hicieron descubrimientos sobre la Tierra.

Hacia el año 146 a.C. los romanos habían adquirido el poder suficiente para controlar el mundo mediterráneo. Pero los conocimientos que los griegos habían logrado no se perdieron. Los romanos tomaron elementos de la religión, arte, arquitectura, filosofía y lengua de los griegos para desarrollar su propia civilización. Muchos años después de la dominación romana, Alejandría continuaba siendo el centro griego del saber médico.

REPASO *¿Qué ciudad era considerada el centro del conocimiento durante la era helenística?*

Esta miniatura persa muestra la admiración del pueblo hacia Alejandro.

LECCIÓN 5 • REPASO

400 a.C. — 300 a.C.

- **336 a.C.** Alejandro Magno se convierte en rey de Macedonia
- **326 a.C.** Alejandro llega al río Indo
- **323 a.C.** Alejandro muere en Babilonia

Comprueba lo que aprendiste

1. **Recuerda los datos** ¿Quién fue Alejandro Magno?
2. **Recuerda la idea principal** ¿Qué influencia tuvo Alejandro Magno en la región del Mediterráneo?

Piensa críticamente

3. **Piensa más sobre el tema** ¿Cómo pudo Alejandro Magno construir un imperio tan grande? ¿Crees que debe ser admirado por sus conquistas?

4. **Ayer y hoy** Nombra algunas personas con influencia en el mundo de hoy.

Muestra lo que sabes

Actividad: Encuesta En grupo, escoge un tema de importancia en tu escuela, por ejemplo, las actitudes, la forma de vestir o el comportamiento de los estudiantes. Luego, durante una semana, observa la influencia que puede ejercer tu grupo para lograr cambios en esas áreas. Cuando termine la semana, lleva a cabo una encuesta y elabora un informe para la clase.

CAPÍTULO 7 REPASO

2000 a.C. — **1500 a.C.**

- **1600 a.C.** • Surge la cultura minoica
- **1450 a.C.** • Se fortalece la cultura micénica

CONECTA LAS IDEAS PRINCIPALES

Usa este organizador para describir la historia de la antigua Grecia. En la página 69 del Cuaderno de actividades aparece una copia del organizador.

La antigua Grecia

La geografía de Grecia
Las montañas y el mar influyeron en la cultura y la historia de Grecia.
1. _____
2. _____

Los primeros habitantes de Grecia
Los minoicos y los micénicos se encuentran entre los primeros habitantes de lo que hoy es Grecia.
1. _____
2. _____

Ciudades-estado griegas
Los pueblos de Grecia desarrollaron modos de vida diferentes.
1. _____
2. _____

La edad de oro de Atenas
Los períodos de paz y de guerra influyeron en el modo de vida de Grecia.
1. _____
2. _____

El imperio de Alejandro Magno
Alejandro introdujo muchos cambios en Europa y Asia.
1. _____
2. _____

ESCRIBE MÁS SOBRE EL TEMA

Escribe un informe comparativo Escribe un informe comparando las ciudades-estado de Atenas y Esparta. Comenta sus sistemas de gobierno y sus logros.

Escribe una descripción El poeta Homero describió Creta como "una hermosa y rica tierra bañada por las olas". Escribe tu propia descripción de las tierras griegas.

324 • Capítulo 7

| 1000 a.C. | | 500 a.C. | | a.C. | d.C. |

800 a.C.
• Inicio de la formación de las ciudades-estado

479 a.C.
• Comienza la edad de oro de Atenas

331 a.C.
• El imperio de Alejandro alcanza su máxima extensión

USA EL VOCABULARIO

Escribe por lo menos una oración para cada par de términos en la que muestres cómo dichos términos se diferencian uno del otro.

1. poema épico, mito
2. acrópolis, ágora
3. aristocracia, oligarquía
4. liga, alianza

COMPRUEBA LO QUE APRENDISTE

5. ¿Por qué Grecia era un buen centro para el comercio?
6. ¿Quién era Homero?
7. ¿Qué uso daban los minoicos a sus enormes palacios?
8. ¿Por qué los espartanos desarrollaron una cultura militar?
9. ¿Cuáles eran tres componentes de la identidad cultural que compartían las ciudades-estado de Grecia?
10. ¿A quiénes se excluía de participar en la democracia de Atenas?
11. ¿Qué influencia tuvo en Atenas la victoria sobre los persas?
12. ¿Por qué el período de gobierno de Alejandro se conoce como época helenística?
13. ¿Qué ocurrió con el imperio de Alejandro después de su muerte? ¿Por qué?

PIENSA CRÍTICAMENTE

14. **Ayer y hoy** ¿En qué se parece el gobierno actual de Estados Unidos al gobierno de Atenas durante el mandato de Pericles? ¿En qué se diferencia?
15. **En mi opinión** ¿Por qué crees que Alejandro quería gobernar un gran imperio?
16. **Causa y efecto** ¿Cómo cambiaron los pensadores de la época helenística el conocimiento que la gente tenía del mundo?

APLICA TUS DESTREZAS

Predice el resultado Durante la época de Alejandro Magno la cultura griega ejerció una gran influencia en la región del Mediterráneo. Antes de leer el Capítulo 8, predice qué repercusión tuvo la muerte de Alejandro. Usa los tres pasos de la página 316. Escribe tu predicción. Después, a medida que lees el Capítulo 8, comprueba si la información que encuentras respalda tu predicción.

LEE MÁS SOBRE EL TEMA

El caballo de Troya de Graciela Montes. Gramón-Colihue, 1996. Disfruta de este relato basado en una de las historias más difundidas de la mitología griega.

Visita nuestra página en Internet en http://www.hbschool.com para recursos adicionales.

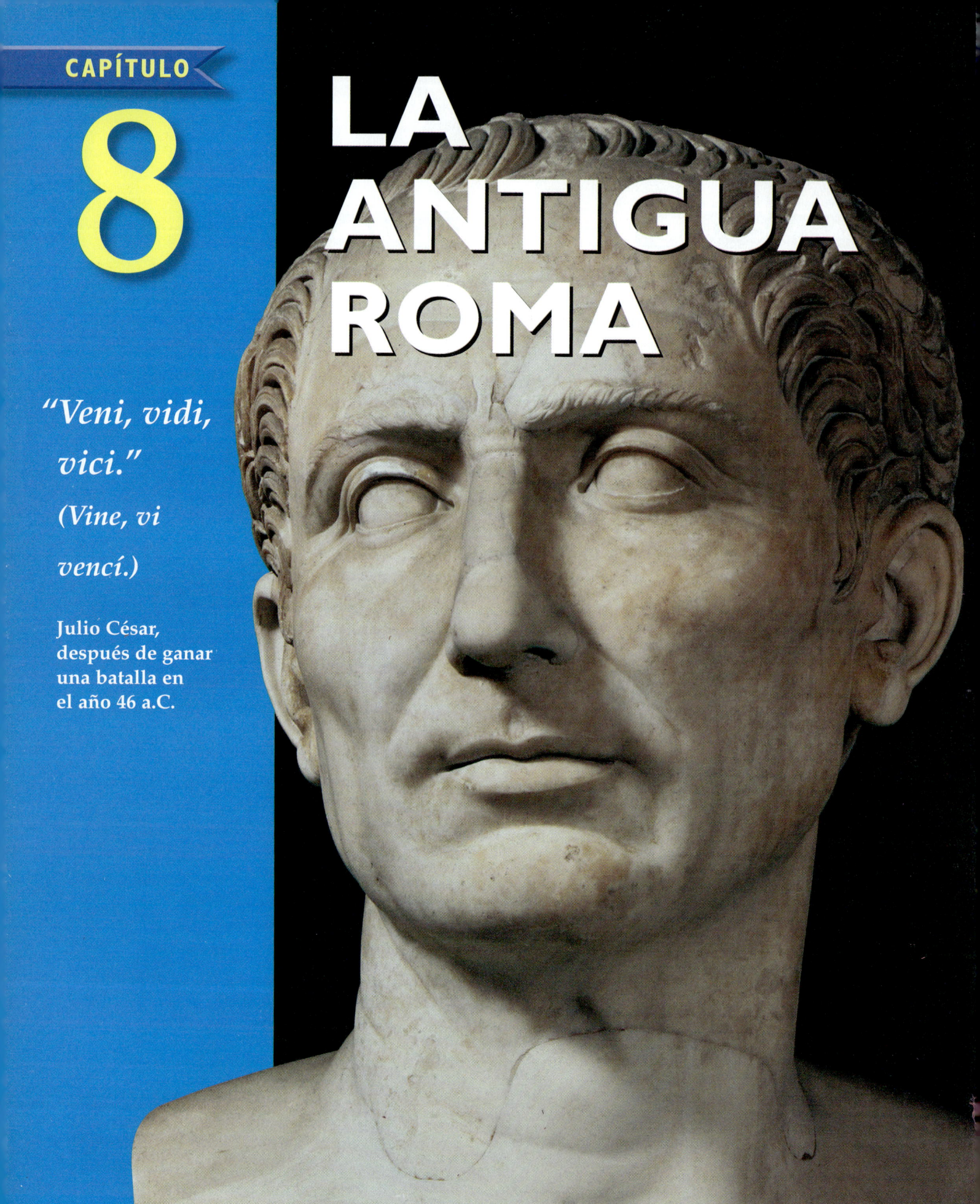

CAPÍTULO 8

LA ANTIGUA ROMA

"Veni, vidi, vici."

(Vine, vi vencí.)

Julio César, después de ganar una batalla en el año 46 a.C.

La geografía de Roma

En el Mediterráneo, tras la muerte de Alejandro Magno en 323 a.C., el centro del poder se desplazó gradualmente de la península Balcánica a la península Itálica. A lo largo de los siglos, muchos pueblos se habían asentado en la península Itálica. Entre esos pueblos estaban los latinos, un pueblo de agricultores y pastores que habían cruzado los Alpes, provenientes del centro de Europa. En el siglo VIII a.C., los latinos fundaron Roma.

La península Itálica

La península Itálica está situada al oeste de la península Balcánica. La península Itálica tiene forma de bota alargada con tacón alto. Mide unas 700 millas (1,126 km) de largo y, como mucho, alcanza unas 100 millas (161 km) de ancho. La punta de la bota parece estar a punto de darle un puntapié a la isla de Sicilia. Más allá de Sicilia, la costa del norte de África se encuentra a menos de 100 millas (unos 160 km), al otro lado del Mediterráneo. Con excepción del norte, Italia está rodeada de mares. El Tirreno está al oeste, el Adriático está al este y el Mediterráneo, al sur.

En la frontera norte de Italia se elevan los picos nevados de la cordillera de los Alpes, que separan la península Itálica del resto de Europa. La montaña más alta de los Alpes alcanza los 15,771 pies (4,807 metros) sobre el nivel del mar. A lo largo de la península Itálica se extiende la cordillera de los Apeninos. Entre los Alpes y los Apeninos se encuentra el valle del río Po.

LECCIÓN 1

ENFOQUE
¿Qué efecto tiene la ubicación de un lugar en las personas y ciudades de la actualidad?

Idea principal
Mientras lees piensa en la influencia que la geografía de Italia tuvo en el desarrollo de la civilización romana.

Vocabulario
tierra cultivable
volcán extinto
foro

Los Apeninos se extienden a través de 875 millas (1,400 kilómetros); van de noroeste a sureste, y luego, hacia el extremo sur de la península Itálica.

Capítulo 8 • 327

Península Itálica

Regiones Los Alpes son una de las cordilleras más famosas del mundo. Separan a Italia del resto de Europa.

■ ¿Qué otros accidentes geográficos separan a Italia de los territorios vecinos?

La mayoría del territorio de Italia es montañoso, con algunos valles y llanuras. Pero como las colinas y montañas son menos escabrosas que las de Grecia, los primeros pueblos de Italia podían desplazarse por ese territorio y comerciar con más facilidad que los griegos. A pesar de que la costa de la península Itálica sea tan extensa, hay muy pocos puertos naturales. Así que para los italianos era más fácil comerciar entre sí con más frecuencia que con los pueblos del otro lado del mar.

REPASO ¿Qué influencia tuvo la geografía en la actividad comercial de los primeros pueblos de la península Itálica?

Tierras fértiles

"Díganme ustedes que han recorrido tantas tierras, ¿han visto alguna vez alguna tierra mejor cultivada que Italia?", preguntó el escritor romano Varro en el siglo I a.C. Desde la antigüedad, la fertilidad de la tierra y la bondad del clima atrajeron a mucha gente a Italia. Allí había más tierra cultivable que en la península Balcánica. **Tierra cultivable** son los terrenos donde se producen cultivos. Los primeros pueblos producían una gran variedad de cultivos, en vez de importarlos.

Muchos de los ríos de la península acarreaban sedimentos ricos en minerales que enriquecían la tierra cultivable. Además, los volcanes fertilizaban los suelos con sus cenizas. Casi todos los volcanes estaban extintos desde hacía muchos años. Los **volcanes extintos** son aquellos que no hacen erupciones.

Hacia el año 1000 a.C., pueblos del centro de Europa comenzaron a trasladarse hacia la península Itálica. Conocidos como latinos, estos pueblos se asentaron al sur del río Tíber. Ahí cultivaban trigo, cebada, chícharos, frijoles, higos, uvas, aceitunas y otras hortalizas. Tenían también ovejas, cabras y ganado vacuno. Las mujeres hilaban la lana de las ovejas y fabricaban telas para hacer ropa. Estos agricultores y pastores eran los antepasados de los romanos.

REPASO ¿Por qué la región del Tíber era un buen lugar para vivir?

La fundación de Roma

En el siglo VIII a.C., en las colinas de una de las curvas del Tíber se estableció una comunidad latina. El sitio era excelente y la aldea creció hasta convertirse en la ciudad de Roma.

Las tierras que rodeaban a Roma eran fértiles; abundaban los árboles madereros y la piedra útiles en la construcción. Las siete colinas sobre las que se asentaba Roma facilitaban también su defensa. Un terreno plano cercano al río resultó ser un buen lugar para un **foro**, o plaza pública donde los pobladores se reunían a intercambiar bienes e ideas.

Roma estaba tierra adentro y podía protegerse mejor de los piratas. Sin embargo, el mar no estaba lejos. Quedaba a unas 15 millas (24 km), así que los romanos tenían a su disposición sal y pescado en abundancia.

Roma estaba ubicada en el centro de la península, lo que facilitaba la comunicación y el comercio con el resto de Italia. Asimismo, se podía navegar por el Tíber hacia el mar, lo que permitía el comercio con otras civilizaciones del Mediterráneo. Roma llegó a controlar las rutas marítimas entre Europa, Asia y África gracias principalmente a su ubicación geográfica. "No es sin buenas razones que los dioses y los hombres eligieron este sitio para la ciudad", escribió un historiador romano.

Los primeros habitantes de Roma relataban leyendas muy pintorescas sobre los orígenes de la ciudad. Una de ellas cuenta la historia de un rey latino y su hermano, un hombre tan cruel que despojó al rey de su trono. La hija del verdadero rey dio a luz a gemelos y el tirano, por temor de que los niños le arrebataran el trono un día, los abandonó en las orillas del Tíber para que murieran. Los gemelos, Rómulo y Remo, fueron recogidos y criados por una loba. Al crecer, derrotaron al tío abuelo y devolvieron el trono a su abuelo.

Roma se fundó a orillas del río Tíber (abajo). La leyenda dice que Rómulo trazó los límites de la antigua Roma (izquierda).

Capítulo 8 • **329**

Toscana está entre las regiones agrícolas más ricas de Italia (arriba). Muchos cultivos, entre ellos las uvas (izquierda), se han producido en Italia durante siglos.

La leyenda dice que en el año 753 a.C., Rómulo y Remo emprendieron la construcción de una ciudad a orillas del Tíber, cerca del lugar donde habían sido rescatados. Pero pelearon porque no podían ponerse de acuerdo sobre en qué colina construir la ciudad. Remo murió en el conflicto y Rómulo se convirtió en el primer gobernante de la ciudad, llamada Roma en su honor. Rómulo juró que esa pequeña ciudad llegaría a ser grandiosa. "Mi Roma será la capital del mundo", afirmó.

REPASO *¿Qué ventajas ofrecía el territorio donde estaba Roma?*

LECCIÓN 1 • REPASO

Comprueba lo que aprendiste

1. **Recuerda los datos** ¿Qué forma tiene la península Itálica? ¿En dónde se encuentra?

2. **Recuerda la idea principal** ¿Qué influencia tuvo la geografía de Italia en el desarrollo de la civilización romana?

Piensa críticamente

3. **Piensa más sobre el tema** ¿Qué ventajas ofrece una capital ubicada en el centro del país?

4. **Ayer y hoy** ¿Qué efecto tienen el clima y la cantidad de tierra cultivable en tu comunidad?

Muestra lo que sabes
Actividad: Discurso
Imagínate que eres un comerciante romano que está de viaje por tierras lejanas. Haz un discurso en el que describas la geografía del territorio que rodea Roma y las ventajas que ofrece a la ciudad. Puedes hacer un mapa para ilustrar tu descripción.

La República Romana

| 600 a.C. | 300 a.C. | a.C. | d.C. |

LECCIÓN 2

ENFOQUE
¿Por qué cambia la forma de gobierno de un país en la actualidad?

Idea principal
Mientras lees piensa en las causas por las que la forma de gobierno cambió en Roma.

Vocabulario
república patricio
cónsul   plebeyo
dictador tribuno
senado   vetar

Roma, la pequeña aldea de la península Itálica, creció hasta convertirse en un gran imperio. Al principio Roma era una monarquía. Al crecer, su forma de gobierno cambió.

De la monarquía a la república

Hacia el año 600 a.C., los etruscos, un pueblo del norte de Italia, conquistaron Roma. Como los etruscos tenían relaciones comerciales con las colonias griegas, introdujeron ideas y costumbres griegas en Roma.

Después de casi 100 años del dominio etrusco, los romanos se rebelaron. Sustituyeron la monarquía por otra forma de gobierno en la que los romanos ricos elegían a sus gobernantes. Este tipo de gobierno se llama **república**.

Al igual que en Atenas, los hombres libres de la República Romana formaron una asamblea de ciudadanos. Ambas asambleas tenían el derecho a declarar guerra, hacer tratados de paz y hacer alianzas. A diferencia de la asamblea en Atenas, la asamblea romana elegía oficiales para representar el gobierno romano.

A los etruscos se les recuerda por sus obras de arte. Este ataúd de piedra, que representa a un matrimonio, fue esculpido hace unos 2,600 años. Los etruscos y los latinos vivían en la península Itálica en la antigüedad. A la vez que desarrollaban un cultura propia, los romanos tomaron de los etruscos el alfabeto, la tecnología, el arte y las costumbres.

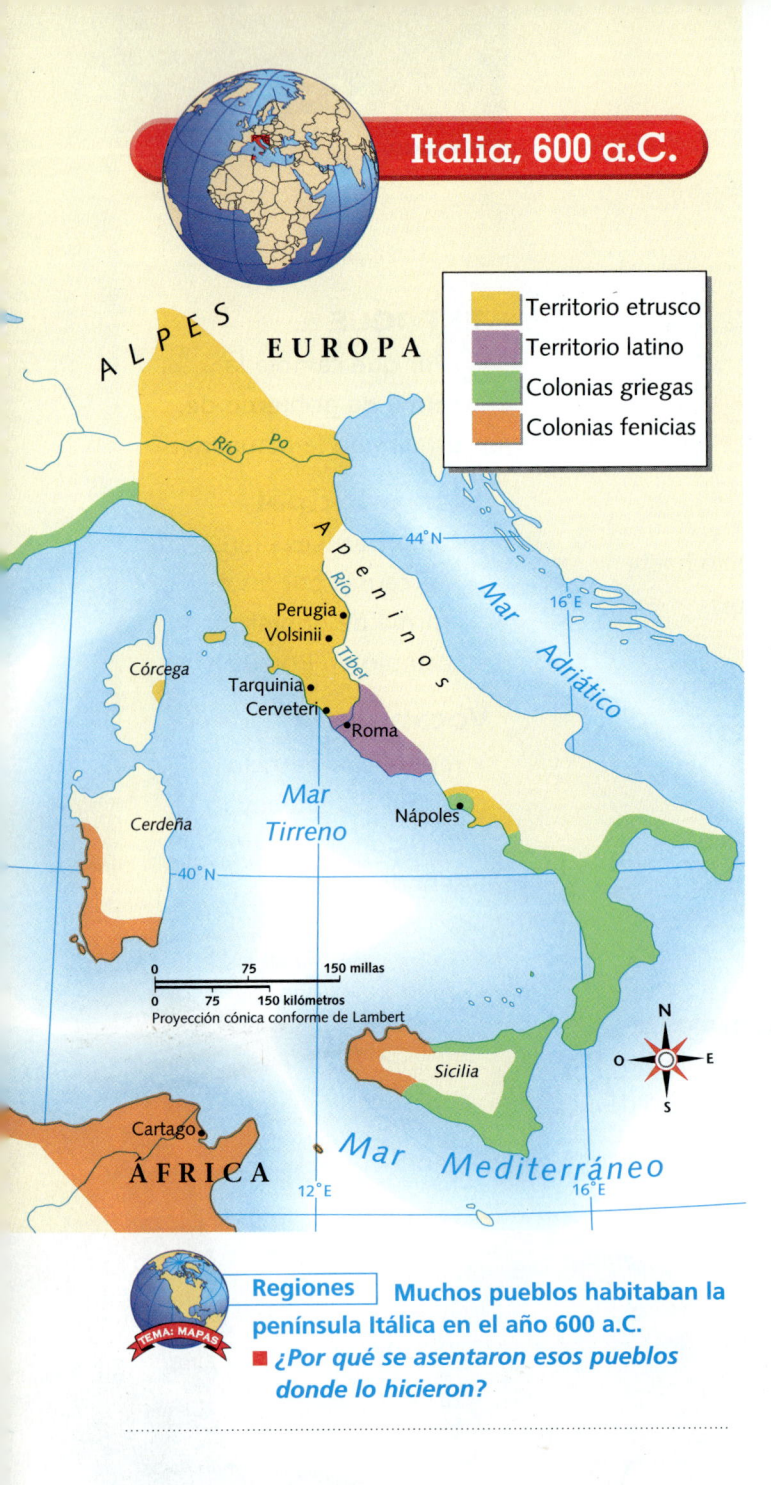

Italia, 600 a.C.

- Territorio etrusco
- Territorio latino
- Colonias griegas
- Colonias fenicias

Regiones Muchos pueblos habitaban la península Itálica en el año 600 a.C.
■ ¿Por qué se asentaron esos pueblos donde lo hicieron?

Todos los años, la asamblea romana elegía a dos funcionarios para servir como **cónsules**. Al tener dos cónsules los romanos querían evitar que una sola persona tuviera demasiado poder. Los cónsules dirigían los ejércitos, cumplían la función de jueces y representaban a los ciudadanos de Roma. En caso de una crisis, los romanos podían elegir a un dictador por un período de seis meses. Un **dictador** es un gobernante con poder absoluto. En Roma, un dictador debía ser obedecido incluso por los dos cónsules.

Los cónsules debían responder ante una institución de gobierno que se llamaba el **senado**. Sólo algunos de los ciudadanos romanos esperaban ser senadores. Los primeros ciudadanos de Roma se dividían en dos grupos. Los **patricios** eran los descendientes de los primeros pobladores de Roma y formaban un grupo. Todos los otros ciudadanos romanos incluyendo los agricultores, comerciantes, soldados y artesanos formaban el otro grupo, llamado los **plebeyos**. Los patricios controlaban el gobierno de Roma y creían que los plebeyos eran personas de segunda categoría.

Los plebeyos se rebelaron en el año 494 a.C., abandonaron Roma para formar su propia asamblea y eligieron a sus propios representantes, a quienes llamaron **tribunos**. Los patricios comprendieron entonces que la economía de la ciudad sufriría sin los plebeyos y decidieron aceptar que éstos mantuvieran su propia asamblea y sus tribunos. Se permitió a los

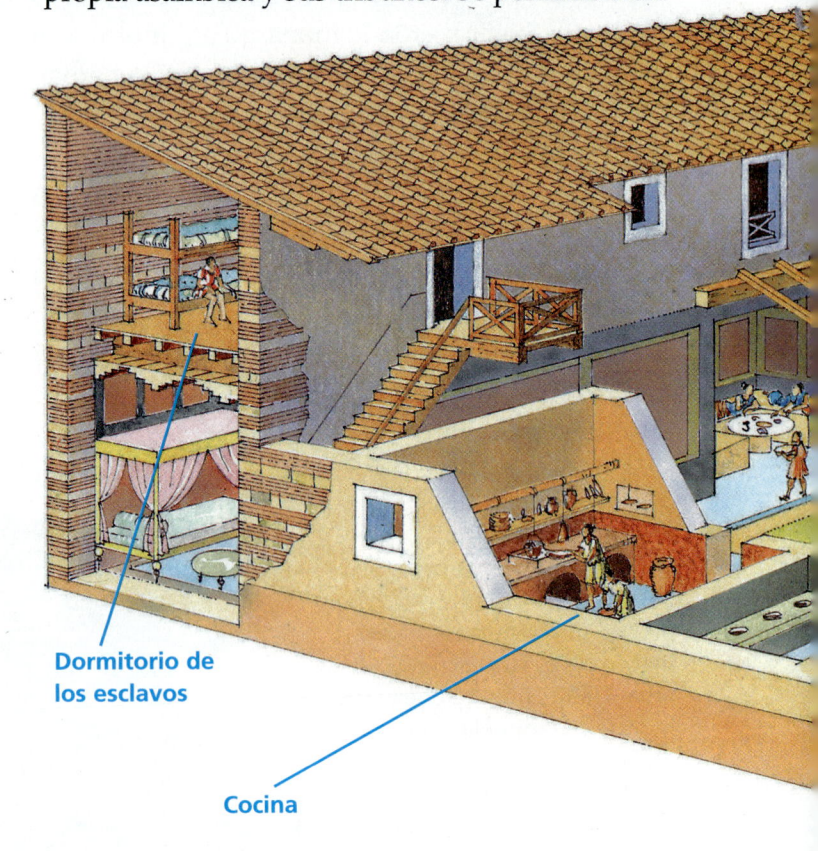

Dormitorio de los esclavos

Cocina

tribunos asistir a las reuniones del senado con derecho a **vetar**, es decir rechazar, aquellas leyes con las que no estaban de acuerdo.

Los plebeyos rechazaron también las leyes que no estaban escritas, ya que sólo los patricios conocían exactamente de qué se trataban. En 451 a.C. y 450 a.C., el gobierno romano comenzó a registrar sus leyes en un documento llamado las Doce Tablas. Las leyes se exhibieron en el foro romano, o plaza pública. Había muchos plebeyos que no sabían leer, pero aun así, el que las leyes estuvieran escritas significaba que ya no podían ocultarse a los plebeyos.

Puesto que las leyes eran ahora de conocimiento público, los plebeyos se dieron cuenta de que sus derechos no eran los mismos que los de los patricios y comenzaron a exigir cambios. Gradualmente, los derechos de plebeyos y patricios llegaron casi al mismo nivel.

REPASO *¿Qué tipo de gobierno se estableció en Roma cuando se liberaron del dominio etrusco?*

La sociedad romana

Los ciudadanos romanos se dividían en grupos, y así también lo hacía la sociedad romana. La clase social de una persona era determinada por su familia y fortuna.

Los patricios adinerados y unos cuantos plebeyos ricos componían la clase alta, la cual disfrutaba de lo mejor de Roma. Sus integrantes ocupaban puestos gubernamentales, vivían en grandes residencias con muchas habitaciones y tenían esclavos. Una familia grande de la clase alta romana podía llegar a tener 500 o más esclavos.

APRENDER CON DIAGRAMAS Los romanos de la clase alta vivían en casas donde se llevaban a cabo actividades económicas. En las casas romanas era frecuente encontrar oficinas y tiendas.
- ¿Qué partes de esta casa probablemente no existían en la casa de un romano de pocos recursos? ¿En qué se parecen esta casa romana y una casa de la actualidad? ¿En que se diferencian?

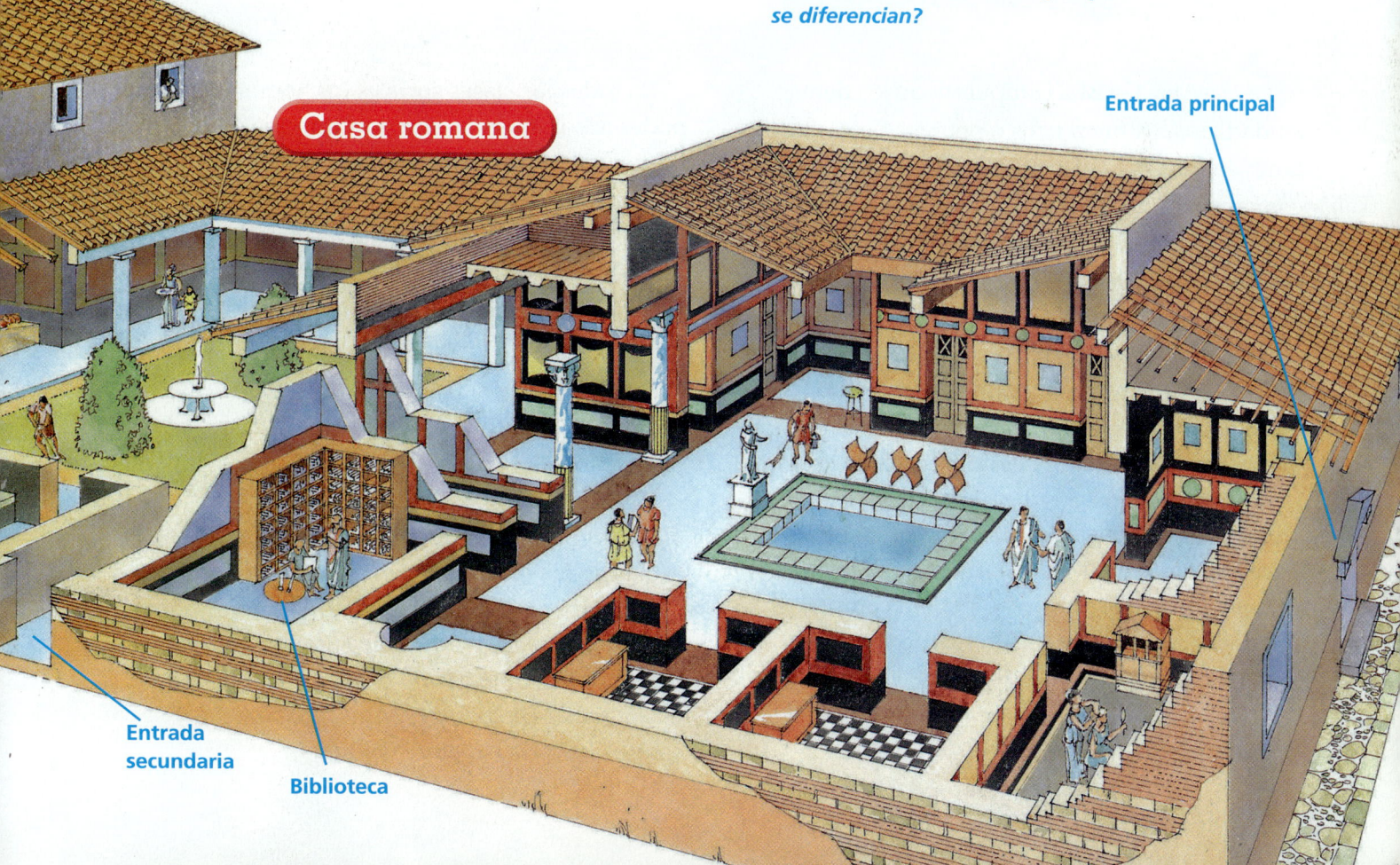

Casa romana

Entrada principal

Entrada secundaria

Biblioteca

Esta escultura representa a un grupo de senadores romanos, una mujer romana y su sirvienta. Las mujeres tenían ciertos privilegios, pero no podían participar en el gobierno.

La clase baja estaba compuesta de los demás ciudadanos, ya fuera ricos o pobres. A esta clase también pertenecían los soldados, agricultores, comerciantes y artesanos. A diferencia de los ricos, la gente de clase baja vivía en conjuntos residenciales parecidos a edificios de apartamentos. En algunos casos, había familias enteras que ocupaban una sola habitación.

Al igual que en otras civilizaciones de la antigüedad, los esclavos eran la clase más baja de la sociedad. Los esclavos no eran ciudadanos ni eran protegidos por las leyes. Sin embargo, tenían más derechos que los esclavos de otras partes del mundo. Muchos obtenían su libertad con la muerte de su dueño o podían comprar su libertad. Aun así, las condiciones de vida de los esclavos dependía de los deseos de los amos.

En todas las clases sociales los hombres tenían poder absoluto en la casa. Las mujeres podían participar en las decisiones domésticas y a menudo aconsejaban a sus esposos. Podían también tener propiedades, pero no se les permitía participar directamente en el gobierno.

REPASO *¿Cómo se dividía la sociedad romana?*

La ruta de la conquista romana

A partir del año 500 a.C., Roma comenzó a expandir su control por toda la península Itálica. Los romanos combatieron muchas guerras para defenderse de los ataques de sus enemigos y, con cada victoria, el territorio bajo su control creció más y más. Hacia el año 272 a.C., Roma controlaba toda la península Itálica.

Para esa fecha la rivalidad que existía entre Roma y Cartago empeoró. Cartago era una ciudad-estado fundada por los fenicios en el norte de África. Entre los años 264 a.C. y 146 a.C., Roma y Cartago combatieron tres guerras. Estas guerras se conocen como las guerras púnicas, término derivado de *punicus*, el nombre que los romanos daban a los fenicios.

Una de las razones por la cuál comenzaba la guerra era porque Roma y Cartago se disputaban el control del comercio marítimo del occidente del Mediterráneo. Después de una larga lucha, Roma ganó la primera guerra púnica. Sin embargo, durante la segunda guerra púnica, el ejército de Cartago atacó a Roma. Al mando de Aníbal, el ejército de Cartago había partido desde lo que hoy es España. Junto a sus soldados y elefantes de guerra, Aníbal cruzó montañas coronadas de nieve hasta llegar a Italia. Un historiador romano escribió lo siguiente sobre Aníbal,

> No hay esfuerzo que agote su cuerpo o su espíritu. Para él es lo mismo el calor que el frío.... Es siempre el primero en la batalla y el último en la retirada.

Aunque fatigado, el ejército de Cartago sorprendió a los romanos con ataques repentinos y violentos. Luchaban con tanto coraje que estuvieron a punto de derrotar a Roma. Un general romano llamado Escipión emprendió una maniobra inesperada: se fue de la península Itálica y atacó a los territorios que Cartago controlaba en el norte de África. Aníbal tuvo que regresar a África para defender su propia ciudad. En el año 202 a.C., Aníbal perdió una batalla decisiva en el pueblo de Zama, cerca de Cartago y tuvo que rendirse.

La tercera y última guerra púnica se produjo en el año 146 a.C., y dejó a Cartago en ruinas. Los romanos destruyeron la ciudad y los prisioneros fueron vendidos como esclavos.

Ya para ese entonces, Grecia, Macedonia y zonas del suroeste de Asia también se encontraban bajo el control de Roma. Los romanos dividieron los territorios conquistados en **provincias**, cada una controlada por gobernadores enviados desde Roma. Roma exigía el pago de impuestos a los pueblos sometidos y algunos fueron convertidos en esclavos.

REPASO *¿Qué territorios conquistó Roma entre los años 500 y 146 a.C.?*

De república a dictadura

Los impuestos que pagaban las provincias enriquecieron a la clase alta romana a la vez que empobrecieron aun más a los esclavos que llegaban de las provincias. Los plebeyos perdieron el empleo o sus tierras al ser reemplazados por esclavos. Esto hizo que aumentaran los conflictos entre ricos y pobres. Dos hermanos, Tiberio y Cayo Graco propusieron reformas a las leyes para ayudar a los más necesitados. Pero el senado rechazó los cambios propuestos y los hermanos fueron asesinados por motivo de sus ideas.

Durante los próximos 50 años, muchos trataron de apoderarse de la república. Tras una sangrienta guerra civil que concluyó en el año 82 a.C., Lucio Sila se convirtió en dictador. Lucio Sila gobernó durante tres años, en vez de los seis meses estipulados por la ley romana.

Las tácticas de guerra de Aníbal todavía son estudiadas por los líderes militares actuales.

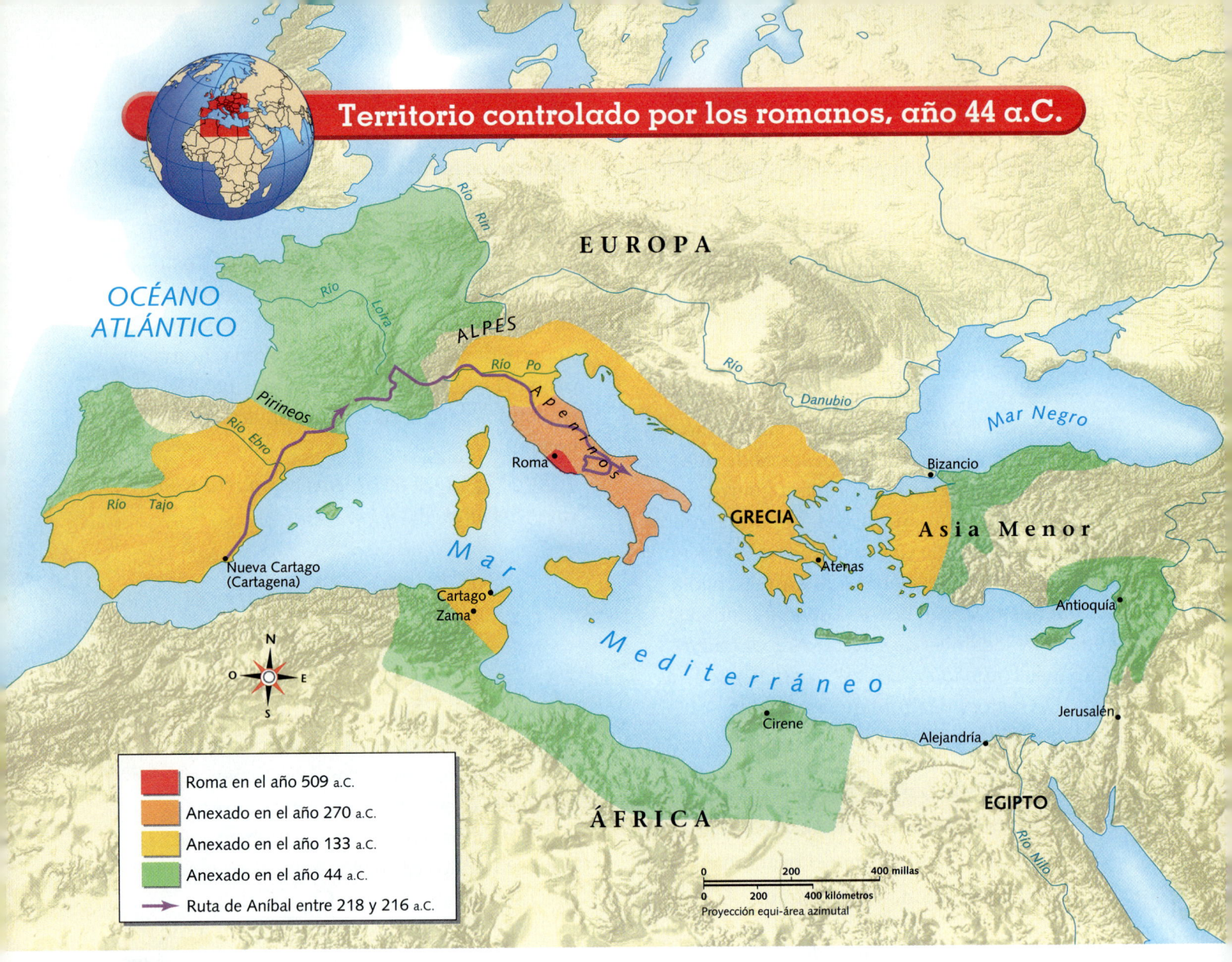

Territorio controlado por los romanos, año 44 a.C.

Leyenda:
- Roma en el año 509 a.C.
- Anexado en el año 270 a.C.
- Anexado en el año 133 a.C.
- Anexado en el año 44 a.C.
- Ruta de Aníbal entre 218 y 216 a.C.

Movimiento Hacia el 44 a.C., Roma dominaba buena parte de Europa y varias regiones de África.
- ¿Qué ventajas obtuvo Roma al conquistar todos los territorios que rodeaban Italia?

Sila renunció al cargo en el año 79 a.C., restableciéndose el gobierno de los cónsules. Pompeyo y Cicerón estuvieron entre aquellos que ejercieron como cónsules después de Sila.

En el año 59 a.C. se eligió como cónsul al general romano Julio César, quien emprendió un minucioso plan para gobernar todos los territorios de Roma. Lo primero que hizo fue formar un ejército y conquistar Galia, el territorio que hoy es Francia. Su victoria demostró ante Roma su gran genio militar. Julio César prestaba mucha atención a lo que sucedía en Roma desde su puesto de gobernador de la nueva provincia de Galia.

En el año 49 a.C., Julio César emprendió su regreso a Roma. El senado temía que Julio César intentara apoderarse del gobierno y le advirtió que su ejército no debía cruzar el río Rubicón, frontera entre Italia y Galia. "La suerte está echada", respondió Julio César mientras sus ejércitos cruzaban el Rubicón y declaraba guerra a sus enemigos en Roma. La guerra civil por el poder entre Julio César y sus enemigos duró tres años.

336 • Unidad 4

En el año 46 a.C. Julio César fue nombrado dictador por un período de diez años. Fue un dictador enérgico que mejoró las condiciones de vida de mucha gente al promulgar leyes en favor de los más pobres. Creo también nuevos empleos y otorgó la ciudadanía a más personas.

Dos años después, en el 44 a.C., Julio César se proclamó dictador vitalicio. La república se convirtió en dictadura. Pero Julio César tuvo una gloria de corta duración. Había un grupo de senadores y ciudadanos que temían que Julio César se coronara rey. El 15 de marzo, conocido como los idus de marzo en el calendario romano, Julio César fue apuñalado a muerte mientras entraba al senado sin sus guardaespaldas. El asesinato de Julio César provocó otra guerra civil.

REPASO ¿Qué clase de gobernante era Julio César?

HISTORIA

El calendario romano

Julio, el séptimo mes de nuestro calendario, debe su nombre a Julio César. Antes de Julio César, el calendario romano no tenía los 365 días que tarda la Tierra en dar la vuelta al Sol. César añadió 67 días al calendario y para iniciarlo, dispuso que el primer año fuera mucho más largo. ¡El año 46 a.C. tuvo 445 días! Los romanos llamaron a este año insólito "el año de la confusión".

Julio César

LECCIÓN 2 • REPASO

600 a.C. — **300 a.C.** — **a.C. | d.C.**

- **500 a.C.** • Comienza la república romana
- **264 a.C.** • Comienza la primera guerra púnica
- **46 a.C.** • Julio César se proclama dictador de Roma

Comprueba lo que aprendiste

1. **Recuerda los datos** ¿Cuáles fueron las tres formas de gobierno que hubo en Roma entre los años 600 a.C. y 44 a.C.?
2. **Recuerda la idea principal** ¿Por qué cambió la forma de gobierno en Roma?

Piensa críticamente

3. **Ayer y hoy** ¿Ha cambiado alguna vez la forma de gobierno de nuestro país? Si es así, describe las formas de gobierno que hubo.
4. **Explora otros puntos de vista** Sólo los patricios podían ser senadores y cónsules en la República Romana. ¿Cuál habrá sido la opinión de un patricio? ¿Por qué podría ser distinta de la de un plebeyo?

Muestra lo que sabes
Actividad: Redacción
Imagínate que eres un ciudadano romano que trata de conseguir el voto de los demás. Escribe un discurso en el que prometes que Roma tendrá un buen gobierno. Indica lo que harías para beneficiar a cada una de las clases sociales. Presenta tu discurso a un grupo pequeño de tus compañeros.

Capítulo 8 • 337

Razonamiento crítico

Toma una decisión

1. ¿Por qué aprender esta destreza?

Toda acción tiene una consecuencia, o resultado. Hay consecuencias a corto plazo, es decir, ocurren inmediatamente y duran poco tiempo. Otras consecuencias son de largo plazo, es decir, ocurren en el futuro y duran mucho más. Una acción puede tener consecuencias tanto positivas como negativas, o de los dos tipos. Para tomar una decisión bien pensada es necesario considerar todas las consecuencias posibles antes de actuar.

2. Recuerda lo que has leído

Leíste que entre los años 264 a.C. y 146 a.C., Roma y Cartago libraron las tres guerras púnicas por el control del comercio marítimo del occidente del Mediterráneo. En la segunda guerra púnica, el ejército de Cartago atacó a Roma. Tanto Aníbal, de Cartago, como Escipión, de Roma, debieron tomar decisiones importantes.

Aníbal debió decidir cómo atacar a Roma. Podía atacar por mar, lo cual era más sencillo y predecible. También podía viajar a España y cruzar las cordilleras de los Pirineos y los Alpes para atacar desde el norte. Cruzar las montañas y atacar desde el norte sería más difícil. Los Alpes presentaban muchos peligros, incluyendo el frío extremo y la nieve profunda, y Aníbal se arriesgaba a perder muchos soldados. Pero tenía la ventaja de que el ejército de Cartago podría sorprender al ejército romano. Aníbal decidió correr el riesgo y cruzar la cordillera. Emprendió su peligroso viaje con unos 50,000 soldados a pie, una caballería de 9,000, y 37 elefantes de guerra. Aníbal enfrentó finalmente al ejército romano con sólo unos 26,000 soldados. No obstante, el ataque sorpresa tuvo tanto éxito que el ejército de Cartago casi derrota a Roma en una sola batalla. El ataque de Aníbal desde el norte dio a Cartago una importante ventaja sobre Roma.

El general romano Escipión tuvo que decidir qué hacer frente al éxito logrado por Aníbal. Escipión pudo haberse quedado en Italia combatiendo a Aníbal o intentar una maniobra inesperada para sorprenderlo.

Escipión concluyó que una maniobra inesperada contrarrestaría mejor el ataque de Aníbal y tuvo que reflexionar mucho para decidir qué maniobra usar. Escipión decidió atacar a Cartago. Esta decisión obligó a Aníbal a abandonar la península Itálica para combatir contra el ejército de Escipión en el norte de África.

El ejército de Escipión derrotó a Aníbal en el pueblo de Zama, en el norte de África, en el año 202 a.C. La segunda guerra púnica finalizó en el 201 a.C. con la victoria de Roma.

3. Comprende el proceso

Para tomar una decisión difícil se puede seguir una serie de pasos usados por mucha gente. Los siguientes pasos pueden ayudarte a tomar una decisión bien pensada.

bien pensada

Destrezas

1. Identifica el objetivo.
2. Piensa en el problema que impide lograr el objetivo.
3. Haz una lista de las medidas que pueden tomarse. Comienza con aquellas que pueden tener consecuencias positivas y terminar con aquellas que pueden tener consecuencias negativas.
4. Elige la mejor opción.
5. Actúa de acuerdo con tu elección.
6. Considera si la opción elegida te ayudó a alcanzar el objetivo.

4. Piensa y aplica

EL BUEN CIUDADANO

Reflexiona sobre una decisión tomada en la escuela. ¿Qué pasos seguiste? ¿Qué decisión tomaste? ¿Cuáles fueron las consecuencias? ¿Piensas que tomaste una decisión bien pensada? Explica tu respuesta.

La segunda guerra púnica

Mapa: muestra el Océano Atlántico, Europa, África, Mar Mediterráneo, Mar Tirreno, Mar Adriático. Ubicaciones: Pirineos, Alpes, Río Ebro, Río Tajo, Río Po, Pisa, Perugia, Rome, Córcega, Cerdeña, Capua, Cannae, Crotone, Islas Baleares, Lilybaeum (Marsala), Sicilia, Siracusa, Nueva Cartago, Cartenna, Rusaddir, Utica, Cartago, Zama, Cirene, MACEDONIA.

Leyenda:
- Roma, aprox. 202 a.C.
- Cartago, aprox. 202 a.C.
- Batalla de Zama, 202 a.C.
- Ruta de Aníbal, 218–216 a.C.
- Ruta de Escipión, 202 a.C.
- Ruta de Aníbal, 202 a.C.

0 100 200 millas
0 100 200 kilómetros
Proyección equi-área azimutal

339

LECCIÓN 3

El Imperio Romano

| 100 a.C. | a.C. | d.C. | 100 d.C. | 200 d.C. |

Después de la muerte de Julio César, otro gobernante llegó a controlar todos los territorios romanos. Este gobernante introdujo la cultura romana en muchos pueblos y, durante los siglos siguientes, más de 75 millones de personas llegaron a llamarse romanos.

Roma se convierte en imperio

Después de la muerte de Julio César, estalló una guerra civil entre los seguidores de Julio César y el senado romano. Octaviano, un sobrino nieto de Julio César, y Marco Antonio, un general romano, comandaban los ejércitos de Julio César. Luego de derrotar al ejército del senado, Octaviano y Marco Antonio lograron el control de todos los territorios de Roma. Octaviano se hizo cargo de la parte occidental del imperio y Marco Antonio reclamó para sí la parte oriental, compuesta por Asia Menor, Siria y Egipto. Sin embargo esta división no duró mucho. Marco Antonio se enamoró de Cleopatra, la reina de Egipto, y decidió instaurar con ella un imperio propio. Entonces, Octaviano declaró la guerra a Marco Antonio y Cleopatra.

En el año 31 a.C., los ejércitos de Octaviano y Marco Antonio se enfrentaron en una gran batalla naval cerca del promontorio de Actium, en Grecia. Octaviano derrotó a Marco Antonio y obtuvo el control absoluto de todos los territorios romanos.

En el año 27 a.C., el senado romano otorgó a Octaviano el título de *Augusto*, que significa "el venerado" o "el sagrado". Desde entonces, a Octaviano se le conoció como César Augusto, o simplemente Augusto.

ENFOQUE
¿Qué factores permiten hoy en día que pueblos diferentes se mantengan unidos bajo un mismo gobierno?

Idea principal
Mientras lees piensa en las razones que hicieron posible la unificación de pueblos diferentes bajo el Imperio Romano.

Vocabulario
censo
legión
basílica
gladiador
lluvia ácida
acueducto

Octaviano, el sobrino nieto de Julio César, conocido más tarde como Augusto

Esta acuarela de un artista italiano del siglo diecinueve representa el acontecer cotidiano en el foro romano. Los romanos ricos habían construido monumentos alrededor del foro para exhibir su riqueza, honrar a los dioses y celebrar ciertos acontecimientos o personas.

Al asumir el gobierno de Roma, Augusto afirmó orgulloso:

> Liberé a la República Romana de los asesinos de Julio César... El Senado...y todo el pueblo de Roma me han nombrado 'Padre de la patria'.

Aunque Augusto fue el primer verdadero emperador de Roma, él nunca usó ese título. Adoptó más bien el título de *princeps*, que significa "primer ciudadano". Como a los romanos les gustaba la idea de ser gobernados por una república, Augusto tomó medidas para que su gobierno tuviera la apariencia de ser representativo. Pero en el fondo, la República Romana dejó de existir al iniciarse su largo mandato.

REPASO *¿Quién fue el primer emperador de Roma?*

La era de Augusto

Augusto resultó ser un gobernante fuerte y muy capaz. Bajo su mandato se difundió por todo el imperio su *pax romana*, o paz romana. Éste fue un período de calma y unidad que duró más de 200 años: desde el 27 a.C. hasta el año 180 d.C. Durante este tiempo, el imperio llegó a

Capítulo 8 • 341

El Imperio Romano bajo Augusto

Lugar El imperio formado por Augusto incluía territorios en Europa, Asia y África. El Imperio Romano se extendía por miles de millas.
■ *¿Cómo crees que viajaban a Cartago los romanos de la antigüedad, por tierra o por agua?*

---

incluir unos 2.5 millones de millas cuadradas (6.5 millones de kilómetros cuadrados).

Augusto eligió con sumo cuidado a los gobernadores de las provincias. Al igual que Julio César, Augusto también promulgó leyes concediendo la ciudadanía romana a más personas. Estas medidas dieron al gobierno la popularidad y solidez necesarias para mantener al imperio unificado.

Tanto antes como después del mandato de Augusto se habían promulgado leyes que garantizaban un trato más justo y equitativo a la gente. Una de estas leyes decía que no podía obligarse a una persona a declarar contra sí misma en un tribunal de justicia. Éste y otros principios establecidos por los romanos siguen aún en vigencia en nuestro sistema legal.

Los romanos fueron también los primeros en realizar un **censo**, o recuento de la población. El gobierno se valió del censo para asegurarse de que todos los habitantes pagaran impuestos.

Augusto contaba con un ejército bien entrenado para proteger el imperio. Las tropas estaban divididas en grandes grupos numerosos llamados **legiones**. Cada legión podía tener hasta 6,000 soldados. Augusto había enviado

342 • Unidad 4

muchas legiones a las fronteras para prevenir invasiones.

Las carreteras construidas y usadas por el ejército sirvieron al mismo tiempo para conectar a todos los pueblos del imperio. Estas carreteras se construyeron para que las legiones pudieran viajar rápidamente de provincia a provincia, pero eran también transitadas por comerciantes y viajeros. Las carreteras conectaban casi todos los lugares del imperio con Roma. Es de aquí que proviene el dicho "Todos los caminos conducen a Roma". Las carreteras romanas hicieron posible el intercambio de productos e ideas en todo el imperio, permitiendo el intercambio cultural entre las provincias.

REPASO *¿Cómo unificaron a los pueblos del Imperio Romano las carreteras usadas por el ejército?*

El orgullo de Roma

Augusto creía que Roma no tenía el esplendor que merecía la capital de un gran imperio, y mandó a renovar los edificios existentes y construyó oficinas de gobierno, bibliotecas, templos y baños públicos. "Encontré a Roma como una ciudad de ladrillo y la dejo como una ciudad de mármol", declaró.

En torno al Palatino, la colina que existía en el centro de la ciudad, se levantaron enormes edificios gubernamentales de mármol llamados **basílicas**. Junto a éstos se construyeron templos y otros edificios y, a su alrededor, se instalaban los puestos de venta de carnes y verduras, ropa y cerámica. Los ricos podían adquirir objetos lujosos de lugares lejanos, como Egipto y España.

HISTORIA

Pompeya

Durante muchos años Pompeya había sido un importante centro comercial. En el año 79 d.C., el Vesubio, un volcán cercano, hizo una violenta erupción, sepultando la ciudad con cerca de 9 pies (3 metros) de roca y lava. Poco después, otros 9 pies de ceniza cayeron sobre la ciudad. La gente, las casas, los teatros y los foros quedaron cubiertos de roca y lava. Pompeya permaneció sepultada por 1,700 años. Los arqueólogos empezaron a excavarla en el siglo XVIII y la encontraron tal y como era en el año 79 d.C. Gracias a que Pompeya quedó congelada en el tiempo hemos aprendido mucho acerca de la vida cotidiana de los romanos en la antigüedad.

Este retrato de una joven pareja fue encontrado entre las cenizas de Pompeya. ¿Qué te dice este retrato sobre los habitantes de Pompeya?

100 a.C.	a.C. | d.C.	100 d.C.
27 a.C. • Se establece el Imperio Romano		79 d.C. • Erupción del monte Vesubio

Capítulo 8 • **343**

Los romanos son célebres por su destreza en la construcción. El Coliseo (fotografía superior) congregaba hasta 50,000 personas. Las carreteras (fotografía media) y los acueductos (fotografía inferior) son otros ejemplos del dominio en técnicas de construcción de los romanos.

Para quienes podían leer, existían textos escritos a mano en pergaminos de papiro.

La influencia de Grecia se reflejaba en las nuevas construcciones. Los arquitectos romanos admiraban la belleza de la arquitectura griega y adoptaron en sus propios edificios las columnas y vigas típicas del estilo griego. Incorporaron ideas de otras culturas, como el arco de los etruscos, e hicieron innovaciones propias, como la cúpula.

Como los romanos eran aficionados a los espectáculos públicos, construyeron teatros y anfiteatros deportivos. El anfiteatro más grande, el Coliseo, fue concluido en el año 80 d.C., después de la muerte de Augusto. Hasta 50,000 personas podían asistir allí a las peleas de **gladiadores**, o sea, esclavos y prisioneros que eran obligados a luchar entre sí, a veces hasta la muerte.

Los gobernantes de todo el imperio decidieron seguir el ejemplo de Roma y emprendieron la reconstrucción de sus ciudades. En lugares tan lejanos como Britania y Siria se construyeron foros en el centro de las ciudades. Alrededor de los foros se levantaron templos, baños públicos, bibliotecas y anfiteatros.

Muchos de los edificios de la antigua Roma aún se mantienen de pie. Sin embargo, su conservación está en peligro a causa de la lluvia ácida. La **lluvia ácida** es el agua de lluvia mezclada con los gases producidos por combustibles, por ejemplo el carbón y el petróleo. Los gases y el agua forman un ácido que, al precipitarse con la lluvia, corroe la piedra de los edificios y monumentos.

La antigua Roma

APRENDER CON DIAGRAMAS

Roma comenzó como una aldea de casas pequeñas y se convirtió en una de las ciudades más gloriosas de la historia. A continuación se indican algunos de los edificios principales que estaban en pie hacia el año 32 d.C.

1. Panteón
2. Templo a Júpiter
3. Foro
4. Circo
5. Acueducto de Claudio
6. Templo al Divino Claudio
7. Arco de Constantino
8. Templo de Venus y Roma
9. Coliseo
10. Baños de Tito

■ ¿En qué dos edificios se practicaban deportes en la antigua Roma?

Capítulo 8 • **345**

HERENCIA

Los baños públicos

Los romanos construyeron muchas piscinas y baños, donde la gente podía bañarse en agua fría o caliente y conversar con los amigos o hacer negocios. Algunos baños contaban con bibliotecas, jardines, teatros y tiendas. Los romanos construyeron baños en todo el imperio. En la actualidad se conservan ruinas de baños públicos en Inglaterra, Francia, Israel, Siria, Tunicia y Argelia.

Estos baños públicos se encuentran en Bath, Inglaterra.

En todo el imperio también se construyeron acueductos. Un **acueducto** es un sistema de puentes y canales usado para llevar agua de un sitio a otro. Los acueductos de piedra del Imperio Romano llevaban agua desde ríos lejanos hasta las ciudades.

REPASO *¿Qué clases de edificios se construyeron en Roma?*

Lengua, literatura y arte

Si bien Roma dominaba el Mediterráneo, a menudo miraba hacia Grecia en busca de inspiración cultural. Los artistas, escultores y escritores romanos adoptaron los estilos griegos. Las ideas de los filósofos griegos Sócrates, Platón y Aristóteles se difundieron también en Roma.

Los niños de muchas familias adineradas recibían instrucción con eruditos griegos. El poeta romano Horacio dijo:

> La Grecia conquistada conquistó a su inculta conquistadora y llevó las artes a Roma.

Augusto pidió a los artistas y escritores romanos que estimularan con sus obras los sentimientos patrióticos del pueblo. Augusto tenía especial interés en la creación de un gran poema épico que glorificara los orígenes de Roma, como la *Ilíada* y la *Odisea* lo habían hecho con Grecia. Un poeta llamado Virgilio escribió entonces la *Eneida*, un largo poema sobre Eneas, un troyano que escapó durante el ataque griego a Troya y se asentó en Italia.

En el poema de Virgilio, Rómulo y Remo, los legendarios fundadores de Roma, son descendientes de Eneas. La *Eneida* despertó el fervor nacionalista de todos los romanos.

En ese tiempo otros escritores también hicieron importantes contribuciones. Entre ellos se encuentra el historiador Tito Livio y el poeta Horacio.

El idioma también contribuyó a la unificación de los territorios imperiales. Los soldados y comerciantes que recorrían las provincias difundieron el latín. El alfabeto latino provenía del alfabeto etrusco, y éste del griego. El latín se usaba tanto en el gobierno como en la educación en todas las provincias romanas.

REPASO *¿Qué papel tuvieron el arte y la literatura en la unificación del Imperio Romano?*

Los romanos adoptaron muchos elementos de la cultura griega. Esta estatua de la diosa griega Atenea es una copia romana de una estatua griega más antigua.

LECCIÓN 3 • REPASO

100 a.C. — **a.C. | d.C.** — **100 d.C.** — **200 d.C.**

27 a.C.
• Comienza la *pax romana* bajo Augusto

180 d.C.
• Termina la *pax romana*

Comprueba lo que aprendiste

1 Recuerda los datos ¿Qué cambios se produjeron en el gobierno y las artes de Roma cuando Augusto se convirtió en emperador?

2 Recuerda la idea principal ¿Qué ayudó a unificar a los diversos pueblos del Imperio Romano?

Piensa críticamente

3 Explora otros puntos de vista ¿Por qué crees que Augusto prefirió métodos pacíficos para unificar a los pueblos y culturas de su gran imperio?

4 Ayer y hoy Al igual que el Imperio Romano, Estados Unidos es un país con muchas culturas. ¿Qué une a los habitantes de Estados Unidos?

Muestra lo que sabes

Actividad: Mapa Usa el mapa de la página 342 para hacer una maqueta o un mapa en relieve del Imperio Romano. Indica las fronteras de los países que en la actualidad ocupan esos territorios y escribe sus nombres. Colorea todos los territorios del Imperio Romano. Exhibe tu mapa en relieve en la clase.

Mapas y globos terráqueos

Compara mapas

1. ¿Por qué aprender esta destreza?

En el Capítulo 4 de la Unidad 2 aprendiste a usar mapas históricos. Algunos mapas históricos muestran dónde ocurrieron los acontecimientos. Otros muestran cómo eran los lugares en el pasado. Saber cómo comparar mapas históricos puede servirte para descubrir cómo era un lugar y cómo ha cambiado a través del tiempo.

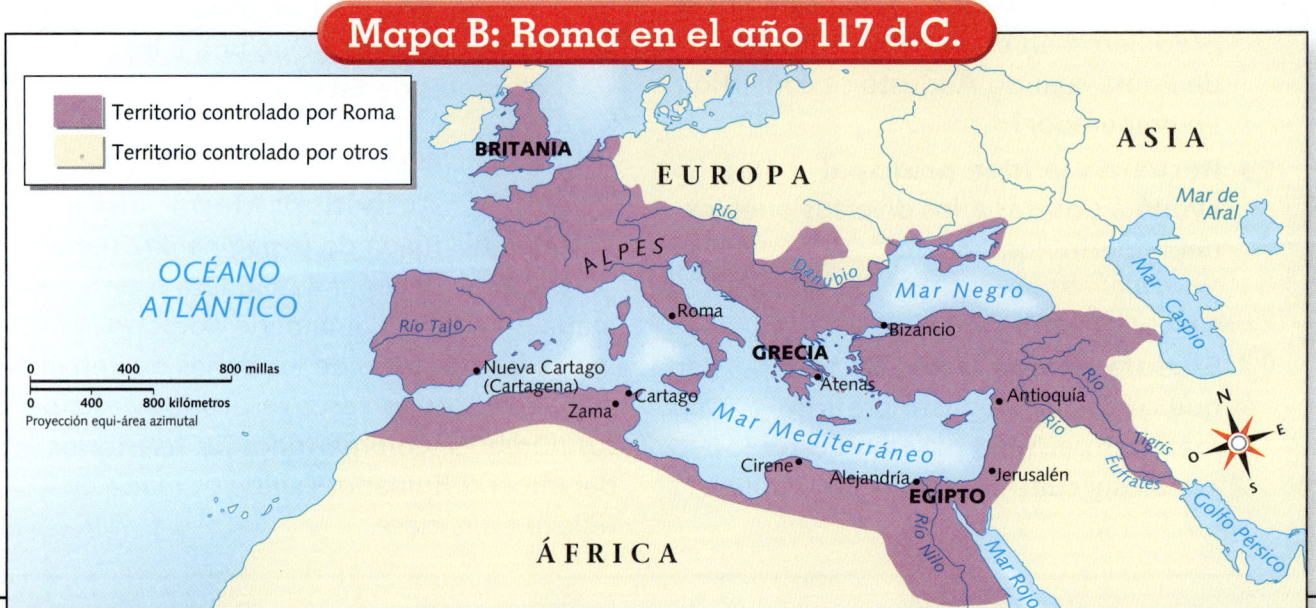

Mapa A: Roma en el año 274 a.C.

- Territorio controlado por Roma
- Territorio controlado por otros

Britania, Europa, Asia, Alpes, Río Danubio, Mar de Aral, Océano Atlántico, Río Tajo, Roma, Mar Negro, Mar Caspio, Nueva Cartago (Cartagena), Grecia, Bizancio, Zama, Cartago, Atenas, Antioquía, Río Tigris, Río Éufrates, Mar Mediterráneo, Cirene, Alejandría, Jerusalén, Egipto, R. Nilo, Mar Rojo, Golfo Pérsico, África

0 400 800 millas
0 400 800 kilómetros
Proyección equi-área azimutal

Mapa B: Roma en el año 117 d.C.

- Territorio controlado por Roma
- Territorio controlado por otros

Britania, Europa, Asia, Alpes, Río Danubio, Mar de Aral, Océano Atlántico, Río Tajo, Roma, Mar Negro, Mar Caspio, Nueva Cartago (Cartagena), Grecia, Bizancio, Zama, Cartago, Atenas, Antioquía, Río Tigris, Río Éufrates, Mar Mediterráneo, Cirene, Alejandría, Jerusalén, Egipto, Río Nilo, Mar Rojo, Golfo Pérsico, África

0 400 800 millas
0 400 800 kilómetros
Proyección equi-área azimutal

348 • Unidad 4

históricos

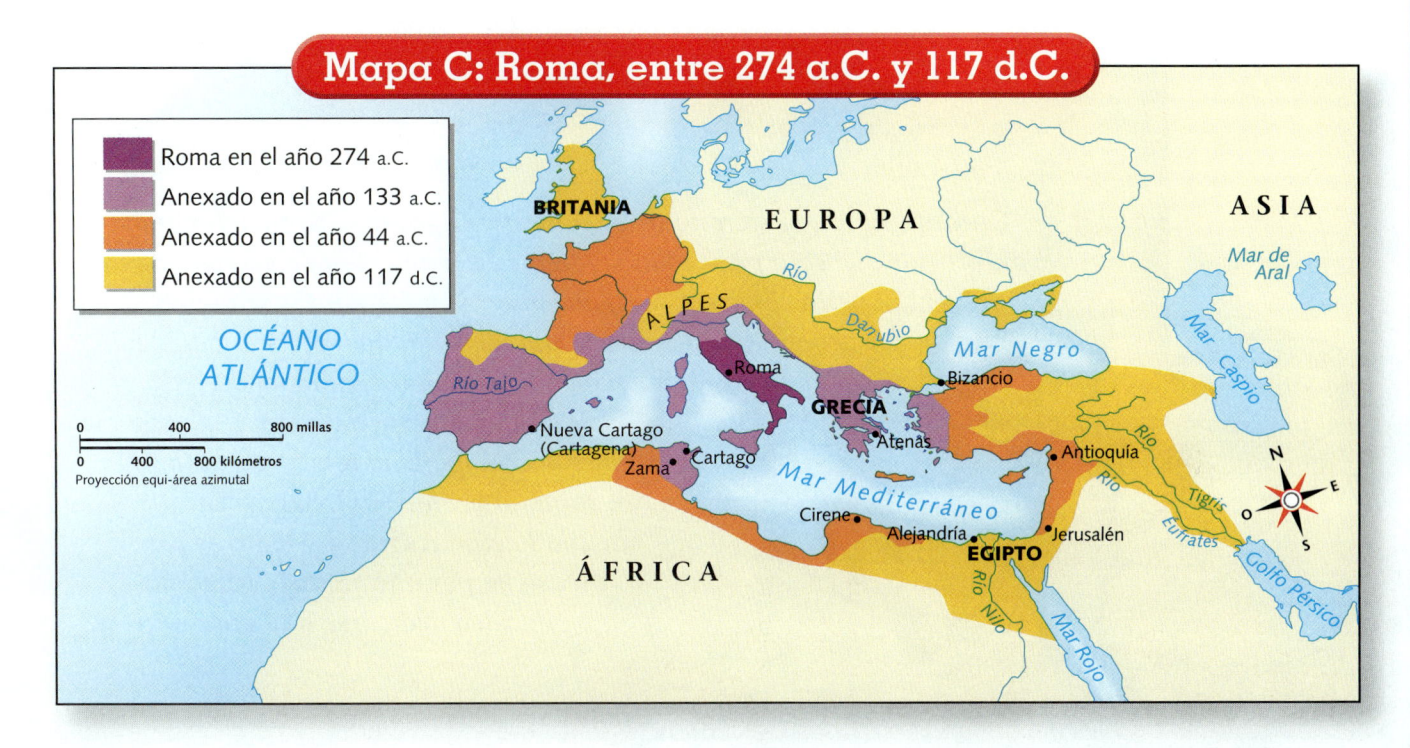

Mapa C: Roma, entre 274 a.C. y 117 d.C.

- Roma en el año 274 a.C.
- Anexado en el año 133 a.C.
- Anexado en el año 44 a.C.
- Anexado en el año 117 d.C.

2. Comprende el proceso

Con frecuencia, el título o la clave de un mapa histórico indica la época o el año representado. El Mapa A representa los territorios romanos en el año 274 a.C. Las áreas color morado representan las tierras gobernadas por Roma; las áreas color crema representan las tierras controladas por otros pueblos.

El Imperio Romano alcanzó su máxima expansión en el año 117 d.C., bajo el emperador Trajano. Como en el Mapa A, el color morado del Mapa B representa los territorios romanos; y el color crema, los controlados por otros pueblos.

Ahora observa el Mapa C. Este incluye información de los mapas A y B. También muestra cómo cambiaron las fronteras de Roma del año 274 a.C. al 117 d.C. Observa la clave que indica qué representa cada color. Luego, responde las preguntas a continuación.

1. ¿Qué regiones había incorporado Roma al imperio hacia el año 133 a.C.?
2. ¿En qué año fue incorporada Britania?

3. Piensa y aplica

En un atlas, busca un mapa histórico que muestre el desarrollo territorial de Estados Unidos. Luego, escribe un párrafo donde se explique cuándo y cómo se integró tu estado a Estados Unidos. Dibuja después tu propio mapa para ilustrar el párrafo. Usa colores para representar a Estados Unidos antes y después de la incorporación de tu estado.

Capítulo 8 • 349

LECCIÓN 4
APRENDE LA HISTORIA *con la* literatura

EL LEGIONARIO

TEXTO DE MARTIN WINDROW Y RICHARD HOOK
ILUSTRACIONES DE ANGUS McBRIDE

Durante siglos, el ejército de Roma estuvo formado por ciudadanos voluntarios que sólo prestaban servicios en momentos de necesidad. Cuando el imperio comenzó a expandirse, los gobernantes se dieron cuenta de que necesitaban un nuevo tipo de soldado. Este soldado debía ser un combatiente bien entrenado que recibiera un sueldo del gobierno para servir de manera continua. El siguiente relato narra la vida de un soldado profesional, Sextus Duratius, de la 2da Legión Augusta. Mientras lees piensa en por qué algunas personas deciden dedicarse a la vida militar.

Los soldados romanos se protegían con armaduras similares a la que aparece arriba.

350 • Unidad 4

Como soldado en lo que él consideraba la mejor legión del Imperio, Sextus podía esperar viajes, aventuras y, quizás, un ascenso a la posición de centurión mayor, una posición casi sagrada, responsable de una cohorte[1] de 500 hombres. La retribución[2] por el trato duro y la obediencia ciega eran 337 ½ monedas de plata al año en tres pagos—menos las deducciones[3] obligatorias por raciones, botas, reposición de equipo perdido, seguro de entierro y cualquier otra cosa que a los tacaños funcionarios se les pudiera ocurrir. De vez en cuando quizás recibiera alguna bonificación[4] generosa—si participaba en una victoria importante, o si un nuevo emperador llegaba al poder. Parte de su paga se guardaría en un banco, y si terminaba el período de servicio obtendría una buena suma como pensión, o una concesión[5] de terrenos. No era un mal negocio —si sobrevivía para recibir los beneficios.

---

[1]**cohorte:** parte del ejercito romano
[2]**retribución:** paga
[3]**deducciones:** parte que se saca de una cosa
[4]**bonificación:** premio
[5]**concesión:** algo que se da

Los soldados romanos se protegían con cascos (izquierda) en las batallas. Estas sandalias con suelas de clavos (abajo) ayudaban a los soldados a mantener el balance.

Sextus aprendió el oficio de soldado por las malas. Durante los primeros meses dudaba de si iba a terminar el primer año. Las lenguas afiladas y los garrotes[6] de madera de los instructores lo hostigaban constantemente en el campo de desfiles y en el terreno de entrenamiento.

---

[6]**garrotes:** palos gruesos

Una legión del ejército romano en marcha

Capítulo 8 • 351

Su armadura debía estar siempre limpia y brillante, aun si tenía que quedarse media noche despierto para limpiarla. Realizaba marchas de veinticinco millas en un día con equipo completo[7], bajo la lluvia o el sol, con sandalias que producían ampollas sobre ampollas ya existentes. Casi siempre regresaba tambaleandose al cuartel, sólo para que lo arrastraran nuevamente al campo de prácticas a excavar trincheras y construir murallas —que se volvían a tapar para la jornada del día siguiente. Sextus aprendió a lanzar la jabalina y a manejar la espada y el escudo. Sufrió más magulladuras de las que podía contar. Debía entrenarse con espadas de madera que pesaban el doble de lo normal antes de que le confiaran el acero romano. Aprendió las señales para las diferentes formaciones de batalla —la "cuña", la "sierra" y todas las demás estrategias de combate. Y también aprendió cuándo, cuánto y a quién sobornar para evitar que su nombre apareciera en la temida lista del centurión. En ella se anotaban los nombres de reclutas distraídos para los que se reservaba la limpieza de letrinas, cocinas, campamentos y otros castigos. Antes de que hubieran pasado dos años, Sextus se había convertido en un soldado profesional bien entrenado, disciplinado y peligroso.

Luego de ocho años, Sextus y sus camaradas iniciaron un largo viaje a pie, en barcaza y en barco. Dejaron los familiares alrededores de Estrasburgo, con sus cuarteles de piedra y su animada población civil, para viajar hasta las playas desnudas y las colinas onduladas y boscosas de Britania.

En esos años Sextus había participado de dos o tres expediciones locales a la frontera germana —nada serio, sólo viajes cortos para recaudar impuestos, animados por la ocasional escaramuza.[8] Sextus descubrió que su entrenamiento había sido bueno, y eso le dio confianza.

Esta confianza era ahora necesaria. Sólo los dioses sabían los horrores que le aguardaban en esta aterradora expedición a las brumas del norte, en esos oscuros bosques y páramos asolados por el viento. Además existía la posibilidad de ahogarse en los mares agitados y grises, o de morir bajo las lanzas de los británicos. Éstos eran sólo salvajes, por supuesto, pero habían sido muy numerosos en las primeras batallas de la invasión. Sin embargo, la magia de las armas y de la disciplina romanas había funcionado una vez más, y Sextus olvidó pronto sus dudas y temores.

---

[7] **equipo completo:** con todo lo necesario

[8] **escaramuza:** pelea

Los soldados romanos construyeron fuertes a través de todo el imperio. Desde un fuerte podían defender el territorio que habían conquistado.

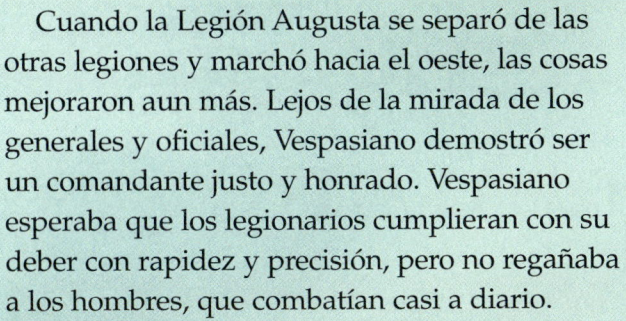

Cuando la Legión Augusta se separó de las otras legiones y marchó hacia el oeste, las cosas mejoraron aun más. Lejos de la mirada de los generales y oficiales, Vespasiano demostró ser un comandante justo y honrado. Vespasiano esperaba que los legionarios cumplieran con su deber con rapidez y precisión, pero no regañaba a los hombres, que combatían casi a diario.

Esta noche, por ejemplo, cuando la batalla terminara —y no faltaba mucho, a juzgar por el denso humo y el ruido que se escuchaba más allá del portón— Sextus podía confiar en una noche de sueño reparador. Quizás las cohortes auxiliares que no habían entrado en combate recibieran la orden de excavar las defensas y levantar las tiendas. En todo caso, Sextus probablemente no tendría que montar guardia.

Los soldados romanos usaban dagas y otro tipo de armas para ganar las batallas contra sus enemigos. Aquí aparecen una daga (arriba) y el estuche (abajo).

REPASO DE LA LITERATURA

1. ¿Cómo era la vida cotidiana en el ejército romano de Sextus?
2. ¿Por qué Sextus se enroló en el ejército?
3. ¿Piensas que Sextus querría que su hijo se enrolara en el ejército? Haz una lista de las ventajas e inconvenientes que Sextus podría mencionar acerca de la vida de un soldado romano.

Capítulo 8 • 353

LECCIÓN 5

Comienzos del cristianismo

| a.C. | d.C. | 200 d.C. | 400 d.C. |

ENFOQUE
¿Qué influencia tiene la religión en la sociedad actual?

Idea principal
Mientras lees piensa en las maneras en que el cristianismo y la sociedad romana se influyeron mutuamente.

Vocabulario
parábola
mesías
discípulo
crucifixión
cristianismo
apóstol
perseguir
mártir
Evangelios
Nuevo Testamento
Antiguo Testamento
papa

Este diseño con las letras chi y rho data del principio del cristianismo. Ésas son las primeras dos letras de la palabra *Cristo* en griego.

Los pueblos del Imperio Romano tenían muchas razones para sentirse unidos. Uno de los lazos más fuertes que tenían era la creencia en los mismos dioses. Con la expansión del imperio aparecieron otras religiones y muchas de ellas, incluyendo el cristianismo, se difundieron por todo el imperio.

La religión y el Imperio Romano

Además de ser el gobernante del Imperio Romano, Augusto era también una autoridad religiosa. Como tal, quería que todos los ciudadanos participaran en las ceremonias religiosas. Sabía que la fe común unificaría a una población cada vez más variada.

Como otros pueblos de la antigüedad, los romanos adoraban a muchos dioses. Júpiter era considerado el dios más poderoso. Otros dioses eran Marte, dios de la guerra, y Ceres, diosa de la agricultura.

A pesar de que los romanos tenían su propia religión, en muchas ocasiones también adoptaron los dioses y creencias de los pueblos sometidos e identificaron a ciertos de sus dioses con los dioses de otros pueblos. Por ejemplo, Hera, la diosa griega del matrimonio y las mujeres, fue llamada Juno por los romanos. Zeus, el dios supremo de los griegos, se convirtió en Júpiter, el más importante dios romano. Asimismo, la religión romana llegó a incluir mitos adoptados de los griegos.

La creencia en los dioses era una parte esencial de la vida romana. Los romanos creían que el imperio sufriría desgracias si no respetaban a sus dioses. Y la ley romana castigaba a quienes no fomentaran el culto a los dioses romanos.

354 • Unidad 4

Con el paso del tiempo, los romanos llegaron a tratar al emperador como si fuera un dios y aquel que se negaba a hacerlo era considerado enemigo del imperio. No obstante, Roma no siempre controló las prácticas religiosas de todos los pueblos sometidos. Por ejemplo, permitieron que los judíos conservaran sus propias autoridades religiosas, leyes y enseñanzas. Los judíos vivían principalmente en Judea, territorio controlado por Roma. También había judíos esparcidos por todo el imperio y aunque se les permitía vivir con los romanos, a menudo eran maltratados.

REPASO *¿Por qué los romanos querían que todo el mundo rindiera culto a sus dioses?*

Las enseñanzas de Jesús

En Judea ocurrieron sucesos que afectarían a todo el Imperio Romano. Una mujer llamada María dio a luz a un niño llamado Jesús en la aldea de Belén. Jesús pasó la mayor parte de su juventud en el pueblo de Nazaret. Más tarde, se comenzó a decir que Jesús predicaba nuevas ideas y realizaba milagros.

Al igual que otros predicadores judíos, Jesús se dedicó a difundir el judaísmo. Jesús recorría Judea divulgando la creencia en un solo Dios y en los Diez Mandamientos. Pero, a diferencia de otros predicadores judíos, Jesús hablaba sobre la venida del reino de Dios. Pedía a la gente que rechazaran el pecado para que pudieran entrar al reino de Dios. Jesús explicaba que Dios amaba a los seres humanos y que perdonaría a aquellos que se arrepintieran de sus pecados.

Jesús también alentó a su seguidores a amarse los unos a los otros: "Amarás a tu prójimo como a ti mismo". También los enemigos debían ser perdonados y amados. Afirmó:

> Han oído decir 'Debes amar a tu prójimo y odiar a tu enemigo'. Pero yo les digo, 'Ama a tus enemigos y ora por los que te persiguen'.

Jesús empleaba muchas parábolas para ilustrar sus ideas. Una **parábola** es una historia que enseña una idea religiosa. Una de sus parábolas era la del hijo pródigo, o derrochador. Esta parábola cuenta que un joven exigió a su padre la herencia que le correspondía y se dedicó a viajar. Después de derrochar todo su dinero, el joven se dio cuenta de que había hecho mal. Decidió regresar a casa y trabajar en las tierras de su padre. El padre perdonó inmediatamente al hijo y lo recibió otra vez en el seno de la familia. Jesús utilizó la parábola del hijo pródigo para ilustrar que así como Dios perdona a los pecadores, nosotros también debemos hacer lo mismo. En donde quiera que Jesús predicaba ganaba seguidores.

Jesús se llamó así mismo el Buen Pastor porque cuidaba de las almas de los humanos como el pastor cuida de sus ovejas.

Capítulo 8 • **355**

LAS BIENAVENTURANZAS

Las bienaventuranzas son un conjunto de enseñanzas de Jesús que aparecen en el Nuevo Testamento. Éstas son las bienaventuranzas que Jesús dijo en el sermón del monte. (Mateo 5:3-12)

Bienaventurados los pobres de espíritu, porque de ellos será el reino de los cielos.

Bienaventurados aquellos que sufren, porque serán consolados.

Bienaventurados los débiles, porque heredarán la tierra.

Bienaventurados los hambrientos y sedientos de justicia, porque serán satisfechos.

Bienaventurados los misericordiosos, porque recibirán misericordia.

Bienaventurados los puros de corazón, porque ellos verán a Dios.

Bienaventurados aquellos que traen la paz, porque serán llamados hijos de Dios.

Bienaventurados aquellos que son perseguidos por ser justos, porque de ellos será el reino de los cielos.

Bienaventurados los que sufren insultos, persecuciones y todo tipo de mal en mi nombre.

Regocíjence, porque su premio será grande en el cielo.

Una creencia del judaísmo es que un **mesías** vendrá a traer justicia al mundo. Muchos creían que Jesús era el mesías.

Hubo muchos que no creyeron ni aceptaron las enseñanzas de Jesús. Muchos judíos se molestaron porque Jesús y sus **discípulos**, o seguidores, no se atenían estrictamente a las leyes judías. Las enseñanzas de Jesús causaban discusiones frecuentes entre los judíos que vivían en el Imperio Romano.

REPASO *¿Qué hizo Jesús para difundir sus enseñanzas?*

La difusión de las enseñanzas de Jesús

Al igual que a los judíos, a las autoridades romanas les preocupaba que cada día había más personas interesadas en las enseñanzas de Jesús. Creían que Jesús iba a apoderarse del gobierno y establecer su propio imperio. Hacia el año 30 d.C., el gobernador de Judea, un romano llamado Poncio Pilato, ordenó la ejecución de Jesús por **crucifixión**, es decir que fuera clavado a una cruz y se le abandonara a su muerte.

Pero el mensaje de Jesús no terminó con su crucifixión. Los discípulos contaban que Jesús se les había aparecido en persona tres días después de su muerte. Como creían que Jesús era el mesías, empezaron a propagar la noticia de su resurrección, o regreso de la muerte, así también como sus enseñanzas.

Poco después, el mensaje de Jesús empezó a divulgarse por los caminos que conectaban las provincias del imperio. Los discípulos ganaban nuevos adeptos dondequiera que iban. Con el tiempo el mensaje se predicó en griego en la región oriental del imperio. La palabra griega para *mesías* era *khristós*. Jesús llegó a ser conocido como Jesús Christus o Jesucristo. Sus seguidores, cada vez más numerosos, recibieron el nombre de cristianos y la religión que profesaban se llamó **cristianismo**.

Las catacumbas (arriba) eran túneles subterráneos usados como cementerios por los cristianos perseguidos y ejecutados por los romanos. Muchas catacumbas se decoraban con pinturas de los primeros cristianos (recuadro) o con epitafios funerarios (izquierda).

Los primeros en difundir la palabra de Jesús fueron los **apóstoles**, doce hombres que habían sido los seguidores más fieles de Jesús. Otro apóstol se integró al grupo más tarde. Pedro, el principal de los apóstoles, difundió valerosamente la palabra de Jesús, primero entre los judíos de Jerusalén y luego tanto entre judíos como no judíos en otras partes del imperio.

Otro importante maestro del cristianismo fue Pablo, quien se convirtió al cristianismo más tarde. Una vez convertido, Pablo dedicó el resto de su vida a explicar a otros las enseñanzas de Jesús y convirtió al cristianismo tanto a judíos como a no judíos. Pablo fundó comunidades cristianas en todos los lugares que visitaba.

REPASO *¿Cómo se difundieron las enseñanzas de Jesús después de su crucifixión?*

Roma y la nueva religión

El cristianismo preocupaba a los gobernantes romanos. Los romanos permitían otras religiones siempre y cuando también se adorara a los dioses romanos. Las autoridades romanas creían que sus dioses se enojarían si los cristianos no los veneraban. En consecuencia, los romanos comenzaron a perseguir a los cristianos. **Perseguir** a alguien es castigar a una persona debido a ciertas creencias religiosas. A menudo, los romanos condenaban a los cristianos a muerte por no adorar a los dioses romanos. Los cristianos eran ejecutados de maneras muy crueles, tales como la crucifixión.

Capítulo 8 • 357

La expansión del cristianismo

Leyenda del mapa:
- Conversos al cristianismo antes de Constantino, 312 d.C.
- Conversos al cristianismo después de Constantino, entre los años 400 d.C. y 600 d.C.
- Imperio Romano, 400 d.C.

Movimiento Constantino contribuyó al crecimiento del cristianismo al permitir la libertad de culto en el Imperio Romano.
- ¿A cuántos continentes había llegado el cristianismo en el año 400 d.C.?

Hacia el año 112 d.C., Plinio el Joven, un funcionario del gobierno romano en Asia Menor expresó lo siguiente:

> Con aquéllos traídos ante mí por ser cristianos, he actuado de la siguiente manera: les preguntaba primero si eran cristianos. Si respondían dos veces que sí, los amenazaba con castigarlos y preguntaba una tercera vez. A los que continuaban respondiendo afirmativamente, ordenaba que fueran ejecutados... Dejaba libres a quienes decían que nunca habían sido cristianos y a aquellos que ofrecían sacrificios a nuestros dioses.

Mediante la persecución los romanos no lograron acabar con el cristianismo. La persecución hizo que muchos cristianos abrazaran su religión con más convicción que antes. Muchos cristianos se convirtieron en **mártires**, es decir, en personas que dan su vida por sus creencias. Policarpo (69 d.C.–155 d.C.), un obispo de Asia Menor, fue uno de esos mártires. Cuando lo llevaron ante el gobernador romano se le dio varias oportunidades de renunciar a su religión. Pero Policarpo se negó diciendo que había servido a Jesús por muchos años y no dejaría de hacerlo. El ejemplo de Policarpo y de otros mártires ayudó a muchos cristianos a mantenerse firmes en sus creencias.

La persecución de los cristianos terminó en el año 313 d.C., gracias a las medidas adoptadas por Constantino, el nuevo emperador romano.

El año anterior, Constantino, entonces un general del ejército romano, había combatido contra otro general por el trono del imperio. Los ejércitos se enfrentaron en el Puente Milvio de Roma. Justo antes de la batalla sucedió algo que transformó la vida de Constantino. Vio en el cielo las letras griegas que corresponden a la palabra Cristo: *chi rho*. Sobre las letras griegas vio una oración en latín que decía *in hoc signo vinces*, o sea, "con este signo vencerás". Entonces Constantino ordenó inmediatamente a sus soldados que pintaran cruces, el símbolo de Jesús, en sus escudos. Constantino venció en la batalla y se convirtió en emperador.

Con esta victoria, Constantino quedó convencido de que los cristianos adoraban a un dios muy poderoso. En el año 313 d.C. Constantino promulgó el Edicto de Milán que otorgaba a los cristianos libertad de culto. Durante su mandato Constantino protegió a los cristianos.

REPASO *¿Qué efecto tuvo en los cristianos la persecución?*

El crecimiento del cristianismo

El cristianismo se convirtió en la religión oficial del Imperio Romano en el año 392 d.C., bajo el mandato del emperador Teodosio. Desde entonces, la cantidad de cristianos ha crecido constantemente.

Los escritos cristianos tuvieron un papel muy importante en la propagación de la nueva religión. Muchas de las cartas escritas por Pablo a las comunidades cristianas que había fundado fueron guardadas y leídas por otros cristianos.

Hoy en día, el cristianismo se practica en todo el mundo. A la derecha se ve un servicio cristiano en Lewisburg, Pennsylvania. Abajo, cristianos rinden culto en Nairobi, Kenya.

Otros escritos acerca de la vida, muerte y resurrección de Jesús se compilaron para formar los **Evangelios**. La palabra *evangelio* significa "buenas noticias". Los evangelios se componen de cuatro libros: Mateo, Marco, Lucas y Juan. Éstos y otros escritos cristianos constituyen el **Nuevo Testamento**. Esta parte de la Biblia cristiana relata la vida y enseñanzas de Jesús y sus seguidores. La primera parte de la Biblia, el **Antiguo Testamento**, contiene los libros de la Biblia hebrea.

El cristianismo creció y se organizó cada vez mejor. Cada uno de los grupos elegía a un líder, llamado obispo. Pedro fue uno de los primeros obispos. Con el tiempo, el obispo de Roma se convirtió en el papa, o sea, el líder de todos los obispos. Hoy en día, el **papa** es la cabeza de la Iglesia Católica Romana. El papa guía la Iglesia Católica desde el Vaticano, el país más pequeño del mundo, ubicado en el centro de la ciudad de Roma.

Luego del Edicto de Milán, tanto los emperadores romanos como los súbditos apoyaron e incluso promovieron el cristianismo. Los emperadores ayudaron a los cristianos a construir iglesias y apoyaron su labor religiosa.

Pero el cristianismo ha sufrido muchas divisiones desde sus primeros días. La primera fue la división de la Iglesia Católica en Iglesia Católica Romana, en el occidente, e Iglesia Ortodoxa, en el oriente. En el siglo XVI se produjo otra división importante con el comienzo del protestantismo. A pesar de estas divisiones el cristianismo ha seguido creciendo enormemente. Hoy en día hay casi dos mil millones de cristianos en el mundo.

REPASO *¿Qué efecto tuvo el apoyo de los emperadores romanos en el cristianismo?*

LECCIÓN 5 • REPASO

a.C. | d.C. ———————— 200 d.C. ———————— 400 d.C.

- **30 d.C.** Poncio Pilato ordena la crucifixión de Jesús
- **313 d.C.** El Edicto de Milán concede libertad de culto a los cristianos
- **392 d.C.** El cristianismo se convierte en la religión oficial del Imperio Romano

Comprueba lo que aprendiste

1 Recuerda los datos ¿Por qué les preocupaba a los romanos la expansión del cristianismo?

2 Recuerda la idea principal ¿En qué manera el cristianismo y la sociedad romana se influyeron mutuamente?

Piensa críticamente

3 Piensa más sobre el tema ¿Qué impidió que los romanos detuvieran el avance del cristianismo?

4 Ayer y hoy ¿Qué influencia tiene la religión en la sociedad en la actualidad? ¿Por qué es importante la libertad religiosa en Estados Unidos hoy en día?

Muestra lo que sabes
Actividad: Periódico
Durante una semana busca artículos en los periódicos sobre el efecto de la religión en la sociedad moderna. Lee los artículos. Trae los mejores a la escuela para presentarlos a la clase.

Tablas y gráficas

Interpreta una línea cronológica telescópica

1. ¿Por qué aprender esta destreza?

De la misma manera que un telescopio permite mirar de cerca un objeto que se encuentra alejado, una **línea cronológica telescópica** permite examinar con precisión una etapa del pasado. Saber interpretar este tipo de líneas cronológicas te servirá para examinar detalladamente los acontecimientos históricos.

2. Comprende el proceso

En esta línea cronológica aparecen los comienzos del cristianismo, entre los años 1 d.C. y 350 d.C. La línea principal está dividida en segmentos de 50 años.

Durante los años 310 d.C. y 330 d.C. se produjeron muchos acontecimientos importantes. Un sector de la línea ha sido ampliado para mostrar de manera más clara los sucesos ocurridos. La parte ampliada de la línea cronológica proporciona una visión "telescópica" o detallada de ese período. Cada una de las fechas marca un período de 5 años.

Usa la información en las dos partes de la línea cronológica para responder a estas preguntas:

1. ¿Qué ocurrió antes, la promulgación del Edicto de Milán o la muerte de Constantino? ¿Cómo lo sabes?
2. ¿Era emperador Constantino cuando se promulgó el edicto? ¿Cómo lo sabes?
3. ¿Cuándo se convirtió Constantinopla en capital del imperio: antes o después de la muerte de Constantino? ¿Cómo lo sabes?

3. Piensa y aplica

Haz una línea cronológica con los acontecimientos del año escolar. Representa un mes en detalle usando una ampliación telescópica. Muestra la línea a un familiar.

Cristianismo primitivo

1 d.C. — 50 d.C. — 100 d.C. — 150 d.C. — 200 d.C. — 250 d.C. — 300 d.C. — 350 d.C.

- **30 d.C.** • Crucifixión de Jesús
- **64 d.C.** • Primera persecución de los cristianos
- **337 d.C.** • Muere Constantino

310 d.C. — 315 d.C. — 320 d.C. — 325 d.C. — 330 d.C.

- **312 d.C.** • Constantino es proclamado emperador
- **313 d.C.** • Edicto de Milán • Se otorga libertad de culto a los cristianos del imperio
- **325 d.C.** • Se reúne en Nicea el primer concilio ecuménico mundial para unificar la doctrina cristiana
- **330 d.C.** • Constantinopla se convierte en capital del Imperio Romano

LECCIÓN 6

La decadencia de Roma en occidente

ENFOQUE
¿Qué fuerzas podrían causar la fragmentación de un país hoy día?

Idea principal
Mientras lees piensa en lo que debilitó el dominio romano en la parte occidental del imperio.

Vocabulario
bárbaro
vándalo

| 200 d.C. | 300 d.C. | 400 d.C. | 500 d.C. |

A mediados del siglo II d.C. el Imperio Romano enfrentaba muchos problemas. Tanto Constantino como otros emperadores habían intentado mantener al imperio unido. Sin embargo, sus esfuerzos sólo sirvieron para retrasar la decadencia de un imperio que había crecido demasiado y era difícil de administrar. Además, el imperio se veía amenazado por pueblos tanto desde adentro como desde afuera.

Los problemas del imperio

Un historiador romano del siglo III d.C. comparó el tiempo en que vivía con los primeros años del imperio: "Ahora nuestra historia se precipita desde un reino de oro a uno de hierro y corrosión".

La *pax romana* había mantenido la tranquilidad del imperio durante dos siglos. Pero al terminar en la década de 160 d.C., otros pueblos comenzaban a atacar al imperio a lo largo de sus fronteras. Los romanos llamaban **bárbaros** a esos pueblos. Los griegos ya usaban esa palabra para referirse al habla de los extranjeros, ya que para ellos sonaba como "bar, bar, bar".

Durante gran parte del siglo II d.C., pueblos extranjeros amenazaron el imperio desde tres frentes. Al norte, las tribus germánicas atacaron Grecia y Galia. Al este, los persas atacaron los territorios de Asia. Al sur, los bereberes, un pueblo africano, invadieron los territorios del norte de África.

El emperador romano Constantino

362 • Unidad 4

Para empeorar la situación, el imperio tuvo una larga serie de malos gobernantes durante esos difíciles años. Parecía que no había nadie capaz de gobernar un territorio tan grande y se produjeron muchas guerras civiles. Varios tiranos llegaron a gobernar Roma, pero su gobierno fue muy corto puesto que fueron derrocados o asesinados. En menos de 50 años hubo 25 emperadores.

Los ciudadanos romanos perdieron el respeto por sus gobernantes. Los soldados sentían tan poca lealtad, que preferían apoyar a un general en particular en las guerras civiles que destrozaban el imperio, en vez de luchar por mantenerlo unido.

La economía del Imperio Romano sufrió gravemente debido a estos conflictos políticos. El comercio disminuyó y el dinero romano perdió su valor. Los precios de los alimentos subieron dramáticamente y el pueblo romano sufrió muchas penurias.

REPASO *¿Qué problemas enfrentaron los romanos durante la mayor parte del siglo II d.C?*

El Imperio Romano se divide en dos

A finales del siglo III d.C., la prosperidad regresó al Imperio Romano. En el año 284 d.C. Diocleciano se convirtió en emperador. Diocleciano llevó a cabo muchos cambios que fortalecieron el gobierno. Un escritor del siglo IV d.C. lo describió como "el hombre que el estado necesitaba".

Diocleciano dividió la administración del imperio. Puso a un amigo de confianza al frente de la parte occidental del imperio mientras que él se dedicó a gobernar la parte oriental.

Las medidas adoptadas por Diocleciano abrieron el camino para que otros gobernantes restablecieran el poderío del imperio. Uno de ellos fue Constantino, quien había proclamado la libertad de culto para los cristianos. Constantino también contribuyó a perpetuar el Imperio Romano.

Hagia Sofía testimonio de la riqueza del Imperio Romano de Oriente, fue construida entre 532 d.C y 537 d.C. en Constantinopla.

El Imperio Romano se divide, 395 d.C.

Lugar Constantino trasladó la capital del Imperio Romano a Bizancio. Con el pasar de los años, el imperio se dividió en dos partes.
■ ¿Qué ciudad se convirtió en la capital de la parte oriental?

Al igual que Diocleciano, Constantino gobernó la parte oriental del imperio. En el año 330 d.C., Constantino trasladó la capital del imperio de Roma a la ciudad oriental de Bizancio. Un historiador romano se jactó diciendo:

> Bizancio ocupa el lugar más seguro y más aventajado de cualquier otra ciudad en esta parte del mundo.

Bizancio se halla casi totalmente rodeada de agua, facilitando tanto su defensa como el comercio. Constantino rebautizó a la ciudad Constantinopla, en su honor. Poco después, Constantinopla reemplazó a Roma como la ciudad más importante del Imperio Romano. Hoy en día, Constantinopla es conocida como Estambul y queda en Turquía.

En el año 395 d.C. el imperio se dividió oficialmente en dos partes. La parte oriental experimentó el crecimiento de las ciudades y del comercio, pero la parte occidental comenzó a decaer.

REPASO ¿Por qué se dividió en dos el Imperio Romano?

Las invasiones al imperio

A fines del siglo III y durante el siglo IV, los romanos enfrentaron cada vez más ataques de las tribus germánicas. El enorme ejército romano no podía proteger todas las fronteras del imperio.

Muchas tribus germánicas ingresaron en el territorio romano. Su meta era hallar tierras donde asentarse, puesto que sus propios territorios habían sido invadidos por los hunos, un pueblo de Asia Central que se estaba desplazando hacia el oeste.

En el año 378 d.C. los visigodos invadieron la región del río Danubio. Guiados por Alarico, capturaron Roma en el año 410 d.C. y la saquearon.

Otra tribu, la de los vándalos, cruzó el río Rin en dirección a Galia en el año 406 d.C. y se dispersó hacia el suroeste hasta llegar a lo que ahora es España. Los vándalos también cruzaron el Mediterráneo y se dirigieron hacia el norte de África. Desde allí atacaron a Roma en el año 455 d.C. Una vez en Roma robaron los objetos de valor y destruyeron los monumentos. Hoy en día, usamos la palabra **vándalo** para describir a alguien que destruye bienes o propiedades intencionalmente.

En el año 476 d.C. un jefe germánico llamado Odoacro derrocó al emperador romano de occidente.

Este casco, encontrado en Britania, pertenecía a un rey anglosajón.

364 • Unidad 4

El otro emperador romano continuó gobernando desde Constantinopla. Las tribus germánicas continuaron apoderándose de territorios romanos en occidente. Los anglos y los sajones atacaron y conquistaron Britania. Los francos invadieron el norte de Galia. En el año 486 d.C., Clodoveo, el jefe de los francos, capturó el último territorio romano de Galia.

Hacia el año 500 d.C. la parte occidental del Imperio Romano se había dividido en varios reinos. Los visigodos dominaban en Italia, Hispania y el sur de Galia. Los francos mantenían su dominio en el norte de Galia. Los anglos y los sajones se extendían a través de Britania.

REPASO *¿Por qué terminó el dominio romano en la parte occidental del Imperio Romano?*

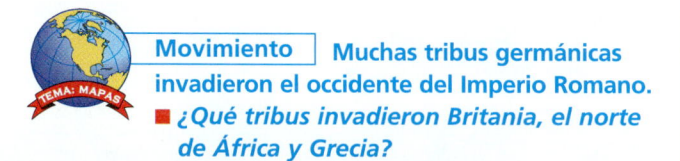

Movimiento Muchas tribus germánicas invadieron el occidente del Imperio Romano.
■ *¿Qué tribus invadieron Britania, el norte de África y Grecia?*

Las invasiones

- Anglos
- Francos
- Hunos
- Sajones
- Vándalos
- Visigodos
- Imperio Romano de Occidente
- Imperio Romano de Oriente

LECCIÓN 6 • REPASO

200 d.C.
- Siglo II
- Invasores amenazan al Imperio Romano

300 d.C.
- 284 d.C.
- Diocleciano se convierte en un emperador poderoso

400 d.C.
- 395 d.C.
- El Imperio Romano se divide en dos
- 476 d.C.
- Odoacro derroca al emperador romano de occidente

500 d.C.

Comprueba lo que aprendiste

1. **Recuerda los datos** ¿Qué tribus germánicas atacaron el Imperio Romano?

2. **Recuerda la idea principal** ¿Por qué se debilitó el dominio romano en la región occidental del imperio?

Piensa críticamente

3. **Piensa más sobre el tema** ¿Cuáles crees que fueron las principales causas de la decadencia del Imperio Romano de occidente? ¿Podría haberse salvado el imperio occidental con gobernantes más enérgicos? Explica tu respuesta.

4. **Causa y efecto** ¿Qué crees que causó la división del Imperio Romano?

Muestra lo que sabes

Actividad: Discurso
Imagínate que eres el emperador romano Diocleciano. Haz una lista de las medidas que adoptarías para mejorar la situación del imperio. Presenta un discurso con tus medidas frente a un compañero.

Capítulo 8 • 365

CAPÍTULO 8
REPASO

600 a.C. — **400 a.C.**

500 a.C.
• Comienza la República Romana

264 a.C.
• Comienza la primera guerra púnica

CONECTA LAS IDEAS PRINCIPALES

Usa este organizador para representar el crecimiento del Imperio Romano y cómo se transformó a través del tiempo. En la página 80 del Cuaderno de actividades aparece una copia del organizador.

La antigua Roma

La geografía de Roma
La geografía de la península Itálica contribuyó al desarrollo de la civilización romana.
1. _____
2. _____

La República Romana
A través de los años la forma de gobierno de Roma cambió.
1. _____
2. _____

El Imperio Romano
Bajo el Imperio Romano se unieron muchos pueblos.
1. _____
2. _____

Comienzos del cristianismo
El cristianismo se expandió por todo el Imperio Romano.
1. _____
2. _____

La decadencia de Roma en occidente
El dominio de Roma se debilitó en el occidente del imperio.
1. _____
2. _____

ESCRIBE MÁS SOBRE EL TEMA

Escribe un discurso Escribe el discurso que darías si fueras emperador romano sobre las razones por las que los romanos unificaron tantos pueblos bajo un solo imperio.

Escribe en tu diario Imagínate que eres uno de los soldados romanos durante las guerras púnicas. Escribe en tu diario tus reflexiones sobre cómo combatir al ejército de Aníbal.

| 200 a.C. | a.C. | d.C. | 200 d.C. | 400 d.C. |

27 a.C.
• Formación del Imperio Romano

30 d.C.
• Crucifixión de Jesús

313 d.C.
• El Imperio Romano da libertad de culto a los cristianos

395 d.C.
• División del Imperio Romano

USA EL VOCABULARIO

Escribe por lo menos una oración que muestre la relación que hay entre cada par.

1. patricio, plebeyo
2. tribuno, vetar
3. república, cónsul
4. cristianismo, Nuevo Testamento

COMPRUEBA LO QUE APRENDISTE

5. ¿Quiénes fueron Rómulo y Remo?
6. ¿Por qué Roma estableció una república?
7. ¿Qué plan de gobierno tenía Julio César?
8. ¿Por qué construyó Augusto edificios?
9. ¿Qué puede verse en los nuevos edificios de Augusto?
10. ¿Por qué fueron perseguidos los cristianos?
11. ¿Por qué Constantino apoyó al cristianismo?

PIENSA CRÍTICAMENTE

12. **En mi opinión** ¿Crees que Julio César actuó correctamente al declararse dictador de Roma? Explica tu respuesta.
13. **Ayer y hoy** ¿Qué principios romanos son aún importantes en el sistema legal de los Estados Unidos?
14. **Piensa más sobre el tema** ¿Por qué las acciones crueles de los romanos hicieron que los cristianos se aferraran con más fuerza a sus creencias?

APLICA TUS DESTREZAS

Compara mapas históricos Usa el Mapa C de la página 349 y el mapa de la página 358 para responder.

15. ¿Cuándo fue más grande el Imperio Romano: en 400 d.C. o en 117 d.C.?
16. ¿Había llegado el cristianismo a todos los territorios del Imperio Romano en 117 d.C.?

Interpreta una línea cronológica telescópica Usa la información de la línea cronológica de la página 361 para responder.

17. ¿La fecha en que Constantino llegó a ser emperador está más cerca de: la fecha de la crucifixión de Jesús o la fecha en que Constantinopla se convirtió en la capital del Imperio Romano? ¿Cómo lo sabes?
18. ¿Aproximadamente cuánto tiempo después de la primera persecución lograron los cristianos libertad de culto? ¿Cómo lo sabes?
19. ¿Por qué se presenta una línea telescópica del período comprendido entre 310 d.C. y 330 d.C.?

LEE MÁS SOBRE EL TEMA

Una historia en la historia de Sauro Marianelli. Editorial Bruño. 1995. Una descripción de los años dorados del Imperio Romano: una época de héroes, lujos, gloria y gran intriga.

Visita nuestra página en Internet en http://www.hbschool.com para recursos adicionales.

Capítulo 8 • 367

Los estudios sociales y tú

LOS APORTES DE LAS CIVILIZACIONES

En el mundo actual pueden encontrarse muchas huellas de las culturas antiguas. Mira la frase latina *e pluribus unum*, "de muchos, uno", en una moneda. También es probable que encuentres palabras en latín inscritas en edificios públicos. Observa esos edificios en tu localidad: algunos podrían tener un aspecto parecido al de las construcciones griegas y romanas de antaño.

Las antiguas culturas griega y romana han influido en muchos aspectos de la vida en Estados Unidos, especialmente en los campos de la política y el derecho. Muchos de nuestros principios democráticos proceden de Grecia, y los estudiantes de derecho siguen leyendo las ideas de Cicerón, un abogado romano que vivió entre los años 106 y 43 a.C. Los ciudadanos de Estados Unidos eligen a sus representantes locales, estatales y nacionales en forma similar a la elección de legisladores durante el período de la República Romana.

Si los norteamericanos han heredado los logros de las civilizaciones griega y romana, los griegos y romanos heredaron los logros de civilizaciones africanas y asiáticas aún más remotas. Este legado cultural nos conecta con la historia antigua y explica el origen de algunas de nuestras costumbres.

368 • Unidad 4

DEL PASADO

Piensa y aplica

EL BUEN CIUDADANO

Con un compañero, haz un cuaderno con ilustraciones y titúlalo *Préstamo cultural*. Muestra algunas maneras en que las culturas antiguas o modernas influyen en tu vida. Incluye ejemplos de arquitectura, festividades, nombres de personas, ideas, literatura, vestimentas, pintura, música y costumbres de la vida cotidiana. Muestra el cuaderno a tus compañeros. Luego llévalo a tu casa y conversa sobre él con tu familia.

HARCOURT BRACE Visita nuestra página en Internet en **http://www.hbschool.com** para recursos adicionales.

CNN Turner Le@rning Busca en el centro de recursos de tu escuela el vídeo *Making Social Studies Relevant*.

UNIDAD 4
REPASO

RESUMEN VISUAL

Resume las ideas principales
Examina las ilustraciones y los resúmenes para repasar lo que leíste en la Unidad 4.

Interpreta las ilustraciones
Dibuja un resumen visual sobre uno de estos acontecimientos: 1) el desarrollo de la democracia en Grecia, 2) la expansión de Roma, o 3) el origen y la propagación del cristianismo.

1 Los micénicos y los minoicos, pueblos de navegantes, son de los primeros pueblos que viven en lo que hoy es Grecia.

3 El período de paz que vive la ciudad-estado de Atenas genera prosperidad y el desarrollo de nuevas ideas.

5 El gobierno romano tiene tres formas de gobierno: la monarquía, la república y el imperio.

370 • Unidad 4

2 Con el transcurso del tiempo, los pueblos de la antigua Grecia desarrollan costumbres diferentes. Los espartanos crean una sociedad militarizada, y los atenienses desarrollan un sistema de gobierno democrático.

4 Las conquistas de Alejandro Magno introducen la cultura griega en la vida de los pueblos del Mediterráneo.

6 Augusto unifica a muchos pueblos bajo el Imperio Romano.

7 El cristianismo se difunde por el Imperio Romano.

Unidad 4 • **371**

UNIDAD 4 REPASO

USA EL VOCABULARIO

Escribe el término correspondiente a cada definición.

gladiador   istmo   república
helenístico   mártir

1. franja de tierra que conecta dos territorios
2. relativo a la antigua Grecia
3. cuando en la que los gobernantes son elegidos por los ciudadanos
4. esclavo o prisionero que era obligado a combatir, incluso hasta la muerte
5. persona que sufre por sus creencias

COMPRUEBA LO QUE APRENDISTE

6. ¿Qué causó el fin de los minoicos?
7. ¿Quiénes podían participar en la democracia ateniense?
8. ¿Por qué los primeros pueblos itálicos comerciaban entre sí con más frecuencia que con extranjeros?
9. ¿Qué fueron las guerras púnicas?
10. ¿Qué consecuencias tuvieron las enseñanzas de Jesucristo en el Imperio Romano?

PIENSA CRÍTICAMENTE

11. **Ayer y hoy** ¿Por qué nos interesamos en entender las causas de la desaparición de las civilizaciones micénica y minoica?
12. **Piensa más sobre el tema** ¿Crees que una obediencia ciega a los gobernantes, como la practicada en Esparta, es algo positivo? Explica tu respuesta.

APLICA TUS DESTREZAS

Compara mapas históricos
Observa estos mapas cuidadosamente. Luego contesta las siguientes preguntas.

13. ¿Por qué hay más colores en el segundo mapa que en el primero?
14. ¿Qué reinos surgieron en el territorio de Alejandro Magno?

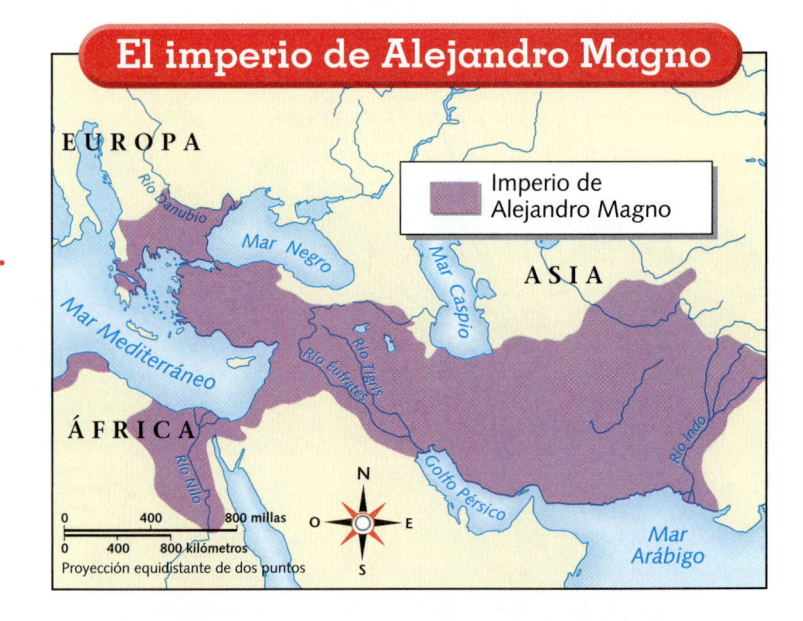

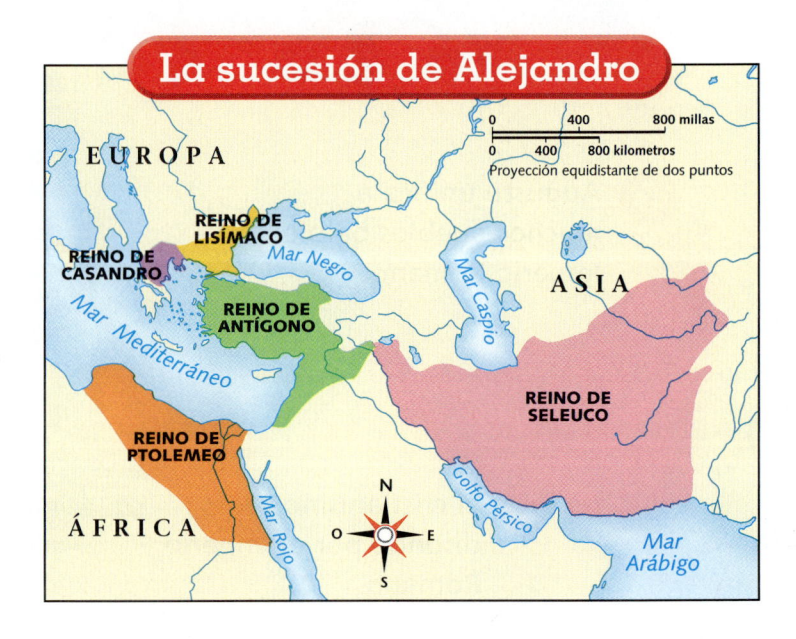

El imperio de Alejandro Magno

La sucesión de Alejandro

TALLER DE APRENDIZAJE COOPERATIVO

RECUERDA
- Comparte tus ideas.
- Planea el trabajo con los demás.
- Responsabilízate de tu trabajo.
- Ayuda a tus compañeros.
- Muestra a la clase el trabajo de tu grupo.
- Comenta lo que has aprendido trabajando en grupo.

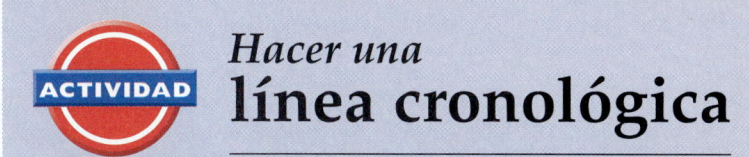

ACTIVIDAD — Hacer una línea cronológica

Forma un grupo de dos o tres compañeros. Hagan una lista de los acontecimientos importantes sobre los que han leído en esta unidad. Escriban la fecha y una descripción de cada acontecimiento en la parte superior de hojas de papel grandes. Bajo cada descripción hagan un dibujo. Luego, peguen las hojas en el orden correcto para hacer una línea cronológica plegable de la historia griega y romana.

ACTIVIDAD — Pintar un Mural

Trabaja con varios compañeros para hacer un mural que muestre algunas de las personas y logros de la edad de oro de Atenas.

ACTIVIDAD — Planificar un libro

En grupo, imaginen que han sido encargados de escribir un libro sobre las antiguas civilizaciones mediterráneas. La editorial permite incluir los temas que deseen. Primero, escriban un bosquejo del libro y, luego, hagan un cartel.

Termina el proyecto

Construye una ciudad de la antigüedad

Con tus compañeros, planea y construye una maqueta de una ciudad griega o romana de la antigüedad. Estudien sus apuntes y decidan qué características va a tener la ciudad. Por ejemplo, una ciudad griega puede tener una acrópolis, un ágora y un teatro. Una ciudad romana puede tener un foro, un templo, un baño público, una arena y varios acueductos. La clase puede formar varios grupos y asignarle a cada uno la construcción de una parte.

Unidad 1	Unidad 2	Unidad 3
Los orígenes de la humanidad	Las antiguas civilizaciones de África	Las antiguas civilizaciones de Asia

LAS ANTIGUAS CIVILIZACIONES DE LAS AMÉRICAS

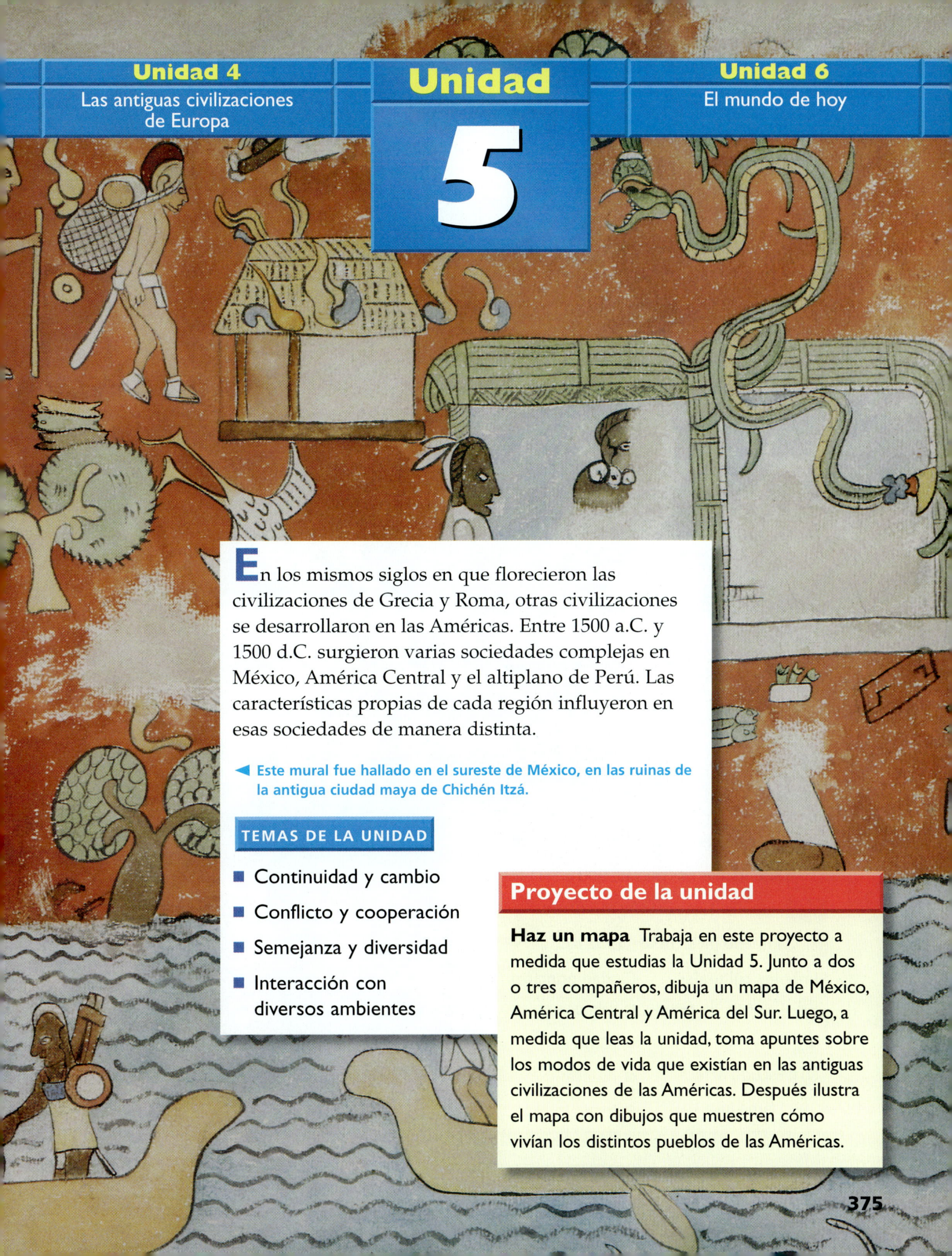

Unidad 4	Unidad	Unidad 6
Las antiguas civilizaciones de Europa	**5**	El mundo de hoy

En los mismos siglos en que florecieron las civilizaciones de Grecia y Roma, otras civilizaciones se desarrollaron en las Américas. Entre 1500 a.C. y 1500 d.C. surgieron varias sociedades complejas en México, América Central y el altiplano de Perú. Las características propias de cada región influyeron en esas sociedades de manera distinta.

◄ Este mural fue hallado en el sureste de México, en las ruinas de la antigua ciudad maya de Chichén Itzá.

TEMAS DE LA UNIDAD

- Continuidad y cambio
- Conflicto y cooperación
- Semejanza y diversidad
- Interacción con diversos ambientes

Proyecto de la unidad

Haz un mapa Trabaja en este proyecto a medida que estudias la Unidad 5. Junto a dos o tres compañeros, dibuja un mapa de México, América Central y América del Sur. Luego, a medida que leas la unidad, toma apuntes sobre los modos de vida que existían en las antiguas civilizaciones de las Américas. Después ilustra el mapa con dibujos que muestren cómo vivían los distintos pueblos de las Américas.

UNIDAD 5
PRESENTACIÓN

Las antiguas Américas

AMÉRICA DEL NORTE

Sierra Madre Occidental
Sierra Madre Oriental
Golfo de México
Río Lerma
MÉXICO
Río Balsas

OCÉANO ATLÁNTICO

Mar Caribe

América Central

OCÉANO PACÍFICO

Cuenca
Río Amazonas
Amazónica

CORDILLERA DE LOS ANDES
Río Ucayali
Río Marañón
Machu Picchu
Cuzco
Lago Titicaca
Lago Poopó

AMÉRICA DEL SUR

Desierto de Atacama

Río Salado
Río Maule

Asentamientos olmecas, 1500–400 a.C.
Asentamientos mayas, 500 a.C.–1450 d.C.
Imperio Azteca, 1428–1519 d.C.
Imperio Inca, 1438–1532 d.C.

Símbolos culturales
- Cabeza olmeca
- Pirámide maya
- Escudo azteca
- Llama inca

Ciudad principal
- Olmeca
- Maya
- Azteca
- Inca

Golfo de México
Mayapán
Chichén Itzá
Península de Yucatán
Lago Texcoco
Valle de México
Tenochtitlan
Río Balsas
San Lorenzo
La Venta
Río Usumacinta
Río Grijalva
Tikal
Mar Caribe
OCÉANO PACÍFICO

0 150 300 millas
0 150 300 kilómetros
Proyección equi-área azimutal

OCÉANO ATLÁNTICO

0 500 1,000 millas
0 500 1,000 kilómetros
Proyección cilíndrica de Miller

1350 a.C.
Los olmecas empiezan a construir grandes edificaciones
PÁGINA 389

300 d.C.
Empieza el período clásico maya
PÁGINA 396

1325 d.C.
Los aztecas construyen Tenochtitlan
PÁGINA 408

Siglo XV d.C.
Se establece el Imperio Inca
PÁGINA 418

Unidad 5 • 377

Establece el escenario con la literatura

EL ESPÍRITU DE LOS MAYAS

UN NIÑO INDAGA EN EL MISTERIOSO PASADO DE SU PUEBLO

texto de Guy García
ilustraciones de Manuel García

Este relato, ambientado en el México actual, cuenta muchas cosas acerca de los habitantes de ese país en la antigüedad. Kin, un niño de doce años que vive en la ciudad de Palenque, se siente muy poco vinculado a sus antepasados, los antiguos mayas. Lee a continuación sobre algo que será un cambio en la vida de Kin.

El abuelo viste una túnica blanca, prenda tradicional de los indios lacandones, que habitaban en los verdes bosques de Palenque en el pasado. El abuelo recuerda las viejas costumbres de su pueblo, y habla a Kin en maya. Kin le entiende porque también habla maya, pero prefiere hablar español, el idioma oficial de México. A Kin le gustaría cortarse el pelo, como hacen otros niños mexicanos, pero su padre no se lo permite ya que tradicionalmente los lacandones llevan el cabello largo.

Kin nunca había mostrado mucho interés en las antiguas costumbres mayas. Pero ahora, ya que ha cumplido doce años, Chan Kin, su padre, cree que ha llegado el momento de que conozca las tradiciones mayas. Chan Kin es un artesano que vende su arte a los turistas que van a visitar las pirámides que están en las afueras de la ciudad. Kin prefiere jugar al fútbol en la calle en vez de ayudar a su padre a hacer sus figuras ceremoniales de arcilla.

Chan Kin moldea con gran habilidad las figuras con arcilla procedente de un lugar especial en la selva. En unos pocos minutos, sirviéndose tan sólo de sus dedos, transforma una bola de arcilla en un pequeño hombre con gruesas manos y piernas. Kin toma una figura y parece que lo está mirando con sus pequeños ojos.

Al ver que Kin se interesa por su trabajo, el padre le pide que se siente y que preste atención.

—Haces una idea mental de lo que quieres —dice el Chan Kin, señalándose la cabeza—. Y luego dejas que los dedos hagan el resto.

Una vez que termina de hacer las figuras, Chan Kin deja que se sequen durante un mes. Entonces las introduce en un horno de carbón para que se cuezan.

Mientras se están cociendo, Chan Kin enseña a su hijo a fabricar flechas de caza con plumas de loro y puntas de piedra. Usando un cuchillo de acero, separa con cuidado una vara de bambú y la ata a la punta de piedra. Después le pega las plumas, y la flecha queda lista para ser probada.

—La flecha y las figuras de arcilla forman parte de nuestro pasado —explica el padre de Kin—. Es importante conservar nuestras tradiciones, a pesar de que el mundo haya cambiado.

El padre de Kin sale al patio trasero y coloca una nueva flecha en su arco. El blanco es un árbol que se encuentra a unas veinte yardas de distancia. Estira la cuerda del arco, apunta y..., ¡zas!, la flecha vuela por los aires. El padre de Kin se ríe al haber fallado el disparo. Lo intenta de nuevo, y esta vez la flecha se clava en el árbol. Chan Kin explica que sus antepasados empleaban el arco y la flecha para cazar y alimentarse, y colocaban figuras de arcilla en el interior de las pirámides para venerar a sus dioses.

Aquella noche su abuelo le muestra a Kin un libro acerca de las pirámides con la historia de un rey llamado Pacal, que significa "escudo". Al igual que todos los reyes mayas, Pacal poseía el poder de hablar a los dioses a través de sus sueños y sus visiones sagradas.

379

Al igual que Kin, Pacal tenía doce años cuando se convirtió en rey de Palenque. Gobernó durante sesenta y siete años, y construyó muchas pirámides. Su tumba se encuentra enterrada en las profundidades de una pirámide llamada el Templo de las Inscripciones.

—Me gustaría poder ver la tumba de Pacal—dice Kin.

—Puedes—responde su abuelo—. La tumba está abierta para los turistas todos los días. Mañana es sábado. Pide a tu padre que te lleve a las ruinas para que puedas visitar la tumba de Pacal.

Kin se levanta muy temprano la mañana siguiente. Al principio a su padre le sorprende ver a Kin esperando junto a la camioneta de la familia, pero cuando Kin le cuenta que quiere ir a ver la tumba de Pacal, su padre comprende porqué y le dice que se suba al vehículo. Sólo dura unos minutos el trayecto a través de la ciudad hasta la señal que indica la desviación hacia las ruinas, pero a Kin se le hace una eternidad. Al fin llegan a las pirámides, aunque Kin aún no puede ver nada debido a la selva. Su padre estaciona la camioneta y Kin lo ayuda a llevar las cajas con flechas que ha traído para venderlas cerca de la puerta principal. Luego le compra la entrada y le dice que lo esperará para llevarlo de nuevo a casa.

—Sabía que algún día vendrías —dice con orgullo el padre de Kin.

De todos modos, Kin siente una punzada de tristeza al ver a su padre vendiendo chucherías a los turistas en las puertas de la gran ciudad que en el pasado gobernaron sus ancestros.

Al traspasar la puerta, Kin camina por una vereda de árboles hasta una plaza rodeada por maravillosos edificios. Las pirámides son tan altas que tiene que doblar mucho su cabeza para ver las zonas más altas. Algunas pirámides están todavía parcialmente cubiertas por la selva, y otras tienen escalones laterales a hasta la cima. Los mayas emplearon cientos de años en construir las pirámides con piedra extraída de roca que transportaban desde la selva.

✱ ✱ ✱ ✱

Kin contempla la tumba de Pacal durante un rato largo, maravillado por la belleza de los grabados. Los símbolos y dibujos relatan la vida de Pacal, quien recibió la corona de Palenque de manos de su madre en el año 615 d.C. Gobernó hasta la edad de ochenta años y fue enterrado en este lugar. Su tumba fue decorada con bella cerámica y joyería hecha de oro y piedras preciosas.

Muchos años más tarde unos arqueólogos descubrieron la tumba y trasladaron los huesos de Pacal y otros objetos a un museo próximo a las ruinas.

Kin se dirige al museo de Palenque, donde aprende que Pacal formaba parte de una larga dinastía de gobernadores que perduraron hasta el reinado de Serpiente-Jaguar II, fallecido en el año 702 d.C. El esqueleto cubierto de jade de Pacal y su máscara fúnebre se exhiben en el Museo Nacional de Antropología en Ciudad de México.

Al abandonar el museo Kin siente algo de pena. Sube a lo alto de una ruina próxima pero no siente la misma excitación que antes. Ahora sabe que nunca conocerá a Pacal ni a los increíbles mayas que construyeron estas pirámides. Kin hubiera deseado viajar en el tiempo para visitar esta ciudad en su época de gloria.

El padre de Kin lo espera cerca de la entrada de las ruinas. Le pregunta qué le han parecido las pirámides y Kin responde que le han producido una sensación de soledad, y que no quiere volver nunca.

Chan Kin no dice nada pero Kin presiente que su padre está decepcionado.

El padre de Kin conduce en silencio en el viaje de vuelta a la casa. De repente, sin decir nada, para cerca de la desviación hacia la ciudad. En el centro de una plaza hay una gran estatua. Kin lo ha visto miles de veces sin darse cuenta de que se trata de Pacal.

Kin corre para ver la estatua más de cerca. ¡Se parece a él! De pronto comprende porqué su padre lo ha traído a ese lugar. A pesar de que Pacal vivió en un mundo de hace cientos de años, ellos son hermanos. Su piel y sus rasgos son iguales, y la misma sangre maya corre por sus venas.

Al continuar su camino de regreso a casa, Kin ve todo con ojos diferentes. Sus antepasados mayas ya no parecen tan distantes y no se siente solo. Por primera vez en su vida, sabe lo que se siente cuando uno es rey.

A medida que lees esta unidad aprenderás cosas acerca de los antepasados de Kin, los antiguos mayas, y el pueblo que los precedió: los olmecas.

CAPÍTULO

9

LOS OLMECAS Y LOS MAYAS

"Hace apenas cien años no sabíamos nada de los olmecas. Hoy pensamos que los olmecas crearon la primera civilización de las Américas."

Henri Stierlin
Los últimos misterios del mundo

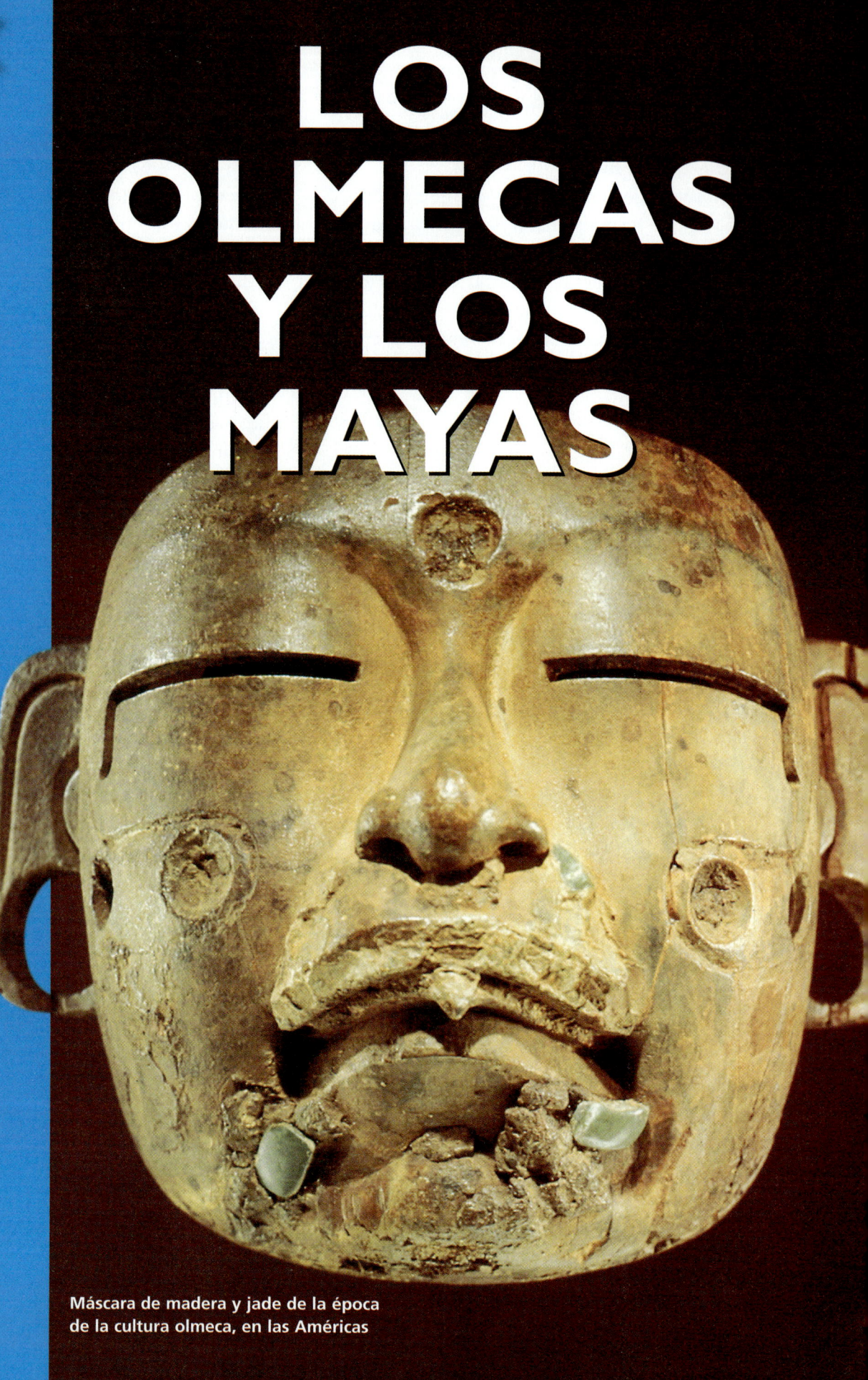

Máscara de madera y jade de la época de la cultura olmeca, en las Américas

La geografía de las Américas

LECCIÓN 1

Con excepción de la Antártida, América del Norte y América del Sur fueron los últimos continentes en ser habitados por el ser humano. La naturaleza misma proveyó el puente por el que los primeros pueblos cruzaron de Asia a América del Norte. A lo largo de su desplazamiento por las Américas, los primeros pobladores encontraron una gran variedad de climas y accidentes geográficos.

América del Norte

América del Norte es el tercer continente por su tamaño. Tiene una gran variedad de climas y paisajes. En el centro del continente hay llanuras y bosques. A través de las llanuras y bosques serpentean muchos ríos, entre ellos, el más grande es el Mississippi.

Dos océanos bañan las costas del continente: el Pacífico, al oeste, y el Atlántico, al este. Las costas están separadas del centro del continente por cadenas montañosas. Los montes Apalaches se extienden a lo largo de la costa oriental; ésta es una cadena montañosa de origen antiguo. En la costa occidental se levantan la cordillera de Alaska y la Sierra Madre Occidental, y un poco más hacia el interior, se encuentran las Montañas Rocosas y la Sierra Madre Oriental. Todas estas montañas son de un origen más reciente y por lo tanto son más altas.

En la actualidad hay signos de la presencia humana por toda América del Norte. Carreteras y autopistas atraviesan el continente en todas las direcciones, conectando cientos de pequeñas y grandes ciudades.

REPASO *¿Qué accidentes geográficos importantes existen en América del Norte?*

ENFOQUE
¿Qué efecto tiene el medio ambiente en las migraciones hoy en día?

Idea principal
Mientras lees piensa en qué influencia tuvo el medio ambiente en las migraciones de los primeros habitantes de las Américas.

Vocabulario
cordillera
volcán activo
trópicos
zonas templadas

Las llanuras cubren casi todo el centro de América del Norte. Esta fotografía muestra las Grandes Llanuras, donde se cultiva trigo, cebada y otros granos.

Capítulo 9 • 383

Las Américas

Mapa: OCÉANO ÁRTICO, Groenlandia, Círculo Polar Ártico, MONTAÑAS ROCOSAS, GRANDES LLANURAS, R. MISSISSIPPI, MONTES APALACHES, OCÉANO ATLÁNTICO, Trópico de Cáncer, América Central, Mar Caribe, Ecuador, R. Amazonas, OCÉANO PACÍFICO, CORDILLERA DE LOS ANDES, Desierto de Atacama, Trópico de Capricornio, Proyección cilíndrica de Miller, Círculo Polar Antártico, ANTÁRTIDA

Leyenda:
- América del Norte
- América del Sur
- Zona templada
- Trópicos
- Frontera actual

Lugar Las Américas se extienden a través de los trópicos y la zona templada.
■ ¿Por qué zona corre el río Amazonas?

América Central

Hacia el sur, América del Norte se hace progresivamente más angosta. Esta región, llamada América Central, en realidad pertenece a América del Norte.

América Central está limitada al oeste por el océano Pacífico y al este por el mar Caribe, que es parte del océano Atlántico. Al este de América Central se encuentran las Antillas.

Largas cadenas montañosas, llamadas **cordilleras**, cruzan el territorio de América Central. Muchas de las montañas son **volcanes activos**, es decir, volcanes que aún hacen erupción. Las cenizas de las erupciones han hecho que los suelos cercanos a los volcanes sean muy fértiles. Por esta razón los campesinos suelen cultivar en las cercanías de los volcanes, a pesar del peligro que corren.

A ambos lados de las cordilleras existen tierras más bajas. Gran parte de las tierras bajas del oriente de América Central están cubiertas por selvas y pantanos. En las tierras bajas del occidente crecen bosques de árboles con hojas perennes. Estos densos bosques dificultan la agricultura en las tierras bajas.

REPASO ¿Qué lugar de América Central es mejor para la agricultura: cerca de las montañas o en las tierras bajas?

La ciudad de San Pedro de la Laguna está en las laderas de un volcán en América Central.

América del Sur

En el extremo sur de América Central se encuentra el istmo de Panamá. Este istmo conecta a América del Norte con América del Sur, el cuarto continente del mundo. Casi toda América del Sur está ubicada en los **trópicos**, o sea, la región de la Tierra que se encuentra entre el Trópico de Cáncer, 23½ grados al norte del ecuador, y el Trópico de Capricornio, 23½ grados al sur del ecuador. Las áreas al norte y sur de los trópicos se llaman **zonas templadas**.

Una cadena montañosa llamada los Andes recorre la costa occidental de América del Sur. Los Andes son las montañas más altas de las Américas, segundas en elevación en el mundo. Solamente las montañas del Himalaya, en Asia, son más altas. Muchas de las montañas más altas de los Andes están cubiertas de nieve todo el año. Hay valles que se encuentran a miles de pies sobre el nivel del mar.

Al oeste de los Andes, en Chile, está una de las regiones más secas del mundo: el desierto de Atacama. Al este de los Andes está la gran cuenca del río Amazonas, donde se encuentra la selva más grande del mundo. Al norte y al sur de la selva se extienden amplias llanuras tropicales. En el extremo sur del continente, las praderas se convierten en un área fría y rocosa, de vegetación escasa.

REPASO *¿Qué gran río y gran cadena montañosa se encuentran en América del Sur?*

Migraciones hacia las Américas

Durante el último período glacial, gran parte de la Tierra estuvo cubierta por grandes capas de hielo. Había tanta agua congelada que el nivel del agua en los océanos descendió, dejando al descubierto territorios anteriormente sumergidos. Cerca de lo que hoy es Alaska, se formó un puente de tierra que unía a Asia con América del Norte. Los estudiosos y los arqueólogos llaman a ese puente Beringia.

Las cataratas del Iguazú están en América del Sur. Tienen unas 2.5 millas de ancho y están compuestas por más de 20 cataratas.

Migración a las Américas

Leyenda:
- Campamento
- Sitio de caza
- Ruta migratoria
- Glaciar
- Tierra
- Hielo

Lugares señalados:
- ASIA
- BERINGIA
- OCÉANO ÁRTICO
- EUROPA
- AMÉRICA DEL NORTE
- Lange-Ferguson, South Dakota
- Vail, Maine
- Río Missouri, Río Mississippi, Río Ohio, Río Arkansas, Río Colorado
- Thunderbird, Virginia
- Blackwater Draw, New Mexico
- OCÉANO PACÍFICO
- Golfo de México
- Mar Caribe
- OCÉANO ATLÁNTICO
- AMÉRICA DEL SUR
- El Inga
- Pachamachay
- Río Amazonas
- Tagua Tagua
- Cueva de Fell

Recuadro (detalle):
- Mill Iron, Montana
- Hanson, Wyoming
- Cuenca Agate, Wyoming
- Lindenmeier, Colorado
- Folsom, New Mexico
- 0 50 100 millas
- 0 50 100 kilómetros
- Proyección equi-área azimutal

0 750 1,500 millas
0 750 1,500 kilómetros
Proyección equi-área azimutal

Movimiento Los arqueólogos han hallado yacimientos prehistóricos en todas las Américas.
- ¿Crees que los yacimientos arqueológicos de América del Sur son tan antiguos como los de América del Norte? Explica tu respuesta.

GEOGRAFÍA

Beringia

Beringia es el nombre con que los científicos conocen al puente de tierra que unía Asia con América del Norte. Beringia conectaba las regiones hoy conocidas como Siberia (una región de Rusia) y Alaska. Beringia se formó durante las glaciaciones y tenía un ancho de casi 1,000 millas (1,609 km). Estaba cubierta por una combinación de tundra y estepas, o llanos ricos en pastos. En estos llanos vivían mamuts lanudos, mastodontes, bisontes con cuernos y otros animales herbívoros. Al derretirse los glaciares al final de la última glaciación, el nivel de los océanos subió y Beringia desapareció.

Antiguos pobladores de Asia cruzaron Beringia y llegaron a las Américas.

Muchos científicos creen que los primeros pobladores de las Américas eran nómadas dedicados a la caza de los grandes mamíferos del período glacial. Es probable que estos nómadas siguieran el rastro de esos animales a lo largo de Beringia por miles de años.

Una vez en las Américas, los grupos de nómadas se dirigieron hacia el sur y el este del continente en busca de alimento. Esta lenta migración duró varios miles de años más, al cabo de los cuales, todo el continente fue poblado por seres humanos.

Una vez asentados, cada grupo se adaptó a las peculiaridades del medio ambiente donde habitaban. De ahí que en las Américas se desarrollaran una gran variedad de culturas, cada una con sus propias herramientas, lenguaje, religión y arte.

REPASO *¿Cómo y por qué llegaron los primeros seres humanos a las Américas?*

LECCIÓN 1 • REPASO

Comprueba lo que aprendiste

1. **Recuerda los datos** ¿Dónde se encuentran los trópicos?

2. **Recuerda la idea principal** ¿Qué influencia tuvo el medio ambiente en las migraciones de los primeros habitantes de las Américas?

Piensa críticamente

3. **Piensa más sobre el tema** ¿Por qué migraban los pueblos primitivos hacia regiones con ambientes hostiles?

4. **Ayer y hoy** ¿Por qué migran los pueblos de las Américas en la actualidad?

Muestra lo que sabes

Actividad: Diorama
Piensa en la gran variedad de accidentes geográficos que existen en las Américas. Escoge un accidente geográfico de las Américas y construye un diorama. Exhibe tu diorama en el salón de clases.

Capítulo 9 • 387

LECCIÓN 2

Los olmecas

| 1600 a.C. | 1200 a.C. | 800 a.C. | 400 a.C. |

La civilización olmeca se desarrolló en la costa del Golfo de México, en lo que hoy son Veracruz y Tabasco, dos estados de México. Los olmecas aportaron muchas ideas e inventos que luego fueron utilizados y mejorados por civilizaciones posteriores de **Mesoamérica**. Llamamos Mesoamérica a la región compuesta por el centro y el sur de México y por América Central. Los olmecas son conocidos como la "civilización madre" de las Américas.

ENFOQUE
¿Por qué algunas culturas adoptan ideas e inventos de otras culturas?

Idea principal
Mientras lees piensa en cómo las ideas e inventos de los olmecas influyeron en el desarrollo de otras culturas.

Vocabulario
Mesoamérica
cultivos mixtos
obsidiana
élite
recinto religioso
mecapal

Los primeros agricultores olmecas

La civilización olmeca comenzó en las tierras bajas de la costa de lo que hoy es el este de México. A comienzos del siglo XVI a.C., los olmecas ya habían comenzado a cultivar maíz, frijoles, calabazas y otras plantas en los suelos fértiles que existían a lo largo de los ríos de esa región. Plantaban el maíz, los frijoles y las calabazas en un mismo lugar. Las enredaderas de los frijoles se sostenían de los tallos firmes del maíz, mientras que las enredaderas de las calabazas se extendían en el suelo por entre los tallos. Los frijoles proporcionaban nitrógeno al suelo, un importante nutriente que tanto el maíz como las calabazas necesitan.

Mediante los **cultivos mixtos**, o la siembra de varios cultivos en un mismo sitio, los agricultores olmecas daban el mejor uso posible al poco suelo fértil que tenían.

Los cultivos crecían rápidamente a causa del clima cálido y las abundantes lluvias que mantenían el suelo húmedo todo el año. Se podían producir dos o más cosechas al año, dando a los olmecas un excedente de alimentos.

Como otras civilizaciones de la antigüedad, los olmecas también dependían de los recursos presentes en su medio ambiente. Pescaban en los ríos y cazaban venados, cerdos salvajes, jaguares y otros animales de la selva. Construían sus viviendas con juncos de los ríos y paja de las sabanas. Hacían ollas y tazones con la arcilla que obtenían cerca de los ríos.

Figura olmeca de cerámica hecha alrededor del año 100 a.C.

Los olmecas no sólo utilizaban los recursos disponibles en la región costera que habitaban. También viajaban hacia el interior para comerciar. Ellos intercambiaban los recursos de la costa por otros de las zonas montañosas, como la **obsidiana**, un vidrio de origen volcánico que utilizaban para cortar.

Uno de los recursos intercambiados por los olmecas era el hule que extraían de árboles que crecen en la selva. De hecho, la palabra olmeca significa "pueblo de la tierra del hule."

REPASO ¿Qué ventajas tenían las tierras bajas de la costa para los primeros agricultores olmecas?

Los asentamientos olmecas

Los primeros agricultores olmecas vivían en comunidades pequeñas. Hacia el año 1500 a.C. la sociedad olmeca estaba ya dividida en clases. Unos 150 años más tarde, la **élite**, o clase gobernante, tenía suficiente autoridad como para ordenar la construcción de grandes obras públicas que requerirían el trabajo de mucha gente.

Una de estas obras se realizó en un lugar llamado San Lorenzo, la ciudad olmeca más antigua que conocemos. Hacia el año 1150 a.C., los olmecas transportaron canasta tras canasta de tierra hasta la cima de una gran colina. Allí construyeron una plataforma de más de 20 pies (6 m) de alto y unas ocho canchas de basquetbol de largo.

Sobre esa plataforma construyeron un **recinto religioso**, o lugar donde se llevaban a cabo ceremonias religiosas. Entre las ruinas de San Lorenzo los arqueólogos han encontrado columnas y más de 70 monumentos de piedra. También han encontrado el juego de pelota más antiguo que se haya descubierto en Mesoamérica.

Es probable que el recinto religioso de San Lorenzo también incluía templos y palacios para los gobernantes, pero no quedan restos de ellos. Los arqueólogos creen que San Lorenzo fue destruida por invasores hacia el año 900 a.C.

Después de la desaparición de San Lorenzo surgió otro asentamiento llamado La Venta, donde la civilización olmeca continuó entre los años 800 a.C. y 400 a.C.

En las ruinas de la antigua ciudad de La Venta (abajo) aún pueden observarse grandes estatuas olmecas. Ahí se ha construido un museo para conservar artefactos y exhibir figuras más pequeñas, como la de arriba.

Capítulo 9 • **389**

Asentamientos olmecas

Lugar Las ciudades de los antiguos olmecas estaban en lo que hoy es el sur de México.
■ De acuerdo con el mapa, ¿qué ciudad olmeca quedaba más lejos del Golfo de México?

En La Venta, los olmecas construyeron un montículo de tierra de unos 110 pies (34 m) de alto. Algunos arqueólogos se refieren a este montículo como la primera pirámide construida en Mesoamérica, o el Gran Montículo. Muchas de las pirámides olmecas escondían tumbas. Sin embargo, los arqueólogos aún no saben si dentro del Gran Montículo de La Venta hay una tumba.

REPASO *¿Cómo eran los recintos religiosos olmecas?*

El arte olmeca

Los olmecas crearon lo que el arqueólogo Michael D. Coe describe como "esculturas magníficas e imponentes". Esculpían sus obras en algunas de las piedras más resistentes que existen en las Américas, a pesar de que no contaban con herramientas de metal. Los olmecas utilizaban cualquier material que tuvieran a la disposición para hacer herramientas. Hasta hacían taladros de hueso para cortar piedras como el basalto, la diorita y el jade, y usaban arena y juncos para tallar las líneas finas de las esculturas.

Quizás las obras olmecas más conocidas sean las colosales cabezas talladas en basalto. Los olmecas extraían grandes trozos de basalto de las montañas y los transportaban a través de largas distancias hasta los recintos religiosos. Es posible que transportaran los bloques de basalto río abajo, en embarcaciones de madera de balsa, un tipo de madera muy liviana.

Aún existen algunas de esas cabezas colosales. Unas tienen más de 9 pies (2.7 m) de alto y pesan casi 20 toneladas. Los arqueólogos se maravillan ante las finas líneas labradas en esas cabezas de piedra.

390 • Unidad 5

Los expertos creen que cada cabeza representa a un gobernante olmeca.

Los escultores olmecas también usaron el basalto para esculpir los tronos de los gobernantes. Muchos de esos tronos tienen una abertura por delante, donde se encuentra una pequeña figura de piedra. Algunos arqueólogos creen que esa figura representaba al gobernante de regreso después de un viaje al más allá. De acuerdo a las creencias de los olmecas, el más allá era el lugar donde iban las personas después de la muerte. Los olmecas creían que si el rey sobrevivía un viaje al más allá, traería salud y buena fortuna a su pueblo.

No todas las obras olmecas representaban personajes reales. Algunas representaban a sus muchos dioses. Los olmecas adoraban la fuerzas de la naturaleza que podían influir en la agricultura.

El dios más importante era el dios jaguar, un dios felino que enviaba las lluvias. La imagen del jaguar aparece con frecuencia en el arte olmeca. Algunas piezas muestran figuras mitad jaguar y mitad hombre. Otros dioses venerados por los olmecas eran el dios del fuego, el dios del maíz y la serpiente emplumada. Muchos de esos dioses se encuentran también en algunas de las culturas mesoamericanas posteriores.

No todo el arte olmeca tiene el gran tamaño de las cabezas de piedra. Los olmecas hicieron también esculturas de tan sólo unas pocas pulgadas de alto. Se han encontrado pequeñas máscaras y estatuillas de jade. Los olmecas no exhibían las obras de arte pequeñas, como lo hacían con las cabezas de piedra colosales. Las enterraban, probablemente como ofrendas a sus dioses.

REPASO *¿Qué representaban las esculturas olmecas?*

Ésta y otras cabezas que los olmecas tallaron en tiempos remotos todavía impresionan a quienes visitan México. Las cabezas, talladas en basalto, pesan casi 20 toneladas. Los escultores utilizaban herramientas de piedra sencillas para tallar el basalto.

Capítulo 9 • 391

HERENCIA

El juego de pelota más antiguo de las Américas

Los olmecas dieron muchos usos al hule. Entre ellos estaba la fabricación de pelotas.

Dos equipos competían y cada jugador usaba ropa acolchada para protegerse del impacto de la pelota.

En México aún se practica un deporte que se parece mucho al juego olmeca. En la versión moderna, los jugadores no pueden golpear la pelota con las manos ni los pies. Sólo pueden hacerlo con otras partes del cuerpo, como las caderas. Como la pelota es muy dura y se mueve a gran velocidad, todos los jugadores usan ropa especial para protegerse como los olmecas.

En 1989 los arqueólogos hallaron tres pelotas de hule cerca de San Lorenzo. Cada una mide entre 3 y 5 pulgadas (8 a 13 cm) de diámetro. Se cree que éstas son las únicas pelotas que han sobrevivido del período olmeca. Probablemente tengan más de 3,000 años.

Esta estatua de un jugador de pelota muestra lo pesada y acolchada que era la ropa que usaban los jugadores en la cintura y los brazos.

La "civilización madre"

En muchos lugares de México y América Central, lejos del territorio olmeca, se han encontrado restos de esa civilización. En el suroeste de México se han encontrado pinturas rupestres que representan a los dioses olmecas. Y en El Salvador, 500 millas (unos 800 km) al sureste del territorio olmeca, se encontró una gran piedra tallada en el estilo olmeca.

Desde el descubrimiento de la existencia de la civilización olmeca, los arqueólogos han tratado de determinar la manera en que la cultura olmeca se propagó por Mesoamérica. La mayoría de los expertos creen que ocurrió mediante el proceso de difusión cultural. Ya hemos aprendido que la difusión cultural es la propagación de ideas hacia otros lugares.

No se han encontrado pruebas que sugieran que los olmecas conquistaron territorios y obligaron a los habitantes a seguir sus costumbres. Es posible que la cultura olmeca se difundiera a otros pueblos mediante el comercio. Otros pueblos adoptaron muchas costumbres olmecas porque admiraban sus inventos.

Los olmecas inventaron un sistema de escritura basado en jeroglíficos y un sistema numérico. También fueron uno de los primeros pueblos mesoamericanos en usar un calendario. Algunas de sus invenciones servían en la vida cotidiana, por ejemplo, los espejos que hacían puliendo mineral de hierro.

En el México moderno aún se utilizan algunas de las innovaciones olmecas. Por ejemplo, los primeros pueblos de Mesoamérica no usaban ni animales ni carros con ruedas para transportar cargas. Los cargadores o esclavos usaban mecapales para llevar objetos pesados o mercancías.

Un **mecapal** es una faja de cuero que permite cargar objetos pesados con mayor facilidad. La faja se pasa por sobre la frente y la carga se coloca en la espalda.

Los olmecas comenzaron muchas de las costumbres que los pueblos mesoamericanos adoptaron con el tiempo. Entre ellas están el arte, la arquitectura, la religión y el juego de pelota. La cultura olmeca es la base de otras culturas mesoamericanas. Richard E. W. Adams, experto en las culturas de Mesoamérica, aclara que: "La cultura olmeca no se extinguió, sino que fue absorbida y transmitida [de muchas formas]". Es por ello que muchos estudiosos la llaman "la civilización madre" de Mesoamérica.

REPASO *¿Cómo se difundieron las ideas olmecas?*

Esta niña mexicana utiliza un mecapal para cargar leña. Los mecapales se han usado en Mesoamérica desde el tiempo de los olmecas.

LECCIÓN 2 • REPASO

1600 a.C. — **1200 a.C.** — **800 a.C.** — **400 a.C.**

1500 a.C.
• La sociedad olmeca se organiza en clases sociales

1350 a.C.
• Los olmecas empiezan a construir grandes edificaciones

800 a.C.
• La Venta comienza a surgir

400 a.C.
• Decadencia de La Venta

Comprueba lo que aprendiste

1 Recuerda los datos ¿Cuándo y dónde se desarrolló la civilización olmeca?

2 Recuerda la idea principal ¿Cómo influyeron las ideas e inventos de los olmecas en el desarrollo de otras culturas?

Piensa críticamente

3 Piensa más sobre el tema ¿Por qué crees que los olmecas esculpieron cabezas colosales de piedra?

4 Ayer y hoy ¿Qué ejemplos de difusión cultural hay en el mundo actual?

Muestra lo que sabes

Descripción Imagínate que eres un arqueólogo y que te encuentras en un asentamiento olmeca, por ejemplo, La Venta. Escribe varios párrafos describiendo lo que verías. Luego lee la descripción a tus compañeros.

Lectura e investigación

Aprende de los artefactos

1. ¿Por qué aprender esta destreza?

Un artefacto es un objeto fabricado y utilizado por el ser humano. Has estudiado muchos artefactos fabricados por personas que vivieron en otras épocas y lugares. Sabes que los artefactos pueden ser muy grandes, como la cabeza olmeca de la página 391, o muy pequeños, como la figura de la página 388. Las herramientas, las armas, las monedas, las joyas, los juguetes y los utensilios de cocina son artefactos también. Los artefactos nos dicen mucho sobre cómo vivían, en qué trabajaban y qué pensaban los integrantes de la sociedad que los fabricaron y utilizaron.

Los artefactos no tienen que ser antiguos. Los televisores, las computadoras, los automóviles y los relojes son artefactos. Las cosas que fabricamos y utilizamos hoy en día dirán mucho sobre esta época a las generaciones futuras.

2. Comprende el proceso

A pesar de que existieran tantas civilizaciones en la antigüedad, muchas tenían algo en común. La mayoría dependían de la agricultura. También fundaban ciudades, tenían un gobierno y practicaban una religión. Muchas utilizaban alguna forma de moneda para el comercio.

Algunas de las sociedades de la antigüedad producían artefactos parecidos a los de otras sociedades. Tanto en el valle del Nilo como en América Central se construyeron pirámides. ¿Qué indica ese dato sobre esas dos culturas?

A continuación aparecen tres artefactos. Uno fue hecho en Egipto, otro en las Américas y el tercero en China. No son iguales pero tienen

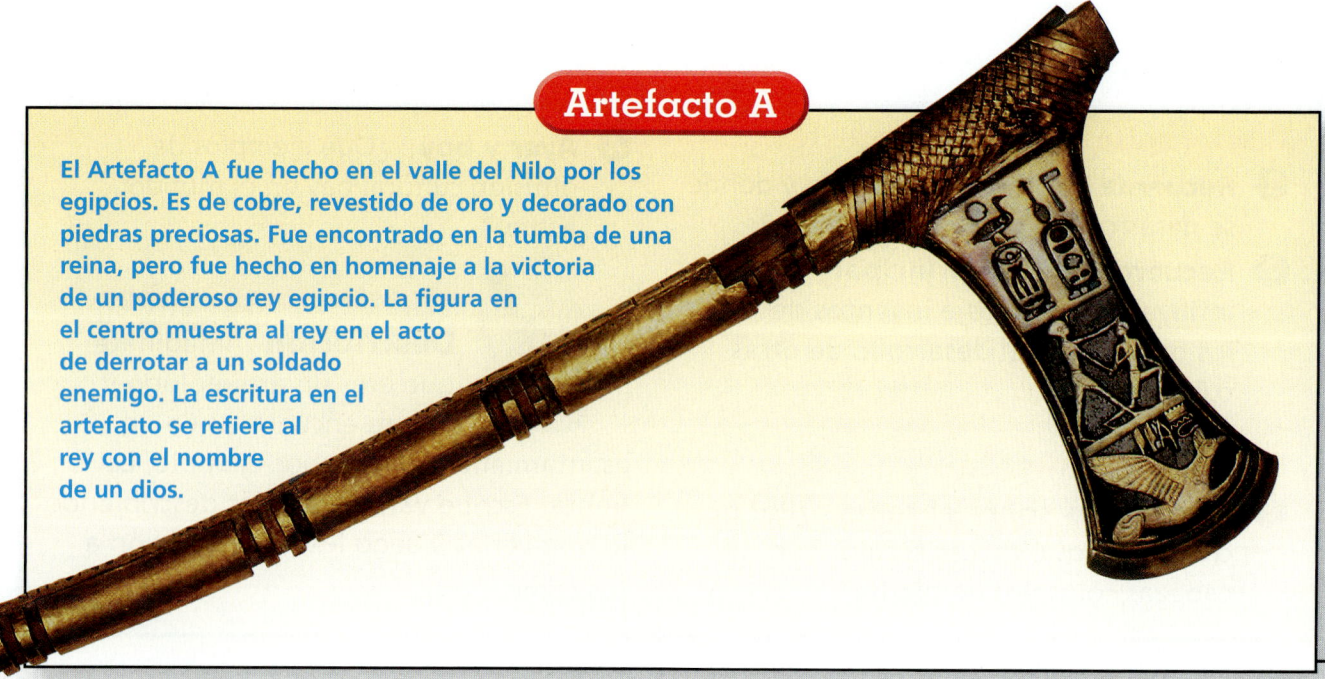

Artefacto A

El Artefacto A fue hecho en el valle del Nilo por los egipcios. Es de cobre, revestido de oro y decorado con piedras preciosas. Fue encontrado en la tumba de una reina, pero fue hecho en homenaje a la victoria de un poderoso rey egipcio. La figura en el centro muestra al rey en el acto de derrotar a un soldado enemigo. La escritura en el artefacto se refiere al rey con el nombre de un dios.

Artefacto B

El Artefacto B fue hecho en Mesoamérica por los olmecas. Es de jade, una piedra a la que los olmecas atribuían mayor valor que el oro. Tiene la forma de un ser mitad jaguar y mitad hombre. Objetos como éste se han hallado en las tumbas de reyes y otros gobernantes. Es probable que el jaguar haya sido un símbolo de autoridad para los olmecas.

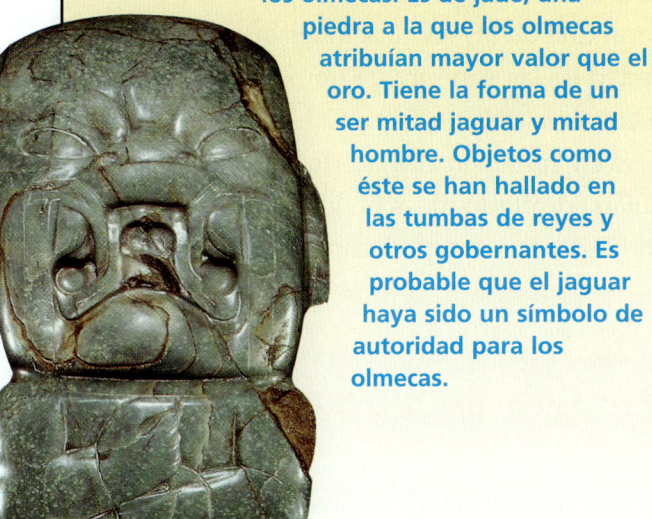

Artefacto C

El Artefacto C fue hecho en China durante la dinastía Shang. Es de bronce, un metal usado por esta dinastía para fabricar objetos para las ceremonias públicas. Fue encontrado en la tumba de un señor feudal o rey Shang. Puede ser que para los Shang simbolizara el poder político.

semejanzas importantes. Estudia los tres artefactos y lee las leyendas que los acompañan. Compara esas civilizaciones usando estas preguntas de guía.

1. ¿Cómo sabes qué es cada artefacto?
2. ¿Para qué servía?
3. ¿Qué importancia tenía para la civilización que lo fabricó?
4. ¿En qué se parecen estos tres artefactos? ¿En qué se parecían las sociedades que los fabricaron?
5. ¿Por qué no son exactamente iguales los tres artefactos?
6. ¿Qué te dice el material de cada artefacto sobre la sociedad que lo fabricó?

3. Piensa y aplica

La forma y el material del artefacto olmeca también proporcionan información. El artefacto tiene forma de jaguar y está hecho de jade. Para los olmecas, el jaguar era un dios y el jade era un material muy valioso. Esto sugiere que el artefacto se usaba en ceremonias religiosas. Observa los artefactos que aparecen en este libro. Recuerda que los artefactos fueron fabricados y usados por pueblos de la antigüedad. Con un compañero, haz una lista de los artefactos que encuentren. Luego conversen sobre lo que estos artefactos dicen acerca de las sociedades que los crearon. Presenten sus conclusiones al resto de la clase.

LECCIÓN 3

Los mayas

| 500 a.C. | a.C. | d.C. | 500 d.C. | 1000 d.C. | 1500 d.C. |

Los mayas crearon una de las civilizaciones que más tiempo perduró en la antigüedad en las Américas. El modo de vida maya comenzó a cobrar forma cerca del año 500 a.C. Los primeros mayas eran agricultores en las selvas del sur de México y de América Central. Habían adoptado ideas de los olmecas y llegaron a crear una civilización muy poderosa.

Las "ciudades perdidas" de los mayas

Los mayas establecieron más de 100 ciudades y pueblos en la selva de la región que hoy incluye México, Guatemala, Belice, Honduras y El Salvador. Su civilización logró su máximo desarrollo entre los años 300 d.C. y 900 d.C. Esa época se conoce como el período clásico maya.

Los mayas eran arquitectos y constructores muy hábiles. Sus ciudades tenían templos, pirámides, lugares especiales para los juegos de pelota, palacios y plazas. Durante el período clásico algunas ciudades llegaron a tener poblaciones enormes.

ENFOQUE
¿Cómo se adaptan hoy en día las personas cuando la forma de gobierno cambia?

Idea principal
Mientras lees piensa en qué manera se adaptaron los mayas a los cambios.

Vocabulario
regente
agricultura de roza y quema
glifo
cenote

APRENDER CON DIAGRAMAS
En las ruinas de Tikal (recuadro) se encuentran detalles de cómo lucía esa ciudad en la antigüedad (derecha). Algunos sitios importantes son:
1. Templo I
2. Templo II
3. La Gran Plaza
■ ¿Por qué la Gran Plaza era importante para los habitantes de Tikal?

396 • Unidad 5

A partir del año 900 d.C. la civilización maya comenzó a decaer, hasta que la selva invadió y cubrió las ciudades y pueblos del período clásico. Así estuvieron por siglos. No fue hasta los siglos XIX y XX que las "ciudades perdidas" fueron descubiertas. En la actualidad los arqueólogos continúan haciendo descubrimientos en las ruinas de esas ciudades.

Tikal era la más grande de las ciudades mayas. En sus ruinas se han encontrado unos 3,000 templos y edificios. Los estudiosos calculan que Tikal tenía una población de unos 100,000 habitantes.

En el centro de Tikal yacen las ruinas de seis templos de piedra. Todos tienen forma de pirámide y fueron construidos con grandes bloques de piedra caliza. El templo más elevado mide 299 pies (91 m) de alto; parece un edificio de 30 pisos. En su cúspide hay un jaguar tallado, con garras curvas y afiladas. Ese templo es conocido como "El Templo del Jaguar Gigante".

Las ciudades mayas se parecían mucho. Todas tenían templos de piedra, lo que demuestra la importancia que la religión tenía en esa civilización. Al igual que los olmecas, los mayas adoraban a muchos dioses. Tenían dioses del sol, de la lluvia y de muchas otras fuerzas de la naturaleza.

La ciudad maya de Tikal

Período maya clásico, 300-900 d.C.

Golfo de México

Península de Yucatán

Mar Caribe

MÉXICO

Palenque, Piedras Negras, Bonampak, Yaxchilán, Tikal, Uaxactún, Naranjo

BELICE

GUATEMALA • Quiriguá

HONDURAS • Copán

EL SALVADOR

NICARAGUA

OCÉANO PACÍFICO

COSTA RICA

0 100 200 millas
0 100 200 kilómetros
Proyección equi-área azimutal

■ Mayas
— Frontera actual

Regiones En este mapa aparecen las ciudades que los mayas establecieron durante el período clásico.

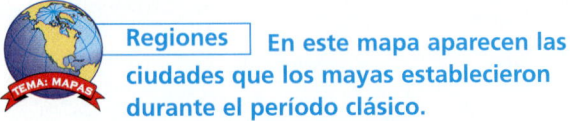

■ ¿En qué países de la actualidad los mayas establecieron ciudades durante el período clásico?

Cerca de los templos de piedra siempre había un palacio para el gobernante de la ciudad. Cada ciudad tenía su propio gobierno y un rey. Este rey también gobernaba a los pueblos pequeños que existían en cercanías de la ciudad. De tiempo en tiempo, surgía un rey lo suficientemente poderoso como para controlar a varias ciudades a la vez.

Cada rey mandaba a construir un templo en su honor; luego, el templo se convertía en su tumba. Las estelas del frente del templo daban información sobre el rey: la fecha de nacimiento, los años que gobernó y cuándo murió.

En las estelas no sólo se describían a los reyes. Las mujeres eran también el objeto de retratos y relatos, puesto que tenían una función importante en las familias nobles. Por ejemplo,

varias mujeres fueron **regentes**, o gobernantes temporales, que ocuparon el trono hasta que el heredero cumpliera la edad de gobernar.

Los templos y palacios de las ciudades mayas estaban rodeados de talleres artesanales y viviendas. Las plazas pavimentadas se utilizaban para el mercado y reuniones públicas. Las ciudades también tenían canchas de pelota, parecidas a las de los olmecas.

Los agricultores mayas vivían casi todo el año cerca de sus sembrados, en viviendas de un solo cuarto con techo de paja. Pero entre cosechas iban a la ciudad a construir templos y palacios y a participar en las ceremonias religiosas.

REPASO *¿Cómo eran las ciudades mayas?*

La transformación del medio ambiente

Algunos arqueólogos piensan que la población maya alcanzó los 14 millones de habitantes para finales del período clásico. Es posible que en algunos lugares vivieran hasta 500 personas por milla cuadrada (200 por kilómetro cuadrado). Esto significa que tenían una densidad de población aun mayor que la de China en la actualidad.

Alimentar a una población tan grande requería mucha reflexión y planificación. Las mayas necesitaban hallar la mejor manera de aprovechar las características geográficas de la selva para alimentarse.

Al igual que sus descendientes en la actualidad, los mayas acostumbraban producir en sus tierras mediante la **agricultura de roza y quema**, es decir, cortaban y quemaban secciones de la selva antes de sembrar las semillas. Pero este método de cultivo permite alimentar sólo a comunidades pequeñas, ya que las cenizas fertilizan el suelo por un máximo de tres años. Luego es necesario dejar descansar la tierra varios años hasta que recupere los nutrientes necesarios para el crecimiento de las plantas.

398 • Unidad 5

Con el aumento de la población, los mayas se vieron obligados a inventar otros métodos de cultivo. En las áreas pantanosas combinaban hileras elevadas, donde plantaban los cultivos, y canales, por donde drenaba el agua. Y en las laderas de las montañas, construían terrazas que convertían en terrenos de cultivo.

Al igual que los olmecas, los agricultores mayas tenían cultivos mixtos, mediante los que producían maíz, frijoles y calabazas en un mismo terreno. También producían aguacates, cacao y una nuez de la que se extraía harina rica en fécula.

REPASO ¿Qué hacían los mayas para producir suficiente comida para una población tan grande en medio de la selva?

El conocimiento maya

Los antiguos mayas estudiaron muchos campos, entre ellos, las matemáticas y la astronomía. Las matemáticas les servían para registrar sus transacciones comerciales y llevar la cuenta de los días. El sistema numérico maya era distinto a otros sistemas de la antigüedad: el suyo tenía un símbolo para representar el cero. Con sólo tres símbolos se podían representar todos los números. Las conchas representaban ceros; los puntos, el uno y las barras, el cinco.

Por ejemplo, el 6 se representaba con un punto encima de una barra. Los mayas escribían los números mayores que 19 asignando valores posicionales a los dígitos, al igual que nosotros hacemos con los números mayores que 9.

A los mayas les fascinaban no sólo las matemáticas sino también la astronomía. Observaban el cielo nocturno y seguían de cerca el movimiento de los planetas. Habían estudiado la posición de Venus en el firmamento, que podían ver tanto en la mañana como en la noche.

Gracias a sus estudios del firmamento desarrollaron dos calendarios muy precisos. Uno tenía un año de 365 días, como el calendario moderno, y lo usaban para llevar un registro de las siembras, cosechas e inundaciones. El otro calendario tenía 260 días y servía para llevar un registro de acontecimientos religiosos.

Los mayas también inventaron un avanzado sistema de escritura. Consistía en una serie de jeroglíficos llamados **glifos**. Los glifos eran símbolos que representaban objetos, ideas y

Estos campesinos están sembrando maíz en un terreno recién rozado. Los descendientes de los mayas aún producen cultivos mixtos.

Glifos mayas

Jaguar	Agua
Norte	Sur
Este	Oeste

APRENDER CON TABLAS Los arqueólogos han descubierto que algunos glifos mayas representan sonidos, mientras que otros representan objetos e ideas.
■ *De los glifos de esta tabla, ¿cuál se parece más al objeto o idea que representa?*

sonidos. Es sólo recientemente que los arqueólogos modernos han aprendido a leer la lengua maya.

Los mayas hacían papel con la corteza de la higuera silvestre. En ese papel escribieron códices, es decir, libros escritos con glifos. Sólo cuatro códices mayas han sobrevivido; en ellos se mencionan diversos temas, entre ellos la religión y la astronomía.

Los mayas también grabaron y pintaron sus jeroglíficos en monumentos de piedra, murales, cerámicas y vigas de madera. Muchos de estos glifos son registros de fechas y acontecimientos históricos; se han convertido en la fuente principal de información que los arqueólogos tienen.

REPASO *¿Cuáles son algunos de los logros de los mayas?*

Continuidad y cambio

En el siglo X d.C., los mayas comenzaron a abandonar las ciudades ubicadas en las selvas de las tierras bajas del sur. Algunos arqueólogos piensan que las ciudades llegaron a estar superpobladas. Otros creen que la civilización del período clásico decayó debido a las guerras entre ciudades.

Algunos mayas emigraron hacia el norte y el oeste, y a partir del siglo X desarrollaron una nueva civilización en el norte de la península de Yucatán. Pero como esta región no tiene ríos, establecieron las nuevas ciudades cerca de **cenotes**, es decir, pozos naturales de agua. Una de esas ciudades, Chichén Itzá, se convirtió en la nueva capital de los mayas.

Los mayas del norte de la península de Yucatán continuaron el uso del sistema de escritura, la astronomía y las matemáticas desarrollados durante el período clásico. Sin embargo, habían perdido la confianza en los reyes, así que organizaron consejos para que gobernaran las ciudades.

Los antiguos mayas arrojaban ofrendas de oro y jade en este pozo natural, o cenote, en Chichén Itzá.

Regiones Después de que el período clásico terminó, los mayas emigraron hacia el norte.

■ ¿Qué diferencia había entre el antiguo y el nuevo territorio de los mayas?

Los mayas, 900 - 1519 d.C.

En 1187 d.C. los gobernantes de la ciudad de Mayapán invadieron Chichén Itzá. Mayapán se convirtió en la capital de los mayas hasta 1450.

Cristóbal Colón encontró a los mayas durante su cuarto viaje a las Américas. Más adelante, el contacto con los españoles hizo que se propagaran enfermedades europeas por Mesoamérica. Muchos mayas murieron enfermos, otros fueron convertidos en esclavos. Un grupo de mayas, los itzás, combatieron contra los españoles durante casi 200 años. Hoy en día hay cerca de 3 millones de mayas que hablan las diversas lenguas mayas y cultivan las tierras donde antes vivían sus antepasados.

REPASO ¿A dónde emigraron los mayas luego de abandonar las ciudades de la selva?

LECCIÓN 3 • REPASO

Línea de tiempo: 300 d.C. — 1200 d.C.
- **300 d.C.** • Comienza el período clásico
- **900 d.C.** • Nueva cultura maya en Chichén Itzá
- **1187 d.C.** • Los gobernantes de Mayapán invaden Chichén Itzá

Comprueba lo que aprendiste

1. **Recuerda los datos** ¿Qué pasó con los mayas del período clásico?
2. **Recuerda la idea principal** ¿Qué cambios experimentó la sociedad maya durante el siglo X d.C.?

Piensa críticamente

3. **Piensa más sobre el tema** ¿Qué fuentes de información podrías usar para comprender por qué se abandonaron las ciudades mayas?

4. **Ayer y hoy** ¿Es la superpoblación un problema en la actualidad? Explica tu respuesta.

Muestra lo que sabes

Investigación Averigua más sobre la escritura, la religión, los números o las ciudades mayas. Escribe luego un informe breve sobre lo que averiguaste. Incorpora tu informe a un folleto hecho por la clase y titulado *Más sobre los mayas*.

Tablas y gráficas

Usa una gráfica

1. ¿Por qué aprender esta destreza?

Es más fácil comparar estadísticas por medio de una gráfica. Las **estadísticas** son datos representados con números. Las **gráficas de barras dobles**, como las de esta lección, facilitan la comparación de dos conjuntos de estadísticas.

2. Comprende el proceso

Las antiguas civilizaciones de México y América Central eran en su mayoría sociedades agrícolas, tal como lo fueron los mayas. Pero en el siglo XX, cada vez más gente ha abandonado el campo, o zona rural, para trasladarse a la ciudad, o zona urbana. La gente ha dejado la agricultura en busca de una vida mejor en las ciudades. Las gráficas de barras dobles de la próxima página muestran la cantidad de personas que vivían en el campo y en las ciudades en cada país. La Gráfica A muestra los porcentajes a partir de 1950, en tanto que la Gráfica B los muestra a partir de 1997. Estudia las gráficas usando estos pasos como guía.

1. Fíjate en las palabras y en los números que aparecen a lo largo del pie y del margen izquierdo de cada gráfica. Los países se indican al pie de la gráfica, en tanto que la población, medida en porcentajes, se halla en el margen izquierdo.

2. Observa que a cada país corresponden dos clases de barras. La barra sólida muestra el porcentaje de personas que vive en el campo. La barra de rayas muestra el porcentaje de personas que vive en la ciudad.

3. Lee las gráficas, primero, recorriendo cada barra con el dedo de abajo a arriba y, luego, dirigiendo el dedo hacia la izquierda hasta llegar al número del margen. Si la parte superior de la barra se encuentra entre dos números, la cantidad correcta es el número que está entre esos dos números.

4. Compara la altura de las barras sólidas correspondientes a cada país de la Gráfica A. ¿Qué país tenía el mayor porcentaje de población rural en 1950?

5. Compara la altura de las barras rayadas correspondientes a los países de la Gráfica B. ¿Qué país tenía el mayor porcentaje de población urbana en 1997?

6. Compara la altura de las barras sólidas y de las barras rayadas correspondientes a cada país de la Gráfica A. ¿Cuál barra es más alta? ¿Cuánto más alta es una barra en relación a la otra?

7. Compara la altura de las barras sólidas y de las barras rayadas correspondientes a cada país de la Gráfica B. ¿Cuál barra es más alta? ¿Cuánto más alta es una barra en relación a la otra?

8. Compara todas las barras de las dos gráficas. ¿En qué año vivían más personas en la ciudad: 1950 ó 1997? ¿En qué año vivían más personas en el campo? ¿Sirven las gráficas de barras dobles para entender el crecimiento de la población urbana de Honduras, México y Nicaragua entre 1950 y 1997?

de barras dobles

3. Piensa y aplica

Haz una gráfica de barras dobles con las calificaciones que obtengas en las próximas dos pruebas de estudios sociales y demás materias. Escribe las materias al pie de la gráfica. En el margen izquierdo, escribe las calificaciones posibles de 10 en 10, desde el 0 por ciento en el extremo inferior, hasta el 100 por ciento en el extremo superior. Dibuja dos barras por cada materia, mostrando las próximas dos calificaciones que obtengas con colores o con barras sólidas o rayadas. La gráfica debe tener una clave que muestre lo que cada tipo de barra representa. Estudia la gráfica una vez que termines de hacerla. ¿Qué te dice?

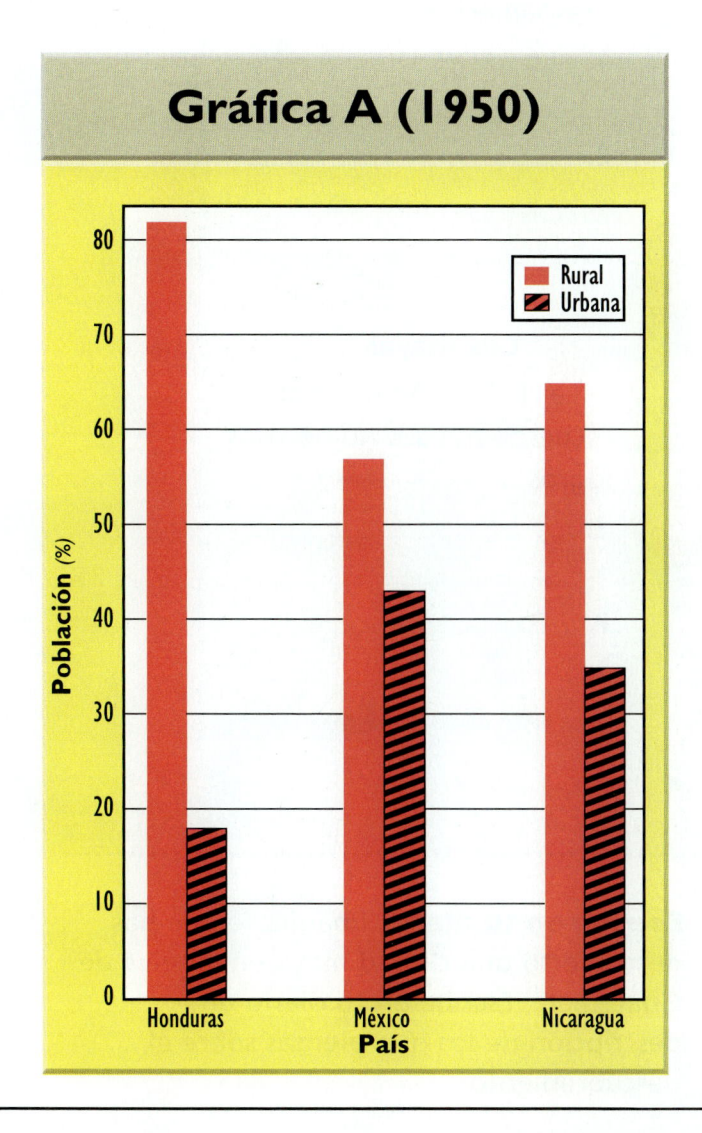

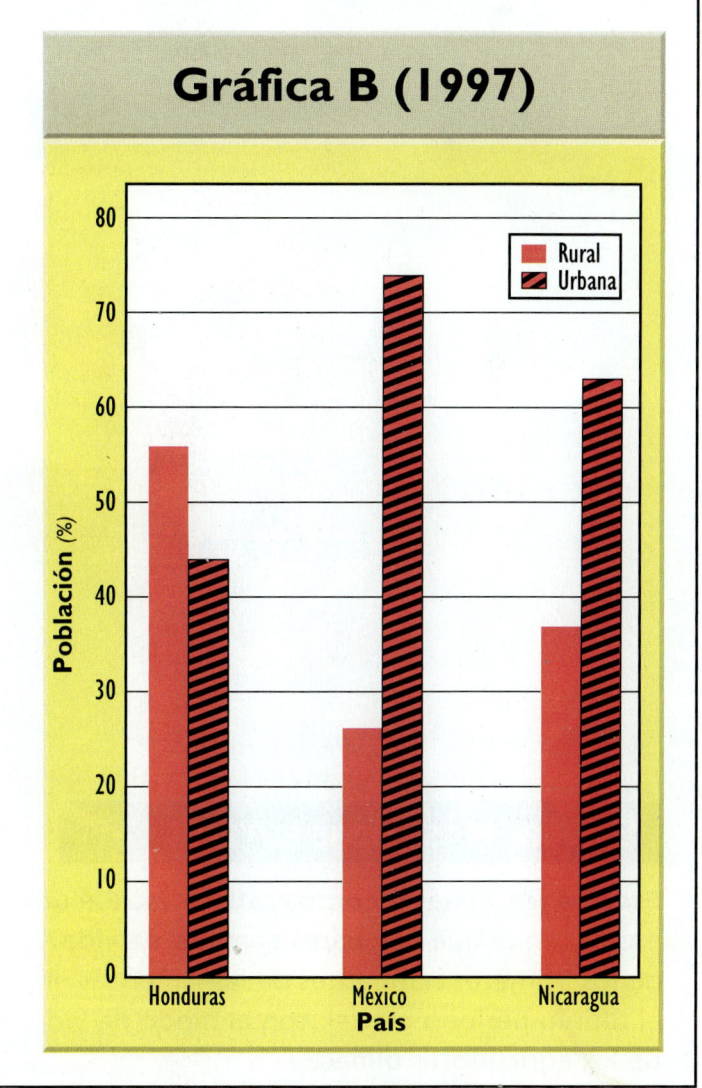

Gráfica A (1950)

País	Rural	Urbana
Honduras	82	18
México	57	43
Nicaragua	65	35

Gráfica B (1997)

País	Rural	Urbana
Honduras	56	44
México	26	74
Nicaragua	37	63

CAPÍTULO 9
REPASO

1500 a.C.
- La sociedad olmeca se divide en clases

1500 a.C. | **1000 a.C.**

CONECTA LAS IDEAS PRINCIPALES

Usa este organizador para escribir sobre las antiguas civilizaciones de las Américas. Escribe dos ejemplos de cada idea principal. En la página 89 del Cuaderno de actividades aparece una copia del organizador.

La geografía de las Américas
Los primeros pueblos de las Américas cruzaron de Asia a América del Norte por un puente natural.
1. _____
2. _____

Los olmecas
La civilización de los olmecas influyó en el desarrollo de otras civilizaciones de Mesoamérica.
1. _____
2. _____

Los olmecas y los mayas

Los mayas
La civilización maya se recuerda por sus numerosos logros.
1. _____
2. _____

ESCRIBE MÁS SOBRE EL TEMA

Escribe un ensayo comparativo Escribe un ensayo en el que compares el modo de vida de los primeros habitantes de las Américas en el último período glacial, con el modo de vida de los agricultores olmecas.

Escribe en tu diario Imagínate que has descubierto una ciudad maya en la selva de Guatemala. Escribe en tu diario una descripción de los que piensas sobre el descubrimiento.

404 • Capítulo 9

| 500 a.C. | a.C. | d.C. | 500 d.C. | 1000 d.C. |

400 a.C.
• La Venta comienza a decaer

300 d.C.
• Comienza el período clásico maya

900 d.C.
• Surge una nueva cultura maya en Chichén Itzá

Usa el vocabulario

Escribe al menos una oración que muestre la relación entre cada par de términos.

1. zonas templadas, trópicos
2. élite, recinto religioso
3. cultivos mixtos, agricultura de roza y quema
4. Mesoamérica, cenote

Comprueba lo que aprendiste

5. ¿Qué continente es más grande, América del Norte o América del Sur?
6. ¿A qué continente pertenece América Central?
7. ¿Dónde se encuentran los Andes?
8. ¿Qué era Beringia? ¿Por qué desapareció?
9. ¿En qué parte de las Américas vivían los olmecas?
10. ¿Para qué construían plataformas de tierra los olmecas?
11. ¿Por qué conocemos a los olmecas como la "civilización madre" de Mesoamérica?
12. ¿Dónde se construyeron las ciudades mayas del período clásico?
13. ¿Qué métodos agrícolas usaron los mayas para aumentar la producción de alimento?
14. ¿Qué tiene de interesante el sistema numérico de los mayas?
15. ¿Qué es un glifo?
16. ¿Qué efecto tuvo en los mayas la conquista por los españoles?

Piensa críticamente

17. **Piensa más sobre el tema** ¿Por qué crees que los primeros pobladores de las Américas hablaban tantas lenguas?
18. **Causa y efecto** ¿Qué efecto tuvo el medio ambiente en las primeras civilizaciones de las Américas?
19. **Ayer y hoy** ¿En qué se parecen los problemas causados por la superpoblación hoy en día a los problemas que tenían los mayas? ¿En qué se diferencian?

Aplica tus destrezas

Aprende de los artefactos
Imagínate que eres un arqueólogo del año 2999 d.C. Acabas de descubrir un automóvil de fines del siglo XX. ¿Qué información puedes obtener sobre la sociedad que utilizaba ese artefacto?

Usa una gráfica de barras dobles Usa las gráficas de barras dobles de la página 403 para averiguar qué país tenía el mayor porcentaje de habitantes en zonas rurales en 1997.

Lee más sobre el tema

El Pueblo Maya de Pilar Tutor. Ediciones S.M. 1988. Al leer este libro descubrirás muchos datos interesantes acerca del pueblo maya y te deleitarás con las ilustraciones que acompañan al texto.

Visita nuestra página en Internet en
http://www.hbschool.com
para recursos adicionales.

Capítulo 9 • 405

CAPÍTULO 10

LOS AZTECAS Y LOS INCAS

"*Tu pueblo está protegido por tu sombra, puesto que eres como la ceiba o el ahuehuete que dan buena sombra; y las multitudes están protegidas por tus ramas.*"

Discurso dado en honor al nuevo emperador azteca

Esta mujer peruana es descendiente de los incas.

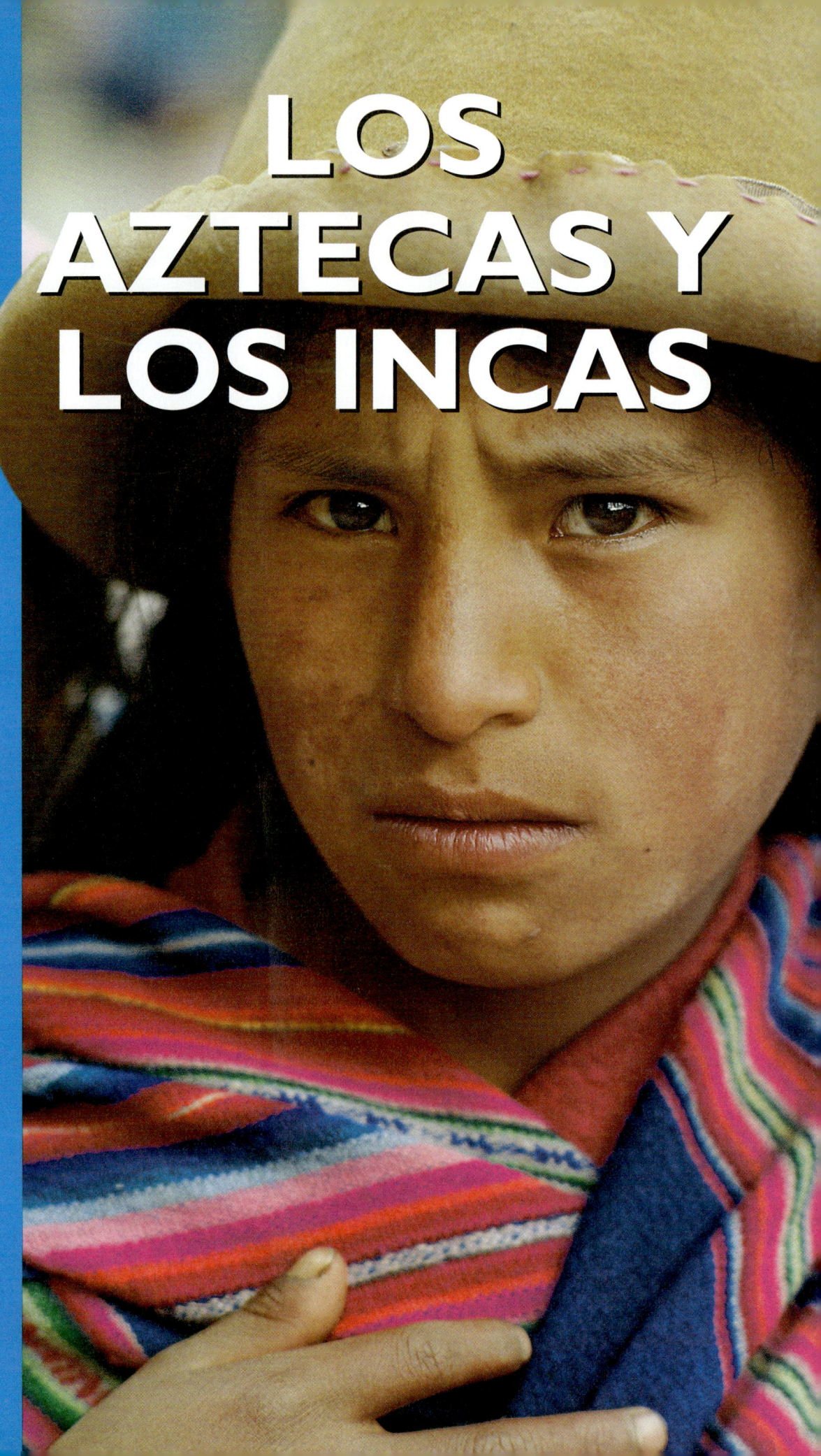

Los aztecas

LECCIÓN 1

1300　　　　1400　　　　1500

Ni los olmecas ni los mayas establecieron imperios. No fue sino hasta el siglo XV que se fundó el primer imperio en Mesoamérica. Los aztecas fueron los creadores de ese imperio.

La llegada de los aztecas

Hacia el año 1200 pueblos nómadas provenientes del norte llegaron al territorio hoy conocido como el valle de México. Esos nómadas eran los aztecas. Llamaron el valle Anáhuac y se asentaron entre las comunidades que vivían a lo largo de los lagos del centro de la región. Los nativos de Anáhuac creían que los aztecas no tenían civilización, porque los aztecas no hablaban náhuatl, la lengua del lugar. Además, se vestían con pieles de animales, en vez de ropa hecha con tela de algodón. Sin embargo, los aztecas usaban arcos y flechas, armas que los convirtieron en los mejores guerreros del valle.

Los aztecas se llamaban a sí mismos mexicas. Por esta razón el territorio que conquistaron se llamó México.

Muchos expertos creen que los aztecas provenían de lo que hoy es el norte de México y que se habían desplazado hacia el sur en busca de un territorio donde asentarse permanentemente. Según la leyenda, Huitzilopochtli, el dios de la guerra, les había prometido que se asentarían en el sitio donde vieran un águila posada en un cacto y con una serpiente en el pico. Los aztecas vieron esa señal en una isla pequeña y pantanosa del lago Texcoco. Allí se asentaron. Hoy en día, el águila con la serpiente en el pico es un símbolo de México y aparece en la bandera mexicana.

REPASO *¿Dónde se asentaron los aztecas?*

ENFOQUE
¿Qué puede hacer un pueblo para controlar políticamente a otros pueblos?

Idea principal
Mientras lees piensa en cómo los aztecas controlaron a otros pueblos mesoamericanos.

Vocabulario
puente
chinampa
conquistador

Un dios azteca (derecha); un calendario azteca (arriba).

Capítulo 10 • **407**

La construcción de Tenochtitlan

Hacia 1325 los aztecas comenzaron a construir Tenochtitlan, la capital, en la isla del lago Texcoco. En cierto modo, el lugar supuestamente escogido por Huitzilopochtli era bueno. Que la ciudad estuviera asentada en una isla facilitaba su defensa. Además, del lago se podía extraer alimento, como peces, pájaros acuáticos y ranas.

Pero la isla no tenía ni tierra cultivable ni piedra o madera para la construcción. Además, las inundaciones eran un problema.

Los aztecas descubrieron cómo resolver los problemas propios del sitio que habitaban. Primero, construyeron **puentes** para conectar la ciudad con tierra firme. Después, construyeron un dique, o pared de tierra, de 9 millas (14 km) de largo, para proteger a la ciudad de las inundaciones. Enterraron largos pilotes en la tierra y construyeron casas de juncos sobre ellos. Y para conseguir la piedra y la madera necesarias para la construcción de palacios y templos, comerciaron con otros pueblos.

Para resolver el problema de la falta de tierras cultivables, los aztecas construyeron **chinampas** en el lago. Las chinampas eran islas artificiales construidas con ramas entrelazadas para formar una especie de enorme canasta bajo el agua. Las chinampas se afianzaban con árboles plantados alrededor de cada isla. Los agricultores llenaban cada chinampa con lodo del fondo del lago. De esa manera, islas de tierra cultivable emergían sobre el agua. En esos "jardines flotantes" los agricultores cultivaban maíz, frijoles, chiles y aguacates.

Tenochtitlan creció debido a la transformación del medio ambiente, y hacia 1400 se había convertido en una enorme ciudad de 300,000 habitantes.

REPASO *¿Cómo resolvieron los aztecas los problemas causados por la ubicación de Tenochtitlan?*

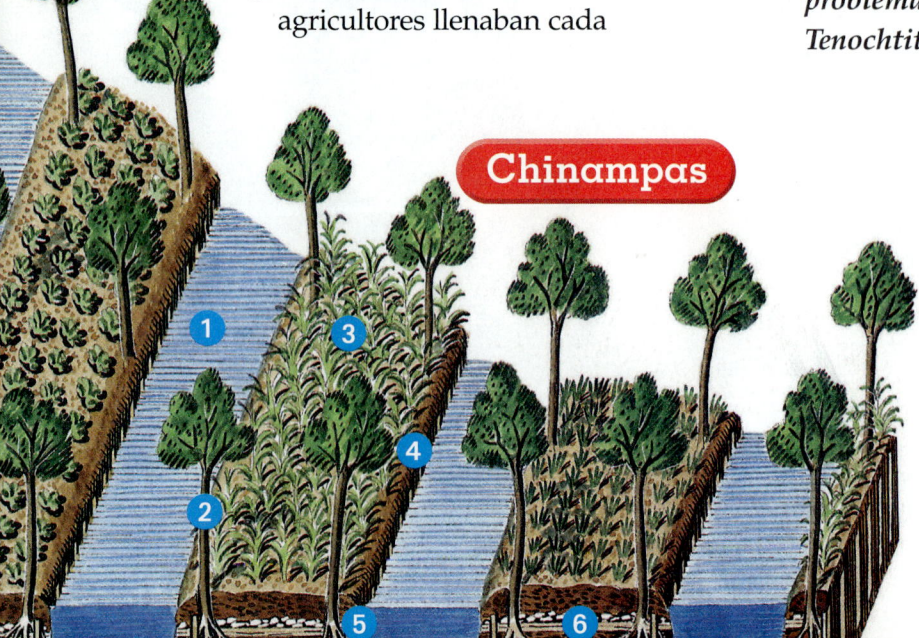

Tenochtitlan, 1368

Lugar Los aztecas construyeron Tenochtitlan en un valle en lo que hoy es el centro de México.
■ *¿Qué accidentes geográficos pueden haber dificultado la vida en Tenochtitlan?*

Chinampas

APRENDER CON DIAGRAMAS
Las chinampas eran islas artificiales usadas para la agricultura. Cada chinampa consistía de:
1. canal
2. árbol
3. cultivo
4. tierra
5. estacas
6. fibra vegetal

■ *¿Qué hacían los agricultores aztecas cuando se inundaban las chinampas?*

La creación del imperio

En 1428 los aztecas de Tenochtitlan formaron una triple alianza con las ciudades-estado de Texcoco y Tlacopán. Las tres ciudades-estados se convirtieron rápidamente en la fuerza guerrera más poderosa del valle de México y establecieron un imperio, llamado Imperio Azteca. De los tres integrantes de la alianza, los aztecas eran los más poderosos.

En el siglo XV los guerreros aztecas avanzaron por el valle de México y se dirigieron a través de las montañas del sur y del este del valle. A su paso conquistaron a muchos pueblos nativos, a quienes cobraban un tributo, o pago. Gracias al tributo, Tenochtitlan obtenía grandes cantidades de alimento, piedras preciosas, metales, ropa, maíz, frijoles, chiles, algodón, caucho, pieles de jaguar, plumas de pájaros tropicales, oro, plata, jade y cacao.

Hacia el año 1500 el Imperio Azteca cubría más de 200,000 millas cuadradas (518,000 kilómetros cuadrados) de Mesoamérica. Unas 5 millones de personas vivían bajo el dominio azteca. De los pueblos conquistados, los aztecas adoptaron la manera de hacer muchas cosas. También adoptaron ideas de los mayas, de la misma manera que los mayas habían aprendido de los olmecas. Todas esas ideas ayudaron a los aztecas a crear un imperio poderoso.

REPASO *¿Cómo lograron los aztecas su poder y fortuna?*

Lugar Los aztecas crearon su imperio con la conquista de ciudades-estado vecinas.

■ *¿Qué ciudades-estado del mapa no eran parte del Imperio Azteca?*

Imperio Azteca

El modo de vida de los aztecas

Al igual que los mayas, los aztecas desarrollaron un calendario, un sistema numérico y un sistema de escritura. También construyeron muchas ciudades grandes.

Un emperador gobernaba todas las ciudades del imperio. Los aztecas creían que el emperador podía hablar con los dioses. El emperador administraba los asuntos militares y religiosos. También dictaba las leyes y vigilaba su cumplimiento, con ayuda de un consejo formado por cuatro funcionarios de alto rango. El emperador ocupaba el punto más alto de la sociedad azteca. Sus súbditos no podían darle la espalda ni mirarlo directamente a los ojos.

Bajo el emperador estaban los nobles, que le ayudaban a gobernar, y los soldados. Después estaban los agricultores, artesanos y comerciantes. Las mujeres aztecas pertenecientes a esas clases sociales podían tener propiedades y manejar sus propios negocios. Las niñas aztecas asistían a la escuela. Algunas mujeres eran sacerdotisas o curanderas, mientras otras se dedicaban a la agricultura.

En lo más bajo de la sociedad se encontraban los esclavos. Algunos esclavos debían su condición a que sus padres eran demasiado pobres como para mantenerlos. Otros no habían cumplido con las leyes. Y otros habían sido capturados en las guerras del imperio.

Sin embargo, no todos los prisioneros de guerra se convertían en esclavos. Muchos eran sacrificados a los dioses aztecas. De hecho, las guerras se llevaban a cabo en parte para capturar prisioneros para ser sacrificados.

Al igual que en otras culturas de la antigüedad, los aztecas adoraban a muchos dioses. Uno de los dioses más importantes era Quetzalcoatl, el dios del conocimiento y de la creación. Los aztecas creían que el mundo terminaría si no hacían sacrificios a sus dioses. Cada año se sacrificaban miles de personas. Como el sacrificio humano era muy importante para los aztecas, el propósito de las batallas era capturar enemigos.

REPASO *¿Qué conexión había entre la religión y la guerra para los aztecas?*

Esta pirámide es parte de las ruinas de Teotihuacán, México. En un momento la ciudad más grande de Mesoamérica, fue abandonada hacia el año 700 d.C. Cuando los aztecas vieron Teotihuacán, unos 600 años más tarde, pensaron que era el cementerio de sus dioses.

El final del Imperio Azteca

A comienzos del siglo XVI, los aztecas controlaban muchas ciudades-estado. Pero, había muchas otras que permanecían independientes. Cuando los españoles llegaron a México en 1519, las ciudades-estado libres los ayudaron a conquistar el Imperio Azteca.

Para los aztecas, los **conquistadores** españoles lucían extraños. Los españoles montaban a caballo y portaban armas desconocidas, como cañones, espadas de acero y ballestas.

A causa de la apariencia de los españoles, el emperador Motecuhzoma creyó que eran dioses. De acuerdo a la religión azteca, el dios Quetzalcoatl iba a regresar un día a gobernarlos. Por esta razón los aztecas pensaron que el conquistador español Hernán Cortés era el mismo Quetzalcoatl.

Los aztecas no sabían que los españoles estaban interesados solamente en su oro y descubrieron demasiado tarde que los recién llegados eran hombres y no dioses. Los españoles secuestraron a Motecuhzoma y se apoderaron de Tenochtitlan.

Los aztecas no entregaron su ciudad sin antes pelear. Finalmente, en 1512, la ciudad cayó en manos de los españoles, quienes construyeron otra ciudad sobre las ruinas de Tenochtitlan. Ésta se convirtió en el centro del imperio de los españoles en América. Hoy esa ciudad es la Ciudad de México.

REPASO *¿Qué causó el fin del Imperio Azteca?*

Esta piedra, conocida como la Piedra del Sol, fue encontrada en la Ciudad de México en 1790. La Ciudad de México fue construida sobre las ruinas de la capital de los aztecas, Tenochtitlan.

LECCIÓN 1 • REPASO

1300 — 1400 — 1500

- **1325** • Los aztecas comienzan a construir Tenochtitlan
- **1521** • Tenochtitlan cae ante los españoles

Comprueba lo que aprendiste

1. **Recuerda los datos** ¿Dónde crearon su imperio los aztecas?
2. **Recuerda la idea principal** ¿Qué hicieron los aztecas para controlar a otros pueblos mesoamericanos?

Piensa críticamente

3. **Piensa más sobre el tema** ¿Por qué crees que a nadie le era permitido mirar directamente al emperador azteca?
4. **Explora otros puntos de vista** ¿Por qué lucharon los aztecas contra otros pueblos nativos? ¿Por qué lucharon los españoles contra los aztecas?

Muestra lo que sabes

Mural Diego de Rivera pintó murales acerca de las ciudades aztecas. Con algunos compañeros, haz un mural que represente una ciudad azteca. Exhiban su mural.

Capítulo 10 • 411

Mapas y globos terráqueos

Compara mapas con

1. ¿Por qué aprender esta destreza?

El tamaño de los lugares dibujados en los mapas depende del tamaño del lugar representado. Los mapas que representan un lugar grande deben utilizar una escala pequeña, o sea, el lugar debe dibujarse pequeño para que quepa en el mapa. Los mapas que representan un lugar pequeño pueden usar una escala grande, o sea, el lugar puede dibujarse grande ya que hay suficiente espacio en el mapa para que quepa. El conocimiento de las escalas de los mapas puede ayudarte a seleccionar el mejor mapa con que obtener los datos que buscas.

2. Comprende el proceso

Los mapas que aparecen en estas dos páginas utilizan distintas escalas para mostrar el mismo lugar. El Mapa A muestra el Imperio Azteca, en América del Norte, en su época de mayor esplendor. El Mapa B muestra el valle de México. El Mapa C muestra el área alrededor del lago Texcoco. El Mapa A tiene una escala más pequeña que los otros dos mapas. Los mapas de escala pequeña representan lugares grandes. El Mapa C tiene una escala más grande. Los mapas de escala grande representan lugares pequeños en detalle.

Mapa A

412 • Unidad 5

escalas diferentes

Destrezas

Mapa B

Golfo de México
Trópico de Cáncer
Castillo de Teayo
Lago Texcoco
Valle de México
Tlatelolco — Teotihuacán
Tlacopán — Texcoco
Chapultepec — Tenochtitlan
Cholula
Zempoala
20°N
Monte Albán
OCÉANO PACÍFICO
100°O

0 — 75 — 150 millas
0 — 75 — 150 kilómetros
Proyección equi-área azimutal

■ Ciudad azteca

Mapa C

— Puente
— Dique
■ Ciudad azteca

Coyotepec
Lago Zumpango
Xoloc
Tepotzotlan
Lago Xaltocan
Teotihuacán
Tepexpán
VALLE
Ecatepe
Tenayucan
Azcapotzalco
Lago Texcoco
DE
Tezoyuca
Texcoco
Tlacopan — Tlatelolco
Tenochtitlan
MÉXICO
Chapultepec
Chimalhuacan
Coyoacán
Mexicaltzinco
Culhuacán
Zapotitlan
Ixtapalucan
Lago Xochimilco
Lago Chalco
Xochimilco
Chalco
Mixquic

0 — 5 — 10 millas
0 — 5 — 10 kilómetros

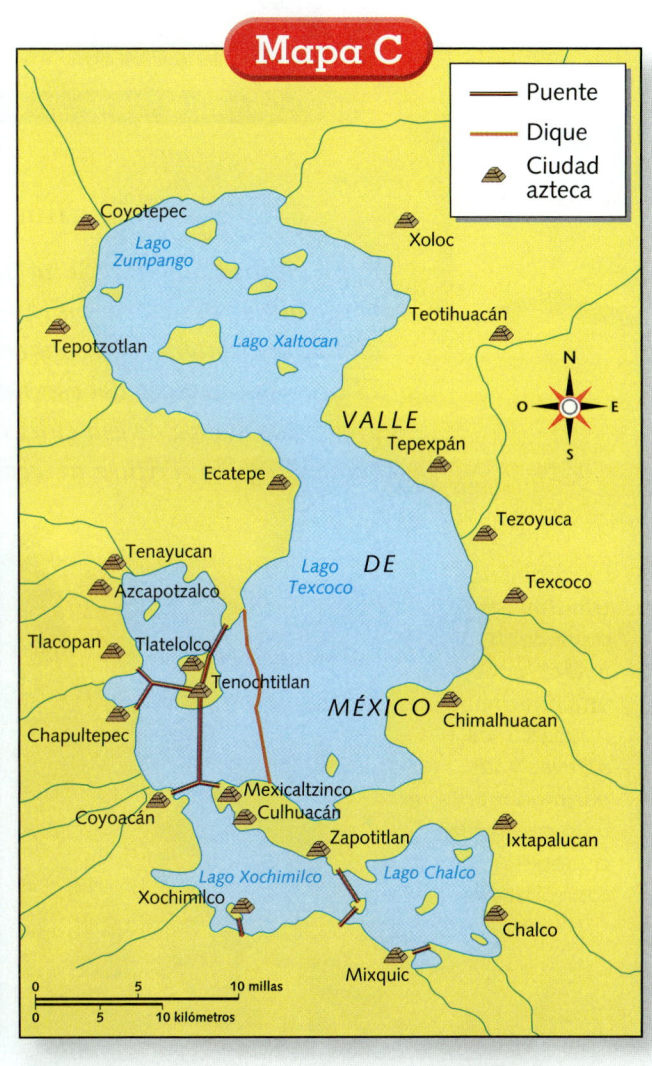

Usa los mapas para responder a las siguientes preguntas:

1 Busca Tenochtitlan en los tres mapas y observa las otras ciudades cercanas al lago. ¿Qué mapa muestra más ciudades?

2 Imagínate que quieres viajar desde Tenochtitlan hasta el golfo de México. ¿Qué mapa te serviría? Explica tu respuesta.

3 Imagínate que quieres medir el contorno del lago Texcoco. ¿Qué mapa usarías?

3. Piensa y aplica

Piensa en cómo utilizas los mapas cuando viajas. Busca dos mapas de carretera con escalas diferentes, por ejemplo, un mapa de tu estado y otro de una ciudad grande del estado. ¿Cuándo sería más útil el mapa del estado? ¿Cuándo sería más útil el mapa de la ciudad? ¿Cuál de los mapas tiene la escala más pequeña? ¿Cuál de los mapas tiene la escala más grande?

Capítulo 10 • 413

LECCIÓN 2
APRENDE CULTURA *con la* literatura

LOS AZTECAS

texto de Tim Wood
ilustraciones de Philip Hood

La civilización azteca ha atraído la atención de historiadores y arqueólogos desde que se descubrieron las ruinas de sus primeras ciudades. En nuestros días continúa el interés por conocer todo lo referente a cómo era la vida de los aztecas. El libro **Los aztecas** del escritor Tim Wood, contribuye a responder muchas preguntas acerca de esa cultura. El fragmento siguiente abarca dos temas: el comercio y la escritura azteca.

La recolección de tributos era la clave del poder azteca: aportaba una enorme riqueza a los aztecas y les permitía mantener bajo control las ciudades conquistadas.

414 • Unidad 5

COMERCIO Y TRIBUTOS

Gran parte de la riqueza de los aztecas provenía de los tributos enviados a Tenochtitlan por otras ciudades del imperio. La recolección de los tributos estaba muy bien organizada a través de recaudadores de impuestos, llamados calpixques. Los calpixques estaban situados en puntos estratégicos a lo largo de todo el territorio para supervisar el funcionamiento del sistema.

Recolección del tributo

Cada pocos meses se enviaban desde la capital las listas de los tributos requeridos a cada ciudad. Si las ciudades se negaban a mandar sus tributos se declaraba la guerra. A lo largo del año, y sobre todo durante la época de la cosecha, una caravana permanente de productos llegaba a Tenochtitlan para ser guardados en los almacenes de la ciudad.

Mercaderes

Los aztecas también adquirían a través del comercio los productos que necesitaban. Los mercaderes viajeros, llamados pochtecas, vivían de una forma muy diferente al resto de los aztecas. Habitaban áreas separadas en las ciudades y todos pertenecían al gremio mercantil. Disponían de leyes y jueces propios, y veneraban a su propio dios, Yacatecuhtli, el "Señor que guía" o el "Señor olfato". A este dios hacían ofrendas para que los protegiera durante sus viajes. A los hijos de los mercaderes, sólo se les permitía casarse con hijos de otros mercaderes.

Los mercaderes temían ser envidiados por los nobles, de modo que ocultaban su gran riqueza vistiendo capas sencillas y tocados para la cabeza hechos con fibra de cacto.

Expediciones mercantiles

Los pochtecas realizaban largos viajes para comerciar a través de todo el imperio. Estos viajes se preparaban con mucho detenimiento. Elegían un día de buena suerte para partir, y se cortaban el pelo por última vez hasta su regreso. Su salida se anunciaba en los mercados para que otras personas se les pudieran unir en la expedición. Así, los mercaderes salían del valle de México con productos de muchos otros mercaderes, que compartían los beneficios o las pérdidas del viaje. Los pochtecas iban muy bien armados y estaban protegidos por numerosos soldados.

Debido a que los aztecas carecían de animales de carga —nunca habían visto caballos o bueyes— los fardos de mercancías eran transportados por mecapaleros en sus espaldas. A su regreso, los pochtecas traían toda clase de productos de lujo desde todos los rincones del imperio, tales como finos tejidos, tintes, semillas de cacao, oro, algodón, plumas, cuentas de jade y cobre.

Espionaje

Además de contribuir a la gran riqueza de los aztecas, los mercaderes realizaban otras funciones. Algunos eran espías e informaban a sus generales acerca de las posesiones y los ejércitos de otras ciudades. En ocasiones debían originar conflictos en zonas que los aztecas deseaban atacar. Por ejemplo, solían insultar a los jefes locales para provocarlos y que sus caravanas fueran atacadas. Entonces el ejército azteca marchaba hacia la ciudad en cuestión para restablecer el orden y mantener la seguridad de las rutas comerciales (así como para obtener prisioneros para ser sacrificados después).

Ocultar la riqueza

Los mercaderes siempre regresaban en secreto, por la noche, con sus mercancías en canoas o mecapales, bien cubiertas. Luego escondían todo en la casa de otro comerciante. Así los mercaderes escondían a los ojos de los demás aztecas sus enormes riquezas.

Extracción de la corteza de higuera para hacer papel. También se empleaban fibras de cacto y pieles de animales. La fabricación de papel era un complicado proceso que requería mucho trabajo.

Un código azteca. Muchas de las antiguas culturas mexicanas disponían de papel y escritura, y confeccionaban códices. Algunos códices hablan de la historia mexicana, mientras que otros son almanaques religiosos con pronósticos y profecías que indicaban los buenos y los malos días para la siembra y la batalla. Estos libros en forma de acordeón contienen mucha información para los historiadores que estudian la civilización azteca.

ESCRITURA

Los aztecas carecían de alfabeto. Su escritura consistía en dibujos o glifos. Algunos glifos eran dibujos sencillos de cosas, como un árbol o un cuchillo; otros, en cambio, representaban ideas. La guerra, por ejemplo, aparecía como un escudo y un palo; el habla eran pequeños rollos saliendo de la boca de una persona; el movimiento eran una línea de huellas. Todos los glifos se pintaban primero en blanco y negro y después en color.

Signos sonoros

Algunos glifos, llamados fonogramas, representaban sonidos. Varios fonogramas juntos servían para reproducir el sonido de una palabra. Este método se usaba a menudo para escribir nombres de lugares. Por ejemplo, con la combinación del símbolo del árbol (cuauitl) y del símbolo de los dientes (tlantli), el escriba creaba un nuevo glifo cuyo sonido era similar al de la ciudad de Cuauhitlán.

Interpretación de los glifos

Los glifos no se dibujaban en una página en el orden convencional. Se pintaban de forma que el lector los tenía que interpretar como si se tratara de un acertijo visual. La posición y el tamaño eran elementos importantes para descifrarlos. Los objetos que se creía que estaban lejos, se dibujaban en la parte superior de la página. Y los cosas que estaban cerca, se dibujaban en la parte inferior. Los glifos más importantes tenían un mayor tamaño.

Este tipo de escritura gráfica no es fácil de entender ni de usar. No es de extrañar que sólo unos pocos escribas capacitados —generalmente sacerdotes— pudieran leer y escribir.

Papel

El papel se fabricaba con la corteza de las higueras. La corteza se lavaba en agua con cal y se golpeaba para separar las fibras. La pulpa se mezclaba con goma y se batía hasta formar hojas finas. A menudo las hojas se juntaban para hacer un libro en forma de acordeón llamado códice. Algunos códices se pintaban sobre pergaminos de piel de animal.

Trámite oficial

El gobierno del vasto imperio azteca requería un gran número de informes escritos relacionados con la posesión y la recolección de tributos, las órdenes para los oficiales y los informes de las distintas ciudades. Además, cada calpulli conservaba mapas e informes de la tierra que disponían sus miembros. Cada templo tenía una amplia biblioteca de libros religiosos y astrológicos. Los sacerdotes creían que las estrellas y los planetas afectaban la vida de la gente, por lo que registraban eclipses, fenómenos planetarios y movimientos de estrellas. Todo ello implicaba un gran uso de papel y cerca de medio millón de hojas se recogían como tributo cada año.

Contar

Los aztecas también conocían la escritura numérica. Su sistema para contar se basaba en el número 20: el número de dedos de las manos y los pies de una persona. Los números del 1 al 19 se representaban con dedos; el número 20 era una bandera; el número 400 (20×20) era una pluma; y el número 8000 ($20 \times 20 \times 20$) era una bolsa en la que cabía tal cantidad de semillas de cacao.

REPASO DE LA LITERATURA

1. ¿En qué se diferenciaba la vida de los mercaderes de la vida del resto de los aztecas?
2. ¿En qué se parecían el sistema numérico azteca y el sistema numérico maya, acerca del que leíste anteriormente? ¿En qué se diferenciaban?
3. Escribe una reseña del fragmento que acabas de leer. Habla de la información que ofrece y comenta si recomendarías a otras personas que lo leyeran.

LECCIÓN 3

Los incas

| 1200 | 1400 | 1600 |

Los primeros pueblos en asentarse en los Andes encontraron valles amplios y fértiles entre los picos nevados de las elevadas montañas. La tierra fértil era perfecta para cultivar maíz, papas y **quinoa**, un grano rico en proteína. Allí había suficiente piedra para la construcción. También había llamas que se podían usar para cargar bultos, y alpacas y vicuñas de las que se podía extraer lana.

Con el tiempo, un pueblo conocido como los incas se asentó en el área y creó una notable civilización. Poco a poco, llegaron a controlar toda el área y formaron un imperio.

El ascenso de los incas al poder

Los primeros incas llegaron al valle del Cuzco hacia el año 1200. Se les llama incas porque así era llamado su gobernante.

Las leyendas cuentan que la ciudad de Cuzco fue fundada por el primer inca, Manco Cápac. Asimismo, cuentan que el dios del sol envió a su hijo y a su hija para que llevaran la civilización al mundo. Los incas creían descender de ese dios y esa diosa.

Los incas se dedicaron a cultivar la tierra y a establecer asentamientos. Sin embargo, no vivían en paz con los pueblos nativos y a inicios del siglo XV, comenzaron a conquistarlos. Guiados por Pachacuti, el noveno inca, extendieron su dominio más allá del valle del Cuzco. Pachacuti conquistó a unos pueblos con su fuerza militar y a otros, mediante conversaciones pacíficas.

El hijo y el nieto de Pachacuti expandieron el imperio aún más. Cuando los españoles llegaron a Perú en 1532, el Imperio Inca cubría un área de casi medio millón de millas cuadradas (1.3 millones de kilómetros cuadrados).

Los conquistadores españoles fundieron casi todo el oro de los incas. Esta figura de una llama es uno de los pocos artefactos de oro que quedan.

ENFOQUE
¿Cómo puede un pequeño grupo de personas controlar un gran territorio?

Idea principal
Mientras lees piensa qué hicieron los incas para que el imperio tuviera un poderoso gobierno centralizado.

Vocabulario
quinoa mitima
quechua quipu

418 • Unidad 5

El imperio se extendía a través del territorio que hoy ocupan Perú, Ecuador, Bolivia, Argentina y Chile. Los Incas gobernaban a más de 9 millones de personas. Conquistaron a pueblos que hablaban al menos 20 lenguas distintas y que pertenecían a muchos grupos indígenas.

REPASO *¿Cuándo y cómo fundaron el pueblo inca su imperio?*

El gobierno de un imperio

En el Imperio Inca predominaban tres zonas ecológicas: la costa seca del Pacífico, las faldas húmedas y calientes del este de los Andes, y varias mesetas elevadas, rodeadas de montañas escarpadas.

Para conectar las muchas regiones del imperio, los incas construyeron más de 14,000 millas (22,526 km) de caminos. Dos caminos principales se extendían a todo lo largo del imperio, uno a través de las montañas y otro a lo largo de la costa. Caminos vecinales conectaban los dos caminos principales en varios puntos.

La construcción de caminos variaba según el medio ambiente. Vías de piedra atravesaban las zonas pantanosas a lo largo de la costa. En las faldas escarpadas de las montañas, los caminos tomaban forma de gradas. En las tierras altas, puentes colgantes de soga cruzaban los profundos cañones.

Estas ruinas incas fueron encontradas en las afueras de lo que hoy es la ciudad de Cuzco, Perú.

Expansión del Imperio Inca

Regiones El Imperio Inca se extendía a lo largo de la costa del océano Pacífico.
■ ¿Qué ciudades incas se establecieron a lo largo de la costa del Pacífico?

Capítulo 10 • 419

A lo largo de los caminos incas, había equipos de corredores que se relevaban para llevar mensajes y se usaban llamas para cargar bienes. El sistema de transporte inca funcionaba tan bien que en Cuzco se podía comer pescado fresco proveniente del océano Pacífico.

Los caminos comunicaban muchas partes del imperio, pero no podían unir a la gente. Para ganar lealtad, los incas regalaban a los pueblos recientemente conquistados telas y alimento en abundancia. También permitían que los gobernantes locales continuaran gobernando.

Los incas hacían que los pueblos conquistados adoptaran el modo de vida inca. Llevaban a los hijos de los gobernantes conquistados a Cuzco, donde aprendían costumbres incas que después debían enseñar a su propio pueblo. El **quechua**, la lengua de los incas, era la lengua oficial de todo el imperio. Los pueblos conquistados tenían la libertad de adorar a sus propios dioses, siempre y cuando hubieran aceptado los dioses incas primero.

Cada familia debía pagar un impuesto de trabajo, con lo que se pagaban los gastos del gobierno. Todos los varones tenían que trabajar para el gobierno durante parte del año. Prestaban sus servicios en el ejército, atendían las granjas y rebaños del gobierno, y construían caminos, puentes o ciudades. La mayoría de los pueblos conquistados podían quedarse en sus tierras. Sin embargo, algunos eran enviados a vivir en otros lugares. Esa costumbre, llamada **mitima**, ayudaba a los incas a fundar asentamientos nuevos y a evitar las rebeliones.

REPASO *¿Qué medidas tomaban los incas para que los pueblos recientemente conquistados se integraran al imperio?*

Caminos incas

Movimiento Muchos caminos cruzaban el Imperio Inca. Algunos de esos caminos aún se usan hoy.
■ *¿Aproximadamente a qué distancia está Quito de Cuzco si se viaja por los caminos incas?*

BIOGRAFÍA

Pachacuti

Muchas leyendas tratan de la vida de Pachacuti, el noveno inca. Una de ellas cuenta que el octavo inca y sus hijos huyeron cuando sus enemigos amenazaban Cuzco. Sólo el hijo menor se quedó a defender la ciudad. Se dice que sus plegarias al dios Viracocha hicieron que las piedras de la montaña se transformaran en un bravo ejército. Después de vencer al enemigo, el príncipe tomó el nombre de Pachacuti, o sea, "transformador de la Tierra".

Otras leyendas hablan de los logros de Pachacuti. Cuentan, por ejemplo, que Pachacuti fundó el Imperio Inca en 1438 y organizó el gobierno que rigió las tierras recientemente conquistadas.

Representación de Pachacuti por un artista que vivió en Cuzco, Perú, el siglo XVIII

Vida y trabajo de los incas

En el centro de cada ciudad inca había una plaza principal rodeada por grandes edificios de gobierno. Para construir los edificios, los obreros cortaban grandes bloques de piedra y los ponían unos sobre otros para formar las paredes. Los bloques de piedra se ajustaban con tal precisión que no era necesario usar cemento para mantenerlos juntos. Muchas paredes todavía están en pie en áreas donde los terremotos han desplomado edificios más modernos.

Dentro de los edificios del gobierno, los nobles y otros funcionarios desempeñaban muchas tareas. Los contadores llevaban registros de la población y los bienes del imperio. También hacían listas de quiénes debían impuestos de trabajo y dónde y cómo debían pagarlos. Ya que los incas no tenían jeroglíficos ni un alfabeto, toda esta información se registraba con **quipus**, es decir, un conjunto de hilos de colores anudados. El color y el nudo del hilo significaban distintas ideas o palabras. Así, la palabra *oro* era de color amarillo. La palabra *paz* era de color blanco.

Todos vestían con ropa atractiva y finamente confeccionada. Algunas piezas estaban hechas con algodón y otras con lana de alpaca. Sólo los nobles incas podían usar joyas de oro o plata.

Las viviendas estaban lejos de las concurridas calles del centro de la ciudad.

Los contadores incas estaban entrenados para registrar y leer información en los quipus (izquierda). Los artesanos incas tejían ropa fina (arriba).

Capítulo 10 • 421

Tres generaciones de una misma familia vivían juntas. Casi todos vivían en pequeñas casas de adobe con techos de paja. Los nobles más ricos vivían en palacios.

Algunos incas trabajaban como artesanos, comerciantes o mercaderes. La mayor parte de la población trabajaba en las granjas del gobierno.

REPASO *¿Qué ocupaciones había en el Imperio Inca?*

APRENDER CON DIAGRAMAS Los incas construían sus edificios con bloques de piedra cortados de manera que calzaran perfectamente.
■ *¿Por qué los incas cortaban las piedras que utilizaban?*

Los bloques de piedra de los incas

1. Primero se introducían cuñas de madera en hendiduras cortadas en la superficie de la piedra.
2. Después las cuñas eran martilladas hasta que la piedra se partiera, dejando una superficie lisa.

El Imperio Inca sobrevive

En 1532 el conquistador español Francisco Pizarro, acompañado de sus hombres, llegó a la costa de Perú. Su propósito era apoderarse de la riqueza de las Américas.

Poco antes de la llegada de Pizarro, el emperador inca había muerto, y dos de sus hijos, Huáscar y Atahuallpa, libraban una guerra para decidir quién sería el nuevo gobernante.

El ejército de Atahuallpa finalmente derrotó al de su hermano, quien murió en la batalla. Pizarro invitó al nuevo emperador a su campamento, donde fue capturado por los soldados españoles. Atahuallpa prometió entregar a Pizarro un cuarto lleno de oro y plata a cambio de su libertad. Los incas entregaron a Pizarro el tesoro de Atahuallpa, pero el conquistador ordenó de todas maneras la muerte del emperador. Luego, Pizarro y su ejército se apoderaron de Cuzco. Los intentos de los incas por reconquistar a Cuzco fracasaron.

Las ruinas de la ciudad de Machu Picchu se encuentran en lo alto de los Andes. Construida alrededor de 1490, Machu Picchu nunca fue descubierta por los conquistadores españoles.

Aunque los incas eran más numerosos que los españoles, sus lanzas de madera no podían contra las armas de fuego enemigas. Además, los incas luchaban a pie, mientras que los españoles lo hacían a caballo.

Los españoles se apoderaron del Imperio Inca. Muchos de los incas fueron convertidos en esclavos y forzados a trabajar en las granjas y minas de los españoles.

Las costumbres españolas comenzaron a reemplazar a las costumbres incas. El cristianismo reemplazó a los dioses incas. Los españoles importaban bienes de España y trajeron vacas, ovejas, pollos, trigo y cebada a las Américas. A su vez, los españoles exportaban bienes nativos de las Américas a España.

Sin embargo, la cultura española no reemplazó completamente a la cultura inca. Muchos incas huyeron a las tierras más altas para esconderse de los españoles. Allí continuaron viviendo como lo habían hecho antes de la llegada de Pizarro y siguieron practicando su religión en secreto. Aún hoy, los pobladores de las montañas de Perú visten ropa típica, tejida al estilo antiguo, y el quechua es una de las lenguas oficiales del país, junto con el español.

REPASO *¿Cómo y cuándo terminó el Imperio Inca?*

Descendientes de los incas en lo que hoy es Perú

LECCIÓN 3 • REPASO

1200
- Los Incas se asientan en el valle del Cuzco

1438
- Pachacuti funda el Imperio Inca

1532
- Los españoles llegan a Perú

Comprueba lo que aprendiste

1. **Recuerda los datos** ¿Dónde estaba el Imperio Inca?
2. **Recuerda la idea principal** ¿Qué hicieron los incas para que el imperio tuviera un gobierno central?

Piensa críticamente

3. **Piensa más sobre el tema** ¿Hay libertad individual en una sociedad muy organizada? Explica.
4. **Explora otros puntos de vista** ¿En qué se diferenciaría la opinión de un inca noble respecto a la dominación española de la opinión de un agricultor inca?

Muestra lo que sabes

Multimedia En grupo, prepara un informe en multimedia para tu clase. Haz una investigación sobre algún grupo nativo que vivió en las Américas antes de 1500 y que no se haya mencionado en esta unidad. Averigua sobre su modo de vida, el medio ambiente que habitaban, su forma de gobierno, religión y economía. Usa cualquiera de los siguientes recursos como parte de tu presentación: computadoras, carteles, tablas y gráficas, diapositivas, transparencias para retroproyector, maquetas, música, danza y obras de arte.

Capítulo 10 • 423

Lectura e investigación

Evalúa los datos

1. ¿Por qué aprender esta destreza?

Puedes obtener datos de muchas fuentes, por ejemplo, la radio, los periódicos, la internet y la televisión. Sin embargo, antes de utilizar esos datos es preciso evaluarlos. **Evaluar** un dato es determinar si es de confianza o no.

2. Los datos y sus fuentes

Los **hechos** son un tipo de datos o declaraciones cuya veracidad puede ser probada. La veracidad de otros tipos de datos no puede ser probada tan fácilmente. Los arqueólogos, por ejemplo, estudian culturas de la antigüedad, de las que se sabe muy poco. Basándose en sus estudios, los arqueólogos formulan una opinión. Una **opinión** es una declaración que expresa lo que una persona cree o juzga correcto. Aunque algunas opiniones están respaldadas por datos concretos, las opiniones no son tan fiables como los hechos.

Para los historiadores, los textos o ilustraciones históricos son importantes fuentes de información sobre los pueblos y los acontecimientos del pasado. Algunos registros históricos son **fuentes primarias**, es decir, expresan la opinión del autor. Otros registros son **fuentes secundarias**, es decir, relatan las opiniones de los demás.

La Ilustración A muestra a Motecuhzoma pidiendo a los aztecas que se rindan mientras los españoles atacan su palacio en 1520. Un artista español pintó esta escena en el siglo XVI.

Ilustración A

y sus fuentes

3. Comprende el proceso

Para evaluar los datos y sus fuentes puedes seguir los siguientes pasos:

- Estudia la fuente cuidadosamente.
- Piensa en las personas a las que se dirige.
- Verifica si hay **información tendenciosa**, es decir, si los datos favorecen o están en contra de alguien o algo.
- De ser posible, compara las fuentes.

Ahora evalúa las ilustraciones que aparecen en estas páginas. Cada ilustración muestra la batalla entre los aztecas y los españoles de manera distinta. La Ilustración A fue dibujada por un español. La Ilustración B fue dibujada por un azteca. Usa lo que sabes sobre la evaluación de los datos y sus fuentes para contestar las siguientes preguntas.

1 ¿A qué público estaba destinado la Ilustración A? Explica cómo lo sabes.
2 ¿Es tendenciosa la información que aparece en la Ilustración A? Explica cómo lo sabes.
3 ¿En qué se parece la Ilustración A y la Ilustración B? ¿En qué se diferencian?

4. Piensa y aplica

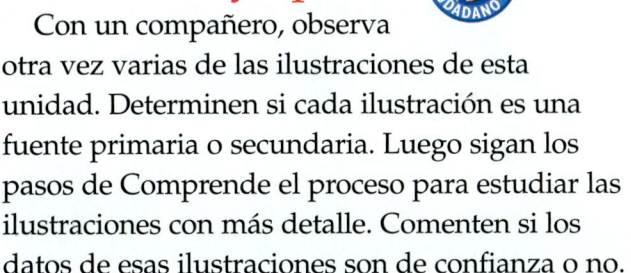

Con un compañero, observa otra vez varias de las ilustraciones de esta unidad. Determinen si cada ilustración es una fuente primaria o secundaria. Luego sigan los pasos de Comprende el proceso para estudiar las ilustraciones con más detalle. Comenten si los datos de esas ilustraciones son de confianza o no.

Ilustración B

La Ilustración B muestra a guerreros aztecas defendiendo el palacio de Motecuhzoma de los españoles. Un azteca pintó esta escena en el siglo XVI. La escena aparece en un manuscrito mexicano.

Capítulo 10 • 425

CAPÍTULO 10 REPASO

1200
- Los Incas se asientan en el valle del Cuzco

1325
- Los aztecas comienzan la construcción de Tenochtitlan

CONECTA LAS IDEAS PRINCIPALES

Usa este organizador para mostrar cómo construyeron sus imperios los aztecas y los incas. En la página 95 del Cuaderno de actividades aparece una copia del organizador.

Los aztecas

Los aztecas construyeron un imperio basado en su poderío militar y el cobro de tributos.

1. _____
2. _____

Los incas

El Imperio Inca hacía que los pueblos conquistados aprendieran la cultura inca.

1. _____
2. _____

Los aztecas y los incas

ESCRIBE MÁS SOBRE EL TEMA

Escribe un relato breve Escribe un relato breve sobre una familia azteca. Antes de escribir, prepara un bosquejo del escenario, los personajes y la trama del relato. Menciona el modo de vida y algunas de las innovaciones de los aztecas.

Escribe una carta Imagínate que eres uno de los conquistadores, primero viajas con Cortés por México y luego con Pizarro por Perú. Escribe una carta a tu familia en España contándoles sobre las semejanzas y diferencias que hay entre los aztecas y los incas.

1400 • **1438** Pachacuti funda el Imperio Inca • **1500** • **1521** Tenochtitlan cae ante los españoles • **1600**

USA EL VOCABULARIO

Usa uno de los términos de la siguiente lista para completar las oraciones.

chinampas   quipu
quechua   quinoa

1. La _____ es un grano rico en proteína.
2. Los incas llevaban registros mediante el _____.
3. El _____, la lengua de los incas, era la lengua oficial del imperio.
4. Los "jardines flotantes" aztecas, o _____, proveían de tierra para la agricultura.

COMPRUEBA LO QUE APRENDISTE

5. ¿Qué razones tenían los aztecas para asentarse donde lo hicieron?
6. ¿Qué símbolo aparece en la bandera de México?
7. ¿Cómo se llamaba la capital de los aztecas?
8. ¿Qué causó el fin del Imperio Azteca?
9. ¿En qué lugar de las Américas se asentaron los Incas?
10. ¿Quién fue Pachacuti?
11. ¿Por qué construyeron caminos los Incas?

PIENSA CRÍTICAMENTE

12. **Piensa más sobre el tema** Los aztecas y los incas estaban convencidos de que debían gobernar a otros pueblos. ¿Qué efecto tuvo eso en sus civilizaciones?

13. **Causa y efecto** ¿Qué problemas se producen cuando personas de diferentes culturas se encuentran por primera vez?
14. **Ayer y hoy** El Imperio Azteca se mantenía con los tributos el Imperio Inca con el impuesto de trabajo. ¿Cómo se mantienen los gobiernos hoy en día?

APLICA TUS DESTREZAS

Compara mapas con escalas diferentes Usa los mapas de las páginas 412 y 413 para contestar.

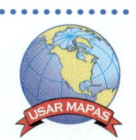

15. Imagínate que quieres hallar la distancia entre Texcoco y Chapultepec. ¿Qué mapa utilizarías? ¿Por qué?
16. ¿Cómo sería el mapa de Tenochtitlan a una escala más grande?

Evalúa los datos y sus fuentes
Imagínate que te han pedido escribir un informe sobre el efecto de la llegada de los españoles en el modo de vida de los pueblos de las Américas. ¿Utilizarías fuentes primarias, fuentes secundarias o ambas? ¿Crees que vas a encontrar información tendenciosa? Explica tu respuesta.

LEE MÁS SOBRE EL TEMA

Aztecas, incas y mayas de Elizabeth Baquedano. Altea. 1994. Disfruta leyendo sobre la historia, las creencias y la vida cotidiana de los aztecas, incas y mayas.

Visita nuestra página en Internet en http://www.hbschool.com para recursos adicionales.

Los estudios sociales y tú

Los alimentos que las Américas dieron al mundo

¿Quién puede imaginarse comida italiana sin tomates? ¿Un guiso irlandés sin papas? ¿Un curry indio sin chiles picantes? ¿Y un guiso de Ghana sin cacahuates?

Ninguno de estos platos típicos de Europa, Asia y África se podría preparar a menos que se usaran ingredientes que provienen de las Américas. Cuando los primeros habitantes de las Américas empezaron a cultivar la tierra, domesticaron muchas plantas silvestres que se desconocían en otras partes del mundo. Domesticaron maíz, varias tipos de frijoles, entre ellos los frijoles rojos, los ejotes y las habas, y varios tipos de calabazas, entre ellas los calabacines y los ayotes.

Los indígenas de América del Norte llamaban al maíz, los frijoles y las calabazas los "tres hermanos". Unidos, proveían a los indígenas con una dieta balanceada.

Cada región de las Américas hizo sus propias contribuciones a las mesas del mundo. En las islas del Caribe, los indígenas producían cacahuates y camote. En los bosques orientales de América del Norte, los indígenas recogían savia de los arces y la hervían para hacer sirope o azúcar. En la selva de América Central, se producía cacao y vainilla. En el altiplano andino, se producían papas, que se conservaban congelándolas y desecándolas. Los chiles picantes, aguacates, arándanos, tomates y berenjenas son originarios de las Américas.

Así que la próxima vez que disfrutes de unas palomitas de maíz, unos fideos con salsa de tomate, una sopa de frijoles, una papa asada o un chocolate caliente, piensa en los agricultores nativos de las Américas. Fueron ellos quienes contribuyeron con los ingredientes clave de estas comidas tan populares.

Piensa y aplica

Piensa en las comidas que comes durante la semana e indaga en la biblioteca sobre los orígenes de algunas de ellas. Prepara un cuestionario corto con los datos que encuentres. Hazle las preguntas a tus amigos y familiares.

EL BUEN CIUDADANO

HARCOURT BRACE Visita nuestra página en Internet en http://www.hbschool.com para recursos adicionales.

CNN Turner Le@rning Busca en el centro de recursos de tu escuela el vídeo *Making Social Studies Relevant*.

Unidad 5 • 429

UNIDAD 5
REPASO

RESUMEN VISUAL

Resume las ideas principales
Examina las ilustraciones y los resúmenes para repasar lo que leíste en la Unidad 5.

Escribe un cuento
Imagínate que puedes visitar una de las civilizaciones que aparecen en el Resumen visual. Imagínate también que te encuentras con una persona de esa civilización. Escribe qué sucede durante el encuentro.

1 Con la desaparición de los grandes mamíferos, los primeros habitantes de las Américas se dedican a la caza de animales pequeños y a la recolección de alimentos. Con el tiempo, las bandas se asientan en distintas partes de los continentes.

3 Los mayas se adaptan a los cambios de muchas maneras. Desarrollan varios métodos para producir alimento en la selva.

5 Los incas crean un poderoso gobierno centralizado mediante la construcción de caminos y al hacer que los súbditos aprendan las costumbres incaicas.

2 La cultura, religión y forma de gobierno de los olmecas influyen en las civilizaciones de Mesoamérica.

4 Los aztecas conquistan a otros pueblos de Mesoamérica. Los pueblos conquistados pagan tributo a los aztecas para mantener la paz.

431

UNIDAD 5 REPASO

USA EL VOCABULARIO

Usa cada término en una oración que explique su significado.

1. conquistador
2. cultivos mixtos
3. Mesoamérica
4. quechua
5. quipu
6. agricultura de roza y quema

COMPRUEBA LO QUE APRENDISTE

7. ¿Cómo creen los científicos que los primeros habitantes llegaron a las Américas?
8. ¿Qué innovaciones de la civilización olmeca fueron adoptadas por los mayas?
9. ¿Por qué no han perdurado muchos códices mayas y aztecas?
10. ¿Cómo transformaron el medio ambiente los aztecas en Tenochtitlan?
11. ¿Cómo superaron los incas el problema de las altas montañas que dividían el imperio?
12. ¿Qué área cubría el Imperio inca?
13. ¿Por qué son tan excepcionales los muros construidos por los incas?

PIENSA CRÍTICAMENTE

14. **Ayer y hoy** ¿Por qué nos interesa conocer la causa del colapso de los maya?
15. **Piensa más sobre el tema** ¿Cómo crees que serían las Américas en la actualidad si los españoles no hubieran conquistado a los aztecas y a los incas?
16. **En mi opinión** ¿Cuál de las culturas sobre las que has leído en esta unidad te interesa más? ¿Por qué?

APLICA TUS DESTREZAS

Compara mapas con escalas diferentes Usa los mapas A y B para contestar las siguientes preguntas.

17. ¿Qué mapa utilizarías para identificar las ciudades que quedaban a menos de 100 millas de Chichén Itzá?
18. ¿Qué mapa utilizarías para hallar la distancia que había entre el mercado y el juego de pelota de Chichén Itzá?

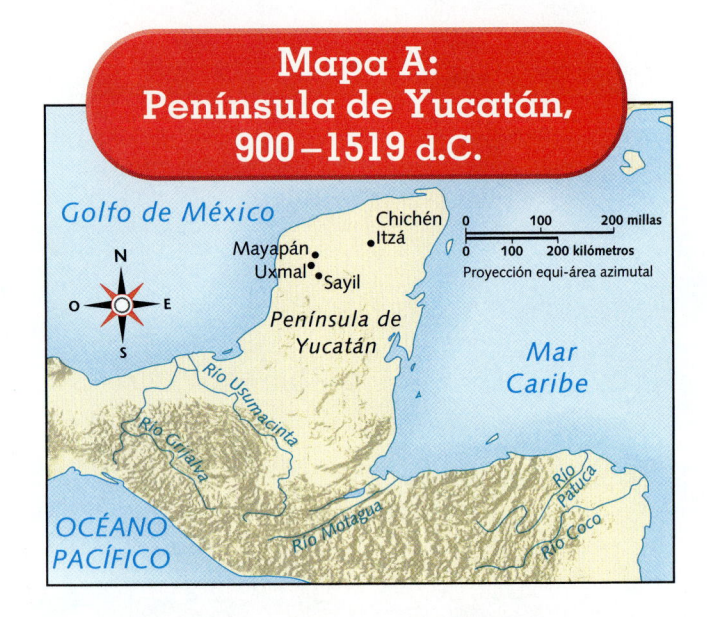

Mapa A: Península de Yucatán, 900–1519 d.C.

Mapa B: Chichén Itzá

TALLER DE APRENDIZAJE COOPERATIVO

RECUERDA
- Comparte tus ideas.
- Coopera con los demás para planificar el trabajo.
- Responsabilízate de tu trabajo.
- Ayuda a tus compañeros.
- Muestra a la clase el trabajo de tu grupo.
- Comenta lo que has aprendido trabajando en grupo.

ACTIVIDAD: Hacer un modelo

En grupo, piensen en las edificaciones construidas por las antiguas civilizaciones de las Américas. Luego elijan una edificación y hagan un modelo. Podrían hacer una cabeza olmeca, un templo azteca o maya, o un puente colgante inca. Coloquen junto al modelo una figura humana para indicar la escala. Muestren al resto de la clase el modelo.

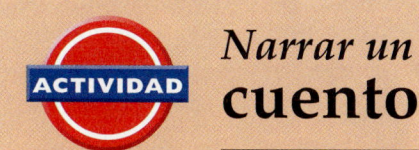

ACTIVIDAD: Narrar un cuento

Imagínate que tú y tu grupo son narradores aztecas. Su responsabilidad es aprender la historia de las aztecas y narrarla. Preparen un bosquejo de cómo narrarían la forma en que los aztecas encontraron la isla donde se asentaron. Luego túrnense para narrar la historia a otro grupo de estudiantes.

Termina el proyecto

Haz un mapa Ahora que terminaste la Unidad 5, tú y tus amigos pueden terminar de dibujar el mapa de las primeras civilizaciones de las Américas. Primero, escriban el nombre de las regiones donde vivieron los olmecas, mayas, aztecas e incas. Luego usen sus apuntes para hacer uno o dos dibujos sobre el modo de vida de cada civilización. Escriban una o dos oraciones que describan cada dibujo. Pueden dibujar las escenas y escribir las oraciones en hojas separadas. Coloquen el mapa y las hojas sobre una pared del salón de clases.

Unidad 1	Unidad 2	Unidad 3
Los orígenes de la humanidad	Las antiguas civilizaciones de África	Las antiguas civilizaciones de Asia

EL MUNDO DE HOY

Unidad 4
Las antiguas civilizaciones de Europa

Unidad 5
Las antiguas civilizaciones de las Américas

Unidad 6

El mundo de hoy es muy diferente del mundo del pasado. Los nuevos sistemas de gobierno, fabricación, transporte y comunicaciones hacen que la antigüedad parezca muy lejana. Sin embargo, las ideas de las antiguas civilizaciones son la base del mundo actual. Muchos de nuestros conocimientos jurídicos, nuestras creencias religiosas, el arte, la literatura y la ciencia tienen sus raíces en el pasado.

◄ Estos modernos satélites de comunicación están en órbita alrededor de la Tierra y funcionan con energía solar.

TEMAS DE LA UNIDAD

- Individualismo e interdependencia
- Interacción con diversos ambientes
- Semejanza y diversidad
- Continuidad y cambio

Proyecto de la unidad

Organiza una conferencia mundial
Trabaja en este proyecto a medida que estudias la Unidad 6. Cuando termines la unidad vas a organizar junto a tus compañeros una conferencia mundial, es decir, una reunión de los principales representantes de los países del mundo. El tema será "Desafíos del siglo XXI". A medida que lees esta unidad, elige un país de la actualidad que consideres interesante. Toma apuntes de lo que aprendas acerca de ese país y usa también otras fuentes adicionales. Utiliza la información que hayas reunido para representar al país elegido en la conferencia mundial.

UNIDAD 6
PRESENTACIÓN

★ Capital
• Ciudad importante

1492
Se produce el primer contacto entre indígenas de América del Norte y europeos.

1945
Estados Unidos emerge como una potencia mundial después de la Segunda Guerra Mundial.

1825
La mayoría de los países de América Latina son independientes.

ALB.	ALBANIA	LÍB.	LÍBANO
ARM.	ARMENIA	LIT.	LITUANIA
AUS.	AUSTRIA	LUX.	LUXEMBURGO
AZER.	AZERBAIJÁN	MAC.	MACEDONIA
BELG.	BÉLGICA	P.B.	PAÍSES BAJOS
BOS.-HER.	BOSNIA Y HERZEGOVINA	R.C.A.	REPÚBLICA CENTROAFRICANA
C. d M.	COSTA DE MARFIL	REP. CHE.	REPÚBLICA CHECA
CRO.	CROACIA	REP. DEL CONGO	REPÚBLICA DEL CONGO
E.A.U.	EMIRATOS ÁRABES UNIDOS	REP. DEM. DEL CONGO	REPÚBLICA DEMOCRÁTICA DEL CONGO
EE.UU.	ESTADOS UNIDOS	RUM.	RUMANIA
ESL.	ESLOVENIA	SEN.	SENEGAL
ESQ.	ESLOVAQUIA	S.L.	SIERRA LEONA
GUI. EC.	GUINEA ECUATORIAL	SUI.	SUIZA
G.B.	GUINEA-BISSAU	YUGO.	YUGOSLAVIA
HUNG.	HUNGRÍA		

0   1,500   3,000 millas
0   1,500   3,000 kilómetros
Proyección cilíndrica de Miller

1900 — 1920 — 1940

Los seres humanos y el medio ambiente
PÁGINA 464

Sucesos que influyeron en el desarrollo del mundo
PÁGINA 479

436

El mundo actual

1800
La Revolución Industrial transforma el estilo de vida de la gente.

1989
Con la desaparición del comunismo en Europa Oriental cae el muro de Berlín.

1922
Se crea la Unión Soviética, que gobierna a ciudadanos de más de 100 nacionalidades diferentes.

1980
La población de China llega a los mil millones.

1991
La Unión Soviética se desintegra.

732
El islam se expande por el oeste hasta España y por el este hasta llegar a la India.

1990
Namibia es la última nación africana en independizarse.

1914–1918 y 1939–1945
Países de gran parte del mundo participan en la Primera y Segunda Guerra Mundial.

1901
Se declara el Commonwealth de Australia, gobernado por los reyes británicos.

1960 — 1980 — Presente

Los gobiernos en la actualidad
PÁGINA 500

La cooperación a nivel mundial
PÁGINA 508

437

ESTABLECE EL ESCENARIO con la literatura

LAS PAREDES HABLAN
Cuentan más historias

texto de Margy Burns Knight • ilustraciones de Anne Sibley O'Brien

La escritora Margy Burns Knight siente una gran fascinación por las historias que cuentan las antiguas paredes. Ella ha estudiado paredes de todo el mundo y ha escrito dos libros sobre el tema. Mientras lees esta selección de *Las paredes hablan: Cuentan más historias* piensa en cómo esas paredes afectan a la gente en la actualidad a pesar de haber sido construidas hace mucho tiempo.

Bonampak

Nadie sabe por qué los murales de Bonampak, en México, nunca se terminaron. Los niños mayas saben que sus antepasados comenzaron las pinturas alrededor de 1,000 años atrás, pero nunca las completaron. Los niños que actualmente visitan los murales apenas pueden ver los dibujos porque la vieja pintura de las paredes se está descascarando. Una de las pinturas relata la coronación de un joven príncipe, pero nadie sabe si llegó a ser rey porque su pueblo desapareció de Bonampak antes de que los murales fueran acabados.

Hoy en día los arqueólogos estudian los murales de Bonampak. Utilizan computadoras para imaginar cómo habrían lucido los colores en las paredes y para encontrar las pistas que expliquen por qué los mayas abandonaron Bonampak. Quizás fue a causa de una guerra o una hambruna; la respuesta sigue siendo un misterio. Los arqueólogos tienen la esperanza de que los niños mayas y los visitantes puedan seguir viendo las pinturas en el futuro, así como las generaciones venideras. Trabajan muchísimo para impedir que los murales se sigan deteriorando.

Unidad 6 • 439

440 • Unidad 6

Ruedas de plegaria

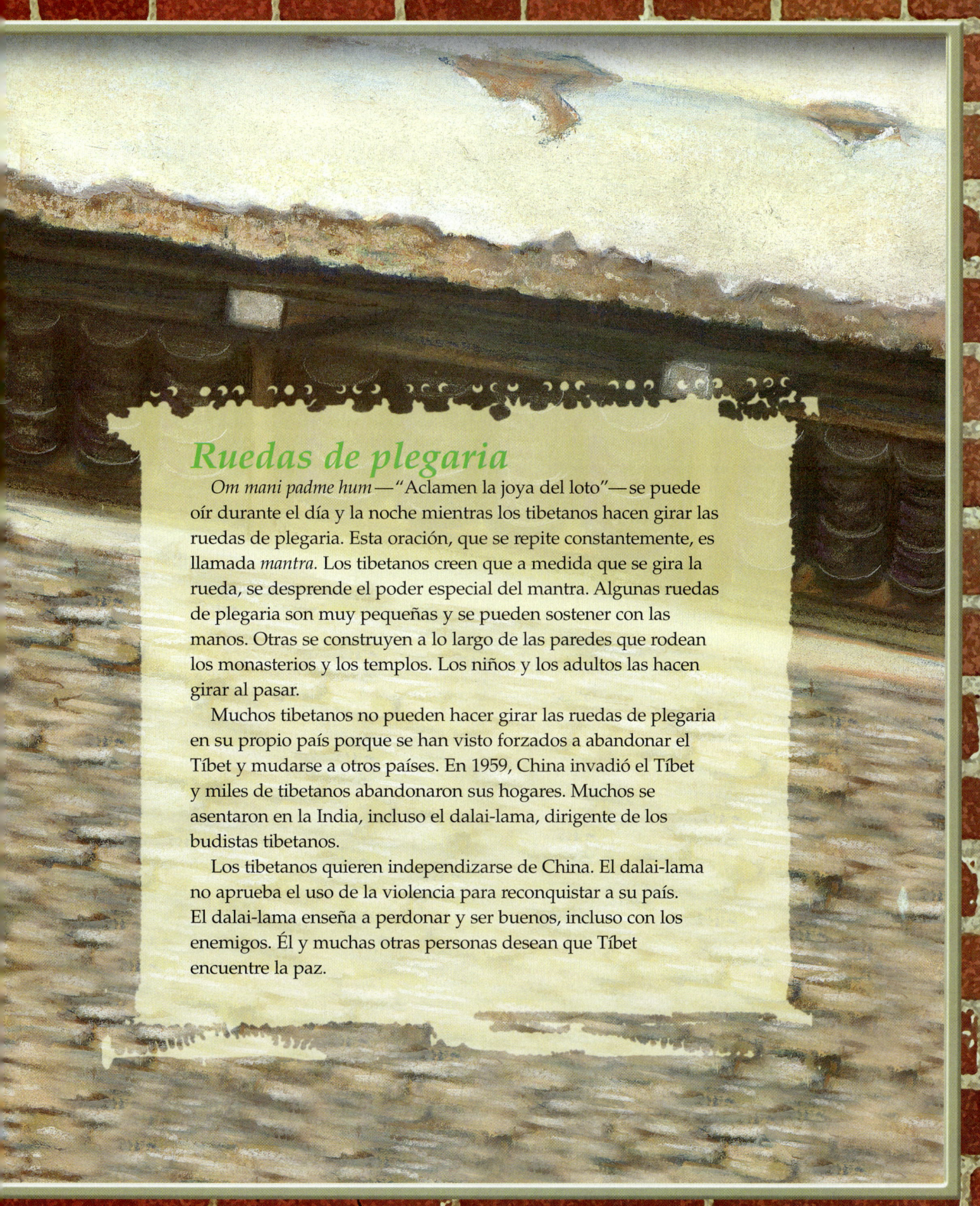

Om mani padme hum—"Aclamen la joya del loto"—se puede oír durante el día y la noche mientras los tibetanos hacen girar las ruedas de plegaria. Esta oración, que se repite constantemente, es llamada *mantra*. Los tibetanos creen que a medida que se gira la rueda, se desprende el poder especial del mantra. Algunas ruedas de plegaria son muy pequeñas y se pueden sostener con las manos. Otras se construyen a lo largo de las paredes que rodean los monasterios y los templos. Los niños y los adultos las hacen girar al pasar.

Muchos tibetanos no pueden hacer girar las ruedas de plegaria en su propio país porque se han visto forzados a abandonar el Tíbet y mudarse a otros países. En 1959, China invadió el Tíbet y miles de tibetanos abandonaron sus hogares. Muchos se asentaron en la India, incluso el dalai-lama, dirigente de los budistas tibetanos.

Los tibetanos quieren independizarse de China. El dalai-lama no aprueba el uso de la violencia para reconquistar a su país. El dalai-lama enseña a perdonar y ser buenos, incluso con los enemigos. Él y muchas otras personas desean que Tíbet encuentre la paz.

La Muralla de Adriano

Una vez al año los niños de Inglaterra se disfrazan de soldados romanos y simulan que marchan y defienden la Muralla de Adriano. Se remontan[1] unos 2,000 años a cuando el emperador romano Adriano ordenó construir una muralla de 74 millas de longitud a lo largo de Inglaterra para marcar el límite norte de su imperio. Unos 10,000 soldados construyeron la muralla en seis años.

Una vez terminada la muralla, los soldados defendieron el territorio romano desde las torres pequeñas y grandes que había a lo largo de la muralla. Antes de la invasión romana, los pictos, una tribu de Escocia, vivían al norte de Inglaterra. Los pictos trataron de impedir que los romanos tomaran sus tierras, pero el ejército romano resultó demasiado poderoso para ellos.

Hoy día la mayoría de la muralla está en ruinas, pero la gente trata de preservar algunas partes. Los historiadores y los arqueólogos que estudian la muralla presumen[2] que en algún momento estuvo pintada de blanco, pero no pueden asegurar por qué. Tienen la esperanza de que algunos de los artefactos romanos que encontraron cerca de las ruinas — alhajas, juguetes, sandalias y juegos — les darán las pistas que necesitan para completar más historias sobre la Muralla de Adriano.

Continúa leyendo para descubrir la influencia que tiene el pasado sobre el mundo actual. A medida que lees la Unidad 6 aprenderás cómo viven en la actualidad diversos grupos humanos y conocerás su forma de gobierno y su economía.

---

[1] **remontan:** regresar a una época lejana
[2] **presumen:** sospechan

Unidad 6 • 443

CAPÍTULO 11

PUEBLOS Y ENTORNOS

"El crecimiento no tiene límites, ya que la inteligencia, la imaginación y la curiosidad de los seres humanos tampoco tiene límites."

Ronald Reagan, gobernador de California entre 1967 y 1975, y presidente de Estados Unidos entre 1981 y 1989

Joven de Senegal, África

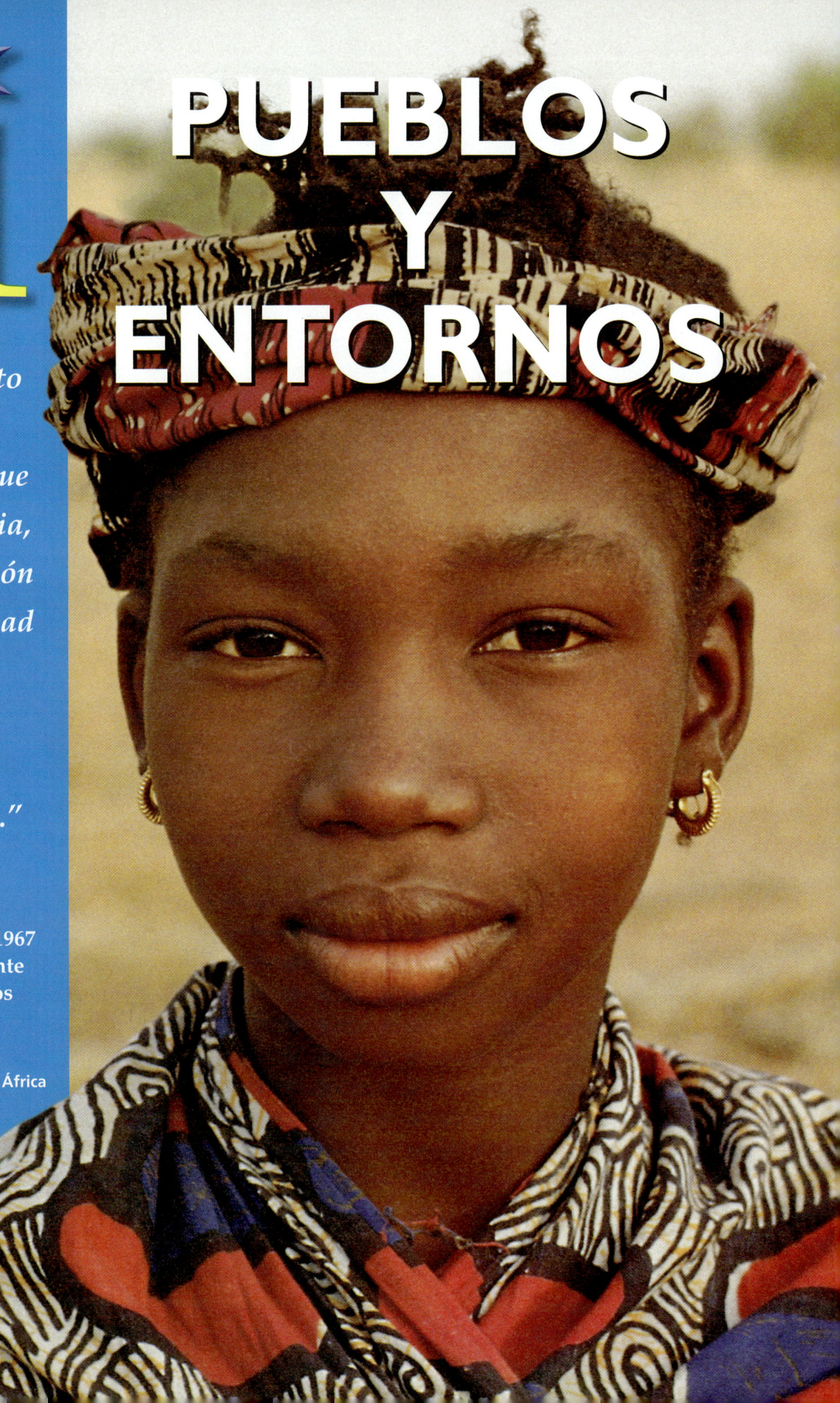

Los países del mundo de hoy

LECCIÓN 1

H ace aproximadamente 10,000 años no existían ni fronteras ni países. En la actualidad hay cerca de 200 países. Y en todos los continentes, excepto en la Antártida, se han trazado fronteras que unen o separan a la gente.

Las Américas

Muchas personas piensan que América del Norte está compuesta por Canadá, Estados Unidos y México. Sin embargo también incluye los países de América Central y el Caribe.

En las Américas, el país situado más al norte es Canadá. Este país es muy extenso pero tiene una escasa población: ocupa 3,851,809 millas cuadradas (9,976 kilómetros cuadrados) y sólo tiene 29 millones de habitantes.

La mayor parte de los canadienses viven al sur del país, donde el clima es más cálido. Las ciudades más importantes de Canadá están situadas a lo largo de la frontera con Estados Unidos. También hay canadienses que viven en el lejano norte. Los inuits, por ejemplo, viven en la tundra ártica.

ENFOQUE
¿Cómo han contribuido la geografía y los acontecimientos del pasado en la formación de las fronteras de los países de hoy?

Idea principal
Mientras lees piensa en cómo la geografía y la historia han influido en la creación de los países actuales.

Vocabulario
bilingüe
comunismo

Cada año millones de personas visitan las cataratas del Niágara, en la frontera entre Canadá y Estados Unidos.

Capítulo 11 • 445

Independencia en las Américas

Lugar La mayoría de los países de América del Norte y América del Sur obtuvieron su independencia hacia 1825.

■ ¿Cuál fue el primer país en obtener su independencia?

Canadá fue colonizada y gobernada por Gran Bretaña y Francia. Por esta razón es un país **bilingüe**, es decir, un país con dos idiomas oficiales. Personas que hablan inglés y francés forman gran parte de la población.

Al igual que Canadá, Estados Unidos tiene una enorme extensión; pero en cambio su población es más numerosa. Estados Unidos tiene una población casi diez veces mayor que Canadá: 267 millones de habitantes. En el pasado, personas de casi todo el mundo han venido a establecerse en Estados Unidos, y en la actualidad todavía continúan viniendo. Por esta razón, hay gente de diferente origen en los 50 estados.

Al sur de Estados Unidos se encuentra México. En algunos aspectos, ambos países se parecen bastante. México también está formado por varios estados, y dispone de presidente y congreso. En cambio, culturalmente México es muy diferente a Estados Unidos. Si bien México pertenece a América del Norte, forma parte de la cultura de Latinoamérica.

Latinoamérica está formada por México, América Central y América del Sur. Debe su nombre al hecho de que los dos idiomas oficiales de la región, el español y el portugués, proceden del latín. Ambos idiomas fueron introducidos en el siglo XIV cuando se instalaron las primeras colonias de España y Portugal.

Los españoles ejercieron una gran influencia en la cultura latinoamericana. Esta cultura tiene además sus raíces en civilizaciones de la antigüedad como la olmeca, maya, azteca e inca.

La geografía de los países de Latinoamérica es muy variada. Por ejemplo, mientras en Chile se encuentra el desierto más seco del mundo, el Atacama, la mayor parte de Brasil está cubierto de selvas tropicales.

REPASO ¿Qué influencia tuvieron en la cultura de las Américas los distintos grupos que se asentaron en el continente?

Europa

Las culturas de Europa han influido y han recibido la influencia de culturas de todo el mundo. Los europeos establecieron colonias en América del Norte, Latinoamérica, Asia, Australia y África. En la actualidad, la mayoría de esas antiguas colonias son países independientes. El contacto entre las diferentes culturas se puede apreciar aún en la ropa, la comida, la arquitectura, el arte y la música.

Europa, 1980

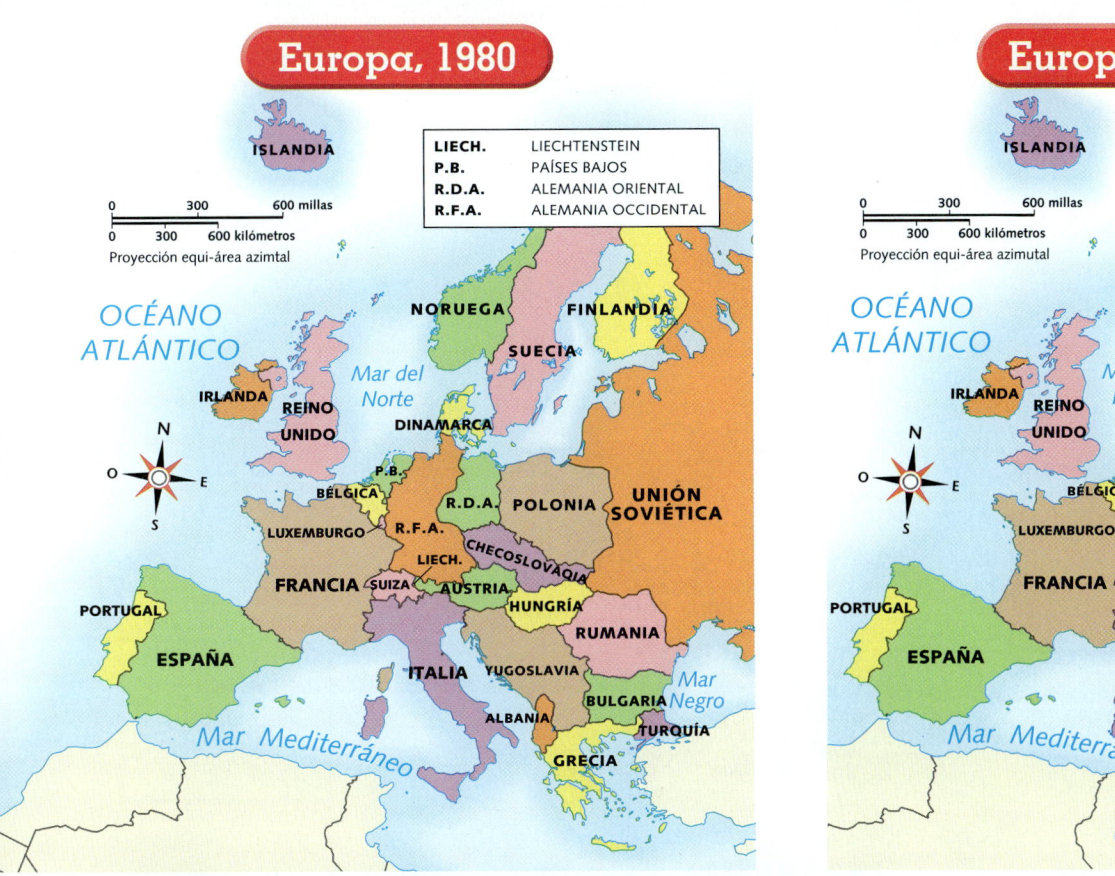

LIECH.	LIECHTENSTEIN
P.B.	PAÍSES BAJOS
R.D.A.	ALEMANIA ORIENTAL
R.F.A.	ALEMANIA OCCIDENTAL

Europa actual

BOS.-HERZ.	BOSNIA-HERZEGOVINA
ESL.	ESLOVENIA
LIECH.	LIECHTENSTEIN
MAC.	MACEDONIA
P.B.	PAÍSES BAJOS
YUGO.	YUGOSLAVIA

Regiones Después de la caída del comunismo, en Europa se crearon nuevos países cuando distintos grupos étnicos obtuvieron su independencia.

■ ¿Qué países se crearon entre 1960 y 1998?

En la actualidad Europa es muy diferente de lo que era hace veinte años. Algunos países han desaparecido en la década de 1990; otros han variado de extensión, y se han formado otros nuevos.

La mayoría de los cambios se produjeron a raíz de la caída del comunismo en Europa del Este. El **comunismo** es una forma de gobierno en la que el estado controla las propiedades y el comercio. Bajo este sistema, la gente no tiene total libertad de trabajar y vivir donde quiera. En la actualidad en Europa no existe ningún país comunista.

Europa tiene alrededor de 500 millones de habitantes y una extensión de sólo 4,000,000 millas cuadradas (10,359,200 kilómetros cuadrados). A pesar de que la superficie de América del Norte es el doble de la de Europa, en América del Norte viven menos personas.

En Europa existen culturas muy variadas en los 40 países que la componen. Allí se hablan más de 50 idiomas. Algunos de estos países son muy pequeños y otros, muy grandes. Rusia es el país europeo con mayor extensión y su territorio se extiende hasta Asia. El Vaticano, que cubre menos de una milla cuadrada (2,6 kilómetros cuadrados), es el país más pequeño del mundo.

Hoy en día Europa cuenta con muchas ciudades industriales. Entre las más importantes se encuentran Londres en Gran Bretaña, París en Francia, San Petersburgo en Rusia, Viena en Austria y Roma en Italia.

REPASO ¿Qué cambios se produjeron en Europa en los últimos 20 años?

Asia: Zonas climáticas

Leyenda:
- Tropical
- Húmedo
- Seco
- Subpolar
- Polar

Lugar Casi todos los tipos de clima se pueden encontrar en Asia, el mayor de los siete continentes.

- ¿Cómo es el clima de Rusia? ¿Y el de Indonesia?

En Asia, la ciudad de Hong Kong, que había estado bajo control británico desde 1839, fue devuelta a China en 1997.

Asia

En Asia se originaron las principales religiones del mundo: el cristianismo, el islamismo, el judaísmo, el budismo y el hinduismo. En la actualidad viven más personas en Asia que en cualquier otro continente. Sólo en China, el país más poblado del mundo, hay más de mil millones de habitantes.

Asia es un continente enorme no sólo en población sino también en extensión. De hecho, es el continente más grande del mundo con un área de más de 17 millones de millas cuadradas (44,026,600 kilómetros cuadrados). Debido a su extensión, los geógrafos suelen dividir a Asia en varias regiones.

Una parte enorme de Rusia forma la región completa de la zona norte de Asia. Pakistán, Bangladesh y la India constituyen la extensa zona del sur de Asia. Sus culturas tienen miles de años de antigüedad, pero sus países son relativamente nuevos. India y Pakistán obtuvieron su independencia en 1947.

448 • Unidad 6

Cuando se separó de Gran Bretaña, la India colonial se dividió en dos regiones. La parte donde vivían más hindúes se convirtió en India, y donde predominaban los musulmanes pasó a ser Pakistán.

Las montañas del Himalaya separan el sur de Asia y Asia Central, donde se encuentran parte de China, Kazajistán, Kirguizistán, Turkmenistán y Uzbekistán.

Bordeando estas dos regiones por el oeste se halla el suroeste de Asia, también conocido como Medio Este. En esta región surgieron las civilizaciones del Creciente Fértil. Todos los países de esta zona son musulmanes, excepto Israel, que es un estado judío.

El este de Asia está formado por parte de China, Corea del Norte, Corea del Sur y Japón. Todos estos países bordean el océano Pacífico. China es el país comunista más grande del mundo.

Al sur de China se encuentra el sureste asiático. Esta región incluye las islas Filipinas, Indonesia, Vietnam, Laos, Camboya y Tailandia.

REPASO *¿Cuál fue una de las razones por las que se separaron India y Pakistán?*

África

Como ya sabes, la mayoría de los expertos creen que en África vivieron los primeros habitantes de la Tierra. Desde allí, varios grupos emigraron hacia Europa o Asia.

Las civilizaciones de Egipto y Nubia se desarrollaron en el norte de África. Y fue en África también donde surgieron las primeras rutas comerciales importantes y donde se desarrollaron los imperios de Ghana y Malí.

Los acontecimientos que llevaron a la creación de los actuales países africanos comenzaron hace apenas 500 años. En esa época, varios países europeos comenzaron a establecer colonias en África. Las fronteras de estas colonias se trazaron según los intereses comerciales de los europeos y no en función de los diferentes grupos culturales africanos.

GEOGRAFÍA

El continente antártico

La Antártida es un continente que se extiende alrededor del Polo Sur. La mayoría de su territorio está cubierto por hielo y nieve durante todo el año. Es el continente más frío del planeta. Aquí se registró la temperatura más baja del mundo: −128.6°F (−89.2°C). Científicos de diversos países llevan a cabo en esta región estudios del agua, la vida animal y otras materias.

Los pingüinos de la Antártida se han adaptado al clima frío.

Capítulo 11 • 449

El paisaje de África es muy diverso. Allí hay ciudades modernas como Nairobi en Kenia (izquierda) y también extensas praderas como la sabana, donde vive una fauna única en el mundo (arriba).

Lugar Los países de África lograron su independencia en distintas épocas.
■ ¿Qué países se independizaron en la década de 1990?

África independiente

1960 Fecha de independencia
No independiente

Un ejemplo es el territorio de los somalíes y de otros grupos étnicos que fue dividido entre varias colonias. Con el tiempo, estas regiones se convirtieron en países independientes: Somalia, Kenia y Etiopía. En la actualidad, los somalíes viven en esos tres países.

Los países de África continúan sufriendo los efectos de las divisiones realizadas por Europa. En algunos casos, personas de un mismo grupo étnico viven separadas por fronteras. En otros, grupos enemigos se ven obligados a convivir dentro del mismo país. En la década de 1990, por ejemplo, se produjeron serios conflictos entre Ruanda y Burundi a raíz de las divisiones territoriales. Allí, dos grupos étnicos rivales, los hutus y los tutsis, se enfrentaron en una guerra.

El más reciente de los países formados en África debido a un conflicto es Eritrea. Este país, que antes constituía la zona norte de Etiopía, se independizó de Etiopía en 1993 luego de 30 años de guerra civil.

En 1997 se produjo otro importante cambio en África cuando se formó un nuevo gobierno en Zaire. A partir de entonces Zaire pasó a ser la República Democrática del Congo.

REPASO ¿Cómo se formaron la fronteras de los países africanos?

Australia y Oceanía

Australia es el continente más pequeño del mundo. Junto a Oceanía, es decir las islas del Pacífico Central y Sur, Australia tiene una extensión de sólo 3.3 millones de millas cuadradas (8.5 millones de kilómetros cuadrados). Oceanía está compuesta por más de 20,000 islas.

Australia es el único continente en el que sólo hay un país, también llamado Australia. Su nombre significa "tierra del sur".

La población de Australia está distribuida en forma despareja. La llanura costera del este tiene un clima seco que ha atraído a muchos habitantes. Una cadena montañosa llamada Gran Cordillera Divisora recorre el país de norte a sur. En la actualidad la mayoría de la población vive en la costa este, en las grandes ciudades de Brisbane, Sydney, Canberra, Newcastle y Melbourne.

Durante miles de años los nativos de Australia fueron los únicos en conocer los numerosos recursos naturales y la belleza de este continente. A principios del siglo XVII los holandeses comenzaron a explorar Australia, y a finales del siglo XVIII los ingleses iniciaron a establecer sus colonias en ella. En 1901 Australia se convirtió en un país independiente.

Al este de Australia se encuentra Nueva Zelanda, un país compuesto por dos largas y estrechas islas. Nueva Zelanda fue colonizada por Gran Bretaña en 1840 y obtuvo su independencia en 1907.

El resto de las islas de Oceanía se dividen en tres grupos: Melanesia, Micronesia y Polinesia. Todas ellas están situadas al noreste de Australia.

REPASO *¿Cómo ha afectado la geografía a la distribución de la población australiana?*

Ayers Rock es una atracción turística muy popular de Australia. Contiene muchas cuevas con pinturas realizadas por aborígenes australianos.

LECCIÓN 1 • REPASO

Comprueba lo que aprendiste

1. **Recuerda los datos** ¿Cuál es el principal idioma que se habla en Latinoamérica? ¿Cómo se introdujo allí ese idioma?

2. **Recuerda la idea principal** ¿Cómo contribuyeron la geografía y la historia a la formación de los países del mundo contemporáneo?

Piensa críticamente

3. **Piensa más sobre el tema** ¿Por qué habría grandes cambios en el mundo si se unieran todos los países de Asia? ¿Por qué no es posible que esta unión ocurra?

4. **Causa y efecto** ¿Qué conflictos políticos enfrenta África en la actualidad debido a las colonias que establecieron allí algunos países europeos?

Muestra lo que sabes
Actividad: Redacción Elige un país y busca en una enciclopedia cómo se establecieron sus fronteras. Escribe un informe basado en tu investigación y preséntalo en clase.

Mapas y globos terráqueos

Compara mapas

1. ¿Por qué aprender esta destreza?

Al igual que otras formas de información geográfica, los datos sobre la población de una región pueden mostrarse con mapas. Los geógrafos pueden indicar en un mapa las regiones más y menos habitadas del mundo. También pueden mostrar el número de habitantes de cada ciudad. La mayoría de los mapas de población usan puntos o colores para representar la información, pero esto es algo que puede variar de mapa en mapa. Si aprendes a interpretar mapas de población, te resultará más fácil saber dónde se concentran los distintos grupos humanos y cuál es la población exacta de cada lugar.

2. Comprende el proceso

India, con casi mil millones de habitantes, es uno de los países más poblados del mundo. Imagina que tienes que averiguar más datos sobre la población de India. Por ejemplo, podrías usar mapas de población. El Mapa A muestra la población de diversas ciudades de India usando puntos de diferentes tamaños y colores. Cuanto más grandes son los puntos mayor es la población de ese lugar. Si observas la clave podrás saber cuántas personas viven en cada ciudad del mapa.

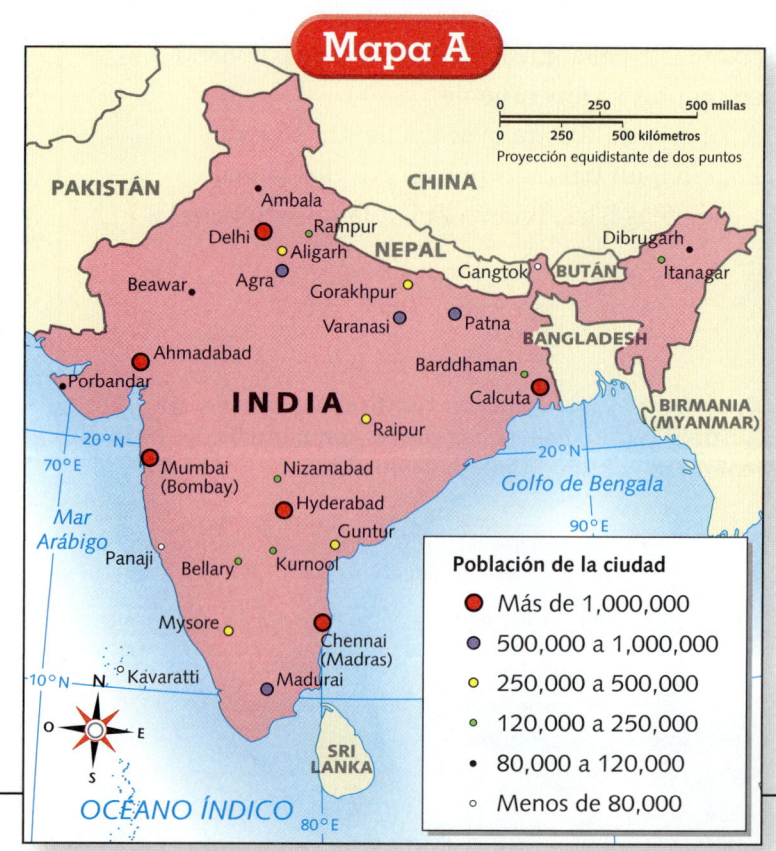

El Mapa B muestra otro tipo de información sobre la población. Este mapa muestra la **distribución de población**, es decir, cuánta gente vive en cada parte del país. En el Mapa B la distribución de población también está representada por puntos. Cada punto equivale a 100,000 personas. Cuando los puntos están muy juntos significa que en ese lugar viven muchas personas; cuando los puntos están muy separados significa que allí las personas viven en zonas alejadas unas de otras. Por último, cuando no hay puntos quiere decir que se trata de una zona deshabitada o que allí viven menos de 100,000 personas.

Mapa A

Población de la ciudad
- ● Más de 1,000,000
- ● 500,000 a 1,000,000
- ○ 250,000 a 500,000
- ● 120,000 a 250,000
- • 80,000 a 120,000
- ○ Menos de 80,000

452 • Unidad 6

de población

Destrezas

En las áreas donde se concentran muchos habitantes, se dice que la población es densa. En las áreas donde hay pocos habitantes, se dice que la población es escasa. Ambos términos describen la <mark>densidad de población</mark>. La densidad de población es el promedio de personas que vive en una determinada unidad de superficie. La densidad de población se halla dividiendo la cantidad de habitantes por la superficie del territorio. Por ejemplo, si 5,000 personas viven en 10 millas cuadradas (26 kilómetros cuadrados), la densidad de población será de 500 personas por milla cuadrada.

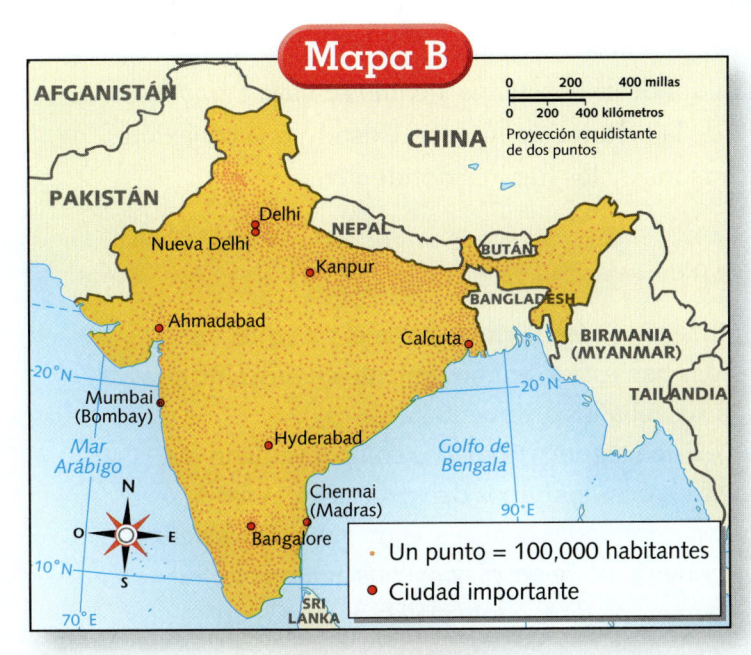

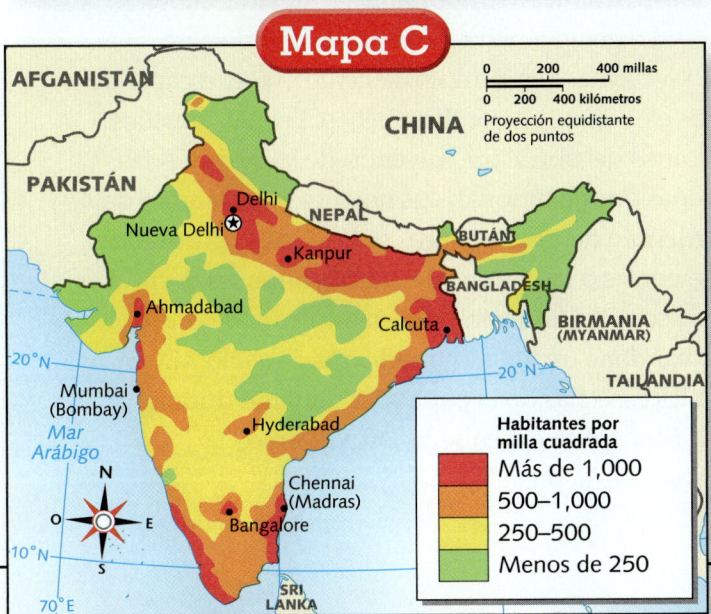

En el Mapa C se utilizan diferentes colores para mostrar la densidad de población de India. La clave del mapa te ayuda a saber dónde la densidad de población es alta y dónde es baja. Compara los tres mapas para responder las siguientes preguntas:

1. ¿Cuántas personas aproximadamente viven en Mumbai? ¿Qué mapa has empleado para hallar la respuesta?
2. ¿Dónde viven las personas más cerca unas de otras: en el noroeste o en el noreste de India? ¿Qué mapa has empleado para hallar la respuesta?
3. ¿Dónde hay una mayor densidad de población, en el área de Delhi o alrededor de Hyderabad? ¿Qué mapa has empleado para hallar la respuesta?

3. Piensa y aplica

Estudia con un compañero los mapas de población de estas páginas. Prepara cinco preguntas acerca de los mapas de población. Intercambia tu lista con otros y responde las preguntas.

Capítulo 11 • 453

LECCIÓN 2

ENFOQUE

¿Por qué las personas emigran de un país a otro?

Idea principal

Mientras lees piensa en por qué la gente emigra de un país a otro.

Vocabulario

refugiado
hambruna
urbanización
islam
musulmán
Corán
mezquita
suburbios
área metropolitana
megalópolis

Los pueblos del mundo de hoy

La gente tiene una gran influencia sobre el lugar en que vive y los lugares también tienen una gran influencia sobre la gente. Es fácil comprobar cómo la gente modifica el medio ambiente. Se construyen casas y calles, se cavan túneles en las montañas, y se hacen diques y pantanos. Pero también los lugares pueden cambiar a la gente o hacer que actúen de determinada forma. Los recursos naturales de un área influyen en la comida, la ropa o la vivienda de las personas. Las características físicas de una región determinan dónde se construye y cómo se viaja a través de ella. A lo largo de la historia siempre ha existido una conexión directa entre las personas y los lugares donde viven.

Gente en movimiento

Desde el comienzo de los tiempos hasta el presente, los pueblos nómadas han estado en movimiento en busca de nuevos prados para sus rebaños o alimentos.

Todavía existen algunos nómadas como los fulanis del oeste de África o los beduinos del suroeste de Asia. A diferencia de estos nómadas actuales, la mayoría de las personas del mundo moderno no se desplazan constantemente. Sin embargo, la mayoría de la gente realiza al menos un desplazamiento importante en su vida.

La gente emigra a otro lugar debido a un problema. Por ejemplo, la gente puede escapar de los efectos de un conflicto bélico. En 1997 muchos africanos dejaron Zaire huyendo de la guerra. A las personas que abandonan sus hogares para escapar de una guerra o de otros peligros se les llama **refugiados**. Las sequías o las épocas de **hambrunas**, es decir, la falta de comida, también pueden ser causa de que la gente abandone un lugar. A mediados del siglo XIX en Irlanda las cosechas de la papa se arruinaron durante varios años. A esta época se la conoce como "la hambruna de la papa".

Al llegar a Estados Unidos en barco, lo primero que veían muchos de los inmigrantes era la Estatua de la Libertad.

Movimientos demográficos, 1820–1910

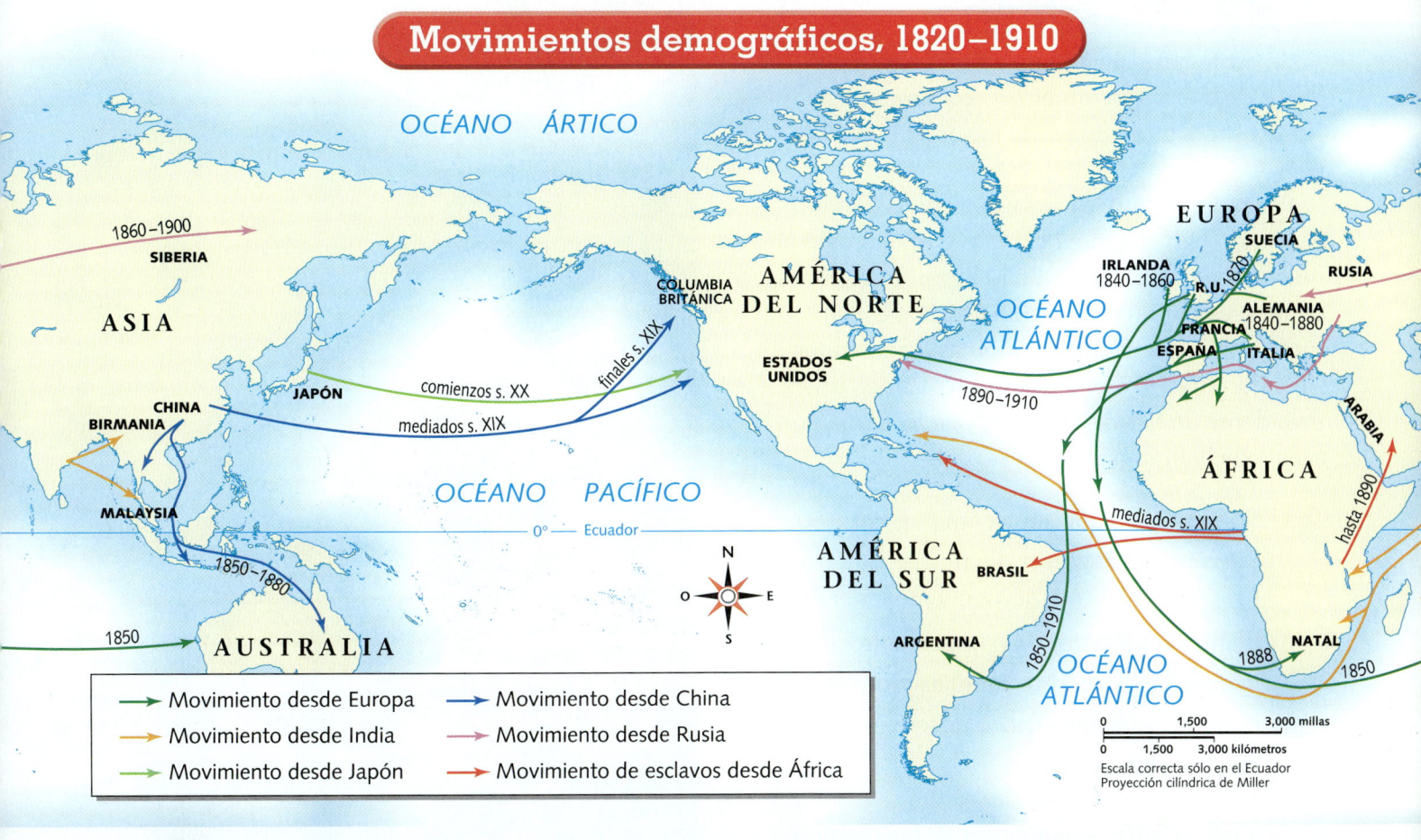

Movimiento En el siglo XIX y principios del siglo XX, millones de personas emigraron a otros países en busca de una vida mejor.
- ¿Quiénes emigraron a América del Norte durante este período? ¿y a América del Sur?

Un gran número de irlandeses murieron de hambre y muchos más se trasladaron a Gran Bretaña, Estados Unidos y a otros países. De la misma manera, a mediados de la década de 1930 mucha gente dejó las Grandes Llanuras de Estados Unidos a causa de la sequía.

La búsqueda de más libertades es otra razón por la que se suele emigrar. Muchos de los primeros colonos de lo que se convertiría en Estados Unidos abandonaron su tierra natal en busca de libertad religiosa.

Cuando India y Pakistán consiguieron su independencia en 1947, miles de hindúes se marcharon de Pakistán para ir a India. Al mismo tiempo, miles de musulmanes dejaron India para dirigirse a Pakistán.

La gente también emigra para huir de persecuciones. En la década de 1930, en Alemania Adolfo Hitler le negó todos sus derechos a los judíos europeos y a otros grupos minoritarios. Muchos de ellos fueron matados. Algunos pudieron escapar y huyeron de Europa.

Muchas personas, como las que aparecen aquí en Ellis Island, New York, se convierten en ciudadanos de Estados Unidos cada año.

Capítulo 11 • 455

La gente también emigra a otros países en busca de una mejor situación económica. Esta gente espera tener una vida mejor en el nuevo país.

Por razones muy diversas, personas de todo el mundo han elegido a Estados Unidos como su nuevo hogar. En la actualidad llegan inmigrantes de lugares tan diversos como México, Cuba, Vietnam, China, la India, Filipinas, El Salvador, Canadá, Rusia y Alemania. Jimmy Carter, un ex presidente de Estados Unidos, dijo lo siguiente acerca de la inmigración a este país:

66 Por supuesto que somos un país con diferencias. Pero esas diferencias no nos hacen débiles, sino que son la fuente de nuestra fortaleza. Lo importante es ver...por qué nuestras familias vinieron aquí. Y qué hemos hecho nosotros desde entonces. 99

REPASO *¿Cuáles son algunas de las razones por las que las personas emigran a otros países?*

A las ciudades

A menudo la gente se desplaza no a un nuevo país sino a otro lugar dentro de su propio país. En todo el mundo personas que viven en zonas rurales se trasladan a las ciudades porque no pueden ganarse la vida en el campo. En ocasiones, la gente se muda debido a lo que le cuentan otros que ya se trasladaron a la ciudad y prosperaron. Sin embargo, muchas veces la vida en la ciudad no es exactamente lo que la gente había soñado encontrar.

En muchos casos los inmigrantes tienen que enfrentarse a una vida de pobreza en las ciudades, y con frecuencia no encuentran empleo o vivienda adecuada. El movimiento de la gente a las ciudades ha producido una rápida **urbanización**. La urbanización es la transformación de las zonas rurales en ciudades.

Algunas ciudades, como Calcuta en India, Manila en Filipinas, Caracas en Venezuela y São

Muchos mexicanos que no pueden ganarse la vida en el campo se están desplazando hacia núcleos urbanos como la Ciudad de México (arriba) en busca de trabajo.

Paulo en Brasil, tienen ya varios millones de habitantes. Y, a pesar de ello, cada año millones de personas continúan mudándose a sus alrededores.

Estas ciudades no pueden albergar a tantos inmigrantes. Ni tampoco pueden ofrecer servicios básicos como la recolección de basura, protección policial y bomberos, ni transporte público. Para quienes acaban de llegar, la vida en la ciudad es a menudo peor que la vida que dejaron atrás.

REPASO *¿Qué problemas tienen que enfrentar las personas que emigran a las ciudades?*

Estas fotografías muestran la diversidad cultural del mundo. Dos hombres de Nigeria visten trajes tradicionales (izquierda); un granjero y su familia en la puerta de su casa en Siria (abajo); dos niños juegan en una casa rural francesa (abajo, izquierda).

Culturas del mundo

Las culturas del mundo presentan diferentes creencias, costumbres, religiones y lenguas. Los casi cuatro mil millones de habitantes que viven en Asia pertenecen a diversas culturas: japonesa, china, árabe, israelí, hindú, turca y tibetana son sólo algunas de ellas. Durante siglos muchas de estas culturas han permanecido inalteradas en un continente en el que se hablan miles de idiomas y dialectos.

En África, donde hay unas 800 culturas, viven más de 750 millones de personas. En el norte de África la mayoría de la población es árabe o de origen árabe. En el sur del Sahara la mayoría de los pueblos son nativos africanos, aunque también hay descendientes de colonos europeos y asiáticos. Hoy en día se hablan casi 900 idiomas en África y entre ellos se encuentran las numerosas lenguas bantúes. Desde la época de las colonias europeas en África, el inglés y el francés han sido los idiomas mayoritarios. El afrikaans, lengua creada por los primeros colonos alemanes, también es de uso común.

Los 500 millones de personas de Europa también pertenecen a muchos grupos culturales diferentes. Algunos, como los franceses, griegos, italianos y alemanes, tienen su propio país. Pero no es así en todos los casos, lo cual provoca conflictos. En el Reino Unido, por ejemplo, hay un histórico enfrentamiento entre ingleses y las personas al norte de Irlanda.

Por su parte, América del Norte y América del Sur también han recibido la influencia de diversas culturas.

Capítulo 11 • **457**

Las migraciones en Europa condujeron a una numerosa población a ambas regiones, las cuales también poseen ricas culturas nativas. En América del Norte muchas personas tienen antepasados en Gran Bretaña y en África. Y en América del Sur y en el resto de Latinoamérica es frecuente tener origen español.

En la actualidad las culturas del mundo mantienen entre sí un contacto mucho más estrecho que antes debido a los avances en las comunicaciones y en los medios de transporte. Si bien muchas culturas están buscando formas de mantener sus tradiciones, en realidad las culturas del mundo se están combinando.

REPASO *¿Cuáles son algunas culturas de Asia?*

Religiones del mundo

Algunas de las mayores religiones del mundo tienen sus raíces en la antigüedad. Los israelitas del suroeste de Asia fueron los primeros en practicar el judaísmo. En la actualidad hay casi 14 millones de judíos en todo el mundo, de los cuales unos 6 millones viven en América del Norte, la mayoría en Estados Unidos. Muchas personas consideran a Israel como la patria de los judíos. Más del 80 por ciento de los 5 millones de habitantes de Israel son judíos.

El hinduismo y el budismo se originaron en Asia. La mayoría de los 322 millones de budistas que hay en el mundo viven en ese continente, pero también hay budistas en otros lugares del mundo. Casi un millón de personas en América del Norte son seguidores de la religión budista.

El hinduismo también se practica principalmente en Asia, donde viven alrededor de 790 millones de hindúes. Otros 6 millones de hindúes están repartidos por todo el mundo.

La religión cristiana no ha dejado de expandirse desde los tiempos de Jesucristo y sus primeros seguidores. En la actualidad existen alrededor de dos mil millones de cristianos en todo el mundo. Más de 700 millones viven en América del Norte y América del Sur. Además, hay alrededor de 361 millones de cristianos en África, 303 millones en Asia y 555 millones en Europa.

La religión del **islam** tiene alrededor de mil millones de creyentes. A los seguidores del islam se les denomina musulmanes. Casi la mitad de los **musulmanes** viven en el sureste, centro y sur de Asia.

Peregrinos musulmanes en la mezquita sagrada de La Meca, Arabia Saudí (izquierda); templo de Jain en Ranakour, India (abajo)

Muchos musulmanes también viven en Europa. En África constituyen cerca de la mitad de la población, y en Estados Unidos viven unos 6 millones de musulmanes.

Los musulmanes creen que un hombre llamado Mahoma, nacido en el año 570 d.C., era el último de una serie de mensajeros de Dios. Uno de los primeros mensajes de Mahoma fue que sólo existe un Dios, *Alá* en árabe. Las palabras de Mahoma están recogidas en el **Corán**, el libro sagrado del islam.

Los musulmanes siguen cinco preceptos básicos de culto, que son los cinco pilares de su religión. El primer pilar es la creencia en un único Dios, y que Mahoma es el último de los muchos mensajeros de Dios. El segundo pilar es rezar cinco veces al día y visitar una **mezquita** o casa de culto los viernes. El tercer pilar es ofrecer una parte de sus ahorros anuales a los necesitados. El cuarto requiere que los musulmanes ayunen, es decir que no coman o beban, durante el día durante el Ramadán, el noveno mes del calendario musulmán. El quinto pilar pide que los musulmanes deben hacer por lo menos una peregrinación o visita religiosa a La Meca, una ciudad santa en Arabia Saudí. Al rezar, los musulmanes deben hacerlo mirando en dirección a La Meca.

REPASO *¿Cuáles son las cinco religiones más antiguas que se siguen practicando en la actualidad?*

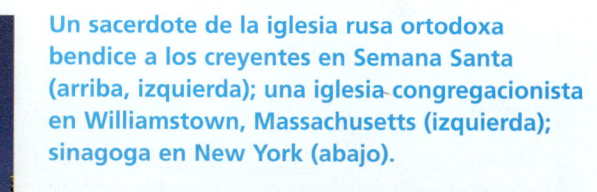

Un sacerdote de la iglesia rusa ortodoxa bendice a los creyentes en Semana Santa (arriba, izquierda); una iglesia congregacionista en Williamstown, Massachusetts (izquierda); sinagoga en New York (abajo).

GEOGRAFÍA

Megalópolis

La región metropolitana de Tokio es una auténtica megalópolis. Esta región está compuesta por Tokio, Yokohama, Osaka, Chiba y Kawasaki. También incluye 25 suburbios del oeste de Tokio, varias ciudades y las islas Izu. Con una población de aprox. 27 millones de habitantes, el área metropolitana de Tokio es el mayor centro urbano del mundo.

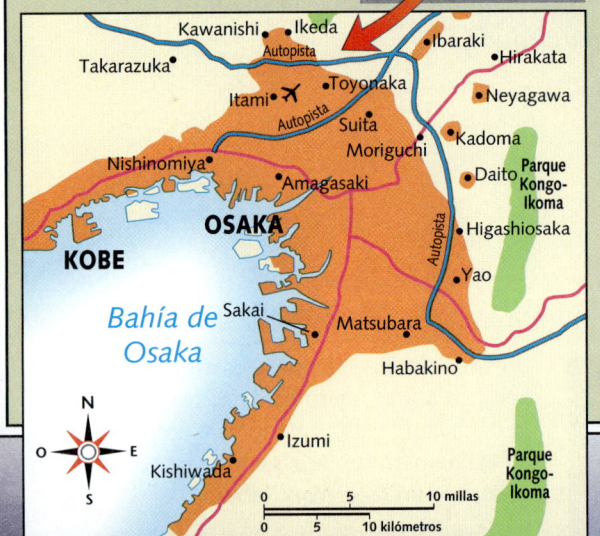

Ciudades del mundo

Las ciudades no son un fenómeno nuevo. En el año 3500 a.C. los sumerios construyeron las primeras ciudades del mundo. Hoy tan sólo pueden encontrarse los vestigios de lo que fueron. Algunas ciudades antiguas, sin embargo, permanecen todavía vivas gracias a la actividad de sus habitantes. En Italia, Roma se ha transformado desde sus comienzos ancestrales en una ciudad moderna con una población de unos 2,800,000 habitantes. Las ruinas de la antigua Roma están situadas junto a los edificios modernos. Otro ejemplo, es Ciudad de México que se construyó sobre la antigua ciudad azteca de Tenochtitlan.

Algunas ciudades no poseen una historia parecida. Por ejemplo Brasilia, la capital de Brasil, tiene solamente 50 años de antigüedad. Y la desperdigada ciudad de Miami, Florida, surgió como un pequeño asentamiento en 1895.

Las ciudades de todo el mundo han crecido de manera espectacular. Londres, Inglaterra (foto pequeña) y Río de Janeiro, Brasil (foto grande) son dos de las mayores ciudades del mundo.

En la actualidad muchas ciudades han crecido de forma sorprendente. Japón, un país muy pequeño, posee la ciudad más poblada del mundo: Tokio. Casi 27 millones de personas viven y trabajan en esta ciudad. Otras de las grandes ciudades del mundo son Buenos Aires en Argentina, Shanghai en China, Lagos en Nigeria, y New York y Los Ángeles en Estados Unidos.

En torno a las grandes ciudades también se establecen centros urbanos llamados **suburbios** donde vive mucha gente. Al conjunto de una ciudad y sus suburbios se denomina **área metropolitana**. Un área metropolitana suele tener al menos 50,000 habitantes.

Algunas áreas metropolitanas están tan cerca unas de otras que se terminan uniendo. El término **megalópolis** designa la región donde ocurre este fenómeno. Por ejemplo, en la costa este de Estados Unidos se extiende una megalópolis desde Boston, Massachusetts, hasta Washington D.C.

REPASO ¿Qué es un área metropolitana?

Los diez centros urbanos más importantes

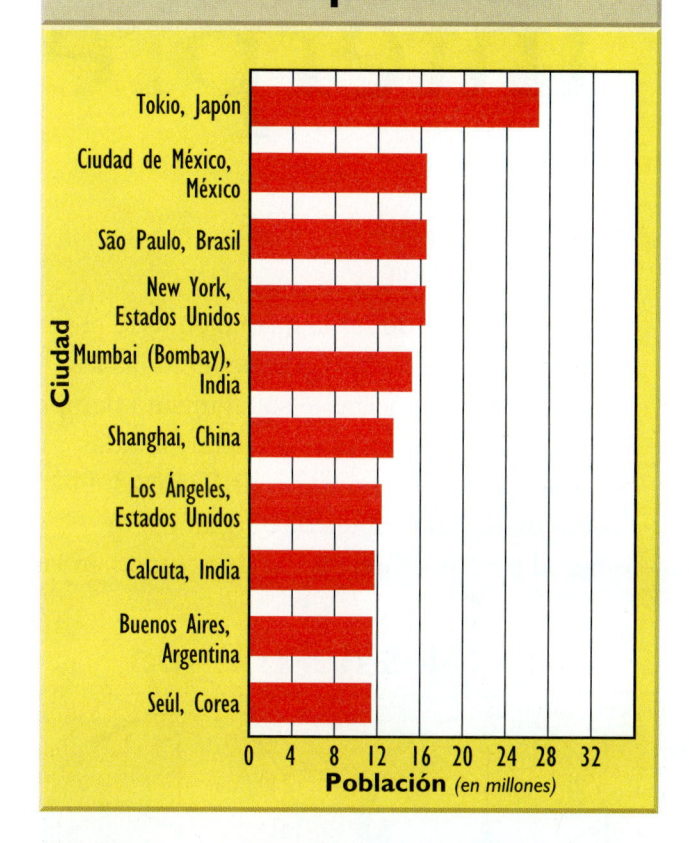

APRENDER CON GRÁFICAS Más de diez millones de personas viven en cada uno de estos centros urbanos.
■ ¿Alrededor de cuántos habitantes más tiene New York que Calcuta?

LECCIÓN 2 • REPASO

Comprueba lo que aprendiste

1. **Recuerda los datos** ¿Qué significa el término *refugiado*?
2. **Recuerda la idea principal** ¿Por qué emigran las personas?

Piensa críticamente

3. **Causa y efecto** Además de la superpoblación, ¿qué otras consecuencias puede tener la emigración a las ciudades?
4. **Piensa más sobre el tema** ¿Qué cambios positivos traen a Estados Unidos los inmigrantes procedentes de diferentes culturas?

Muestra lo que sabes

Actividad: Página de internet Organiza en clase la creación de una página en internet con información acerca de ciudades del mundo. Cada estudiante puede escribir la página de una ciudad. Elige una ciudad, planifica cómo describirla y haz un borrador de la información que expondrás a la clase. Asegúrate de dar la población de la ciudad, su extensión, una breve referencia histórica, y una lista de los lugares de interés. También puedes incluir un mapa.

Capítulo 11 • 461

Mapas y globos terráqueos

Interpreta un mapa

1. ¿Por qué aprender esta destreza?

La hora no puede ser la misma en todo el mundo al mismo tiempo porque no todas las regiones están expuestas al sol al mismo tiempo. Por esta razón, las horas están determinadas según los meridianos o líneas de longitud. El Primer meridiano o línea de 0° (grados) de longitud pasa por Greenwich, una ciudad en las cercanías de Londres, Inglaterra. Hace muchos años esta ciudad fue elegida para ser el punto de inicio de los husos horarios del mundo.

Existen 24 husos horarios: 12 al este de Greenwich y 12 al oeste. Cada huso horario abarca 15 grados de longitud. Cada 15 grados, la hora varía en una unidad, tanto hacia el este como hacia el oeste de Greenwich.

La hora en todos los husos horarios al este del Primer meridiano está adelantada con respecto a la hora de Greenwich. La hora en todos los husos horarios al oeste del Primer meridiano está retrasada con respecto a la hora de Greenwich. El meridiano donde los husos horarios del este y el oeste coinciden se llama línea internacional de cambio de fecha. Esta línea se encuentra a 12 husos horarios del Primer meridiano. Por lo tanto, cuando es mediodía en Greenwich, en la línea internacional de cambio de fecha es medianoche; es el momento en que se produce el cambio de fecha.

En la actualidad personas de todas partes del mundo están en contacto muy a menudo. Por lo tanto, hoy es más importante que nunca saber interpretar los mapas de husos horarios.

Relojes del mundo

NEW YORK
7:00 a.m.

EL CAIRO
2:00 p.m.

BUENOS AIRES
9:00 a.m.

NUEVA DELHI
5:30 p.m.

LONDRES
Mediodía

TOKIO
9:00 p.m.

2. Comprende el proceso

El mapa de la página siguiente muestra los 24 husos horarios. Ese mapa indica la hora en cada zona cuando son las 12 del mediodía en el Primer meridiano. Mira las horas en la parte superior del mapa. A medida que se va hacia el oeste desde Greenwich, la hora en cada zona es una hora más temprano que en la zona anterior. A medida que se va hacia el este desde Greenwich, la hora en cada zona es una hora más tarde que en la zona anterior.

462 • Unidad 6

de husos horarios

Por ejemplo, cuando son las 12 del mediodía en Greenwich es la 1:00 p.m. en Viena, Austria. Viena se encuentra en el primer huso horario al este de Greenwich. A medida que se va hacia el oeste desde Greenwich, la hora en cada zona es una hora menos que en la zona anterior. Cuando son las 12 del mediodía en Greenwich son las 6:00 a.m. en Ciudad de México, que se encuentra en el sexto huso horario al oeste de Greenwich.

En el mapa de husos horarios también puedes ver que la línea que separa dos husos horarios no siempre coincide exactamente con el meridiano. La línea del límite puede hacer un zig-zag para que ciudades y pueblos próximos puedan estar dentro del mismo huso horario. En algunos lugares se ha preferido usar un huso horario diferente al que les corresponde. Estos lugares aparecen en el mapa con husos horarios especiales.

3. Piensa y aplica

En una hoja de papel, escribe cinco preguntas sobre husos horarios y entrégasela a un compañero para que las responda. Por ejemplo: "A las 9 p.m. María, que vive en Ciudad de México (México) llama por teléfono a su hermana en Buenos Aires (Argentina). ¿Qué hora es en Buenos Aires?"

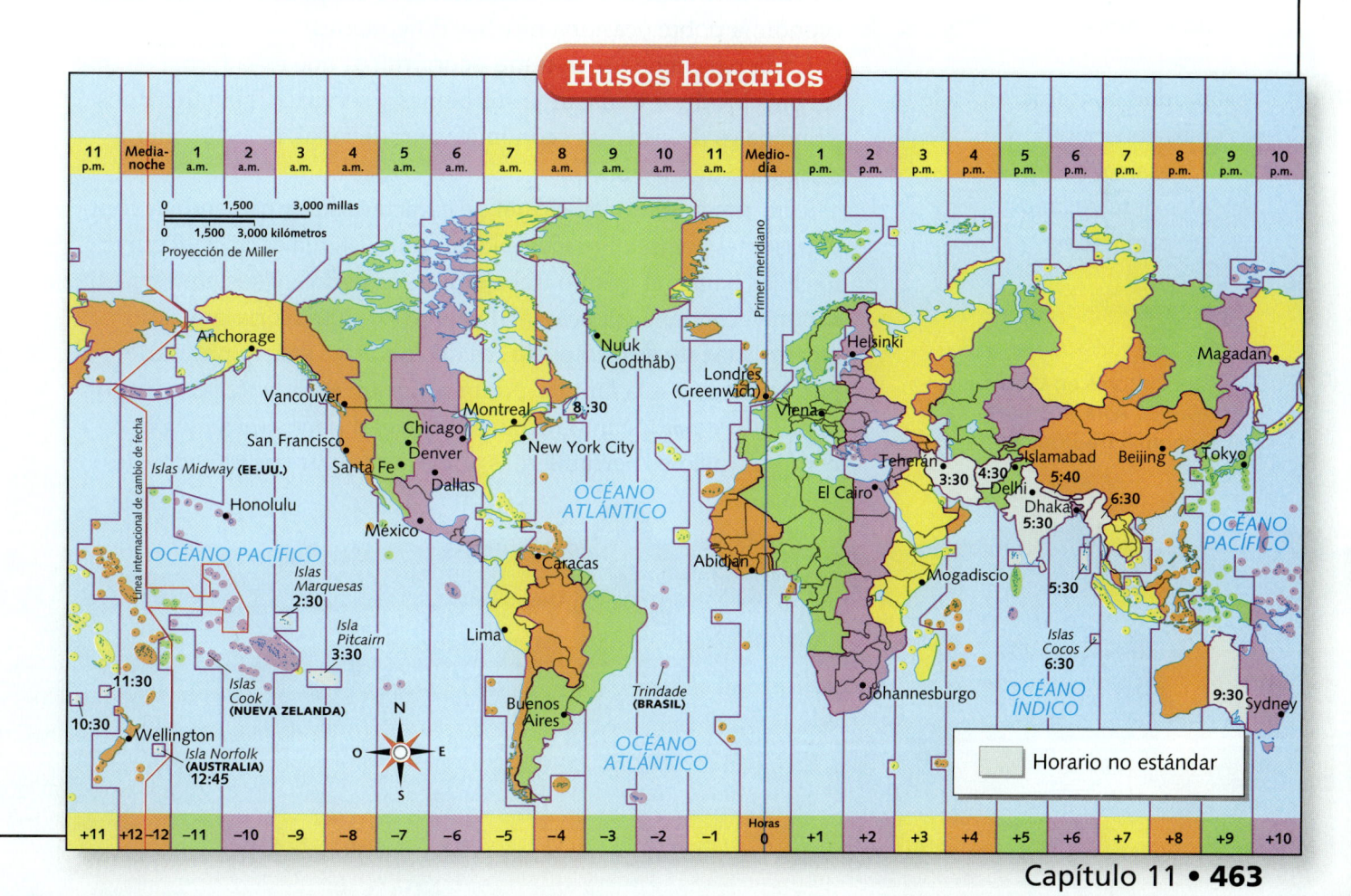

LECCIÓN 3

ENFOQUE
¿Cómo se relaciona la gente con su medio ambiente?

Idea principal
Mientras lees piensa en la estrecha relación que existe entre los seres humanos y el medio ambiente.

Vocabulario
sistema económico
economía tradicional
agricultura de subsistencia
economía dirigida
economía de mercado
libre empresa
nivel de vida
producto interno bruto
país en vías de desarrollo
país desarrollado
contaminación

Estos agricultores en Vietnam, en el sureste de Asia, son parte de una economía tradicional.

Los seres humanos y el medio ambiente

Las antiguas civilizaciones desarrollaron sus propias maneras de relacionarse con el medio ambiente. Hoy en día, es necesario encontrar la mejor manera de relacionarse con el medio ambiente.

Satisfacer las necesidades básicas

Todos los países del mundo deben pensar en su economía, es decir, el modo en que la gente utiliza los recursos para satisfacer sus necesidades. Una economía pujante ayuda a mejorar el nivel de vida de muchos de los ciudadanos de un país, en cambio una economía pobre ocasiona muchas dificultades.

Cada país tiene un **sistema económico**, que es la forma en que un país produce y consume sus bienes y servicios. Hay tres tipos principales de sistemas económicos: tradicional, de economía dirigida y de mercado.

Una **economía tradicional** se caracteriza por no cambiar con el paso del tiempo. Por ejemplo, en este sistema es normal que los hijos hagan el mismo trabajo que sus padres y sus abuelos. En una economía tradicional, la gente en su mayoría practica **agricultura de subsistencia**, es decir cultiva sólo lo necesario para alimentar a la familia. No produce un excedente para luego venderlo, y por lo tanto no cuenta con el dinero suficiente para comprar mejores herramientas a fin de mejorar sus métodos de cultivo.

En el mundo, las sociedades tienen diferentes tipos de economía. Durante muchos años, Ucrania, en la antigua Unión Soviética, tenía una economía dirigida (arriba, derecha). En el Valle de los Incas, Perú (arriba) aún existe una economía tradicional. El *Mall of the Americas* en Saint Paul, Minessota, es un ejemplo de la economía de mercado de los Estados Unidos.

La familia debe trabajar como lo ha hecho siempre. En África, Asia y en América del Sur aún se pueden encontrar economías tradicionales.

En una **economía dirigida**, el gobierno toma la mayoría de las decisiones económicas. Tiene un control absoluto sobre las actividades agrícolas e industriales; es decir, el gobierno del país en cuestión dirige la trayectoria de la economía. Cuba es un ejemplo de un país donde existe una economía dirigida. China solía tener este tipo de economía, pero ahora está cambiando hacia una economía de mercado.

En una **economía de mercado** los individuos eligen los bienes y servicios por los que van a pagar y cada uno decide en qué va a gastar su dinero. Además, los individuos pueden elegir cómo ganarse la vida. La libertad de elegir cómo ganar y gastar su dinero se llama **libre empresa**. La mayoría de los países, como por ejemplo los Estados Unidos, Canadá y México tienen economías de mercado.

La economía de un país se puede medir de varias maneras. Una de ellas es analizar el **nivel de vida**, un indicador que mide la calidad de vida de los habitantes de un país. Otra manera es analizar el producto interno bruto del país. El **producto interno bruto** (PIB) es el valor total de los bienes y servicios producidos por un país.

Algunos de los países con un alto producto interno bruto son Estados Unidos, Japón y Alemania. El producto interno bruto de Estados Unidos es de más de 7 billones de dólares.

Capítulo 11 • **465**

PIB de varias naciones

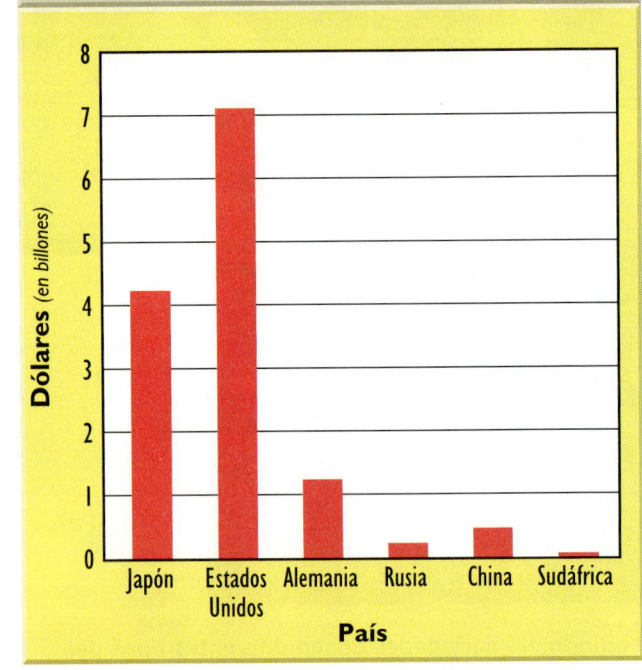

[Gráfica de barras: Japón ~4.2, Estados Unidos ~7.1, Alemania ~1.3, Rusia ~0.3, China ~0.5, Sudáfrica ~0.1; eje Y: Dólares (en billones); eje X: País]

APRENDER CON GRÁFICAS En esta gráfica de barras se compara el PIB de diferentes países del mundo.
- ¿Cuánto mayor es el PIB de Japón en comparación con el de China?

En cambio Santa Lucía, un pequeño país del Caribe, tiene un producto interno bruto de aproximadamente 600 millones de dólares.

REPASO *¿Cuál es la diferencia entre una economía dirigida y una economía de mercado?*

Recursos globales

El mundo contiene un gran tesoro de recursos naturales: aire para respirar, agua para beber y tierra donde plantar cultivos. Además hay minerales, rocas, combustibles fósiles, árboles, plantas y animales.

Sin embargo, estos recursos no están distribuidos de manera uniforme. Ningún país tiene todos los recursos naturales que necesitan sus habitantes. Por ejemplo, muchos de los países del suroeste de Asia tienen grandes cantidades de petróleo pero poca tierra para cultivar. Por el contrario, en África Central hay mucha tierra para cultivar pero muy poco petróleo. Esta distribución poco uniforme de los recursos naturales hace que los países dependan los unos de los otros para obtener lo que necesitan.

Las turbinas de viento generan energía en California.

Muchos países reconocen la importancia de los bosques y han iniciado proyectos de reforestación para ayudar al medio ambiente.

Los países de todo el mundo deben proteger sus recursos naturales. Es necesario encontrar el modo de explotar estos recursos, pero al mismo tiempo protegerlos para que no se agoten.

REPASO *¿Por qué los países intercambian y comercian sus recursos naturales?*

Población

Desde los comienzos de la agricultura, el crecimiento de la población ha sido constante en el mundo. En el año 10000 a.C., antes de adoptarse la agricultura, había solamente 4 millones de personas en la Tierra. A partir de entonces la población aumentó notablemente, llegando casi a los 84 millones hacia el año 4000 a.C. En 1900, el número de personas había ascendido a 1.6 mil millones. En 1990, menos de cien años más tarde, los censos de población indicaban que en el mundo había más de 5,000 millones. Si este aumento de la población continúa, en el año 2025 habrá más de 8,000 millones de personas.

La población, al igual que los recursos naturales, no está distribuida de una manera uniforme en todo el mundo.

Menos del 20 por ciento del territorio del mundo está habitado, porque las altas mesetas, las montañas y los desiertos no son lugares adecuados para vivir. La población tampoco está dividida de manera uniforme entre los siete continentes.

El número de habitantes varía mucho de un país a otro. China es el país con la mayor densidad demográfica. En China viven aproximadamente 1.2 mil millones de personas, mientras que en el pequeño país de Nauru, en Oceanía sólo viven 10 mil. Es importante recordar que muchas veces la cantidad de habitantes de un país no corresponde con la extensión de su territorio. Rusia, por ejemplo, es enorme y cubre un área de 7 millones de millas cuadradas (18,128,600 kilómetros cuadrados), pero tiene una población de tan sólo 150 millones. En cambio Japón, que ocupa un área de apenas 146,000 millas cuadradas (378,111 kilómetros cuadrados), tiene una población de más de 125 millones de personas.

El crecimiento demográfico no es igual en todos los países. Actualmente, la población crece más rápidamente en algunos países que en otros. Los geógrafos a menudo hablan de los países desarrollados y de los países en vías de desarrollo. Un **país en vías de desarrollo** es aquél cuya economía aún se está desarrollando, tiene un bajo índice de producción de alimento y usa pocos recursos. Su nivel tecnológico no es alto y su nivel de vida es bajo.

Este autobús atestado de gente es un claro ejemplo del gran número de habitantes que tiene India.

467

Un **país desarrollado** es el que ya tiene una economía próspera. En un país desarrollado hay suficiente comida para sus habitantes, se utilizan muchos recursos naturales, y existe un alto nivel tecnológico así como un elevado nivel de vida.

Por lo general, el crecimiento demográfico de los países en vías de desarrollo es mucho más alto que aquél de los países desarrollados. El problema de la superpoblación es otro de los desafíos que deben enfrentar estos países.

REPASO *¿De qué manera el entorno físico afecta a la población?*

Medio ambiente

La Tierra está habitada desde hace miles de años. Desde un comienzo, el ser humano ha modificado el medio ambiente que lo rodea para adaptarlo a sus necesidades. A menudo, estos cambios han ayudado a mejorar la vida, pero también han causado daños en la tierra, el aire y el agua.

En la actualidad, todos reconocen la necesidad de preservar y proteger el mundo en que vivimos. Muchos países están tratando de encontrar la manera de explotar sus recursos y a la vez proteger el medio ambiente.

APRENDER CON GRÁFICAS La población del mundo es muy variada. Durante el último siglo, el crecimiento demográfico ha sido constante y rápido. Esta gráfica indica de qué manera la población del mundo ha aumentado desde 1900.
- ¿Cuánto fue el crecimiento demográfico mundial entre 1900 y 1950? ¿Cuánto es el crecimiento demográfico estimado entre 1950 y el año 2000?

Crecimiento demográfico mundial

En la actualidad es necesario resolver muchos problemas ambientales. Tal vez uno de los mayores problemas es la contaminación. Se habla de **contaminación** cuando un recurso natural, como el aire, la tierra o el agua, están sucios o no pueden ser utilizados por el ser humano.

La contaminación del aire es uno de los principales problemas en las grandes ciudades y sus alrededores. La gran cantidad de automóviles, camiones y fábricas es un factor que contribuye a la contaminación del aire.

La Ciudad de México, por ejemplo, tiene un problema muy grave con la contaminación del aire. La montañas que rodean a la ciudad impiden que el aire circule y como consecuencia la contaminación se acumula. El gobierno de la Ciudad de México ha tomado medidas para mejorar la calidad del aire reduciendo el número de automóviles que entran en la ciudad cada día. Esta medida establece que los dueños de automóviles no deben conducir un día por semana. Además, el gobierno ha promulgado leyes para controlar las emisiones de humo de las fábricas.

La Ciudad de México no es la única que está tratando de conseguir un aire más limpio. Otras ciudades también tienen serios problemas de contaminación de aire, incluyendo Londres, Los Angeles, São Paulo, Atenas y Beijing.

Los problemas que puede causar la contaminación del aire incluyen la lluvia ácida y el smog. La lluvia ácida, que ocurre debido a la presencia de sustancias químicas en el aire, amenaza con destruir tanto los edificios modernos como los monumentos antiguos. La lluvia ácida también destruye bosques, mata peces y contamina ríos. El smog se forma cuando el aire contaminado se mezcla con la niebla. Este tipo de contaminación es más frecuente en las grandes ciudades.

Existen también otros tipos de contaminación. Por ejemplo, los ríos y lagos del mundo se han contaminado con sustancias químicas y desechos que se vierten en el agua. Eso significa que en estos ríos y lagos, la contaminación ha

Al cortar los árboles que mantienen la tierra fija con sus raíces, la deforestación puede causar deslizamientos de tierra. Como consecuencia el agua de lluvia barre la capa fértil a su paso.

perjudicado la pesca y la provisión de agua potable. El suelo también queda contaminado por los pesticidas y sustancias químicas. La contaminación produce un impacto negativo sobre la fertilidad del suelo, y por consiguiente hay menos cultivos. Esto, a su vez, puede ocasionar una escasez de alimentos.

En años recientes se ha prestado mucha atención a otro problema ambiental, la destrucción de las selvas tropicales. Las personas que habitan estas regiones con frecuencia queman y talan los árboles para poder construir sus casas y cultivar la tierra. Esta deforestación ha tenido serias repercusiones, y puede causar deslizamientos de tierra e inundaciones.

Uso de la tierra: América del Sur

Leyenda:
- Industria
- Cultivo
- Ganadería
- Selva
- Territorio poco explotado
- B Bauxita
- C Cobre
- Diamante
- E Estaño
- Hierro
- O Oro
- Petróleo
- Pa Plata
- Po Plomo
- Zn Zinc

Relaciones entre el ser humano y el ambiente En América del Sur, la selva tropical (foto) se usa cada vez más como área de cultivo.
■ ¿Cómo se usa la mayor parte de la tierra en Argentina? ¿Y en Perú?

En las selvas tropicales, los campesinos generalmente queman la selva para preparar el terreno para el cultivo. El fuego produce humaredas que contaminan el aire y dejan el suelo sin vegetación. Como el suelo de las selvas tropicales tiene muy pocos nutrientes por naturaleza, las lluvias de esta región erosionan el suelo, eliminando así sus escasos nutrientes. Esto hace que los terrenos despejados por los agricultores sólo se puedan cultivar durante dos o tres años después de la deforestación. La tierra que ha perdido sus nutrientes no se puede utilizar, y los agricultores vuelven a arrasar nuevas superficies de selva para sus cultivos.

La destrucción de las selvas amazónicas afecta la calidad del aire y el clima en todo el mundo. Los árboles transforman el dióxido de carbono que hay en la atmósfera y producen el oxígeno que respiramos. Cuando se reduce la cantidad de árboles aumenta el dióxido de carbono en la atmósfera. Se cree que el dióxido de carbono está causando un calentamiento de la atmósfera de la Tierra.

470 • Unidad 6

Algunos científicos llaman a este calentamiento de la atmósfera "calentamiento global" o "efecto invernadero". Es posible que este aumento de la temperatura tenga un efecto negativo en la producción agrícola mundial. El calentamiento de la atmósfera también puede causar que se derrita el hielo de los polos. Esto a su vez aumentaría el nivel de los mares y los océanos, que podrían inundar las zonas costeras del planeta.

No todos están de acuerdo que el calentamiento global causará problemas. Algunos expertos opinan que los cambios climáticos son parte de un proceso natural que ocurre a lo largo de los años.

Sin embargo, la mayoría de los científicos opinan que deberían tomarse medidas para disminuir la contaminación y resolver los problemas que afectan el medio ambiente. Algunas de las medidas propuestas son: consumir menos energía, desarrollar fuentes de energía alternativas sin contaminantes y plantar nuevos árboles cuando se talan los bosques. En la actualidad, algunos gobiernos están tomando medidas para proteger el medio ambiente. Estos gobiernos han firmado acuerdos para reducir la contaminación ambiental y buscar nuevas fuentes de energía.

REPASO *¿Cuáles son algunos de los problemas ambientales que afectan al mundo hoy en día?*

El Embalse de Yangzi Jiang o de las Tres Gargantas sobre el río Yangzi Jiang en China generará mucha energía. Pero aún no se sabe con certeza cuál será el impacto que tendrá en el medio ambiente.

LECCIÓN 3 • REPASO

Comprueba lo que aprendiste

1. **Recuerda los datos** ¿Cuáles son los tres principales sistemas económicos actuales?
2. **Recuerda la idea principal** Nombra cómo los seres humanos afectan al medio ambiente.

Piensa críticamente

3. **En mi opinión** ¿Cuál crees que es uno de los principales problemas ambientales que existe hoy en día?
4. **Causa y efecto** ¿Qué efecto crees que tendrá el crecimiento de la población mundial hacia el año 2100?

Muestra lo que sabes

Actividad: Recreación Inventen un país, piensen qué nombre le pondrían, dónde estaría y cuántos habitantes tendría. Hagan una lista de los recursos que tiene el país y describan qué tipo de economía tiene. Elaboren un plan para explotar los recursos de país, sin dañar el medio ambiente.

Capítulo 11 • 471

Tablas y gráficas

Lee y compara

1. ¿Por qué aprender esta destreza?

El clima influye en el tipo de cultivos que se pueden sembrar, en el tipo de viviendas y en las prendas de vestir que usan los habitantes de una región determinada. Las climografías nos ayudan a conocer mejor el clima de un país o de una región. Las **climografías** son un tipo de gráfica que muestran los promedios mensuales de precipitación y temperatura de un lugar determinado. Los datos climáticos nos proporcionan mucha información sobre un país y la cultura de sus habitantes.

2. Comprende el proceso

Las climografías proporcionan datos sobre la temperatura y la precipitación, combinando las líneas y las barras en una sola gráfica. La temperatura se muestra como un gráfica lineal, y la precipitación como una gráfica de barras. En la parte inferior de la climografía aparecen los meses del año.

En el margen izquierdo de la climografía hay una escala de temperatura en grados Fahrenheit. La temperatura de cada mes se indica con un punto. Los puntos están conectados con una línea que nos permite ver cuáles son los meses más calurosos, y cuáles los más fríos.

Climografía Tokio, Japón

Climografía Sydney, Australia

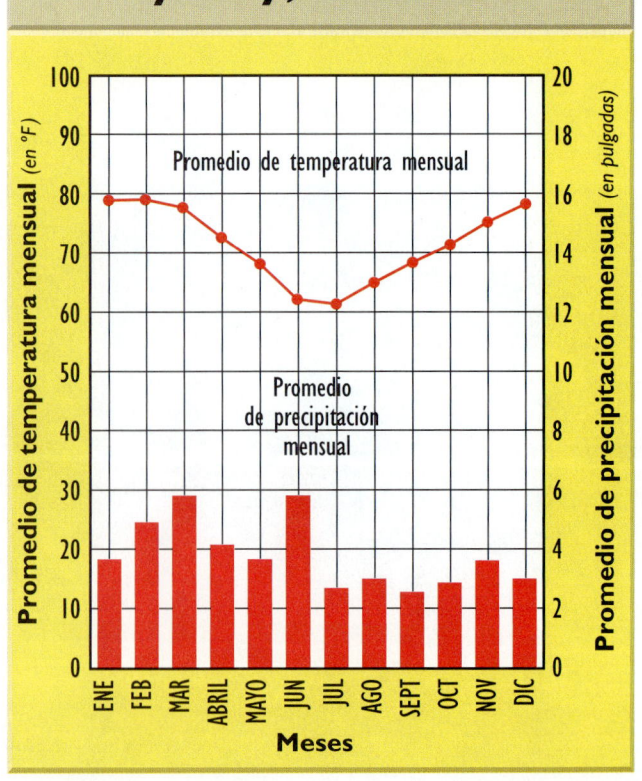

472 • Unidad 6

una climografía

La precipitación se representa con las barras de la gráfica, cuya altura se relaciona con la escala del margen derecho. En esta escala se representa la precipitación en pulgadas. Al observar la altura de estas barras, se puede saber cuáles son los meses más húmedos y cuáles son los más secos.

En estas climografías se representa el promedio mensual de temperatura y precipitación de Tokio, Japón; Sydney, Australia; y San Francisco en Estados Unidos. Observa las climografías y contesta estas preguntas:

1. ¿Cuáles son los meses más fríos y más calurosos en Tokio, Sidney y San Francisco?
2. ¿Cuáles son los meses más húmedos y más secos en Tokio, Sydney y San Francisco?
3. ¿Cuál de estas tres ciudades tiene el promedio más bajo de temperatura en enero?
4. ¿Cuál tiene el promedio de temperatura más alto en septiembre?
5. ¿Cuál tiene el promedio más alto de precipitación en febrero, julio y septiembre?
6. ¿Cómo describirías el clima de Tokio, Sidney y San Francisco?
7. ¿Cuál de las tres ciudades experimenta los mayores cambios de temperatura de enero a julio?
8. ¿Cuál de las tres ciudades tiene el promedio más bajo de precipitación anual?

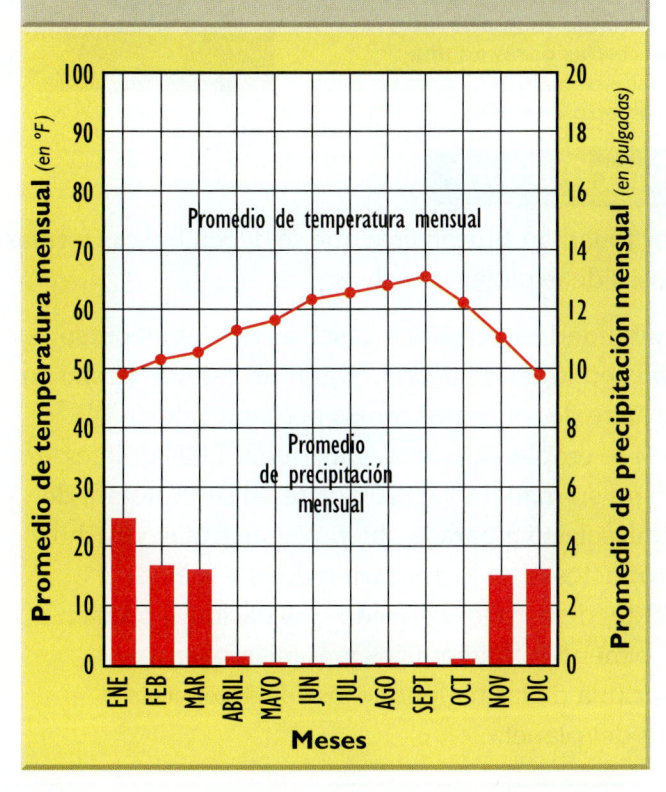

3. Piensa y aplica

Utiliza un almanaque para elaborar una climografía del lugar donde vives. Compara tu climografía con la de Tokio, Sidney y San Francisco y muestra tus descubrimientos a un amigo o familiar. ¿A qué conclusión has llegado a partir de esos datos?

Climografía San Francisco, EE.UU.

Capítulo 11 • 473

Compara puntos de vista

¿Cómo deben aprovecharse

Todas las naciones deben decidir cuál es la mejor manera de utilizar sus recursos naturales para que sus economías se desarrollen. Cuando se decide emplear los recursos de una forma determinada, se abandona la oportunidad de hacerlo de una manera distinta; en economía, esta idea recibe el nombre de **compensación**. Si las naciones deciden destruir la selva para el cultivo, el resultado será que ya no tendrán selva nunca más.

Cuando una nación toma una decisión económica, la opción que abandona es el **costo de oportunidad** de lo que obtiene. El costo de oportunidad de las naciones que deciden mantener sus selvas es no poder emplearlas para la agricultura, la ganadería o la explotación maderera. Si deciden despejar las selvas, el costo será no poder emplear los recursos de las selvas y no beneficiarse de sus efectos positivos para el planeta.

Existen diferentes puntos de vista acerca de las decisiones económicas que deben tomar las naciones con sus selvas. Algunos piensan que las selvas tropicales deben preservarse a cualquier costo, y que deben permanecer vírgenes. Otros opinan que no utilizar los recursos naturales de las selvas es injusto para quienes los necesitan.

Existen muchas ideas sobre cómo preservar o hacer uso de las selvas tropicales del mundo. Arriba hay una fotografía de la selva tropical virgen de El Yunque, en Puerto Rico. A la derecha aparecen las obras de una explotación minera en Brasil, sobre un suelo que estuvo cubierto de selva.

Jonathan Burton

El escritor Jonathan Burton cree que se deben buscar formas más ventajosas de explotar las selvas:

❝Una posibilidad es pensar en la selva como un recurso renovable, en lugar de talarla. Según un estudio hecho en 1989, un acre de selva amazónica peruana valdría 148 dólares si se empleara para la ganadería, 1,000 dólares si se vendiera su madera y 6,820 dólares si se explotara de una forma selectiva para la obtención de frutas, caucho y otros productos. Con la aplicación de este método, llamado de 'desarrollo sostenido', las naciones pueden obtener beneficios económicos y, al mismo tiempo, preservar una de las regiones con más diversidad biológica del planeta.❞

los recursos naturales?

puntos de contraste

Zoran Bosnic

Zoran Bosnic, un funcionario del gobierno de Brasil, cree que su país debe emplear todos sus recursos naturales, incluyendo las selvas, para fortalecer su economía.

❝Europa y Estados Unidos destruyeron todos sus bosques para industrializarse, pero cuando se trata del Amazonas, dicen: "¡NO! Brasil tiene una deuda que pagar y una población a la que dar comida y trabajo. Nuestra economía está sometida a una tremenda presión y debe industrializarse lo antes posible.❞

Santos Adam Afsua

Santos Adam Afsua, un indígena peruano, cree que la decisión sobre el futuro de la selva deben tomarla quienes viven en ella.

❝Vivimos para proteger la selva con nuestros mejores conocimientos ecológicos y del medio ambiente. Estos conocimientos los hemos heredado de nuestros antepasados. Cuidamos la selva porque estamos convencidos de que continuaremos viviendo en ella; por eso debemos preservarla para las generaciones futuras... Hemos venido para ver a las diferentes organizaciones ambientales y decirles, ante todo, que el único pueblo capaz de conservar este medio ambiente es nuestro pueblo.❞

Esta selva tropical está en Marenco, Costa Rica.

Compara puntos de vista

1. ¿Por qué Jonathan Burton cree que la mejor forma de emplear los recursos de la selva es mediante el desarrollo sostenido?
2. ¿Por qué Zoran Bosnic cree que es necesario despejar partes de la selva con fines industriales?
3. ¿En qué se diferencia el punto de vista de Santos Adam Afsua de las opiniones de Jonathan Burton y Zoran Bosnic?

Piensa y aplica

EL BUEN CIUDADANO

Normalmente suele haber distintas opiniones sobre cuál es la mejor manera de resolver un problema. ¿Cuál de los tres puntos de vista anteriores crees que es el mejor? ¿Por qué? ¿Qué otras ideas se te ocurren para emplear los recursos de la selva?

Capítulo 11

CAPÍTULO 11
REPASO

CONECTA LAS IDEAS PRINCIPALES

Usa este organizador para describir los países y los pueblos del mundo actual, y los desafíos que enfrentan. Escribe dos detalles para respaldar cada idea principal. En la página 106 del Cuaderno de actividades aparece una copia del organizador.

Pueblos y entornos

Los países del mundo de hoy
La geografía y la historia han tenido una gran influencia en el desarrollo de las naciones que existen en la actualidad.
1. _____
2. _____

Los seres humanos y el medio ambiente
Hoy en día, hay una relación estrecha entre los individuos y el medio ambiente.
1. _____
2. _____

Los pueblos del mundo de hoy
Las personas emigran de un lugar a otro para cambiar su forma de vida.
1. _____
2. _____

ESCRIBE MÁS SOBRE EL TEMA

Escribe una comparación Piensa en las ciudades antiguas que has estudiado. Luego, piensa en lo que sabes sobre las ciudades modernas. Escribe varios párrafos para comparar y contrastar las ciudades modernas con las antiguas.

Escribe varias preguntas Probablemente este capítulo respondio a muchas preguntas sobre el mundo. También es probable que te haya despertado el interés sobre muchos temas. Escribe cinco preguntas que te gustaría hacer sobre el mundo.

476 • Capítulo 11

USA EL VOCABULARIO

Escribe una o dos oraciones explicando la relación de cada par de términos.

1. área metropolitana, megalópolis
2. economía de mercado, libre empresa
3. comunismo, economía dirigida
4. urbanización, suburbios

COMPRUEBA LO QUE APRENDISTE

5. Nombra tres semejanzas entre Estados Unidos y México.
6. ¿Cómo describirías a Europa en cuanto a su tamaño y población?
7. ¿Cuál es la diferencia entre nómadas y refugiados?
8. ¿Cuál es la ciudad más grande del mundo? ¿Qué problemas debe enfrentar?
9. ¿En qué se diferencia un país desarrollado de un país en vías de desarrollo?

PIENSA CRÍTICAMENTE

10. **En mi opinión** Imagina que eres el presidente de un nuevo país. ¿Qué tipo de economía preferirías? Explica tu respuesta.
11. **Explora otros puntos de vista** Algunos piensan que la explotación de los recursos naturales es más importante que la protección del medio ambiente. Otros no están de acuerdo. ¿Qué razones podría tener cada grupo para respaldar su punto de vista?
12. **Piensa más sobre el tema** ¿Sería diferente el mundo si cada país tuviera los recursos que su gente necesita y desea?

APLICA TUS DESTREZAS

Compara mapas de población
Usa los mapas que aparecen en las páginas 452–453 para contestar estas preguntas.

13. ¿Aproximadamente cuántas personas viven en la ciudad de Ranpur?
14. ¿Vive más gente en la frontera de India con Nepal o de India con Pakistán?

Interpreta un mapa de husos horarios Usa el mapa que aparece en la página 463 para contestar estas preguntas.

15. Imagina que haces una llamada telefónica de Helsinki a Chicago. En Helsinki son las 3:00 p.m. ¿Qué hora es en Chicago?
16. Si viajaras hacia el oeste desde El Cairo a Santa Fe, ¿cuántos husos horarios cruzarías?

Lee y compara una climografía Elige una de las ciudades más grandes del mundo. Determina la temperatura promedio y la precipitación promedio de dicha ciudad para cada mes del año y haz una climografía. Intercambia la climografía con un compañero y escribe un párrafo describiendo la climografía de tu compañero.

LEE MÁS SOBRE EL TEMA

Guía para los niños que quieren salvar al planeta. Patricia Hume. Diana. 1991. En este libro encontrarás información sobre la contaminación del planeta y sugerencias sobre cómo mejorar la situación.

Visita nuestra página en Internet en http://www.hbschool.com para recursos adicionales.

Capítulo 11 • **477**

CAPÍTULO

12

HISTORIA, GOBIERNO Y ECONOMÍA

"Creo en la democracia, porque libera las energías de todo ser humano."

Woodrow Wilson, Presidente de los Estados Unidos, 1856–1924

Joven de la antigua Yugoslavia

Sucesos que influyeron en el desarrollo del mundo

| 500 | 1250 | Presente |

LECCIÓN 1

ENFOQUE
¿De qué manera el contacto entre los pueblos afecta las culturas hoy en día?

Idea principal
Mientras lees piensa en qué manera el contacto entre las culturas influyó en la historia del mundo.

Vocabulario
cruzadas
intercambio colombino
triángulo comercial
Carta Magna
Revolución Industrial
imperialismo
nacionalismo
armisticio
Gran Depresión
Holocausto
carrera armamentista
guerra fría

En los siglos que siguieron al Imperio Romano, comenzó el contacto entre pueblos de lugares lejanos. A pesar de las distancias que los separaba, el comercio entre los pueblos aumentó y de esta manera se influyeron mutuamente.

Un mundo de comercio

Entre los años 500 y 1500, los imperios que basaban sus economías en el comercio se expandieron rápidamente por todo el mundo. Ya has estudiado que el Imperio Romano se dividió en dos partes. La región occidental cayó en manos de los invasores germánicos, y la región oriental pasó a formar parte del Imperio Bizantino a partir del siglo VI. Constantinopla, la capital del Imperio Bizantino, se convirtió en un importante centro.

En el siglo VII, otro imperio, el Imperio Musulmano, surgió en el suroeste de Asia. Este imperio se basaba en el islam y se había extendido hasta incluir Egipto, Persia y Arabia.

Más al este, en Asia, surgió otro gran imperio, el Imperio Mongol. Bajo la guía de Gengis Kan, los mongoles conquistaron China en el siglo XIII. El explorador europeo Marco Polo visitó China durante el período mongol. Cuando regresó a Europa, contó sobre las grandes riquezas que había visto en China. Al poco tiempo, los comerciantes europeos comenzaron a buscar maneras de comerciar con Asia.

Los habitantes de África también participaron en el comercio a nivel mundial y en la creación de imperios. Entre los años 700 y 1500, poderosos reinos basados principalmente en el comercio se desarrollaron en la región occidental de África. El Imperio de Ghana estableció su dominio sobre muchos pueblos de África

Capítulo 12 • **479**

Exploraciones europeas, 1487–1650

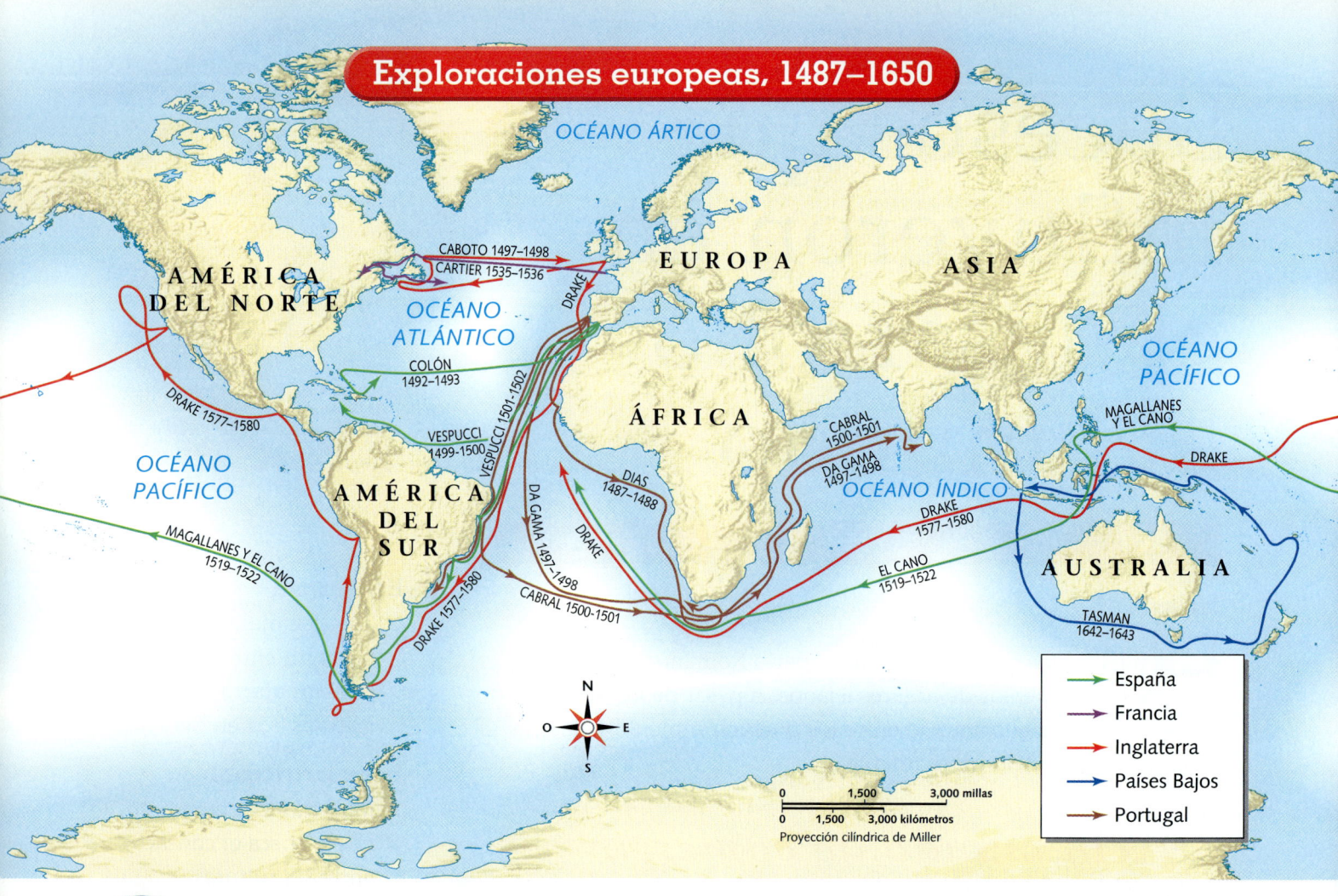

Movimiento A finales del siglo XV, los navegantes europeos se lanzaron a explorar el mundo.
■ ¿Qué exploradores viajaron alrededor del mundo?

---

occidental. Este imperio fue seguido por el Imperio de Malí, que a su vez fue reemplazado por el Imperio de Songhay.

El contacto con el Imperio Musulmán trajo muchos cambios a los pueblos del África occidental, incluyendo la introducción del islam.

En las Américas mientras tanto, los aztecas y los incas conquistaban a otros pueblos y formaban imperios, hechos que pasaron completamente desapercibidos en Asia, África y Europa. A lo largo y ancho del Imperio Azteca y del Imperio Inca floreció el comercio y el intercambio de ideas entre los pueblos indígenas.

REPASO ¿Qué imperios importantes surgieron en el mundo entre los años 500 y 1500?

La colisión de dos mundos

Un mayor contacto entre las culturas tuvo como resultado la introducción de nuevos productos y nuevas maneras de pensar en muchos pueblos. Ese contacto también resultó en conflictos.

Uno de esos conflictos tuvo lugar entre los habitantes de Europa y los turcos seljúcidas, un pueblo musulmán del suroeste de Asia. Aunque la región occidental de Europa no formara parte de un solo imperio, la mayoría de las naciones europeas se sentían vinculadas entre sí, especialmente porque practicaban la misma religión, el cristianismo.

480 • Unidad 6

Al partir del año 1095, los europeos cristianos se unieron para luchar en contra de los seljúcidas, quienes habían capturado la ciudad de Jerusalén. Esta ciudad era sagrada para los cristianos, los musulmanes y los judíos. Las batallas que tuvieron lugar para liberar a Jerusalén del control musulmán se conocen como **cruzadas**.

Durante las cruzadas muchos cristianos y musulmanes perdieron la vida. A pesar de ello, aumentó el contacto entre esos dos pueblos y tanto cristianos como musulmanes aprendieron el modo de vida y los recursos uno del otro. Cuando los europeos volvieron de las cruzadas con especias, sedas y otros bienes de Asia, aumentó la demanda de esos productos y se expandió el comercio entre Europa y Asia.

A medida que el comercio progresaba, los europeos comenzaron a buscar nuevas rutas para llegar a Asia. Cristóbal Colón estaba seguro de que podía llegar a Asia si navegaba hacia el oeste, cruzando el océano Atlántico. El 12 de octubre de 1492, Colón desembarcó en la isla de San Salvador, en el Mar Caribe. Estaba convencido de que había llegado a las Indias, en Asia, y por eso llamó indios a los habitantes de la isla. Colón hizo tres viajes más, sin enterarse nunca de que había llegado a las Américas.

Después de los viajes de Colón, otros europeos viajaron, exploraron y se asentaron en las Américas. Los europeos y los nativos intercambiaron alimentos, animales e ideas y maneras de hacer las cosas. Por ejemplo, los europeos aprendieron sobre el maíz, los frijoles y las papas. Los habitantes de las Américas vieron reses y caballos por primera vez. Hoy en día, los historiadores llaman **intercambio colombino** al intercambio de personas, animales, plantas e ideas que hubo entre Europa y las Américas.

En las Américas, algunos europeos crearon granjas gigantescas, llamadas plantaciones, y otros explotaron las minas de oro y de plata. Los dueños de las plantaciones y de las minas pusieron sus ojos en África para suplirse de los trabajadores que necesitaban. Ellos trajeron esclavos de África para desempeñar el trabajo.

Este cañón español fue usado el siglo XVI.

Esta pintura, llamada "La conquista de México", muestra a los españoles luchando contra los indígenas de México. En las Américas, los europeos ganaban las batallas contra los indígenas porque tenían armas más modernas.

481

Desde hacía años la esclavitud se practicaba en África. Los enemigos capturados en las guerras entre los reinos rivales con frecuencia eran esclavizados. Pero, en general, esos esclavos podían recuperar su libertad después de un tiempo. La esclavitud en las Américas era distinta. Los esclavos se consideraban como una mercancía que podía ser vendida o comprada al antojo del propietario. En las Américas un esclavo tenía pocas posibilidades de obtener su libertad.

La venta de vidas humanas era parte de un fenómeno llamado el **triángulo comercial**. En la primera etapa del triángulo, los comerciantes navegaban de Europa a África con hierro, telas, armas de fuego y bebidas alcohólicas. Allí intercambiaban esos bienes por esclavos. En la segunda etapa, transportaban a los esclavos hasta las Américas a través del Atlántico, lo que se conoce como "recorrido intermedio". En las Américas los comerciantes cambiaban los esclavos por productos de las plantaciones. En la tercer etapa, regresaban con los productos de las Américas a Europa, completando así el triángulo comercial.

Con el tiempo, muchos de los habitantes de las Américas llegaron a considerar la esclavitud una práctica cruel e injusta. Sin embargo, no fue sino hasta mediados de la década de 1860 que la esclavitud se abolió definitivamente en gran parte de las Américas.

REPASO *¿De qué manera el asentamiento europeo en las Américas afectó a los pueblos de África?*

Un clamor de libertad

A medida que la gente comenzó a desplazarse de un lugar a otro, cambió su forma de pensar. Muchos comenzaron a poner mayor énfasis en el concepto de libertad.

En 1215, un grupo de nobles ingleses presentaron al rey Juan sin Tierra una lista de sesenta y tres reclamos, y lo obligaron a firmarla. Este documento se conoce como la **Carta Magna**. Al firmarla, el rey Juan se comprometía a obedecer las leyes del país. La Carta Magna fue el primer paso significativo para que el poder pasara de los gobernantes a los ciudadanos.

Esta ilustración hecha por Currier e Ives en 1876, muestra a los patriotas americanos listos para la lucha.

En el siglo XVIII, una nueva manera de pensar llamada la Ilustración revolucionó las ideas que la gente tenía del arte, la ciencia, la religión y las leyes. La gente empezó a creer que la función del gobierno era proteger los derechos del individuo.

En las colonias británicas que se habían formado en América del Norte, Thomas Jefferson conocía muy bien las ideas de la Ilustración. Jefferson y los demás colonos redactaron la Declaración de la Independencia en 1776. En ese documento, los colonos se declaraban independientes de Gran Bretaña, pues consideraban que los británicos no respetaban sus derechos.

Para independizarse de Gran Bretaña, los colonos participaron en una larga guerra, conocida hoy en día como la Revolución Americana. En 1781, las antiguas colonias británicas de América del Norte se convirtieron en Estados Unidos de América. El primer presidente de Estados Unidos fue George Washington, quien fue elegido en 1789. La creación de los Estados Unidos contribuyó a que otros pueblos soñaran con una mayor libertad.

Durante mucho tiempo los franceses habían sufrido bajo la forma de gobierno de su país. Aunque los campesinos y los trabajadores pagaban impuestos muy altos, tenían muy poca participación en el gobierno. En 1789, la clase media de la sociedad francesa creó su propio organismo gubernamental llamado Asamblea Nacional. Al poco tiempo, el gobierno francés fue derrocado. Hacia 1793 el monarca Luis XVI y la reina María Antonieta habían sido ejecutados y Francia se había convertido en una república. En 1800 Francia volvió a estar bajo el control de una sola persona, Napoleón Bonaparte, el jefe del ejército francés.

A comienzos del siglo XIX, el deseo de libertad se había extendido a México, América Central y América del Sur. Los habitantes de estas regiones lucharon para independizarse del dominio español. Hacia 1830, muchos de los países de las Américas habían logrado su independencia.

REPASO *¿En qué se parecen la Revolución Americana y la Revolución Francesa?*

Un grupo de gente ataca la Bastilla, una prisión, con la esperanza de obtener armas de fuego para usar en la Revolución Francesa.

La Revolución Industrial

A fines del siglo XVIII tuvo lugar otro tipo de revolución. Los cambios que esta revolución causó no fueron en la forma de gobierno sino en el modo en que la gente vivía y trabajaba. En este período, conocido como la Revolución Industrial, aparecieron por primera vez la máquinas.

La Revolución Industrial empezó en Gran Bretaña en la industria textil, o producción de telas. Hasta esa fecha, la fabricación de telas había sido básicamente una industria casera. Las familias trabajaban en sus casas produciendo hilos y telas.

Al cabo de poco tiempo se inventaron máquinas que permitían producir telas con más rapidez. Pero las familias no tenían recursos suficientes para comprar las máquinas, que además eran demasiado grandes para caber dentro de las viviendas. Así que los comerciantes ricos compraron muchas máquinas y las instalaron en grandes edificios, creando las primeras fábricas. Los trabajadores se vieron forzados a trasladarse cerca de esos lugares de trabajo.

A mediados del siglo XIX, la Revolución Industrial estaba en pleno apogeo en Gran Bretaña. Había inmensas fábricas que producían más y más productos cada vez. La ciudades se superpoblaron pues muchas familias llegaban del campo en busca de trabajo. Las familias se amontonaban en viviendas mal construidas. Las calles estaban sucias y el humo de las chimeneas de las fábricas contaminaba el aire. Las condiciones de trabajo eran muy malas. La mayoría de los hombres, mujeres y niños trabajaban por lo menos doce horas al día, seis días a la semana, y por muy poco dinero.

Pero con el tiempo, la Revolución Industrial mejoró en cierto sentido la vida de los trabajadores. Aunque los sueldos continuaron siendo bajos, por lo menos eran constantes. Los trabajadores podían comprar carne y verduras de vez en cuando, para acompañar el pan y queso diarios. También tenían suficiente dinero para comprar mejores ropas.

La Revolución Industrial se extendió a otros países, como por ejemplo, Estados Unidos, Japón, Alemania, Francia y Bélgica. En todos estos países, las ciudades se convirtieron en centros industriales y crecieron rápidamente. Esta época de avances tecnológicos y de grandes fábricas contribuyó al desarrollo de nuevos inventos, entre ellos el teléfono, el automóvil y la radio.

REPASO *¿De qué manera la Revolución Industrial afectó el modo de vida de la gente?*

Imperialismo y nacionalismo

Los países industrializados necesitaban muchos tipos de materia prima para mantener sus fábricas en funcionamiento, por ejemplo, madera y hule. Para obtener esos materiales, los países europeos establecieron colonias en África y Asia. Con el correr del tiempo, los europeos asumieron el control de los territorios de ambos continentes para proteger sus intereses comerciales. Más adelante, los países europeos compitieron entre sí para agrandar sus imperios coloniales. Muchos pueblos de Asia y África quedaron bajo el control de los gobiernos europeos. Ese tipo de creación de imperios recibe el nombre de **imperialismo**.

Durante la Revolución Industrial, la fabricación de telas pasó de las pequeñas familias (recuadro) a las grandes fábricas (izquierda).

A medida que se expandía el imperialismo también surgió otra ideología, el nacionalismo. El ==nacionalismo== es la lealtad a un país basada en lazos culturales o religiosos. En el siglo XIX el nacionalismo unificó a mucha gente pero también creó numerosos conflictos. Los gobernantes europeos comenzaron a crear ejércitos más poderosos y a establecer alianzas con otros países de Europa. Sin embargo, las alianzas no fueron lo suficientemente fuertes para mantener la paz en Europa. Cuando el Archiduque Francisco Ferdinando, el futuro gobernante de Hungría, fue asesinado el 28 de junio de 1914, empezó lo que hoy conocemos como la Primera Guerra Mundial.

REPASO *¿Qué efecto tuvieron el imperialismo y el nacionalismo en Europa?*

La reina Victoria usó el imperialismo para obtener los recursos que necesitaba Inglaterra.

Conflictos internacionales

A principios de agosto de 1914 casi toda Europa estaba en guerra. Y con el tiempo otros países del mundo se unieron al conflicto. Por un lado estaban los aliados, que incluían a Gran Bretaña, Francia, Rusia y Estados Unidos. Por el otro lado estaban las potencias centrales, que incluían a Alemania, el Imperio Austro Húngaro y el Imperio Otomano.

La Gran Guerra, como se la llamó entonces fue un nuevo tipo de guerra. Por primera vez se usaron armas mortíferas, como las ametralladoras, los tanques y los gases venenosos. Más de ocho millones de soldados de distintos países perdieron la vida.

El 11 de noviembre de 1918, Alemania firmó un ==armisticio==, es decir, acordó dejar de pelear. En 1919, el Tratado de Versalles puso fin a la guerra.

En las décadas de 1920 y 1930 muchos de los países del mundo vivieron la ==Gran Depresión==, una crisis económica seria. La situación era grave, especialmente en Alemania. Los alemanes querían un gobierno poderoso que transformara a Alemania nuevamente en una gran nación.

Al poco tiempo, Adolfo Hitler se convirtió en el dictador de Alemania. Una parte fundamental del mensaje de Hitler era que los problemas políticos y económicos de Alemania eran culpa de los judíos. Hitler promulgó leyes que quitaban los derechos y la propiedad a los ciudadanos judíos.

Es esta misma época, Alemania, Italia y Japón comenzaron a crear imperios. Al comienzo, los gobernantes de las demás potencias europeas no hicieron mucho por frenar estos avances territoriales, por temor a que estallara otra guerra mundial. Esta decisión de no oponerse a las expansiones de Italia y Alemania recibió el nombre de política de apaciguamiento.

A medida que Alemania continuó expandiéndose y atacando a sus vecinos quedó claro que la política de apaciguamiento no funcionaba. Una vez más los países del mundo se vieron enfrentados en una guerra. Durante la Segunda Guerra Mundial los aliados, es decir, Gran Bretaña, Francia, la Unión Soviética y los Estados Unidos se enfrentaron a los poderes del eje: Alemania, Italia y Japón.

La guerra se extendió rápidamente por toda Europa, Asia y el norte de África. Pero Estados Unidos no participó en el conflicto hasta diciembre de 1941, una vez que los japoneses atacaron la base naval estadounidense de Pearl Harbor en Hawaii. A partir de ese momento, Estados Unidos entró en la guerra y al cabo de un tiempo los aliados comenzaron a ganar terreno. El 7 de mayo de 1945 los alemanes se rindieron y la guerra en Europa llegó a su fin.

El 6 de agosto de 1945, Estados Unidos lanzó

Capítulo 12 • 485

Europa en 1944

Leyenda:
- Países aliados
- Países del Eje
- Países ocupados por el Eje
- Países neutrales

Relaciones entre el ser humano y el ambiente   Europa estuvo dividida durante la Segunda Guerra Mundial.
■ ¿Qué países europeos permanecieron neutrales en 1944?

---

en la ciudad japonesa de Hiroshima una bomba atómica. Dos días más tarde arrojó una segunda bomba atómica sobre la ciudad de Nagasaki. Finalmente los japoneses se rindieron.

Poco tiempo después de la guerra, fue posible ver los terribles efectos del gobierno de Hitler. Los judíos europeos habían sido enviados a campos de concentración y asesinados durante esos años. La matanza en masa de los judíos ha recibido el nombre de **Holocausto**. Hitler había ordenado matar a seis millones de judíos, así como a seis millones de personas no judías.

REPASO *¿Cuáles fueron los conflictos que afectaron al mundo durante el siglo XX?*

Las tropas aliadas se preparan para la invasión más grande que ha existido jamás, el Día D que tuvo lugar el 6 de junio de 1944.

La guerra fría

En la Segunda Guerra Mundial murieron más de 50 millones de personas y Europa quedó en ruinas. A medida que la guerra llegaba a su fin, los líderes políticos del mundo comenzaron a planificar el futuro. La Unión Soviética tenía sus propios planes y ya había comenzado a establecer gobiernos comunistas en varios países de Europa oriental. Estados Unidos y las potencias europeas temían que los soviéticos quisieran imponer el régimen comunista en el resto del mundo.

Con la reciente invención de la bomba atómica, se temía que un conflicto abierto entre los Estados Unidos y la Unión Soviética resultara en una guerra nuclear. Por consiguiente, las dos superpotencias no se enfrentaron entre sí directamente. En cambio, ambos bandos trataron de acumular la cantidad más grande de armas posible, en lo que se llegó a conocer como la **carrera armamentista**. Este conflicto posteriormente recibió el nombre de **guerra fría**. La guerra fría finalmente terminó en diciembre de 1991, cuando una serie de acontecimientos llevó a la desintegración de la Unión Soviética.

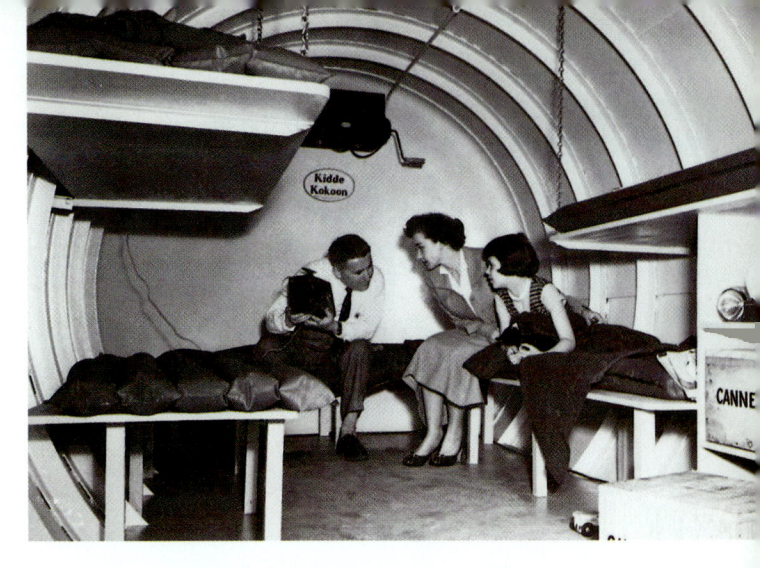

Durante la Segunda Guerra Mundial muchos americanos construyeron refugios subterráneos.

REPASO ¿Cuál fue la causa de la guerra fría?

LECCIÓN 1 • REPASO

500	1000	1500	Presente

- **500 aprox.** Se forma el Imperio Bizantino
- **1095** Comienzan las primeras cruzadas
- **1492** Cristóbal Colón llega a las Américas
- **1850 aprox.** Empieza la Revolución Industrial en Gran Bretaña
- **1939** Comienza la Segunda Guerra Mundial

Comprueba lo que aprendiste

1. **Recuerda los datos** ¿Qué fue el intercambio colombino?
2. **Recuerda la idea principal** ¿Qué efecto tuvo el contacto entre las culturas en la historia del mundo entre los años 500 y 1500? ¿Y entre 1900 y 1990?

Piensa críticamente

3. **Piensa más sobre el tema** ¿Cómo sería el mundo si los europeos hubieran llegado a las Américas mucho después?

4. **En mi opinión** ¿Qué tuvo más efecto en el período estudiado en esta lección: las relaciones comerciales o las guerras? Explica tu respuesta.

Muestra lo que sabes

Actividad: Balada Una balada es una canción sobre sucesos históricos. Elige la música de una canción que te guste y escribe la letra de una balada que hable sobre uno de los acontecimientos que has estudiado en esta lección.

Capítulo 12 • 487

Mapas y globos terráqueos

Interpreta un cartograma

1. ¿Por qué aprender esta destreza?

Una manera interesante de comparar países es mediante el uso de un tipo de mapa llamado **cartograma**. Un cartograma es un mapamundi que muestra el tamaño de cada país de acuerdo con un dato geográfico. El tamaño de los estados, países o continentes depende de ese dato geográfico. Por ejemplo, un país donde llueve mucho o donde hay mucho petróleo, se dibuja más grande que los otros países donde llueve menos o hay menos petróleo. Saber cómo interpretar un cartograma sirve para comparar datos sobre países más fácilmente.

2. Cartogramas de población

Los cartogramas tienen un aspecto diferente al del resto de los mapas. En la mayoría de los mapas, el tamaño de cada país corresponde al área del territorio. Sin embargo, en un cartograma, el tamaño de un país o un continente está basado en una dato geográfico. En el cartograma de la página 489 el tamaño de los países varía de acuerdo con la población de cada país. Un país con muchos habitantes es mucho más grande que otro país con pocos habitantes. Al representar los países de este modo, se puede comparar con rapidez las poblaciones de los distintos países del mundo.

Mapa A: Países del mundo

3. Comprende el proceso

El Mapa A es un mapamundi político. El tamaño de cada país está basado en el área de su territorio. Compara el tamaño de Rusia con el de China. ¿Cuál es más grande?

El Mapa B es un cartograma de población. El tamaño de cada país se indica según la población. Vuelve a comparar los tamaños de Rusia y China. Aunque China tiene menos territorio que Rusia, en el cartograma aparece mucho más grande porque China tiene más habitantes.

Busca Australia y Japón en el Mapa A. Como ves, Australia tiene un área mucho mayor que Japón. Ahora busca ambos países en el cartograma. ¿Cuál de los dos está más poblado?

Sigue comparando las áreas de los territorios y la población mientras contestas las preguntas.

1. ¿Qué país de África tiene menos territorio?
2. ¿Qué país de África tiene más población?
3. ¿Cuál es el segundo país más poblado de América del Norte?
4. ¿Cuál es el segundo país más grande de América del Norte?

4. Piensa y aplica

Con un compañero, piensen en otros tipos de información que se pueden expresar con cartogramas. Elijan uno de esos tipos y recopilen los datos necesarios en la biblioteca de tu comunidad. Luego, hagan un cartograma. Después, preparen una cuestionario corto sobre la información que aparece en el cartograma. Pidan a varios compañeros de clase que contesten el cuestionario; traten de contestar los cuestionarios de otros estudiantes.

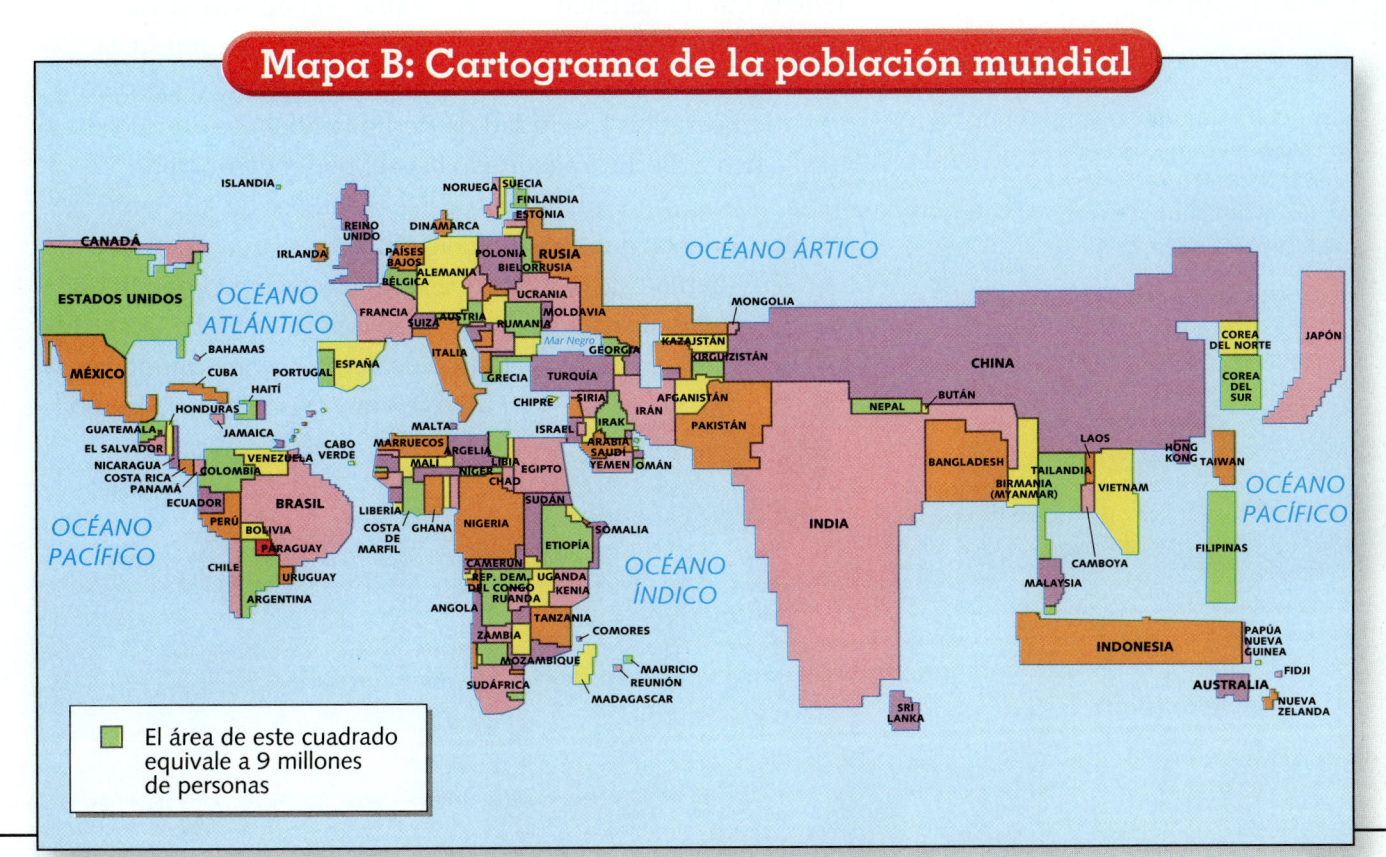

Mapa B: Cartograma de la población mundial

El área de este cuadrado equivale a 9 millones de personas

LECCIÓN 2

ENFOQUE
¿De qué manera los países actuales han tratado de resolver los conflictos?

Idea principal A medida que lees piensa en qué conflictos han existido entre los países en años recientes.

Vocabulario
apartheid
perestroika
glasnost
disidente
terrorismo
limpieza étnica
intifada

Acontecimientos mundiales recientes

| 1980 | 1990 | Presente |

La historia reciente se ha caracterizado por una nueva era de esperanza por una vida mejor. En todo el mundo, los pueblos buscan cómo disfrutar de más libertad, tanto a nivel personal como económico. Algunos de los cambios recientes, pero no todos, han sido pacíficos.

Las nuevas democracias

Mientras la Segunda Guerra Mundial llegaba a su fin, la Unión Soviética establecía gobiernos comunistas en Polonia, Checoslovaquia, Hungría, Yugoslavia, Rumania y Bulgaria. El final de la guerra también significó la división de Alemania. La nueva Alemania oriental se convirtió en un país comunista, mientras que Alemania occidental adoptó una forma de gobierno democrática. La ciudad de Berlín también se dividió en dos, y Berlín Este quedó bajo el poder comunista.

En 1961, se ordenó a los soldados de Alemania oriental que construyeran una barrera que separara a Berlín Este de Berlín Oeste. El objetivo era impedir que los alemanes del este escaparan hacia Berlín Oeste. Esta barrera, el Muro de Berlín, mostró claramente la división que existía entre la Europa democrática y la comunista.

Los habitantes de Berlín celebran la caída del Muro de Berlín trepándose al muro (derecha, abajo) y quedándose con pedazos de la pared (inserción).

490 • Unidad 6

Durante casi 30 años, Europa siguió dividida. A fines de la década de 1980 muchas naciones de Europa oriental comenzaron a adoptar un régimen democrático. Polonia celebró elecciones libres en 1989, y en octubre de ese mismo año Hungría se declaró una república no comunista.

Los gobernantes comunistas de Alemania oriental continuaban oponiéndose rotundamente a la idea de cambio, pero en octubre de 1989 fueron derrocados. El 9 de noviembre de 1989, el gobierno comunista declaró que abriría sus fronteras. En Berlín, un grupo de manifestantes jubilosos se congregó en el muro que durante años había dividido la ciudad. Se treparon a él y comenzaron a romper pedazos de cemento, como si quisieran derribar el muro con sus propias manos. Se abrieron pasos en el muro, y por primera vez los habitantes de Berlín Oeste y Berlín Este pudieron ir libremente de una zona a la otra. En octubre de 1990, Alemania oriental y Alemania occidental se unieron para formar la República Federal de Alemania bajo un gobierno democrático.

En 1990, un ejemplo rotundo de la lucha ferviente por los derechos humanos tuvo lugar en Sudáfrica. El gobierno de Sudáfrica estaba integrado por sudafricanos blancos, la mayoría de ellos afrikaners, o descendientes de los colonos holandeses. En 1948, los afrikaners comenzaron una política de segregación que se conoció como **apartheid**, es decir, separación. Esta política apoyaba la noción de que los blancos y los negros debían tener el menor contacto posible.

La vida bajo el apartheid era muy dura para los sudafricanos negros. Aunque constituían las dos terceras partes de la población de Sudáfrica, en realidad tenían muy pocos derechos.

Thabo Mbecki (izquierda) y Nelson Mandela (derecha) fueron elegidos para servir como líderes en el nuevo gobierno democrático de Sudáfrica.

Durante años los sudafricanos negros habían albergado sueños de una vida mejor. En 1912 se fundó el Congreso Nacional Africano (CNA) para defender los derechos de los sudafricanos negros. Sin embargo, en 1960 el gobierno sudafricano prohibió el CNA y encarceló a muchos de sus líderes.

En señal de protesta ante esa política discriminatoria, muchos países dejaron de comerciar con Sudáfrica, pero el gobierno sudafricano continuó con su política de apartheid.

Finalmente esta situación cambió en 1989 con la llegada al poder del afrikaner Frederik Willem de Klerk. De Klerk se reunió con los líderes negros para buscar maneras de compartir el poder, y en noviembre de 1993 se pusieron de acuerdo para que todas las razas pudieran participar en las elecciones. Las elecciones que se celebraron el 27 de abril de 1994 dieron la victoria a Nelson Mandela y su partido, el CNA. En uno de sus primeros discursos como presidente de Sudáfrica, Mandela habló de una nueva Sudáfrica "en la que todos los sudafricanos, blancos y negros, puedan caminar con orgullo, sin ningún miedo en su corazón".

La democracia también ganó adherentes en América Latina. Durante gran parte del siglo XX, muchos países latinoamericanos vivieron bajo el gobierno de dictaduras militares. En las décadas de 1980 y 1990, esas dictaduras comenzaron a caer una a una. Hoy en día todas las naciones latinoamericanas tienen un régimen democrático, excepto Cuba.

No siempre las luchas por la libertad han tenido éxito. En 1989, los estudiantes chinos organizaron una demostración a favor de la democracia y los derechos humanos. Miles de ellos se congregaron en la Plaza de Tiananmen en Beijing para protestar contra el gobierno. En todo el mundo, muchos pensaban que el gobierno chino implementaría cambios políticos para dar mayor libertad a sus ciudadanos.

Pero el 4 de junio de 1990, el gobierno chino respondió, pero no de la manera que se esperaba. Cuando los estudiantes se negaron a abandonar la plaza, las tropas comenzaron a disparar. Más de 5,000 estudiantes perdieron la vida y muchos fueron encarcelados.

Esta actitud del gobierno chino puso fin a la mayoría de las demandas democráticas. Hoy en día, China parece estar cambiando económicamente y hasta ha aceptado la existencia de más empresas privadas. Sin embargo, políticamente, al país le falta mucho para ser una democracia.

REPASO *¿Qué cambios hubo en Sudáfrica en la década de 1990?*

Nuevos países en el mapa

A final de la década de 1980 y principios de la de 1990, ocurrieron cambios tan notables e inesperados que hubiera sido imposible habérselos imaginado unos años antes. Algunos países europeos dejaron de existir y otros volvieron a formar parte del país al cual pertenecían en el pasado. Entre ellos estaba la República Federal de Alemania.

Uno de los principales acontecimientos en Europa fue el colapso del comunismo después de 70 años. La Unión Soviética se desintegró en 1991 y fue reemplazada por quince naciones independientes.

Una de las figuras más importantes de este período fue Mijail Gorbachov. Gorbachov ocupó el cargo de presidente de la Unión Soviética de 1985 a 1991.

Estudiantes universitarios en una manifestación por los derechos humanos y la democracia en la Plaza de Tiananmen, Beijing.

El colapso del comunismo

Lugar La Unión Soviética se dividió en quince países independientes.
■ ¿Qué países surgieron a partir de la Unión Soviética?

Boris Yeltsin se postuló para la presidencia de la República de Rusia en 1991. Yeltsin siguió siendo presidente después de que Rusia se independizara.

Durante esos años hizo muchos cambios en la sociedad soviética.

Gorbachov implementó un nuevo plan económico llamado **perestroika**, que significa "reconstrucción". Bajo esa política se redujo la autoridad del gobierno central y se le dio más poder a los productores y consumidores.

Gorbachov también inició un nuevo plan político llamado **glasnost**, que significa "apertura". Esta política permitió a los ciudadanos soviéticos expresar sus ideas sin miedo a ser castigados y les otorgó cierta libertad religiosa. Los medios de comunicación obtuvieron la libertad de informar sobre acontecimientos que hasta entonces se ocultaban. Como parte de la política de glasnost, Gorbachov liberó de la cárcel a muchos **disidentes** políticos, es decir, personas que se habían manifestado en contra del gobierno.

Los habitantes de la Unión Soviética y del mundo entero observaron estos cambios con total asombro. Un periodista comentó al respecto: "La sorpresa fue tal que si abríamos más la boca se nos iba a romper la quijada".

Boris Yeltsin fue elegido presidente de Rusia cuando esa nación aún era parte de la antigua Unión Soviética.

Capítulo 12 • 493

En diciembre de 1991, Yeltsin y otros presidentes de las antiguas repúblicas soviéticas hicieron un anuncio sorprendente: declararon el fin de la Unión Soviética. En su lugar establecieron la Comunidad de Estados Independientes (CEI).

Desde un comienzo, la CEI trató de establecer una economía de mercado en las antiguas repúblicas soviéticas. En 1995, 12 de las 15 antiguas repúblicas soviéticas se habían integrado a la CEI como países independientes. Estos países son: Armenia, Azerbaiján, Bielorrusia, Georgia, Kazajistán, Kirguizistán, Moldavia, Rusia, Tayikistán, Turkmenistán, Ucrania y Uzbekistán.

REPASO *¿Qué asociación de estados independientes reemplazó a la Unión Soviética?*

Conflicto en Europa

La historia ha demostrado que cuando dos grupos con intereses distintos reclaman el mismo territorio, surge un conflicto. Cuando las diferencias son por cuestiones religiosas, las emociones pueden ser aún más fuertes.

El conflicto entre Irlanda e Inglaterra es un ejemplo de una lucha política y religiosa. Hoy en día, Inglaterra es parte del Reino Unido de Gran Bretaña e Irlanda del Norte. Como el nombre lo indica, Irlanda del Norte también es parte del país. El resto de la isla de Irlanda es un país independiente.

Si analizamos los acontecimientos históricos podemos entender mejor el conflicto entre los irlandeses y los ingleses. En el siglo XVI, el reino de Inglaterra invadió Irlanda. Durante 400 años, la población irlandesa, que en su mayoría era católica, vivió bajo el dominio de un gobierno inglés protestante. Luego, en 1920, Irlanda empezó a buscar su independencia.

Después de años de lucha continua, gran parte del territorio de Irlanda se independizó en 1922. Tan sólo seis condados del norte del país quedaron bajo el dominio inglés. Esos condados se conocen con el nombre de Irlanda del Norte.

Por años se ha venido luchando por la independencia de Irlanda del Norte. Algunas veces, han habido actos de **terrorismo**, es decir, actos violentos con el propósito de conseguir un objetivo. El Ejército Republicano Irlandés o IRA ha sido responsable de muchos ataques terroristas. El objetivo principal del IRA es reunificar a Irlanda. Sin embargo, muchos de los habitantes de Irlanda del Norte prefieren seguir siendo parte de Gran Bretaña.

Como resultado de varias conversaciones de paz, el Ejército Republicano Irlandés ha declarado un cese el fuego el 31 de agosto de 1994, es decir una orden de dejar de luchar. A pesar de brotes esporádicos de violencia, se cree que con esas conversaciones se podrá lograr la paz duradera.

Un mural católico en Belfast, Irlanda del Norte, ilustra las tensiones de la región.

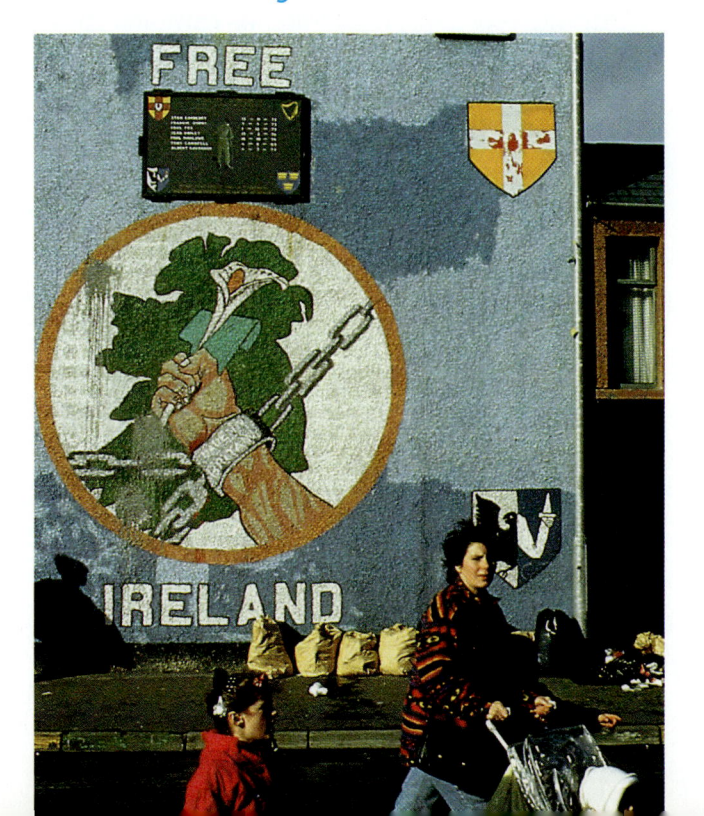

La antigua Yugoslavia

Leyenda del mapa:
- Frontera de Yugoslavia en 1991
- Frontera actual

Principales grupos étnicos, 1991
- Albaneses
- Croatas
- Macedonios
- Montenegrinos
- Musulmanes
- Serbios
- Eslovenos
- Otros grupos étnicos

Regiones Este mapa muestra los grupos étnicos de la antigua Yugoslavia.
■ *¿Qué grupo étnico vive en lo que hoy es BosniaHerzegovina?*

Un hombre bosnio repara su casa dañada por la guerra en Stup, un antiguo suburbio de Sarajevo.

Del otro lado de Europa, las diferencias religiosas y culturales también han causado conflictos. Después de la Primera Guerra Mundial, los pueblos de los Balcanes se vieron forzados a formar una nación: Yugoslavia. Después de la guerra Yugoslavia había quedado bajo el control de un gobierno comunista. Las diferencias de los tres grupos étnicos que componían el país (musulmanes, serbios y croatas) dificultaba la unión del país.

En 1991, las repúblicas yugoslavas de Eslovenia y Croacia decidieron mediante una votación separarse de Yugoslavia. La minoría serbia que vivía en Croacia temía vivir bajo la autoridad de los croatas, y por eso pidieron ayuda a la República de Serbia. En 1991, los soldados serbios atacaron Croacia y con el tiempo se apoderaron de un tercio del territorio de Croacia.

En 1992, la República de Bosnia también declaró su independencia. Inmediatamente, cada una de los grupos étnicos que constituían Bosnia (musulmanes, serbios y croatas), comenzó a usar la violencia para expulsar a las otros de su territorio. Hubo ocasiones en que los serbios mataron a un gran número de personas del grupo étnico enemigo, los musulmanes.

Capítulo 12 • **495**

HISTORIA

La guerra del golfo Pérsico

En agosto de 1990 Saddam Hussein, el presidente de Irak, ordenó al ejército iraquí invadir Kuwait, un país muy rico en petróleo. Para ayudar a expulsar a los iraquíes de Kuwait, los Estados Unidos y otros países hicieron una serie de bombardeos e Iraq retiró sus tropas. Esta guerra fue diferente a todas las guerras anteriores. A través de los noticieros televisivos la gente estaba informada de los últimos acontecimientos, se utilizaron armas de alta tecnología y por primera vez, las mujeres de los Estados Unidos participaron como soldados en una guerra.

Tropas estadounidenses en un campamento durante la guerra del golfo Pérsico

---

Los serbios consideraban que este tipo de masacre era una **limpieza étnica**, es decir que estaban "limpiando" su territorio para que no quedaran "indeseables".

La Organización de Naciones Unidas envió tropas a Bosnia para restaurar la paz. Finalmente en 1995, los líderes serbios, croatas y musulmanes acordaron la paz. Sin embargo, aún queda mucho por hacer para que la paz sea duradera. A pesar de que ahora hay un gobierno democrático, aún quedan muchos problemas por resolverse entre los serbios, croatas y musulmanes. La lucha en la región ha causado muchos problemas económicos.

REPASO *¿Qué sucedió cuando la República de Bosnia declaró su independencia?*

El conflicto árabe-israelí

Tanto los judíos como los árabes reclaman la porción de territorio que hoy ocupa Israel. Ninguno de los dos lados ha aceptado una manera de vivir juntos en paz.

Los israelíes y los árabes musulmanes ya estaban en conflicto cuando Israel se convirtió en estado en 1948. Durante una de las guerras que estallaron entre Israel y los países árabes, Israel capturó gran parte del territorio árabe, y un millón de árabes quedaron bajo su control. Entonces se formó un grupo llamado Organización para la Liberación de Palestina (OLP) y Yasir Arafat fue nombrado presidente. Su objetivo era que los árabes recuperaran ese territorio.

A fines de la década de 1980, los palestinos iniciaron la **intifada**, o levantamiento popular, en los territorios ocupados por Israel. La intifada le dio a muchos palestinos una nueva sensación de unidad, y los israelíes comenzaron a tomar medidas para tratar de poner fin a la lucha. Muchos países, incluyendo Estados Unidos pidieron a ambos lados que llegaran a un acuerdo.

En 1992 Yitzhak Rabín fue elegido primer ministro de Israel. Poco tiempo después, los israelíes y los palestinos comenzaron conversaciones de paz secretas.

En agosto de 1993, finalmente se llegó a un acuerdo. Conforme a los términos de este acuerdo, los israelíes y los palestinos tenían un período de cinco años para resolver los desacuerdos principales.

Lugar La frontera de Israel ha cambiado varias veces desde 1947.
■ ¿Por qué crees que los israelíes y los palestinos no están de acuerdo acerca del control de Jerusalén?

Uno de los términos del acuerdo estipulaba que los palestinos volverían a tener control sobre parte del territorio conquistado por Israel.

En 1995, en un acto que sorprendió a Israel y al resto del mundo, Yitzhak Rabín fue asesinado por un israelí que no estaba de acuerdo con que se negociara la paz. En 1996, Benjamín Netanyahu fue elegido primer ministro de Israel.

En años recientes el progreso hacia un compromiso ha sido bastante lento. Los ataques terroristas han aumentado y los israelíes han demorado la desocupación del territorio palestino. Muchos países ahora están involucrados tratando de resolver este conflicto.

REPASO *¿De qué manera el dominio del territorio ha afectado la relación entre los israelíes y los palestinos?*

Israel: Desde 1947 hasta el presente

(Mapa con etiquetas: Zona de seguridad; Territorio conquistado durante la Guerra de los Seis Días en 1967, y aún ocupados; Territorio conquistado durante la Guerra de los Seis Días en 1967 (parcial autonomía palestina); Territorio conquistado durante la Guerra de los Seis Días en 1967; Tropas israelíes retiradas del área; Territorio ocupado después de la guerra de 1948; Estado judío de acuerdo al plan de 1947; Territorio ocupado durante la Guerra de los Seis Días y devuelto a Egipto; Bajo control palestino)

LECCIÓN 2 • REPASO

1980 — **1990** — **Presente**

- **1989** • Estudiantes hacen manifestaciones a favor de la democracia en China
- **1991** • La Unión Soviética se divide
- **1994** • Elecciones libres en Sudáfrica

Comprueba lo que aprendiste

1 Recuerda los datos ¿Qué país comunista se derrumbó en 1991?

2 Recuerda la idea principal ¿Cuáles son algunos de los conflictos que existen hoy en día en el mundo?

Piensa críticamente

3 Piensa más sobre el tema ¿Qué otras medidas podría haber tomado China en la plaza de Tiananmen?

4 En mi opinión ¿Cuáles son las causas de la mayoría de los desacuerdos?

Muestra lo que sabes

Actividad: Mapa Traza el contorno de los países europeos en un mapa actualizado. Escribe el nombre de cada país y colorea los países que se han formado desde 1989. Elige un país y escribe varios párrafos sobre su historia.

Capítulo 12 • **497**

Participación

Resuelve un conflicto

1. ¿Por qué aprender esta destreza?

Cuando surge un desacuerdo, hay muchas formas de solucionarlo. Puedes marcharte y dejar que se te pase el enojo. Puedes explicar tu modo de ver las cosas a la otra persona y tratar de convencerla. También puedes llegar a un acuerdo, es decir renunciar a parte de lo que quieres con tal de lograr un arreglo. Saber cómo llegar a un acuerdo sirve para resolver conflictos a lo largo de toda tu vida.

2. Comprende el proceso

Para llegar a un acuerdo, puedes seguir los siguientes pasos:

1. Piensa en lo que cada uno de ustedes quiere. Es importante entender que la otra persona probablemente valora tanto sus ideas como tú las tuyas.
2. Prepárate para ceder en algunas de las cosas que quieres, si es necesario.
3. Di a la otra persona claramente qué es lo que quieres. Escucha los deseos de la otra persona.

Conflictos mundiales recientes

- Gobierno depuesto retoma poder en Haití
- Guerra civil en El Salvador
- Conflicto limítrofe entre Ecuador y Perú

Leyenda:
- Conflicto en desarrollo
- Conflicto resuelto o alto el fuego vigente

Proyección cilíndrica de Miller

498 • Unidad 6

④ Presenta tu plan para llegar a un acuerdo, y presta atención a las ideas de la otra persona.

⑤ Hablen acerca de las semejanzas de los planes. Luego, hablen acerca de las diferencias.

⑥ Ten paciencia. Lograr un acuerdo toma tiempo. Si alguno de ustedes se enfada, hagan una pausa y tranquilícense antes de seguir hablando.

⑦ Continúen las conversaciones hasta llegar a una solución que satisfaga a ambos.

3. Piensa y aplica

EL BUEN CIUDADANO

Piensa en un conflicto que tengan en la clase. Toma partido con uno de los dos puntos de vista y forma un grupo con los estudiantes que tienen la misma opinión. Sigan los pasos descritos anteriormente. Una vez que ambos grupos logren un acuerdo, escribe un párrafo o dos explicando el acuerdo. Indica si piensas que el acuerdo es justo y haz una lista de las maneras en que puede mejorarse.

Capítulo 12 • 499

LECCIÓN 3

ENFOQUE
¿En qué se diferencian las formas de gobierno actuales?

Idea principal
Mientras lees piensa en cómo funcionan distintas formas de gobierno.

Vocabulario
democracia representativa
democracia constitucional
monarquía absoluta
monarquía constitucional
totalitarismo

El edificio del capitolio en Washington, D.C., es el símbolo de la democracia de Estados Unidos. El Congreso de Estados Unidos se reúne en el capitolio.

Los gobiernos en la actualidad

Los gobiernos constituyen la estructura de la sociedad. Administran los países y promulgan leyes. Velan por que las leyes se cumplan, controlan el funcionamiento de las empresas y protegen a los ciudadanos. Todos los gobiernos cumplen estas tareas, pero el modo de hacerlo varía según la forma de gobierno. En el mundo actual hay cuatro formas de gobierno principales: democracia, monarquía, dictadura y oligarquía.

Democracia

La democracia es la forma de gobierno en la que todos los ciudadanos participan. Has leído sobre la democracia en tiempos antiguos. La ciudad-estado de Atenas en Grecia, tuvo la primer democracia en la historia. La democracia griega era una democracia directa. Cada ciudadano podía asistir a las reuniones en que se promulgaban las leyes. Sin embargo, las mujeres, los esclavos y otros habitantes no podían participar en la democracia griega.

Durante muchos años, Roma también tuvo un gobierno basado en ideas democráticas. El sistema romano se parecía más a los sistemas democráticos de hoy, pues era una democracia representativa.

El gobierno de Estados Unidos

CONSTITUCIÓN

- **PODER LEGISLATIVO**
  - Congreso
    - Senado
    - Cámara de Representantes
- **PODER EJECUTIVO**
  - Presidente
    - Gabinete del Presidente
  - Vicepresidente
    - Gabinete del Vicepresidente
- **PODER JUDICIAL**
  - Corte Suprema
  - Tribunales de Apelaciones
  - Tribunales de Distrito
  - Tribunales Especiales

APRENDER CON GRÁFICAS Esta gráfica muestra la estructura del gobierno de Estados Unidos.
■ ¿Cuáles son los tres poderes del gobierno de Estados Unidos?

En una **democracia representativa**, los ciudadanos eligen representantes para que promulguen las leyes y tomen las decisiones en su nombre. Este tipo de democracia también recibe el nombre de *república*.

En el siglo I d.C., el gobierno romano cambió de una democracia a una monarquía y luego a un gobierno militar totalitario. A partir de entonces y por muchos años, no hubo ningún gobierno democrático en el mundo.

En el año 1215, el gobierno de Inglaterra comenzó a orientarse hacia la democracia con la firma de la Carta Magna. Poco a poco fue aumentando la cantidad de personas que podían participar en el gobierno, hasta que se estableció un parlamento, es decir, un grupo formado por legisladores. Este organismo fue adquiriendo más poder, lo que fue un gran adelanto, ya que el parlamento era una rama del gobierno que tomaba decisiones independientemente del rey.

Hoy en día la democracia se ha extendido por todo el mundo. Más de ciento cuarenta países tienen gobiernos democráticos, entre ellos Estados Unidos, Venezuela, Australia, Argentina, Canadá, México, Israel, Egipto, India y Alemania.

El presidente de los Estados Unidos Abraham Lincoln declaró que el gobierno debería ser "del pueblo, por el pueblo y para el pueblo". Con eso, Lincoln quería decir que los ciudadanos creaban el gobierno y lo administraban en beneficio de los ciudadanos. Las palabras de Lincoln describen básicamente la democracia de los Estados Unidos de América y todas las democracias.

Carteles de una campaña política en Corea del Sur, un país democrático

Capítulo 12 • 501

Al igual que en la Roma antigua, Estados Unidos tiene una democracia representativa. La democracia de Estados Unidos también es una democracia constitucional. En una **democracia constitucional** los objetivos del gobierno y las medidas que adopta para lograrlos se estipulan en una constitución, o plan de gobierno. Hoy en día muchos países tienen constituciones. Sin embargo, no todos los países que tienen constituciones son democráticos.

En la actualidad, muchos países son democráticos, pero no todas las democracias son iguales. Por ejemplo, la democracia de Canadá es diferente a la de Estados Unidos. A diferencia de los Estados Unidos, Canadá es una democracia parlamentaria. En Canadá, el primer ministro y los miembros del gabinete son parte del poder ejecutivo, al igual que el presidente y el gabinete lo son en los Estados Unidos. Pero, en Canadá, también son miembros del parlamento, es decir, del poder legislativo. El parlamento canadiense, al igual que el congreso de Estados Unidos tiene dos cámaras. Sin embargo, los miembros del Senado son designados mientras que los de la Cámara de los Comunes son elegidos mediante el voto.

En una democracia todos los ciudadanos deben participar. Además, para que un sistema democrático funcione es necesario que todos los ciudadanos cumplan con sus responsabilidades civiles. Los ciudadanos deben participar en el gobierno, estar informados y votar. Un golpe de estado puede acabar con el sistema democrático. También los ciudadanos pueden votar en contra de un gobierno democrático. O puede durar varios siglos como ha sucedido con la democracia de los Estados Unidos.

REPASO *¿Cómo describirías la democracia de Estados Unidos?*

El edificio del Parlamento de Canadá está ubicado en Ottawa, la capital del país.

Un ejemplo de monarquía constitucional es la reina Isabel II de Inglaterra (arriba). Un ejemplo de monarquía absoluta es el sultán Qaboos bin Said (derecha), gobernante de Omán.

Monarquía

Ya has leído que una *monarquía* es todo gobierno que está regido por un monarca, como un rey o un emperador. De hecho, la palabra monarquía significa "gobierno de una sola persona". Por lo general, un monarca hereda el gobierno y lo mantiene durante toda su vida.

Durante muchos siglos, la monarquía fue el sistema de gobierno más común. En la antigüedad, los gobiernos de Egipto, China e India fueron monarquías.

Hoy en día quedan algunos gobiernos monárquicos, pero la mayoría de los monarcas no tienen el mismo poder que tenían en el pasado. Antes había **monarquías absolutas** en las que el monarca tenía autoridad absoluta, o total. En nuestros días, son muy pocos los países que tienen monarquías absolutas. Uno de ellos es Omán, en el suroeste de Asia.

Cuando se firmó la Carta Magna en 1215, por primera vez en la historia se le puso un límite al poder del monarca. Más adelante, la Declaración de Derechos británica y las revoluciones americana y francesa ayudaron a poner fin a la autoridad absoluta de los monarcas.

En la mayoría de las monarquías modernas, la autoridad de los monarcas está limitada por las leyes. Este tipo de monarquía recibe el nombre de monarquía constitucional. Una **monarquía constitucional** realmente está dirigida por el primer ministro y el gabinete, y las leyes son promulgadas por el poder legislativo. En vez de gobernar, los monarcas expresan la historia del país. El rey Hussein de Jordania y la reina Isabel II de Inglaterra son dos monarcas de este tipo.

REPASO *¿Quién promulga las leyes en una monarquía constitucional?*

Ciudadanos alemanes saludan a miembros del partido nazi durante un desfile en Alemania antes de la Segunda Guerra Mundial. Estos desfiles se hacían con el objetivo de ganar adeptos al nazismo.

Dictadura

Si bien ha terminado la era de las monarquías absolutas, algunos líderes políticos aún quieren gobernar de esa manera. Un gobierno en que una persona tiene autoridad absoluta es una dictadura. La diferencia entre un monarca absoluto y un dictador reside en que un dictador no hereda el poder sino que lo toma por sí mismo, a veces, valiéndose de medios violentos y repentinos.

Las dictaduras tienen su origen en la antigua Roma. En un principio, los dictadores romanos desempeñaban su cargo por un período breve, durante una emergencia. Posteriormente, los dictadores romanos rehusaban dejar su puesto.

No todos los dictadores pertenecen al pasado. Varios dictadores han gobernado en el siglo XX. Adolfo Hitler en Alemania, Pol Pot en Camboya y el Ayatollah Jomeini en Irán, todos son ejemplos de dictadores en la historia reciente.

La mayoría de las dictaduras tienen una forma de gobierno llamada **totalitarismo**, es decir, el gobierno tiene autoridad total sobre la vida de los ciudadanos. En muchas dictaduras el gobierno controla la tierras, las escuelas y los periódicos. Los dictadores, al igual que en las monarquías absolutas, suelen gobernar de por vida o hasta que sean derrocados.

La única dictadura que aún existe en las Américas está en Cuba, una isla situada a menos de 100 millas (161 kilómetros) de la costa de Florida. En 1959, Fidel Castro tomó control del gobierno de Cuba y estableció un régimen comunista, igual que la Unión Soviética.

En 1962, el mundo estuvo a punto de entrar en guerra cuando los pilotos de Estados Unidos descubrieron que en Cuba se estaban construyendo bases para el lanzamiento de misiles soviéticos. El presidente John F. Kennedy demandó a Nikita Khrushchev que dejara de construir esas bases de lanzamiento. Khrushchev era en ese momento el líder político comunista de la Unión Soviética.

Fidel Castro

504 • Unidad 6

Nikita Khruschev finalmente retrocedió y se evitó la guerra. Castro continúa gobernando Cuba como un dictador comunista, si bien el sistema comunista se ha desintegrado en la Unión Soviética.

Cuba no es la única dictadura en el mundo. Algunos países que dicen ser repúblicas son en realidad dictaduras, y aunque tienen elecciones y un poder legislativo, el poder real está en manos de una sola persona. Irak es un ejemplo.

REPASO *¿En qué se parece una dictadura a una monarquía absoluta?*

Oligarquía

No todas las dictaduras están en manos de una sola persona. Cuando un pequeño grupo de personas controla el gobierno de un país, la forma de gobierno se llama oligarquía.

Has leído que en Esparta, un pequeño grupo de terratenientes controlaba el gobierno. A través de la historia existieron muchos gobiernos oligárquicos. A veces esos gobernantes pertenecían a una clase social o eran miembros de un partido político. Tal vez la oligarquía más famosa de todos los tiempos fue el gobierno de la antigua Unión Soviética. Solamente los miembros del partido comunista podían participar en el gobierno del país.

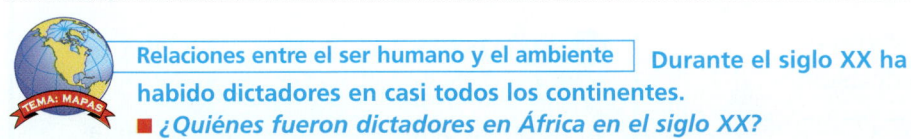

Relaciones entre el ser humano y el ambiente Durante el siglo XX ha habido dictadores en casi todos los continentes.
■ *¿Quiénes fueron dictadores en África en el siglo XX?*

Dictadores del siglo XX

- **François Duvalier** Haití 1957–1971
- **Fidel Castro** Cuba 1959–
- **Augusto Pinochet** Chile 1975–1990
- **Benito Mussolini** Italia 1922–1943
- **Francisco Franco** España 1936–1975
- **Antonio de Oliveira Salazar** Portugal 1932–1968
- **Mobuto Sese Seko** Zaire (República Democrática del Congo) 1965–1997
- **Adolf Hitler** Alemania 1934–1945
- **Nicolae Ceausescu** Rumania 1974–1989
- **Enver Hoxha** Albania 1944–1985
- **Muammar al-Qaddafi** Libia 1969–
- **Amin Dada (Idi)** Uganda 1971–1979
- **José Stalin** Unión Soviética 1929–1953
- **Josip Broz Tito** Yugoslavia 1945–1980
- **Mengistu Haile Mariam** Etiopía 1974–1991
- **Kim Il Sung** Corea del Norte 1948–1994
- **Mao Zedong** China 1949–1976
- **Pol Pot** Camboya 1975–1979
- **Ferdinand Marcos** Filipinas 1972–1986

Proyección cilíndrica de Miller

Actualmente la República Popular China, que es un país comunista, es un ejemplo de oligarquía. A pesar de que el gobierno chino esté dividido entre los poderes ejecutivo, legislativo y judicial, el poder real está en manos de unos cuantos comités que reciben órdenes del Partido Comunista Chino (PCC).

La constitución de China divide el gobierno en cuatro poderes. El más importante de estos poderes es el Congreso Nacional del Pueblo, que consiste en 1,900 miembros elegidos que representan todas las regiones de China. El segundo poder en importancia es el Comité Central. Los 300 miembros del Comité son elegidos por el Congreso Nacional del Pueblo. El Comité Central, a su vez elige a 20 miembros de otro comité, el Politburó. Parte del Politburó está compuesto por un comité de líderes importantes del partido. El Comité elige a los miembros del Secretariado. El Politburó y el Secretariado se encargan de la mayor parte de las decisiones gubernamentales. El poder de estos pequeños grupos es lo que hace al gobierno chino una oligarquía.

Si bien China es una oligarquía, con frecuencia la autoridad ha estado en manos de una persona. Desde 1980 hasta su muerte en 1997, Den Xiaoping fue el líder real de China incluso después de su jubilación en 1990. Desde la muerte de Xiaoping, el presidente Jiang Zemin, ha tomado la posición de máximo liderazgo en China. Xiaoping lo preparó personalmente para que heredara la autoridad del país.

REPASO *¿Por qué se considera que China es una oligarquía?*

Tropas chinas marchan en un desfile en la ciudad Shenzhen al sur de China. En este momento, China es el país comunista más grande del mundo.

LECCIÓN 3 • REPASO

Comprueba lo que aprendiste

1. **Recuerda los datos** ¿En qué se diferencia una monarquía constitucional de una democracia representativa?

2. **Recuerda la idea principal** ¿En qué formas de gobierno tienen los ciudadanos un mayor grado de participación?

Piensa críticamente

3. **Ayer y hoy** ¿Qué forma de gobierno era más común en el pasado? ¿Qué forma de gobierno es más común hoy en día?

4. **Piensa más sobre el tema** ¿Qué podría causar que un país dejara de ser una monarquía?

Muestra lo que sabes
Actividad: Cartel
Elige un país y haz un cartel sobre su forma de gobierno. Exhibe tu cartel en el salón de clase junto a los carteles de los demás estudiantes.

Razonamiento crítico

Formula una conclusión lógica

1. ¿Por qué aprender esta destreza?

Una **conclusión lógica** es una decisión o idea a la que se llega luego de estudiar cuidadosamente todos los hechos conocidos. Saber cómo formular una conclusión lógica sirve para entender mejor los sucesos que ocurrieron en el pasado y los que ocurren en el presente.

2. Comprende el proceso

Lee el siguiente párrafo. ¿Qué sistema de gobierno describe?

> Que los gobiernos se instituyen para garantizar estos derechos y que su poder proviene del consentimiento de quienes los han elegido.
>
> Que cuando un gobierno quiere destruir estos propósitos, el pueblo tiene el derecho de alterarlo o abolirlo, e instituir otro gobierno que esté edificado en estos principios y que organice sus poderes de manera que garantice la seguridad y felicidad de los ciudadanos.

Las frases "para garantizar estos derechos" y "su poder proviene del consentimiento de quienes los han elegido" indican que el párrafo describe un sistema de gobierno democrático. De hecho, este párrafo pertenece a la Declaración de la Independencia de Estados Unidos.

La Declaración de la Independencia redactada en 1887, explica las razones por las que los colonos americanos decidieron separarse de Gran Bretaña.

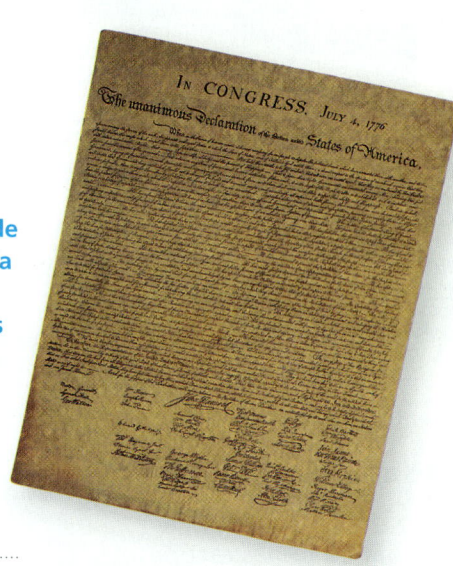

Hay muchas maneras de llegar a una conclusión. Una de ellas es siguiendo estos pasos:

1. Formula una pregunta acerca del texto que estás leyendo, por ejemplo, *¿cuál es el propósito de una democracia?*
2. Reflexiona sobre las pruebas que tienes y trata de hallar la respuesta.
3. Reúne otros datos que sirvan para responder la respuesta.
4. Formula la conclusión basándote en la prueba más sólida.

3. Piensa y aplica

Escribe cinco pistas acerca de una forma de gobierno. Lee las pistas a un compañero, una por una. ¿Cuántas pistas necesitó tu compañero para formular una conclusión lógica? Conversa con tu compañero sobre cómo cada pista lo ayudó a llegar a la conclusión.

LECCIÓN 4

La cooperación a nivel mundial

ENFOQUE
¿De qué manera cooperan las personas de distintos países en el mundo moderno?

Idea principal
A medida que lees piensa en las razones por las que los países cooperan entre sí en la actualidad.

Vocabulario
telecomunicaciones
internet
proteccionismo
OPEP
mercado común
TLC o NAFTA
bloque

La colaboración entre los países ha sido muy importante a través de la historia. Los pueblos de la antigüedad dependían unos de los otros para sobrevivir en su entorno natural. En el mundo moderno, la colaboración sigue siendo una parte importante de la vida de los seres humanos.

La revolución tecnológica

En la actualidad, la tecnología tiene una influencia considerable en la mayoría de los habitantes del mundo. Las comunicaciones electrónicas que en el pasado eran sólo una fantasía, se han convertido en una realidad. Ahora es posible establecer contacto casi instantáneo con cualquier rincón del globo.

Telecomunicaciones es la palabra que describe todos los medios electrónicos que se usan para recibir y enviar información. Tele proviene de una palabra griega que significa "lejos". Por lo tanto, tiene sentido que *telecomunicaciones* signifique "comunicaciones a la distancia". En las telecomunicaciones se usan teléfonos, máquinas de fax, correo electrónico y redes de computadoras.

Uno de los medios de comunicación que crece rápidamente es la **internet**. La internet es una amplia red de computadoras integrada por miles de redes más pequeñas vinculadas entre sí. Hoy en día, la gente usa la internet para hacer compras o negocios, reunir información y comunicarse.

La nueva tecnología ha acortado las distancias entre las personas. Es posible comunicarse rápido y fácilmente por computadora de un país a otro y de un continente a otro. Además, se pueden enviar documentos y cartas en cuestión de segundos de un lugar a otro y lo que ocurre en otras partes del globo se sabe al instante en Estados Unidos. Todos estos adelantos tecnológicos han permitido que las culturas establezcan relaciones más estrechas que en el pasado.

Las innovaciones tecnológicas, como los discos láser o CD, han logrado que se pueda almacenar la información más rápido y fácilmente.

Los estudiantes en St. Paul, Minnesota, usan la internet para leer un "diccionario audiovisual" hmong-inglés.

Las nuevas tecnologías también han afectado la manera en que exploramos el mundo y el espacio. Desde 1981, Estados Unidos ha utilizado transbordadores espaciales para muchos tipos de misiones. El objetivo de una de estas misiones fue reparar el telescopio Hubble, que gira alrededor de la Tierra. En 1996, un tipo diferente de nave espacial llevó un vehículo a control remoto a Marte. Estados Unidos, Rusia, Canadá, varias naciones de Europa y Japón están colaborando para construir una estación espacial internacional donde realizar experimentos científicos.

REPASO *¿De qué manera las telecomunicaciones acercan a los pueblos?*

El comercio en el mundo

En la actualidad, los países intercambian productos y por lo tanto es común encontrar productos de todo el mundo en tu propio hogar. Las telecomunicaciones y el avance de la tecnología han facilitado el comercio a nivel mundial.

A pesar de que el intercambio comercial parece ser una buena idea, hay ocasiones en que un país restringe o reduce sus actividades comerciales con otro país. Por ejemplo, muchos países dejaron de tener relaciones comerciales con Sudáfrica debido a su política de apartheid.

En ciertas circunstancias, un país decide aplicar una política de **proteccionismo** cuando considera que es necesario fomentar las ventas de sus propios productos. Para proteger las industrias nacionales, puede agregar una tarifa o impuesto de importación, al precio del producto de otro país, como por ejemplo, automóviles. En este caso, los automóviles extranjeros costarán más que los automóviles fabricados en el propio país, y es muy probable que la gente decida comprar los automóviles más baratos, o sea los nacionales.

En los últimos años, las naciones han

APRENDER CON GRÁFICAS Esta gráfica muestra el crecimiento de las exportaciones y las importaciones de Estados Unidos.
- ¿En qué años las exportaciones superaron las importaciones en Estados Unidos?

Importaciones y exportaciones de Estados Unidos

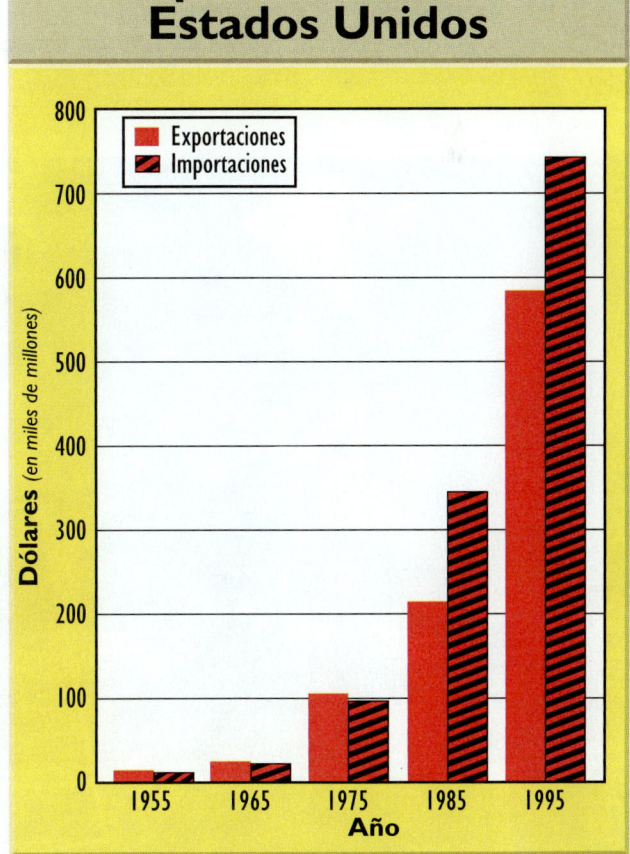

Capítulo 12 • 509

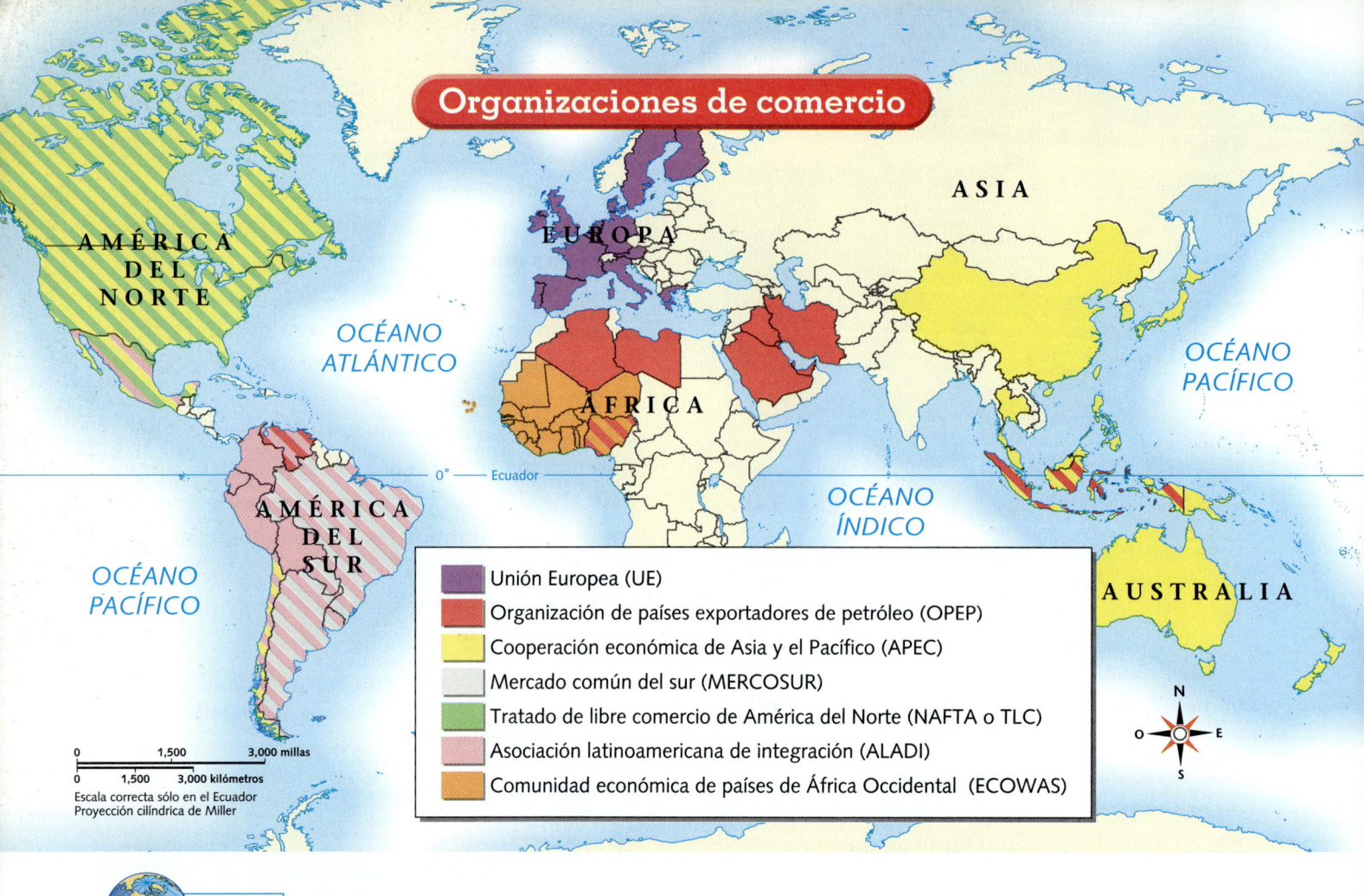

Organizaciones de comercio

Leyenda:
- Unión Europea (UE)
- Organización de países exportadores de petróleo (OPEP)
- Cooperación económica de Asia y el Pacífico (APEC)
- Mercado común del sur (MERCOSUR)
- Tratado de libre comercio de América del Norte (NAFTA o TLC)
- Asociación latinoamericana de integración (ALADI)
- Comunidad económica de países de África Occidental (ECOWAS)

Escala correcta sólo en el Ecuador
Proyección cilíndrica de Miller

Lugar Muchos países que comparten intereses comunes han establecido acuerdos comerciales.
■ ¿A qué acuerdos pertenece Estados Unidos?

adoptado una serie de medidas para fomentar la cooperación a nivel mundial, por ejemplo, formar la Organización Mundial de Comercio. Este organismo tiene autoridad para resolver desacuerdos comerciales entre las naciones que pertenecen a ella.

Más recientemente, varios países, situados en la misma región del mundo, han firmado acuerdos para eliminar las barreras comerciales.

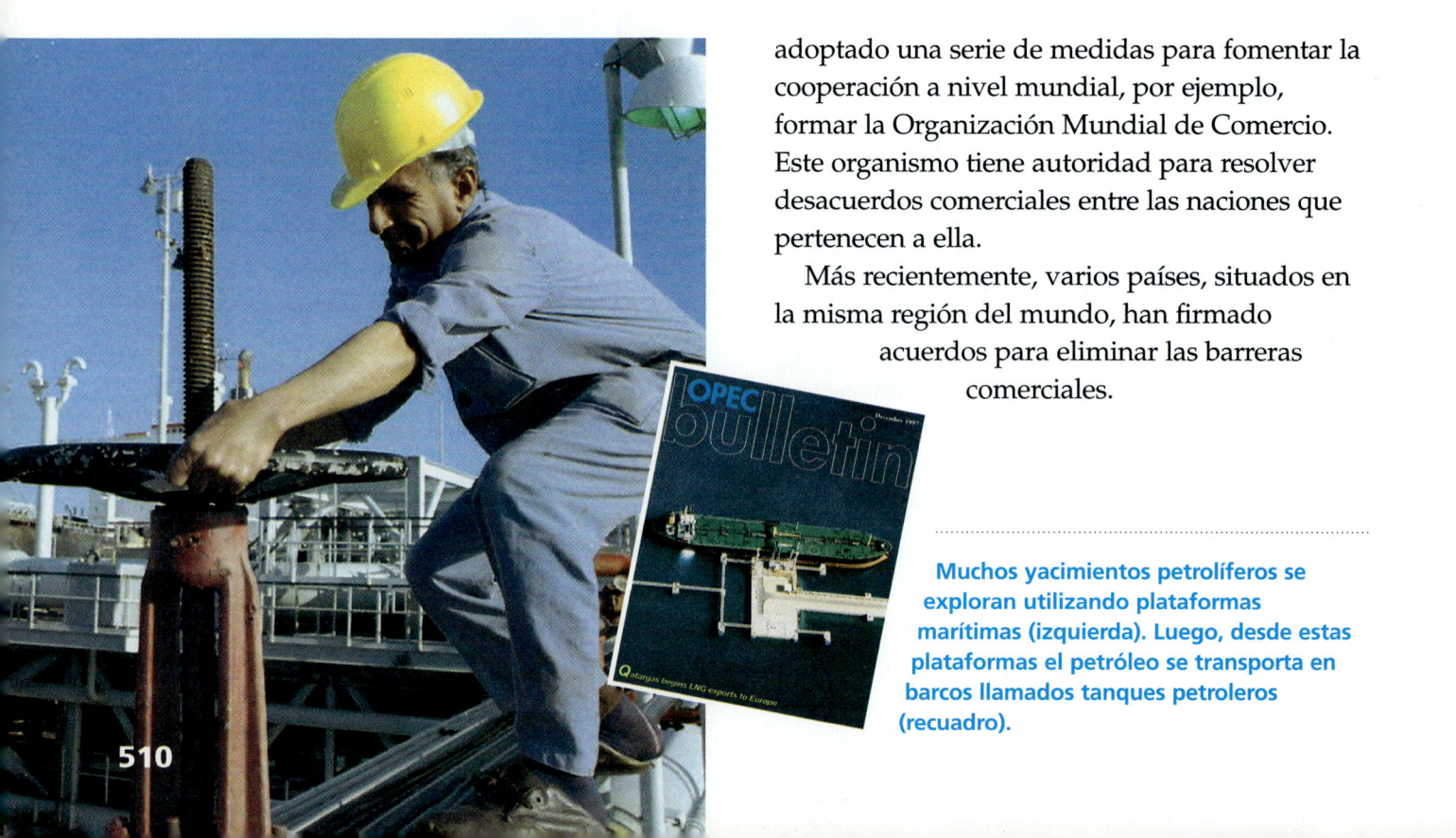

Muchos yacimientos petrolíferos se exploran utilizando plataformas marítimas (izquierda). Luego, desde estas plataformas el petróleo se transporta en barcos llamados tanques petroleros (recuadro).

Reunión de la Unión Europea en Estrasburgo, Francia

Entre esos acuerdos están la Cooperación Económica de Asia y el Pacífico (APEC), la Asociación Latinoamericana de Integración (ALADI) y el Tratado de Libre Comercio de América del Norte (TLC o NAFTA).

Hay ocasiones en que los países también firman acuerdos o establecen asociaciones porque comparten un interés común. Los Países Exportadores de Petróleo formaron una organización llamada **OPEP**, para controlar el precio del petróleo en el mundo entero. La mayoría de los yacimientos petrolíferos se encuentran en los países árabes, como Argelia, Libia, Kuwait, Irán, Irak y Arabia Saudí. Otros países, como Venezuela, Indonesia, Nigeria y Ecuador también son miembros de la OPEP. La OPEP permite que las naciones que pertenecen a ella establezcan los precios del petróleo.

REPASO *¿Por qué se formó la OPEP?*

La Unión Europea

Europa es una región que ocupa una extensión relativamente pequeña, pero está integrada por muchos países y culturas diferentes. Cada país tiene su propia moneda, sus leyes y políticas económicas. Como los habitantes de esos países constantemente cruzan las fronteras, estos países se unieron para crear una alianza económica y de comercio llamada la Unión Europea (UE).

La idea de unificar los países de Europa no es nueva. En 1957, varios países de Europa occidental formaron un **mercado común**, es decir, un grupo de países con una sola política económica que permitía el libre comercio entre las naciones. El objetivo del mercado común europeo, llamado la Comunidad Económica Europea (CEE), era asegurar que las políticas económicas de sus miembros no entraran en conflicto.

Capítulo 12 • **511**

La CEE se había propuesto crear la Unión Europea (UE), y en 1993 esta meta se hizo realidad.

La Unión Europea está dividida en cinco entidades. Cuatro de ellas, el Consejo Europeo, la Comisión Europea, el Consejo de Ministros y el Parlamento Europeo, deciden la política y promulgan las leyes para la UE. La quinta entidad, la Corte Internacional de Justicia, controla que las demás entidades cumplan con las leyes y reglamentos de la UE. En la actualidad, la UE es una de las principales potencias comerciales del mundo formada por 15 naciones. La UE no impone tarifas a los productos que provienen de uno de sus miembros, y entre los objetivos futuros de esta organización están el establecimiento de una moneda común y un banco central.

REPASO *¿Qué es la Unión Europea?*

NAFTA

En 1994, Canadá, México y Estados Unidos firmaron un acuerdo comercial llamado el Tratado de Libre Comercio de América del Norte, **TLC o NAFTA**, según sus siglas en inglés, *North American Free Trade Agreement*. Los países que firmaron este acuerdo se comprometieron a eliminar todas las tarifas y demás restricciones comerciales en un plazo de 15 años. El objetivo del tratado es alentar el intercambio de productos entre estos tres países.

Algunos líderes sindicales y agricultores en Canadá y Estados Unidos se opusieron al tratado. Temían que las empresas se trasladaran a México, donde encontrarían mano de obra mucho más barata, y que esto produciría un aumento en el desempleo de sus países. Además, temían que los productos mexicanos reemplazaran a los productos estadounidenses y canadienses en las tiendas, perjudicando así a los agricultores locales.

Pesos mexicanos

Los empresarios, sin embargo, aseguraban que el TLC fortalecería las economías de Estados Unidos y Canadá. Según ellos, habría una mejora en la economía mexicana lo que daría lugar a un aumento de la demanda de productos canadienses y estadounidenses.

Los empresarios de los tres países esperan que el TLC ayude a la creación de un fuerte **bloque** de libre comercio, es decir, un grupo de naciones con los mismos intereses. Según ellos, este bloque de libre comercio permitirá a las compañías norteamericanas competir con las compañías europeas y asiáticas.

En 1993, un grupo de naciones centroamericanas firmaron su propio tratado de libre comercio. Varios países sudamericanos han hecho lo mismo. Empresarios tanto en Canadá como en Argentina opinan que todos los países del hemisferio occidental terminarán formando parte de un mismo bloque comercial.

REPASO *¿Qué esperan conseguir los empresarios de Canadá, México y Estados Unidos con el TLC?*

Una electricista mejicana

La unión hace la paz

Los países forman alianzas no sólo por motivos económicos, sino también para preservar la paz. Muchos países son miembros de organizaciones cuyo objetivo es asegurar que reine la paz en el mundo.

La mayoría de los países pertenecen a una organización llamada las Naciones Unidas (ONU). Las metas principales de las Naciones Unidas son lograr la paz mundial y mejorar la vida de la gente en todo el mundo.

Uno de los organismos de las Naciones Unidas es la Corte Internacional de Justicia ubicada en La Haya, la capital de los Países Bajos. Este tribunal se estableció para resolver conflictos entre los países. Los países no están obligados a presentar sus casos ante la Corte Internacional de Justicia, pero si lo hacen, la decisión de la corte es definitiva. Durante la guerra fría se formaron dos organizaciones rivales. Los países que apoyaban el sistema de gobierno democrático formaron la Organización del Tratado del Atlántico Norte (OTAN). Algunos países comunistas se unieron para formar el Pacto de Varsovia. Los primeros miembros de la OTAN fueron Estados Unidos, Francia, Gran Bretaña, Alemania occidental, Italia y Grecia. Entre los miembros del Pacto de Varsovia se encontraban la Unión Soviética, Alemania oriental, Polonia, Checoslovaquia y Hungría.

El Pacto de Varsovia se desintegró con la caída del comunismo. Por el contrario, la OTAN se ha expandido, e incluso ha invitado a participar a países que eran previamente miembros del Pacto de Varsovia. Los nuevos miembros son la República Checa, Hungría y Polonia y es posible que en el futuro se invite a otros países del antiguo régimen comunista a que se incorporen a la OTAN.

REPASO *¿Cuáles son los objetivos de las Naciones Unidas?*

Bandera de la OTAN

Bandera de las Naciones Unidas

LECCIÓN 4 • REPASO

Comprueba lo que aprendiste

1 Recuerda los datos ¿Qué son el TLC y la OPEP?

2 Recuerda la idea principal ¿Por qué los países forman alianzas hoy en día?

Piensa críticamente

3 Causa y efecto ¿Qué influencia tienen las telecomunicaciones en las relaciones entre los países hoy en día?

4 En mi opinión ¿Cómo deberían cooperar los países para resolver sus problemas? Explica tu respuesta.

Muestra lo que sabes

Actividad: Carta Escribe una carta a un empresario local con el fin de averiguar si el TLC o NAFTA ha ocasionado cambios en su empresa. En caso de que así sea, averigua qué cambios ha experimentado. Presenta lo que has averiguado a tus compañeros de clase.

CAPÍTULO 12
REPASO

1000 — **1250**

1095 aprox.
• Comienzan las cruzadas

CONECTA LAS IDEAS PRINCIPALES

Usa este organizador para describir la historia, el gobierno y la economía del mundo moderno. Escribe dos detalles que respalden cada idea principal. En la página 115 del Cuaderno de actividades aparece una copia del organizador.

Sucesos que influyeron en el desarrollo del mundo
El contacto entre las culturas tuvo un gran impacto en la historia mundial.
1. _____
2. _____

Acontecimientos mundiales recientes
En los últimos años han ocurrido varios conflictos entre las naciones del mundo.
1. _____
2. _____

Historia, gobierno, y economía

Los gobiernos de la actualidad
Cada forma de gobierno se basa sobre ideas y principios diferentes.
1. _____
2. _____

La cooperación a nivel mundial
Los países forman alianzas para cooperar.
1. _____
2. _____

ESCRIBE MÁS SOBRE EL TEMA

Escribe un artículo Imagina que eres un periodista en la década de 1930. Trabajas para un periódico que te envía a Europa a cubrir lo que está sucediendo. Escribe un artículo que describa los sucesos que dieron lugar a la Segunda Guerra Mundial.

Escribe una descripción Escribe una descripción breve acerca de un avance tecnológico que conozcas bien. Explica cómo funciona. Al final de la descripción, nombra algún avance tecnológico que te gustaría que existiera en el futuro.

514 • Capítulo 12

1500	1750	Presente
1492 Cristóbal Colón llega a las Américas	**1700 aprox.** Comienza la Ilustración	**1991** Se desintegra la Unión Soviética

USA EL VOCABULARIO

Completa las siguientes oraciones con uno de los términos.

imperialismo   monarquía absoluta
bloque   proteccionismo

1. Un ____ es un grupo de naciones con intereses comunes.
2. En una ____ el poder supremo está en manos de un único gobernante.
3. El ____ es la creación de colonias para establecer un imperio.
4. Un país tiene una política de ____ para fomentar la venta de productos nacionales.

COMPRUEBA LO QUE APRENDISTE

5. ¿Qué efecto tuvo la Ilustración en los gobiernos del siglo XVIII?
6. ¿Por qué se construyó el Muro de Berlín?
7. ¿Qué forma de gobierno tiene Canadá? ¿Cuba? ¿Y China?
8. ¿Para qué se inventó la internet?

PIENSA CRÍTICAMENTE

9. **En mi opinión** ¿Cuál es el problema ambiental más serio?
10. **Causa y efecto** ¿Cuáles fueron algunas de las consecuencias de la desintegración de la Unión Soviética?
11. **Explora otros puntos de vista** ¿De qué manera beneficia la política de proteccionismo a los países que la emplean? ¿De qué manera los afecta negativamente?

APLICA TUS DESTREZAS

Interpreta un cartograma Dibuja un cartograma que compare el número de habitantes de Arizona, Nevada, Nuevo México, California y Texas. Después contesta estas preguntas:

12. ¿Qué estado tiene más habitantes? ¿Qué estado tiene menos?
13. ¿De qué modo el tamaño de los estados en tu cartograma se compara con su tamaño actual?

Resuelve un conflicto Piensa en un conflicto que exista en tu comunidad. Vuelve a leer los pasos que aparecen en las páginas 498–499 y luego escribe varias soluciones posibles para el conflicto.

Formula una conclusión lógica Usa los pasos en la página 507 para respaldar esta conclusión: Los conflictos que surgieron entre Estados Unidos y la Unión Soviética después de la Segunda Guerra Mundial llevaron a la guerra fría. Haz una lista las razones y anota las fuentes de información que utilizaste.

LEE MÁS SOBRE EL TEMA

La jaula del unicornio de Hilda Perera. Noguer y Caralt Editores, S.A. 1990. Este libro narra las penurias que han sobrellevado muchas personas de América Latina que inmigran a Estados Unidos en busca de una vida mejor.

Visita nuestra página en Internet en
http://www.hbschool.com
para recursos adicionales.

Los estudios sociales y tú

El mercado

Hace miles de años, la ciudad de Chang'an, en China, estaba en el extremo oriental de la Ruta de la Seda, la ruta comercial más importante de la antigüedad. En el mercado de Chang'an los mercaderes vendían bienes provenientes de tierras lejanas: madera de sándalo de Indonesia, clavos de olor de India e incienso de África oriental. Algunos mercaderes tenían a la venta dátiles y pistachos de Persia. Los aromas de la pimienta de Birmania y la mostaza de Tíbet se sentían por todo el mercado.

Hoy en día en cualquier centro comercial de Estados Unidos podemos encontrar bienes de muchísimos más países que lo que había en el mercado de Chang'an. Los mercaderes de los centros comerciales modernos venden café y frutas de América del Sur, camisas de algodón de India, zapatos deportivos de Corea del Sur, aparatos para oír CD de Japón, y bienes de prácticamente cualquier estado del país.

El comercio internacional de bienes se convirtió en parte integral de nuestra vida cotidiana hace cientos de años gracias a que los mercaderes viajaban por el mundo. Fue idea suya hallar bienes desconocidos y venderlos en el mercado. Gracias a la audacia de esos mercaderes ahora podemos elegir entre toda una variedad de zapatos deportivos, incluso de lugares tan distantes como Corea del Sur.

internacional

Piensa y aplica

Reúne varios productos hechos en otras partes del mundo que encuentres en tu casa. Haz un mapamundi y marca los lugares donde se fabricaron esos productos. ¿Dónde se fabricaron la mayoría de los productos? ¿Es más probable que ciertos productos se hayan fabricado en algún lugar en especial? Con un compañero, escriban un informe corto acerca de lo que averiguaron.

Barcos de todo el mundo cargan y descargan sus mercancías en el puerto de Hong Kong.

Visita nuestra página en Internet en **http://www.hbschool.com** para recursos adicionales.

Busca en el centro de recursos de tu escuela el vídeo *Making Social Studies Relevant*.

Unidad 6 • 517

UNIDAD 6
REPASO

RESUMEN VISUAL

Resume las ideas principales
Examina las ilustraciones y los resúmenes para repasar los acontecimientos acerca de los que leíste en la Unidad 6.

Generaliza
Observa las ilustraciones de cómo es el mundo de hoy que aparecen en el Resumen visual. ¿Cómo será el mundo en el año 2010? Recrea cada ilustración para mostrar cómo será el mundo en 2010 y escribe una descripción breve.

1 La cultura y el lugar donde vivimos influyen en nuestras vidas.

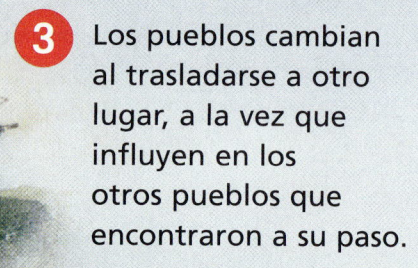

3 Los pueblos cambian al trasladarse a otro lugar, a la vez que influyen en los otros pueblos que encontraron a su paso.

5 Los pueblos luchan por mejorar sus vidas dentro del marco de la forma de gobierno en que viven.

518 • Unidad 6

2 Los pueblos interaccionan con el medio ambiente para satisfacer sus necesidades básicas; a la vez, esa interacción transforma el medio ambiente.

4 Se crean nuevas naciones y las relaciones entre las naciones del mundo se ajustan y cambian.

6 Hoy en día, las nuevas tecnologías influyen en nuestras vidas.

519

UNIDAD 6
REPASO

Usa el vocabulario

Escribe una o dos oraciones explicando la relación entre cada par de términos.

1. Corán, mezquita
2. nivel de vida, país desarrollado
3. carrera armamentista, guerra fría
4. disidente, totalitario
5. telecomunicaciones, internet

Comprueba lo que aprendiste

6. ¿Qué ocurrió recientemente en el país que antes era Zaire?
7. ¿De qué modo el avance tecnológico y de los medios de transporte han influido en las culturas del mundo?
8. ¿Qué medidas se han adoptado en la Ciudad de México para aliviar la contaminación del aire?
9. ¿Cuál fue una de las consecuencias de las cruzadas?
10. ¿Qué le sucedió al CNA en Sudáfrica durante 1960?
11. ¿Qué es una democracia representativa? ¿Qué es una democracia constitucional?
12. ¿Cuál es la diferencia entre una monarquía constitucional y una monarquía absoluta?
13. ¿Cuál es la finalidad de la Corte Internacional de Justicia?

Piensa críticamente

14. **Piensa más sobre el tema** ¿Qué crees que quiso decir el ex Presidente Carter cuando declaró que la fuerza de Estados Unidos se basaba en las diferencias?
15. **Ayer y hoy** ¿En qué se parece la Revolución Industrial a la revolución tecnológica actual?
16. **Explora otros puntos de vista** ¿Qué pensaba la clase alta sobre la revolución contra la monarquía? ¿Qué opinaban las demás clases sociales?

Aplica tus destrezas

Interpreta un mapa de husos horarios Los husos horarios son una parte importante del comercio internacional. Por ejemplo, cuando un barco cruza el océano Pacífico, la hora cambia varias veces.

17. Un barco zarpó de Lima, Perú, a las 7:00 a.m., ¿qué hora era en Los Ángeles?
18. Un barco zarpa de Tokio, Japón, el lunes a las 9:00 p.m., ¿qué hora y día es en Hawaii?

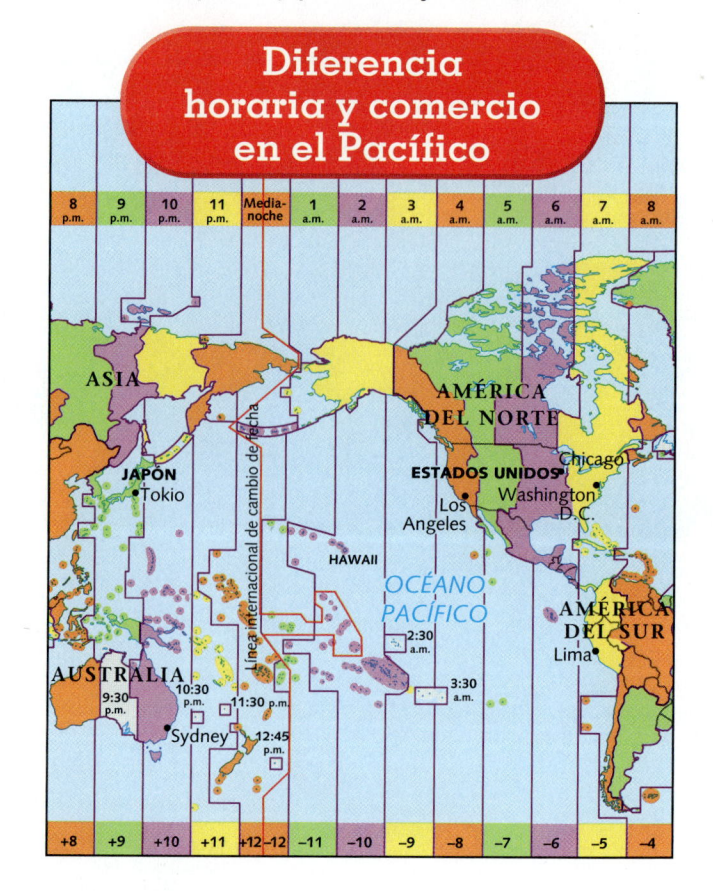

Diferencia horaria y comercio en el Pacífico

520 • Unidad 6

TALLER DE APRENDIZAJE COOPERATIVO

RECUERDA
- Comparte tus ideas.
- Coopera con los demás para planificar el trabajo.
- Responsabilízate de tu trabajo.
- Ayuda a tus compañeros.
- Muestra a la clase el trabajo de tu grupo.
- Comenta lo que has aprendido trabajando en grupo.

ACTIVIDAD: Hacer un archivo de recortes

Todos los días ocurren acontecimientos de importancia en el mundo. En grupo, elijan uno de los siguientes continentes: África, Asia, Europa, América del Norte o América del Sur. Luego, busquen artículos o fotografías de periódicos y revistas sobre los acontecimientos políticos más recientes que han tenido lugar en los países del continente que eligieron. Hagan un archivo de recortes que contenga los artículos y fotografías más importantes. Para cada artículo, escriban una descripción breve.

ACTIVIDAD: Presentar un informe

Trabaja en grupo para aprender más sobre uno de los países de África que logró su independencia en el siglo XX. Busquen información sobre esa nación: lenguajes, grupos étnicos, historia y gobierno en la actualidad. Luego hagan una presentación oral ante el resto de la clase.

ACTIVIDAD: Planear un viaje

Estás a punto de terminar la última unidad de este libro. Has aprendido sobre el mundo antiguo y el mundo moderno. Imagina que tú y otros estudiantes tienen la oportunidad de viajar a cinco lugares en el mundo. Juntos, decidan a qué países viajarían. Hagan un plan de viaje que explique por qué eligieron esos países. Luego, hagan un mapa con los lugares que visitarán y muestren la ruta de viaje.

Termina el proyecto

Organiza una conferencia mundial Repasa tus apuntes sobre el país que elegiste y escribe una lista de los problemas que existen allí. Haz un cartel con el nombre del país que representas. Luego, con toda la clase o un grupo de estudiantes, participa en una conferencia mundial.

Para tu referencia

Contenido

REÚNE Y PRESENTA INFORMACIÓN **R2**

ALMANAQUE
    DATOS SOBRE EL MUNDO **R10**

DICCIONARIO BIOGRÁFICO **R30**

DICCIONARIO GEOGRÁFICO **R36**

GLOSARIO **R51**

ÍNDICE **R61**

Reúne y presenta información

Para escribir un informe, hacer un cartel o realizar muchos otros proyectos de estudios sociales, es posible que necesites información que no está en tu libro. Puedes reunir esta información usando libros de consulta, computadoras o recursos de la comunidad. La siguiente guía puede ayudarte a reunir información de diversas fuentes y a presentar lo que has hallado.

CÓMO USAR FUENTES DE CONSULTA

Las fuentes de consulta son recopilaciones de datos. En ellas se incluyen libros y medios electrónicos, como almanaques, atlas, diccionarios y enciclopedias. Los libros de consulta de una biblioteca tienen en su lomo, junto a su cifra de clasificación, una *R* o *REF,* que significa *referencia.* La mayoría de los libros de consulta sólo se pueden leer en la biblioteca. Muchas bibliotecas también tienen información en CD-ROM y acceso a internet.

R2 • Referencia

▶ Cuándo se debe usar una enciclopedia

Una enciclopedia es un buen lugar para iniciar la búsqueda de información. Una enciclopedia tiene artículos sobre casi todos los temas. Los artículos se encuentran ordenados en orden alfabético. Cada artículo contiene datos básicos sobre personas, lugares y sucesos. Algunas enciclopedias electrónicas permiten escuchar música y discursos y ver películas cortas relacionadas con el tema.

▶ Cuándo se debe usar un diccionario

Los diccionarios proporcionan información relativa a las palabras. Explican los significados de las palabras y muestran su pronunciación. Un diccionario también sirve para verificar cómo se escribe una palabra. Algunos diccionarios incluyen información sobre el origen de las palabras y listas de palabras extranjeras, abreviaturas, personajes famosos y nombres de lugares.

▶ Cuándo se debe usar un atlas

En un atlas puedes encontrar información sobre lugares. Un atlas es un libro que contiene mapas. Algunos atlas tienen mapas de carreteras. Otros tienen mapas de los países del mundo. Hay atlas que muestran, entre otros, cosechas, productos y población. Pide a un bibliotecario que te ayude a encontrar el tipo de atlas que necesites.

▶ Cuándo se debe usar un almanaque

Un almanaque es un libro o una fuente electrónica de datos y cifras que aparecen clasificados en tablas y gráficas. Como en los almanaques los temas no están agrupados en orden alfabético, necesitas usar el índice, donde los datos aparecen en orden alfabético. La mayoría de los almanaques se actualizan todos los años. Esto permite que el almanaque contenga la información más reciente.

Estos estudiantes reúnen información para un informe sobre las antiguas civilizaciones de las Américas.

Manual de destrezas • **R3**

Cómo encontrar libros de no ficción

Los libros de no ficción proporcionan datos sobre personas, lugares y eventos reales. En una biblioteca, los libros de no ficción están ordenados según su cifra de clasificación. Para encontrar el número de catálogo de un libro puedes consultar un fichero o un catálogo computarizado. Para hallar este número, sin embargo, necesitas conocer el título, autor o tema del libro. A continuación hay ejemplos de fichas de un libro sobre los mayas, un grupo nativo de las Américas.

Ficha del tema

```
         INDIANS OF CENTRAL AMERICA.
REF      Meyer, Carolyn.
972.81        The mystery of the ancient Maya / Carolyn
MEYE     Meyer and Charles Gallenkamp. -- New York :
         Atheneum, 1985.

             ix, 159 p. : ill. ; 24 cm.

             ISBN 0-689-50319-9

  F1435.M56 1985
```

Ficha del título

```
                 The mystery of the ancient Maya
         REF     Meyer, Carolyn.
         972.81       The mystery of the ancient Maya / Carolyn
         MEYE    Meyer and Charles Gallenkamp. -- New York :
                 Atheneum, 1985.

                     ix, 159 p. : ill. ; 24 cm.

                     ISBN 0-689-50319-9

          F1435.M56 1985
```

Ficha del autor

```
                 REF     Meyer, Carolyn.
                 972.81       The mystery of the ancient Maya / Carolyn
                 MEYE    Meyer and Charles Gallenkamp. -- New York :
                         Atheneum, 1985.

                             ix, 159 p. : ill. ; 24 cm.

                             "A Margaret K. McElderry book."
                             Includes index.
                             SUMMARY: Explores the advanced civilization
                         and unsolved mysteries of the Mayas, who
                         reigned for six centuries and then
                         disappeared.
                             ISBN 0-689-50319-9

                  F1435.M56 1985                    REF 972.81
                                                   84-24209 /AC/r90
```

Catálogo computarizado

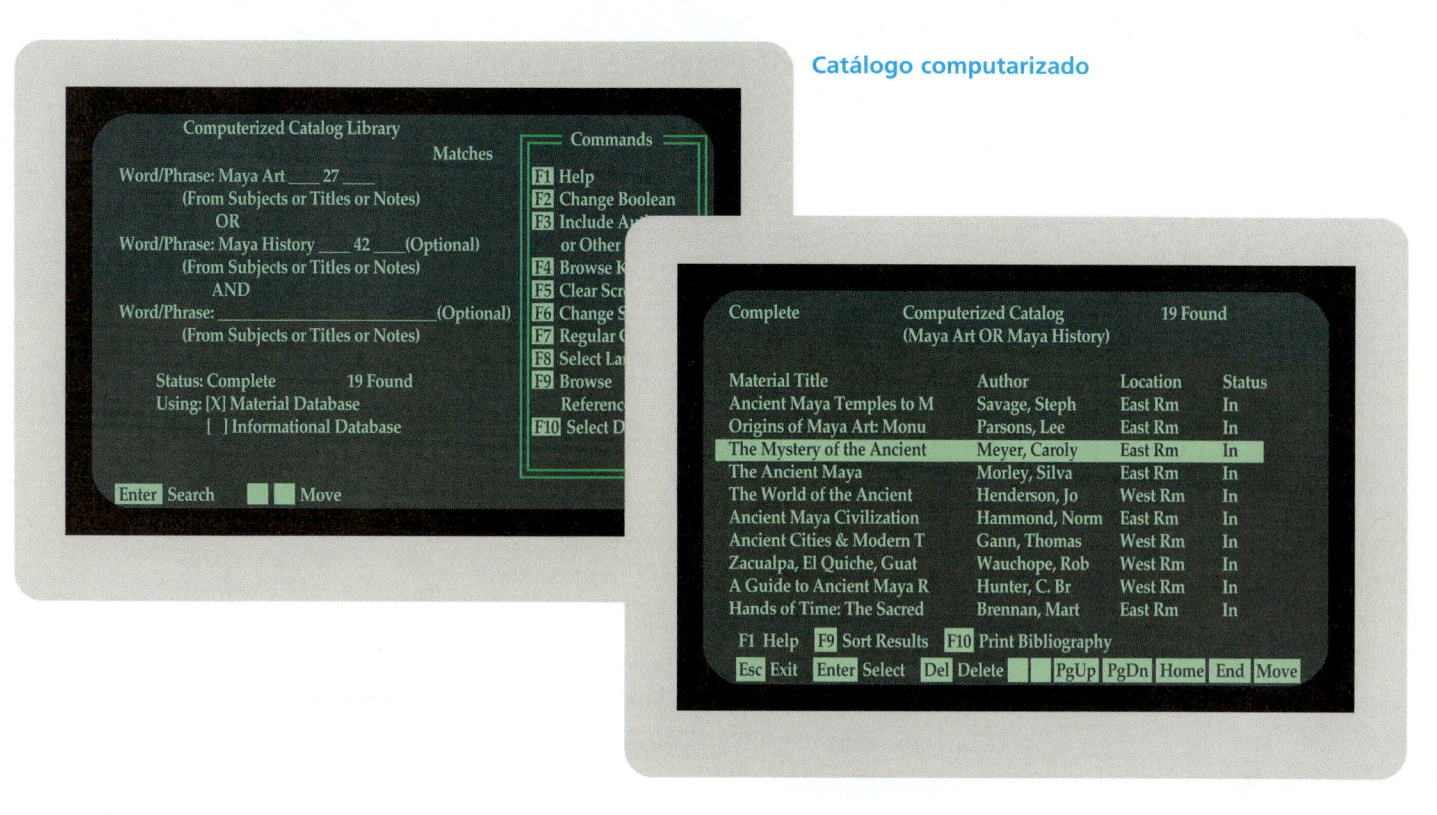

► CÓMO ENCONTRAR PERIÓDICOS Y REVISTAS

Las bibliotecas tienen secciones especiales para los periódicos y las revistas. Los periódicos y las revistas son buenas fuentes para encontrar la información más actual y para hallar temas que todavía no han aparecido en los libros. Los periódicos y revistas más actuales se exhiben generalmente en un estante. Las ediciones más antiguas están guardadas, y a veces pasadas a microfilm. La mayoría de las bibliotecas tienen un índice que enumera los artículos de las revistas por tema. Los índices de mayor uso son *Children's Magazine Guide* y *Readers' Guide to Periodical Literature.*

Los datos que aparecen en estas guías están clasificados en orden alfabético, por tema, autor o título. Las abreviaturas se usan frecuentemente, por ejemplo para el nombre de la revista y la fecha de la edición. A continuación verás una entrada correspondiente a un artículo sobre esculturas prehistóricas encontradas en Jordán.

Encabezamiento: El tema de investigación

Título: El título del artículo

ARTE PREHISTÓRICO
Acercamiento al mundo antiguo, *Smithsonian* 10 97: pp 108–109

Nombre: El nombre de la publicación

Fecha: La fecha de la publicación en la que aparece el artículo

Número(s) de página(s): Las páginas donde el artículo aparece

Manual de destrezas • **R5**

CÓMO HALLAR FUENTES DE INFORMACIÓN EN INTERNET

Una de las fuentes de información más ricas del internet es el World Wide Web. Puedes usar el World Wide Web para leer documentos, ver fotografías u obras de arte y estudiar otras fuentes primarias. Puedes usarla para oír música, leer libros electrónicos, ir al museo o enterarte de las últimas noticias.

En el World Wide Web la información cambia continuamente. Puede ser que lo que hoy encuentres no esté ahí mañana, ya que constantemente se agrega información nueva. Mucha de la información que encuentres te será útil, pero recuerda que puedes encontrar información que no sea correcta.

▶ PLANIFICA TU INVESTIGACIÓN

1. Haz una lista de las preguntas que vas a investigar.
2. Piensa en qué fuentes puedes encontrar las respuestas.
3. Identifica los términos clave que describen el tema de la investigación.
4. Toma en cuenta los sinónimos u otras variaciones de los términos claves.
5. Decide qué es lo que vas a hacer exactamente para encontrar lo que necesitas.

▶ BUSCA LA INFORMACIÓN POR TEMA

Para buscar por tema, elige un *search engine.* Puedes obtener una lista de *search engines* haciendo un clic en el botón de SEARCH o de NET SEARCH, que se encuentra en la parte superior de la pantalla.

Si quieres encontrar *web sites* para béisbol, escribe la palabra "baseball" en el campo del *search engine.* Luego haz un clic en SEARCH o en GO. Verás una lista de todos los sitios del World Wide Web que tengan que ver con el béisbol. Puesto que no todas los *search engines* proporcionan la misma lista de sitios, quizás necesites buscar en más de un *search engine.*

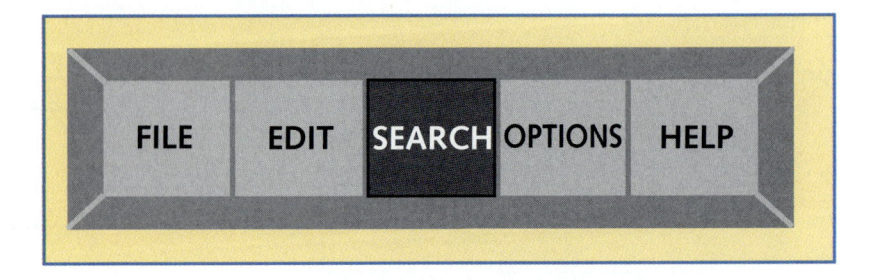

| FILE | EDIT | SEARCH | OPTIONS | HELP |

▶ BUSCA INFORMACIÓN USANDO DIRECCIONES

Todo sitio del World Wide Web tiene una dirección llamada Uniform Resource Locator, o URL. En el siguiente recuadro un ejemplo de URL.

Para hallar listas de URL, busca en manuales, libros, periódicos, revistas y los créditos de programas de televisión y radio. Para visitar un sitio usando el URL, escribe la dirección en el campo de LOCATION/GO TO o de NETSITE, que aparece en la esquina superior izquierda de la pantalla.

Go To http://www.hbschool.com

▶ PON UN *BOOKMARK* POR CADA FUENTE

Una vez que hayas encontrado un sitio que pueda ser útil, ponle un *bookmark*. Con un *bookmark* estás copiando el URL y haciendo un registro que te permitirá encontrar el sitio con más facilidad en el futuro.

Cuando estés en un sitio que quieras marcar, haz un clic en BOOKMARKS, que aparece en la parte superior de la pantalla, y elige ADD BOOKMARK. Una lista de bookmarks puede ser así:

BOOKMARKS

- Harcourt Brace School Publishers: The Learning Site
- Library of Congress Home Page
- The Smithsonian Institution Home Page
- National Archives Online Exhibit Hall

Si sabes usar el internet, puedes buscar una gran variedad de información sobre un tema en particular rápida y fácilmente.

Cómo reunir y presentar información

Manual de destrezas • **R7**

CÓMO LLEVAR A CABO UNA ENTREVISTA

Las entrevistas, donde una persona hace preguntas a otra, son una buena manera de obtener datos y puntos de vista sobre un tema.

▶ LA PLANIFICACIÓN DE UNA ENTREVISTA

1. Haz una lista de las personas que vas a entrevistar. Trata de averiguar quiénes son los expertos del tema que estás investigando.
2. Llama o escríbele a cada persona para solicitar una entrevista. Cuando te comuniques con la persona, cuéntale quién eres y sobre lo que deseas conversar.
3. Pide a la persona que vas a entrevistar que decida el lugar y la hora del encuentro.

▶ ANTES DE LA ENTREVISTA

1. Lee más sobre tu tema y, si es posible, sobre la persona que vas a entrevistar. Esto te permitirá comunicarte con la persona en forma más eficiente.
2. Haz una lista de preguntas.

▶ DURANTE LA ENTREVISTA

1. Escucha con atención. No interrumpas o discutas con la persona entrevistada.
2. Toma notas durante la entrevista y escribe exactamente lo que la persona dice.
3. Si deseas usar una grabadora, pídele permiso a la persona.

▶ DESPUÉS DE LA ENTREVISTA

1. Antes de marcharte, agradece a la persona por la entrevista.
2. Escríbele una nota de agradecimiento.

CÓMO LLEVAR A CABO UNA ENCUESTA

Una encuesta es una buena forma de conocer las opiniones de las personas que viven en tu comunidad.

1. Elige un tema y haz una lista de preguntas. Escribe las preguntas de modo que se puedan contestar con "sí" o "no", o con "a favor" o "en contra".
2. Prepara una hoja para anotar las respuestas.
3. Determina cuántas personas vas a encuestar y dónde lo harás.
4. Durante la encuesta, anota cuidadosamente las respuestas en la hoja que preparaste.
5. Cuando hayas terminado la encuesta, cuenta las respuestas y escribe un resumen o conclusión que refleje el resultado de la encuesta.

Una entrevista puede ser una buena manera de reunir información primaria sobre un tema.

CÓMO PEDIR INFORMACIÓN POR ESCRITO

Una forma de obtener información sobre un tema en particular es solicitándola por carta. Cuando escribas la carta, procura hacer lo siguiente:
- Escribe con letra clara o usa un procesador de texto.
- Dí quién eres y qué necesitas.
- Tu pedido debe ser específico y razonable.
- Incluye un sobre con estampilla y con tu dirección para que te envíen la respuesta.

CÓMO ESCRIBIR UN INFORME

Es probable que tengas que escribir un informe de 300 a 500 palabras.

▶ REÚNE Y ORGANIZA LA INFORMACIÓN

Reúne información sobre tu tema utilizando libros de consulta, medios electrónicos y las fuentes de información de tu comunidad. Ordena la información que obtengas.
- Toma notas a medida que encuentres la información que necesitas para realizar tu informe.
- Repasa tus notas para asegurarte de que tienes toda la información que deseas incluir.
- Escribe un bosquejo del informe en el orden en que la presentarás.

▶ HAZ UN BORRADOR DE TU INFORME

- Repasa la información que hayas obtenido y determina si necesitas más.
- Recuerda que el propósito de tu informe es transmitir información sobre un tema.
- Escribe un borrador de tu informe. Anota en un papel todas tus ideas.

▶ REVISA

- Asegúrate de haber seguido el orden de tu bosquejo.
- Cambia de lugar las oraciones que no estén bien conectadas.
- Agrega cualquier información que te parezca necesaria.
- Agrega citas que contengan las palabras exactas que hayan dicho las personas.
- Reescribe las oraciones que se parezcan.

▶ CORRIGE Y PUBLICA

- Verifica si hay errores.
- Asegúrate de no haberte olvidado de nada.
- Pasa en limpio tu informe a mano o con un procesador de textos.

Un buen informe es ordenado e informativo y no tiene errores.

Manual de destrezas • **R9**

Almanaque
Datos Sobre el Mundo

Bandera	País	Capital	Población*	Área (millas cuadradas)	Economía
África					
	Angola	Luanda	10,624,000	481,351	textiles, café, caña de azúcar, plátanos, hierro, diamantes
	Argelia	Argel	29,830,000	918,497	petróleo, gas natural, industria liviana, alimentos, cereales, hierro
	Benín	Porto-Novo	5,902,000	43,483	productos derivados de la palma, cacahuates, algodón, maíz, petróleo
	Botswana	Gaborone	1,501,000	219,916	procesamiento de carnes, maíz, carbón, cobre, turismo
	Burkina Faso	Ouagadougou	10,891,000	105,869	procesamiento de productos agrícolas, textiles, mijo, sorgo, manganeso
	Burundi	Bujumbura	6,053,000	10,759	alimentos, café, algodón, té, níquel
	Cabo Verde	Praia	394,000	1,557	plátanos, café, ñame, sal
	Camerún	Yaoundé	14,678,000	183,591	derivados del petróleo, alimentos, cacao, café
	Chad	N'Djamena	7,166,000	495,752	algodón, sorgo, mijo, uranio

R10 • Referencia

Bandera	País	Capital	Población*	Área (millas cuadradas)	Economía
	Comoras	Moroni	590,000	863	perfumes, textiles, vainilla, aceite de coco, perfumes, plantas ornamentales, frutas
	Costa de Marfil	Yamoussoukro	14,986,000	124,503	alimentos, café, cacao, petróleo, diamantes
	Djibouti	Djibouti	434,000	8,880	principalmente actividades en el sector de servicios
	Egipto	El Cairo	64,792,000	386,900	textiles, turismo, productos químicos, algodón, arroz, frijoles, petróleo, gas natural
	Eritrea	Asmara	3,590,000	45,405	alimentos, algodón, café, tabaco, oro, potasio
	Etiopía	Addis Ababa	58,733,000	471,775	alimentos, textiles, café, cereales, platino, oro
	Gabón	Libreville	1,190,000	102,317	textiles, cacao, café, petróleo, manganeso, uranio
	Gambia	Banjul	1,248,000	4,003	turismo, cacahuates, arroz, pescado
	Ghana	Accra	18,101,000	92,100	aluminio, cacao, oro, manganeso
	Guinea	Conakry	7,405,000	94,925	minería, plátanos, piñas, hierro, bauxita, diamantes
	Guinea Ecuatorial	Malabo	443,000	10,825	pescado, cacao, café, plátanos, petróleo

*Estas cifras de población se obtuvieron de las últimas estadísticas disponibles.

Almanaque • R11

Datos Sobre el Mundo

Bandera	País	Capital	Población*	Área (millas cuadradas)	Economía
	Guinea-Bissau	Bissau	1,179,000	13,948	cacahuates, semillas de marañon, algodón, arroz, bauxita
	Kenia	Nairobi	28,803,000	224,960	turismo, refinamiento de petróleo, café, maíz, oro, piedra caliza
	Lesotho	Maseru	2,008,000	11,716	alimentos, textiles, maíz, cereales, diamantes
	Liberia	Monrovia	2,602,000	43,000	minería, arroz, yuca, café, hierro, diamantes, oro, hule, madera
	Libia	Trípoli	5,648,000	679,358	petróleo, alimentos, dátiles, aceitunas, yeso
	Madagascar	Antananarivo	14,062,000	226,657	textiles, procesamiento de carnes, café, clavo, vainilla, cromo, grafito
	Malawi	Lilongwe	9,609,000	45,747	procesamiento de productos agrícolas, azúcar, té, tabaco, café
	Malí	Bamako	9,945,000	478,652	mijo, arroz, cacahuates, algodón, oro, fosfatos
	Marruecos	Rabat	30,391,000	172,413	alfombras, ropa, productos de cuero, cereales, frutas, fosfatos, mineral de hierro
	Mauricio	Port Louis	1,154,000	720	turismo, textiles, caña de azúcar, té

R12 • Referencia

Bandera	País	Capital	Población*	Área (millas cuadradas)	Economía
	Mauritania	Nouakchott	2,411,000	397,955	procesamiento de pescado, dátiles, cereales, mineral de hierro, yeso
	Mozambique	Maputo	18,165,000	297,846	productos químicos, derivados del petróleo, semillas de marañón, algodón, azúcar, carbón, titanio
	Namibia	Windhoek	1,727,000	318,321	diamantes, cobre, oro, pescado
	Níger	Niamey	9,389,000	459,073	cacahuates, algodón, uranio, carbón, hierro
	Nigeria	Abuja	107,129,000	356,669	petróleo, gas natural, textiles, cacao, productos derivados de la palma
	República Centroafricana	Bangui	3,342,000	240,376	textiles, algodón, café, diamantes
	República del Congo	Brazzaville	2,583,000	132,047	petróleo, productos de madera, cacao, café, potasio
	República Democrática del Congo	Kinshasa	47,440,000	905,356	minería, alimentos, azúcar, arroz, cobalto
	Ruanda	Kigali	7,738,000	10,169	café, té, hojalata
	Santo Tomé y Príncipe	Santo Tomé	148,000	372	cacao, copra

*Estas cifras de población se obtuvieron de las últimas estadísticas disponibles.

Datos Sobre el Mundo

Bandera	País	Capital	Población*	Área (millas cuadradas)	Economía
	Senegal	Dakar	9,404,000	76,124	alimentos, pescado, cacahuates, mijo, fosfatos
	Seychelles	Victoria	78,000	107	alimentos, turismo, derivados del coco, canela, vainilla
	Sierra Leona	Freetown	4,892,000	27,699	minería, cacao, café, diamantes, titanio
	Somalia	Mogadiscio	9,940,000	246,154	azúcar, plátanos, hierro, hojalata
	Sudán	Jartum	32,594,000	967,500	textiles, goma arábiga, algodón, cromo, cobre
	Sudáfrica	Ciudad de El Cabo	42,327,000	471,445	acero, automóviles, maíz y otros cereales, oro, diamantes, platino
	Swazilandia	Mbabane	1,032,000	6,705	pulpa de madera, azúcar, maíz, algodón, asbesto, arcilla, carbón
	Tanzania	Dar-es-Salaam	29,461,000	364,900	procesamiento de productos agrícolas, algodón, hojalata, diamantes
	Togo	Lomé	4,736,000	21,853	textiles, café, cacao, ñame, fosfatos
	Tunicia	Túnez	9,183,000	63,378	alimentos, textiles, derivados del petróleo, cereales, aceitunas, dátiles, fosfatos

R14 • Referencia

Bandera	País	Capital	Población*	Área (millas cuadradas)	Economía
	Uganda	Kampala	20,605,000	91,134	textiles, cemento, café, algodón, té, cobre, cobalto
	Zambia	Lusaka	9,350,000	290,585	maíz, yuca, azúcar, cobalto, cobre, cinc, esmeraldas, oro, plata
	Zimbabwe	Harare	11,423,000	150,820	ropa, acero, productos químicos, tabaco, azúcar, cromo, oro, níquel

Asia

Bandera	País	Capital	Población*	Área (millas cuadradas)	Economía
	Afganistán	Kabul	23,738,000	250,775	textiles, muebles, trigo, frutas, cobre, carbón, lana
	Arabia Saudí	Riyadh	20,088,000	865,000	petróleo, derivados del petróleo, gas natural, dátiles, trigo
	Armenia	Yereván	3,466,000	11,506	verduras, uvas, cobre, oro
	Azerbaiján	Baku	7,736,000	33,436	petróleo, cereales, algodón, hierro, ganado vacuno
	Bahrein	Manama	603,000	255	petróleo, gas natural, frutas, verduras
	Bangladesh	Dhaka	125,340,000	55,126	yute, textiles, fertilizantes, arroz, té
	Birmania (Myanmar)	Rangún (Yangón)	46,822,000	261,789	textiles, petróleo, arroz, caña de azúcar, plomo, gemas

*Estas cifras de población se obtuvieron de las últimas estadísticas disponibles.

Datos Sobre el Mundo

Bandera	País	Capital	Población*	Área (millas cuadradas)	Economía
	Brunei	Bandar Seri Begawan	308,000	2,226	petróleo, arroz, plátanos, yuca
	Bután	Thimphu	1,865,000	16,000	arroz, maíz, madera
	Camboya	Phnom Penh	11,164,000	69,898	arroz, madera, hule, maíz, gemas
	China	Beijing	1,221,600	3,700,000	hierro, acero, textiles, arroz y otros cereales, algodón, té
	Chipre	Nicosia	753,000	3,572	cebada, uvas, aceitunas, cobre
	Corea del Norte	P'yongyang	24,317,000	46,609	textiles, maíz, papas, carbón, plomo
	Corea del Sur	Seúl	45,949,00	38,022	aparatos electrónicos, automóviles, textiles, ropa, arroz, cebada, tungsteno
	Emiratos Árabes Unidos	Abu Dhabi	2,262,000	32,280	petróleo, verduras, dátiles
	Filipinas	Manila	76,104,000	115,651	textiles, ropa, productos de madera, azúcar, cobalto, cobre
	Georgia	Tbilisi	5,175,000	26,911	manganeso, cítricos, papas, maíz
	India	Nueva Delhi	967,613,000	1,195,063	textiles, acero, arroz y otros cereales, té, especias, carbón, hierro

R16 • Referencia

Bandera	País	Capital	Población*	Área (millas cuadradas)	Economía
	Indonesia	Jakarta	209,774,000	779,675	textiles, arroz, cacao, cacahuates, níquel, hojalata, petróleo
	Irak	Bagdad	22,219,000	168,927	textiles, cereales, dátiles, petróleo
	Irán	Teherán	67,540,000	635,932	refinamiento de azúcar, alfombras, arroz y otros cereales, petróleo, gas natural
	Israel	Jerusalén	5,535,000	7,992	corte de diamantes, textiles, aparatos electrónicos, cítricos, cobre, fosfatos
	Japón	Tokyo	125,717,000	143,619	aparatos electrónicos, automóviles, pescado, arroz, papas
	Jordania	Amman	4,325,000	34,575	refinamiento de petróleo, cemento, cereales, aceitunas, fosfatos
	Kazajstán	Aqmola	16,899,000	1,048,300	acero, cereales, algodón
	Kuwait	Ciudad de Kuwait	2,077,000	6,880	petróleo, derivados del petróleo, gas natural
	Kirguizistán	Bishkek	4,540,000	76,641	textiles, minería, tabaco, algodón, remolachas de azúcar, oro
	Laos	Vientiane	5,117,000	91,428	productos de madera, minería, taro, maíz, algodón, yeso

*Estas cifras de población se obtuvieron de las últimas estadísticas disponibles.

Almanaque • R17

Datos Sobre el Mundo

Bandera	País	Capital	Población*	Área (millas cuadradas)	Economía
	Líbano	Beirut	3,859,000	3,949	operaciones bancarias, textiles, refinamiento de petróleo, frutas, aceitunas, verduras
	Malaysia	Kuala Lumpur	20,376,000	128,727	productos de hule, madera, acero, aparatos electrónicos, aceite de palma, petróleo, hierro
	Maldivas	Male	280,000	115	procesamiento de pescado, turismo, copra, taro, maíz
	Mongolia	Ulaanbaatar	2,538,000	604,247	alimentos, minería, cereales, carbón, petróleo
	Nepal	Katmandú	22,641,000	54,362	azúcar, yute, turismo, arroz y otros cereales, cuarzo
	Omán	Muscat	2,265,000	82,000	dátiles, verduras, limas, petróleo, gas natural
	Pakistán	Islamabad	132,185,000	310,403	textiles, derivados del petróleo, arroz, trigo, gas natural, mineral de hierro
	Palau	Koror	17,000	191	turismo, pescado, copra, yuca, taro
	Qatar	Doha	665,000	4,400	petróleo, derivados del petróleo
	Singapur	Singapur	3,462,000	225	construcción de barcos, refinamiento de petróleo, aparatos electrónicos, operaciones bancarias, turismo

R18 • Referencia

Bandera	País	Capital	Población*	Área (millas cuadradas)	Economía
	Siria	Damasco	16,138,000	71,498	derivados del petróleo, textiles, algodón, cereales, aceitunas
	Sri Lanka	Colombo	18,762,000	25,332	ropa, textiles, té, copra, arroz, grafito, piedra caliza
	Tailandia	Bangkok	59,451,000	198,455	textiles, turismo, arroz, maíz, tapioca, caña de azúcar
	Taiwan	Taipei	21,656,000	13,887	textiles, ropa, aparatos electrónicos, arroz, frutas, carbón, mármol
	Tayikistán	Dushanbe	6,014,000	55,251	aluminio, cemento, cebada, carbón, plomo
	Turkmenistán	Ashgabat	4,225,000	188,455	petróleo, minería, textiles, cereales, algodón, carbón, azufre, sal
	Turquía	Ankara	63,528,000	301,380	acero, textiles, cereales, mercurio
	Uzbekistán	Tashkent	23,860,000	173,591	maquinaria, gas natural, verduras, algodón
	Vietnam	Hanoi	75,124,000	130,468	alimentos, textiles, arroz, azúcar, fosfatos
	Yemen	Sanaa	13,972,000	203,849	petróleo, cereales, frutas, sal

*Estas cifras de población se obtuvieron de las últimas estadísticas disponibles.

Almanaque • R19

Datos Sobre el Mundo

Bandera	País	Capital	Población*	Área (millas cuadradas)	Economía
Australia y Oceanía					
	Australia	Canberra	18,439,000	2,967,909	hierro, acero, textiles, aparatos eléctricos, trigo, carbón, algodón, frutas, bauxita, carbón
	Fiji	Suva	792,000	7,055	turismo, azúcar, plátanos, oro, madera
	Islas Marshall	Majuro	61,000	70	productos agrícolas, turismo
	Islas Salomón	Honiara	427,000	11,500	pescado, copra, arroz, oro, bauxita
	Kiribati	Tarawa	82,000	277	pescado, aceite de coco, fruta de pan, taro
	Micronesia	Palikir	128,000	1,055	turismo, frutas tropicales, verduras, pimienta
	Nauru	Yaren	10,000	8.5	fosfatos
	Nueva Zelandia	Wellington	3,587,000	103,736	alimentos, textiles, maquinaria, pescado, productos forestales, cereales, papas, oro, gas natural, hierro, carbón
	Papua Nueva Guinea	Puerto Moresby	4,496,000	178,260	café, copra, cacao, oro, cobre, plata
	Samoa	Apia	220,000	1,100	madera, turismo, copra, taro, maderas preciosas, pescado

Bandera	País	Capital	Población*	Área (millas cuadradas)	Economía
	Tonga	Nuku'alofa	107,000	270	turismo, pescado, derivados del coco, plátanos
	Tuvalu	Funafuti	10,000	9	derivados del coco, copra
	Vanuatu	Portvila	181,000	5,700	procesamiento de pescado congelado, procesamiento de carnes, turismo, derivados del coco, manganeso

Europa

Bandera	País	Capital	Población*	Área (millas cuadradas)	Economía
	Albania	Tirana	3,293,000	11,100	cemento, textiles, alimentos, maíz, trigo, cromo, carbón
	Alemania	Berlín	84,068,000	137,735	construcción de barcos, automóviles, cereales, papas, potasio, acero
	Andorra	Andorra la Vella	75,000	180	turismo, ovejas, tabaco, hierro, plomo
	Austria	Viena	8,054,000	32,375	acero, maquinaria, automóviles, cereales, mineral de hierro
	Bélgica	Bruselas	10,204,000	11,781	acero, objetos de vidrio, corte de diamantes, automóviles, trigo, carbón
	Bielorrusia	Minsk	10,440,000	80,154	manufacturas, productos químicos, cereales, verduras

*Estas cifras de población se obtuvieron de las últimas estadísticas disponibles.

Datos Sobre el Mundo

Bandera	País	Capital	Población*	Área (millas cuadradas)	Economía
	Bosnia y Herzegovina	Sarajevo	2,608,000	19,904	acero, minería, textiles, madera, maíz, trigo, frutas, bauxita, hierro
	Bulgaria	Sofía	8,653,000	42,823	productos químicos, maquinaria, metales, textiles, cereales, frutas, bauxita, cobre, cinc
	Ciudad del Vaticano	No tiene capital.	840	109 acres	turismo, sellos postales
	Croacia	Zagreb	5,027,000	21,829	productos químicos, productos de plástico, acero, papel, aceitunas, trigo, petróleo, bauxita
	Dinamarca	Copenhague	5,269,000	16,629	alimentos, maquinaria, textiles, muebles, cereales, papas, productos lácteos, petróleo, sal
	Eslovaquia	Bratislava	5,393,000	18,923	hierro, acero, vidrio, cereales, papas
	Eslovenia	Liubliana	1,946,000	7,819	aparatos electrónicos, vehículos, carbón, plomo, cinc
	España	Madrid	39,244,000	194,881	maquinaria, textiles, cereales, aceitunas, uvas, lignito, uranio, plomo
	Estonia	Tallin	1,445,000	17,413	construcción de barcos, motores eléctricos, papas, petróleo

R22 • Referencia

Bandera	País	Capital	Población*	Área (millas cuadradas)	Economía
	Finlandia	Helsinki	5,109,000	130,128	metal, productos de madera, cereales, cobre, hierro
	Francia	París	58,470,000	210,918	acero, textiles, turismo, vino, perfumes, cereales, frutas, verduras, bauxita, hierro
	Grecia	Atenas	10,583,000	50,944	textiles, turismo, productos químicos, vino, cereales, aceitunas, uvas, cítricos, bauxita
	Hungría	Budapest	9,936,000	35,919	hierro, acero, trigo, maíz, girasoles, bauxita, carbón
	Irlanda	Dublín	3,556,000	26,600	alimentos, textiles, productos químicos, turismo, papas, cereales, cinc, plomo
	Islandia	Reikiavik	273,000	39,702	pescado, aluminio, papas
	Italia	Roma	57,534,000	116,313	turismo, acero, maquinaria, automóviles, textiles, calzado, uvas, aceitunas, aceite de oliva, mercurio, potasio, azufre
	Letonia	Riga	2,438,000	24,595	maquinaria, vagones de trenes, cereales, remolachas de azúcar
	Liechtenstein	Vaduz	31,461	62	aparatos electrónicos, textiles, cerámicas, verduras, trigo

*Estas cifras de población se obtuvieron de las últimas estadísticas disponibles.

Almanaque • R23

Datos Sobre el Mundo

Bandera	País	Capital	Población*	Área (millas cuadradas)	Economía
	Lituania	Vilna	3,636,000	25,174	maquinaria, construcción de barcos, cereales, papas, verduras
	Luxemburgo	Luxemburgo	422,474	999	acero, productos químicos, alimentos, cereales, papas, uvas
	Macedonia	Skopie	2,114,000	9,928	minería, textiles, trigo, arroz, cromo, plomo
	Malta	Valletta	379,365	122	textiles, turismo, papas, tomates
	Moldavia	Chisinau	4,475,000	13,012	alimentos, vino, textiles, cereales, lignito, yeso
	Mónaco	Mónaco	32,000	370 acres	turismo, productos químicos, productos plásticos
	Noruega	Oslo	4,404,000	154,790	papel, construcción de barcos, cereales, papas, cobre
	Países Bajos	Amsterdam	15,653,000	16,033	metales, maquinaria, productos químicos, cereales, papas, flores, petróleo, gas natural
	Polonia	Varsovia	38,700,000	120,756	construcción de barcos, productos químicos, cereales, papas, remolachas de azúcar, carbón, cobre, plata

Bandera	País	Capital	Población*	Área (millas cuadradas)	Economía
	Portugal	Lisboa	9,868,000	35,383	textiles, calzado, corcho, pescado, cereales, papas, tungsteno, uranio, hierro
	Reino Unido	Londres	58,610,000	94,251	acero, vehículos, construcción de barcos, operaciones bancarias, textiles, cereales, remolachas de azúcar, carbón, hojalata, petróleo, gas natural, piedra caliza
	República Checa	Praga	10,319,000	30,450	maquinaria, derivados del petróleo, vidrio, trigo, remolachas de azúcar, centeno, carbón, caolín
	Rumania	Bucarest	21,399,000	91,699	minería, maquinaria, petróleo, derivados del petróleo, cereales, uvas, gas natural, carbón
	Rusia**	Moscú	147,987,000	6,592,812	acero, maquinaria, vehículos, productos químicos, textiles, cereales, remolachas de azúcar, mercurio, manganeso, potasio, bauxita, cobalto
	San Marino	San Marino	25,000	24	turismo, sellos postales, productos de lana, trigo, uvas
	Suecia	Estocolmo	8,946,000	173,665	acero, maquinaria, vehículos, cereales, papas, cinc, hierro, plomo
	Suiza	Berna	7,249,000	15,941	maquinaria, productos químicos, relojes, queso, chocolates, turismo, sal

*Estas cifras de población se obtuvieron de las últimas estadísticas disponibles.
**en Asia y Europa

Almanaque • R25

Datos Sobre el Mundo

Bandera	País	Capital	Población*	Área (millas cuadradas)	Economía
	Ucrania	Kiev	50,685,000	233,089	productos químicos, maquinaria, cereales, remolachas de azúcar, papas, hierro, manganeso
	Yugoslavia	Belgrado	10,655,000	39,449	acero, maquinaria, maíz y otros cereales, petróleo, gas natural, carbón

América del Norte

Bandera	País	Capital	Población*	Área (millas cuadradas)	Economía
	Antigua y Barbuda	St. John's	66,000	171	manufacturas, turismo
	Bahamas	Nassau	262,000	5,386	turismo, ron, operaciones bancarias
	Barbados	Bridgetown	258,000	166	azúcar, turismo
	Belice	Belmopan	225,000	8,867	azúcar
	Canadá	Ottawa	29,123,000	3,851,809	níquel, cinc, cobre, oro, ganado, pescado
	Costa Rica	San José	3,534,000	19,652	muebles, aluminio, textiles, fertilizantes, café, oro
	Cuba	La Habana	10,999,000	41,620	alimentos, tabaco, azúcar, arroz, café, cobalto, níquel, hierro, cobre, sal
	Dominica	Roseau	83,226	289	turismo, plátanos, cítricos, piedra pómez

R26 • Referencia

Bandera	País	Capital	Población*	Área (millas cuadradas)	Economía
	El Salvador	San Salvador	5,662,000	8,260	alimentos, tabaco, café, maíz, azúcar
	Estados Unidos de América	Washington, D.C.	267,955,000	3,619,969	trigo, carbón, plomo, uranio, cobre, oro, hierro, aparatos electrónicos, maquinaria, computadoras
	Granada	St. George's	96,000	120	textiles, especias, plátanos, cacao
	Guatemala	Ciudad de Guatemala	11,558,000	42,042	muebles, hule, textiles, café, azúcar, plátanos, petróleo
	Haití	Port-au-Prince	6,611,000	10,714	textiles, café, azúcar, plátanos, bauxita
	Honduras	Tegucigalpa	5,751,000	43,277	textiles, productos de madera, plátanos, azúcar, oro, plata, cobre, plomo
	Jamaica	Kingston	2,616,000	4,471	turismo, azúcar, café, plátanos, papas, bauxita, piedra caliza
	México	Ciudad de México	97,563,000	759,530	acero, productos químicos, textiles, hule, petróleo, turismo, algodón, café, trigo, plata, plomo, cinc, oro, petróleo, gas natural
	Nicaragua	Managua	4,386,000	49,579	alimentos, productos químicos, textiles, algodón, frutas, café, oro, plata, cobre

*Estas cifras de población se obtuvieron de las últimas estadísticas disponibles.

Datos Sobre el Mundo

Bandera	País	Capital	Población*	Área (millas cuadradas)	Economía
	Panamá	Ciudad de Panamá	2,693,000	33,659	refinamiento de petróleo, operaciones bancarias, plátanos, arroz, cobre, caoba, camarones
	República Dominicana	Santo Domingo	8,228,000	18,657	cemento, turismo, azúcar, cacao, café, níquel, bauxita
	San Cristóbal y Nevis	Basseterre	42,000	104	azúcar, turismo
	Santa Lucía	Castries	160,000	238	ropa, turismo, plátanos, copra, productos forestales
	Trinidad y Tobago	Puerto España	1,273,000	1,980	derivados del petróleo, productos químicos, turismo, azúcar, cacao, asfalto, petróleo, gas natural

América del Sur

Bandera	País	Capital	Población*	Área (millas cuadradas)	Economía
	Argentina	Buenos Aires	35,798,000	1,072,156	alimentos, automóviles, productos químicos, cereales, petróleo, plomo
	Bolivia	La Paz/Sucre	7,670,000	424,162	minería, tabaco, café, azúcar, papas, soya, hojalata, tungsteno
	Brasil	Brasilia	164,511,000	3,284,426	acero, automóviles, textiles, café, soya, azúcar, hierro, manganeso
	Chile	Santiago	14,508,000	292,257	pescado, madera, cereales, uvas, frijoles, cobre

R28 • Referencia

Bandera	País	Capital	Población*	Área (millas cuadradas)	Economía
	Colombia	Santa Fe de Bogotá	37,418,000	439,735	textiles, alimentos, café, arroz, plátanos, esmeraldas, petróleo, gas natural
	Ecuador	Quito	11,691,000	109,483	alimentos, plátanos, café, petróleo, gas natural, cobre, cinc, plata, oro
	Guyana	Georgetown	706,000	83,000	minería, textiles, azúcar, bauxita, diamantes, oro
	Paraguay	Asunción	5,652,000	157,043	alimentos, textiles, cemento, maíz, algodón, hierro, manganeso, piedra caliza
	Perú	Lima	24,950,000	496,222	pescado, minería, textiles, algodón, azúcar, café, arroz, cobre, plata, oro, petróleo
	San Vicente y las Granadinas	Kingstown	119,000	150	turismo, plátanos, arruruz, copra
	Surinam	Paramaribo	443,000	63,251	aluminio, alimentos, arroz, azúcar, frutas, bauxita, hierro
	Uruguay	Montevideo	3,262,000	68,039	procesamiento de carnes, textiles, vino, maíz, trigo, refinamiento de petróleo
	Venezuela	Caracas	22,396,000	352,143	acero, textiles, café, arroz, maíz, petróleo, gas natural, hierro

*Estas cifras de población se obtuvieron de las últimas estadísticas disponibles.

Diccionario biográfico

El diccionario biográfico contiene una lista de los personajes mencionados en este libro. El número de página indica dónde comienza la primera alusión a cada personaje. En el índice encontrarás otras referencias de páginas.

A

Abraham *siglo XXI a.C. aprox.* El primer antepasado de los israelitas, de acuerdo a la Biblia. pág. 105

Ahmose *siglo XVI a.C. aprox.* Faraón egipcio que venció a los hicsos y recuperó el territorio egipcio. pág. 152

Ajnatón *siglo XIV a.C. aprox.* Gobernante egipcio llamado Amenofis IV antes de que cambiara su nombre. Él y su esposa Nefertiti animaron a los egipcios a rendir culto a un sólo dios, Atón. pág. 153

Alarico *370 aprox.–410* Rey de los visigodos. Cruzó los Alpes y atacó la ciudad de Roma en el año 410. pág. 364

Alejandro Magno *356 a.C.–323 a.C.* Hijo de Felipe II. Su tutor fue Aristóteles. Se convirtió en rey de Macedonia en el año 336 a.C. Construyó un inmenso imperio durante su mandato. pág. 318

Amanitore *siglo I a.C.* Reina de Meore, Nubia. pág. 178

Amenemes *1991 a.C.–1962 a.C.* Visir que convirtió a Egipto en un imperio. Comenzó el período llamado el Imperio Medio, que duró 200 años. pág. 150

Aníbal *247 a.C.–183 a.C.* General cartaginés que atacó a Roma durante la Segunda Guerra Púnica. pág. 335

Arafat, Yasir *1929–* Líder político palestino, presidente de la Organización para la Liberación de Palestina y presidente del pueblo palestino. Recibió el premio Nobel en 1994. pág. 496

Aristarco *siglo III a.C. aprox.* Educador griego. Mediante el uso de las matemáticas descubrió que la Tierra y los otros planetas giran alrededor del sol. pág. 322

Aristóbulo *siglo IV a.C. aprox.* Viajero griego que visitó India. pág. 202

Aristófanes *450 a.C.–388 a.C. aprox.* Escritor de la Grecia antigua, autor de obras teatrales humorísticas, o comedias. pág. 310

Aristóteles *384 a.C.–322 a.C.* Filósofo griego y tutor de Alejandro Magno. Se lo considera uno de los pensadores más importantes de la humanidad. pág. 313

Arquímedes *287 a.C. aprox.–212 a.C.* Educador e inventor griego. Aplicó las matemáticas en la construcción de muchas máquinas prácticas. pág. 322

Asoka *siglo III a.C. aprox.* Emperador maurya. Se lo recuerda como "el gobernante más grande y más noble que jamás haya conocido la India". pág. 219

Atahuallpa *¿1502?–1533* Último rey inca en gobernar lo que hoy es Perú. Fue asesinado durante la conquista española de los incas. pág. 422

B

Bonaparte, Napoleón *1769–1821* Comandante militar francés y emperador de Francia. pág. 483

C

Cambises II *500 a.C.* Rey persa que invadió Egipto y lo hizo parte de su impero en 525 a.C. pág. 155

Castro, Fidel *1926–* Caudillo revolucionario, primer ministro y presidente cubano. pág. 504

César, Julio *100 a.C.–44 a.C.* General y estadista romano. Fue dictador de Roma hasta que lo asesinó un grupo de nobles. pág. 336

Champollion, Jean–Fracois *1790–1832* Descifró el secreto de los jeroglíficos egipcios. pág. 154

Chandragupta I *siglo IV aprox.* Emperador maurya en la India del siglo IV. Cedió el trono a su hijo Samudra Gupta. pág. 221

R30 • Referencia

Chandragupta II *siglo V aprox.* Hijo de Samudra Gupta, de la dinastía maurya de la India. Promovió el saber durante su mandato, que duró desde el año 380 al 415 aproximadamente. pág. 221

Chandragupta Maurya *¿?–297 a.C. aprox.* Emperador que unificó a la India. Entregó el trono a su hijo en el año 297 a.C. pág. 218

Chang Heng *100 d.C. aprox.* Inventó el primer sismógrafo en China. pág. 265

Cicerón *106 a.C.–43 a.C.* Orador, estadista y filósofo romano. Se desempeñó como cónsul de Roma. pág. 336

Ciro el Grande *585 a.C.–529 a.C. aprox.* Gobernante que creó el Imperio Persa. pág. 224

Cleopatra *69 a.C.–30 a.C.* Reina de Egipto. Planeó establecer un imperio independiente junto con Marco Antonio, pero ambos fueron derrotados por el gobernante romano Octavio. pág. 340

Clístenes *570 a.C. aprox.–508 a.C.* Gobernante ateniense. Es considerado el fundador de la democracia. p. 304

Clodoveo *466–551 aprox.* Jefe de los francos, capturó el último territorio romano de Galia. pág. 365

Colón, Cristóbal *1451–1506* Explorador italiano y primer europeo en llegar y regresar de las Américas. Desembarcó en la isla de San Salvador en 1492, creyendo que había llegado a Asia. pág. 401

Confucio *551 a.C.–479 a.C.* Filósofo chino, considerado la persona más venerada de la historia de China. Su filosofía, conocida como confucianismo, fue adoptada por la gente como un modelo de vida. pág. 247

Constantino *280 aprox.–337* General y emperador romano. El Edicto de Milán, promulgado en el año 313 (durante su mandato), autorizó la práctica del cristianismo en el Imperio Romano. pág. 359

Cortés, Hernán *1485–1547* Explorador español y conquistador de México. pág. 411

D

Darío I *550 a.C.–486 a.C.* Gobernante persa que impuso orden en el Imperio Persa. También encargó la construcción de caminos, estableció un sistema de correo y estandarizó los pesos, las medidas y el sistema monetario. pág. 225

Dart, Raymond *1893–1988* Científico sudafricano que descubrió el primer fósil de un australopiteco. pág. 51

David *1010 a.C. aprox.–962 a.C.* Segundo rey de Israel. Comandó la derrota de los filisteos. pág. 107

Deng Xiaoping *1904–1997* Primer diputado y secretario general del partido comunista chino durante la década de 1970. Los cambios económicos que llevó a cabo convirtieron a China en una potencia industrial. pág. 506

Diocleciano *245–313 aprox.* Emperador romano que trató de revitalizar al Imperio Romano en decadencia. pág. 363

Dubois, Eugene *1858–1940* Cirujano holandés que descubrió los primeros restos de un esqueleto de *Homo erectus*. pág. 51

E

Enheduanna *siglo XXVII a.C. aprox.* Compositora sumeria recordada por las numerosas canciones religiosa que compuso. pág. 94

Escipión *237 a.C. aprox.–183 a.C.* General romano que derrotó a Aníbal. pág. 335

Estrabón *¿?64 a.C.–¿?23 d.C.* Geógrafo griego. pág. 109

Euclides *siglo IV a.C. aprox.* Educador griego que comenzó el estudio de la geometría. pág. 322

Evans, Arthur *1851–1941* Arqueólogo que descubrió las ruinas del reino de los minoicos. pág. 291

F

Faxian *siglo V aprox.* Misionero budista chino que viajó a la India y escribió sobre lo que allí observó. pág. 221

Felipe II *382 a.C.–336 a.C.* Rey de Macedonia y padre de Alejandro Magno. Genio militar, llegó a controlar casi toda la península de Grecia hacia el año 338 a.C. pág. 317

Francisco Fernando *1863–1914* Archiduque de Austria. Su asesinato en 1914 se considera la causa directa de la Primera Guerra Mundial. pág. 485

G

Gaozu *256 a.C.–195 a.C.* Gobernante durante la dinastía Han de China. Fue un dirigente respetado que combinó ideas del legalismo y del confucianismo. pág. 262

Gautama, Siddartha *563 a.C.–483 a.C. aprox.* Conocido como Buda, o "el Iluminado". Renunció a los placeres terrenales para buscar el conocimiento y la verdad. Fundó el budismo en la India. pág. 214

Gengis Kan *1162 aprox.–1227* Gobernante mongol. Fue el primer extranjero en conquistar China. Famoso por su audacia, crueldad y genio militar. pág. 479

Gilgamesh *siglo XXVIII a.C. aprox.* Rey de la antigua ciudad estado de Uruk. Es el protagonista de una de las historias más viejas del mundo. pág. 92

Gorbachov, Mijail *1931–* Secretario general del partido comunista de la Unión Soviética de 1985 a 1991. Apoyó ideas nuevas que incluían la reestructuración del gobierno y hacerlo más accesible para los ciudadanos soviéticos. pág. 492

Graco, Cayo *153 a.C–121 a.C.* Asesinado junto a su hermano, Tiberio, por tratar de enmendar la ley romana en ayuda a los plebeyos. pág. 335

Graco, Tiberio *163 a.C.–133 a.C.* Asesinado junto a su hermano, Cayo, por tratar de enmendar la ley romana en ayuda a los plebeyos. pág. 335

H

Hammurabi *1792 a.C. aprox.–1750 a.C.* Rey de la ciudad estado de Babilonia. Escribió un cuerpo de leyes conocido como el Código de Hammurabi. pág. 98

Han Fei *siglo III a.C. aprox.* Escritor chino de textos legalistas. pág. 253

Hatsepsut *1503 a.C.–1482 a.C.* Faraona egipcia que expandió las rutas comerciales de Egipto. pág. 153

Heródoto *484 a.C.–430 a.C. aprox.* Historiador griego. Viajó por casi todo el mundo que los griegos conocían en esa época. pág. 310

Hipócrates *460 a.C.–377 a.C. aprox.* Médico griego conocido como el padre de la medicina. pág. 311

Hitler, Adolfo *1889–1945* Político y *führer* alemán. Intentó conquistar al mundo cuando era dictador nazi de Alemania, convencido de que la raza germánica era superior a las demás. Durante su mandato ordenó la muerte de 12 millones de personas. pág. 485

Homero *siglo VIII a.C. aprox.* Poeta griego autor de la *Ilíada* y la *Odisea*. Gran parte de lo que se sabe acerca de los micénicos proviene de las historias de Homero. pág. 291

Horacio *8 a.C.–65 d.C.* Poeta romano. pág. 347

Huascar *siglo XVI aprox.* Príncipe inca que libró una batalla en contra de su hermano por el control del Imperio Inca, poco antes de que el imperio dejara de existir. pág. 422

Hussein *1935–* Rey de Jordania. pág 503

Hussein, Saddam *1935–* Gobernante militar de Irak desde 1979. Invadió Kuwait en 1990 y llevó a Iraq a la derrota en la Guerra del golfo Pérsico. pág. 496

I

Imhotep *siglo XXVII a.C. aprox.* Arquitecto de la corte de Egipto. Se encargó de la construcción de la pirámide del faraón Zoser en el año 2650 a.C. aproximadamente. pág. 144

Isaac *siglo XXI a.C. aprox.* Hijo de Abraham. pág. 106

Isabel II *1926–* Reina de Gran Bretaña en casi toda la segunda parte del siglo XX. pág. 503

Ismael *siglo XXI a.C. aprox.* Hijo de Abraham. pág. 106

J

Jacob *siglo XXI a.C. aprox.* Antiguo jefe de los descendientes de los israelitas, también llamado Israel. Fue el hijo de Isaac y el nieto de Abraham. pág. 106

Jefferson, Thomas *1743–1826* Tercer presidente de Estados Unidos y principal autor de la Declaración de Independencia. pág. 483

Jerjes *519 a.C.–465 a.C. aprox.* Rey de Persia e hijo de Darío I. pág. 307

Jesús *6 a.C.–30 d.C. aprox.* Persona cuya doctrina es la base del cristianismo. Sus discípulos lo proclamaron el Mesías y el Redentor de la humanidad. pág. 355

Jiang Zemin *1926–* Presidente de China que sucedió a Deng Xiaoping como líder político. pág. 506

Johanson, Don *1943–* Paleoantropólogo que descubrió un autralopiteco apodado Lucy. pág. 52

Jomeini, Ayatollah *1900–1989* Jefe de los musulmanes chiitas en Irán. Apoyó la captura de rehenes americanos. pág. 504

Juan sin Tierra *1167–1216* Rey de Inglaterra. Fue forzado a firmar la Carta Magna. pág. 482

K

Kalidasa *siglo V aprox.* Escritor de la Edad de oro de la India. Se lo considera uno de los escritores hindúes más importantes. pág. 222

Kasta *siglo VIII a.C.* Rey del antiguo Kush y padre de Piye. pág. 172

Kennedy, John F. *1917–1963* Trigésimo quinto presidente de Estados Unidos. pág. 504

Keops *siglo XXVI a.C. aprox.* Faraón egipcio que construyó la Gran Pirámide de Gizeh, una de las pirámides egipcias más famosas. pág. 146

Khrushchev, Nikita *1894–1971* Político y primer ministro soviético. pág. 505

Klerk, Frederik Willem de *1936–* Presidente de Sudáfrica. A pesar de ser un afrikánder, puso fin a la prohibición que existía sobre el Congreso Nacional Africano y liberó a Nelson Mandela y a otros prisioneros políticos. pág. 491

L

Leakey, Louis *1903–1972*, **Mary** *1913–*, y **Richard** *1940–* Científicos conocidos por sus descubrimientos en relación con los antepasados del hombre. pág. 52

Li Si *260 a.C. aprox.* Consejero del emperador Shi Huangdi durante la dinastía Qin en China. pág. 252

Lincoln, Abraham *1809–1865* Presidente de Estados Unidos, comandó la Unión en la Guerra Civil y firmó la Proclamación de Emancipación. pág. 501

Luis XVI *1754–1793* Rey de Francia. Sus intentos de aumentar los impuestos condujeron a la Revolución Francesa. pág. 483

M

Mahoma *570 aprox.–632* Profeta que presentó el mensaje del islam al mundo. pág. 458

Manco Cápac *siglo XXI a.C. aprox.* De acuerdo a una leyenda, fundó la ciudad inca de Cuzco. pág. 418.

Mandela, Nelson *1918–* Presidente sudafricano del Congreso Nacional Africano. Estuvo encarcelado 25 años por conspiración para derrocar el gobierno de Sudáfrica. Se convirtió en presidente de Sudáfrica en 1994. pág. 491

Marco Antonio *82 a.C. aprox.–30 a.C.* Orador y general romano. Perdió el control de las tierras romanas cuando fue derrotado por Octavio en el año 31 a.C. pág. 340

María Antonieta *1755–1793* Esposa de Luis XVI. Mal vista por su extravagancia e influencia sobre el rey, fue procesada por traición y ejecutada. pág. 483

Menes *siglo XXXI a.C. aprox.* De acuerdo a las leyendas, fue el rey que unificó Egipto. pág. 140

Minos *siglo XXI a.C. aprox.* De acuerdo a las leyendas, fue el gobernante de la antigua Creta durante los años de mayor grandeza. pág. 291

Moisés *siglo XIII a.C. aprox.* Pofeta y legislador que, de acuerdo a la Biblia, liberó al pueblo de Israel de la opresión egipcia y recibió los Diez Mandamientos. pág. 106

Motecuhzoma *1466–1520* Rey de los aztecas durante la conquista española; también conocido como Montezuma. pág. 411

N

Narmer *siglo XXX a.C. aprox.* Gobernante que unificó los dos reinos de Egipto. pág. 140

Nefertiti *siglo XIV a.C. aprox.* Esposa de Ajnatón. pág. 153

Netanyahu, Benjamín *1949–* Primer ministro israelí elegido después del asesinato de Yitzhak Rabín. pág. 497

O

Octaviano *63 a.C.–14 d.C.* Resobrino de Julio César, más adelante conocido como Augusto. Al derrotar a Marco Antonio obtuvo el control de todo el territorio romano. Fue el primer emperador verdadero de Roma. pág. 340

Odoacro *433–493* Jefe germánico que derrocó al emperador romano de occidente. pág. 364

P

Pablo *5 a.C.–62 d.C. aprox.* Judío de nacimiento, se convirtió al cristianismo y se transformó en apóstol. Fundó iglesias y escribió muchas epístolas, o cartas, a los eclesiásticos contándoles sobre Jesús. pág. 357

Pachacuti *¿?–1471* Gobernante inca. Su imperio se extendía de Perú a Ecuador. pág. 418

Pedro *?–64 d.C.* Uno de los apóstoles, el grupo de seguidores más próximos a Jesús. pág. 357

Pericles *495 a.C. aprox.–429 a.C.* Gobernante de Atenas durante la Edad de oro. pág. 309

Pilato, Poncio *?a.C.–36 d.C. aprox.* Gobernador romano de Judea. Fue el juez en el juicio en contra de Jesús y lo condenó a morir crucificado. pág. 356

Piye *751 a.C. aprox.–716 a.C.* Rey de Kush e hijo de Kashta. Conquistó el Bajo Egipto. Fue también conocido como Piankhi. pág. 172

Pizarro, Francisco *1475 aprox.–1541* Conquistador español del Imperio Inca. pág. 422

Platón *428 a.C.–348 a.C. aprox.* Filósofo griego, discípulo de Sócrates y maestro de Aristóteles. pág. 312

Plinio el Joven *61–113 aprox.* Funcionario de gobierno romano en Asia Menor. Se lo recuerda especialmente por su descripción de la erupción del Vesubio. pág. 358

Pol Pot *1924–1998* Dictador de Cambodia. pág. 504

Policarpo *69 d.c.–155 d.C.* Obispo asesinado por no renegar su creencia en el cristianismo. pág. 358

Polo, Marco *1254–1324* Viajero veneciano. Fue uno de los primeros comerciantes europeos en visitar China y en escribir sobre sus experiencias. pág. 479

Porus *siglo IV a.C. aprox.* Rey indio que luchó en contra de Alejando Magno y perdió. pág. 321

R

Rabín, Yitzhak *1922–1995* Primer ministro de Israel, asesinado en 1995. Firmó un tratado de paz con el presidente palestino Yasir Arafat. pág. 497

Ramsés II *1304 a.C.–1237 a.c.* Faraón egipcio conocido por los templos que mandó a edificar. pág. 173

Reagan, Ronald *1911–* Gobernador de California de 1967 a 1975 y presidente de Estados Unidos de 1981 a 1989. pág. 444

S

Salomón *siglo X a.C. aprox.* Hijo de David y rey de Israel. Durante su mandato, Israel alcanzó su apogeo de grandeza. pág. 107

Samudra Gupta *300 aprox.* Hijo de Chandragupta I, de la dinastía maurya de la India. Hizo posible la ampliación del imperio. pág. 221

Sargón *2334 a.C. aprox.–2279 a.C.* Guerrero fundador del imperio acadio y primer gobernante de un imperio en Mesopotamia. pág. 97

Saúl *siglo XI a.C. aprox.* Primer rey de Israel. pág. 107

Schliemann, Heinrich *1822–1890* Arqueólogo que descubrió las ruinas de la civilización micénica. pág. 295

Sesostris III *siglo XIX a.C. aprox.* Faraón del Imperio Medio que reorganizó la burocracia egipcia. pág. 152

Shabaka *¿?–695 a.C.* Faraón que estableció la dinastía kushita. pág. 172

Shi Huangdi *259 a.C. aprox.–210 a.C.* Gobernante de la dinastía Qin y unificador de China. pág. 252

Sila, Lucio *138 a.C.–78 a.C.* General, político y dictador de Roma. pág. 335

Sima Qian *siglo II a.C. aprox.* Erudito que escribió la historia de China durante la dinastía Han. pág. 264

Sócrates *470 a.C.–399 a.C. aprox.* Filósofo griego que enseñó formulando preguntas. pág. 312

Sófocles *496 a.C.–406 a.C. aprox.* Escritor griego de la antigüedad, autor de obras teatrales serias, o tragedias. pág. 310

Solón *630 a.C.–560 a.C. aprox.* Poeta y estadista que contribuyó a hacer posible la democracia en la antigua Atenas. pág. 304

T

Taharka *siglo VII a.C. aprox.* Faraón kushita recordado por los muchos templos y pirámides que mandó a construir. pág. 172

Teodosio *347 aprox.–395* Emperador romano que convirtió al cristianismo en la religión oficial del imperio en el año 392. pág. 359

Tolomeo *siglo IV a.C.* General de Alejandro Magno. pág. 155

Tomyris *siglo VII a.C. aprox.* Reina cuyo territorio fue invadido por Ciro el Grande de Persia. Ciro murió durante la batalla con los ejércitos de Tomyris. pág. 224

Tucídides *471 a.C.–400 a.C. aprox.* Educador griego, considerado como el historiador más importante de la antigüedad. pág. 304

Tutankamón *1370 a.C. aprox.–1352 a.C.* Durante su breve mandato como faraón, sus ministros restablecieron la antigua religión de Egipto. Fue enterrado en un ataúd de oro macizo. pág. 154

Tutmés I *siglo XVI a.C. aprox.* Faraón que expandió el poder de Egipto en Nubia. pág. 152

Tutmés II *siglo XVI a.C. aprox.* Hijo de Tutmés I. Continuó expandiendo el territorio egipcio. pág. 153

Tutmés III *siglo XVI a.C. aprox.* Hijo de Tutmés II. Continuó las conquistas de Egipto luego del faraón Hatsepsut. Durante su reinado, el Imperio Egipcio alcanzó su máxima extensión y su mayor riqueza. pág. 153

V

Virgilio *70 a.C.–19 a.C.* El más grande de los poetas romanos. Escribió el poema épico *La Eneida*, que trata sobre la fundación de Roma. pág. 346

W

Washington, George *1732–1799* Comandante en jefe del Ejército Continental durante la guerra revolucionaria y primer presidente de Estados Unidos. pág. 483

Wilson, Woodrow *1856–1924* Vigésimo octavo presidente de Estados Unidos. pág. 478

Wu Di *siglo III a.C. aprox.* Gobernante Han. Estableció un sistema de funcionarios civiles para administrar los asuntos de gobierno en China. pág. 263

Wu *siglo XII a.C. aprox.* Fundador de la dinastía Zhou en China. pág. 244

X

Xilingshi *siglo XXVIII a.C. aprox.* Esposa de un gobernante chino que, según cuenta una leyenda, descubrió la seda en el año 2700 a.C. pág. 239

Y

Yeltsin, Boris *1931–* Jefe político ruso y primer presidente de Rusia elegido por votación popular. pág. 493

You *siglo XII a.C. aprox.* Rey de la dinastía Zhou que ocupó el trono durante el Período de los reinos combatientes. pág. 246

Z

Zaratustra *628 a.C.–551 a.C. aprox.* Jefe religioso persa fundador de una religión hoy conocida como zoroastrismo, cuya creencia básica es que existen dos dioses, el bien y el mal. pág. 227

Zhang Qian *siglo II a.C. aprox.* Embajador chino que introdujo recursos de otros territorios en China. pág. 265

Zoser *siglo XXVII a.C. aprox.* Rey de Egipto en el siglo veintisiete a.C. pág. 144

Diccionario geográfico

Este diccionario geográfico te ayudará a ubicar los lugares estudiados en este libro. El número de página indica que allí hay un mapa donde aparece el lugar.

A

Abu Simbel Sitio de templos egipcios antiguos. (24°N,33°E) pág. 126

Abydos Antigua ciudad egipcia. (25°N,33°E) pág. 126

Acadia Antiguo reino de Mesopotamia. pág. 106

Aconcagua Monte en el oeste de Argentina. (31°,70°O) pág. 420

Acre Ciudad ubicada en la costa oeste de Israel. (33°N, 35°E) pág. 497

Actium Antigua ciudad ubicada en el oeste centro de Grecia, recordada como el sitio donde se libró la batalla de Octaviano contra Marco Antonio y Cleopatra. (39°N,21°E) pág. 342

Addis Ababa Capital de Etiopía. (9°N,39°E) pág. 437

Adriático, mar Extensión del mar Mediterráneo; ubicado el este de Italia y al oeste de la península Balcánica. pág. 280

Afganistán País de Asia central; ubicado entre Pakistán e Irán. pág. 200

África Uno de los siete continentes del mundo. pág. 44

Agra Ciudad ubicada en la parte norte centro de India, a orillas del río Yamuna. (27°N, 78°E) pág. 452

Ajodha Antigua ciudad de India. (26°N,82°E) pág. 193

Akhetaton [El-Amarna] La antigua capital egipcia construida por Ajnatón; ubicada a orillas del río Nilo en el centro de Egipto. (28°N, 31°E) pág. 126

Al-Ubaid Antiguo asentamiento; ubicado en lo que hoy es el sureste de Irak. (31°N,46°E) pág. 68

Alaska El estado más meridional de los 50 estados de Estados Unidos. pág. 436

Albania País europeo de la península Balcánica, a orillas del mar Adriático. pág. 298

Alejandría Puerto a orillas del mar Mediterráneo; ubicado en la costa norte de Egipto, en el delta del Nilo; también nombre de muchas ciudades fundadas por Alejandro Magno. (31°N, 30°E) pág. 126

Alemania País europeo; ubicado en el norte centro Europa. pág. 437

Alemania Occidental Antes un país de Europa; en la actualidad territorio de Alemania. pág. 447

Alemania Oriental Antes un país de Europa, ahora parte de Alemania. pág. 447

Alepo Antigua ciudad-estado; en la actualidad, ciudad grande del noroeste de Siria. (36°N, 37°E) pág. 90

Ali-Kosh Antiguo asentamiento; ubicado en lo que hoy es el sureste de Irak. (31°N,46°E) pág. 68

Alpes La cadena montañosa más extensa de Europa; atraviesa Francia, Suiza, Italia, Austria, Eslovenia, Bosnia y Herzegovina, Yugoslavia, Croacia y Albania. pág. 288

Altai, montes Cadena montañosa de Asia, ubicada donde se juntan Rusia, China y Mongolia. pág. 233

Altos de Golán Región del suroeste de Asia ocupada por Israel. (33°N, 36°E) pág. 497

Amarillo, Mar Mar ubicado al sur de la península de Corea y al este de China. pág. 233

Amazonas, cuenca del Tierras cuyos ríos desaguan en el Amazonas; ubicada en el norte de Brasil, en América del Norte. pág. 376

Amazonas, río El río más largo del mundo; atraviesa la parte norte de Brasil, América del Sur, y desemboca en el océano Atlántico. pág. 376

América Central La más meridional de América del Norte. pág. 384

América del Norte Uno de los siete continentes del mundo. pág. 58

América del Sur Uno de los siete continentes del mundo. pág. 376

Amman Capital de Jordania; ubicada al noreste del Mar Muerto. (32°N, 36°E) pág. 497

Amu Darya Río de Asia central. pág. 493

Amur, río Río del noreste de Asia; forma parte de la frontera entre Rusia y China. pág. 45

Anchorage Ciudad de la costa del sur de Alaska. (61°N,150°O) pág. 463

Andaman, islas Islas del la Bahía de Bengala, al oeste de Birmania (Myanmar). pág. 200

Andes, cordillera de los Gran cadena montañosa de América del Sur, que se extiende a lo largo de la costa oeste del continente, desde Panamá hasta Tierra del Fuego. pág. 376

Angola País en el sur de África, en la costa del Atlántico, en el suroeste del continente. pág. 437

Ankara Capital de Turquía. (40°N, 33°E) pág. 448

Antártida Uno de los siete continentes del mundo. pág. 58

Antioquía Centro del cristianismo antiguo; ubicado al oeste de Asia Menor, cerca de Yalvac, Turquía. (36°N, 36°E) pág. 336

Anyang La última capital de la dinastía Shang de la antigua China; ubicada en lo que hoy es el este centro de China. (36°N, 114°E) pág. 236

Apalaches, montes Gran cadena montañosa de Estados Unidos que se extiende desde Maine hasta el norte de Georgia y el centro de Alabama. pág. 384

Apeninos, montes Cadena montañosa; corre de norte a sur a través del centro de Italia. pág. 328

Aqaba, golfo de Entrada del mar Rojo ubicado entre Arabia Saudí y la península de Sinaí. pág. 106

Arabia Nombre histórico del territorio actualmente conocido como la península de Arabia, la península de Sinaí, Siria y Mesopotamia. pág. 153

Arabia Saudí País que ocupa la mayor parte de la península de Arabia, en el suroeste de Asia. pág. 86

Arabia, península de Península bordeada por el Mar Rojo, el golfo Pérsico y el mar Arábigo; ubicada en el suroeste de Asia; lugar donde hoy se encuentran Arabia Saudí, Yemen, Omán, los Emiratos Árabes Unidos, Qatar y Kuwait. pág. 281

Arábigo, mar Mar ubicado al oeste de India y al este de la península de Arabia; forma el límite sur del suroeste de Asia. pág. 86

Aral, mar de Gran masa de agua interior; se extiende a través de Kazajstán y Uzbekistán, en el centro de Asia. pág. 348

Argel Capital de Argelia; ubicada en la parte centro norte de Argelia, en la bahía de Argel. (37°N, 3°E) pág. 437

Argelia País del norte de África; ubicado a orillas del mar Mediterráneo. pág. 437

Argentina País de América del Sur ubicado en la costa del Atlántico. pág. 419

Argos Antigua ciudad-estado griega; actualmente pueblo ubicado en el noreste del Peloponeso. (38°N, 23°E) pág. 302

Armenia País del oeste de Asia. pág. 437

Ártico, océano Uno de los cuatro océanos del mundo. pág. 63

Asia Menor Península ubicada en el extremo oeste de Asia, entre el Mar Negro y el mar Mediterráneo; hoy constituye Turquía. pág. 86

Asia Uno de los siete continentes del mundo. pág. 45

Asini Antigua ciudad-estado griega. (38°N, 23°E) pág. 302

Asiria Antiguo imperio ubicado en el suroeste de Asia. pág. 100

Assur Antigua ciudad de Mesopotamia, ubicada a orillas del río Tigris; incluía tierras que van desde la costa del Mediterráneo hasta Irak. (36°N, 43°E) pág. 90

Asuán Antiguo centro de comercio; hoy una ciudad ubicada a orillas del río Nilo, cerca del lago Nasser, en el sureste de Egipto; cerca de la represa Asuán. (24°N, 33°E) pág. 126

Atacama, desierto de Desierto del norte del centro del Chile, en América del Sur. pág. 376

Atbara, río Río del noreste de África que desemboca en el Nilo. pág. 126

Atenas Ciudad-estado de la antigua Grecia; capital de lo que hoy es Grecia; ubicada cerca de la costa sureste de Grecia. (38°N, 24°E) pág. 302

Atlántico, océano Uno de los cuatro océanos del mundo. pág. 44

Atlas, montes Cadena montañosa ubicada en el norte de África. pág. 44

Australia Uno de los siete continentes del mundo; la totalidad de su territorio está constituido por Australia, el país. pág. 104

Austria País del centro de Europa. pág. 437

Azerbaiján País del sureste de Europa, ubicado al oeste del mar Caspio; antes parte de la Unión Soviética. pág. 437

B

Babilonia Antiguo reino ubicado en la parte baja del valle de los ríos Tigris y Éufrates, en el suroeste de Asia. pág. 100

Babilonia Capital de la antigua Babilonia; ubicada a orillas del río Éufrates, en la parte central de Irak. (33°N, 44°E) pág. 100

Bactriana Antiguo país del suroeste de Asia. pág. 225

Diccionario geográfico • R37

Bahamas Un país constituido por islas, cayos y arrecifes; ubicado al sureste de Florida y al norte de Cuba. pág. 436

Balcánica, península Península del continente europeo que se adentra en el mar Mediterráneo; constituida por Grecia, Albania, Eslovenia, Croacia, Bosnia y Herzegovina, Yugoslavia, Macedonia, Rumania, Bulgaria y Turquía. pág. 288

Baleares, islas Grupo de islas ubicadas en el oeste del mar Mediterráneo, constituyen la provincia española de Baleares, frente a la costa este de España. pág. 339

Balsas, río Río del centro de México. pág. 377

Bangalore Ciudad ubicada en el sur de India. (13°N, 78°E) pág. 453

Bangkok Capital de Tailandia. (14°N, 101°E) pág. 437

Bangladesh País del sur de Asia ubicado en la costa del golfo de Bengala. pág. 200

Beersheba Ciudad del sur de Israel; es parte de la región del Néguev; antiguo pueblo donde Abraham se estableció. (31°N, 35°E) pág. 106

Beijing Capital de China; ubicada en el noreste de China. (40°N, 116°E) pág. 255

Belén Ciudad antigua y moderna, en el suroeste de Asia; lugar donde nació Jesús, de acuerdo a la Biblia. (32°N, 35°E) pág. 497

Bélgica País de Europa ubicado en la costa del Mar del Norte. pág. 437

Belice País de América Central. pág. 398

Bengala, golfo de Entrada del océano Índico ubicada en el este de India. pág. 45

Betel Antigua ciudad del suroeste de Asia (32°N, 35°E) pág. 108

Bielorrusia País de Europa, ubicado al norte de Ucrania, al oeste de Rusia y al este de Polonia; antes parte de la Unión Soviética. pág. 437

Birmania [Myanmar] País el sureste de Asia, ubicado en la península Indochina. pág. 200

Bizancio Antigua ciudad que cambió de nombre, primero a Constantinopla, y después a Estambul. (41°N, 29°E) pág. 336

Bogotá Capital de Colombia, en América del Sur; ubicada en una meseta de los Andes. (5°N, 74°O) pág. 436

Bolan, Paso de Paso entre las montañas ubicado en Pakistán. (30°N, 67°E) pág. 211

Bolivia País de América del Sur. pág. 419

Bonampak Antigua ciudad maya. (16°N, 91°O) pág. 398

Border Cave Yacimientos de arte prehistórico, ubicado en el sur de África. (28°S, 32°E) pág. 63

Bosnia y Herzegovina País de Europa; parte de la antigua Yugoslavia. pág. 495

Botswana País del sur de África. pág.437

Brasil País en el este de América del Sur. pág. 436

Brunei País del sureste de Asia. pág. 437

Buenos Aires Ciudad portuaria, capital de Argentina, América del Sur. (34°S, 58°O) pág. 436

Bulgaria País del sureste de Europa; ubicado en la península Balcánica. pág. 298

Burkina Faso País de África occidental. pág. 437

Burundi País de África central. pág. 437

Bután País de Asia ubicado al sur de China y al norte de India. pág. 200

C

Cabo Verde País insular ubicado en el océano Atlántico, cerca de la costa de África occidental. pág. 450

Calcuta Puerto ubicado en el noreste de India, cerca del golfo de Bengala. (23°N, 88°E) pág. 437

Camboya País del sureste de Asia, ubicado en la península Indochina. pág. 243

Camerún País de África occidental. pág. 437

Canaán Antiguo nombre de una región del suroeste de Asia ubicada entre el río Jordán y el mar Mediterráneo. pág. 106

Canadá País del norte de América del Norte. pág. 436

Canarias, islas Grupo de islas ubicada en el océano Atlántico, frente a la costa noroeste de África. pág. 450

Caracas Capital de Venezuela, América del Sur; ubicada cerca de la costa del mar Caribe. (11°N, 67°O) pág. 463

Caribe, mar Mar que bordea América Central, América del Sur y las Antillas Mayores. pág. 376

Cartagena Antigua ciudad del sureste de España, también conocida como Nueva Cartago. (38°, 1°O) pág. 339

Cartago Antigua ciudad-estado fenicia ubicada a orillas del mar Mediterráneo, en la costa norte de lo que hoy es Tunicia. (37°N, 10°E) pág. 336

Casablanca La ciudad más grande de Marruecos. (34°N, 8°O) pág. 437

Caspio, mar Lago salado que se encuentra entre Europa y Asia, al este del Mar Negro. pág. 44

Çatal Hüyük Uno de los asentamientos de agricultores más antiguos que se han descubierto; data aproximadamente del año 7000 a.C. al año 5600 a.C.; ubicado en la parte central de Turquía. (38°N, 33°E) pág. 68

Cáucaso, montes Cordillera ubicada entre los mares Negro y Caspio. pág. 44

Cerdeña Isla del mar Mediterráneo; ubicada al oeste de Italia. pág. 328

Chad País del norte de África. pág. 437

Chan Chan Antigua ciudad del actual Perú, ubicada en América del Sur; fue conquistada por los incas. (8°S, 79°O) pág. 420

Chang Jiang, río Río del este de Asia; fluye desde la meseta de Tíbet en el suroeste de China hasta el mar de China Oriental. pág. 45

Chang'an Antigua capital de la dinastía Han; actualmente conocida como Xian o Sian; ubicada en la parte central de China a orillas del río Wei. (34°N, 109°E) pág. 193

Changchun Ciudad del noreste de China. (44°N, 125°E) pág. 255

Changsha Antigua ciudad, en la actualidad una ciudad del este de China. (28°N, 113°E) pág. 193

Chao Phraya Río de Tailandia. pág. 243

Chapala, lago Lago más grande de México. pág. 408

Checoslovaquia Antiguo país del centro de Europa, ubicado donde hoy están la República Checa y Eslovaquia. pág. 447

Chennai Ciudad del sur de India; anteriormente conocida como Madras. (13°N, 80°E) pág. 452

Chicago Ciudad de Illinois; la tercer ciudad más grande de Estados Unidos. (42°N, 88°O) pág. 463

Chichén Itzá Antigua ciudad maya ubicada en lo que hoy es México. (21°N, 88°O) pág. 377

Chile País ubicado en la costa suroeste de América del Sur. pág. 419

Chimborazo Montaña del centro de Ecuador. (2°S, 78°O) pág. 420

China Antiguo imperio, en la actualidad un país del este de Asia; tiene la población más numerosa del mundo. pág. 193

China Oriental, mar de La parte del mar de China ubicada al norte de Taiwan. pág. 45

Chipre País insular ubicado en el este del mar Mediterráneo. pág. 281

Cirene Antigua ciudad del norte de África, ubicada en Libia, a orillas del mar Mediterráneo. (33°N, 22°E) pág. 348

Cisjordania Territorio del suroeste de Asia ocupado por Israel, en la actualidad los palestinos tienen control parcial sobre este territorio. pág. 497

Cnosos La capital de la antigua civilización minoica; ubicada en la parte central de Creta, frente a la costa de Grecia. (35°N, 25°E) pág. 292

Coco, río Río del norte de Nicaragua, América Central, que forma parte del límite entre Nicaragua y Honduras. pág. 401

Colombia País del noroeste de América del Sur. pág. 419

Comoras Archipiélago del océano Índico, ubicado en la costa sureste de África. pág. 450

Congo, río Río del sur de África, nace en la parte central del la República Democrática del Congo y desemboca en el océano Atlántico. pág. 44

Constantinopla (Estambul) La antigua ciudad de Bizancio; reconstruida, rebautizada y decretada capital del Imperio Bizantino por Constantino I en el año 330 d.C.; hoy conocida como Estambul, Turquía. (41°N, 29°E) pág. 358

Cook, islas Archipiélago del sur del Océano Pacífico. pág. 463

Copán Antigua ciudad maya (14°N, 89°O) pág. 398

Córcega Isla francesa ubicada en el mar Mediterráneo, cerca de la costa oeste de Italia. pág. 328

Corea Península que sale de China, en la actualidad dividida en dos países: Corea del Norte y Corea del Sur. pág. 233

Corea del Norte País del norte de la península de Corea. pág. 233

Corea del Sur País ubicado en el sur de la península de Corea. pág. 233

Corfú Isla griega del mar Jónico. pág. 298

Corintio Antigua ciudad-estado, en la actualidad una ciudad ubicada entre el Peloponeso y el resto de la península Balcánica. (38°N, 23°E) pág. 292

Corinto Antigua ciudad-estado griega y ciudad actual; ubicada en el istmo que yace entre el Peloponeso y el territorio continental de Grecia. (38°N, 23°E) pág. 217

Costa de Marfil País de África occidental. pág. 437

Costa Rica País de América Central; ubicado al oeste de Panamá y bordeado por el mar Caribe y el océano Pacífico. pág. 398

Creta Isla griega de gran extensión; ubicada al sureste de la península Balcánica; separa los mares Mediterráneo y Egeo. pág. 294

Diccionario geográfico • **R39**

Cro-Magnon Yacimiento de fósiles ubicado en Francia. (45°N, 1°E) pág. 44

Croacia País del sureste de Europa; fue parte de la antigua Yugoslavia. pág. 495

Cuba País insular ubicado al sur de Estados Unidos, parte de las Antillas Mayores. (22°N, 79°O) pág. 436

Cuzco La capital del antiguo Imperio Inca y hoy una ubicada en el sur de Perú. (14°S, 72°O) pág. 419

D

Damasco Capital de Siria, en el suroeste de Asia. (33°N, 36°E) pág. 90

Danubio, río Río de Europa central; nace en el suroeste de Alemania y desemboca en el Mar Negro. pág. 336

Decán, meseta de Meseta de forma triangular ubicada en la parte central de India, entre los Ghats Occidentales y los Ghats Orientales. pág. 176

Delfos Lugar sagrado de los antiguos griegos; ubicado en la parte central de Grecia, cerca del golfo de Corinto. (38°N, 22°E) pág. 292

Delhi Ciudad del norte de India. (29°N, 77°E) pág. 453

Delhi Ciudad del norte de India. (29°N, 77°E) pág. 193

Dhaka Capital de Bangladesh, ubicada en la península de India. (24°N, 91°E) pág. 216

Dinamarca País de Europa central; ocupa la parte norte de la península de Jutlandia. pág. 437

Djibouti País de África oriental. pág. 450

Dniéster, río Río del sur de Europa central. pág. 342

Don, río Río del occidente de Rusia. pág. 493

E

Ebro Río del noreste de España que desemboca en el mar Mediterráneo. pág. 280

Ecuador País del noroeste de América del Sur, ubicado en la costa del océano Pacífico. pág. 419

Edesa Antigua ciudad y centro de intercambio comercial ubicada en lo que hoy es Turquía. (41°N, 22°E) pág. 358

Éfeso Antigua ciudad ubicada en la costa del oeste de Asia Menor, entre el mar Mediterráneo y el estrecho de los Dardanelos. (38°N, 28°E) pág. 308

Egeo, mar Brazo del mar Mediterráneo, ubicado entre Asia Menor y Grecia. pág. 288

Egina Antigua ciudad-estado griega; isla griega en el suroeste del mar Egeo. pág. 302

Egipto Antiguo territorio y en la actualidad un país del norte de África, ubicado en la costa de los mares Mediterráneo y Rojo. pág. 136

El Cairo Capital de Egipto; ubicada en el noroeste de Egipto, a orillas del Nilo. (30°N, 31°E) pág. 145

El Salvador República de América Central; ubicada al sureste de Guatemala, en la costa del océano Pacífico. pág. 398

Elefantina Isla del Nilo donde se han descubierto muchos artefactos y edificaciones antiguos. pág. 136

Emiratos Árabes Unidos País ubicado en el este de la península de Arabia. pág. 437

Eridu La ciudad sumeria más antigua que se conoce; ubicada en Mesopotamia, a orillas del río Éufrates, en lo que hoy es Irak. (31°N, 46°E) pág. 68

Eritrea País a orillas del Mar Rojo, en el norte de África, ubicado al norte de Etiopía. pág. 437

Eslovaquia País del centro de Europa. pág. 437

Eslovenia País del sur de Europa. pág. 495

España País del suroeste de Europa, ubicado en la península Ibérica. pág. 280

Esparta Antigua ciudad-estado griega y rival de Atenas; ubicada en el extremo sur de Peloponeso. (37°N, 22°E) pág. 302

Estados Unidos País de América del Norte; república federal constituida por 50 estados. pág. 436

Estonia País del noreste de Europa; antes parte de la Unión Soviética. pág. 437

Esyón-Gueber Antiguo pueblo; hoy ruinas arqueológicas; ubicado cerca de Áqaba, en el suroeste de Jordania. (29°N, 35°E) pág. 106

Etiopía País del norte de África. pág. 437

Éufrates, río Río que nace en Turquía, atraviesa Siria e Irak y desemboca en el golfo Pérsico. pág. 44

Europa Uno de los siete continentes del mundo. pág. 44

F

Fenicia Región antigua ubicada en lo que hoy es Siria y Líbano. pág. 108

Finlandia País del norte de Europa ubicado al sur de Noruega y al este de los golfos de Botnia y de Suecia. pág. 437

Focea Antigua ciudad-estado griega. (39°N, 27°E) pág. 302

Francia País de Europa occidental. pág. 74

Franja de Gaza Pequeño territorio al noreste de Egipto, en la actualidad controlado por Palestina. pág. 497

G

Gabón País de África occidental. pág. 437

Galia Antiguo territorio del Imperio Romano, en la actualidad comprende Francia y Bélgica. pág. 280

Galilea, mar de Lago de agua dulce del norte de Israel también conocido como Lago Tiberíades. pág. 497

Ganges, río Río sagrado de India; nace en el Himalaya y desemboca en el golfo de Bengala. pág. 45

Gaza Ciudad del suroeste de Asia, ubicada cerca del mar Mediterráneo. (32°N, 34°E) pág. 497

Gedrosia Antiguo territorio del sur de Asia. pág. 320

Georgetown Capital de Guyana, en América del Sur. (7°N, 58°O) pág. 470

Georgia País en la costa del Mar Negro, en el sureste de Europa; antes era parte de la Unión Soviética. pág. 437

Ghana País de la costa occidental de África occidental. pág. 437

Ghats Occidentales Cadena montañosa del suroeste de India. pág. 211

Ghats Orientales Cadena de montañas del sureste de India. pág. 211

Gizeh Antigua ciudad del noreste de Egipto, ubicada a orillas del río Nilo, frente a El Cairo. (30°N, 31°E) pág. 126

Gobi, desierto de Desierto del este de Asia ubicado en Mongolia y China. pág. 193

Godavari, río Río del centro de India. pág. 200

Gordion Antigua ciudad, ubicada en lo que hoy es Turquía. Se dice que Alejandro Magno cortó el nudo gordiano en esta ciudad. (40°N, 32°E) pág. 320

Gran Bretaña Reino de Europa occidental; constituido por Inglaterra, Escocia y Gales. pág. 486

Grandes Llanuras Parte occidental de las Llanuras del Interior de Estados Unidos. pág. 384

Grecia Antiguo centro de la civilización griega y en la actualidad un país europeo ubicado en el extremo sur de la península Balcánica. pág. 281

Greenwich En Londres, Inglaterra, punto de demarcación del primer meridiano, a partir del que se establecen los husos horarios. (52°N, 0°) pág. 463

Grijalva, río Río del sureste de México. pág. 377

Groenlandia La isla más grande del mundo; ubicada al noreste de América del Norte; pertenece a Dinamarca. pág. 103

Guangzhou Puerto chino antes conocido como Cantón; ubicado a orillas del río Zhu, en el sureste de China. (23°N, 113°E) pág. 193

Guatemala País de América Central; formaba parte del territorio de los antiguos mayas y, posteriormente, fue colonia de España. pág. 398

Guinea Ecuatorial País de África occidental. pág. 437

Guinea País de África occidental. pág. 437

Guinea-Bissau País de África occidental. pág. 450

Guyana Francesa Departamento colonial de Francia, ubicado en la costa atlántica norte de América del Sur. (4°N, 53°O) pág. 436

Guyana País del norte de América del Sur. pág. 419

H

Hadar Yacimiento de fósiles ubicado en la actual Etiopía. (10°N, 40°E) pág. 44

Haifa Distrito y ciudad ubicada en el noroeste de Israel. (33°N, 35°E) pág. 497

Haití País del mar Caribe, ubicado al sureste de Cuba. pág. 436

Hangzhou Antigua ciudad y ciudad actual, ubicada en la costa este de la parte central de China. (30°N, 121°E) pág. 193

Hanoi Capital de Vietnam; ubicada en la región norte del río Rojo. (21°N, 106°E) pág. 243

Hao Antigua capital de la dinastía Zhou, ubicada en la actual China. pág. 246

Haran De acuerdo a la Biblia, lugar donde Abraham paró camino a Canaán. (37°N, 39°E) pág. 106

Harappa Antiguo centro de la civilización india, ubicado en el valle del río Indo, en lo que hoy es Pakistán. (31°N, 73°E) pág. 205

Diccionario geográfico • **R41**

Harbin Capital de la provincia de Heilungkiang; ubicada en el noreste de China. (46°N, 127°E) pág. 276

Hebrón Antigua ciudad de Judea y ciudad actual; ubicada al suroeste de Jerusalén, en Cisjordania. (32°N, 35°E) pág. 106

Helsinki Capital y puerto de Finlandia, Europa. (60°N, 25°E) pág. 463

Hermópolis Antigua ciudad egipcia. (27°N,31°E) pág. 126

Hifasis Antiguo nombre del río Beas, ubicado en el norte de India. pág. 320

Himalaya Cadena de montañas ubicada en la región norte del sur de Asia; atraviesa Nepal, Bután, el sur de Tíbet y el norte de India. pág. 45

Hindu Kush Cadena de montañas que se extiende hacia el suroeste desde el Pamir, en la parte este de Tayikistán, a través del noroeste de Afganistán. pág. 193

Honduras País de América Central; ubicado entre el mar Caribe y Guatemala. pág. 398

Hong Kong Gran ciudad ubicada en el sureste de China, antigua colonia británica. (22°N, 114°E) pág. 437

Honolulu Capital y ciudad más grande de Hawaii. (21°N, 158°) pág. 463

Huang He Río que nace en la meseta de Tíbet en China. pág. 45

Huascarán Montaña más alta de Perú. (90°S, 78°O) pág. 420

Hungría País de Europa central. pág. 437

Hyderabad Ciudad ubicada en el centro de India. (17°N, 78°E) pág. 448

I

Ibérica, península Península que forma la parte suroeste de Europa; se adentra en el océano Atlántico y en el mar Mediterráneo; hoy constituida por Portugal y España. pág. 288

India País del sur de Asia; ocupa gran parte de la península que se adentra en el océano Índico, desde la parte central de Asia; nombre del antiguo territorio que hoy ocupan India y Pakistán. pág. 193

Índico, océano Uno de los océanos del mundo. pág. 45

Indo, río Río del sur de Asia; nace en Tíbet, atraviesa el norte de India y Pakistán y desemboca en el mar Arábigo. pág. 45

Indonesia País del sureste de Asia. pág. 437

Irak País del suroeste de Asia; incluye los antiguos territorios de Mesopotamia, Babilonia, Sumeria y Asiria. pág. 86

Irán País del suroeste de Asia; antes conocido como Persia; ubicado en el golfo Pérsico. pág. 86

Irán, meseta de Altiplano del oeste de Asia. pág. 211

Irlanda País de Europa, ubicado en las islas Británicas. pág. 437

Irrawaddy, río Río de la parte centro sur de Birmania (Myanmar). pág. 243

Irtysh, río Río del noroeste de Asia. pág. 493

Islamabad Capital de Pakistán. (34°N, 73°E) pág. 216

Islandia País insular europeo ubicado al norte del océano Atlántico y al sureste de Groenlandia. pág.437

Israel Antiguo reino y país actual; tierra sagrada de judíos, cristianos y musulmanes; ubicado en la costa este del mar Mediterráneo. pág. 497

Ítaca Antiguo asentamiento griego; una isla en la actualidad. (38°N, 21°O) pág. 292

Italia Antiguo centro de la civilización romana y en la actualidad un país de Europa; ubicada en la península Itálica. pág. 342

Itálica, península Península en forma de bota que se adentra en el mar Mediterráneo, desde el sur centro de Europa. pág. 328

J

Jakarta Capital de Indonesia. (6°S, 107°E) pág. 437

Jamaica País insular de las Antillas Mayores. pág. 436

Japón País insular del este de Asia, ubicado en el Pacífico, frente a las costas de China y Rusia. pág. 437

Japón, mar de Mar ubicado al oeste de Japón y al este de Rusia, Corea del Norte y Corea del Sur. pág. 45

Jarmo Emplazamiento de la antigua ciudad de Qallat Jarmo, ubicada en lo que hoy es el norte de Irak. (36°N, 45°E) pág. 68

Jartum Capital de Sudán, África, ubicada cerca de la confluencia de los ríos Nilo Blanco y Nilo Azul. (15°N, 33°E) pág. 181

Jaybar, paso Estrecho paso a través del Hindu Kush, en la frontera norte entre Afganistán y Pakistán, Asia. pág. 211

R42 • Referencia

Jericó La ciudad más antigua del mundo que se conoce; ubicada al norte del Mar Muerto, en lo que hoy es Jordania. (32°N, 35°E) pág. 68

Jerusalén Capital de Israel; ciudad sagrada de judíos, cristianos y musulmanes. (32°N, 35°E) pág. 68

Johannesburgo Ciudad ubicada en Suráfrica. (26°S, 28°E) pág. 463

Jónico, mar Mar ubicado al este de Italia y al oeste de Grecia. pág. 298

Jordán, río Río que nace en las montañas de Siria, en el suroeste de Asia, y desemboca en el Mar Muerto. pág. 497

Jordania País del suroeste de Asia. pág. 497

K

Kama, río Río del este de Rusia. pág. 44

Kanpur Ciudad del norte de India; ubicada a orillas del río Ganges, al sureste de Delhi. (26°N, 80°E) pág. 453

Karnak Emplazamiento de templos egipcios. pág. 126

Katmandú Capital de Nepal; ubicada en el valle del Himalaya, en el subcontinente indio. (28°N, 85°E) pág. 216

Kazajstán País de Asia central; antes parte de la Unión Soviética. pág. 437

Kenia País de África oriental. pág. 437

Kerma Capital del antiguo reino de Kush; ubicada a orillas del río Nilo en Sudán. (20°N, 30°E) pág. 136

Kinshasa Capital de la República Democrática del Congo. (4°S, 15°E) pág. 437

Kirguizistán País de Asia central; antes parte de la Unión Soviética. pág. 437

Kish Antigua ciudad-estado sumeria ubicada a orillas del río Éufrates, ubicada en lo que hoy es Irak. (32°N, 45°E) pág. 90

Kobe Ciudad portuaria y centro comercial de Japón, ubicada en la costa sur del oeste de Honshu. (35°N, 137°E) pág. 460

Krishna, río Río del subcontinente indio; fluye por la meseta del Decán y desemboca en el golfo de Bengala. pág. 200

Kush Antiguo reino de Nubia; ubicado en el valle del Nilo, en la parte norte del actual Sudán. pág. 171

Kuwait Estado independiente del noroeste del golfo Pérsico; ubicado entre Irak y Arabia Saudí. pág. 437

L

La Venta Antigua ciudad olmeca ubicada en el actual México. (18°N, 94°O) pág. 390

Lagash Ciudad de la antigua Sumeria y ciudad-estado de la antigua Babilonia; ubicada cerca de la costa del golfo Pérsico en la parte sureste de Irak, en el sureste de Irak. (31°N, 46°E) pág. 90

Laos País ubicado en la península Indochina, en el sureste de Asia; fue parte de la hoy desaparecida Indochina Francesa. pág. 243

Larsa Ciudad de la antigua Babilonia ubicada cerca del río Éufrates, en lo que hoy es el sureste de Irak. (31°N, 46°E) pág. 90

Lascaux Sitio donde se encontraron pinturas rupestres, en la actual Francia. (45°N, 1°E) pág. 63

Latvia País del este de Europa; antes parte de la Unión Soviética. pág. 437

Lerma, río Río del suroeste de México. pág. 408

Lesotho País independiente ubicado dentro de Suráfrica, África. pág. 437

Levka, montes Montanas del oeste de Creta. pág. 294

Líbano Territorio de los antiguos fenicios y hoy un país ubicado en la costa este del mar Mediterráneo, en el suroeste de Asia. pág. 437

Liberia País de África occidental; fue originalmente una república fundada por esclavos liberados de Estados Unidos; ubicado en la costa atlántica de África occidental. pág. 437

Libia País del norte de África; ubicado a orillas del mar Mediterráneo. pág. 437

Lidia Región y antiguo reino de Asia Menor, a orillas del mar Egeo. pág. 112

Lima Capital de Perú, América del Sur; antigua ciudad inca. (12°S, 77°O) pág. 419

Lituania País del este de Europa; antes parte de la Unión Soviética. pág. 437

Loira, río Río más largo de Francia, ubicado en el sureste del país. pág. 280

Londres Capital del Reino Unido; ubicada a orillas del río Támesis, en el sureste de Inglaterra. (52°N, 0°) pág. 437

Los Angeles Ciudad más grande de California y la segunda ciudad más grande de Estados Unidos. (34°N, 118°O) pág. 436

Lothal Antiguo poblado del norte de India. (22°N, 72°E) pág. 205

Diccionario geográfico • **R43**

Luoyang Antigua capital de la dinastía Zhou en China; ubicada en lo que hoy es el centro de China, a orillas del río Huang He. (35°N, 113°E) pág. 256

Luoyang La capital de la dinastía Zhou en la antigua China; ubicada en el centro de la actual China, a orillas del río Huang He. (35°N, 113°E) pág. 256

Luxemburgo País de Europa occidental. pág. 437

Luxor Emplazamiento de antiguas tumbas y templos egipcios. (25°N, 31°E) pág. 126

M

Macedonia País de Europa; antiguo reino ubicado a orillas del mar Egeo, ubicado en territorios que pertenecen a lo que hoy son Grecia y Turquía. pág. 288

Machu Picchu Ruinas de una antigua ciudad inca; ubicada en la cordillera de los Andes, en el centro del actual Perú, en América del Sur. (13°S, 72°O) pág. 419

Madagascar País insular ubicado en el océano Índico, frente a la costa este del sur de África. pág. 437

Madeira, islas Archipiélago en el océano Atlántico, frente a la costa noroeste de África; bajo el dominio portugués. pág. 450

Magadan Puerto en el este de Rusia. (60°N, 151°E) pág. 463

Malawi País del sureste de África. pág. 437

Malaysia Federación independiente; ubicada en el sureste de Asia. pág. 437

Malí Antiguo imperio de África occidental y en la actualidad un país. pág. 437

Manila Capital de Filipinas. (15°N, 1221°E) pág. 437

Mar de China Meridional La parte del Mar de China ubicada al sur de Taiwan. pág. 45

Maratón Antiguo pueblo griego ubicado en el este de Ática; lugar de una victoria griega durante las antiguas guerras médicas. (38°N, 24°E) pág. 308

Mari Antigua ciudad-estado ubicada cerca del río Éufrates; sus ruinas se llaman Tel Hariri; ubicada cerca de lo que hoy es Abu Kemal, Siria. (34°N, 41°E) pág. 90

Mariana, islas Archipiélago ubicado en Micronesia, Oceanía; incluye a Guam, territorio de Estados Unidos no incorporado. pág. A3

Mármara, mar de Pequeño mar ubicado en el noroeste de Turquía, une los mares Negro y Egeo. pág. 288

Marquesas, islas Archipiélago compuesto de diez islas, ubicado en la Polinesia francesa, en el sur del océano Pacífico. pág. 463

Marruecos País del norte de África; bordeado por el mar Mediterráneo y el océano Atlántico. pág. 437

Mauricio Isla perteneciente a las islas Mascareñas; ubicada en el océano Índico. pág. 437

Mauritania País de África occidental. pág. 436

Mayapán Antigua ciudad maya ubicada en el actual México. (29°N, 89°O) pág. 377

Media La antigua nación de los medos; ubicada en lo que hoy es el noroeste de Irán. pág. 225

Mediterráneo, mar Mar ubicado al sur de Europa, al norte de África y al oeste de Asia; está conectado con el océano Atlántico, el Mar Rojo y el Mar Negro. pág. 44

Megalópolis Antigua ciudad-estado griega. (37°N, 22°E) pág. 302

Mekong, río Río del sureste de Asia; nace en las montañas de Tíbet y desemboca en el mar de China Meridional. pág. 45

Menfis Antigua capital egipcia; ubicada a orillas del río Nilo, en el norte de Egipto. (30°N, 31°E) pág. 132

Meroe Una de las capitales del antiguo reino de Kush; ubicada en la margen este del río Nilo, en el norte de Sudán. (17°N, 34°E) pág. 136

Mesoamérica Una región del mundo que incluye a México, los países de América Central y, a veces, las islas del mar Caribe. pág. 390

Mesopotamia Antiguo territorio del suroeste de Asia; ubicado entre los ríos Tigris y Éufrates. pág. 90

México País del sur de América del Norte; ubicado entre Estados Unidos y América Central. pág. 376

México, Ciudad de Capital de México; ubicada en el centro de México. (19°N, 99°O) pág. 463

México, golfo de Golfo ubicado al sur de Estados Unidos, este de México y oeste de Cuba. pág. 377

México, valle de Valle de gran extensión ubicado en el centro de México; ahí se estableció Tenochtitlan, la capital del Imperio Azteca; en la actualidad la Ciudad de México se encuentra en este valle. pág. 377

Micenas Ciudad-estado e imperio de la antigua Grecia; ubicada en el este del Peloponeso. (38°N, 23°E) pág. 288

Mississippi, río El río más largo de Estados Unidos; fluye desde Minnesota hasta el golfo de México. pág. 384

Missouri, río Afluente del río Mississippi; fluye desde Montana hasta St. Louis, Missouri. pág. 386

Mohenjo-Daro Un importante centro de la antigua civilización india, ubicado en la margen oeste del río Indo, en el sureste de lo que hoy es Pakistán. (27°N, 68°E) pág. 205

Moldavia País del este de Europa; antes parte de la Unión Soviética. pág. 43

Mongolia País del este de Asia, al sur de Rusia y al norte de China. pág. 233

Montenegro Región de Yugoslavia. pág. 495

Montevideo Capital de Uruguay. (35°S, 56°O) pág. 470

Montreal La ciudad más grande y el puerto principal de Canadá. (45°N, 74°O) pág. 463

Monument Valley Yacimiento de arte primitivo ubicado en el oeste de Estados Unidos. (37°N, 110°O) pág. 63

Moscú Capital de Rusia; ubicada a orillas del río Moscú. (56°N, 38°E) pág.437

Mozambique País del sur de África; antes parte de África oriental portuguesa. pág. 437

Muerto, mar Lago salado en Israel y Jordania; es el lugar más bajo del mundo, ubicado a 1,302 pies (397 m) debajo del nivel del mar. pág. 106

Mumbai (Bombay) Ciudad de la costa occidental de India. (19°N, 73°E) pág. 452

Mureybit Aldea de la antigua Mesopotamia; ubicada en la actual Turquía. (37°N, 38°E) pág. 68

Mytilene Antigua ciudad-estado griega. (39°N, 26°E) pág. 302

N

Nairobi Capital de Kenia, África. (2°S, 37°E) pág. 437

Namibia País del suroeste de África. pág. 437

Napata Una de las capitales del antiguo reino de Kush, ubicada a orillas del río Nilo, en el norte de Sudán. (19°N, 33°E) pág. 136

Nápoles Puerto italiano en el mar Tirreno; ubicado en la costa oeste del sur de Italia; una ciudad antigua. (41°N, 14°E) pág. 332

Narmada, río Río sagrado de los hindúes; nace en el este de India y desemboca en el golfo de Cambay. pág. 205

Nasser, lago Lago artificial en Egipto y Sudán, creado por de la Represa Asuán. pág. 181

Natal Colonia portuguesa establecida en 1597 en el sur de África, fue tomada por los holandeses a mitad del siglo XVII. pág. 455

Nazareth Ciudad del norte de Israel. (33°N, 35°E) pág. 108

Neander, valle de Yacimiento de fósiles ubicado en Alemania. (51°N, 7°E) pág. 44

Negro, Mar Mar ubicado entre Europa y Asia; lo rodean Bulgaria, Rumania, Moldavia, Ucrania, Rusia, Georgia y Turquía. pág. 44

Néguev Desierto ubicado en el sur de Israel. pág. 497

Nepal País ubicado en el sur de Asia, al norte de India. pág. 200

New York, ciudad de La ciudad más grande de Estados Unidos; ubicada en New York, donde desemboca el río Hudson. (41°N, 74°O) pág. 436

Nicaragua País de América Central. pág. 398

Nicobar, islas Islas del la Bahía de Bengala, al sureste de las islas Andaman. pág. 200

Níger País de África occidental. pág. 437

Nigeria País del golfo de Guinea, en África occidental. pág. 437

Nilo Azul, río Afluente del Nilo. pág. 132

Nilo Blanco, río Afluente del Nilo, en África. pág. 132

Nilo, río Río del noreste de África; fluye desde el lago Victoria, cruza Sudán y Egipto y desemboca en mar Mediterráneo. pág. 44

Nínive Capital del antiguo Imperio Asirio; ubicada a orillas del río Tigris, en el norte de Irak. (36°N, 43°E) pág. 68

Nippur Antigua ciudad sumeria y babilonia del suroeste de Asia; ubicada entre los ríos Éufrates y Tigris, en la parte central de lo que hoy es Irak. (32°N, 45°E) pág. 90

Norfolk, isla Isla del sur del océano Pacífico territorio de Australia. pág. 463

Norte, mar del Mar ubicado al este de Gran Bretaña y al oeste de Dinamarca. pág. 74

Noruega País europeo; ubicado en el noroeste de la península Escandinava. pág. 437

Nubia Antiguo territorio de África; se extendía a lo largo del Nilo, desde la frontera sur de Egipto, hasta muy cerca de lo que hoy es Jartum, Sudán. pág. 126

Nubia, desierto de Región desértica de Sudán, África; ubicado al este del río Nilo. pág. 126

Nueva Cartagena Véase Cartagena.

Nueva Delhi Capital de India; ubicada en el norte de India. (29°N, 77°E) pág. 216

Nueva Zelanda País compuesto por un grupo de islas ubicadas en el suroeste del océano Pacífico, al sureste de Australia. pág. 436

Diccionario geográfico • **R45**

O

Ob, río Río del noroeste de Asia. pág. 45

Occidental, Desierto Gran desierto del norte de África; parte del desierto de Libia. pág. 126

Ojotsk, mar de Mar al noreste de Rusia. pág. 45

Olduvai Yacimiento de fósiles ubicado en la actual Tanzania, África. (3°S, 35°E) pág. 44

Olimpia Llanura ubicada en el noroeste del Peloponeso; antiguo centro religioso griego y lugar de los primeros Juegos Olímpicos. (38°N, 22°E) pág. 302

Olimpo, monte Monte sagrado donde, según la mitología griega, vivían los dioses; ubicado en la costa este de Grecia. (40°N, 29°E) pág. 302

Omán País ubicado en la península de Arabia, en el golfo de Omán, en el suroeste de Asia. pág. 200

Omsk Ciudad del suroeste de Rusia, Asia. (55°N, 73°E) pág. 448

Orcadas, islas Archipiélago de Escocia ubicado en la costa noreste. pág. 74

Osaka Puerto japonés del sur de Honshu ubicado en la intersección de los ríos Yodo y Osaka. (35°N, 136°E) pág. 460

Ottawa Capital de Canadá; ubicada en la provincia de Ontario. (45°N, 76°O) pág. 437

P

Pacífico, océano El más grande de los cuatro océanos del mundo. pág. 45

Países Bajos País de la costa del centro de Europa, a orillas del mar del Norte. pág. 437

Pakistán País del sur de Asia. pág. 211

Palestina Antiguo territorio del suroeste de Asia. pág. 108

Panamá País de América Central. pág. 437

Papúa Nueva Guinea País en el este de la isla de Nueva Guinea. pág. 437

Paraguay País de la parte central de América del Sur. pág. 419

Paramaribo Capital de Suriname (2°N, 55°O) pág. 470

París Capital de Francia; ubicada a orillas del río Sena. (49°N, 2°E) pág. 437

Partia Territorio que fue parte de los antiguos imperios Persa y Asirio; ubicado en el noreste del actual Irán. pág. 225

Patuca, río Río de Honduras, América Central. pág. 401

Pella Antigua ciudad-estado de Macedonia. (41°N, 23°E) pág. 320

Peloponeso Península ancha ubicada en el extremo sur de Grecia; tierra de las antiguas ciudades-estado de Esparta y Corinto. pág. 292

Perito Moreno Yacimiento de arte primitivo ubicado en Argentina, América del Sur. (18°S, 69°O) pág. 63

Persépolis Capital del Imperio Persa; ubicada cerca de Shiraz en el actual Irán. (30°N, 53°E) pág. 192

Persia Antiguo imperio a Persia, Egipto, Siria, Asiria, Mesopotamia y Babilonia. pág. 225

Pérsico, golfo Golfo del suroeste de Asia; conectado con el golfo de Omán y el mar Arábigo. pág. 86

Perú País de América del Sur ubicado en la costa del Pacífico; centro del antiguo Imperio Inca. pág. 419

Perugia Ciudad ubicada en el centro de Italia, a orillas del río Tíber. (43°N, 12°E) pág. 332

Phnom Penh Capital de Camboya. (12°N, 105°E) pág. 243

Pindo, montes Cordillera del noroeste de Grecia. pág. 288

Pirineos, montes Cordillera que separa a la península Ibérica del resto de Europa; forma la frontera entre España y Francia. pág. 44

Pisa Ciudad ubicada a orillas del río Arno, en el norte de Italia. (44°N, 10°E) pág. 339

Pitcairn, isla Isla del sur del océano Pacífico. pág. 463

Platea Lugar de una antigua victoria terrestre griega que condujo al fin de las guerras médicas; ubicado en el sureste de lo que hoy es Grecia, cerca de Tebas. (38°N, 23°E) pág. 308

Po, río Río del norte de Italia; nace en el monte Viso y desemboca en el mar Adriático. pág. 328

Polonia País de Europa oriental. pág. 437

Pompeya Antigua ciudad en la actual Italia que fue destruida en el año 79 d.C. por una erupción del monte Vesubio. (41°N, 14°E) pág. 342

Popocatepetl Volcán en el actual México. (19°N, 99°O) pág. 409

Portugal País de Europa. pág. 437

Pretoria La capital administrativa de la República de Suráfrica. (26°S, 28°E) pág. 437

Punt Territorio ubicado probablemente en África, a orillas del Mar Rojo; la reina egipcia Hatsepsut envió una expedición a ese lugar. pág. 153

Q

Qatar País del suroeste de Asia. pág. 437
Quito Ciudad del actual Ecuador; antigua ciudad inca. (0°, 79°O) pág. 419

R

Rangún Capital de Birmania (Myanmar). (17°N, 96°E) pág. 243
Reino Unido País de Europa compuesto por cuatro reinos de las islas Británicas: Inglaterra, Escocia, Gales e Irlanda del Norte. pág. 74
República Centro Africana País de África central. pág. 437
República Checa País de Europa central; antes parte de Checoslovaquia. pág. 437
República del Congo País del centro de África. pág. 437
República Democrática del Congo País del centro de África; antiguo Zaire. pág. 437
Reunión Una de las islas Mascareñas, ubicadas en el océano Índico. pág. 437
Rin, río Río de Europa occidental; nace en Suiza, cruza el oeste de Alemania y los Países Bajos, desemboca en el Mar del Norte. pág. 336
Río de Janeiro Puerto comercial del sureste de Brasil, América del Sur. (23°S, 43°O) pág. 436
Riyadh Capital de Arabia Saudí. (25°N, 47°E) pág. 448
Rocosas, montañas Cordillera que se extiende desde Alaska hasta Nuevo México, en América del Norte; es a partir de esta cordillera que los ríos de América del Norte fluyen de este a oeste y de oeste a este. pág. 384
Rojo, Mar Mar ubicado entre el noreste de África y la península de Arabia; conectado al mar Mediterráneo por el Canal de Suez y al mar Arábigo por el golfo de Adén. pág. 68
Roma Capital del antiguo Imperio Romano y de lo que hoy es Italia; ubicada a orillas del río Tíber. (42°N, 12°E) pág. 336
Rosetta Yacimiento donde se encontró la piedra de Rosetta, con la que se descifraron los jeroglíficos egipcios. (31°N, 30°E) pág. 126
Ruanda País de África oriental. pág. 437
Rumania País del sureste de Europa, ubicado a orillas del Mar Negro. pág. 437
Rusia Antiguo imperio; la república más grande de la antigua Unión Soviética; país ubicado en el noreste de Europa y el norte de Asia. pág. 437

S

Sahara Desierto que cubre un tercio del norte de África. pág. 126
Salado, río Río de Argentina, América del Sur. pág. 376
Salamina Isla griega en el mar Egeo; lugar de una antigua victoria naval griega que condujo al fin de las guerras pérsicas. pág. 308
Samaria Antigua región del suroeste de Asia, ubicada entre Judea y Galilea. pág. 108
San Francisco La ciudad más grande del norte de California; ubicada en la bahía de San Francisco. (38°N, 122°O) pág. 463
San Lorenzo Antigua ciudad olmeca, ubicada en el actual México. (29°N, 113°O) pág. 390
Santa Fe Capital de New Mexico. (36°N, 106°O) pág. 463
Santiago Capital de Chile. (33°S, 70°O) pág. 470
Santiago, río Río del suroeste de México. pág. 409
Santo Tomé y Príncipe Islas ubicadas en la línea del ecuador, frente a la costa de África occidental, en el golfo de Guinea. pág. 437
São Paulo Ciudad del sureste de Brasil (23°S, 46°O) pág. 470
Sardes Capital de Lidia, ubicada en el centro oeste de Turquía. (38°N, 28°E) pág. 112
Senegal País de África occidental. pág. 437
Serbia Parte de la antigua Yugoslavia. pág. 495
Seúl Capital de Corea del Sur. (38°N, 127°E) pág. 437
Shanghai Puerto a orillas del Mar de China Oriental; ubicado cerca de la desembocadura del río Chang Jiang. (31°N, 121°E) pág. 255
Shenyang Ciudad del noreste de China. (42°N, 123°E) pág. 255
Siberia Región del norte del centro de Asia, ubicada principalmente en Rusia. pág. 455
Sicilia Isla de Italia ubicada frente al extremo sur de la península Itálica. (38°N, 14°E) pág. 328
Sidón Antigua ciudad; ubicada en el sur del actual Líbano. (34°N, 35°E) pág. 112
Sierra Leona País ubicado en la costa atlántica de África occidental; antigua colonia de esclavos. pág. 437
Sierra Madre del Sur Cordillera ubicada en el sur de México, junto a la costa del Pacífico. pág. 408
Sierra Madre Occidental Cordillera ubicada en el noroeste de México, junto a la costa del Pacífico. pág. 376

Diccionario geográfico • **R47**

V

Valle de los Reyes Yacimiento de muchas tumbas egipcias. (26°N, 33°E) pág. 126

Vancouver Ciudad del suroeste de Canadá; ubicada en Colombia Británica. (49°N, 123°O) pág. 436

Venezuela País ubicado en el norte de América del Sur. pág. 419

Vesubio, monte Volcán ubicado cerca de Nápoles, Italia; conocido por la erupción que sepultó Pompeya en el año 79 d.C. (41°N, 14°E) pág. 342

Victoria, lago Lago fronterizo entre Tanzania, Kenia y Uganda, en el sureste de África. pág. 44

Vientiane Una capital administrativa de Laos. (18°N, 103°E) pág. 243

Vietnam País del sureste de Asia; ubicado en la península Indochina. pág. 437

Vindhya, montes Cadena montañosa de la región central de India; ubicada en el norte de la Meseta de Decán. pág. 200

Volga, río El río más largo de Europa; fluye desde Rusia hasta el mar Caspio. pág. 44

W

Washington, D.C. Capital de Estados Unidos; ubicada a orillas del río Potomac en un distrito que no pertenece a ningún estado. (39°N, 77°O) pág. 436

Wellington Capital de Nueva Zelandia. (42°S, 175°E) pág. 463

X

Xi Jiang Río del sur de China. pág. 233

Xi'an Ciudad del este de China; también conocida como Sian; antes llamada Chang'an. (34°N, 109°E) pág. 595

Xianyang Antigua capital de los Qin; ubicada en la actual China. (34°N, 109°E) pág. 257

Y

Yemen País de la península Arábiga, en el suroeste de Asia. pág. 437

Yucatán, península de Península que se extiende desde la costa este de América Central; constituida por México, Belice y Guatemala. pág. 137

Yucatán, península Península de los actuales México, Belice y Guatemala; ubicada en el noreste de América Central. pág. 390

Yugoslavia Antes país del este de Europa; se dividió en varias repúblicas independientes, en la actualidad sólo Servia y Montenegro son parte de Yugoslavia. pág. 495

Z

Zagros, montes Cadena montañosa; ubicada en el oeste y el sur de Irán. pág. 68

Zama El lugar de la derrota final de Aníbal y de Cartago durante la segunda Guerra Púnica; ubicado en el norte de Tunicia. (35°N, 9°E) pág. 339

Zambia País del sur de África. pág. 437

Zhoukoudian Yacimiento de fósiles ubicado en la actual China. (40°N, 116°E) pág. 45

Zimbabwe País del sur de África. pág. 437

R50 • Referencia

Glosario

El Glosario contiene términos importantes de estudios sociales y sus definiciones. El número de página que aparece el final de cada definición indica dónde puedes encontrar la palabra en tu libro.

A

a.C. Significa "antes de Cristo". pág. 71
acrópolis Lugar fortificado construido sobre una colina. pág. 300
acueducto Sistema de puentes y canales diseñado para transportar agua. pág. 346
administración pública Sector de una burocracia encargado de la administración diaria de un gobierno. pág. 264
a.E.C. Significa "antes de la Era Común". pág. 71
afluente Ramificación de un río. pág. 87
ágora Mercado al aire libre y lugar de reunión de muchas ciudades-estado griegas de la antigüedad. pág. 301
agricultura La domesticación de las plantas y los animales. pág. 66
agricultura de roza y quema Sistema por el que se cortaban y quemaban secciones de la selva para ganar tierras para cultivar. pág. 398
agricultura de subsistencia Forma de agricultura en que la gente cultiva sólo lo necesario para alimentar a la familia. pág. 464
aliado Partidario. pág. 170
alianza 1. Acuerdo de cooperación entre países. pág. 317 2. Acuerdo especial entre Dios y los judíos. pág. 106
altitud Altura de un terreno. pág. 242
analizar Desglosar algo en partes para ver cómo esas partes se conectan entre sí. pág. 29
anexar Adueñarse de algo. pág. 169
antepasado Pariente ya difunto que vivió antes que un abuelo. pág. 237

Antiguo Testamento Primera parte de la Biblia cristiana. Contiene los mismos libros que la Biblia judía. pág. 360
apartheid Política del antiguo gobierno de Sudáfrica que enfatizaba la separación de las razas. pág. 491
apóstol Persona enviada para llevar a cabo una misión; cualquiera de los seguidores más cercanos de Jesús. pág. 357
área metropolitana Conjunto de una ciudad y sus suburbios. pág. 461
arios Guerreros y pastores provenientes del este de Europa y del oeste de Asia que se instalaron en la India hace unos 3,000 años. pág. 210
aristocracia Clase acaudalada gobernante. pág. 301
armisticio Acuerdo para suspender hostilidades. pág. 485
arqueólogo Científico que busca y estudia las cosas provenientes del pasado. pág. 51
artefacto Objeto hecho por el hombre que representa a una cultura o grupo determinado de la antigüedad. pág. 55
asamblea Grupo legislativo. pág. 301
asesinato político Crimen motivado por causas políticas. pág. 218
asimilar Aceptar por la población general de otra cultura. pág. 209
autoridad Derecho y poder de mandar y de hacerse obedecer. pág. 92

B

banda Grupo pequeño de personas. pág. 54
bárbaros Nombre dado por los griegos a las personas que no pertenecían a la civilización griega; también usado por los antiguos romanos. pág. 362

Glosario • **R51**

basílica Enorme edificio gubernamental de mármol que se construía en la antigua Roma. pág. 343

bilingüe Que tiene dos lenguas oficiales, por ejemplo Canadá. pág. 446

bloque Grupo de naciones con intereses comunes. pág. 512

budismo Religión oriental basada en los preceptos de Siddartha Gautama, luego conocido como Buda. pág. 215

burocracia Conjunto de los empleados públicos. pág. 152

C

caballería Conjunto de soldados que montan caballos u otros animales para atacar con rapidez. pág. 224

caligrafía Arte chino de escribir con letras bellas. pág. 446

caracteres Cualquier símbolo usado en la escritura. pág. 240

características físicas Accidentes geográficos, masas de agua, clima, suelo, vida animal y vegetal y otros recursos naturales. pág. 36

características humanas Edificios, puentes, granjas, carreteras y las personas mismas. pág. 32

caravana Grupo de comerciantes. pág. 266

carrera armamentista Competencia entre naciones para obtener el armamento más poderoso. pág. 487

Carta Magna Documento firmado por el rey Juan sin Tierra, en el año 1215, bajo presión de los nobles ingleses. El documento limitaba el poder del rey y protegía los derechos del pueblo. pág. 482

cartograma Mapa que proporciona información sobre lugares por medio del tamaño con el que se representa cada lugar. pág. 488

casta Clase o grupo de la sociedad hindú. pág. 213

catarata Cascada o lugar donde el agua corre con rapidez sobre rocas. pág. 133

causa Acción que origina algo. pág. 33

cenote Pozo natural de agua. pág. 400

censo Recuento de la población. pág. 342

chinampa Isla artificial construida con juncos entrelazados. Los agricultores aztecas cultivaban vegetales sobre estos "jardines flotantes". pág. 408

cieno Partículas de piedra y tierra arrastradas o depositadas por el agua. pág. 87

ciudad-estado Ciudad y sus alrededores que tiene gobernantes y gobierno propios. pág. 92

ciudadano Miembro de una ciudad, estado o país. pág. 23

civilización Sociedad centralizada que ha alcanzado un desarrollo económico, político y social. pág. 89

clase social Grupo que posee una determinada importancia en una sociedad. pág. 93

clave del mapa Parte del mapa que explica lo que significan los símbolos del mapa; también llamada leyenda del mapa. pág. 39

climografía Gráfica que muestra la temperatura mensual promedio y la precipitación mensual promedio de un lugar. pág. 472

Código de Hammurabi Conjunto de leyes escritas por Hammurabi para el pueblo de Babilonia. pág. 99

colonia Territorio controlado por una nación pero situado lejos de ella. pág. 111

comedia Obra de teatro humorística. pág. 310

compensación Renunciar a una forma de utilizar los recursos para poder usarlos de otra forma. pág. 474

comunismo Sistema de gobierno en el que la propiedad y los medios de producción pertenecen al conjunto de la gente. pág. 447

conclusión lógica Decisión o idea a la que se llega luego de estudiar cuidadosamente todos los hechos conocidos. pág. 507

confucianismo Los preceptos del filósofo chino Confucio, que se convirtieron en un modelo de vida para la gente. pág. 248

conquistador Nombre dado a los exploradores españoles que vinieron a las Américas a principios del siglo XVI. pág. 411

conquistar Tomar posesión. pág. 96

consecuencia Efecto. pág. 56

cónsul Uno de los dos magistrados que ejercía el poder absoluto en la antigua Roma. pág. 332

contaminación Cuando un recurso natural, como el aire, la tierra o el agua, están sucios o no pueden ser utilizados por el ser humano. pág. 469

Corán Libro sagrado del islamismo. pág. 459

cordillera Cadena larga de montañas. pág. 384

costo de oportunidad Costo de lo que se renuncia cuando se elige otra cosa. pág. 474

cristianismo Religión basada en la vida y los preceptos de Jesucristo. pág. 357

cronología Sucesión en el tiempo de los acontecimientos históricos. pág. 33

crucifixión Tipo de ejecución en la que se clavaba a una persona a una cruz y se la dejaba morir. pág. 356

cruzadas Batallas disputadas entre los cristianos europeos y los turcos musulmanes por el control de Jerusalén. pág. 481

cuadrícula Las líneas norte-sur y este-oeste de un mapa que se entrecruzan y forman casilleros. pág. 40

cuenca Terreno rodeado de tierras más altas. pág. 233

cultivos mixtos Siembra de varios cultivos en un mismo sitio. pág. 388

cultura Modo de vida particular que caracteriza una sociedad. pág. 60

curva de nivel Línea que conecta todos los puntos de igual altitud en un mapa de altitud. pág. 242

D

d.C. Abreviación de *después de Cristo*. Indica cuántos años pasaron después del nacimiento aproximado de Jesúcristo. pág. 71

datación con carbono radioactivo Método científico que se usa para determinar la edad de los fósiles a partir de la cantidad de carbono radioactivo que contienen. pág. 56

datos clasificados Datos organizados. pág. 171

decreto Orden. pág. 141

deforestación Tala de bosques. pág. 203

delta Zona baja en forma de triángulo formada en la desembocadura de un río a partir de la acumulación de sedimentos. pág. 132

demagogo Gobernante inepto. pág. 311

democracia Gobierno en el que el pueblo ejerce la soberanía por sí mismo. pág. 304

democracia constitucional Sistema de gobierno basado en una constitución. pág. 502

democracia representativa Forma de gobierno en la cual los ciudadanos eligen a representantes para que promulguen las leyes y tomen las decisiones en su nombre. pág. 501

densidad de población Promedio de personas que vive en una determinada unidad de superficie. pág. 453

devoción filial Actitud de honor y respeto hacia los padres; traducción de la palabra china *xiao*. pág. 248

dialecto Manera particular de hablar un idioma en una región. pág. 233

diáspora Conjunto de comunidades judías establecidas fuera de Israel. pág. 109

dictador Gobernante con autoridad absoluta. pág. 332

Diez Mandamientos Conjunto de normas de buena conducta que, de acuerdo a la Biblia, Dios entregó a Moisés. pág. 106

difusión cultural Divulgación de ideas hacia otros lugares. pág. 111

dinastía Serie de gobernantes pertenecientes a una misma familia. pág. 141

discípulo Seguidor. pág. 356

disidente Persona que habla en contra de su gobierno. pág. 493

distorsión Área que no aparece representada con precisión en la proyección de un mapa. pág. 102

distribución de la población Número de habitantes que viven en distintos lugares de una zona determinada del mundo. pág. 452

Glosario • **R53**

división del trabajo Sistema en el cual los miembros de un grupo realizan diferentes tareas de acuerdo a sus habilidades y necesidades del grupo. pág. 67

domesticar Usar a los animales y las plantas para beneficio del hombre. pág. 64

E

E.C. Significa "Era Común". pág. 71

economía Forma en que la gente utiliza los recursos para satisfacer sus necesidades. pág. 65

economía de libre mercado Economía en la cual la gente decide qué productos y servicios comprar. pág. 465

economía dirigida Economía en la que el gobierno toma la mayoría de las decisiones económicas. pág. 465

economía monetaria Sistema económico basado en el uso del dinero en lugar del intercambio. pág. 113

economía tradicional Economía que no cambia mucho con el tiempo. pág. 464

efecto Resultado de la acción de una causa. pág. 33

élite Clase gobernante. pág. 389

embajador Representante de un gobierno. pág. 265

empatía histórica Comprensión de las acciones y sentimientos de las personas de otras épocas y lugares. pág. 32

emperador Gobernante de un imperio. pág. 97

escala del mapa Parte del mapa que compara las distancias del mapa con las distancias verdaderas. pág. 39

escriba Persona que escribe. pág. 93

estadísticas Datos representados con números. pág. 402

estado nacional Región con un solo gobierno y un grupo de personas unido. pág. 135

estandarización Procedimiento que hace que cosas distintas se atengan a la misma norma. pág. 256

evaluar Decidir si una información es confiable. pág. 424

Evangelios Los primeros cuatro libros del Nuevo Testamento que describen la vida y obra de Jesús. pág. 360

excavar Hacer hoyos o cavidades en un terreno. pág. 53

excedente Cantidad sobrante. pág. 93

exilio Acto de estar forzado a vivir en otro lugar. pág. 108

Éxodo Viaje que se describe en la Biblia y que realizaron Moisés y los israelitas desde Egipto, atravesando el desierto y de regreso a Canaán. pág. 106

exportar Vender productos al extranjero. pág. 265

extinto Que ya no existe. pág. 56

F

faraón Gobernante del antiguo Egipto. pág. 141

filósofo Persona que estudia el sentido de la vida. pág. 247

foro Plaza pública de la antigua Roma. pág. 329

fortaleza Edificio diseñado para proteger una ciudad o ejército. pág. 206

fósiles Restos de organismos que vivieron en el pasado. pág. 51

fuente primaria Informe realizado por alguien que vio o participó en un evento. pág. 424

fuente secundaria Informe de segunda mano sobre un evento. pág. 424

G

ganado Animales domésticos, tales como vacas, ovejas y cerdos. pág. 66

ganancia Dinero ganado en los negocios. pág. 266

generalización Enunciado breve sobre un grupo de ideas relacionadas. pág. 80

geografía El estudio de la superficie de la Tierra. pág. 35

geógrafo Persona que estudia la geografía. pág. 35

glaciar Enorme masa de hielo que se desplaza lentamente. pág. 59

gladiador Esclavo o prisionero de la antigua Roma que era obligado a luchar. pág. 344

glasnost "Apertura" o libertad que permitió a los ciudadanos soviéticos hablar sin temor a ser castigados. pág. 493

glifo Símbolo que representaba objetos, ideas y sonidos. pág. 399

gobierno Sistema utilizado para crear leyes y tomar decisiones. pág. 92

gobierno de la mayoría Sistema en el que se adoptan las ideas y decisiones apoyadas por la mayoría de la gente. pág. 304

gráfica Diagrama que muestra relaciones entre números. pág. 114

gráfica circular Gráfica que representa información por medio de un círculo dividido en partes. pág. 114

gráfica de barras Gráfica que usa barras horizontales o verticales de distintos tamaños para mostrar y comparar información. pág. 114

gráfica de barras dobles Gráfica de barras que muestra dos conjuntos de datos numéricos. pág. 402

gráfica lineal Gráfica en la que se usan una o más líneas para representar cambios a través del tiempo. Las líneas conectan puntos que representan información específica. pág. 115

Gran Depresión Crisis económica de la década de 1930 que llegó a ser la más severa de toda la historia mundial. pág. 485

guerra civil Guerra en la que grupos de habitantes de un mismo lugar o país pelean entre sí. pág. 150

guerra fría Conflicto entre naciones caracterizado por el uso de palabras e ideas en vez de ejércitos. pág. 487

H

hambruna Falta de comida. pág. 454

hecho Afirmación que puede demostrarse como cierta. pág. 424

helenístico "Al estilo griego". pág. 320

herencia Conjunto de ideas que se transmiten de generación en generación. pág. 244

hinduismo Religión originaria de la India caracterizada por la creencia en muchos dioses y en la reencarnación. pág. 212

Holocausto Asesinato masivo de millones de personas judías durante la Segunda Guerra Mundial. pág. 486

hueso oracular Hueso o concha que contiene antiguas escrituras chinas. pág. 239

I

ilota Esclavo perteneciente al estado de la antigua Esparta. pág. 302

imperialismo Política de un país tendiente a anexar más territorios, establecer colonias y controlarlas. pág. 484

imperio Territorio conquistado gobernado por un emperador. pág. 97

importar Traer productos del extranjero para venderlos en el país. pág. 265

independencia Libertad total. pág. 169

información tendenciosa Inclinación hacia o en contra de alguien o algo. pág. 425

innovación Manera nueva de hacer algo. pág. 95

inscripción Mensaje escrito grabado sobre una superficie duradera. pág. 208

intercambio colombino Movimiento de personas, animales, plantas, enfermedades e ideas entre Europa y las Américas durante el siglo XV y XVI. pág. 481

intermediario Persona que sirve de conexión. pág. 150

internet Amplia red de computadoras integrada por miles de redes más pequeñas vinculadas entre sí. pág. 508

intifada Levantamiento palestino en contra de la ocupación israelí del Cisjordania y la Franja de Gaza. pág. 496

intocable En la India, persona inferior a todas las castas. El nombre proviene de la idea de que dicha persona no puede tocarse, pues aquel que lo hiciera se tornaría impuro. pág. 213

inundación Crecida anual que se producía en el antiguo Egipto. pág. 137

irrigación Uso de acequias, canales y represas conectados para transportar agua a tierras secas. pág. 87

islam La religión de los musulmanes; se basa en la creencia en el dios Alá. pág. 458

istmo Franja pequeña de tierra, con agua a ambos lados, que conecta dos áreas de tierra más grandes. pág. 287

J

jeroglíficos Sistema de escritura en el que imágenes o símbolos representan ideas, objetos o sonidos. pág. 142

judaísmo Religión del pueblo judío. pág. 106

justicia imparcial Tratamiento justo de la ley. pág. 109

L

legalismo Doctrina china basada en el estricto cumplimiento de las leyes y el uso de la burocracia. pág. 253

legión Unidad de soldados en el antiguo ejército romano. pág. 342

leyenda Relato originado en tiempos remotos en el que se explica el pasado. pág. 235

libre empresa Sistema en el cual las personas eligen cómo ganar y gastar su dinero. pág. 465

liga Grupo de aliados. pág. 308

limpieza étnica Uso de amenazas o violencia para forzar a ciertos grupos humanos a marcharse de un área determinada. pág. 496

línea cronológica paralela Conjunto de líneas cronológicas que muestran distintos tipos de información relativa a un mismo período de tiempo. pág. 70

línea cronológica telescópica Línea cronológica que incluye una segunda línea cronológica para observar en detalle un período histórico. pág. 361

línea de latitud Línea imaginaria que va de este a oeste sobre un mapa o globo. pág. 62

línea de longitud Línea imaginaria que va de norte a sur sobre un mapa o globo. pág. 62

llanura aluvial Región formada a partir de los materiales acumulados por las aguas de los ríos. pág. 85

lluvia ácida Agua de lluvia mezclada con gases provenientes de combustibles fósiles, como carbón y aceite. pág. 344

loess Sedimento amarillo. pág. 231

M

maíz Cereal que produce mazorcas de grandes granos amarillos. pág. 69

Mandato Divino Derecho a gobernar; los chinos de la antigüedad creían que esta orden provenía del dios del cielo y se les daba a los emperadores. Cuando un emperador se tornaba débil u ocurría algún desastre, se pensaba que el emperador había perdido el Mandato Divino. pág. 245

mapa de recuadro Mapa pequeño incluido dentro de un mapa de mayor tamaño. pág. 39

mapa histórico Mapa que proporciona información sobre el pasado. Los mapas históricos pueden mostrar los lugares donde ocurrieron ciertos eventos o el aspecto del mundo en un período determinado. pág. 180

mártir Persona que sufre o muere por sus creencias. pág. 358

mecapal Faja de cuero que permite cargar objetos pesados con mayor facilidad. pág. 393

medio ambiente Alrededores. pág. 68

megalópolis Área extensa y densamente poblada donde se desarrollaron varias ciudades que terminan uniéndose. pág. 461

mensajero Persona que entrega mensajes. pág. 226

mercader Persona que vive de la venta y compra de productos. pág. 93

mercado común Grupo de países que tienen un libre mercado y aranceles comunes entre sus miembros. pág. 511

meridiano Línea imaginaria que va de norte a sur sobre un mapa o globo. También llamado línea de longitud. pág. 62

meseta Zona de tierra alta y plana. pág. 85

mesías De acuerdo al judaísmo, líder sabio que establecería el reino de Dios en la Tierra. pág. 356

Mesoamérica Región que incluye el centro y sur de México y América Central. pág. 388

mezquita Casa de culto musulmán. pág. 459

migración Movimiento de grupos de personas de un lugar a otro. pág. 57

milicia Soldados voluntarios. pág. 155

misionero Persona enviada a enseñar una religión. pág. 220

mitima Costumbre inca de enviar a los pueblos conquistados a vivir en otros lugares. pág. 420

mito Historia transmitida de generación en generación que por lo general trata sobre un dios o héroe antiguo. pág. 305

momento decisivo Momento importante de cambio. pág. 220

momia Cadáver conservado. pág. 143

monarquía Forma de gobierno en que el poder está en manos de un rey o una reina. pág. 92

monarquía absoluta Tipo de monarquía en la cual el rey o la reina tienen autoridad absoluta. pág. 503

monarquía constitucional Tipo de monarquía en la cual el rey o la reina son los líderes ceremoniales del gobierno, mientras que el primer ministro y el gabinete son los que gobiernan y la cámara legislativa hace las leyes. pág. 503

monoteísmo Creencia en un solo ser supremo. pág. 105

monzón Estación cuando los vientos húmedos soplan desde el Océano Índico en dirección del subcontinente trayendo fuertes lluvias. pág. 201

multicultural Relativo a muchas culturas. pág. 320

musulmán Seguidor del islam. pág. 458

N

nacionalismo Sentimiento de lealtad profunda hacia una nación o país. pág. 485

nivel de vida Indicador que mide la calidad de vida de los habitantes de un país. pág. 465

nómada Persona que no tiene residencia fija. pág. 66

nomo Ciudad-estado en el antiguo Egipto. pág. 139

Nuevo Testamento Segunda parte de la Biblia cristiana. Trata sobre la vida y enseñanzas de Jesucristo y sus seguidores. pág. 360

números arábigos Sistema numérico de base diez: 1 al 9 y el cero. pág. 222

O

obsidiana Vidrio de origen volcánico que se utilizaba en la antigüedad para cortar. pág. 389

oligarquía Sistema en el que un grupo pequeño controla el gobierno. pág. 303

OPEP Organización de los Países Exportadores de Petróleo; organización formada por los países productores de petróleo para controlar el precio del petróleo en el mundo entero. pág. 511

opinión Declaración que expresa una creencia o juicio sobre algo. pág. 424

oráculo Persona de gran sabiduría que da consejos. pág. 239

P

país desarrollado es el que ya tiene una economía próspera. En un país desarrollado hay suficiente comida para sus habitantes, se utilizan muchos recursos naturales, y existe un alto nivel tecnológico así como un elevado nivel de vida. pág. 468

país en vías de desarrollo es aquél cuya economía aún se está desarrollando. Por lo general, tiene un bajo índice de producción de alimento y usa pocos recursos. Su nivel tecnológico no es alto y su nivel de vida es bajo. pág. 467

paleoantropólogo Científico que estudia a nuestros antepasados. pág. 51

Papa Cabeza de la Iglesia Católica Romana. pág. 360

papiro Material similar al papel que se utilizaba en el antiguo Egipto. Se hacía con los juncos que crecían en el río Nilo. pág. 142

parábola Historia que tiene una enseñanza religiosa. pág. 355

paralelo Línea imaginaria que va de este a oeste sobre un mapa o globo. También llamado línea de latitud. pág. 62

patricio Descendiente de los primeros pobladores de Roma. pág. 332

perestroika Reconstrucción o "reestructuración" de los sistemas económicos y políticos soviéticos. pág. 493

período glacial Época de larga duración y frío intenso en la que bloques de hielo enormes cubrieron parte de la superficie de la Tierra. pág. 58

perseguir Castigar a una persona debido a sus creencias religiosas. pág. 357

perspectiva Punto de vista. pág. 32

pirámide Lugar construido para enterrar a los muertos, generalmente a los gobernantes muertos. pág. 143

plaga Una enfermedad mortal. pág. 311

plebeyo Ciudadano cuya familia se instaló en la antigua Roma después de los patricios. pág. 332

poema épico Poema que narra una historia larga. pág. 296

polis Ciudad-estado de la antigua Grecia formada por un poblado y las granjas y aldeas circundantes. pág. 300

predecir Anticipar lo que sucederá en el futuro. pág. 137

prehistoria Todo lo que ocurrió antes de la invención de la escritura. pág. 51

préstamo cultural Adaptación de las costumbres de otra cultura. pág. 294

primer meridiano Meridiano, o sea línea imaginaria de longitud, marcado 0° en un mapa o globo. pág. 62

producto interior bruto El valor total de los bienes y servicios que se producen en un país. pág. 465

profeta Persona de quien se dice que escribe o comunica la palabra divina. pág. 227

proteccionismo Política de gobierno que se aplica cuando es necesario tomar alguna acción, como aumentar los aranceles, para proteger al mercado contra las importaciones. pág. 509

provincia Región política de un país. pág. 256

proyección Representación de la Tierra sobre un mapa; vista de la Tierra redonda sobre una superficie plana. pág. 102

proyección conforme Proyección de un mapa que muestra las formas, pero distorsiona los tamaños de las regiones, especialmente aquéllas cercanas a los polos. pág. 103

proyección equidistante Proyección de un mapa que muestra las distancias correctamente desde un punto central. pág. 104

proyección equivalente Proyección de un mapa que muestra correctamente la relación entre los tamaños de las regiones, pero distorsiona las formas. pág. 102

proyección polar Proyección equidistante de un mapa que tiene como punto central uno de los polos. pág. 104

prueba Evidencia. pág. 51

puente Estructura construida por el hombre para cruzar sobre un obstáculo. pág. 409

puerto Lugares resguardados, de aguas profundas, próximos a la costa. pág. 289

puerto libre Lugar que no cobra tarifas a los productos de importación o exportación. pág. 603

punto intermedio Lugar ubicado entre dos puntos cardinales. pág. 39

puntos cardinales Los cuatro puntos de referencia que permiten orientarse: norte, sur, este y oeste. pág. 39

Q

quechua Lengua de los incas. pág. 420

quinoa Grano rico en proteínas cultivado por los incas. pág. 418

quipu Conjunto de hilos de colores anudados que los incas usaban para guardar información. pág. 421

R

rajá Príncipe hindú. pág. 218

recaudación de impuestos Práctica de solicitar a los ciudadanos el pago de impuestos para mantener el gobierno. pág. 98

recinto religioso Lugares usados por los antiguos habitantes de las Américas para celebrar ceremonias religiosas. pág. 389

red comercial Conjunto de compradores y vendedores. pág. 176

reencarnación Creencia de que el alma continúa viviendo después de la muerte y regresa a la vida en un cuerpo nuevo. pág. 212

refugiado Persona que abandona su hogar para escapar de una guerra u otros peligros. pág. 454

regente Gobernante temporario. pág. 398

región Área de la Tierra cuyas características la diferencian de otras áreas. pág. 37

república Sistema en el que los ciudadanos eligen a representantes que toman todas las decisiones de gobierno. pág. 331

Revolución Industrial Período de avances tecnológicos que comenzó en el siglo XVIII y que transformó para siempre la forma de vida y de trabajo de las personas. pág. 483

ritual Normas prescritas para la realización de una ceremonia. pág. 237

rosa de los vientos Grabado que señala las direcciones en un mapa. pág. 39

ruta comercial Camino que los comerciantes utilizan para intercambiar bienes. pág. 162

Ruta de la Seda Ruta comercial que se extendía desde China hasta el mar Mediterráneo. pág. 266

S

sábado Día de descanso. pág. 107

sabana Llanura con pastos. pág. 131

sánscrito Lengua de la India que comenzó a ser usado por los antiguos arios. pág. 212

senado Consejo de representantes. pág. 332

sequía Período largo de tiempo que transcurre sin precipitaciones apreciables. pág. 87

sinagoga Casa de culto judía. pág. 109

sistema económico Forma en que un país produce y consume productos y servicios. pág. 464

sociedad Grupo organizado de personas que viven y trabajan de acuerdo a un conjunto de reglas y tradiciones. pág. 61

subcontinente Territorio extenso separado del resto del continente. pág. 199

subsistir Sobrevivir. pág. 69

suburbio Barrio periférico de una ciudad. pág. 461

T

taoísmo Religión y filosofía según la cual la clave para una vida larga y feliz es aceptar la vida tal como es. pág. 264

tecnología Uso de herramientas y destrezas para crear un producto o lograr un objetivo. pág. 89

telecomunicaciones Palabra que describe todos los medios electrónicos que se usan para recibir y enviar información. pág. 508

tendencia Forma en que algo cambia a lo largo del tiempo. pág. 115

terrorismo Uso de actos violentos para apoyar una causa. pág. 494

tierra cultivable Tierra apta para cosechar. pág. 328

tirano Alguien que en la antigua Grecia se apoderaba del gobierno por la fuerza y tenía poder absoluto. pág. 301

título del mapa Palabras que describen de qué se trata el mapa. pág. 39

Glosario • R59

TLC o NAFTA Tratado de Libre Comercio de América del Norte; acuerdo firmado entre Estados Unidos, Canadá y México para comerciar libremente entre sí. pág. 512

Torá Escrituras judías; los primeros cinco libros de la Biblia. pág. 107

totalitarismo Forma de gobierno en la que el gobierno tiene autoridad total sobre la vida de los ciudadanos. pág. 504

tragedia Obra de teatro con un desenlace triste. pág. 310

triángulo comercial Sistema en el cual los comerciantes intercambiaban productos europeos por esclavos africanos, vendían los esclavos por productos de las plantaciones en América y luego vendían dichos productos en Europa. pág. 482

tribuno Funcionario plebeyo que podía concurrir a las reuniones del senado en la antigua Roma. pág. 332

tributo Pagos anuales. pág. 225

trirreme Barco grande de guerra usado por los antiguos griegos y otras culturas a finales del siglo sexto. pág. 289

trópico Región más cálida de la Tierra que se encuentra entre el Trópico de Cáncer y el Trópico de Capricornio. pág. 385

trueque Intercambio de un producto o servicio por otro. pág. 112

tundra Llanura fría y sin árboles cuyo subsuelo está siempre congelado. pág. 59

U

ubicador Mapa o ilustración pequeña que muestra si el área representada en el mapa principal está ubicada en un estado, país, continente o planeta. pág. 39

ubicación absoluta Lugar exacto en la Tierra. pág. 35

ubicación relativa Ubicación en referencia a otro lugar cercano o que está alrededor. pág. 32

urbanización Transformación de las zonas rurales en ciudades. pág. 456

urbano Relativo a una ciudad o ciudades. pág. 85

V

vacuna Procedimiento médico que consiste en transmitir una enfermedad atenuada para evitar que se produzca esa misma enfermedad con mayor seriedad. pág. 223

vándalo Alguien que destruye propiedades intencionalmente; proveniente de las tribus vandálicas germánicas que atacaron Roma y robaron objetos de valor. pág. 364

Vedas Antiguos libros sagrados de la India. pág. 212

vetar Detener la aprobación de una ley; proviene de la palabra latina que significa "Yo prohibo". pág. 333

virtud Cualidad positiva. pág. 245

visir Asesor del faraón en el antiguo Egipto. pág. 141

volcán activo Volcán que aún hace erupción. pág. 384

volcán extinto Volcán que no hace erupción. pág. 328

Z

zigurat Enorme templo de ladrillo de barro construido por los antiguos sumerios. pág. 91

zonas templadas Áreas al norte y sur de los trópicos; su clima es más fresco que en las zonas tropicales. pág. 385

zoroastrismo Religión fundada por Zaratustra basada en la creencia de dos dioses: el bien y el mal. pág. 227

Índice

El número de las páginas que contienen ilustraciones aparece en cursiva. Una *m* delante del número indica que la ilustración es un mapa. El número en negrita indica la página en que aparece la definición del término.

A

a.C. (antes de Cristo), 71
a.E.C. (antes de la Era Común), 71
Abraham, 105–106, *m106*
Abu Simbel, 173, *173*
Academia de Platón, 312–313, *312*
Academo (héroe griego), 312
Acadia (Mesopotamia), 97–98, 117
Aceitunas, 290, *290*, 294, 328
Acrópolis, 300–301
Actium, batalla, 340
Actividades de escritura
  anuncio comercial, 116
  artículo, 514
  artículo para una revista, 82
  balada, 487
  carta, 426, 513
  comparación, 476
  comparar y contrastar, 228
  cuento, 116
  descripción, 164, 182, 228, 270, 324, 393, 514
  discurso, 366
  en tu diario, 54, 82, 179, 209, 366, 404
  en tu opinión, 116, 270
  ensayo comparativo, 404
  informe comparativo, 324
  informes, 116, 164, 182, 270, 324, R9
  nota periodística, 95
  noticiero, 164
  preguntas, 228, 476
  proverbios, 249
  redacción, 337, 451
  relato, 61, 426
  leyenda, 140
Acueducto, 346
Acuerdos comerciales, 510, 512
Adams, Richard E. W., 393
Adivino, 238
Administración pública, 264, 268, 269
Adriano (emperador de Roma), 442

Adriático, mar, 327, 328
Afganistán, 205, *m205*
Afluente, 87, 199, 231
África
  agricultura, *m44*, 69, 71, 133–134, *134*, 137–138, *137*, 164, 428, 466
  antiguas civilizaciones, 125, *m126–127*. *Véase también* Egipto; Kush; Nubia
  arte, 66, 124–125, 130, 136, 137, 138, 139
  ciudades, 359, 450, 461
  climas, 131, 137
  colonias Europeas, 449–450, 484
  comercio, 136, 143, 151, 162–163, *m163*, 168–169, 176–177, 187, 449, 479–480, 509, 516
  conflicto, 451
  cultura, 457, *457*
  democracia, 491, *491*
  fósiles, *m44*, 52, *m52*, 53, *53*
  geografía, *m126–127*, 131–134, 131–132, *m132*, 133, *134*
  herrerías, 173, 176–177, *177*, 187
  homínidos, 51–54, *53*, 55
  independencia, *m450*
  lenguas, 457
  mujeres, 444
  nómadas, 66
  países, 449–450, *450*, *m450*
  población, 457
  primeros habitantes, 55, *55*, 56, 58, *m58*, 60
  religiones, 128–129, 133, 136, 138–139, *138*, *139*, 141, 144, 151, 153–154, *154*, 155, 168, 170, 172, 173, 177, 179, 458
  recursos naturales, 466
  Véase también nombre del país
Afrikaners, 491
Afrodita (diosa griega), 306
Afsua, Santos Adam, 475
Ágora, 300–*301*, *301*
Agricultores egipcios, 133–134, *134*, 137–138, *137*, 151, 164. *Véase también* Agricultura

Agricultura, 66
  a lo largo del Nilo, 133–134, *134*, 137–138, *137*, 186
  África, *m44*, 69, 71, 133–134, *134*, 137–138, *137*, 164, 428, 466
  América del Norte, 65, 69, 383
  América del Sur, 65, 69, 418, 421, 422, 423
  Asia, *m45*, 65, 87–88, *87*, *88*, 464, 466
  aztecas, 408, *408*
  China, *m45*, 69, 231, 234, 235, 236, 237, 269, 270
  control del agua, 87–88, 89, 138, 408
  crecimiento de la población, 467
  cultivos mixtos, 388, 399, *399*
  de subsistencia, 464, *464*
  deforestación, 470
  despejar el terreno, 68
  efectos, 66–68
  Egipto, 133–134, *134*, 137–138, *137*, 151, 164
  erosión del suelo, 469, 470, *470*
  Grecia, 289, 290, *290*, 292
  herramientas, 64, 464–465
  inca, 418, 421, 422, 423
  India, 202–203, *202*, 211
  indígenas de las Américas, 69, 388–389, 396, 398, 399, *399*, 402, 408, *408*, 418, 422, 423, 430
  jardines flotantes, 408, *408*
  línea cronológica, 70
  maya, 396, 398, 399, *399*, 402, 430
  Mesoamérica, 69, 388–389, 396, 398, 399, *399*, 402, 408, *408*, 430
  Mesopotamia, 87–88, *87*, *88*
  migración del campo a la ciudad, 456, *456*
  Nubia, 168, *m178*
  olmeca, 388–389
  plantaciones, 481–482
  primeros agricultores, 44, *m44–45*, 64–69, *64*, *m65*, 66–67, 70, 120, 121

  Roma, 328, 329, 330
  roza y quema, **398**
  tecnología, 118–119, 137, *137*
  tierra cultivable, 328
  valle del Indo, 202–203, 204, 208, 209
  Véase también Cultivos
Agricultura de roza y quema, 398
Agricultura de subsistencia, 464, *464*
Agua
  Creciente Fértil, 85, 87–88, *87*
  contaminación, 469
  inundaciones, 87–88, 131, 133, 134, 137–138, *137*, 202–203, 408
Agua, control del,
  China, 235, 236–237, 264, 269, 471
  Egipto, 138
  irrigación, 87–88, 264, 269
  Mesoamérica, 408
  Mesopotamia, 85, 87–88, *87*, 89
  represas, 133, 138, 173, 471
  Roma, 344, 345, 346
  Sumeria, 87–88, 89
Aguacates, 408
Ahmadabad, India, 453, *m453*
Ahmose (faraón), 152
Ahura Mazda (dios persa), 227, *227*
Ajanta, cuevas (India), 214, 223
Ajnatón (faraón), 153–154, *154*
Ajonjolí, 203
Akhetaton (Egipto), 153–154
ALADI (Asociación latinoamericana de integración), 510
Alarico (rey visigodo), 364
Alaska, *m38*, 385, 387
Aldea agrícola del Neolítico, 74–79, *m74*, 80–81, *81*
Alejandría, Egipto, 319–320, 322, 323
Alejandro Magno, 155, 281, 317–323, *317*, *318*, *319*, *m320*, 321, 323, 325, 371, *m372*

Índice • R61

Alemania | Argentina

Alemania, 59, 455
  democracia, 491, 501
  gobierno, 455, 485, 504, *504*
  Muro de Berlín, 490, *490*, 491
  OTAN, 513
  partición, 490–491
  Primera Guerra Mundial, 485
  producto interno bruto, 465, 466
  Segunda Guerra Mundial, 485–486, *m486*
  valle de Neander, *m44*, 56
Alemania Oriental, 490, 491, 513
Alfabeto
  egipcio, 111
  etrusco, 347
  fenicio, 111, *111*, 121
  griego, 111, *111*, 289, 305, 347
Algodón, 203, 409
Aliado, 170
  Primera Guerra Mundial, 485
  Segunda Guerra Mundial, 485–486, *486*, *m486*
Alianza (con Dios), 106
Alianza (entre ciudades-estado griegas), 317
Alimentos
  diversidad, 428–429
  hambre en el mundo, 118–119
  producción. *Véase* Agricultura
  recolección, 44, 53, 54, 56–57, *56*, *57*, 66, 120, 430
Almanaque, R3
Alpes, 327, 328, 338
Altitud, 242
Alto Egipto, *m126–127*, 132–133, *m132*, 139–140, *140*, 152
Amanitore (reina de Nubia), 178
Amarillo, río, (Huang He), 231, 232, 234, *234*, 236, 237
Amazonas, río, *m376*, 474, 475
Amenemhet (faraón), 150–151
Amenofis III (faraón), 156
Amenofis IV (faraón), 153–154, *154*
América Central, geografía de, *m376*, *m377*, 384, *384*
América del Norte
  agricultura, 65, 69, 383
  ciudades, *m376*, *m377*, 408, *m408*, 409, 410, 411, *411*, 456, 461, *461*, 469
  civilizaciones. *Véase* Indígenas de las Américas
  clima, *m384*
  cultura, 378, 379–381, 457–458
  geografía, 383, *383*, *m384*
  migración, 385, *m386*, 387, *387*, 454–456, *454*, *455*, *m455*
  países, 445–447, *445*, *m446*
  pinturas rupestres, 49
  primeros habitantes, *m58*, 60, 65
  Véase también Canadá; México; Estados Unidos
América del Sur, *m376*
  agricultura, 65, 69, 418, 421, 422, 423, 430
  arquitectura, 421–422, *422*
  arte, 48, 418, 421
  caminos, 419–420, *420*, *m420*, 430
  ciudades, 419, 420, 421, 422–423, *422*, *423*, 427, 460, *460*, 461, *461*, 469
  clases sociales, 421, 422
  clima, *m384*
  cultura, 423, 457–458
  economía, 422
  esclavitud, 423
  exploradores europeos, 418, 422–423, 424, 425, *425*, 427, *m480*, 481
  geografía, 385, *385*
  gobierno, 419–420, 421, 430
  guerras, 418, 422
  incas, *m376*, 377, 418–423, *418*, *419*, *m419*, 420, *m420*, 421, 422, 423, 430
  países, 446, *m446*
  población, 419
  primeros habitantes, *m58*, 60, 65
  religión, 418, 420, 421, 423
  selvas, 384, 385, 388, 389, 398, 430, 447, 469–470, *470*, 474–475, *474*, *475*
  escritura, 421, *421*
  Véase también nombre del país
América Latina, 447, 492, 510. *Véase también* América del Sur; Mesoamérica; nombre del país
Américas, *m376*, *m377*, *m384*
  agricultura, 65, 69, 388–389, 396, 398, 399, *399*, 402, 408, *408*, 418, 421, 422, 423, 430
  arquitectura, 397, *397*, 421–422, *422*
  arte, 374–375, 382, 388, 389, 390–391, *391*, 392, *392*, 395, *395*, 407, 418, 421, 425
  aztecas, *m376*, 377, 406, 407–411, *407*, *408*, *m408*, *m409*, 410, 411, *m412*, *m413*, 414–417, *414*, *416*, 417, 424, 425, *425*, 431
  caminos, 419–420, *420*, *m420*, 430
  ciudades, *m376*, *m377*, 408, *m408*, 409, 410, 411, *411*, 415, 419, 420, 421, 422–423, *422*, *423*, 426, 427, 460, *460*, 469
  clases sociales, 389, 410, 415, 421, 422
  culturas, 378–381, 457–458
  esclavitud, 410, 423, 482
  escritura, 399–400, *400*, 410, 416–417, *416*, *417*, 421, *421*
  exploradores Europeos, 401, 411, 418, 422–423, *422*, 424, 425, *425*, 427, *m480*, 481, *481*, 514
  geografía, 376, 377, 383–387, *383*, 384, *m384*, 385, *m386*, 387
  gobiernos, 398, 410, 419–420, 421
  guerras, 409, *409*, 410, 411, 418, 422, 424, 425, *425*
  caza, 387, 388, 430
  incas, *m376*, 377, 406, 418–423, *418*, 419, *m419*, 420, *m420*, 421, 422, 423
  ingreso per capita, 512
  mayas, *m376*, 377, 396–401, *396*, 397, *m398*, 399, 400, *m401*, 405
  migración hacia las, 385–387, *m386*, 387, 454–456, *454*, *455*, *m455*
  mujeres, 398, 410
  olmecas, *m376*, 377, 382, *382*, 388–393, *388*, *389*, *m390*, 391, 392, 404, 431
  países, 445–446, *445*, *m446*
  pirámides, 378, 379, 380, 381, 390, 410
  población, 402, 403, 408
  primeros habitantes, *m58*, 60, 65, 69, 83
  religión, 379, 389, 391, 392, 397, 399, 400, 407, *407*, 408, 410, 411, 415, 416, 417, 418, 420, 421, 423
  Véase también América del Norte; América del Sur; Mesoamérica
Amigos y vecinos tomado de los Relatos de Jataka, 194–197
Amon-Ra (dios egipcio), 139, 144, 153
Amritsar, India, 217
Analectas (Confucio), 248, 249
Analizar, 33
Andes, cordillera de los, 385, 418, *m419*, 422
Anexar, 169
Anfiteatro, 310
Anglos, 365, *m365*
Aníbal, 335, *335*, *m336*, 338, *m339*
Animales
  África, 450
  Antártida, 449, *449*
  caza, 65–66
  domesticación, 64, 65–66, *66–67*, 69, 75, 76, 83, 88, 120, 121, 134, 203, 211
  hinduismo, 212
  pinturas rupestres, 46, 48, *48*, 49
  Véase también nombre del animal
Antártida, 383, 449, *449*, *m449*
Antepasado, 237
Antiguo Testamento, 105, 107, 360
Antonio, Marco, 340
Anuncio comercial, escritura de un, 116
Anyang, China, 237, 239
Aparato para detectar terremotos, 264, *264*, 265, *265*, 269
Apartheid, 491
APEC (Cooperación Económica de Asia y el Pacífico), 510
Apeninos, montes, 327, *327*
Apolo (dios griego), 306
Apóstol, 357, 359, 360
Aprendizaje cooperativo, 123, 189, 277, 373, 433, 521
Árabe(s), 227, 229. *Véase también* Oriente Medio; Musulmán(es)
Arabia Saudí, 449, 458, 510
Arábigo, mar, 205, *m205*, 208
Arafat, Yasir, 496
Archivo de recortes, 521
Arco compuesto, 152
Área metropolitana, 461
Ares (dios griego), 306
Argelia, 66, 510
Argentina, 48, 419, *m419*, 446, 461, *461*, 501

R62 • Referencia

Argos (Grecia), 300, 301–302, *m302*
Ario, 210–215
  India, 210–215, *210, m211*, 212, 213, 214, 229
  Persia, 224
Aristarco, 322
Aristóbulo, 202
Aristocracia, 301. *Véase también* Nobles; Clase social
Aristófanes, 310
Aristóteles, 313, *313*, 318
Armadura, 295, 350, 352
Armas, 96–97, *96*, 101, 147, 152, 171, 225, 236, 237, 256, 294, 295, 350, 352, 411, 423, 481, 487
Armenia, *m493*, 494
Armisticio, 485
Arqueología
  África, *m44, m52*, 53, *53*, 167–168
  Asia, *m45, m52*
  datación con carbono radioactivo, 56
  descubrimiento de fósiles, 51–53, *51, 52, 53*. *Véase también* Fósil
  descubrimiento de herramientas primitivas, 52, 54, 55, 56, 60, 61, 64
  descubrimiento de Lucy, 52, 53, *53*
  Europa, *m52*
  Grecia (civilización minoica), 291–292
  India (civilización harappa), 205, *205*
  primeros seres humanos, 53–54, *53, 54*
  valle de Neander, *m52*, 56
  mujeres, 52, 315
Arqueólogo, 51–53, *52*, 54, 55–56, 59, 62
Arquímedes, 322
Arquitectura
  América del Sur, 421–422, *422*
  arcos, 344, 345
  griega, 292–293, *293*, 300–301, *300–301*, 309, 310, *310*
  inca, 421–422, *422*
  lluvia ácida, 344
  maya, 397, *397*
  Mesoamérica, 397, *397*
  Mesopotamia, 91, *91*, 101
  romana, 332–333, 341, 343–344, *344*, 345, 346
  valle del Indo, 206, *206*, 207
  Véase también Vivienda(s); Columnas

Arroz, 234, 236, 428
Arte
  actividades, 297, 411
  África, 66, 124–125, 130, 136, 137, 138, 139
  América del Norte, 49
  América del Sur, 48, 418, 421
  azteca, 407, 425
  Babilonia, 99
  chino, 190–191, 230, 244, 247, 250, 252, 253, 258–261, 262, 264, 268
  cristiano, 355, 357
  egipcio, 124–125, 130, 136, 137, 138, 139, 142, 143, 146, 152, 154, 157, 158, 159, 160, 394
  escultura. *Véase* Esculturas; *nombre de la escultura*
  fenicio, 110
  Francia, 48, 50, 483
  griego, 278–279, 286, 292–293, *292, 293*, 295, 297, 302, 304, 305, 307, 310, *310*, 312, 313, 314, *314*, 315, 317, 318, 319, 320, 321, 322
  inca, 418, 421
  India, 212, 213, 214, 218, 219, 220, 221, 222, 322
  máscaras, 130, 166, 297, 381, 382
  maya, 374–375, 379, 380, 438, 439, 440
  Mesoamérica, 374–375, 382, 388, 389, 390–391, *391, 392, 392*, 395, *395*, 407, 425, 438, 439, 440
  Mesopotamia, 84, 89, 92, 93, 94, 97, 99
  mosaicos, 318
  murales, 373. *Véase también* Murales
  Nubia, 166, 168, 170, 172, 174, 175, 178, 179
  olmeca, 382, 388, 389, 390–391, *391, 392, 392*, 395, *395*
  persa, 224, 227, 323
  pinturas. *Véase* Pinturas
  pinturas en tumbas, 124–125, 139
  pinturas rupestres, 46–49, *46, 48, 49*, 66, 214, 392
  primitivo, 46–49, *46, 48, 49, 59, m63*, 66, 68
  romano, 25, 317, 318, 326, 329, 331, 334, 335, 336, 340, 343, 346, 347, 355, 357, 362
  tabletas, 88, 218, 293
  valle del Indo, 204, 205, 208

yacimientos de arte antiguo, *m63*
Arte rupestre, 46–49, *46, 48, 49*, 66, 214, 392
Artefacto, 55
  África, 55, 174, 175
  aprender de los, 394–395, *394, 395*, 405
  China, 238, 394, 395
  de los primeros seres humanos, 55, 61
  Egipto, 394
  Nubia, 174, 175
  valle del Indo, 205, 208
  Véase también Artefactos
Artesanías
  cerámica. *Véase* Cerámica
  egipcias, 134, 146–147, *147*
  fabricación de joyas, 78, 79
  incas, 421
  primeros seres humanos, 79
  tejidos, 203, 421, 483–484, *484*
  valle del Indo, 208
Arthashastra, 218–219, 228
Artículo, actividad, 514
Asamblea, 301, 303, 304
Asentamientos griegos, 298–299, *m299*
Asesinato político, 218, 485
Asia
  agricultura, *m45*, 65, 87–88, *87, 88*, 464, 466
  antiguos imperios, 98–101, *99, m100*, 101, 117, 155, *m192–193*, 224, 226
  área, 448
  central, 449
  ciudades, 85, 88, 89, *m90*, 100, 101, 121, 460, *m460*, 461, *461*, 472
  climas, *m448*, 472
  comercio, 265–266, *266*, 267, 275, 479, 516
  comunismo, 506, *506*
  conflictos, 96–98, *96, 97*, 100, 101, *101*, 480–481
  fósiles, *m45*, 51, *m52*
  independencia, 448–449
  lenguas, 233, *m276*, 457
  oriental, 449
  países, 448–449, *448, m448*
  población, 448
  primeros habitantes, 58, *m58*, 59, 65
  primeros asentamientos, 67, *m68*
  religión, 91, 91, 94, 99, 105–109, 221, 237–238, 244, 248, 252, 255–256, 265, 448–449, 458

rutas comerciales con Europa, 266, *266*, 267, 269, 481, 516
sur, 448
sureste, *m243*, 449, 464
suroeste. *Véase* Suroeste de Asia
valle del Huang He. *Véase* Huang He, valle del
valle del Indo. *Véase* Indo, valle del
Véase también Creciente Fértil; *nombre del país*
Asia Menor, 287, 301, 307, 319, 321, 340, 358
Asimilado, 209
Asiria, 98, 100–101, *m100, 101*, 155, 173, 226
Asociación latinoamericana de integración (ALADI), 510
Asoka, 219–220, *220, m220*, 223
Aspelta (rey de Kush), 172
Astronomía
  época helenística, 322
  Mesoamérica, 399
Asúan, represa, 133, 134, 173
Atacama, desierto, 385
Atahuallpa (rey inca), 422
Ataúdes, 321, 331
Atenas, 286, 302, *m302*, 304–305, *304*, 307–313, 370
  arquitectura, 309, 310, *310*
  contaminación del aire, 469
  conquistada por los macedonios, 317–318
  democracia, 304, 307, 309, 311, 371, 500
  edad de oro, 309–313, *309, 310, 312, 313*, 325
  gobierno, 304, 309, 371
  guerras médicas, 307–308, *m308*
  mujeres, 304
  población, 304
Atenea (diosa griego), 306, 309, 347
Ática, 304, 311
Atlántico, océano, 383, 384, *m376*
Atlas, R3
Atón, 153–154, *154*
Augusto, (Octaviano) César, 340–342, *340, m342*, 346–347, 354, 371
Australia, 58, *m58*, 59, 451, *451*, 472, 473, *473*, 501
Australopitecinos, 51–53, *m52*, 53
Austria-Hungría, 485
Autoridad, 92

Índice • **R63**

Awash, río (Etiopía), 52
Axum, reino, 179
Ayers Rock (Australia), 451
Azerbaiján, *m493,* 494
Aztecas, 406, 407–411
  agricultura, 408, *408*
  arte, 407, 425
  calendario, 410, 411, *411*
  ciudades, *m376, m377,* 408, *m408,* 409, 410, 411, *411, m413,* 415, 426
  ciudades-estado, 411, 431
  clases sociales, 410, 415
  comercio, 415–416
  esclavitud, 410
  escritura, 410, 416–417, *416,* 417
  gobierno, 410, 411, 414–415, *414,* 424, 425
  guerras, 409, *409,* 410, 411, 424, 425, *425,* 431
  imperio, 409, *m409, m412,* 414–417, *414*
  llegada, 407
  préstamo cultural, 409
  vida cotidiana, 410, 414–417
  religión, 407, *407,* 408, 410, *410,* 411, 415, 416, 417
Aztecas, incas y mayas (Baquedano), 427

B

Baal (dios fenicio), 110
Babilonia, 98, *m320,* 321
Babilonia, Imperio de, 98–100, *99, m100,* 108, 117, 224
Bajo Egipto, *m126–127,* 132–133, *m132,* 139–140, *140,* 152
Balada, componer una, 487
Balcánica, península, *m288,* 299, *m299,* 317, 495–496, *m495*
Banda, 54, 56–58, 430
Banderas
  del mundo, R12
  México, 407
  Naciones Unidas, 513
  OTAN, 513
Bangladesh, *m216,* 217, 448
Baños públicos, 206, 344, 345, 346
Bantú, lenguas, 457
Bárbaro, 362
Barber, Elizabeth Wayland, 315
Barcos. *Véase* Embarcaciones
Basílica, 343

Beatitudes, 356
Beijing, China, 232, 469, 492, *492*
Beilorrusia, *m493,* 494
Belfast, Irlanda del Norte, 494
Bengala, golfo de, 200, *m200*
Bereberes, 362
Bering, estrecho de, 60
Beringia, 385, *m386,* 387, *387*
Bhagavad Gita, 212
Bi (anillo sagrado), 244
Biblia, 105, 106, 107, 356, 360
Biblia hebrea, 105, 107
Bibliotecas
  Alejandría, 322
  catálogo computarizado, R4, R5
  fichero, R3, R4
  fuentes de referencia. *Véase* Fuentes
  Roma, 333, 344, 346
Bilingüe, 446
Biografías
  Asoka, 219, 220, *220*
  Confucio, 247–249, *248,* 252, 253, 274
  Dama Hao, 238
  David, rey 107, 108
  Gilgamesh, 92, *92,* 117, 208
  Homero, 291, 296–297, *296,* 318
  Lucy (fósil), 52, 53, *53*
  Pachacuti, 377, 418, 421, *421,* 427
Birmania, 516
Bizancio, 364, *m364.* *Véase también* Constantinopla
Bledsoe, Helen Wieman, 258–261
Bloque, 512
Bodh Gaya, India, 214
Bodo, Noruega, *m44*
Bolivia, 419, *m419,* 446
Bombay, India, 453, *m453,* 461, 469
Bonampak, México, 438, 439, 440
Bonaparte, Napoleón, 154, 483
Bosnia, 495–496, *m495*
Bosnic, Zoran, 475
Bosques
  América Central, 384
  destrucción, 203, 467, 469–470, *469, 470,* 471
  selvas, 384, 385, 388, 389, 398, 446, 469–470, *470,* 474–475, *474, 475*
Boston, Massachusetts, 461
Brahma (dios hindú), 212

Brasil, 447, 456, 460, *460,* 461, 469, *m470,* 475
Brasilia, Brasil, 460
Bronce, 138, 237, *237,* 239, 264, 293, 395
Buda, 194–197, 213–215, *214,* 229
Budismo, 215, *215, m216,* 217, 219, 220, 221, 223, 272, 273, 275, 441, 448, 458
Buen Pastor, 355
Buenos Aires, Argentina, 461, *461,* 462
Bulgaria, 490, *m493*
Burenhult, Göran, 59
Burocracia, 152, 247
  China, 247, 248, 253, 256, 263, 264
  Egipto, 152
Burton, Jonathan, 474
Burundi, 450

C

Caballería, 224
Caballos
  Américas, 423, 481
  China, 254, 259–260, 262, 265, 266
  India, 211
  Mesoamérica, 411
  Persia, 224, 226
  pinturas rupestres, 48
Cacao, 399, 409
Cairn, 79
Calabaza, 388, 399
Calcuta, India, 453, *m453,* 456, 461
Calendarios
  azteca, 410, 411
  egipcio, 137, 138
  maya, 399
  musulmán, 459
  romano, 337
Calentamiento de la atmósfera de la tierra, 470–471
California, 444, 461, *461,* 466, 469
Caligrafía, 240
Calipixques (recaudadores de impuestos aztecas), 414–415
Cámara de los Comunes, 502
Cambio y continuidad, 24
Cambises II (rey de Persia), 155
Camboya, 449, 504
Camellos, 266, *266*–267

Caminos
  América del Sur, 419–420, *420, m420,* 430
  China, 254, 255, 264, 266, *266,* 267, 269
  incas, 419–420, *420, m420,* 430
  Roma, 343, 344
  Ruta de la Seda, 266, *266,* 267, 269, 516
Campesinos
  China, 245–246, *245*
  Roma, 334
  Véase también Clase social
Canaán, 106
Canadá, 445–446, 445, *m446,* 512
  comercio, 512, *512*
  economía, 465
  gobierno, 501, 502, *502*
Canales
  China, 254, 256, 264
  Egipto, 138
  Mesopotamia, 87, 88, 89
Canberra, Australia, 451
Capitolio, edificio del (Washington, D.C.), 500
Caracas, Venezuela, 456
Caracteres, 240, *240*
Características físicas, 36
Características humanas, 36
Caravana, 266
Caribe, mar, *m376,* 384
Carrera armamentista, 487
Carros de guerra, 96–97, 100, 101, *101,* 152, 237
Carta Magna, 482–483, 501
Cartago, 111, 335, 338
Cartas, 426, 513
Cartel, actividades, 189, 257, 267, 277, 313
Carter, Dorothy Sharp, 156–161
Carter, Jimmy, 456
Cartograma, 488–489, *m488, m489,* 515
Casco
  anglosajón, 364
  griego, 295
  romano, 351
  sumerio, 96
Caspio, mar, 224, *m225*
Casta, 213, 213, 220
Castro, Fidel, 504–505, *504*
Catacumbas, 357
Çatal Hüyük, 68, *m68,* 68, 85
Catalogo computarizado, R4, R5
Catarata, *m132,* **133,** 167, 169, 170, *m171,* 385, 445

R64 • Referencia

Catolicismo — Civilización

Catolicismo, 360, 494, *494*. *Véase también* Cristianismo
Causa, 33. *Véase también* Causa y efecto
Causa y efecto, 33, 88, 95, 96–97, 117, 122, 165, 183, 188, 227, 250–251, *250, 251*, 257, 271, 276, 325, 365, 405, 427, 451, 461, 471, 513, 515
Caza
 animales, 65–66
 en las Américas, 387, 388, 430
 Egipto, 134
 herramientas para la, 55, 56
 por los primeros seres humanos, 44, 53–54, 55, 56–57, *57*, 59, 65–66, 120, 430
Cebada, 65, 69, 134, 211, 290, 328, 383, 423
CEE (Comunidad Económica Europea), 511
CEI (Comunidad de Estados Independientes), 494
Cenote, 400
Censo, 342
Centros comerciales, 177, *m178*
Centuriones, 352, 353
Cerámica
 China, 236, *236*, 259
 Europa, 79
 Grecia, 287, 294, *294*, 304
 Nubia, 167, 168
 olmeca, 388
 valle del Indo, 205
Ceres (diosa romana), 354
César, Julio, 326, *326*, 336–337, *337*, 340, 342
César, Octaviano (Augusto), 340–342, *340*, *m342*, 346–347, 354, 371
Champollion, Jean-François, 154, 174
Chandragupta I (emperador de India), 221
Chandragupta II (emperador de India), 221, *221*, 222
Chandragupta Maurya (emperador de India), 218–219
Chang Heng, 265
Chang Jiang, cuenca del, 233, 234
Chang Jiang, río, 231, 232, *m233*, 236
Chang Jiang, valle del, 235
Chang'an, China, 262, *m263*, 265, 516
Checoslovaquia, 490, 513
Chiba, Japón, 460, *m460*

Chichén Itzá, 400, *400*, 401, *m401*, 405, *m432*
Children's Magazine Guide, R5
Chile, 389, 419, *m419*, 446
China, 230–271, *m233*, 449
 administración pública, 263, 264, 268, 269
 agricultura, *m45*, 69, 231, 234, 235, 236, 237, 269, 270
 arte, 190–191, 230, 244, 247, 250, 252, 253, 258–261, 262, 264, 268
 artefactos, 238, 394, 395
 asentamientos, 236, 244
 ciudades, 232, 461, *461*, 469
 clases sociales, 245–246, *245*, 256
 comercio, 266–267, *266, 267*, 275, 516
 control del agua, 235, 236–237, 264, 269, 471
 dinastías. *Véase* Dinastías chinas; *nombre de la dinastía*
 economía, 465, 466
 escritura, 237, 239, 240–241, *240, 241*, 264
 budismo, 221
 estandarización, 255–256, 257, 269, 275
 familia, 248
 geografía, 231–234, *232*, *m233*
 gobierno, 244–245, *245*, 246–247, 248, 249, 252–257, 262–265, 492, *492*, 503, 506, *506*
 Gran Muralla, 254–255, *254–255, m255*, 263, 264, 269, 275
 grupos culturales, *m276*
 guerras, 246–247, *247*, 252, 254, 257
 lenguas, 233, *m276*
 leyes, 247, 248, 253, 263
 leyendas, 235–237, 246, 250
 lucha por la democracia, 492, *492*
 mapa de altitud, *m243*
 mujeres, 238, *238*, 239
 orígenes, 235–236
 período de los reinos combatientes, 246–247, *247*, 268, 269, 271, 274
 población, *m276*, 448, 467
 poesía, 230, 246
 primeros habitantes, *m58*, 59, 69
 producto interno bruto, 465, 466

 regiones, 232–233
 religión, 221, 237–238, 244, 248, 252, 255–256, 261, 265
 seda, 239, *239*, 264, 266, 271
 tecnología, 264–265, *264, 265*
 Tíbet, 441
 tumbas, 238, *238*, 258–261
China Meridional, mar de, *m45*
China Oriental, mar de, *m45*
Chinampa, 408, *408*
Chu, reino, 247, 248
Cicerón, 25, 336, 368
Ciencia
 Grecia, 311, 322–323
 Mesoamérica, 399
 Véase también Astronomía; Matemáticas; Medicina
Cieno, 87, 133, 137, 231, 234
Circa, 71
Circo romano, 345
Ciro el Grande, 224–225, *224*, *m225*
Ciudad-estado, 92
 aztecas, 411, 431
 Creciente Fértil, *m90*, 92, 96, 98, 112, 116
 griegas, 280, 300–305, *m302*, 317, 325. *Véase también* Atenas; Esparta
Ciudadanos, 22
 democracia, 309, 500–502
 derechos. *Véase* Derechos de los ciudadanos
 mujeres griegas, 314–315
 pago de impuestos, 98–99, 141, 245, 335, 414–415, *414*, 417, 420, 421
 participación, destrezas de, 34
 responsabilidades. *Véase* Responsabilidades de los ciudadanos
Ciudades, 460–461, *460, 461*
 africanas, 359, 450, 461
 América del Norte, *m376, m377*, 408, *m408*, 409, 410, 411, *411*, 456, 461, *461*, 469
 América del Sur, 419, 420, 421, 422–423, *422, 423*, 427, 460, *460*, 461, *461*, 469
 antiguas, 279, 373
 área metropolitana, 461
 Asia, 85, 88, 89, *m90*, 100, 101, 121, 460, *m460*, 461, *461*, 472
 Australia, 451, 472
 aztecas, *m376, m377*, 408, *m408*, 409, 410, 411, *411*, *m413*, 415, 426
 China, 232, 461, *461*, 469

 crecimiento, 85, 120
 Estados Unidos, 461, *461*
 Europa, 448, 460, *460*, 469
 incas, 419, 420, 421, 422–423, *422, 423*, 427
 India, 453, *m453*, 456, 461, 469
 inmigrantes, 456, *456*
 Japón, 460, *m460*, 461, *461*, 472
 mayas, 396–398, *396, 397*
 megalópolis, 460, *m460*, 461
 Mesoamérica, *m376, m377*, 408, *m408*, 409, 410, 411, *411*, 415, 426, 427
 Mesopotamia, 85, 88, 89, *m90*, 100, 101, 121
 México, *m376, m377*, 408, *m408*, 409, 410, 411, *411*, 415, 456, 460, 469
 población, 456
 primeros asentamientos, 45
 Revolución Industrial, 484
 suroeste de Asia, 85, 88, 89, *m90*, 100, 101, 121
 suburbios, 461
 urbanización, 456, *456*
 valle del Indo, 205–209, *m205*, 206, 207, 208, 209
Civilización, 89
 África, 125, *m126–127*. *Véase también* Egipto; Kush; Nubia
 aportes, 368–369, *368, 369*
 azteca, *m376*, 377, 406, 407–411, *407*, 408, *m408*, *m409*, 410, 411, *m412*, *m413*, 414–417, *414*, 416, 417, 424, 425, *425*, 431
 del Mediterráneo, 279, *m280–281*, *m288*. *Véase también* Grecia; Roma
 harappa, 192, 204–209, *204*, 205, *m205*, 206, 207, 208, 209, 228
 inca, *m376*, 377, 418–423
 maya, *m376*, 377, 396–401, *m401*, 405
 Mesopotamia, 89–95. *Véase también* Mesopotamia
 micénica, 291, 294–295, *294, 295*, 324, 370
 minoica, 278–279, 280, 291–293, *291, 292*, *m292*, 293, 294, *294*, 295, 324, 370
 olmeca, *m376*, 377, 382, *382*, 388–393, *m390*, 404, 431
 préstamo cultural, 294, 343, 346, 347, *347*, 368–369, *368, 369*, 409
 Véase también el nombre de la civilización

Índice • **R65**

Civilizaciones del Mediterráneo, 279, *m280–281, m288.* Véase también Grecia; Roma
Clase social, 93
 China, 245–246, *245,* 256
 Egipto, 146–147, 151–152, *151*
 entre los aztecas, 410, 415
 entre los incas, 421, 422
 entre los olmecas, 389
 Grecia, 301, 303, 304–305
 India, 213, *213,* 220
 Mesopotamia, 93–94
 Roma, 332–334
 Véase también Campesinos; Nobles
Clasificación, 268–269
Clave del mapa, 39
Cleopatra, 340
Clima
 África, 131, 137
 América del Norte, *m384*
 América del Sur, *m384,* 385
 Antártida, 449
 Asia, *m448,* 472
 Australia, 472
 calentamiento de la atmósfera de la Tierra, 470–471
 climografías, 472–473, *472, 473,* 477
 destrucción de las selvas tropicales, 470
 el mundo de hoy, 472–473, *472, 473*
 Estados Unidos, 473
 Grecia, 290, *290*
 Imperio Inca, 418–420, *m419*
 India, 200, 201–202
 Mesopotamia, 85
 precipitación, 344, 472, 473
 temperatura, 472, 473
Climografía, 472–473, *472, 473,* 477
Clístenes, 304
Clodoveo (jefe de los francos), 365
CNA (Congreso Nacional Africano), 491, *491*
Cnosos, palacio de, 292, 293
Cobre, *m126–127,* 169, *m178,* 394
Código de Hammurabi, 98, 99–100, *99*
Coe, Michael D., 390
Cohen, David, 315
Coliseo (Roma), 344, *344,* 345
Colón, Cristóbal, 401, 481, 515

Colonia, 111
 África, 450, 484
 Asia, 484
 Australia, 451
 británicas, 451, 484, 485
 fenicias, 111
Columnas
 corintias, 310
 dóricas, 310
 griegas, 310, 344
 jónicas, 310
Combustible, 466, 510, *510*
Comedia, 310
Comercio
 actividad, 189
 África, 136, 143, 151, 162–163, *m163,* 168–169, 176–177, 187, 450, 479–480, 509, 516
 América del Sur, 422
 Asia, 266–267, *266, 267,* 275, 479, 516
 aztecas, 415–416
 China, 266–267, *266, 267,* 275, 516
 cooperación y, 509–512, *511, 512,* 516
 costo de oportunidad, 474
 economías de mercado, 465, *465,* 494
 Egipto, 136, 143, 146–147, 151, 162–163, *m163,* 186
 en la actualidad, 479–480, 509–512, *509, 511, 512,* 516, *516*
 esclavos, 482
 Estados Unidos, 114, 115, 509, 512, 516
 Europa, 266, *266,* 267, 269, 289, 290, *m292,* 293, 295, 301, 303, 328, 329, 331, 343, 363, 479, 481, 482, 511, *511*
 Fenicia, 112–113, *113*
 Grecia, 289, 290, *m292,* 293, 295, 301, 303
 importaciones y exportaciones, 114, 115, 265, 266, 290, 509
 India, 223, 516
 intercambio colombino, 481
 Italia, 328, 329, 331, 343, 363
 mercaderes, 93, 189, 415–416
 Mesopotamia, 93, 98, 100
 moneda, 112–113, *113. Véase también* Moneda
 Nubia, 168–169, 176–177, *m178,* 187

 proteccionismo y, 509
 Roma, 328, 329, 331, 343, 363
 Sumeria, 93
 suroeste de Asia, 93, 98, 100, 110–113
 tarifas, 509
 TLC, 510, 512, *512*
 triangular, 482
 trueque, 112–113
 valle del Indo, 208
 Véase también Comercio; Economía
Comisión Europea, 511
Comité Central (China), 506
Comparar puntos de vista, 174–175, *174, 175,* 314–315, *314, 315,* 474–475, *474, 475*
Comparar y contrastar, 228, 324, 404, 476
Compensación, 474
Comunicación
 China, 254
 por mensajero, 226
 satélites, 434–435
 telecomunicaciones, 508, 509, *509*
 Véase también Escritura
Comunidad de Estados Independientes (CEI), 494
Comunidad Económica Europea (CEE), 511
Comunismo, 447, *m441,* 487, 490–494, *m493,* 505, 506, *506,* 513
Conclusión lógica, 507, 515
Conferencia mundial, 434, 521
Conflicto, 24
 África, 451
 América del Sur, 418, 422
 árabe-israelí, 496–497, *m497*
 causa y efecto, 96–97
 China, 246–247, *247,* 252, 254, 257
 guerras civiles, 150, 257, 340, 451
 Egipto, 150–151, 152–153, *m153,* 154–155
 entre Estados Unidos y Unión Soviética, 487, 504–505
 entre Europa y Asia, 480–481
 entre los primeros seres humanos, 68
 Grecia, 294, 295, *295,* 297, 307–308, *m308,* 311, *m311*
 guerra del golfo Pérsico, 496, 496
 India, 219–220, 320, 321

 Mesoamérica, 409, *409,* 410, 411, 424, 425, *425*
 Mesopotamia, 96–98, *96, 97,* 100, 101, *101*
 Persia, 224–226, 307–308, *m308,* 316, *316,* 317–321, *318, 319, m320,* 321
 por tierras, 68, 96, 100, 496–497, *m497*
 Primera Guerra Mundial, 485
 Reino Unido, 457
 religión, 481, 494, *494,* 514
 resolver, 498–499, *m498, m499,* 515
 Revolución Americana, 482, 483, 503
 Revolución Francesa, 483, *483,* 503
 Roma, 334–335, 338, *m339,* 340, 359, 364–365, *m365,* 366
 Segunda Guerra Mundial, 485–486, *486, m486*
 Yugoslavia, 495–496, *m495*
 Véase también Guerra(s)
Conflicto árabe-israelí, 496–497, *m497*
Conforme, proyección, 103, *m103*
Confucianismo, 248, 252, 256, 262–263, 264
Confucio, 247–249, *248,* 252, 253, 274
Congo, 450, *m450*
Congreso de EE. UU., 500, 502
Congreso Nacional Africano (CNA), 491, *491*
Conquista de México, La (pintura), 481
Conquistador, 411, 418, 422–423, *422,* 424, 425, *425,* 427
Conquistadores españoles, 411, 418, 422–423, 424, 425, *425,* 427
Conquistar, 96
Consecuencia, 56, 68
Consejo de los 500 (Atenas), 309
Consejo de Ministros, 512
Consejo Europeo, 511
Constantino (emperador de Roma), 359, 361
Constantinopla, 361, 363, 364, *m364,* 365, 479
Constitución de EE.UU., 272
Cónsul, 332, 336
Contaminación, 469–471
 contaminación del aire, 469
Contar una fábula, 277

R66 • Referencia

Continentes

Continentes
  subcontinente, 199
  Véase también África;
    América del Norte;
    América del Sur;
    Antártida; Asia;
    Australia; Europa
Continuidad, 24
Contribuciones culturales,
  89–91, 95, 110–111, *111*,
  137–138, 216–217, *m216*,
  222–223, 240–241, *240*,
  264–265, *264*, 292–295,
  309–313, 346–347, 389–393,
  399–400, *400*
Cooperación, 24
  comercio, 509–512, *511*, *512*,
    516
  entre los primeros seres
    humanos, 56, 57, 61, 66,
    120
  para alcanzar la paz, 513,
    513
  tecnología, 508–509
**Cooperación Económica de
  Asia y el Pacífico (APEC),**
  510
Corán, 459
Cordillera, 384
Corea, 449, 461, 501, 516
Corea del Norte, *m233,* 449
Corea del Sur, *m233,* 449, 461,
  501, 516
Corona, 319
**Corte Internacional de
  Justicia,** 511, 513
Cortés, Hernán, 411
Costo de oportunidad, 474
Crear un cartel con la clase,
  277
Creciente Fértil
  agricultura, 87–88, *87, 88*
  agua, 85, 87–88, *87*
  arquitectura, 91, *91,* 101
  arte, 84, 89, 92, 93, 94, 97, 99
  ciudades, 85, 88, 89, *m90,*
    100, 101
  ciudades-estado, *m90,* 92,
    96, 98, 112, 116
  civilización, 89–95
  clases sociales, 93–94
  Código de Hammurabi, 98,
    99–100, *99*
  comercio, 93, 98, 100,
    110–113, 516
  conflictos, 96–98, *96, 97,* 100,
    101, *101*
  escritura, 88, 93–94, *94,* 95,
    111, *111,* 117, 121
  fenicios, 110–112, *110, 111,
    m112,* 121, 306, 335
  geografía, 85–88, *m86*

  gobierno, 92, 97
  Imperio Asirio, 98, 100–101,
    m100, 101, 155, 173, 226
  Imperio de Babilonia,
    98–100, *99, m100,* 108, 117,
    224
  innovaciones, 45, 89–90, 95
  israelitas, 105–109, *m106,
    107, m108,* 120
  lidios, 110, 112–113, *m112,
    113,* 121
  migración, 56–60, *m58,* 82
  monedas, 112–113, *113,* 121
  religión, 91, 91, 94, 99,
    105–109, 110
  tecnología, 89–90, 96–97
  Véase también Mesopotamia
Creencias cristianas, 107, 155,
  179, 355–360, 361, 362,
Creta, 287, 291–292, *m292,* 293,
  293, 294, *m294,* 295
Crisis de los misiles cubanos,
  504–505
Cristianismo, 357, 459
  Asia, 448
  cantidad de creyentes, 458
  catolicismo, 360, 494, *494*
  crecimiento, 359–360
  cruzadas, 481, 514
  difusión, 356–357, *m358,*
    371
  Iglesia Católica Ortodoxa,
    360
  India, *m216*
  inicios, 281, 354, 355–360,
    355, 357, m358, 359, 363,
    367, 371
  línea cronológica, 361, *361*
  Nubia, 179
  protestantes, 459, 494
  Roma, 281, 354, 355–360,
    355, 357, m358, 359, 363,
    367, 371
Cristianos, 357–360, 458
  África, 458
  América del Norte y del
    Sur, 458
  Asia, 458
  cantidad de cristianos en el
    mundo de hoy, 272–273,
    458
  catolicismo, 360, 494, *494*
  cruzadas, 480–481
  Europa, 458
  los Diez Mandamientos, 107
  primeros cristianos, 357–360
Cro-Magnon, *m44*
Croacia, 495–496, *m495*
Cronología, 33
Crucifixión, 356, 358, 367
Cruzadas, 481, 514

Cuadrícula, 40, *m40,* 55
Cuba, *m436,* 465, 492, 504–505,
  504
Cuchillos, 55
Cuenca, 233, 234
Cuentos populares
  egipcios, 128–129
  fábulas, 194–197, 277
  indios, 222
  mitos, 305–306
  parábolas, 355
  Véase también Leyendas
Cultivos
  aceitunas, 290, *290,* 294, 328
  aguacates, 408
  ajonjolí, 203
  algodón, 203, 409
  arvejas, 328
  arroz, 234, 236, 428
  cacao, 399, 409
  calabaza, 388, 399
  cebada, 65, 69, 134, 211, 290,
    328, 383, 423
  cacahuate, 428
  cebollas, 134
  chiles, 408
  frijoles, 134, 234, 388, 399,
    408, 409, 481
  higos, 328, 400
  lechuga, 134
  maíz, 69, 234, 388, 399, 408,
    409, 481
  mijo, 236
  naranjas, 294
  papas, 418, 454, 481
  pérdidas, 68
  primeros seres humanos, 65,
    69
  quinoa, 418
  té, 202
  tomates, 428
  trigo, 65, 69, 134, 137, 234,
    290, 328, 383, 423
  uvas, 290, 328, 330
  Véase también Agricultura
Cultivos mixtos, 388, 399, *399*
Cultura, 41, 60
  africana, 457, *457*
  alimentos, 428–429
  Américas, 378–381, 457–458
  aria, 210–215
  azteca, *m376,* 377, 406,
    407–411, *m412, m413,*
    414–417
  china, 235–269, 240, 264
  deportes, 282–285, 305, *305,*
    306, 307, 392, *392*
  diversidad, 457–458, *457*
  egipcia, 111, 135–161,
    174–175

  española, América del Sur,
    423
  europea, 446–447, 457–458,
    457
  fenicia, 110–113
  griega, 111, 291–297,
    300–315, 320–323, *322*
  helenística, 320–323, *322*
  imperio multicultural, 320
  inca, *m376,* 377, 418–423
  india, 210–223, *m216*
  lenguas, 61, 154, 177, 212,
    m216, 233, *m276,* 294, 320,
    347, 379, 400, 420, 423,
    446, 447, 457
  maya, *m376, m377,* 378,
    379–381, 396–401, *m398,
    400, m401,* 405
  Mesopotamia, 89–95
  mexicana, 446
  micénica, 294–297
  minoica, 291–294
  mundial, 457–458, *457*
  nubia, 167–179, 186
  olmeca, *m376, m377,* 377,
    382, *382,* 388–393, *m390,*
    404, 431
  persa, 224–227
  primeros habitantes de
    Escocia, 72–79
  primeros seres humanos,
    60–61
  ritos, 237
  romana, 329–353
  valle del Indo, 204–209,
    m205, 208, 209
  vestimenta, 59, 60, 61, 146,
    157–158, 178, 198, 421,
    421, 423, 457
  Véase también Arquitectura;
    Arte; Artesanías; Clase
    social; Escritura;
    Escultura; Literatura;
    Pinturas; Religión;
    Sistemas sociales
Cuneiforme, 94, 95, 117
Curva de nivel, 242, 243,
  m243
Cuzco, Perú, *m376,* 419, 420,
  421, 422–423, *423,* 427
Cuzco, valle del, 418, 426

D

d.C. (después de Cristo), 71
Dalai Lama, 441
Dama Hao, 238, *238*
Danubio, río, 321, 364
**Darío I (emperador de
  Persia),** 193, 225–226, *m225,*
  226, 275, 307, *m308*

Índice • **R67**

Darío III (rey de Persia), 318, 319
Dart, Raymond, 51
Datación con carbono radioactivo, 56
Datos
  comparar datos usando gráficas, 114–115, *114, 115,* 117
  evaluar, 424–425, *424, 425,* 427
  hacer un informe, R9
  reunir, R2–R8
  usar una tabla para clasificar, 268–269, *268, 269,* 271
David (rey de Israel), 107, 108
De Klerk, Willem, 491
Debate, actividad, 69, 189
Decán (India), 200
Declaración de la Independencia, 483, 507, *507*
Decreto, 141
Deforestación, 203, 467, 469–470, *469, 470,* 471
Delhi, India, 453, *m453,* 462
Delta, 132, *m132,* 134
Demagogo, 311
Democracia, 304, 500–502
  África, 491, *491*
  América Latina, 492
  constitucional, 502
  directa, 309, 500
  el mundo de hoy, 490–494, *490, m493,* 500–502, *500, 501, 502, 507, 507*
  Estados Unidos, 500, 501–502, *501, 507, 507*
  Europa, 490–491, *490*
  Grecia, 304, 307, 309, 311, 368, 371, 500
  nuevas, 490–492, *490, 491*
  representativa, 501
  Roma, 331–333, 500–501
  Suráfrica, 491, *491*
  Woodrow Wilson, 478
Democracia constitucional, 502
Democracia directa, 309, 500
Democracia representativa, 501
Deng Xiaoping, 506
Densidad de población, 453
Denzel, Justin, 46–49
Deporte
  Grecia, 282–285, 305, *305,* 306, 307
  Mesoamérica, 392, *392*
Derechos de los ciudadanos
  Egipto, 147, 151

  justicia imparcial, 100
  Grecia, 303
  Mesopotamia, 92, 94, 100
  mujeres, 94, 147, 156, 178, 303, 314–315, *314, 315*
  participación en el gobierno, 92, 301, 304, 309, 331–333
  Roma, 25, 331–333
DeRoin, Nancy, 194–197
Descripción, escritura, 164, 182, 228, 270, 324, 393, 514
Deshuret, 133
Desiertos, 58, *m126–127,* 131, *m132,* 133, 233, *m233, m320,* 385, 446
Deslizamientos de tierra, 469
Destrezas. *Véase* Actividades de escritura; Lectura e investigación; Mapas y globos terráqueos; Tablas y gráficas; Razonamiento crítico; Participación;
Devoción filial, 248
Dharma, (hinduismo), 220
Día D, 486
Diagramas, 506
Dialecto, 233
Diario, actividades, 54, 82, 179, 209, 366, 404
Diáspora, 109
Dibujar los planos de una casa, 123
Diccionarios, R3
Dictador, 332, 335–336, 504
Dictaduras, 332, 335–337, 492, 504–505, *504*
Diez Mandamientos, 106–107, *107,* 120, 355
Difusión cultural, 111, 392
Dinastía, 141, 143, 146, 150–151, 152, 154, 155, 165
  chinas. *Véase* Dinastías chinas
  egipcias, 141, 143, 146, 150–151, 152, 154, 155, 165
  nubias, 172, 177
Dinastías chinas, 190–191, 193
  Han, dinastía, 193, 257, 262–267, *262, m263, 264,* 265, 266, 267, 269, 271, 275
  Ming, 255
  Qin, 252–261, *252, 253, 254–255, m256, m263,* 264, 269, 271
  Shang, 192, 236–241, *236, m236, 237, 238, 239, 240, 241,* 244, 245, *m246, m263,* 264, 271, 395
  Xia, 237

  Zhou, dinastía, 190–191, 244–251, *244, 245, m246, 247, 250, 251,* 252, 256, 262, *m263,* 264, 269
Diocleciano (emperador de Roma), 363, 364
Diorama, actividad, 387
Dioses y diosas,
  aztecas, 407, *407,* 408, 410, *410,* 411, 415
  chinos, 235, 237–238, 244
  egipcio, 110, 128–129, 133, 138–139, *138, 139,* 141, 144, 153–154, *154,* 168, 170
  griegos, 289, 290, 306, *306,* 320, 347
  incas, 418, 420, 421
  indios, 202, 212, *212*
  mayas, 397
  nubias, 170, 177
  olmecas, 391, 392
  persas, 227, *227*
  romanos, 347, 354, 357–358
  Véase también Religión; nombres de dioses y diosas
Dióxido de carbono, 470
Dirección
  en el globo terrestre, 35
  en internet, R6–R7
Discípulo, 356
Discos compactos (CDs), 508
Discurso, actividad, 113, 227, 306, 330, 337, *337,* 336. *Véase también* Presentación oral, actividad
Disidente, 493
Distorsión, 102
Distribución de la población, 452
Diversidad, 23
  agricultura, 69
  alimentos, 428–429
  cultura, 457–458, *457*
  recursos naturales, 466–467
  religión, 458–459, *458, 459*
  vestimenta, 457
División de trabajo, 67
  entre los primeros seres humanos, 67, 75–76
  Mesopotamia, 93–94
Doce Tablas, 333
Domesticar, 64
  animales, 64, 65–66, 66–67, 69, 75, 76, 83, 88, 120, 121, 134, 203, 211
  plantas. *Véase* Agricultura; Cultivos
Dóricos, 295, 302
Dubois, Eugene, 51
Dunrea, Olivier, 72–79

E

E.C. (Era Común), 71
Ecclesia, 304
Economía, 41, 65, 464–466
  América del Sur, 422
  China, 465, 466
  comunismo, 447, *m447,* 487, 490–494, *m493,* 505, 506, *506,* 513
  costo de oportunidad, 474
  de mercado, 465, *465,* 494
  depresión, 485
  dirigida, 465, *465*
  Egipto, 136, 143, 146–147, 151
  Estados Unidos, 465, *465*
  Fenicia, 112–113, *113*
  ingreso per capita en las Américas, 512
  Mesopotamia, 93, 112–113, *113*
  monetaria, 113, *113. Véase también* Moneda
  Nubia, 168–169, 176–177, *m178,* 187
  perestroika, 493
  primeros seres humanos, 65
  Revolución Industrial, 483–484, *484*
  Unión Europea, 511, *511*
  Unión Soviética, 493–494
  Sumeria, 93
  tradicional, 464–465, *464, 465*
  Véase también Comercio
Economía de mercado, 465, *465,* 494
Economía dirigida, 465, *465*
Economía monetaria, 113, *113*
Economía tradicional, 464–465, *464, 465*
Ecuador, 419, *m419,* 446, 510
Edad de oro
  Grecia, 309–313, *309, 310, 312, 313,* 325
  India, 221, 222–223, *222, 223*
Edad de Piedra, 50–81
  agricultura, 64–69, *64, m65,* 66–67
  arte, 46–49, *46, 48, 49,* 59, *m63,* 66, 68
  asentamientos, 67–68, *m68,* 72–79
  cacería, 44, 53–54, 55, 56–57, *57,* 59, 65–66
  cultura, 60–61
  división de trabajo, 67, 75–76
  herramientas, 52, 54, 55, 56, 60, 61, 64

R68 • Referencia

migraciones de los primeros seres humanos, 56–60, *m58*, 82, 167, 182
mujeres, 75–76, 79
vida cotidiana, 72–79
viviendas, 59–60, 61, 66, 67, 68, 74
Edad de Piedra Antigua, 71
Edicto de Milán, 359, 360, 361, *361*
Educación
aztecas, 410
China, 249, 256
Egipto, 147
Grecia, 302–303, 312–313, *312*, 318, 322
Roma, 346–347
Educación cívica, 25, 41
Efecto, 33. *Véase también* Causa y efecto
Éforos, 303
Egeo, mar, 287, *m288*, 307
Egipto, 100, 124–165
agricultura, 133–134, *134*, 137–138, *137*, 151, 164
Alto, *m126–127*, 132–133, *m132*, 139–140, *140*, 152
arte, 124–125, 130, 136, 137, 138, 139, 142, 143, 146, 152, 154, 157, 158, 159, 160, 394
artefactos, 394
Bajo, *m126–127*, 132–133, *m132*, 139–140, *140*, 152
bajo el control de otros pueblos, 154–155, 340
burocracia, 152
caída, 154–155, 187
clases sociales, 146–147, 151–152, *151*
comercio, 136, 143, 151, 162–163, *m163*, 186
conquista de Nubia por, 168, 169–170, *169*
conquista de Egipto por Nubia, 150–151
democracia, 501
economía, 136, 143, 146–147, 151
época helenística, 319–320
esclavitud, 106, 151–152, *151*
escritura, 111, 142, *142*, 154, *154*, 172, 187, 241
comercio, 136, 143, 146–147, 151, 186
expansión, 153, *m153*
faraones, 130, 139, 141, 144, 146, 148, 150–151, *150*, *151*, 152, 152, 153–154, 156–161, *157*, *158*, 168, 173, 173, 187

geografía, *m126–127*, 131–134, *131–132*, *m132*, *133*, *134*
gobierno, 141, 142–143, 150–151, *151*, 152, 156–161, 168, 187, 501, 503
guerras, 150–151, 152–153, *m153*, 154–155, 167, 169–173, *169*, *172*, 183, 187
Imperio Antiguo, 141, 142, 143–144, *m153*, 165, 187
Imperio Medio, 142, 150–152, *m153*, 165, 186
Imperio Nuevo, 142, 152–154, *m153*, 165, 186, 187
influencia nubia, 167–168, 186
innovación, 137–138, *137*, *138*, 152
israelitas, 106
orígenes de la civilización, 174–175, *174*, *175*
período amarna, 154
pinturas en tumbas, 124–125, 139
pirámides, *m126–127*, 143, 144–146, *144*, *145*, *m145*, 148–149, *148*, *149*, 153
primeros asentamientos, *m126–127*, 127, *m132*, 133
religión, 128–129, 133, 136, 138–139, *138*, *139*, 141, 144, 151, 153–154, *154*, 155
unificación, 139–140, *140*, 165
valle del Nilo, 58, 131–134, *134*, 186
vida cotidiana, 146–147
Ejército Republicano Irlandés, 494
Ejercitos
chino, 263, 506
de Alejandro Magno, 317–321, *318*, *319*, *320*, 371
de Atenas, 304
de Cartago, 335, *335*, 338, *m339*
egipcio, 152–153
espartano, 302–303, *303*
griego, 303, *303*, 304, 307–308
persa, 224, 307–308
romano, 334–335, 338, *m339*, 342–343, 350–353, *350*, *351*, *353*, 359, 364
Véase también Guerra(s)
El atlas del hombre primitivo (Hawkes), 50

El caballo de Troya (Montes), 325
El Cairo, Egipto, 133, *m145*
El descubrimiento y la excavación de la tumba de Shi Huangdi (Bledsoe), 258–261
El espíritu de los mayas: Un niño indaga en el misterioso pasado de su pueblo (Garcia), 378–381
El Imperio Chino (Terzi), 271
El Imperio de los Faraones (Terzi), 165
El legionario (Windrow y Hook), 350–353
El más allá, 139
El Pueblo Maya (Tutor), 405
El vengador (Hodges), 282–285
El Yunque, bosque, (Puerto Rico), 474
El-Amarna, capital (Egipto), 154
Elecciones, 25, 368
Elefantes, 320, 321
Élite, 389
Ellis, isla de, 455
Embajador, 265
Embarcaciones
egipcias, 131, 135–136, 150
falúas, 131
fenicias, 110
griegas, 289–290, 316, *316*
persas, 316, *316*
sumerias, 90
tanques petroleros, 510
trirremes, 289
Empatía histórica, 32
Emperador, 97
Enciclopedias, R2
Encuestas
actividad, 323
cómo hacer encuestas, R8
Eneas, 346–347
Eneida (Virgilio), 346–347
Energía solar, 434–435
Enfermedades
Grecia, 311, 322–323
Mesoamérica, 401
plaga, 311
vacuna, 223
Enheduanna (mujer de Sumeria), 94
Entrevista, hacer una, R8
Época helenística, 320–323, 322
Equi-área, proyección. *Véase* Equivalente, proyección

Equidistante, proyección, 104, *m104*
Equivalente, proyección, 102–103, *m102*
Eritrea, 451
Escala del mapa, 39–40, 412–413, *m412*, *m413*, 427, 432, *m432*
Escarabajo, 146
Escipión (general romano), 335, 338, *m339*
Esclavitud
África, 482
Américas, 410, 423, 482
Egipto, 106, 151–152, *151*
entre los aztecas, 410
entre los incas, 423
Grecia, 302, 304–305, *304*, 500
Roma, 332, 333, 334
Sumeria, 94
triángulo comercial, 482
Escocia, 72–79, 80–81, *81*
Escriba, 93
China, 239
Egipto, 142, *142*, 150, 151, *151*
Sumeria, 93–94, *94*
Escribir cuentos, 61, 116, 140, 426
Escribir un artículo, 82, 95, 164, 514
Escritura
América del Sur, 421, *421*
alfabeto, 111, *111*, 121, 289, 305, 347
azteca, 410, 416–417, *416*, *417*
caligrafía, 240
chino, 237, 239, 240–241, *240*, *241*, 264
cuneiforme, 94, 95, 117
Egipto, 111, 142, *142*, 154, *154*, 172, 187, 241
fenicio, 111, *111*, 121
glifos, 399–400, *400*, 416–417, *416*, *417*
griego, 111, *111*, 289, 293, 294, 295, 305
jeroglíficos, 142, *142*, 154, *154*, 172, 177, 187, 241, 399–400
inca, 421, *421*
maya, 399–400, *400*
Mesoamérica, 399–400, *400*, 410, 416–417, *416*, *417*
nubio, 172, 177
pictografías, 399–400, *400*
Roma, 344, 347
sumeria, 88, 93–94, *94*, 95, 117

Índice • **R69**

Esculturas
  antiguas, 68
  chinas, 230, 247, 250, 252, 258–261, 262
  cristianas, 355
  egipcias, 138, 142, 157, 158
  fenicias, 110
  francesas, 50
  griegas, 302, 305, 307, 312, 313, 315, 317, 322
  indias, 222, 224
  mayas, 379, 381
  Mesopotamia, 84, 89, 92, 94
  nubias, 172, 173, 178, 179
  olmecas, 382, 388, 389, 390–391, *391*, 392, 395
  romanas, 326, 331, 334, 337, 340, 347, 355, 362
Esfinge, 141, 145, *m145*, 184–185, *185*
Español, lengua, 379, 446
Esparta, 302–303, *302*, *m302*, *303*, 311, 371, 505
Estadísticas, 402
Estado nacional, 135
Estados Unidos, *m38*, 446, *m446*
  Revolución Americana, 482, 483, 503
  frontera con Canadá, 445
  ciudades, 461, *461*
  clima, 473
  comercio 114, 115, 509, 512, 516
  Constitución, 272
  creación de, 483
  democracia, 500, 501–502, *501*, 507, *507*
  economía, 465–466, *465*, *466*
  gobierno, 500, 501–502, *501*, 507, *507*
  guerra fría, 487, *487*, 504–505, 513
  importaciones y exportaciones, 114, 115, 509
  migración hacia, 454–456, *454*, *455*, *m455*
  OTAN, 513
  población, 446
  préstamo cultural de civilizaciones antiguas, 368–369, *368*, *369*
  Primera Guerra Mundial, 485
  producto interno bruto, 465–466, *466*
  religión, 272, 273, 455
  Revolución Industrial, 483–484, *484*
  Segunda Guerra Mundial, 486, *486*, *m486*
Estambul, Turquía, 364. *Véase también* Constantinopla
Estandarización, **256,** 257, 269, 275
Estatua de Libertad, 454
Estela (monumento de piedra), 99, 398
Estudios sociales, 26–41
Etiopía, *m44*, 52, 53, *53*, 153, 156, 450, 451
Etruscos, 331, *331*, 347
Euclides, 322
Éufrates, río, 85, 87, *87*, 89, 153
Europa, *m44*, 61
  ciudades, 447, 460, *460*, 469
  colonias, 450, 451, 484
  comercio, 266, *266*, 267, 269, 289, 290, *m292*, 293, 295, 301, 303, 328, 329, 331, 343, 363, 479, 481, 482, 511, *511*
  comunismo, 447, *m447*, 487, 490–494, 505, 513
  conflictos con Asia, 480–481
  culturas, 446, 457–458, *457*
  democracias, 490–491, *490*
  división, 490–491
  exploración de las Américas por europeos, 401, 411, 418, 422–423, 424, 425, *425*, 427, *m480*, 481, *481*, 515
  fósiles, *m52*
  lenguas, 457 490–491, *490*
  países, 446–447, *m447*
  población, 447, 457
  Primera Guerra Mundial, 485
  primeros asentamientos, 72–79, 298–299, *m299*
  primeros habitantes, 58, *m58*
  rutas comerciales hasta Asia, 266, *266*, 267, 269, 481, 516
  Segunda Guerra Mundial, 485–486, *m486*
  Véase también nombre del país
Evaluación del rendimiento (Muestra lo que sabes)
  artículo, 514
  balada, 487
  cartel, 257, 267, 313, 506
  código legal, 101
  debate, 69
  descripción, 393, 514
  diario, 54, 179, 209, 404
  diorama, 387
  discurso, 113, 227, 306, 330 471
  encuesta, 323
  escritura, 140
  informe oral, 147, 223
  investigación, 215
  línea cronológica, 173
  lista, 109
  mapa, 134, 155, 203, 234, 290, 347, 497
  multimedia, 423
  mural, 297, 411
  nota periodística, 95
  página de internet, 461
  periódico, 360
  proverbios, 249
  recreación, 401
  redacción, 337, 365, 451
  teatro, 241
  relato, 61
  tablilla, 88
Evaluar datos, 424–425, *424*, *425*, 427
Evaluar los datos y sus fuentes, 424–425, *424*, *425*, 427
Evangelios, 360
Evans, Arthur, 291
Excavación, 53
Excavar, 51, **53**
Excedente, **93,** 464
Exilio, **108**
Éxodo, **106**
Exploración del espacio, 509
Explorar otros puntos de vista, 122, 188, 215, 229, 306, 337, 347, 411, 423, 477, 515, 520
Exportar, 265
Extinguirse, 56

F

Fabricación de objetos de hierro
  África, 173, 176–177, *177*, 187
  China, 269
Fábricas, 483–484, *484*
Fábulas, 194–197, 277
Falúas, 131
Familia, 248
Faraón, 141
  egipcio, 130, 139, 141, 144, 146, 148, 150–151, *150*, *151*, 152, *152*, 153–154, 156–161, *157*, *158*, 168, 173, *173*, 187
  nubio, 168, 172, 173, 183, 187
Faxian, 222

Felipe II (rey de Macedonia), 317–318
Fenicia, 110–112, *110*, *111*, *m112*, 121, 306, 335
Fernando, Francisco, 485
Fichero de la biblioteca, R3, R4
Filipinas, *m448*, 449, 456
Filósofo, 247
  China, 247–248
  Grecia, 312–313, *312*, *313*, 346
  Roma, 346
Florida, 460
Folleto, publicar un, 191, 277
Formación de imperios, 484–485, *485*
Foro, **329,** 341, 345
Fortaleza, **206,** 206–207
Fósil, **51,** 55–56
  África, *m44*, 52, *m52*, 53, *53*
  Asia, *m45*, 51, *m52*
  Europa, *m52*
  Lucy, 52, 53, *53*
  datación con carbono radioactivo, 56
Francia, *m44*, 336, 457, 483
  arte, 48, 50, 483
  ciudades, 447
  gobierno, 483, 503, *503*
  OTAN, 513
  Primera Guerra Mundial, 485, 486
  Revolución Francesa, 483, *483*, 503
  Segunda Guerra Mundial, 485–486, *m486*
  Unión Europea, 511
Francos, 365, *m365*
Frijoles, 134, 234, 388, 399, 408, 409, 481
Fuego, 54, 59, 74
Fuentes primarias, 30, 31, **424**
Fuentes secundarias, 31, **424**
Fuxi (dios chino), 235

G

Gabinete, 502
Galia, 336, 362, 365
Ganado, **66.** *Véase también* Animales; Domesticar
Ganancia, 266
Ganges, llanura del, 200, 203
Ganges, río, 199–200, *m200*, 201
Gaozu (emperador de China), 262–263
Garcia, Guy, 378–381

Gautama, Siddhartha, 194–197, 213–215, *214,* 229
Generalización, 80–81, 83
Génesis, 107
Gengis Khan, 479
Geografía, 35–37
  África, *m126–127,* 131–134, *131–132, m132, 133, 134*
  América Central, *m376,* 384, *384, m386*
  América del Norte, 383, *383, m384*
  América del Sur, *m384,* 385, *385*
  Antártida, 383, 445, 449, *m449*
  Beringia, 385, *m386,* 387, *387*
  China, 231–234, *232, m233*
  Creta, 287, 291, *m292,* 293, 294, *m294,* 295
  Egipto, *m126–127,* 131–134, *131–132, m132, 133, 134*
  Gizeh, 145, *145, m145*
  Gran Muralla China, 254–255, *254–255, m255,* 263, 264, 269, 275
  Grecia, 287–290, *288–289, m288,* 290
  India, 199–203, *199, m200, 201*
  Italia, 327–330, *327, m328, 330, m332*
  loess, 231, 234, *234*
  lugar, 35, 36
  megalópolis, 460, *m460,* 461
  Mesoamérica, 383–387, *383, 384, m384, 385, m386, 387*
  Mesopotamia, 85–88, *86–87, m86*
  movimiento, 35, 37
  Nubia, 167
  regiones, 35, 37
  relaciones entre el ser humano y el ambiente, 35, 36
  Roma, 327–330, *327, m328, m332*
  ubicación, 35–36
  Véase también Mapas y globos terráqueos
Geógrafos, 35
Georgia (país), *m493,* 494
Germanas, tribus, 362, 364–365, *m365,* 479
Ghana, 449, *m450,* 479
Gibraltar, estrecho de, 110
Gilgamesh, 92, *92,* 117, 208
Gilgamesh el Rey (Zeman), 117
Gizeh, Gran Pirámide de, 144, 145, *145, m145,* 146, 148–149, *148, 149*

Glaciar, 59, 385, 387
Gladiador, 344
Glasnost, 493
Glifo, 399–400, **400,** 416–417, *416, 417*
Globo terráqueo, *m38,* 39, *m39*
Gobernantes
  Alejandro Magno, 155, 281, 317–323, *317, 318, 319, m320,* 321, 323, 325, 371, *m372*
  América del Sur, 418, 421, *421,* 427
  Aníbal, 335, *335, m336,* 338, *m339*
  chinos, 244–249, 252–257, 262–265, 506
  Ciro el Grande, 224–225, *224, m225*
  Constantino, 359, 361, 362
  Darío I de Persia, 193, 225–226, *m225, 226,* 275, 307, *m308*
  egipcios, 130, 139, 141, 144, 146, 148, 150–151, *150, 151,* 152, *152,* 153–154, 156–161, *157, 158,* 168, 173, 173
  griegos, 155, 280, 286, 301, 303, 304, 307, 309, 310, 311, 317–323, *317, 318, 319, m320,* 321, 323, 325
  Julio César, 326, *326,* 336–337, *337,* 340, 342
  Mesopotamia, 84, *84,* 93, 94, 97–100, *97, 99*
  mujeres, 152, 153, 156–161, *157, 158,* 178, 224–225, 238, 340, 483, 485, 503, *503*
  nubios, 168, 172, 173, 183
  Octaviano (Augusto) César, 340–341, *340, m342,* 354, 371
  Pachacuti (inca), 418, 421, *421,* 427
  Pericles, 286, 307, 309, 310, 311
  Persia, 193, 224–226, *224, m225, 226,* 275, 307, *m308*
  primeros agricultores, 67
  romanos, 335–337, 340–341, *340, m342,* 354, 359, 361, 362
  sumerios, 92, *92,* 117, 208
  Véase también Gobierno
Gobi (desierto de), 233, *m233*
Gobierno, 25, 41, **92,** 500–506, *m505*
  administración pública y, 264, 268, 269
  Alemania, 455, 485, 504, *504*

América del Sur, 419–420, 421, 430
Atenas, 304, 309, 371
azteca, 410, 411, 414–415, *414,* 424, 425
burocrático, 152, 247, 248, 253, 256, 262, 264
Canadá, 501, 502, *502*
China, 244–245, *245,* 246, 247–248, 249, 252–257, 262–265, 492, *492,* 503, 506, *506*
comunista, 447, *m447,* 487, 490–494, *m493,* 505, 506, *506,* 513
democracia, 500–502, *500, 501, 502. Véase también* Democracia
dictadura, 332, 335–337, 492, 504–505, *504*
Egipto, 141, 142–143, 150–151, *151,* 152, 156–161, 168, 187, 501, 503
Estados Unidos, 500, 501–502, *501, 507, 507*
Gran Bretaña, 482–483, 485, 501, 503, *503*
Grecia, 301, 303, 304, 307, 309, 311, 317, 318, 500, 505
inca, 419–420, 421, 430
India, 218–223, 501, 503
maya, 398
Mesoamérica, 398, 410
Mesopotamia, 92, 97
monarquía, 92, 503, *503*
Nubia, 168, 169–170, 172, *172,* 173, 175, 177–179
oligarquía, 303, 505–506, *506*
Persia, 224–226, *224, 226,* 275
Roma, 25, 331–333, 334, 335–337, 363, 370, 371, 500–501, 504
Sudáfrica, 491, *491*
Gobierno de la mayoría, 304
Gobierno estudiantil, 25
Goliat, 108
Gorbachov, Mijail, 492–493
Graco, Cayo, 335
Graco, Tiberio, 335
Gráfica, 114
  circular, **114**–115, 114
  climografía, 472–473, *472, 473,* 477
  comparar datos, 114–115, *114, 115,* 117
  de barras, 114, *114,* 472, *472,* 473
  de barras dobles, 402–403, *403*

lineal, 115, *115,* 472, 473
pictografía, 399–400, *400*
Gran Bretaña, 62, 447, 451
  Carta Magna, 482–483, 501
  colonias, 451, 484, 485
  conflicto, 457, 494, *494*
  gobierno, 482–483, 485, 501, 503, *503*
  migración de, 455, *m455*
  OTAN, 513
  Primera Guerra Mundial, 485–486, *m486*
  Revolución Americana, 483
  Revolución Industrial, 484
  Segunda Guerra Mundial, 485
Gran Cordillera Divisora (Australia), 451
Gran Depresión, 485
Gran Esfinge (Egipto), 141, 145, *m145,* 184–185, *185*
Gran Guerra (Primera Guerra Mundial), 485
Gran Muralla China, 254–255, *254–255, m255,* 263, 264, 269, 275
Gran Pirámide de Gizeh, 144, 145, *145, m145,* 146, 148–149, *148, 149*
Gran Stupa (India), 219
Grandes hombres, 92
Grandes Llanuras, 383, 455
Granico, batalla de, *m320*
Granito, *m126–127,* 133, 167, 169
Grecia, 278–323
  agricultura, 289, 290, *290,* 292
  Alejandro Magno, 317–323, *317, 318, 319, m320,* 321, 323, 325, 371, *m372*
  alianzas, 317
  arquitectura, 292–293, *293,* 300–301, *300–301,* 309, 310, *310*
  arte, 278–279, 286, 292–293, *292, 293,* 295, 297, 302, 304, 305, 307, 310, *310,* 312, 313, 314, *314,* 315, 317, 318, 319, 320, 321, 322
  asentamientos, 287, 298–299, *m299*
  ciencias, 311, 322–323
  ciudades-estado, 280, 300–305, *m302,* 317, 325. *Véase también* Atenas; Esparta
  civilización micénica, 291, 294–295, *294, 295,* 324, 370

Índice • R71

civilización minoica, 278–279, 280, 291–293, *291, 292, m292, 293, 294, 294, 295, 324, 370*
clases sociales, 301, 303, 304–305
clima, 290, *290*
comercio, 289, 290, *m292*, 293, 295, 301, 303
democracia, 304, 307, 309, 311, 368, 371, 500
dominio egipcio, 155
edad de oro, 309–313, *309, 310, 312, 313, 325*
educación, 302–303, 312–313, *312*, 318, 322
época helenística, 320–323, *322*
esclavitud, 302, 304–305, *304*, 500
escritura, 111, *111*, 289, 293, 294, 295, 305
geografía, 287–290, *288–289, m288, 290*
gobierno, 301, 303, 304, 307, 309, 311, 317, 318, 500, 505
gobernantes, 155, 280, 286, 301, 303, 304, 307, 309, 310, 311, 317–323, *317, 318, 319, m320, 321, 323, 325*
guerras, 294, 295, *295*, 297, 307–308, *m308*, 311, *m311*, 316, *316*, 317–321, *318, 319, m320, 321*
identidad cultural, 305–306
influencia en Roma, 323, 346, 347, *347*
Juegos Olímpicos, 282–285, 305, *305*, 306, 307
leyendas, 296–297
leyes, 301, 312, 317, 318
literatura, 296–297, 310, 318, 346
mares, 289–290
mapa de altitud, 298, *m298*
moderna, 513
mujeres, 303, 304, 305, 314–315, *314, 315*, 500
palacios, 292–293, *293*, 295
poesía, 291, 296–297
préstamo cultural de los griegos, 294, *294*
préstamo cultural de otras culturas, 368–369, *368, 369*
puertos, 289
religión, 278–279, 289, 290, 292, 294, 306, *306*, 309, 320, 347
vida cotidiana, 303, 309–315

Green, Robert, 325
Greenwich, Inglaterra, 62, 462–463
Guerra civil, 150, 257
  África, 451
  China, 257
  Egipto, 150
  Roma, 340
Guerra de Troya, 297
Guerra del golfo Pérsico, 496, *496*
Guerra del Peloponeso, 311, *m311*
Guerra fría, 487, *487*, 504–505, 513
Guerras médicas, 307–308, *m308*, 316, *316*, 317–321, *318, 319, m320, 321*
Guerras púnicas, 335, 338, *m339*, 366
Guerras(s), 96–100, 150–151, 169–173, 219–226, 246–247, 294–297, 307–311, 317–321, 334–340, 365–366
Guía para los niños que quieren salvar al planeta (Hume), 477

H

Hacer generalizaciones, 80–81, 83
Hacer un archivo de recortes, 521
Hacer un cartel, 189
Hacer un modelo, 433
Hacer un modelo, 433
Hacer un montículo de basura en la clase, 123
Hacer un plan de viaje, 277
Hacer una línea cronológica, 373
Hadar, Etiopía, *m44,* 53
Hagia Sofía (Constantinopla), 363
Hambre en el mundo de hoy, 118–119
Hambruna, 454–455
Hammurabi, 84, *84*, 98–100, *98, 99,* 105
  Código de, 98, 99–100, *99*
Han, dinastía, 193, 257, 262–267, *262, m263, 264, 265, 266, 267*, 269, 271, 275
Han Fei, 253
Hao, China, 246
Hapi (dios egipcio), 133, 138
Hapusoneb, 157, 158, 160
Haran, 105
Harappa, 205, *m205*

Harappa, civilización, 192, 204–209, *204, 205, m205, 206, 207, 208, 209,* 228
Hatsepsut (reina de Egipto), 152, 153, 156–161, *157, 158*
Hawaii, *m38*
Hawkes, Jacquetta, 50
Hebreo(s). Véase Judíos; Judaísmo
Hecho, 424
Helena de Troya, 297
Helenístico, 320
Heleno (héroe griego), 305–306
Helenos. Véase Grecia
Helesponto, estrecho de, 319
Hemisferio norte, latitud, 62, *m63*
Hemisferio occidental, longitud, 62, *m63*
Hemisferio oriental, longitud, 62, *m63*
Hemisferio sur, latitud, 62, *m63*
Hemisferios, latitud y longitud, 62, *m63*
Henein, Adam, 184
Hera (diosa griega), 306, 354
Herencia, 244
  baños públicos, 206, 344, 345, 346, *346*
  juego de pelota de los olmeca, 392, *392*
  primeros Juegos Olímpicos, 282–285, 305, *305*, 306, 307
  templos de Abu Simbel, 173, *173*
Hermes (dios griego), 306
Heródoto, 166, 225, 226, 310
Herramientas, 56
  armas, 96–97, *96*, 147, 152, 171, 225, 236, 237, 256, 294, 411, 423, 481, 487
  China, 236
  de hueso, 60, *60*, 61
  de piedra, 52, 54, 55
  en la agricultura, 64, 464–465
  fabricación, 60
  para cazar, 55, 56
  para hacer pinturas rupestres, 47–49, *47*
Hicsos, 152, 170
Hierro, *m126–127*, 176–177, *177*, 269
Hifasis, río, *m320*
Himalaya, 199, *199, m200* 203, 211, 385, 449
Himno al Nilo, 130
Hindu Kush, 211, *m211*

Hinduismo, 201, 212–213, **212**, *m216*, 272, 275, 448, 449, 455, 458
Hipócrates, 311, 322
Historia, 30–33
  calendario romano, 337
  guerra del gofo Pérsico, 496, *496*
  leyenda de la seda, 239, *239*
  piedra de Rosetta, 154, *154*
  Pompeya, 318, 343, *343*
  prehistoria, 51
  preservar, 184–185
  púrpura fenicio, 112
  valle de Neander, *m52,* 56
Hitler, Adolfo, 455, 485, 504
Hodges, Margaret, 282–285
Holocausto, 486
Homero, 291, 296–297, *296*, 318
Homínidos, 51–54, *m52, 53*, 55
Homo erectus, 51, *m52,* 54, 55
Homo habilis, 52, 53, 54
Homo sapiens, *m52*, 54, 55–58, *m58,* 61
Honduras, 403
Hong Kong, 449
Hood, Philip, 414–417
Hook, Richard, 350–353
Horacio (poeta romano), 346, 347
Hou Ji, 244
Huang He, río (río Amarillo), 231, 232, 234, *234*, 236, 237
Huang He, valle del, 234
  conquista por la dinastía Zhou, 244
  primeros asentamientos, 236
  producción de seda, 239, 271
  Shang, dinastía, en. *Véase* Dinastías, Shang
Huáscar (rey inca), 422
Hubble, telescopio, 509
Hueso oracular, 238, *238*, **239**, 240
Huitzilopochtli (dios azteca), 407, 408
Hule, 389, 392, 409
Hull, Robert, 128–129
Hungría, 485, 490, 491, 513
Huno(s), 364, *m365*
Husos horarios, 462–463, *462, m463*, 477, 520, *m520*
Hussein (rey de Jordania), 503
Hussein, Saddam, 496
Hutus, 451
Huxley, Thomas, 56
Hyderabad, India, 214, 453, *m453*

I

Identidad cultural, 305–306
Idus de marzo, 337
Iglesia Católica Romana, 360, 494
Iglesia Congregacionista, 459
Iglesia Ortodoxa, 360
Iglesias, 272–273, 360, 459
Iguazú, cataratas del (América del Sur), 385
Ilíada (Homero), 296, 297, 318, 346
Ilota, 302
Ilustración, 483, 515
Imaginarse que son mercaderes, 189
Imhotep, 144
Imperialismo, 484–485, *485*
Imperio, 97
Imperio Antiguo (Egipto), 141, 142, 143–144, *m153*, 165, 187
Imperio Bizantino, 479
Imperio Gupta, 193, 221, *m221*, 229, 275
Imperio Maurya, 218–221, *218, 219, m220*, 223, 229
Imperio Medio (Egipto), 142, 150–152, *m153*, 165, 186
Imperio Mongol, 479
Imperio Musulmano, 479, 480
Imperio Nuevo (Egipto), 142, 152–154, *m153*, 165, 186, 187
Imperio Otomano, 485
Imperio Romano, 340–365, *m342*
   caída, 362–365, *m364, m365*, 479
   caída de Meroe y el, 179, 183
   conquista del pueblo de Judá, 109
   división, 363–364, *m364*, 367
   fundación, 340–341, 348, *348, 349, 349*, 367, 370
   Muralla de Adriano, 442, 443
   Véase también Roma
Imperio Songhay, 480
Importar, 265, 290, 509
Incas, *m376*, 377, 406, 418–423
   agricultura, 418, 421, 422, 423
   arquitectura, 421–422, *422*
   arte, 418, 421
   caminos, 419–420, *420, m420*, 430
   ciudades, 419, 420, 421, 422–423, *422, 423*, 427
   clases sociales, 421, 422
   escritura, 421, *421*
   gobierno, 419–420, 421, 430
   guerras, 418, 422
   imperio, 418–420, *m419*, 427
   lenguas, 420, 423
   religión, 418, 420, 421, 423
   vestimentas, 421, *421*, 423
   vida cotidiana, 421–422, *421*
Incensario, 174, 175
Independencia, 169
   África, *m450*
   Américas, *m446*
   Asia, 448–449
   Declaración, 483, 507, *507*
   Europa, *m448*
India, 198–223
   agricultura, 202–203, *202*, 211
   antiguos imperios, *m192–193*
   arios, 210–215, *210, m211, 212, 213, 214*, 229
   arte, 212, 213, 214, 218, 219, 220, 221, 222, 322
   castas, 213, *213*, 220
   ciudades, 453, *m453*, 456, 461, 462, 469
   clima, 200, 201–202
   comercio, 223, 516
   democracia, 501
   edad de oro, 221, 222–223, *222, 223*
   geografía, 199–203, *199, m200*, 201
   gobierno, 218–223, 501, 503
   Imperio Gupta, 193, 221, *m221*, 229, 275
   Imperio Maurya, 218–221, *218, 219, m220*, 223, 229
   independencia, 448–449
   lenguas, 212, *m216*
   mapa cultural, 216–217, *m216*
   mujeres, 198, 203, 213
   partición, 449
   población, 452–453, *m452, m453*, 467
   religión, 194, 201, 202, 212–215, *212, 214, 215, m216*, 217, 219, 220, 221, 223, 272, 275, 448–449, 455, 458, *458*
   ríos, 199–203
   templos, 217, 219, 223, 458
   unificación, 218–223
   universidad, 222
   guerras, 219–220, 320, 321
   tejidos, 203
   vestimenta, 198
Indígenas de las Américas
   agricultura, 69, 388–389, 396, 398, 399, *399*, 402, 408, *408*, 418, 422, 423, 430
   arte, 374–375, 382, 388, 389, 390–391, *391*, 392, *392*, 395, *395*, 407, 418, 421
   aztecas, *m376*, 377, 406, 407–411, *407, 408, m408, m409*, 410, 411, *m412, m413*, 414–417, *414, 416, 417*, 424, 425, *425*, 431
   ciudades, *m376, m377*, 408, *m408*, 409, 410, 411, *411*, 415, 419, 420, 421, 422–423, *422, 423*, 426, 427
   incas, *m376*, 377, 418–423, *418, 419, m419*, 420, *m420*, 421, 422, 423
   escritura, 399–400, *400*, 410, 416–417, *416, 417*, 421, *421*
   mayas, *m376*, 377, 396–401, *396, 397, m398, 399, 400, m401*, 405
   mujeres, 398, 410
   olmecas, *m376*, 377, 382, *382*, 388–393, *388, 389, m390, 391, 392*, 404, 431
   pirámides, 378, 379, 380, 381, 390, 410
   relatar cuentos, 31
   religión, 379, 389, 391, 392, 397, 399, 400, 407, *407*, 408, 410, 411, 415, 416, 417, 418, 420, 421
Indios americanos. *Véase* Indígenas de las Américas
Individualismo, 25
Indo, río, *m44*, 199, 200, 202–203, 204
Indo, valle del, 201, 202–203, 204–209, *204*, 274
   agricultura, 202–203, 204, 208, 209
   arquitectura, 206, *206*, 207
   arte, 204, 205, 208
   asentamientos, 204–205
   ciudades, 205–209, *m205, 206, 207, 208, 209*
   comercio, 208
   Harappa, 205, *m205*
   Lothal, 205, *m205*, 208
   Mohenjo-Daro, *204*, 204–209, *205, m205, 206, 207, 208, 209*
   población, 206
   vida cotidiana, 206, 208
Indoeuropeos, 210
Indonesia, *m45*, 59, 449, 510
   comercio, 516
   fósiles, 51, *m52*
Indra (dios indio), 202
Industria textil, 483–484, *484*
Información tendenciosa, 425
Informe oral, actividad, 140. *Véase también* Discurso, actividad
Informes
   escritura, 116, 164, 182, 270, 324, 451, R9
   investigación, R2–R8
   presentación, 521
Inglaterra, 62, 447, 460, 462–463, 469, 482–483, 485, 503, *503. Véase también* Reino Unido
Inglés (lengua), 446
Ingreso per capita, 512
Inmigrantes, 454–456, *454, 455, m455. Véase también* Migración
Innovación, 95
   agricultura, 87–88, 137, *137*, 264, 269
   astronomía, 322, 399
   China, 237, 237, 239, 240–241, *240, 241*, 264–265, *264, 265*
   ciencias, 311, 322–323, 399
   Egipto, 137–138, *137, 138*, 152
   helenísticas, 322–323
   India, 222–223
   irrigación, 87–88, 264, 269
   matemáticas, 222, 269, 275, 322, 399, 410
   mayas, 399–400
   medicina, 223, 269, 275, 311, 322–323
   Mesopotamia, 45, 89–90, 95
   olmecas, 392–393, 393
   Revolución Industrial 483–484, *484*
   Véase también Escritura
Inscripción, 208
Interacción, 25
Intercambio colombino, 481
Interdependencia, 25
Intermediario, 150
Internet, 508, 509, R6–R7
Intifada, 496
Intocable, 213
Inuit, 445
Inundación, 137
   India, 202–203
   Mesoamérica, 408
   Mesopotamia, 87–88
   Nilo, río, 131, 133, 134, 137–138, *137*
   Véase también Agua, control del

Índice • R73

Invenciones. *Véase* Innovaciones; Tecnología
Investigación, actividad, 215, 401. *Véase también* Lectura e investigación
Irak, 85, *m436,* 449, 496, *496,* 505, 510
Irán, 85, 98, 100, 101, 224, 226, *m448* 504, 510. *Véase también* Persia
Irán, meseta de, 224
Irlanda, 494, *494*
Irlanda del Norte, *m447,* 494, *494*
Irrigación, 87–88, 264, 269. *Véase también* Agua, control del
Isaac, 106
Isabel II (reina de Inglaterra), 503, *503*
Islam, 458–459, *458*
  Asia, 448
  Imperio Musulmano, 479
  India, *m216*
  Nubia, 179
  Pakistán, 449
  Persia, 227
  Pilares del, 459
  Véase también Musulmán(es)
Ismael, 106
Israel, 54, 85, *m108,* 449, 458
  conflicto con los árabes, 496–497, *m497*
  democracia, 501
  establecimiento, 107–108
Israelitas, 105–109, *m106, 107, m108,* 120
Istmo, 287
Istmo de Panamá, 385
Italia, 460
  comercio, 328, 329, 331, 343, 363
  geografía, 327–330, *327, m328,* 330, *m332*
  guerras, 334–335, 340, 359, 364–365, *m365,* 366, 485–486, *m486*
  OTAN, 513
  península Itálica, 327–330, *327, m328, m332*
  volcanes, 343, *343*
  Véase también Roma
Itzás, 401

J

Jacob, 106
Jade, 236, 257, 382, 395, *395,* 400, 409
Jagannatha (poeta indio), 201

Jaguar, 391, 395, *395,* 409
Jain, templo de (Ranakour, India), 458
Japón, 449
  ciudades, 460, *m460,* 461, *461,* 462, 472
  comercio, 516
  mar de, *m45*
  población, 467
  producto interno bruto, 465, 466
  religión, 272, 273
  Segunda Guerra Mundial, 485–486, *m486*
Jardines flotantes, 408, *408*
Jartum, Sudan, 167, 168, 176
Jefferson, Thomas, 483
Jericó, 67, 68
Jerjes (rey de Persia), 307–308, *m308,* 316
Jeroglíficos, 142, *142,* 154, *154,* 172, 177, 187, 241, 399–400
Jerusalén, 108
Jesús, 355–357, 367
Jiang Zemin, 506
Johanson, Don, 51, 52, 53, *53*
Jomeini, Ayatollah (Irán), 504
Jónico, mar, 287, *m288*
Jordania, 85, 503
Joyas
  artesanía, 78, 79
  egipcias, 146, 150, 158–159
  griegas, 291, 293
  incas, 421
  nubias, 170, 176, 178
Juan sin Tierra (rey de Inglaterra), 482–483
Judá, 108–109, *m108,* 117
Judaísmo, 106–109, *m106, 107, m108,* 355–356, 448, 449, 455, 458, 459. *Véase también* Judíos; Imperio Romano
Judea, 109, 355
Judíos, 458, 459
  conflicto con los árabes, 496–497
  historia, 106–109, *m106, 107, m108,* 117
  Israel, 449, 496–497
  persecución, 455, 485
  religión. *Véase* Judaísmo; Imperio Romano
Juego de pelota, 392, *392*
Juegos Olímpicos, 282–285, 305, *305,* 306, 307
Juno (diosa romana), 354
Júpiter (dios romano), 354
Justicia imparcial, 100

K

Kalidasa, 222
Kalinga, 219–220
Karnak, templo de, 153
Kashta (rey de Kush), 172
Kassitas, 100
Kawasaki, Japón, 460, *m460*
Kazjstán, 449, *m493,* 494
Kemet, 133
Kenia, *m44,* 52, 359, 450, *450*
Kennedy, John F., 504
Kerma, 169–170, 169
Khufu (faraón), 146, 148
Kirgizistán, 449, *m493,* 494
Kish, 97
Knight, Margy Burns, 438–443
Kruschev, Nikita, 504–505
Kush, 169–181, *m181*
  armas, 171
  arte, 168, 170, 172, 174, 175, 178, 179
  caída, 179, 183
  capitales, *m171*
  comercio, 168–169, 176–177, 187
  conflictos con Egipto, 167
  conquista de Egipto, 172 169–173, 172, 183, 187
  escritura, 172, 177
  fabricación de objetos de hierro, 173, 176–177, *177,* 187
  gobierno, 168, 169–170, 172, *172,* 173, 175, 177–179
  período meroítico, 127, 176–179, 183, 187
  primeros asentamientos, *m126–127,* 127, *m132*
  productos, 176–177, *177, m178,* 187
  religión, 168, 170, 172, 173, *173,* 177, 179
Kuwait, 496, 510

L

La Bastilla, 483
La Era Glaciar (Dixon), 83
La Haya, Países Bajos, 513
La jaula del unicornio (Perera), 515
La Venta, 389–390, *389, m390,* 405
Lacandones, 378–381
Laetoli, Tanzania, *m44*
Lagos, Nigeria, 461

Laos, 449
Largo, río (Chang Jiang), 231, 232, 236
Las paredes hablan: Cuentan más historias (Knight), 438–443
Lascaux, Francia, 48
Latín, 347
Latino(s), 327, 328
Latitud, 40, *m40,* 62–63, *m63*
  norte, 62
  sur, 62
Leakey, Louis, 52
Leakey, Mary, 52, *52*
Leakey, Richard, 52
Lectura e investigación
  aprender de los artefactos, 394–395, *394, 395,* 405
  evaluar los datos y sus fuentes, 424–425, *424, 425,* 427
  leer estudios sociales, 26–29
  usar fuentes de referencia, R2–R8
Legalismo, 253, 262
Legión, 342–343
Lenguas
  africanas, 457
  América Latina, 447
  asiáticas, 233, *m276,* 457
  bantú, 457
  China, 233, *m276*
  dialectos, 233
  Egipto, 154
  español, 379, 446
  Estados Unidos, 446
  europeas, 457
  Grecia, 294, 320
  incas, 420, 423
  India, 212, *m216*
  inglés, 446
  latín, 347
  mayas, 379, 400, 401
  Nubia, 177
  portugués, 446
  primeros seres humanos, 61
  quechua, 420, 423
  Roma, 347
Leyenda, 235
  chinas, 235–237, 239, *239,* 246, 250
  de la fundación de Roma, 329–330, *329*
  del origen de la seda, 239, *239*
  griegas, 296–297, *296*
  incas, 418
  Véase también Cuentos populares
Leyenda del mapa, 38

R74 • Referencia

Leyes

Leyes
  aztecas, 410
  China, 247, 248, 253, 263
  Código de Hammurabi, 99–100, *99*
  Grecia, 301, 312, 317, 318
  justicia imparcial, 100
  Roma, 333, 342, 354–355
Li Si, 252, 256, 257
Líbano, 85
Líbano, montañas del, 110
Libertad de culto, 272, 455
Libia, 510
Libre empresa, 465
Libro de documentos, 245, 246
Libro de los cantos, 246
Libro de los Muertos, 142, 144
Libros de no ficción, R4–R5
Lidios, 110, 112–113, *m112, 113,* 121
Liga, 308
  del Peloponeso, 308, 311
  Délica, 308, 311
Limpieza étnica, 496
Lincoln, Abraham, 501
Línea cronológica paralela, 70–71, *70,* 83
Línea cronológica telescópica, 361, *361,* 367
Línea cronológicas, 33
  actividad, 173
  acontecimientos en Mesopotamia, 98
  hacer, 373, 433
  paralela, 70–71, *70,* 83
  telescópica, 361, *361,* 367
Línea de latitud, 40, *m40,* 62–63, *m63*
Línea de longitud, 40, *m40,* 62–63, *m63*
Línea internacional de cambio de fecha, 462
Lissarrague, François, 315
Lista, actividad, 101, 109
Literatura
  Amigos y vecinos tomado de Los relatos de Jataka (DeRoin), 194–197
  Analectas (Confucio), 248, 249
  Aztecas, incas y mayas (Baquedano), 427
  Bhagavad Gita, 212
  Eneida (Virgilio), 346–347
  El caballo de Troya (Montes), 325
  El descubrimiento y la excavación de la tumba de Shi Huangdi (Blesoe), 258–261
  El espíritu de los mayas (Garcia), 378–381
  El imperio chino (Terzi), 271
  El imperio de los faraones (Terzi), 165
  El legionario (Windrow y Hook), 350–353
  El muchacho de la cueva pintada (Denzel), 46–49
  El pueblo maya (Pilar Tutor), 405
  El Ramayana de Valmiki (Eulate), 229
  El vengador (Hodges), 282–285
  fábulas, 194–197, 277
  griega, 296–297, 310, 318, 346
  Guía para los niños que quieren salvar al planeta (Patricia Hume), 477
  Ilíada (Homero), 296, 297, 318, 346
  La era glaciar (Dixon), 83
  La jaula del unicornio (Perera), 515
  Las paredes hablan: Cuentan más historias (Knight), 438–443
  Libro de documentos, 245, 246
  Libro de los cantos, 246
  Libro de los muertos, 142, 144
  Los aztecas (Wood), 414–417
  mujeres, 83, 117, 156–161, 165, 194–197, 271, 282–285, 405, 438–443
  Odisea (Homero), 296, 346
  Panchatantra, 222
  poemas épicos, 296–297
  Record de Buddhist Kingdoms (Faxian), 221
  Relatos de Egipto (Hull), 128–129
  romana, 346–347
  Skara Brae (Dunrea), 72–79, 80–81, *81*
  Su majestad la reina Hatsepsut (Carter), 156–161
  Una historia en la historia (Marianelli), 367
Liu Bang, 257, 262–263
Livio (historiador), 347
Llama, 418, *418*
Llanura aluvial, 85
Llanura del norte de China, 232–233, 234
Llanura del norte de India, 200
Llanuras, 383, 455
Lluvia ácida, 344
Loess, 231, 234, *234*
Londres, Inglaterra, 447, 460, 462, 469
Longitud, 40, *m40,* 62–63, *m63*
Los Angeles, California, 461, *461,* 469
Los aztecas (Wood), 414–417
Los estudios sociales y tú, 29
  El mercado internacional, 516–517
  ¿Habrá suficiente alimento?, 118–119
  La religión en el mundo de hoy, 272, 272–273
  Los alimentos que las Américas dieron al mundo, 428–429
  Los aportes de las civilizaciones del pasado, 368–369, *368, 369*
  ¿Por qué es importante preservar el pasado?, 184–185
Lothal, 205, *m205,* 208
Lucy (fósil), 52, 53, *53*
Luis XVI (rey de Francia), 503

M

Macedonia, 317–321
Machu Picchu, 422
Mahoma, 459
Maíz, 69, 234, 388, 399, 408, 409, 481
Malí, 450, *m450,* 479–480
Mall de the Americas (St. Paul, Minnesota), 465
Mamut, 49, 57, 60, *60,* 120
Manco Capac (gobernante inca), 418
Mandato Divino, 244–**245,** *244*
Mandela, Nelson, 491, *491*
Manila, Filipinas, 456
Manipur, India, 203
Mantra, 441
Mapa cultural, 216–217, *m216,* 229, 276, *m276*
Mapa de altitud
  Grecia, 298, *m298*
  suroeste de Asia, 242–243, *m243*
Mapa de husos horarios, 462–463, *462, m463,* 477, 520, *m520*
Mapa de población, 452–453, *m452, m453,* 477, 488–489, *m489*
Mapa de recuadro, 40, *m40*
Mapa histórico, 38, 180, *m181,* 183, 188, *m188,* **348–349,** *m348, m349,* 367, 372, *m372*
Mapa político, 38, *m488*
Mapa(s)
  actividades, 134, 155, 203, 234, 290, 347
  asentamientos, 298–299, *m299*
  cartogramas, 488–489, *m488,* 489, 515
  comparar diferentes clases de mapas, 298–299, *m298, m299*
  comparar mapas con escalas diferentes, 412–413, *m412, m413,* 427, 432, *m432*
  comparar mapas históricos, 348–349, *m348, m349,* 367, 372, *m372*
  curvas de nivel, 242, *m243*
  distorsiones, 102
  hacer un, 375, 433
  hacer un mapa de Europa, 497
  histórico, 38, 180, *m181,* 183, 188, *m188*
  husos horarios, 462–463, *462, m463,* 477, 520, *m520*
  interpretar, 38–40
  latitud y longitud, 40, *m40*
  partes de un, 38
  población, 452–453, *m452, m453,* 477, 488–489, *m489*
  político, 38, *m488*
  primitivo, 43, 123
  proyecciones, 102–104, *m102, m103, m104,* 117, 122
  puntos cardinales, 39
  recuadro, 40, *m40*
  rosa de los vientos, 39, *39,* 162, *m163*
  seguir las rutas de un mapa, 162–163, *m163,* 165
  símbolos, 38, 39
  usar un mapa cultural, 216–217, *m216, 217,* 229, 276, *m276*
  usar un mapa de altitud, 242–243, *m243,* 298, *m298*
Mapas y globos terráqueos, 38–40
  comparar diferentes clases de mapas, 298–299, *m298, m299*
  comparar mapas con escalas diferentes, 412–413, *m412, m413,* 427, 432, *m432*
  comparar mapas de distintas proyecciones, 102–104, *m102, m103, m104,* 117, 122
  comparar mapas de población, 452–453, *m452, m453,* 477

Índice • **R75**

Mapas y globos terráqueos

comparar mapas históricos, 348–349, *m348, m349,* 367, 372, *m372*
globo terráqueo, *m38,* 39, *m39*
interpretar un cartograma, 488–489, *m488,* 489, 515
interpretar un mapa, 38–40
interpretar un mapa de husos horarios, 462–463, *462, m463,* 477, 520, *m520*
seguir las rutas de un mapa, 62–163, *m163,* 165
usar mapas culturales, 216–217, *m216,* 217, 229, 276, *m276*
usar mapas de altitud, 242–243, *m243*
usar mapas históricos, 38, 180, *m181,* 183, 188, *m188*
usar latitud y longitud, 62–63, *m63*

Maratón, Grecia, 307
María Antonieta (reina de Francia), 483
Marruecos, 110
Marte (dios romano), 354
Mártir, 358
Mason, Antony, 427, 477
Massachusetts, 459, 461
Mastabas, 143, 144
Matemáticas
aztecas, 399, 410, 417
China, 269
contar, 417
helenísticas, 322
India, 222, 275
mayas, 399
Mesoamérica, 399, 410
números arábigos, 222
Maurya, Chandragupta, 218–219
Mayapán, 401, *m401*
Mayas, *m376,* 377, 396–401, *m398, m401,* 405
agricultura, 396, 398, 399, *399,* 402, 430
arte, 374–375, 379, 380, 438, 439, 440
ciudades, 396–398, *396, 397*
escritura, 399–400, *400*
gobierno, 398
innovaciones, 399–400
lengua, 379, 400, 401
migración, 400
religión, 379, 397, 399, 400
templos, 397, 398
tumbas, 31, 380–381
Mbeki, Thabo, 491
Mecapal, 388, **393**

Media, 101
Medicina
China, 269
Grecia, 311, 322–323
India, 222–223, 275
vacunas, 223
Véase también Enfermedades; Innovaciones
Medidas
tierra, 95
estandarización, 256, 257, 269, 275
Medio ambiente, 68, 468–471
calentamiento de la atmósfera, 470–471
contaminación, 469, 471
interacción con diferentes ambientes, 25
lluvia ácida, 344
relaciones entre el ser humano y el ambiente, 35, 36
Mediterráneo, mar, 85, 110, 287, 327
Megalópolis, 460, *m460,* **461**
Melanesia, 451
Melbourne, Australia, 451
Menes (rey de Egipto), 140
Menfis, Egipto, 133
Mensajero, 226
Mercader, 93
aztecas, 415–416
sumerios, 93
Mercado, 300–301, *301*
Mercado común, 511, *511*
Meridiano, 62, *m63*
Meroe, *m126,* 176–179, *176, m178,* 187
Meseta, 85, 224
Mesías, 356, 357
Mesopotamia, 45
agricultura, 87–88, *87, 88*
agua, 85, 87–88, *87,* 89
arquitectura, 91, *91,* 101
arte, 84, 89, 92, 93, 94, 97, 99
ciudades, 85, 88, 89, *m90,* 100, 101, 121
ciudades-estado, *m90,* 92, 96, 98, 112, 116
civilización, 89–95
clases sociales, 93–94
clima, 85
Código de Hammurabi, 98, 99–100, *99*
comercio, 93, 98, 100
conflicto, 96–98, *96, 97,* 100, 101, *101*
división de trabajo, 93–94
economía, 93, 112–113, *113*

escritura, 88, 93–94, *94,* 95, 117
geografía, 85–88, *m86*
gobierno, 92, 97
gobernantes, 84, *84,* 93, 94, 97–100, *97, 99*
innovaciones, 45, 89–90, 95
línea cronológica de acontecimientos, 98
mujeres, 94
religión, 91, *91,* 94, 99, 105–109
tecnología, 89–90, 96–97
viviendas, 93
México, 446–447, *m446*
agricultura, 69, 388–389, 396, 398, 399, *399,* 402, 430
arte, 374–375, 382, 388, 389, 390–391, *391,* 392, *392,* 395, *395,* 407, 425, 438, 439, 440
aztecas, *m376,* 377, 406, 407–411, *407, 408, m408, m409,* 410, 411, *m412, m413,* 414–417, *414, 416, 417,* 431
bandera, 407
ciudades, *m376, m377,* 408, *m408,* 409, 410, 411, *411,* 415, 456, 460, 469, 516
clases sociales, 389, 410, 415
comercio, 512, *512,* 516
democracia, 501
economía, 465, 512, *512*
enfermedades traídas por los europeos, 401
escritura, 399–400, *400,* 410, 416–417, *416, 417*
exploradores europeos, 401, 411, *m480,* 481, *481*
geografía, 383–387, *383, 384, m384,* 385, *m386,* 387
gobierno, 398, 410
guerras, 409, *409,* 410, 411, 424, 425, *425*
mayas, 374–375, *m376,* 377, 396–401, *396, 397, m398,* *399,* 400, *m401,* 405
migración del campo a la ciudad, 456
mujeres, 398, 410
olmecas, *m376,* 377, 382, *382,* 388–393, *388, 389, m390,* 391, 392, 404, 431
población, 402, 403, 408
pirámides, 378, 379, 380, 381, 390, 410
religión, 379, 389, 391, 392, 397, 399, 400, 407, *407,* 408, 410, *410,* 411, 415, 416, 417

tumbas, 31, 380–381, 390
valle de, 407, 415
México, ciudad de, 411, 456, 460, 469, 516
Mezquita, 458, **459**
Miami, Florida, 460
Micénicos, 291, 294–295, *294, 295,* 324, 370
Micronesia, 451
Midas, 320
Migración, 57
de los arios, 210–211, *210, m211,* 229
del campo a la ciudad, 456, *456*
desde África, 450
en el suroeste de Asia, 56–60, *m58,* 82
hacia las Américas, 385–387, *m386,* 387, 454–456, *454, 455, m455*
hacia Nubia, 167, 182
mayas, 400
Mijo, 236
Miller, proyección de, 103, *m103*
Minería, 176, 177, 423, 481
Ming, dinastía, 255
Minnesota, 465
Minoicos, 278–279, 280, 291–293, *291, 292, m292,* 293, 294, *294,* 295, 324, 370
Minos (rey de Creta), 291
Misionero, 220
Mississippi, río, 383
Mitima, 420
Mito, 305–306
Mohenjo-Daro, 204–209, *204, 205, m205,* 206, 207, 208, 209
Moisés, 106–107, *m106,* 117
Moldavia, *m493,* 494
Momento decisivo, 220
Momia, 143–144, *143,* 153
Monarquía, 92, 503, *503*
Monarquía absoluta, 503, *503*
Monarquía constitucional, 503, *503*
Monasterio, 289
Monedas, 45, 112–113, *113,* 121, 221, 269, 320, 368, 512
civilizaciones antiguas, 368
Creciente Fértil, 112–113, *113,* 121
imperio de Alejandro Magno, 320
India, 221
Lidia, 113, *113,* 121
trueque, 112–113
Monoteísmo, 105

R76 • Referencia

Montañas

Montañas
  América Central, 384
  América del Norte, 383, 385
  América del Sur, 385
  Australia, 451
  Grecia, 288–289, *288–289*
  Italia, 327–328, *327*, *m328*, 335, 338
Montículos
  olmecas, 390
  tumbas, 79, 260–261
Monument Valley, Utah, 49
Monzón, 201, 202
Mortero, 64
Mosaico, 318
Motecuhzoma (gobernante azteca), 411, 424, 425
Muchacho de la cueva pintada (Denzel), 46–49
Mujeres
  africanas, 444
  aztecas, 410
  chinas, 238, 239
  como dirigentes, 152, 153, 156–161, *157*, *158*, 178, 224–225, 238, 340, 483, 485, 503, *503*
  derechos de la, 94, 147, 156, 178, 314–315, *314*, *315*
  egipcias, 146–147
  en arqueología, 52, 315
  en la literatura, 83, 117, 156–161, 165, 194–197, 271, 282–285, 405, 438–443
  en las sociedades primitivas, 75–76, 79
  escultura francesa, 50
  griegas, 303, 304, 305, 314–315, *314*, *315*, 500
  India, 198, 203, 213
  mayas, 398
  nubias, 178
  romanas, 334, *334*, 343
  Sumeria, 94
Multicultural, 320
Multimedia, actividad, 423
Murales, 373
  egipcios, 124–125, 136, 139
  griegos, 292, 293, *293*, 310
  mayas, 374–375, 438, 439, 440
  nubios, 168
Muralla de Adriano, 442, 443
Muralla(s)
  alrededor de asentamientos, 67, 68, 237, 295
  alrededor de fortificaciones, 300

China, 254–255, *254–255*, *m255*, 263, 264, 269, 275
  de Adriano, 442, 443
  Grecia, 295, 300
  ruedas de plegaria, 441
Muro de Berlín, 490, *490*, 491
Museos
  Alejandría, 322
  mayas, 381
  olmecas, 389
Musulmán(es), 458–459, *458*
  cristianos y musulmanes en Europa, 480–481
  religión. *Véase* Islam
  Yugoslavia, 495–496

N

Nacionalismo, 485
Naciones Unidas, 513, *513*
NAFTA (North Américan Free Trade Agreement), 510, 512
Nairobi, Kenia, 359, 450
Napata, *m171*, 172, 173
Narmer (rey de Egipto), 140, 141, 158
Narrar un cuento, 31, 433
Nauru, 467
Nazaret, 355
Neander, valle de, *m44*, 56
Neanderthal, *m52*, 56
Neferti (escriba egipcio), 150
Nefertiti (reina de Egipto), 153
Neolítico, 71
New York, ciudad de, 455, 459, 462
Niágara, cataratas del, 445
Nicaragua, 403, *m446*
Nigeria, *m450*, 457, 461, 510
Nilo, delta del, 132, *m132*, 134
Nilo, río, 131–140, *131–132*, *m132*, 133, 135, *m136*
  agricultura, 133–134, *134*, 137–138, *137*, 186
  control, 138
  extensión, 131
  importancia, 135–136, 186
  innovación, 137–138
  inundación, 131, 133, 134, 137–138, *137*
  Nubia, 167, 168, 176
  religión, 138–139
  unificación de Egipto 139–140, *140*
Nilo, valle del, 58, 131–134, *134*

Nínive
  Asiria, 100, 101
  Mesopotamia, 88
Nivel de vida, 465
Noble senda de los ocho, 214
Nobles
  China, 245, *245*, 246
  Egipto, 151, 151
  Grecia, 301, 303
  incas, 421, 422
  Mesoamérica, 421, 422
  Roma, 332–333
Nómada, 66, *66*, 387, 387
Nomo (provincia egipcia), 139, 152
North American Free Trade Agreement (NAFTA o TLC), 510, 512
Nubia, 166–181
  agricultura, 168, *m178*
  arte, 166, 168, 170, 172, 174, 175, 178, 179
  artefactos, 174, 175
  comercio, 168–169, 176–177, *m178*, 187
  escritura, 172, 177
  conflictos con Egipto, 167, 169–173, *172*, 183, 187
  dinastías, 172, 177
  dominio egipcio, 150–151,168, 169–170, *169*
  dominio asirio, 155
  economía, 168–169, 176–177, *m178*, 187
  geografía, 167
  gobierno, 168, 169–170, 172, *172*, 173, 175, 177–179
  herreros, 173, 176–177, *177*, 187
  influencia egipcia, 167–168, 186
  lenguas, 177
  origen de la civilización, 174–175, *174*, 175
  período meroítico, 127, 176–179, 183, 187
  primeros asentamientos, *m126–127*, 127, *m132*, 133
  pirámides, 170, 175, 184–185, *185*
  primeros habitantes, 167–169, *168*
  productos, 176–177, *177*, *m178*, 187
  recursos naturales, 167, 176–177, *177*, *m178*, 187
  religión, 168, 170, 172, 173, 177, 179
  templos, 172, 173, *173*, 176
Nubia, desierto de, *m126–127*, *m132*

Organización Mundial de Comercio (OMC)

Nudo Gordiano, *m320*
Nueva Edad de Piedra, 71
Nueva Zelanda, 451, *m488*
Nuevo Testamento, 356, **360**
Nugua (diosa china), 235
Número arábigo, 222

O

O'Brien, Anne Sibley, 438–443
O'Connor, David, 175
Oasis, *m126–127*
Obras públicas, 254–255, *254–255*, 256, *m256*, 420
Obsidiana, 389
Occidental, desierto (África), *m126–127*, *m132*, 133
Oceanía, 451, 467
Odisea (Homero), 296, 346
Odoacro (jefe germánico), 365
Ojotsk, mar de, *m45*
Olduvai, Tanzania, *m44,* 52
Oligarquía, 303, 505–506, *506*
Olimpo, monte, 288, 290
Olmecas, *m376*, 377, 382, *382*, 388–393, 404
  agricultura, 388–389
  arte, 382, 388, 389, 390–391, *391*, 392, *392*, 395, *395*
  asentamientos, 389–390, *389*, *m390*
  clases sociales, 389
  innovaciones, 392–393, *393*
  juego de pelota, 392, *392*
  pirámides, 390
  recintos religiosos, 389–390, 431
  religión, 389, 391, 392
  vida cotidiana, 389–393
OLP, (Organización para la Liberación Palestina), 496
Oman, 503
OMC (Organización Mundial de Comercio), 510
OPEP (Organización de Países Exportadores de Petróleo), 510
Opinión, 116, 270, **424**
Oráculo, 239
Orcadas, islas, 74–79, *m74*, 80–81, *81*
Organización de Países Exportadores de Petróleo (OPEP), 510
Organización del Tratado del Atlántico Norte (OTAN), 513, *513*
Organización Mundial de Comercio (OMC), 510

Índice • **R77**

Organización para la Liberación Palestina (OLP), 496
Organización social
  castas, 213, *213*, 220
  de los primeros seres humanos, 56, 66, 67, 75–76
Organizar un debate, 189
Oriental, desierto (África), *m126–127, m132,* 133
Oriente Medio
  conflicto árabe-israelí, 496–497, *m497*
  guerra del golfo Pérsico, 496, *496*
  petróleo, 510, *510*
  Véase también nombre del país
Oro, *m126–127*
  Egipto, 154, 394
  Grecia, 291, 297, 319
  las Américas, 400, 409, 411, 418, 421, 422, 481
  Nubia, 166, *166,* 169, 170, 176, *m178*
Osaka, Japón, 460, *m460*
Osiris (dios egipcio), 128–129, 138
Ostracismo, 304
OTAN (Organización del Tratado del Atlántico Norte), 513, *513*

P

Pablo (apóstol), 357, 359
Pacal (rey de Palenque), 379–381
Pachacuti (gobernante inca), 418, 421, *421,* 427
Pacífico, océano, 383, 384
Pacto de Varsovia, 513
Página de internet, 461
País bilingüe, 446
País desarrollado, 468
País en vías de desarrollo, 467
Países, 445–451
  África, 449–450, 450, *m450*
  América del Norte, 445–447, 445, *m446*
  América del Sur, 446, *m446*
  Asia, 448–449, *448, m448*
  bilingües, 446
  democráticos, 490–492, *490, m493*
  desarrollados, 467
  en vías de desarrollo, 468
  Europa, 446–447, *m447*
  recién formados, 492–494, *m493*

Países Bajos, 513
Pakistán, 69, *m200,* 204, *m205,* 448, 449, 455. *Véase también* Indo, valle del
Palacios
  griegos, 292–293, *293,* 295
  mayas, 398
Palatino (Roma), 343
Palenque, 379–381
Paleoantropólogo, 51, *51,* 52
Paleolítico, 71
Palestinos, 496–497
Panamá, istmo de, 385
Panchatantra (cuentos populares), 222
Panteón, 345
Papa, 360
Papel
  aztecas, 416, 417
  China, 264, 269
  Egipto, 142, *142*
  mayas, 400
  Roma, 344
Papiro, 142, *142,* 344
Para tu referencia, 29
Parábola, 355
Paralelo, 62, *m63*
París, Francia, 448
Parlamento de Canadá, 502, *502*
Parlamento Europeo, 511
Partenón, 309
Participación
  resolver un conflicto, 498–499, *m498, m499,* 515
  trabajar en grupo, 34
Pasaje intermedio, 482
Pascua, 106
Patel, Navin, 194–197
Patricio, 332–333
Patriotismo, 346, 363
Pax romana, 341–342, 362
Paz
  esfuerzos internacionales por lograr, 513, *513*
  pax romana, 341–342, 362
Pectoral, 159
Pedro (apóstol), 357, 360
Peloponeso, 287, 291, 294, 302
Pennsylvania, 359
Perestroika, 493
Perey (Beijing), China, 232, 469, 492, *492*
Pergamino, 142–143
Pericles, 286, 307, 309, 310, 311
Periódico, actividad, 360
Periódicos y revistas, R5
Período amarna, 154

Período de los reinos combatientes, 246–247, *247,* 268, 269, 271, 274
Período glacial, 58–59
Período meroítico, 127, 176–179, 183, 187
Perito Moreno, Argentina, 48, 63
Perros, domesticación de, 65–66
Perseguir, 357
Persia, 108, 155, 193, 224–227, 224, *m225,* 226, 227
  arte, 224, 227, 323
  comercio, 516
  conquista de los árabes, 227, 229
  gobierno, 224–226, *224, 226,* 275
  guerras médicas, 224–226, 307–308, *m308,* 316, *316,* 317–321, *318, 319, m320, 321*
  religión, 227, *227*
Pérsico, golfo, 85, *m86,* 100
Perspectiva, 32
Perú, 69, *m376,* 377, 385, 418–426, 430, 474–475
Pesca
  Egipto, 134
  Grecia, 289
  Mesoamérica, 388
Petróleo, 510, *510*
Piankhi (rey de Kush), 172
Pictografías, 399–400, *400*
Piedra de Rosetta, 154, *154*
Piensa y aplica, actividad, 29, 34, 40, 63, 71, 81, 104, 115, 119, 149, 163, 175, 180, 185, 217, 243, 251, 269, 273, 299, 315, 316, 339, 349, 361, 369, 395, 403, 413, 425, 429, 453, 463, 473, 475, 489, 499, 507
Pilares del islam, 459
Pilato, Poncio, 356
Pindus, montes, 288
Pintar un mural, 373
Pinturas
  América del Sur, 421
  aztecas, 425
  chinas, 190–191, 253, 264, 268
  de la conquista de México, 481
  egipcias, 124–125, 136, 139
  españolas, 424, 425
  francesas, 483
  griegas, 292–293, *293, 293,* 310, 314, *314,* 318, 323
  incas, 421
  indias, 214

  Mesoamérica, 392, 425
  nubias, 168
  romanas, 25, 343, 357
  rupestres, 66, 214, 392
  tumbas, 124–125, 139
  Véase también Murales
Pirámide, 143
  en varias culturas, 394
  egipcias, *m126–127,* 143, 144–146, *144, 145, m145,* 148–149, *148, 149,* 153
  Mesoamérica, 378, 379, 380, 381, 390, 410
  nubias, 170, 175, 184–185, *185*
  olmecas, 390
Pirineos, montes, 338
Piye (rey de Kush), 172, 183
Pizarro, Francisco, 422, 423
Plaga, 311
Planear un viaje, 521
Planificar un libro, 373
Planificar un libro, 373. *Véase también* Literatura
Planta(s), 64. *Véase también* Agricultura; Cultivos
Plantaciones, 481–482
Plata, 113, 166, 409, 421, 422, 481
Platón, 312–313
Plebeyo, 332–334
Plinio el Joven, 358
Po, valle del, 327
Población
  África, 457
  América del Sur, 419
  Asia, 448
  Atenas, 304
  censo, 342
  Canadá, 445
  China, *m276,* 448, 467
  ciudades, 456
  crecimiento, 67, 120, 402, 403, 467–468, *467, 468*
  Estados Unidos, 446
  Europa, 447, 457
  India, 452–453, *m452, m453,* 467
  Japón, 467
  el mundo de hoy, 446, 447, 448, 452–453, *m452, m453,* 467, *467,* 488–489
  maya, 398
  Mesoamérica, 398, 402, 403, 408
  migración, 56–60, *m58,* 82, 167, 182, 210–211, *210, m211, m489*
  Rusia, 467
  valle del Indo, 206

R78 • Referencia

Poderes del eje, 486
Poema épico, 296–297
Poesía
   china, 230, 246
   griega, 291, 296–297
   romana, 346–347
Polar, proyección, 104, *m104*
Policarpo (mártir cristiano), 358
Polis (ciudad-estado), 300–305. *Véase también* Atenas, Esparta
Política de apaciguamiento, 485
Polo, Marco, 479
Polonia, 490, 491, 513
Polos
   Norte, 62
   Sur, 62, 449, *m449*
Pomeroy, Sarah, 314
Pompeya, Italia, 318, 343, *343*
Pompeyo, 336
Portugués, lengua, 446
Porus (rey de India), 321
Poseidón (dios griego), 306
Potencias centrales, 485
Precipitación, 344, 472, *472, 473, 473*
Predecir, 137
Predecir resultados, 137, 316, 325
Prehistoria, 51
Presentación oral, actividad, 223. *Véase también* Discurso, actividad
Presentar un informe, 521
Préstamo cultural, 294
   de las civilizaciones antiguas, 368–369, *368, 369*
   de los griegos, 368–369, *368, 369*
   de los mayas, 409
   de los romanos, 368–369, *368, 369*
   por los aztecas, 409
   por Estados Unidos, 368–369, *368, 369*
   por los griegos, 294, *294*
   por los romanos, 343, 346, 347, *347*
Primer meridiano, 62, *m63*
Primera Guerra Mundial, 485
Producto interno bruto, 465–466, *466*
Profeta, 227
Proteccionismo, 509
Protestantismo, 459, 494. *Véase también* Cristianismo

Provincia, 256, 335
Proyección, 102
Proyección, 102–104, *m102, m103, m104,* 117, 122
   conforme, 103, *m103*
   de Miller, 103, *m103*
   de Robinson, 103, *m104*
   equidistante, 104, *m104*
   equivalente, 102–103, *m102*
   polar, 104, *m104*
Proyecto de la unidad
   ciudad de la antigüedad, 279, 373
   conferencia mundial, 434, 521
   folleto, 191, 277
   mapa, 375, 433
   mapa prehistórico, 43, 123
   pergamino, 125, 189
Prueba, 51
Pueblos del Mar, 154
Puente, 408
   de tierra, 59, 60, 385, *m386, 387, 387*
   Roma, 359
Puente Milvio (Roma), 359
Puerto, 289
Puerto Rico, 474
Punjab (India), 200
Punt, 153, 156
Puntos cardinales, 39
Puntos de contraste, 29
   ¿Cómo deben aprovecharse los recursos naturales? 474–475, *474, 475*
   ¿Participaban en la vida política las mujeres griegas?, 314–315, *314, 315*
   ¿Qué civilización apareció antes: la nubia o la egipcia?, 174–175, *174, 175*
Puntos intermedios, 39
Púrpura fenicio, 112

Q

Qin, dinastía, 252–261, *252, 253,* 254–255, *m256, m263,* 264, 269, 271
Qinling, cordillera, 232, 233
Quechua, 420, 423
Quetzalcoatl (dios azteca), 410, 411
Quinoa, 418
Quipu, 421, *421*

R

Ra (dios egipcio), 138–139, *138*
Rabín, Yitzhak, 496–497
Rajá, 218
Ramadán, 459
Ramsés II (faraón), 150, 173, *173*
Razonamiento crítico
   ayer y hoy, 54, 61, 69, 83, 88, 95, 101, 109, 113, 117, 122, 134, 140, 147,
   causa y efecto, 88, 95, 117, 122, 165, 183, 188, 227, 250–251, *250, 251,* 257, 271, 276, 325, 365, 405, 427, 451, 461, 471, 513, 515
   en mi opinión, 83, 117, 122, 147, 173, 183, 223, 229, 241, 249, 271, 276, 313, 325, 367, 432, 471, 477, 487, 497, 513, 515, 520
   explorar otros puntos de vista, 122, 188, 215, 229, 306, 337, 347, 411, 423, 477, 515, 520
   formular una conclusión lógica, 507, 515
   hacer generalizaciones, 80–81, 83
   identificar las causas y sus efectos, 250–251, *250, 251,* 271
   piensa más sobre el tema, 54, 61, 69, 95, 101, 109, 113, 122, 134, 140, 155, 165, 173, 179, 188, 203, 209, 223, 227, 229, 234, 249, 267, 271, 290, 297, 306, 313, 323, 330, 360, 365, 367, 372, 387, 393, 401, 405, 411, 423, 427, 432, 451, 461, 477, 487, 497, 506, 520
   predecir un resultado, 316, 325
   resolver un conflicto, 498–499, *m498, m499,* 515
   resolver un problema, 148–149, *148, 149,* 165
   tomar una decisión bien pensada, 338–339, *m339* 155, 165, 179, 183, 203, 209, 215, 229, 234, 241, 257, 267, 271, 276, 290, 297, 313, 323, 325, 330, 337, 347, 360, 367, 372, 387, 393, 401, 405, 427, 432, 506, 520
   usar una tabla para clasificar datos, 268–269, *268, 269,* 271

Readers' Guide to Periodical Literature, R5
Reagan, Ronald, 444
Recaudación de impuestos, 98
   las Américas, 414–415, *414,* 417, 420, 421
   China, 245
   Egipto, 141
   Mesopotamia, 98–99
   Roma, 335
   tributos, 225, 245, 409, 414–415, *414,* 417
Recinto religioso, 389–390, *389,* 431
Recolección, 44, 53, 54, 56–57, *56, 57,* 66, 120, 430
Record of Buddhist Kingdoms (Faxian), 221
Recreación, 471
Recursos naturales, 466–467, *466, 467*
   América del Sur, 423
   bosques, 203, 384, 467, 469–470, *469,* 471
   combustible, 466, 510, *510*
   diversidad, 466–467
   Mesopotamia, 86
   Mesoamérica, 389, 392, 409
   minería, 176, 177, 423, 481
   Nubia, 167, 176–177, *177, m178,* 187
   selvas, 384, 385, 388, 389, 398, 447, 469–470, *470,* 474–475, *474, 475*
   uso, 474–475, *474, 475*
   Véase también nombre del recurso natural
Red comercial, 176–177
Reencarnación, 212
Referencias, R2–R7
   almanaques, R3
   atlas, R3
   diccionarios, R3
   enciclopedias, R2
   internet, R6–R7
   libros de no ficción, R4–R5
   periódicos y revistas, R5
Refugiado, 454–455
Refugios subterráneos, 487
Regente, 396, 398
   La Meca, 458, 459
Región, 35, **37**
Relaciones entre el ser humano y el ambiente, 35, 36
Relatos de Egipto (Hull), 128–129
Relatos de Jataka, 194–197

Índice • **R79**

Religión

Religión
 África, 128–129, 133, 136, 138–139, *138, 139,* 141, 144, 151, 153–154, *154,* 155, 168, 170, 172, 173, 177, 179, 458
 América del Sur, 418, 420, 421, 423
 Asia, 91, *91,* 94, 99, 105–109, 221, 237–238, 244, 248, 252, 255–256, 265, 448–449, 458
 azteca, 407, *407,* 408, 410, 411, 415, 416, 417
 budismo, 194, 213–215, *214, 215, m216,* 219, *219,* 220, 221, 223, 272, 273, 275, 441, 448, 458
 China, 221, 237–238, 244, 248, 252, 255–256, 261, 265
 conflicto, 481, 494, *494,* 514
 confucianismo, 248, 252, 256, 262–263, 264
 Creciente Fértil, 91, *91,* 94, 99, 105–109, 110
 cristianismo. *Véase* Cristianismo
 Diez Mandamientos, 106–107, *107,* 120, 355
 diversidad religiosa, 458–459, *458, 459*
 el mundo de hoy, 272, 272–273, 458–459, *458, 459*
 Egipto, 128–129, 133, 136, 138–139, 138, 139, 141, 144, 151, 153–154, *154,* 155
 Fenicia, 110
 Grecia, 278–279, 289, 290, 292, 294, 306, 309, 320
 hinduismo, 201, 212–213, *212, m216,* 272, 275, 448, 449, 455, 458
 inca, 418, 420, 421, 423
 India, 194, 201, 202, 212–215, *212, 214, 215, m216,* 217, 219, 220, 221, 223, 272, 275, 448–449, 455, 458, *458*
 islam, 179, *m216,* 227, 448, 449, 458–459, *458,* 479
 judaísmo, 106–109, *m106, 107, m108,* 355–356, 448, 449, 455, 458, 459
 libertad de culto, 272, 455
 mayas, 379, 397, 399, 400
 Mesoamérica, 379, 389, 391, 392, 397, 399, 400, 407, *407,* 408, 410, 411, 415, 416, 417
 Mesopotamia, 91, *91,* 94, 99, 105–109
 monoteísmo, 105
 nubia, 168, 170, 172, 173, 177, 179

 olmeca, 389, 391, 392
 Persia, 227, *227*
 Roma, 347, 354–360, *355, 357, m358, 359,* 363, 366, 371
 sikh, *m216,* 217
 taoísmo, 264
 zoroastrianismo, 227, *227*
Remo, 329–330
Represas, 87, 89, 133, 134, 138, 173, 264, 408, 471
Representar una obra de teatro, 123
República, 331
 Roma, 331–333, 335–336, 368, 370
República Checa, 513
República Democrática del Congo, 451
Resolver un problema, 148–149, *148, 149,* 165
Responsabilidades de los ciudadanos
 democracia, 502
 familia, 248
 Grecia, 301, 304, 309
 Imperio Inca, 420, 421
 impuestos, 98–99, 141, 245, 335, 414–415, *414,* 417, 420, 421
 jueces, 309
 Mesopotamia, 92
 participación en el gobierno, 92, 301, 304, 309, 331–333, 502
 Roma, 25, 331–333
Resúmenes visuales, 120–121, 186–187, 274–275, 370–371, 430–431, 518–519
Revolución Americana, 482, 483, 503
Revolución Industrial, 483–484, *484*
Rin, río, 364
Río de Janeiro, Brasil, 460
Ríos
 afluentes, 87, 199, 231
 China, 231–232, *232,* 234, *234*
 Creciente Fértil, 85, 87, *87,* 89
 Egipto, 35, *m136*
 Grecia, 288
 India, 199–203
Rito, 237
Robinson, proyección de, 103, *m104*
Rocosas, montañas, 383
Roma, 279, 281, 327–371
 agricultura, 328, 329, 330
 arquitectura, 332–333, 341, 343–344, *344,* 345, 346

 arte, 25, 317, 318, 326, 329, 331, 334, 335, 336, 340, 343, 346, 347, 355, 357, 362
 aportes a otros pueblos, 368–369, *368, 369*
 calendario, 337
 caminos, 343, 344
 censo, 342
 clases sociales, 332–334
 cristianismo, 281, 354, 355–360, *355, 357, m358, 359,* 363, 367, 371
 comercio, 328, 329, 331, 343, 363
 control del agua, 344, 345, 346
 conquistas, 334–335, *m336*
 democracia, 331–333, 500–501
 dictadores, 332, 335–337, 504
 ejercito, 334–335, 338, *m339,* 342–343, 350–353, *350, 351, 353,* 359, 364
 en la actualidad, 460
 esclavitud, 332, 333, 334
 escritura, 344, 347
 guerras, 334–335, 338, *m339,* 340, 359, 364–365, *m365,* 366
 fundación, 329–330, *329*
 geografía, 327–330, *327, m328, m332*
 gobernantes, 335–337, 340–341, 340, *m342,* 354, 359, 361
 gobierno, 25, 331–333, 334, 335–337, 363, 370, 371, 500–501, 504
 imperio. *Véase* Imperio Romano
 influencia de Grecia, 323, 346, 347, *347*
 leyes, 333, 342, 354–355
 literatura, 346–347
 mujeres, 334, *334,* 343
 préstamo cultural, 343, 346, 347, *347*
 religión, 347, 354–360, *355, 357, m358, 359,* 363, 366, 371
 territorios controlados por los romanos, *m342,* 348–349, *m348, m349*
 vida cotidiana, 331–334, 343–347
Rómulo, 329–330, *329*
Rosa de los vientos, 39, *39,* 162, *m163*
Ruanda, 450
Rubicón, río, 336
Rueda, invención de la, 90
Rumania, 490

Rusia, 447, 449
 democracia, 493–494, *m493*
 población, 467
 Primera Guerra Mundial, 485
 primeros habitantes, 59–60
 producto interno bruto, 466
 religión, 459
 Véase también Unión Soviética
Ruta de la Seda, 266, 266–267, 269, 516
Rutas, sigue las rutas de un mapa, 162–163, *m163,* 165
Rutas comerciales, 162–163, *m163,* 169, 176, 481
 de África, 449
 entre Europa y Asia, 266, *266,* 267, 269, 481, 516
 Ruta de la Seda, 266, *266,* 267, 269, 516

S

Sábado, 107
Sabana, 131, 450
Sahara (desierto), 58, *m126–127,* 131, *m132,* 133
Sajones, 365, *m365*
Salamina (isla), Grecia, 308, 316, *316*
Salmos, 108
Salomón (rey de Israel), 107
Samudra (emperador de India), 221
San Lorenzo, 389, *m390,* 392
San Petersburgo, Rusia, 447
San Salvador, 481
Sanchi, India, 219
Sánscrito, 212
Santa Lucía, 466
São Paulo, Brasil, 456, 461, 469
Sarasvati, río, 204
Sargón, 97–98, *97, 98,* 117
Satélites, 434–435
Saúl (rey de Israel), 107
Schliemann, Heinrich, 295
Schulberg, Lucille, 198
Secretaría (China), 506
Seda, 239, *239,* 264, 266, 271
Segunda Guerra Mundial, 485–486, *486, m486*
Seljúsidas, turcos, 480–481
Sello, 208, *208*
Selvas, 384, 385, 388, 389, 398, 446, 469–470, *470,* 474–475, *474, 475*
Semejanza y diversidad, 23. *Véase también* Diversidad

R80 • Referencia

Senado
Estados Unidos, 502
Roma, 25, **332**
Senegal, 444
Sequía, 87, 455
Serbia, 495–496, *m495*
Sesostris III (faraón), 152
Seti I, faraón, 139
Seúl, Corea, 461
Shaandong, península, 233
Shabaka (rey de Kush), 172
Shaduf, 138
Shang, dinastía, 192, 236–241, *236*, *m236*, 237, 238, 239, 240, 241, 244, 245, *m246*, *m263*, 264, 271, 395
Shang Di (dios chino), 238
Shanghai, China, 461, *461*
Shawabtis, 178
Shenzhen, China, 506
Shi Huangdi (emperador de China), 252–257, *253*, 262, 263, 271, 275
Shiva (dios hindú), 212, *212*
Siberia, 59–60, 387
Sicilia, 327
Siddhartha Gautama, 194–197, 213–215, *214*, 229
Sierra Madre Occidental (cordillera), 383
Sierra Madre Oriental (cordillera), 383
Siervos. *Véase* Campesinos; Clase social
Sikh, religión, *m216*, 217
Sila, Lucio, 335–336
Sima Qian (historiador chino), 259, 261, 264
Sinagoga, 109, 459
Siquem, 106
Siria, 85, 340, 449, 457
Sirio, desierto, *m126–127*
Sismógrafo, 264, *264*, 265, *265*, 269
Sistema económico, 464–465, *464*, *465*, 466
Skara Brae (Dunrea), 72–79, *72–73*, *m74*, 80–81, *81*
Smog, 469
Sociedad, 41, **61**
Sócrates, 312, *312*
Sófocles, 310
Soldados. *Véase* Ejércitos
Solón, 304
Somalia, 450
Stierlin, Henri, 382
Stupa, 219
Su majestad la reina Hatsepsut (Carter), 156–161
Su Shi (poeta chino), 230

Subcontinente, 199
Subsistir, 69
Suburbios, 461
Sudáfrica
comercio, 509
democracia, 491, *491*
producto interno bruto, 466
Sudán, 66, 167, 186. *Véase también* Nubia
Sudra, casta de los, 213
Sumeria, 88, 89–95, 120
arquitectura, 91, *91*
arte, 89, 92, 93, 94, 97
ciudades, 89, *m90*, 121, 460
ciudades-estado, *m90*, 92, 116
clases sociales, 93–94
comercio, 93
división de trabajo, 93–94
economía de, 93
escritura, 88, 93–94, *94*, 95, 117
gobernantes, 92, *92*, 117, 208
gobierno de, 92, 97
innovaciones, 89–90, 95
mujeres, 94
religión, 91, *91*, 94
tecnología, 89–90, 96–97
viviendas, 93
Sureste de Asia
agricultura, 464
mapas de altitud, 242–243, *m243*
países, 449
Véase también India; Indo, valle del; Pakistán
Suroeste de Asia, 84–121
agricultura, 87–88, *87*, *88*, 466
agua, 85, 87–88, *87*
arquitectura, 91, *91*, 101
arte, 84, 89, 92, 93, 94, 97, 99
ciudades, 85, 88, 89, *m90*, 100, 101, 121
ciudades-estado, *m90*, 92, 96, 98, 112, 116
civilización, 89–95
clases sociales, 93–94
Código de Hammurabi, 98, 99–100, *99*
comercio, 93, 98, 100, 110–113
conflicto, 96–98, *96*, 97, 100, 101, *101*
escritura, 88, 93–94, *94*, 95, 111, *111*, 117, 121
fenicios, 110–112, *110*, *111*, *m112*, 121, 306, 335
geografía, 85–88, *m86*
gobierno, 92, 97
Imperio Asirio, 98, 100–101, *m100*, *101*, 155, 173, 226

Imperio de Babilonia, 98–100, *99*, *m100*, 108, 117, 224
innovaciones, 45, 89–90, 95
Israelitas, 105–109, *m106*, *107*, *m108*, 120
Lidios, 110, 112–113, *m112*, *113*, 121
migraciones, 56–60, *m58*, 82
países, 449
primeros habitantes, 59, 65, 67, 68, *68*
recursos naturales, 466
religión, 91, *91*, 94, 99, 105–109
tecnología, 89–90, 96–97
Véase también Mesopotamia
Sydney, Australia, 451, 472

T

Tablas, 268–269, *268*, *269*, 271
Tablas y gráficas, destreza
comparar datos usando gráficas, 114–115, *114*, *115*, 117
interpretar una línea telescópica, 361, *361*, 367
leer y comparar climografías, 472–473, *472*, *473*, 477
usar una gráfica de barras dobles, 402–403, *403*
usar una línea cronológica, 70–71, *70*, 83
Tabletas, 88, *88*, 218, 293
Taharka (faraón de Kush), 172, 173
Taihang, cordillera, 232
Tailandia, *m243*, *m449*, 449
Tang el Grandioso, 237
Tanzania, *m44,* 52
Taoísmo, 264
Tarifas, 509
Taurus, montes, 85, 87
Tayikistán, *m493*, 494
Té, 202
Teatro, actividad, 241
Tebas, 302, *m302*
Tecnología, 89
agricultura y, 118–119, 137, *137*
arco de combinación, 152
china, 264–265, *264*, *265*
en la fabricación de papel, 142, *142*, 264, 269
energía solar, 434–435
exploración del espacio, 509
Mesopotamia, 89–90, 96–97
olmeca, 392–393, *393*

países desarrollados, 468
países en vías de desarrollo, 467
Revolución Industrial y, 483–484, *484*
pirámides. *Véase* Pirámides
revolución, 508–509, *508*, *509*, 519
rueda, 90
sismógrafo, 264, 265, *265*, 269
telecomunicaciones, 508, 509, *509*
telescopio de Hubble, 509
turbinas de viento, 466
Tejidos, 203, 421, 483–484, *484*
Telecomunicaciones, 508, 509, *509*
Telescopio, 509
Temperatura, 472, 473
Templos
aztecas, 408
egipcios, 152, 153
griegos, 309
India, 217, 219, 223, 458
judíos, 108, 109
mayas, 397, 398
nubios, 172, 173, *173*, 176
romanos, 343, 345
sikhs, 217
sumerios, 91, *91*
Tendencia, 115
Tenochtitlan, *m376*, *m377*, 408, *m408*, 409, 411, *411*, *m413*, 415, 426, 427, 460
Teodosio (emperador de Roma), 359
Teotihuacan, *m376*, *m377*, 410
Terrorismo, 494
Texcoco, lago, 407, 408
Tiananmen, plaza de, (Beijing, China), 492, *492*
Tíber, río, 328, 329–330, *329*
Tíbet, 232, 441, 516
Tíbet, meseta de, 233
Tierra
conflicto, 68, 96, 100
despejar para la siembra, 68
medir, 95
Tierra cultivable, 328
Tierra Negra (Egipto), 133
Tierra Roja (Egipto), 133
Tigris, río, 85, 87, *87*, 89, 100
Tikal, 396, 397, *397*
Tirano, 301
Tiro, 112
Tirreno, mar, 327, *m328*
Título del mapa, 39
Tiye (reina de Egipto), 156

TLC (Tratado de Libre Comercio de América del Norte), 510, **512**
Tokio, Japón, 460, *m460*, 461, *461*, 462, 472
Tolomeo (general), 155
Tolomeo V (faraón), 154
Tomar una decisión bien pensada, 338–339, *m339*
Tomates, 428
Tomyris, reina, 224
Torá, 107, *107*
Toros (en Grecia), 278–279
Toscana, 330
Totalitarismo, 504–505, *504*
Trabajar en grupo, 34
Trabajo en metal, 138, 173, 222, 269, 395
Tragedia, 310
Trajano (emperador de Roma), 349
Transportación
 caminos, 254, 255, 264, 266, *266*, 267, 269, 343, 344, 419–420, *420*, *m420*, 430
 carros de guerra, 96–97, 100, 101, 152, 237
 China, 254, 255
 Grecia, 288–289
 por río, 135–136
 Véase también Embarcaciones
Tratado de Libre Comercio de América del Norte (TLC o NAFTA), 510, **512**
Tratado de Versalles, 485
Tres Gargantas, embalse de, (China), 471
Triángulo comercial, **482**
Tribuno, 332–333
Tributo, 225, 245, 409, 414–415, *414*, 417
Trigo, 65, 69, 134, 137, 234, 290, 328, 383, 423
Trirreme, **289**
Trópico de Cáncer, 385
Trópico de Capricornio, 385
Trópicos, *m384*, **385**
Troya, 297
Trueque, 112–113
Tucídides, 304
Tumbas
 antigua Europa, 78, 79
 ataúdes, 321, 331
 China, 236, 237, 238, 258–261
 Egipto, 124–125, 139, 143–144, 153
 montículos, 79, 260–261
 Nubia, 170, 178
 helenísticas, 322
 mayas, 31, 380–381
 olmecas, 390
 pinturas, 124–125, 139
 pirámides. *Véase* Pirámides
Tundra, 59, **445**
Turba, 74
Turbinas de viento, **466**
Turkana, lago, Kenia, 52
Turkmenistán, 449, *m493*, 494
Turquía, 68, 85, 100, 112, 287, 297, 322, 364, 480–481
Tutankamón (faraón), 130, 154
Tutmés I (faraón), 152–153
Tutmés II (faraón), 153, 156
Tutmés III (faraón), 153, 156, 160
Tutsis, 450

U

Ubicación absoluta, **35**
Ubicación relativa, **36**, 37
Ubicador del mapa, **39**
Ucrania, 465, *m493*, 494
UE (Unión Europea), 511, *511*
Una historia en la historia (Marianelli), 367
Unión de Repúblicas Soviéticas Socialistas. *Véase* Unión Soviética
Unión Europea (UE), 511, *511*
Unión Soviética, 465, 492–494
 colapso, 493–494, *m493*, 515
 conflictos con Estados Unidos, 487, 504–505
 economía, 493–494
 guerra fría, 487, *487*, 504–505, 513
 Pacto de Varsovia, 513
 Segunda Guerra Mundial, 485–486, *m486*
 Véase también Rusia
Ur (Sumeria), 96, 105
Urbanización, **456**, *456*
Urbano, 85. *Véase también* Ciudades
Uruguay, 446
Uruk (Sumeria), 92
Utah, 49
Uvas, 290, 328, 330
Uzbekistán, *m493*, 494

V

Vacuna, **223**
Valle de los Reyes (Egipto), 153
Valle de México, 407, 415
Vándalo, 364, *m365*
Vasijas de bronce sagradas de los chinos, 237, *237*, 239, 240
Vaticano, ciudad del, 447
Vedas, 212
Venezuela, 40, *m40*, 446, 456, 501, 510
Vestimentas
 de los egipcios, 146, 157–158
 de los primeros seres humanos, 59, 60, 61
 diversidad de, 457
 incas, 421, *421*, 423
 indios, 198
 mayas, 379
 nubias, 178
Vesubio, monte, 343, *343*
Vetar, **333**
Victoria (reina de Inglaterra), 485
Victoria, lago, 131
Vida cotidiana
 aztecas, 410, 414–417
 egipcios, 146–147
 griegos, 303, 309–315
 incas, 421–422, *421*
 olmecas, 389–393
 primeros habitantes de Escocia 72–79
 romanos, 331–334, 343–347
 valle del Indo, 206, 208
Viejo Testamento, 356, 360
Viena, Austria, 463
Vietnam, 449, 464
Virgilio (poeta romano), 346–347
Virtud, **245**
Vishnu (dios hindú), 212
Visigodos, 364, 365, *m365*
Visir, 141, 150, 152, 156, 160
Vivienda(s)
 antiguas, 75–78, *75*, *76*
 China, 265
 de ladrillos, 206, 207
 de los primeros seres humanos, 59–60, 61, 66, 67, 68, 74
 de piedra, 75–78, *75*, *76*
 egipcias, 139, 146
 incas, 421–422
 romanas, 332–333
 sumerias, 93
 valle del Indo, 206, 207
Voladizo, 75, 77
Volcán activo, **384**
Volcán extinto, **328**

W

Washington, D.C., 461, 500
Washington, George, 483
Wei, río, 231
Wei, valle del río, 244, 246
White, Tim, 53
Williams, Bruce, 175
Wilson, Woodrow, 478
Windrow, Martin, 350–353
Wood, Tim, 414–417
World Wide Web, R6–R7
Wu (rey de China), 244–245, 246
Wu Di (emperador de China), 263–264, 265

X

Xia, dinastía, 237
Xian, China, 258–261, 516
Xianyang, China, 262
Xiongnu, 263

Y

Yangtze, río, 232, 471
Yeltsin, Boris, 493–494, *493*
You (rey de China), 246, 250
Yu el Grande, 235, 236–237
Yucatán, península de, 400, *m432*
Yugoslavia, 478, 490, 495–496, *m495*

Z

Zagros, montes, 85, 100, 224
Zaire (República Democrática del Congo), 451
Zama (norte de África), 335, 338, *m339*
Zaratustra, 227
Zeman, Ludmila, 117
Zeus (dios griego), 289, 306, *306*
Zhang Qian, 265
Zheng, reino, 247, 248
Zhengzhou, China, 237
Zhou, dinastía, 190–191, 244–251, *244*, *245*, *m246*, 247, *250*, *251*, 252, 256, 262, *m263*, 264, 269
Zhoukoudian, China, *m45*
Zigurat, 91, *91*
Zonas templadas, *m384*, **385**
Zoroastrismo, 227, *227*
Zoser (faraón), 144

R82 • Referencia

For permission to reprint copyrighted material, grateful acknowledgment is made to the following sources:

Atheneum Books for Young Readers, an imprint of Simon & Schuster Children's Publishing Division: From *The Avenger* by Margaret Hodges. Text copyright © 1982 by Margaret Hodges.

Cashmir, Inc.: Cover illustration from *Come With Me To India* by Sudha Koul. Copyright © 1997.

Cobblestone Publishing Company, 30 Grove Street, Suite C, Peterborough, NH 03458: "Discovery and Excavation of Shi-Huangdi's Tomb" by Helen Wieman Bledsoe from *Calliope* Magazine, October 1997. Text © 1997 by Cobblestone Publishing Company.

Grove/Atlantic, Inc.: From poem # 130 in *The Book of Songs*, translated from the Chinese by Arthur Waley. Text copyright 1937 by Arthur Waley.

HarperCollins Publishers: From *His Majesty, Queen Hatshepsut* by Dorothy Sharp Carter, cover illustration by Michele Chessare. Text copyright © 1987 by Dorothy Sharp Carter; cover illustration copyright © 1987 by Michele Chessare.

Heinemann Educational Publishers, a division of Reed Educational & Professional Publishing Ltd.: Cover illustration by Bill Le Fever from *Ancient Rome* by Simon James. Copyright © 1992 by Reed International Books Ltd.

Holiday House, Inc: From *Skara Brae: The Story of a Prehistoric Village* by Olivier Dunrea. Copyright © 1985 by Olivier Dunrea.

Houghton Mifflin Company: From "Friends and Neighbors" in *Jataka Tales*, edited by Nancy DeRoin. Text and cover illustration copyright © 1975 by Nancy DeRoin.

DK Publishing, Inc.: Cover from *A Visual Timeline of the 20th Century* by Simon Adams. Copyright © 1996 by Dorling Kindersley Limited, London.

Lothrop, Lee & Shepard Books, a division of William Morrow & Company, Inc.: Cover illustration by Fiona French from *Pepi and the Secret Names* by Jill Paton Walsh. Illustration copyright © 1994 by Fiona French.

The Millbrook Press, Inc.: Cover from *The Nubians: People of the Ancient Nile* by Robert Steven Bianchi. Copyright © 1994 by Robert Steven Bianchi. Cover illustration from *Around the World in 80 Pages* by Antony Mason. © 1995 by Aladdin Books Ltd.

W. W. Norton & Company: From "The Charms of Nian-nu" by Su Shi in *An Anthology of Chinese Literature*, edited and translated by Stephen Owen. Text copyright © 1996 by Stephen Owen and The Council for Cultural Planning and Development of the Executive Yuan of the Republic of China.

Oxford University Press: From *The Footsoldier* by Martin Windrow and Richard Hook. Text and cover illustration © by Oxford University Press.

Philomel Books, a division of Penguin Putnam Inc.: From *Boy of the Painted Cave* by Justin Denzel. Text copyright © 1988 by Justin Denzel.

Simon & Schuster Books for Young Readers, an imprint of Simon & Schuster Children's Publishing Division: Cover illustration by Michael Welply from *If You Were There: Aztec Times* by Antony Mason. Illustration copyright © 1997 by Marshall Editions Developments Ltd.

Steck-Vaughn Company: From *Egyptian Stories*, retold by Robert Hull. Text copyright © 1993 by Wayland (Publishers) Ltd.; U. S. version text copyright © 1994 by Thomson Learning. Originally published in the United States by Thomson Learning.

Tilbury House, Publishers, Gardiner, ME: From *Talking Walls: The Stories Continue* by Margy Burns Knight, illustrated by Anne Sibley O'Brien. Text copyright © 1996 by Margy Burns Knight; illustrations copyright © 1996 by Anne Sibley O'Brien.

Tundra Books: Cover illustration from *Gilgamesh the King*, retold and illustrated by Ludmila Zeman. © 1992 by Ludmila Zeman.

University of California Press, Berkeley: From *The Bhagavadgita: A New Translation* by Kees W. Bolle. Text copyright © 1979 by The Regents of the University of California.

Viking Penguin, a division of Penguin Putnam Inc.: Cover illustration by Bill Le Fever from *Ancient Rome* by Simon James. Copyright © 1992 by Reed International Books Ltd. Cover illustration by James Field from *Ancient China* by Brian Williams. Copyright © 1996 by Reed Educational and Professional Publishing, Ltd. From *The Aztecs* by Tim Wood, illustrated by Philip Hood, cover illustration by Bill Le Fever. Copyright © 1992 by Reed International Books Ltd.

Walker and Company, 435 Hudson Street, New York, NY 10014, 1-800-289-2553: From *Spirit of the Maya: A Boy Explores His People's Mysterious Past* by Guy Garcia, cover photograph by Ted Wood. Text copyright © 1995 by Guy Garcia; cover photograph copyright © 1995 by Ted Wood.

Franklin Watts: Cover illustration by Bob Masheris from *Tombs of the Ancient Americas* by Jeanne Bendick. Copyright © 1993 by Jeanne Bendick. Cover illustration by S. D. Schindler from *Digging Up the Past: The Story of An Archaeological Adventure* by Carollyn James. Illustration copyright © 1990 by S. D. Schindler.

Honi Werner: Cover illustration by Honi Werner from *The Avenger* by Margaret Hodges. Published by Charles Scribner's Sons.

Zondervan Publishing House: Scripture from the *Holy Bible, New International Version.* Text copyright © 1973, 1978, 1984 by International Bible Society.

ILLUSTRATION CREDITS

Pages 56-57 Andrew Wheatcroft; page 81 Angus McBride; pages 90-91 Paolo Donati; page 140 Steven Adler; pages 144–145 Tony Smith; page 177 Stephen Snider; pages 186–187 Jeffrey Terreson; page 207 David Cook; page 245 Hrano Janto; page 258 Barbara Higgins; pages 266–267 Rodica Prato; pages 347, 349, 350–351, 352–353 Angus McBride; page 418 David Cook; pages 378–379 Manuel Garcia; pages 396–397 Tony Smith; page 408 Rodica Prato; page 430–431 Dennis Lyall; pages 518–519 Jeffrey Terreson

All maps by GeoSystems

COVER CREDITS

Design Studio: Mariello Grafico, Inc.
Photography: Ken West Photography

PHOTO CREDITS

PAGE PLACEMENT KEY: (t)-top (c)-center (b)-bottom (l)-left (r)-right (fg)-foreground (bg)-background.

COVER

(By objects): columns, Egyptian painting, cave painting, Tony Stone Images; all others: Harcourt Brace & Company.

ENDPAPERS

(By object): Chinese soldier, Toni Stone Images; all others Harcourt Brace & Company.

HARCOURT BRACE & COMPANY PHOTOS

Page number iii, 24, 28, 33, 35, 428–429 (bg), R7 Weronica Ankarorn; 22 (fg), 25 (all), 31 (br), 34, 429 (inset), R4, R9 P&F Communications; 32 (bg), 516–517 (b) Victoria Bowen; 368–369 (c)(coins), 500 (t) Harcourt Brace & Company; 123, 189, 277, 373, 433, 521 Ron Kunzman; 350 (t) Julie Smith; 368 (t) Rodney Jones.

OTHER (STOCK PHOTOS)

CONTENTS

Page x Rob Crandall/Stock Boston; faces: Pages iv-ix (by chapter number) Chapter 1 Sisse Brimberg/National Geographic Society; 2 Ancient Art and Architecture Collection; 3 Erich Lessing/Art Resource, NY; 4 Museum Expedition, Nubian Gallery/Courtesy Museum of Fine Arts, Boston; 5 Burt Glinn/Magnum Photos; 6 Ancient Art and Architecture Collection; 7 Delphi Museum of Archaeology/Nimatallah/Art Resource, NY; 8 Napoli, Museo Nazionale/Scala/Art Resource, NY; 9 Boltin Picture Library; 10 Mereille Vautier/Woodfin Camp & Associates; 11 Jeremy Hartley/Panos Pictures; 12 Facelly/Sipa Press

ATLAS

A1 NASA.

INTRODUCTION

22 (bg) British Library, London/Bridgeman Art Library, London, Superstock; 23 The Granger Collection; 24 (insets left to right) Rijsmuseum van Oudheden-Egyptian Collection, Leiden, Netherlands/Erich Lessing/Art Resource, NY; 30 (t) Maritime Museum/Michael Holford Photographs; 30 (c) Erich Lessing/Art Resource, NY; 30 (b) Borromeo/Art Resource, NY; 31 (t) Kenneth Garrett/Woodfin Camp & Associates; 31 (bl) National Museum of American Art/Art Resource, NY; 32 (l)(inset) Bibliotheque Nationale, Paris, France/Giraudon/Art Resource, NY; 32 (cl)(inset) Rijsmuseum van Oudheden-Egyptian Collection, Leiden, Netherlands/Erich Lessing/Art Resource, NY; 32 (c)(inset) John Neubauer/Museo de Antropologia, Mexico City; 32 (cr)(inset) Museo Archeologico Nazionale, Naples; 32 (r)inset Michael Holford; 36 (t) Joachim Messerschmidt/The Stock Market; 36 (c) Nacchietto Della Rossa/Gamma Liaison; 36 (b) Joe Sohm/ChromoSohm/The Stock Market; 41 (t) Epix/Sygma Photo News; 41 (c) Jean Pragen/Tony Stone Images; 41 (b) Cheryl Sheridan/Odyssey Productions.

UNIT 1

42–43 Jack Unruh/© National Geographic Society; 46 (b) F. Gohier/Photo Researchers; 47 Sisse Brimberg/National Geographic Society;

48 (t) Philip & Karen Smith/Tony Stone Images; 48 (b) Art Resource, NY; 49 John W. Warden/Superstock; 50 Sisse Brimberg/National Geographic Society; 51 (t) Boltin Picture Library; 51 (b), 52 John Reader/Science Photo Library/Photo Researchers; 53 (l) The Cleveland Museum of Natural History; 53 (r) Photo by David L. Brill © National Geographic Society; 54 Bruce Coleman, Inc.; 55 (t) T. Anderson/Explorer; 55 (b) Dr. Ralph Solecki/Texas A & M University; 58–59 (b) Wolfgang Kaehler/Wolfgang Kaehler Photography; 59 (t) C.M. Dixon/Photo Resources; 60 (t) Alexander Marshack/Peabody Museum of Archaeology and Ethnology; 60 (b) Boltin Picture Library; 64 (t) Grant Heilman/Grant Heilman Photography; 64 (b) C.M. Dixon/Photo Resources; 65 Rene Sheret/Tony Stone Images; 66 (t) Erich Lessing/Art Resource/NY; 66–67 (b) Josef Polleross/The Stock Market; 68 (l) Sonia Halliday Photographs; 68 (r) Jane Taylor/Sonia Halliday Photographs; 74, 77, 78 C.M. Dixon/Photo Resources; 84 Ancient Art and Architecture Collection; 85 British Museum/Michael Holford Photographs; 86–87 Hutchison Library; 87 (inset) Southwell/Hutchison Library; 88 British Museum/Michael Holford Photographs; 89 Erich Lessing/Art Resource, NY; 91 Superstock; 92 British Museum/Michael Holford Photographs; 93 (t) Louvre, Dept. des Antiquites Orientales, Paris, France/Erich Lessing/Art Resource, NY; 93 (b) Erich Lessing/Art Resource, NY; 94 Scala/Art Resource, NY; 96 British Museum/Michael Holford Photographs; 97 (t) British Museum/Michael Holford Photographs; 97 (b) Scala/Art Resource, NY; 99 Erich Lessing/Art Resource, NY; 101 Aleppo Museum, Syria/E.T. Archive; 105 Bill Aron/PhotoEdit; 107 Jewish Museum/Art Resource, NY; 108 Zev Radovan, Jerusalem; 110 (t) National Archaeological Museum, Beirut, Lebanon/ Erich Lessing/Art Resource, NY; 110 (b) E.T. Archive; 112 Zev Radovan, Jerusalem; 113 Ancient Art and Architecture Collection; 118–119 (bg) David W. Hamilton/The Image Bank; 118 (l)(inset) Kevin Horan/Tony Stone Images; 118 (r)(inset) Charles Gupton/Stock, Boston; 119 (l)(inset) Tony Stone Images; 119 (r)(inset) Cary Wolinsky/Stock, Boston.

UNIT 2

124–125 Geoffrey Clifford/Woodfin Camp & Associates; 129 Robert Harding Picture Library; 130 Erich Lessing/Art Resource, NY; 131 (t) Nigel Press/Tony Stone Worldwide; 131 (b) Michele Burgess/The Stock Market; 132–133 (b) BRITSTOCK-IFA/Bernd Ducke; 133 (inset) Wolfgang Kaehler/Wolfgang Kaehler Photographs; 134 James Strachan/Tony Stone Images; 135 (t) Pat Lanza/Bruce Coleman, Inc.; 135 (b) John G. Ross/Egypt-Mediterranean Picture Archive; 136 Michael Holford Photographs; 137 The British Museum/Michael Holford Photographs; 138 (t) G. Dagli Orti; 138 (b) The British Museum/Michael Holford Photographs; 139 Louvre, Paris/E.T. Archive; 141 (t) G. Dagli Orti; 141 (b) John G. Ross/Egypt-Mediterranean Picture Archive; 142 (bg) Scala/Art Resource, NY; 142 (inset) The Louvre/Reunion des Musees Nationaux; 143 Robert Hashimoto/The Art Institute of Chicago; 145 David Sutherland/Tony Stone Images; 146 Egyptian Museum, Cairo/Art Resource, NY; 147 The Louvre, Paris/E.T. Archive; 149 Robert Frerck/Woodfin Camp & Associates; 150 Erich Lessing/Art Resource, NY; 152 (bg) Sarah Stone/Tony Stone Images; 152 (inset) Michael Holford Photographs; 154 (t) Adam Woolfitt/Robert Harding Picture Library; 154 (b) Erich Lessing/Art Resource, NY; 155 British Museum London/Werner Forman Archive/Art Resource, NY; 157 The Louvre/Reunion des Musees Nationaux; 158 Superstock; 159 Scala/Art Resource, NY; 160–161 The Metropolitan Museum of Art, Rogers Fund, 1931 (31.3.166) copyright, 1995; 166 Museum Expedition, Nubian Gallery/Courtesy of Museum of Fine Arts, Boston; 167 Museum Expedition/Courtesy of Museum of Fine Arts, Boston, Detail; 168 Egyptian Expedition of the Metropolitan Museum of Art, Rogers Fund, 1930. (Detail), (30.4.21). Photograph © The Metropolitan Museum of Art; 170 (t) Museum Expedition/Courtesy, Museum of Fine Arts, Boston; 170 (b) Josef Polleross/The Stock Market; 171 Jurgen Liepe Photo-Archive; 172 Museum Expedition/Courtesy of Museum of Fine Arts, Boston; 173 Georg Gerster/Photo Researchers; 174 (l) Oriental Institute Museum; 174–175 Robert Caputo/Aurora; 176 (t) Marc & Evelyne Bernheim/Woodfin Camp & Associates; 176 (b) Egyptian Museum/Art Resource, NY; 178 Harvard University Museum of Fine Arts Expedition a)17-2-1195, b)17-2-285, c)17-2-1465, d)16-12-157/Courtesy, Museum of Fine Arts, Boston; 179 Egyptian Museum, Cairo/E.T. Archive; 184–185 (bg) Paul Solomon/Woodfin Camp & Associates; 185 (t)(inset) Elie S. Rogers/National Geographic Society; 185 (b)(inset) Mike Yamashita/Woodfin Camp & Associates

UNIT 3

190–191 Bibliotheque Nationale, Paris, France/Giraudon/Art Resource, NY; 198 Burt Glinn/Magnum Photos; 199 (t) A. Ramey/Woodfin Camp & Associates; 199 (b) Bruce Coleman, Inc.; 201 (t) J Jackson/Robert Harding Picture Library; 201 (b) Ned Gillette/The Stock Market; 202 Rajesh Vora/Dinodia Picture Agency; 203 S. Nagendra/Photo Researchers; 204 (t) Jehangir Gazdar/Woodfin Camp & Associates; 204 (b) Scala/Art Resource, NY; 205 (t) E.T. Archive; 205 (b) Cont/Dilip Mehta/Woodfin Camp & Associates; 206–207 Borromeo/Art Resource, NY; 208 (l), 208 (r) Jehangir Gazdar/Woodfin Camp & Associates; 209 (l) Karachi Museum/Robert Harding Picture Library; 209 (r) Harappa Museum/Robert Harding Picture Library; 210 (t) Boltin Picture Library; 210 (b) George B. Schaller/Bruce Coleman, Inc.; 212 Giraudon/Art Resource, NY; 213 (t) Museo Nazionale d'Arte Orientale, Rome, Italy/Scala/Art Resource, NY; 213 (b) Ravi Shekhar/Dinodia Picture Agency; 214 (l) Robert Frerck/Tony Stone Images; 214 (r) Borromeo/Art Resource, NY; 215 J-C Carton/Bruce Coleman, Inc.; 217 Robert Frerck/Odyssey Productions; 218 Ancient Art and Architecture Collection; 219 (t), 219 (b) Adam Woolfitt/Woodfin Camp & Associates; 220 Dave Sarnath/Dinodia Picture Agency; 221 Ancient Art and Architecture Collection; 222–223 (b) Dinodia Picture Agency; 223 (t) Michael Holford Photographs; 224 (t) SEF/Art Resource, NY; 224 (b) Louvre-Dept des Antiquities Orientales, Paris, France/Erich Lessing/Art Resource, NY; 226 Giraudon/Art Resource, NY; 227, 230 Ancient Art and Architecture Collection; 231 Joan & Milton Mann/Cameramann International; 232 (t) G. Corrigan/Robert Harding Picture Library; 232 (b) China Pictorial; 234 Tim Megarry/Robert Harding Picture Library; 235 Art Resource, NY; 236 (t) E. T. Archive; 236 (b) China Pictorial; 237 Coll-Museum fur Volkerkunde. Munich/Michael Holford Photographs; 238 (t) China Pictorial; 238 (b) British Library, London/Werner Forman Archive/Art Resource, NY; 239 (t) China Pictorial; 239 (b) Victoria and Albert Museum/Michael Holford Photographs; 240 (l) China Pictorial; 240 (c) Keren Su/Tony Stone Images; 240 Wolfgang Kaehler/Wolfgang Kaehler Photography; 241 Jeffrey Aaronson/Network Aspen Worldwide; 244 (t) Robert Harding Picture Library; 244 (b) The Nelson-Atkins Museum of Art, Kansas City, Missouri (Purchase: Nelson Trust) 33-81; 247 (t) Hubei Provincial Museum, Photo courtesy The Orlando Museum of Art; 247 (b) Maria Antoinette Evans Fund, Courtesy of Museum of Fine Arts, Boston, Detail; 248 (b) The Granger Collection; 248 (t) Ancient Art and Architecture Collection; 250 British Museum/Michael Holford Photographs; 252 (t) Ancient Art and Architecture Collection; 252 (b) Ancient Art and Architecture Collection; 253 Bibliotheque Nationale, Paris/E.T. Archive; 254–255 James Montgomery/Bruce Coleman, Inc.; 257 Wang Lu/China Stock Photo Library; 258–259 Karen Su/Tony Stone Images; 260–261 Jerry Alexander/Tony Stone Images; 262 (t) Boston Museum of Fine Art/Scala/Art Resource, NY; 262 (b) Robert Harding Picture Library; 265 (t) China Stock; 265 (b) The Nelson-Atkins Museum of Art, Kansas City, Missouri (Purchase: Nelson Trust) 33-521; 268 E. T. Archive; 272–273 (bg) Corel; 272–273 (t) Mark C. Burnett/Stock, Boston; 272 (t) Francene Keery/Stock, Boston; 272–273 (c) Tim Barnwell/Stock, Boston; 272–273 (b) Phyllis Picardi/Stock, Boston; 272 (b) Robert Brenner/PhotoEdit; 273 (c) Don Farber/Woodfin Camp & Associates; 273 (br) Jeff Greenberg/Photo Researchers.

UNIT 4

278–279 Archaeological Museum, Herakleion, Crete/Scala/Art Resource, NY; 286 Delphi Museum of Archaeology/Nimatallah/Art Resource, NY; 287 British Museum, London/Bridgeman Art Library Int'l Ltd., London/New York; 288–289 (bg) Thierry Cariou/The Stock Market; 288 (inset) Henneghien/Bruce Coleman; 289 (inset) Geoffrey Clifford/Woodfin Camp & Associates; 290 (bg) William Hubbell/Woodfin Camp & Associates; 290 (inset) Wolfgang Kaehler/Wolfgang Kaehler Photography; 291 (t) E.T. Archive; 291 (b) C.M. Dixon/Photo Resources; 292 Heraklion Museum/Robert Harding Picture Library; 293 (bg) David Ball/The Stock Market; 293 (inset) Michael Holford Photographs; 294 (l), 294 (c), 294 (r) Photo copyright by Studio Kontos; 295 (inset) The British Museum/Michael Holford Photographs; 295 (bg) C.M. Dixon/Photo Resources; 296 The British Museum/Michael Holford Photographs; 297 Athens National Museum/Nimatallah/Art Resource,

NY; 300 David G. Houser; 302 The British Museum/Michael Holford Photographs; 303 Jose Fuste Raga/The Stock Market; 304 National Museum, Warsaw, Poland/Erich Lessing/Art Resource, NY; 305 Archaeological Museum Ferrara/E. T. Archive; 307 The British Museum/Michael Holford Photographs; 309 Carlos Humberto/TDC/Contact/The Stock Market; 310 Superstock; 312 (t) Museo Capitolino, Rome/Superstock; 312 (b) Museo Archaeologico Nazionale, Naples/Scala/Art Resource NY; 313 Louvre, Dept. des Antiquites Grecques/Romaines, Paris, France/Erich Lessing/Art Resource, NY; 314 Michael Holford Photographs; 315 The British Museum/C.M. Dixon/Photo Resources; 317 (t) Museo Archeologico Nazionale, Naples/The Bridgeman Art Library International Ltd. London/New York; 317 (b) Louvre, Dept. des Antiquities Grecques/Romaines, Paris, France/Erich Lessing/Art Resource, NY; 318–319 (b) Robert E. Bright/Naples Museum Nationale/Photo Researchers; 319 (t) Thessalonike Museum/Art Resource, NY; 320 Copyright British Museum; 321 Istanbul Museum of Archaeology/Scala/Art Resource, NY; 322 (t) Robert Frerck/Odyssey/Chicago; 322 (b) Victoria and Albert Museum/C.M. Dixon; 323 Bibliotheque Nationale, Paris; 326 Napoli, Museo Nazionale/Scala/Art Resource, NY; 327 (t) Musee des Antiquites Nationales, St-Germain-en-Laye, France/Erich Lessing/ Art Resource, NY; 327 (b) Joe Viesti/Viesti Associates; 329 (t) Museo Archeologico Naz., Aquileia, Italy/Scala/Art Resource, NY; 329 (b) Jose Fuste Raga/The Stock Market; 330 (bg) William Hubbell/Woodfin Camp & Associates; 330 (inset) Fred Lyon; 331 Louvre, Dept. des Antiquities Grecques/Romaines, Paris, France/Erich Lessing/Art Resource, NY; 334 Ronald Sheridan/Ancient Art and Architecture Collection; 335 British Museum/Michael Holford Photographs; 337 Vatican Museum-Lazio/John G. Ross/Robert Harding Picture Library; 340 (t) Kunsthistorisches Museum, Vienna, Austria/Nimatallah/Art Resource, NY; 340 (b) Scala/Art Resource, NY; 341 Soprintendenza alle Antichita, Rome, Italy/Scala/Art Resource, NY; 343 Museo Archeologico Nazionale, Naples, Italy/Scala/ Art Resource, NY; 344 (t) Mike Yamashita/ Woodfin Camp & Associates; 344 (c) Erich Lessing/Art Resource, NY; 344 (b) Michael Holford Photographs; 344–345 Art by William H. Bond © National Geographic Society; 346 Geoffrey Clifford/The Stock Market; 347 National Museum, Athens/Robert Harding Picture Library; 350, 351 (t), 351 (b), 353, Harcourt Brace & Company/John Gibbons Studio, object courtesy the Ermine Street Guard; 354 British Museum/Michael Holford Photographs; 355 Museo Rio Christiano, Vatican/Scala/Art Resource, NY; 357 (bg) Galleria Centrale al l'piano, Roma/Scala/Art Resource, NY; 357 (t)(inset) Scala/Art Resource, NY; 357 (b)(inset) Vatican Musueum/C.M. Dixon/Photo Resources; 359 (t) The Terry Wild Studio; 359 (b) Betty Press/Woodfin Camp & Associates; 362 (t) E.T. Archive; 362 (b) Peter Scholey/Robert Harding Picture Library; 363 (bg) Robert Frerck/Odyssey/Chicago; 363 (inset) Roland & Sabrina Michaud/Woodfin Camp & Associates; 364 British Museum/ Michael Holford Photographs; 368–369 (t) James Blank/The Stock Market; 368–369 (b) Duomo Photography; 369 (b) Catherine Ursillo/Photo Researchers.

UNIT 5

374–375 "Peabody Museum/Harvard University/Photograph by Hillel Burger; 382 Boltin Picture Library; 383 (t) Michael Ma Po Shum/Tony Stone Images; 383 (b) Tony Craddock/Tony Stone Images; 384 John Vivian/DDB Stock Photos; 385 John Warden/Tony Stone Images; 387 John Neubauer/Museo de Antropologia, Mexico City; 388 (t) Dumbarton Oaks Research Library and Collections, Washington, D.C.; 388 (b) John Elk III/Bruce Coleman, Inc.; 389 (t) D. Donne Bryant/DDB Stock Photo; 389 (b) Eric Carle/Bruce Coleman, Inc.; 391 Andrew Rakoczy/Bruce Coleman, Inc.; 392 Boltin Picture Library; 393 D. Donne Bryant/DDB Stock Photo; 394 Jurgen Liepe Photo-Archive; 395 (l) Boltin Picture Library; 395 (r) Department of Asian Art, Metropolitan Museum of Art, NY, on behalf of the Cultural Relics Bureau, Beijing, China; 396 Robert Frerck/Odyssey/Chicago; 397 Paul Merideth/Tony Stone Images; 399 David A. Harvey/National Geographic Society; 400 Robert Frerck/Odyssey/Chicago; 406 Mireille Vautier/Woodfin Camp & Associates; 407 (t) National Museum of Anthropology, Mexico City, Mexico/Michel Zabe/Art Resource/NY; 407 (b) Lenars/Explorer Archives/Mary Evans Picture Library; 410 John S. Flannery/Bruce Coleman, Inc.; 411 Patricio Robles Gil/Bruce Coleman, Inc.; 418 (t) Michael Holford Photographs; 418 (b) M. Vautier/Anthropology & Archaeology Museum, Lima, Peru/Woodfin Camp & Associates; 419 Tom Ives/The Stock Market; 420 Loren Mcyntyre/Woodfin Camp & Associates; 421 (t) Pedro de Osma Museum Lima/E.T. Archive; 421 (c) Dumbarton Oaks Research Library and Collections, Washington, D.C.; 421 (b) Bildarchiv Preussischer Kulturbesitz; 422 (bg) T Resource/Tony Stone Images; 422 (inset) Wolfgang Kaehler/Wolfgang Kaehler Photography; 423 Robert Frerck/ Odyssey/Chicago; 424 British Embassy, Mexico City/The Bridgeman Art Library International Ltd. London/New York; 425 E.T. Archive.

UNIT 6

434–435 Mehau Kulyk/Science Photo Library/Photo Researchers; 444 Jeremy Hartley/Panos Pictures; 445 (t) NASA; 445 (b) Fotoconcept/Bertsch/Bruce Coleman, Inc.; 448 Peter Menzel Photography; 449 Tui De Roy/Bruce Coleman, Inc.; 450 (bg) Michael Fogden/DRK Photo; 450 (inset) Betty Press/Woodfin Camp & Associates; 451 Eric Crichton/Bruce Coleman, Inc.; 454 Rafael Macia/Photo Researchers; 455 Mike Yamashita/Woodfin Camp & Associates; 456 (bg) A. Ramey/Woodfin Camp & Associates; 456 (inset) Robert Frerck/Odyssey Productions/Chicago; 457 (t) Lawrence Manning/Woodfin Camp & Associates; 457 (c) Gianni Tortoli/Photo Researchers; 457 (b) Stephanie Maze/Woodfin Camp & Associates; 458 (l) Robert Azzi/Woodfin Camp & Associates; 458–459 Lindsay Hebberd/Woodfin Camp & Associates; 459 (t) Reuters/Yuri Romanov/Archive Photos; 459 (c) Lance Nelson/The Stock Market; 459 (r) Norman Owen Tomalin/Bruce Coleman, Inc.; 460 (bg) Richard Steedman/The Stock Market; 460 (inset) John Sims/Tony Stone Images; 464 Noboru Komine/Photo Researchers; 465 (bg) Robert Frerck/Odyssey Productions/Chicago; 465 (t)(inset) Robert S. Semeniuk/The Stock Market; 465 (b)(inset) Randy Wells/Tony Stone Images; 466 Thomas Del Brase/Tony Stone Images; 467 (t) Lindsay Hebberd/Woodfin Camp & Associates; 467 (b) Raghu Rai/Magnum Photos; 467 (inset) Chris R. Sharp/DDB Stock Photo; 468 David Young-Wolff/PhotoEdit; 469 Jacques Jangoux/Tony Stone Images; 470 M. Fodgen/Bruce Coleman, Inc.; 471 Xinhua C. Nouvelle/Gamma Liaison; 474 (bg) Wolfgang Kaehler Photography; 474 (inset) Mireille Vautier/Woodfin Camp & Associates; 475 Wolfgang Kaehler Photography; 478 Facelly/Sipa Press; 479 The Granger Collection, New York; 481 (t) Ancient Art and Architecture Collection; 481 (b) E.T. Archive; 482 The Granger Collection, New York; 483 Musee Carnavalet, Paris/G. Dagli Orti; 484 (l) The Granger Collection; 484 (r) The Mansell Collection Limited; 485 The Granger Collection, New York; 486 © 1944 Robert Capa/Magnum Photos; 487 UPI/Corbis-Bettmann; 490 (inset) Chip Hires/Gamma Liaison; 490 (bg) Eric Bouvet/Gamma Liaison; 491 AP Photo/Karel / Wide World Photos; 492 Ed Nachtrieb/The Bettmann Archive; 493 Malcolm Linton/ Gamma Liaison; 494 Chris Steele-Perkin/ Magnum Photos; 495 Reuters/Danilo Krstanovic/Archive Photos; 496 Eric Bouvet/ Gamma Liaison; 500 (b) Rick Buettner/Folio; 501 (tl) Dale E. Boyer/Photo Researchers; 501 (tc) James Foote/Photo Researchers; 501 (tr) Joe Sohm/Photo Researchers; 501 (t)(bg) Public Domain; 501 (b) Reuters/Archive Photos; 502 Will & Deni McIntyre/Photo Researchers; 503 (bg) Jacques Witt/Sipa Press; 503 (inset) Hodalic-Breceij-Saola/Gamma-Liaison; 504 (t) Corbis-Bettmann; 504 (b) Joe Cavaretta/Wide World Photos; 506 South China Morning Post/K.Y. Cheng/Wide World Photos; 507 Public Domain; 508 (t) Ed Malitsky/Gamma Liaison; 508 (b) Ed Bock/The Stock Market; 509 AP Photos/Pioneer Press, Joe Oden/Wide World Photos; 510 (bg) AP Photo/Jassim Mohammed/Wide World Photos; 510 (inset) Photograph courtesy of TOTAL and OPEC; 511 Jacques Langevin/Sygma; 512 (t) Robert Frerck/Odyssey/Chicago; 512 (b) William Campbell/Sygma; 516-517 (bg) Corel; 517 Bob Daemmrich Photography/Stock, Boston.

REFERENCE

Facing page R1: (bl) Michael Holford Photographs; (t) John M. Roberts/The Stock Market; (br) Pierre Boulat/COS/Woodfin Camp & Associates; Page R8 Bob Daemmrich.

dre enye.